湖北省公益学术著作出版专项基金

Hubei Special Funds for Academic and Public-Interest Publications

清代海洋活动编年

丛书主编／王颖

清代道光朝海洋活动编年

闵泽平　编

WUHAN UNIVERSITY PRESS

武汉大学出版社

图书在版编目(CIP)数据

清代道光朝海洋活动编年/闵泽平编.—武汉:武汉大学出版社,
2022.5

清代海洋活动编年/王颖主编

湖北省公益学术著作出版专项资金项目

ISBN 978-7-307-21524-5

Ⅰ.清… Ⅱ.闵… Ⅲ.海洋—文化史—中国—清代

Ⅳ.①K249.03 ②P7-05

中国版本图书馆 CIP 数据核字(2020)第 083045 号

责任编辑:蒋培卓 责任校对:李孟潇 版式设计:马 佳

出版发行:**武汉大学出版社** (430072 武昌 珞珈山)

(电子邮箱: cbs22@ whu.edu.cn 网址: www.wdp.com.cn)

印刷:武汉精一佳印刷有限公司

开本:720×1000 1/16 印张:44.25 字数:918 千字 插页:2

版次:2022 年 5 月第 1 版 2022 年 5 月第 1 次印刷

ISBN 978-7-307-21524-5 定价:220.00 元

总　序

　　作为一门新兴的学科，海洋史的概念一直较为模糊，在实践中也颇为混乱。一般情况下，我们所关注的是它的空间地域分界，而事实上对这一课题产生深远影响的还有时间范畴，以一个具体的地理标准，比如与海岸线的距离来圈定研究对象，不仅是一件极其困难的事情，同时也是非常危险的事情。我们站在一个全新的文明一步步崛起的历程中，同时也站在一个旧时代或旧观念逐渐受到冲击直至被突破的过程中。因此，大凡与海洋文明逐渐兴起这一历史进程产生关联的事件，无论是否发生在海滨，都会被纳入我们的视野。与此相适应，即使是发生在海滨的一些重要历史现象，由于只是内陆文明或旧观念的一种惯常性的延续，也可能被我们所忽视。

　　这种新文明的萌芽或旧观念的突破，在我们看来，大致表现在两个方面：一是对海洋的兴趣的发生，包括探索、征服与抗争等诸多方面；一是以海洋为渠道进入中土的外来文化所引起的摩擦与磨合。简而言之，我们更倾向把事件的性质而非事件发生的区域作为更为重要的条件，这是我们无意于对沿海地区、海岸地区与海洋区域作出严格区分的主要原因，次要的原因则在于这种区分可能会带来很多无法掌控的变数，使我们很难做到一以贯之。

　　在事件的选择上，惯常性也是一个非常重要的标准。在某些历史阶段，一些看起来似乎极其偶然的、零散的事件，因其所潜藏的新的转机自然会受到特别的关注，而在相关事件发生较为频繁的历史场合，波及范围的大小就成为筛选的重要因素。总之，我们所认定的"大事件"标准是动态的，是立足其成长性的。具体而言，在清前期与中期，一些在其他场合显得无足轻重的历史现象也可能被视为"大事件"，而在清晚期，对于大事件的限定就较为严苛，必须是重大而影响深远的历史事件。

　　因此，书中大量出现的以下现象不应该让我们感叹惊奇：新闻报纸的创办、研究学会的成立、新式学校的创建、内地矿山的开发、现代机器的引入、重要铁路的铺设、现代股票与银行的出现，甚至包括博彩业的兴起，这些看似与海洋生活没有直接关联的事件都一一被我们罗列出来。因为在我们看来，它们主要是"漂洋过海"而来，其所体现的不仅是来源渠道的不同，更主要的是展现了新的社会精神面貌。

对于一些具体案例而言，这样的处理违背了一致性原则——大多数读者已经养成了由始至终的阅读习惯，自觉不自觉会有一种阅读期待——但这终究与我们的体例不合。我们务必要强调的是，综合型的类书并非专门史的蓄积。我们所期待的，是永远屹立在浪头之上，和它一起奔向前方而忽略身后振耳的喧嚣声。至于沿海水师甚至内河水师的沿革变迁，以及船厂船坞的建设、外来船舶的购入，我们则自始至终保持了足够的重视——这些国人最直接探索海洋的活动，它们的意义到目前为止还没有得到充分的肯定。

最后要说明的是，本书的惯常性不仅体现在事件的选择上，更体现在视野的选择上，而后者尤其值得关注，这也正是我们一直把《清实录》作为建构编年核心的原因所在。随着清史研究的深入，众多尘封的细节被人们一一挖掘出来，毫无疑问，新近出现的研究成果应该会更接近历史真相，但我们叙述时依然围绕《清实录》来进行，这是因为我们需要一个一以贯之的视角。细节固然重要，但只有被纳入朝廷视野并为官方所评论的事件才更具有里程碑的意义。

凡　例

一、是书以清朝年号纪元，农历纪事，注明干支与公元，按照年、月、日的时间顺序排列清朝道光元年到道光三十年发生之事件。同一日发生之事件，集中到同一条目之下。

二、是书以海洋为线索，凡发生在清代海疆之政治、军事、文化、外交以及自然灾害等重要事件，都尽可能罗列。

三、是书尽力考索事件发生之具体时日，凡无法质证时日者，概以"是月""是春"或"是年"等形式加以提示。

四、持续多日或数月之事件，一般罗列于上奏或朱批之日，再追溯其前因后果。同一事件只在同一处完整叙述，不分列于多处重复表述。

五、是书采信之文献，一般以清代官书《清实录》为主，同时有选择地利用方志、谱牒、稗史、笔记小说、文集、报刊以及人物传记等资料，包括外国政府相关历史文件，以及今人研究成果。

六、是书采用文献史料时，均注明其具体出处以备考核。凡加引号者，除斟酌给予标点外，一律属直接引用，保留原貌，包括时代特色鲜明的特殊用语，如"谕""朕""奴才"等。不加引号而自行概述者，亦尽可能说明出处。凡不加注释者，一般取自《清实录》，其具体卷数可见上下则条目。

七、与海洋无关但于清朝影响甚大的重要事件，也简单加以注明，如清朝历代帝王的更替等。清朝历代帝王，以年号相称。

八、大凡外国国名、人名、地名，尽量改为新译名，如英咭唎改为英吉利，咪唎坚改为美利坚，哦啷哂改为法兰西等。

目 录

道光元年　辛巳　公元 1821 年 ………………………………………………… 1

道光二年　壬午　公元 1822 年 ………………………………………………… 15

道光三年　癸未　公元 1823 年 ………………………………………………… 33

道光四年　甲申　公元 1824 年 ………………………………………………… 47

道光五年　乙酉　公元 1825 年 ………………………………………………… 63

道光六年　丙戌　公元 1826 年 ………………………………………………… 79

道光七年　丁亥　公元 1827 年 ………………………………………………… 95

道光八年　戊子　公元 1828 年 ………………………………………………… 106

道光九年　己丑　公元 1829 年 ………………………………………………… 117

道光十年　庚寅　公元 1830 年 ………………………………………………… 130

道光十一年　辛卯　公元 1831 年 ……………………………………………… 142

道光十二年　壬辰　公元 1832 年 ……………………………………………… 159

道光十三年　癸巳　公元 1833 年 ……………………………………………… 186

道光十四年　甲午　公元 1834 年 ……………………………………………… 212

道光十五年　乙未　公元 1835 年 ……………………………………………… 235

道光十六年　丙申　公元 1836 年 ……………………………………………… 252

道光十七年　丁酉　公元 1837 年 ……………………………………………… 268

道光十八年　戊戌　公元 1838 年 ……………………………………………… 286

道光十九年　己亥　公元 1839 年 ……………………………………………… 307

道光二十年　庚子　公元 1840 年 ……………………………………………… 342

道光二十一年　辛丑　公元 1841 年 …………………………………………… 395

道光二十二年　壬寅　公元 1842 年 …………………………………………… 463

道光二十三年　癸卯　公元 1843 年 …………………………………………… 523

道光二十四年　甲辰　公元 1844 年 …………………………………………… 565

道光二十五年　乙巳　公元 1845 年 …………………………………………… 587

道光二十六年　丙午　公元 1846 年 …………………………………………… 601

道光二十七年　丁未　公元 1847 年 ……………………………………… 621

道光二十八年　戊申　公元 1848 年 ……………………………………… 640

道光二十九年　己酉　公元 1849 年 ……………………………………… 657

道光三十年　庚戌　公元 1850 年 ………………………………………… 671

主要参考书目 ……………………………………………………………… 698

道光元年　辛巳　公元 1821 年

正月初六日戊午(2月8日)

清廷将浙江盐务改复旧制，盐务仍归浙江巡抚兼管。其盐政一缺，仍改为杭州织造，兼管南北新关税务。

初十日壬戌(2月12日)

广西巡抚赵慎畛上奏，汇报捉拿会匪情形。"粤西自嘉庆十二年广东惩办洋匪后，内河土盗，潜至西省，与依山附岭种地之各省游民，结伙抢劫，兼勾引本地愚民，或拜弟兄，或拜添弟，或数人，或数十人，或有会簿腰凭，称为大哥师傅，传授口号，俱系钞袭百余年前旧本。情形不同，其名则一。现严饬访拿，获盗犯会匪一千二百余名。复通饬建设望楼，发给规条，守望相助，并刊简明告示，晓以利害。至土民猺僮人等，俱安分乐业。越南交界，三关百隘，俱有兵役防守，文武不时巡查，极为安静。"①

十四日丙寅(2月16日)

前福建提督王得禄曾奏覆巡查台湾并督缉盗匪情形：闻淡水之沪尾、鸡笼及噶玛兰一带偏僻洋面，有土盗船只游奕伺劫，随饬游击李天华出洋追捕。旋据李天华禀称，在噶玛兰洋面，追及匪踪，杀贼落海，并生捡盗犯卢添赐等九名，盗船一只。该船盗首张充跳海上岸，逃往内山潜匿。又盗首陈浅、陈齐，匪船二只，续经内地将首伙拿获。清廷指示福建水师提督罗凤山确切查明，据实具奏。②

---

① 《清实录·宣宗成皇帝实录》卷一二。
② 《清实录·宣宗成皇帝实录》卷一二。

十五日丁卯（2 月 17 日）

越南国嗣阮福晈，接到仁宗睿皇帝遗诏，拟请遣使来京进香，又递表文方物庆贺（道光）登极。清廷晓谕：令其不必遣使远来。至应进辛巳年例贡，现当国制二十七月之内，不受朝贺，并停止宴赉，亦未便令其来京，着于下次应进例贡时，一并呈递，以示体恤远藩至意。

廿日壬申（2 月 22 日）

本年系应行查阅广东、广西、浙江、福建营伍之期，清廷令阮元巡查广东、广西，庆保巡查浙江、福建。如有训练不精，军实不齐者，即将废弛之将弁据实劾参。

廿一日癸酉（2 月 23 日）

礼部奏朝鲜国王李玜恭进献给嘉庆皇帝的冬至贡物，留抵作下次正贡。

廿二日甲戌（2 月 24 日）

上年陈桂生以江海关税课短绌，奏请仍准茶船出口，严查偷漏。刑科给事中孙世昌以杜绝夹带通洋为由，奏请严禁茶船出洋："康熙初年，严立海禁，日久废弛。自嘉庆十四年奉旨严禁后，盗贼远窜，居民安业，十有余年。今陈桂生奏准茶商出口，北往山东、奉天等省，恐管关胥吏得钱卖放，听其夹带米粮、火药、铁器。奸商牟利，何难另觅熟于南洋沙线之人，驶往交易。且恐有外洋匪船接引，关牌税单皆属具文。请仍遵旧例，茶船只准由内河行走，即将江海关茶税永远豁除，并严定失察米船出洋处分。"①清廷以为海关商贩出口船只，必不止于茶叶一项，禁止茶船出口未必可尽绝偷漏之弊，下令户部会同吏部、兵部讨论，寻找一个商民胥便、奸弊悉除的方案。

廿五日丁丑（2 月 27 日）

朝鲜国王李玜接到嘉庆皇帝遗诏，奉表称慰。

---

① 《清实录·宣宗成皇帝实录》卷一二。

廿六日戊寅（2 月 28 日）

两江总督孙玉庭、两淮盐政延丰，奏覆勘海州沭阳地方应疏河道，分别次第办理，请先挑南北六塘、柴米等河，并将盐河一律挑深五尺，修建盐河东岸项冲河石坝，赶于正月内兴工，以工代赈，至归海尾闾之潮河，督劝业民出力挑疏，所有藩运两库借垫银两，在海州三州县民田摊征，及淮北商按引还款。①

朝鲜国王李玜、琉球国王尚灏遣使奉表谢恩，进贡方物。

二月初七日戊子（3 月 10 日）

登州镇水师营额定有战艍船十二只出洋巡哨，其船每届三年小修一次，又三年大修一次，再三年验拆修造。如今只有南汛战船二只修好适用，其余应修十只报明交厂，但迟至数年并十数年之久没有交付，每年逢出洋巡哨及水操之期，令州县雇觅商船顶替出洋。清廷指示有司据实查明，责令及时修造。②

初八日己丑（3 月 11 日）

抚恤日本国遭风难夷如例。

廿五日丙午（3 月 28 日）

从阮元所请，清廷调整广东部分地区守卫部署。《宣宗成皇帝实录》卷一三载："拨广东陆路提标外委一员、兵五十名驻连平州城，又外委一员、兵五十名驻河源县城，各建外委住房一所，兵房二十五间。拨归善县城守备一员，老隆汛外委一员、兵一百二十名，驻龙川县城。改守备简缺为繁缺，龙川千总衙署为外委住房。建守备衙署一座，卷房三间，兵房六十间，军装火药局、箭亭各一座。拨龙川汛千总一员，兵二十名，驻老隆汛，建千总衙署一座，兵房十间，并改徐闻营题缺守备为选缺。"

三月初八日戊午（4 月 9 日）

修江苏华亭县石塘土塘，从巡抚魏元煜所请。

---

① 《清实录·宣宗成皇帝实录》卷一二。
② 《清实录·宣宗成皇帝实录》卷一三。

初九日己未(4月10日)

道光帝以嘉庆帝梓宫发引,先期诣观德殿几筵前行祖奠礼,攀恋哀号,悲恸切至。朝鲜国使臣李肇源等三人于神武门外瞻觐。

抚恤琉球国遭风难夷如例。

廿五日乙亥(4月26日)

贷长芦丰财场灶户修滩银。丰财场始建于元朝至元二年(1265年),是天津海盐的重要产地。

卅日庚辰(5月1日)

抚恤琉球国遭风难夷如例。

四月初一日辛巳(5月2日)

礼部具奏赏赉朝鲜使臣员役物件。清廷指示照例赏给,其马匹一项,恐该衙门以系例赏,漫不经意,率以疲羸者充数,着上驷院堂官留心察看。凡有赏赉外藩马匹,该堂官俱亲自挑选,择其堪以充赏者。①

初二日壬午(5月3日)

钱臻请求到上海建造战船。《宣宗成皇帝实录》卷一六载:"山东水师战船,因赴南省购买木料,转运维艰,以致兴造稽迟,酌改章程,由东省专委州县官,会同水师营弁,赴江南上海县,就近购料觅匠设厂趱造,勒限一年完工,航海回东,由镇道核实验收。"清廷同意所议,准其每年于庙工生息银款内提银一万两,以资帮贴。其例应大小修船只,仍照旧章由东省办理。

初三日癸未(5月4日)

黄河入海处水流顺畅,清廷要求阜宁等地检修坝堤。"全河大局,首在下游通

---

① 《清实录·宣宗成皇帝实录》卷一六。

畅。现在黄河入海处所，宽至四五百丈，深至三丈有余，水势东趋顺利。此皆仰赖天神默佑，朕不胜感慰。该河督亲历各工，相度机宜，详慎修筑，实为妥善。"①

初七日丁亥(5 月 8 日)

颁发朝鲜国嘉庆帝配享郊坛诏书，赏给该国王缎匹如例。

十四日甲午(5 月 15 日)

山东巡抚钱臻请求重新配置地方守卫力量。"添设山东曹州镇标中右二营守备一员，千总二员，把总四员，经制外委二员，额外外委四员，兵八百名。单县营参将一员，中军守备一员，千总一员，把总一员，经制外委二员，额外外委四员，兵四百四十四名，隶曹州镇管辖。巨野营所辖之单县汛弁兵，拨归现添设之单县营，补还巨野营把总一员，兵五十六名，改归新添之单县营参将兼辖。添设东昌营兵一百二十一名，曹州桃源营守备一员，经制外委一员，额外外委一员，兵一百七十名，其原设千总一员，作为守备中军，仍隶曹右营兼辖。添设曹州刘家口汛千总一员，经制外委一员，兵一百名，隶曹中营管辖。添设兖州镇中右二营千总三员，把总四员，兵七百名；沂州营把总二员，经制外委一员，额外外委一员，兵二百二十六名；郯城县红花埠汛千总一员，经制外委一员，兵三十九名，仍隶台庄营管辖，该汛原设把总，即拨归兖中营应添把总数内。"②

廿一日辛丑(5 月 22 日)

帅承瀛奏报查办浙省盐务大概情形，认为两浙盐务纲引牵新搭旧，课款分征统支，系属致弊之由。清廷指示划明款目，督率各该商，务令年清年款。③

五月初一日庚戌(5 月 31 日)

广东碣石镇总兵官丁绍奉，以不胜任休致，以裁撤直隶天津水师总兵官许松年为碣石镇总兵官。

---

①　《清实录·宣宗成皇帝实录》卷一六。
②　《清实录·宣宗成皇帝实录》卷一六。
③　《清实录·宣宗成皇帝实录》卷一七。

初七日丙辰(6月6日)

道光帝至大高殿行礼,越南国使臣陈伯坚等二人于神武门外瞻觐。

初九日戊午(6月8日)

以广东碣石镇总兵官许松年为陆路提督,澄海协副将陈元标为碣石镇总兵官。

廿四日癸酉(6月23日)

从总督方受畴所请,清廷调整直隶兵力包括天津水师的部署。《宣宗成皇帝实录》卷一八载:"添设直隶大名镇总兵官一员,左营中军游击一员,中军守备一员,千总一员,把总一员,经制外委一员,额外外委三员,右营游击一员,中军守备一员,千总二员,把总二员,经制外委二员,额外外委四员,兵五百六十九名。移大名协左营都司为城守营都司,元城汛千总为中军千总,添设把总一员,经制外委一员,额外外委一员,兵二十五名。移大名协副将为开州协副将,添兵一百二十一名,并添设东明县都司一员,经制外委一员,额外外委二员,兵一百二十一名。长垣县都司一员,经制外委一员,额外外委一员,兵一百五十一名。河间协兵二百名,故城县郑家口游击一员,兵一百六十名,裁督标、提标,宣化、广平及天津水师各营游击以下共三十缺。"①

廿八日丁丑(6月27日)

孙玉庭等奏报海关茶船出口情形,以为江省江海关,向来准许茶叶出口,运往北省销售,后因防其载往闽广,一度禁止贩运,但江海关出口茶船,与闽广浙省之船可以利涉深洋者不同,舵水人等又不能谙习南洋沙线,势难偷越,因此请求对北上茶船照例纳税放行。清廷同意凡北赴山东、天津、奉天等处茶船,仍准其纳税放行,其向由内河行走输税者,着照旧禁止出洋,不容紊越。如有携带违禁货物偷漏出洋之事,即行截拿治罪。若守口员弁私行纵放,一并严参惩办。②

---

① 《清实录·宣宗成皇帝实录》卷一八。
② 《清实录·宣宗成皇帝实录》卷一八。

廿九日戊寅(6 月 28 日)

调广东陆路提督许松年为福建水师提督，以广东雷琼镇总兵官李增阶为陆路提督，南雄协副将闵怀希为雷琼镇总兵官，予故福建水师提督罗凤山祭葬如例。

六月初三日辛巳(7 月 1 日)

命广东巡抚康绍镛来京，以安徽布政使张师诚为广东巡抚。

六月十九日丁酉(7 月 17 日)

朝鲜国使臣洪命周于神武门外瞻觐。

七月初一日己酉(7 月 29 日)

山东兖州镇总兵官杨逢春因病解任，以河东河标副将海淩阿为兖州镇总兵官，调直隶天津镇总兵官观喜为福建台湾镇总兵官，台湾镇总兵官印登额为天津镇总兵官。

初四日壬子(8 月 1 日)

予福建出洋捕盗伤亡千总郑嘉惠祭葬恤荫，兵丁王日修等二十三名赏恤如例。予广东巡洋淹毙署把总林一枝、外委邵窿、蔡馥香祭葬恤荫，兵丁林奇升等七十二名赏恤如例。

初五日癸丑(8 月 2 日)

浙江巡抚帅承瀛奏报，时届仲夏，潮势较旺，东塘镇海汛内石塘旧工坍卸，情形险要，亟须一律改建鱼鳞石塘，并建筑随塘坦水二层，以资巩固。俟冬令潮平水落，开槽拆筑，仍先期购运桩石，俾免临期停待。①

---

① 《清实录·宣宗成皇帝实录》卷二一。

十六日甲子(8 月 13 日)

福森奏报，天津沿河一带，军船夹带私盐，向为弊薮，该盐政委员协同场官实力巡缉，拿获私盐九起，连获大起囮犯。清廷指示：囮犯薄荣太等着即先行枷号河干示众，俾知儆畏，俟军船过竣，再行疏枷，交地方官照例惩办。①

十八日丙寅(8 月 15 日)

帅承瀛奏报，南塘岁修经费不敷，筹议增拨。《宣宗成皇帝实录》卷二一载："浙江南塘，保卫山阴等五县民田庐舍，向于商输景工生息款内每年拨银一万两，为南塘岁修之用。兹据该抚查明，迩来潮汐南趋，工多费巨，奏请量筹增拨，着照所请。自道光元年为始，在司库岁征契牙杂税项内，每年拨银一万两，并原拨景工生息银，共二万两，作为南塘岁修经费。如遇杂税一款余银不及一万两之数，即尽数拨给。"②

修福建光泽县三十四汛塘房，从署总督颜检所请。

廿一日己巳(8 月 18 日)

免长芦商欠节年无着加价银十四万一千六十二两有奇，引课银四万八百十一两有奇。

八月初五日壬午(8 月 31 日)

抚恤琉球国遭风难夷如例。

廿一日戊戌(9 月 16 日)

颜检奏请水师参将杨继勋为水师专阃，被驳回。

台湾淡水厅地方，于本年六月初五日猝被风雨，所辖艋舺、大加腊等处，未割田稻被风吹损，民间庐舍及兵房衙署仓廒各有倒坏，八里坌口哨船及雇募缉匪商船均被风浪漂击无踪。噶玛兰地方亦同时风雨，田庐多有冲损。清廷要求台湾道就近

---

① 《清实录·宣宗成皇帝实录》卷二一。
② 《清实录·宣宗成皇帝实录》卷二一。

妥速经理，事后据实奏闻。①

廿二日己亥(9 月 17 日)

浙江垫发银款一百七十三万两零，分别追缴输补。两浙盐引滞销，照两淮之例，停止盐斤加价，将浙盐每引加二洒带之处即行停止。

从总督阮元所请，修广东遭风损坏兵船。

廿九日丙午(9 月 24 日)

调广东巡抚张师诚为安徽巡抚，安徽巡抚孙尔准为广东巡抚。

九月初三日庚戌(9 月 28 日)

以广东澄海协副将吴绍麟为阳江镇总兵官。

初四日辛亥(9 月 29 日)

抚恤琉球国遭风难夷如例。

初六日癸丑(10 月 1 日)

颜检奏报饷船遭风事宜。清廷指示：福建台澎饷船在洋遭风，沈失饷银军械，除捞获外，其未获者仍着实力打捞，俟核明确数，筹款补发；无着兵丁二名，着查明实在下落。

以广东按察使郑裕国为江宁布政使，浙江督粮道苏明阿为广东按察使。

十一日戊午(10 月 6 日)

修浙江东、西两塘柴埽、盘头、坦水各工，从巡抚帅承瀛所请。

十五日壬戌(10 月 10 日)

浙江巡抚帅承瀛奏报所酌定两浙盐务章程：一、运使各官毋庸改复旧制；二、

---

① 《清实录·宣宗成皇帝实录》卷二二。

巡抚兼管盐政，毋庸另给养廉；三、灶课钱粮，仍由场员征解；四、正引未经销竣，不准请配余引，余照一项，亦应永远停止；五、缺销引盐，改拨畅地销售，其课项如拨销之地重于绌销，即照拨销重地完纳，如有改拨轻地代销者，亦应令仍照重地完交，以符原额；六、卯折月报，应将银引细数及商名课则等项，逐一填注，按卯按月由库官造册申送盐政综核；七、严查奸商加斤夹带，以及灌包飞渡、一程两运等弊；八、禁革掣规供应等弊；九、按照旧例夏冬两季掣验；十、杭、嘉、绍、松四所，每所酌留甲商一名，以资办公，嗣后不得再行增设，其在外详充之经巡等商，亦应慎选，毋任冗滥。①

廿一日戊辰（10 月 16 日）

暹罗国王请求遣使进香，并恭贺登极，道光帝指示毋庸前来。《宣宗成皇帝实录》卷二三载："外国使臣，向无带赴山陵叩谒之例，且二十七月之内亦不举行筵宴。着阮元即传知该国使臣，无庸来京，所有呈进仪物方物，即着该使臣赍回。"

廿二日己巳（10 月 17 日）

清廷定直隶大名镇标左营中军游击、东明营都司、长垣营都司为题调缺，郑家口游击为题补缺，大名镇标右营游击、左右二营各守备、城守营都司、开州协中军都司、大沽营都司、海口营守备为部推缺，从总督方受畴所请。

修浙江上虞、会稽、萧山三县塘工，从巡抚帅承瀛所请。

廿五日壬申（10 月 20 日）

广东潮州镇总兵官宝兴以病解任，调雷琼镇总兵官闵怀希为潮州镇总兵官，以福建澎湖协副将熊廷扬为广东雷琼镇总兵官。

廿七日甲戌（10 月 22 日）

道光帝敕谕暹罗国王郑佛，不必遣使远来，也无庸呈递庆贺登极方物。②

---

① 《清实录·宣宗成皇帝实录》卷二三。
② 《清实录·宣宗成皇帝实录》卷二三。

十月初二日己卯（10 月 27 日）

直隶总督方受畴奏报大名新添兵额，请于长芦运库每年拨给银一千四百两，以备公用，仍按年造册报部，得到准许。①

初七日甲申（11 月 1 日）

抚恤琉球国遭风难夷如例。

初十日丁亥（11 月 4 日）

调广东巡抚孙尔准为安徽巡抚，以浙江布政使嵩孚为广东巡抚，直隶按察使阿霖为浙江布政使。

以拿获江苏海州盐枭，赏参将裴安邦花翎，知州孙源潮下部议叙。

十三日庚寅（11 月 7 日）

从巡抚颜检所请，修福建泉州厂战船。

十四日辛卯（11 月 8 日）

为严禁外商夹带鸦片，两广总督阮元奏请将洋商顶戴摘去。"乃频年以来，从未见洋商秉办一舡。其为只图见好于夷人，不顾内地之受害，显而易见。洋商内伍敦元系总商居首之人，责任尤专，各国夷商亦为最熟。今与众商通同徇隐，殊为可恶！"②

十八日乙未（11 月 12 日）

清廷处置台湾等地缉捕不力的水师官员。"台湾沪尾营水师守备陈得扬，督率弁兵巡缉洋面，当把总刘高山遇贼打仗时，脱帮先回，致孤船无应，伤毙弁兵，失

---

① 《清实录·宣宗成皇帝实录》卷二四。
② 中国第一历史档案馆：《鸦片战争档案史料》第 1 册，天津古籍出版社 1992 年版，第 27~28 页。

去炮位，又不能穷追弋获，实属畏葸无能，且恐有藉词捏饰情事。陈得扬着即革职，交该总兵会同台湾道提集外委林应昌等确审定拟具奏。署艋舺营游击陈鹏飞，捕务废弛，已难辞咎，于兵船失事，迟至半月有余，始行详报，尤属延玩。陈鹏飞着先行摘去顶带，交部严加议处，勒限两月，责令查明盗船踪迹，迅速擒捕，如逾限无获，再行参奏。印登额不能先事督饬，此时无庸即交部议，俟两月限满，有无弋获，再降谕旨。伤毙之把总刘高山着加恩照阵亡例赐恤，兵丁、水手照例分别恤赏。"①

廿一日戊戌（11月15日）

以江南京口内河水师副将倪起蛟，为福建海坛镇总兵官。

廿六日癸卯（11月20日）

从巡抚颜检所请，修福建泉州厂战船。
贷福建台湾淡水、噶玛兰二厅风雨折损籽种银，并给房屋修费。

是月

道光帝谕署闽浙总督福建巡抚颜检，对调任藩司徐炘、新擢臬司苏兆登留心访察，注意其居官办事如何，秉公据实奏闻，不可代为隐饰。

十一月初一日戊申（11月25日）

署闽浙总督福建巡抚颜检奏报，拿获在洋叠劫拒捕之伤兵及接赃服役尚未行劫之案犯。清廷指示："闽省洋面虽无巨盗行劫，然土盗出没，颇为行旅之害。即如此次拿获蔡潮等犯，按律办理，甚属认真。嗣后务须随时督饬所属，严密查办，毋稍疏懈，以致酿成巨案。"②

十四日辛酉（12月8日）

武隆阿等奏报，英吉利夷人给叶尔羌阿奇木伯克递字，到西北一带贸易买马，

---

① 《清实录·宣宗成皇帝实录》卷二五。
② 《清实录·宣宗成皇帝实录》卷二六。

为其所拒绝，清廷赞许武隆阿等的处置。"英吉利系海外夷人，向在广东贸易。温都斯坦一带地方，并非伊国泊船口岸。今爱孜图拉执有夷字，据称系英吉利头目果遮尔辗转所遣，要到西北一带买马贸易，并欲到布噶尔地方。先来给叶尔羌阿奇木伯克、迈哈默特鄂散递字，求向叶尔羌、喀什噶尔一路行走。武隆阿等令迈哈默特鄂散以己意作字驳斥，所办甚是。至所称英吉利据有温都斯坦已五六十年，其旁克什密尔音底亦皆听从等语，外夷部落，荒远难稽，疆围以外，原可置之不问，惟叶尔羌、英吉沙尔、喀什噶尔一带卡伦，均与外夷接壤，地方紧要，总当留心稽察，严密防范，不可大意。武隆阿现已饬向在叶尔羌贸易之克什密尔回人分起探访此事，该夷人究有多少，其来意何居，一俟探有确情，即行迅速奏闻。"①

十九日丙寅（12 月 13 日）

洋商伍敦元因徇隐夹带鸦片，被摘去顶带。"鸦片流传内地，最为人心风俗之害，夷船私贩偷销，例有明禁。该洋商伍敦元并不随时禀办，与众商通同徇隐，情弊显然。着将伍敦元所得议叙三品顶带即行摘去，以示惩儆，仍责令率同众洋商实力稽查。如果经理得宜，鸦片渐次杜绝，再行奏请赏还顶带。傥仍前疲玩，或通同舞弊，即分别从重治罪。"②

有美利坚船水手，于八月二十八日在广州番禺伤毙贩水果民妇郭氏。两广总督阮元奏报于本月三日，将凶犯照例绞决。③

御史朱为弼奏报，各省水师，每将该营额设兵船，不妥为看守燂洗，任其朽坏，以致不堪配驾，及届配兵出洋之时，则封配商船，恣意婪索，最为商民之害。此风各省皆有，而闽省为尤甚。请饬水师提镇等务将战船足额坚固，严禁封雇商民船只。清廷指示：水师各营原有额设兵船，动帑成造，以资巡缉，着庆保、颜检，即饬查闽省各营战船是否足额。如有损坏，即应勒限修造坚固，以期驾驶得力；傥届出洋巡缉之时，兵船适值不敷，不得不暂配商船应用，亦应定以限制，毋得滥拿商船，恣意婪索，致滋扰累。

廿一日戊辰（12 月 15 日）

英兵船水手于广东新安伶仃山，与当地村民发生争执，殴毙村民二人，伤数

---

① 《清实录·宣宗成皇帝实录》卷二六。
② 《清实录·宣宗成皇帝实录》卷二六。
③ 中国第一历史档案馆：《鸦片战争档案史料》第 1 册，天津古籍出版社 1992 年版，第 28~32 页。

人，并拒绝交出凶手。①

十二月初五日辛巳（12月28日）

朝鲜要求修改国史，得到许可。《宣宗成皇帝实录》卷二七载："先是《皇朝文献通考》，于朝鲜国杀其议政金昌集、中枢李颐命、左议政李健命、判中枢赵泰采，据该国报，书谋逆伏诛。至是国王李玜奏言，四臣之死，因李昀病废无嗣，议立李昑为世弟，而相臣赵泰耇等潜蓄异谋，欲倾李昑，遂杀四臣，以谋逆入告。幸圣祖仁皇帝恩准李昑册封，其事始定。后赵泰耇论死，四臣咸得昭雪，而冤诬之辞，尚留简牍，恳恩饬查更正。"

初六日壬午（12月29日）

命长芦盐政福森留任。

初八日甲申（12月31日）

以福建盐法道吴荣光为按察使。
朝鲜国使臣李好敏等三人于西苑门外瞻觐。
抚恤越南国遭风被盗难夷如例。

十一日丁亥（公元1822年1月3日）

予广东出洋淹毙把总詹茂山、外委傅权等祭葬恤荫，兵丁郑天进等二百十六名赏恤如例。

二十日丙申（公元1822年1月12日）

从巡抚帅承瀛所请，修浙江上虞、萧山二县坍卸塘工。

是年

清廷因查出叶恒澍夹带鸦片案，重申前禁，凡洋艘至粤，先由行商出具所进黄

---

① 中国第一历史档案馆：《鸦片战争档案史料》第1册，天津古籍出版社1992年版，第32页。

埔货船并无鸦片甘结，方准开舱验货。是行商容隐，经事后查出者，加等治罪。

英国等向清廷输入鸦片五千九百五十九箱。①

广州进出口中外商品贸易总额为五千零四十九万一千三百一十七元。其中，进口为二千七百零八万九千零一十八元，出口为二千三百四十万二千二百九十九元。中英贸易额为二千九百万三千五百二十一元，进口一千四百零四万七千一百四十二元，出口一千四百九十五万六千三百七十九元。中美贸易额为一千四百三十三万八千七百四十六元，出口七百一十九万二千八百二十六元，进口七百一十四万五千九百二十元。清廷同其他国家的贸易额为七百一十四万九千零五十元，进口五百八十四万九千零五十元，出口一百三十万元。②

道光二年　壬午　公元 1822 年

正月廿二日戊辰(2 月 13 日)

海盗有死灰复燃之势，清廷指示粤东、闽、浙各省要严查。"自蔡牵、乌石二等歼捣之后，洋面早就肃清。近年该三省复时有海洋行劫之案，该地方营县各员若查拿稍形疏懈，必致肆相纠结，聚成大伙，为害商旅，不可不防其渐。着该督抚等督饬所属，实力侦缉。并饬知该水师提镇等，董率舟师员弁，常川出洋，巡查防范，毋得畏难苟安。如有匪徒踪迹，立即跟踪躧缉，悉数捕获，务使洋面一体肃清。"③

廿四日庚午(2 月 15 日)

浙江巡抚帅承瀛覆奏操练章程，以为浙省各营每有市井无赖及衰弱之人滥充，应饬各将弁于初召募时互相保结，方准收营。清廷指示：此最系绿营恶习，必应力

---

① [美]马士：《中华帝国对外关系史》第 1 册，张汇文等译，生活·读书·新知三联书店 1957 年版，第 239 页。

② [美]马士：《东印度公司对华贸易编年史》第 4 卷，区宗华译，中山大学出版社 1991 年版，第 22~24 页。

③ 《清实录·宣宗成皇帝实录》卷二八。

加整饬。

廿六日壬申(2月17日)

朝鲜国王李玜,遣使表贺册谥孝穆皇后,又表谢赐祭、赐谥,并贡方物。清廷命留抵下次正贡。

廿七日癸酉(2月18日)

庆保等奏报海盗难以肃清缘由:闽省沿海各澳零星土盗为害商旅,皆因奸民接济水米,不肖兵役,得规纵放;且有荒僻村崖,接水消赃,以致易于藏匿。清廷指示:"前因粤东闽浙各省,时有海洋行劫之案,已降旨令该督抚等饬知水师提镇督率员弁,实力侦缉,庆保等既已派员会同巡查。着即令于通海各口认真盘诘,毋使奸民隐溷,接济匪徒。遇有劫掠案犯,上紧查拿审办,勿使一名漏网。如水师将备及沿海厅县,有奉行不力、心存玩视之员,立即指名参处,以期洋面一体肃清。"①

抚恤琉球国遭风难夷如例。

二月初五日辛巳(2月26日)

浙江提督王得禄,覆奏报操练营伍章程,道光帝下旨:各营操练务要认真,断不可日久生懈,视为具文;至于洋面巡缉,尤不可稍形疏懈,以副委任之意。②

抚恤琉球国遭风难夷如例。

初九日乙酉(3月2日)

奉天省粮价增昂,因奸商居奇囤积,由海口运赴他省贩卖,以致民食渐形拮据。清廷将高粱、粟米两项暂行停止海运,俟数月后察看情形,如果粮价平减,再行开运。

孙玉庭请求收缴私造鸟枪,并严格管理近山滨海之处鸟枪。清廷批示:"民间私藏鸟枪,恐致日久贻患,自应加以重惩,俾知儆畏。惟是积习相沿,一旦搜拿治罪,不免有滋扰累。至地方官顾虑处分,转恐心存讳匿。着通谕各省出示晓谕,凡

---

① 《清实录·宣宗成皇帝实录》卷二八。
② 《清实录·宣宗成皇帝实录》卷二九。

民间家有抬枪、鸟枪、火器者，予限半年，准其赴官呈缴给价。如逾限不缴，除贩私及逞凶斗很(狠)，仍按律加重治罪外。其但止私造私藏，一经查获，着于按律拟杖之外，私造者加枷号两个月，私藏者加枷号一个月，以示惩儆。地方官虽平时失察，如能遇案查拿，连械起获惩办，着即免其议处，并着该部于例内添注。其原例内应备不应备字样，即行节删。至近山滨海地方，必应存留鸟枪守御者，报明地方官，于枪械上錾刻姓名，编号立册存案。"①

十三日己丑(3 月 6 日)

庆保奏报闽省兵船配缉情形，清廷要求严格整顿敲诈商船之行为。"福建水师各营额设兵船，遇有损坏，原应随时修造，以资驾驶。其兵船不敷，暂配商船，亦应奏明定以限制，再行添雇，毋许营员涉手，嗣后弁兵出洋。着该督等通饬文武员弁革除积弊，并委员访查偷漏。如有借端勒诈商船及强拿坐配等弊，即行据实参办。至承修迟延各员，据称因历年既久，采木过多，出产每形缺乏，以致未能依限兴工，着将前此迟延之咎加恩宽免，已离闽省者勒令派拨丁属，来闽赶修。其另有事故之员，即责成管厂道员，上紧修办，务期一律坚固。"②

十五日辛卯(3 月 8 日)

御史黄中模奏请严禁海洋偷漏银两，为清廷采纳。"定例广东洋商与夷人交易，只用货物收买转贸，不准用银，立法甚为周备。近因民间喜用洋钱，洋商用银向其收买，致与江、浙等省茶客交易，作价甚高，并或用银收买洋货，实属违例病民，不可不严行查禁。着广东督抚暨海关监督，派委员弁，认真巡查出口洋船，不准偷漏银两，仍不时查察。如有纵放之员，即行参革治罪。至洋商与外夷勾通贩卖鸦片烟，重为风俗之害，皆由海关利其重税，隐忍不发，以致流传甚广。着该督抚密访海关监督，有无收受黑烟重税，据实奏闻，并通饬各省关隘，一体严密查拿。"③

十六日壬辰(3 月 9 日)

从巡抚帅承瀛所请，修浙江钱塘县苕溪大云寺湾海塘。

---

① 《清实录·宣宗成皇帝实录》卷二九。
② 《清实录·宣宗成皇帝实录》卷二九。
③ 中国第一历史档案馆：《鸦片战争档案史料》第 1 册，天津古籍出版社 1992 年版，第 38～39 页。

廿五日辛丑(3月18日)

福建巡抚颜检奏报兵卫训练章程。清廷批示："各省设兵卫民，因地定额，无论防汛出差，均有捍御折冲之责。闽省绿营兵丁向以三成之一，专司训练，其余二成并不演习技艺，殊乖承平讲武之意。嗣后着将拨防塘汛兵丁，责成该管汛弁，按日操防，由将领随时调阅。其看守城垣、仓库、监狱及护饷、解犯各兵，五日一班，轮流换回归伍，一体分日轮操，俾技艺娴熟，悉成劲旅。其所议酌减停操日期并教督募补各章程，闽省各营均着照此办理。"①

三月初四日己酉(3月26日)

予福建台湾换班遭风淹毙兵丁朱得兴等四名赏恤如例。

初七日壬子(3月29日)

阮元奏报英吉利国护货兵船船员在伶仃山与民人斗殴，该国大班及该国兵官于该国被伤后致死无须抵偿之例，延不交凶，旋即畏罪潜逃。该大班寄信本国，奏知国主，照例究办。道光帝晓谕："天朝定例，凡斗殴致死人命。无论先后动手，均应拟抵。该夷兵在内地犯事，应遵内地法律办理。至该国兵船，系为保护货船之用。该大班承管买卖事务，其兵船伤毙民人，岂得藉词延诿？今兵船既已扬帆驶逸，凶夷自必随往。着照所议，准令各船开舱下货。仍饬该大班，告知该国王，查出凶夷，附搭货船，押解来粤，按名交出，听候究办。至该国护货兵船，向只许在外洋停泊。买物取水，应由买办承管。既据该督饬谕告知该国王，现在粤洋无盗，以后无庸再派兵船赴粤。如货船必须保护，亦应严谕领兵官，恪遵内地法度，弹压船内夷兵，一切俱由大班管束经理，均着照所议妥办。"②

广东水师提督沈烜以年老休致，调陆路提督李增阶为水师提督，湖北提督何君佐为广东陆路提督，以陕西汉中镇总兵官何占鳌为湖北提督。

十五日庚申(4月6日)

福建水师提督许松年奏报，酌拟训练水师六条：一、操演宜认真；二、水务宜

---

① 《清实录·宣宗成皇帝实录》卷三十。
② 《清实录·宣宗成皇帝实录》卷三一。

练习；三、鸟枪宜训练；四、刀械宜兼习；五、召募不容徇私；六、纪律时须申明。清廷许可，要求认真训练，行之有恒，以收实效，不可有名无实。

十七日壬戌(4 月 8 日)

从协办大学士总督孙玉庭所请，修江南狼山镇标中、左、右、掘港、东海等五营唬哨船。

十九日甲子(4 月 10 日)

闽浙总督庆保，覆奏巡缉海洋事宜，得到批复。据称各船进出，俱令汛口登簿查验，饬令沿海各州县随时瞭望，以杜兵船收泊内港。其港汊口岸，悉派兵役驻扎，按旬查点烟户门牌，并于闽浙毗连洋面，互相调察。清廷指示：均着照所议办理。至拟于兵船之外添雇捕鱼钓船，扮作平民诱缉之处，所谓舍本就末，非实力缉捕之道。闽省出洋兵船六十五号，浙省出洋兵船九十号，声势足资联络。若复添雇鱼船，于巡防未必有益，行之日久，必致有名无实，甚或宵小混迹及夹带应禁军火器物、淡水米谷出洋，转滋流弊。该督等惟当督饬闽浙两省文武员弁，不分畛域，巡查防范，随时认真侦缉，以期洋面肃清，地方一律安静。

廿三日戊辰(4 月 14 日)

孟住等奏报拟操练章程，清廷批复：折内所开春、秋二季操练日期，并拟每年九月内，轮班带同水师旗营，赴虎门洋面，与提标水师绿营会操；又每年十一月内，率领满汉官兵，赴燕塘地方，演放大炮等语，均着照所拟认真训练。惟每年五月十六日至七月十五日，因该省天气暑热，定例停操，相沿已久，该将军等所拟间日轮流演习之处，殊属纷更，仍届期照旧停操。①

廿八日癸酉(4 月 19 日)

浙江巡抚帅承瀛，覆奏巡缉海洋事宜并稽察口岸情形。清廷指示：浙江宁波等府属滨临海洋，时有零星土盗，乘机劫掠，必当认真查拿，免致养痈贻患。该抚所奏兵船巡缉以遏其外，口岸严察以防其内，办理尚合机宜。该抚惟当会同该提镇等，各饬所属，实力巡察，并严饬沿海口岸文武员弁，一体防范。如有内地奸民接

---

① 《清实录·宣宗成皇帝实录》卷三一。

济淡水食米等项，及通销盗赃者，务即设法查拿重惩，俾匪踪净尽，洋面肃清。①

闰三月初一日丙子（4 月 22 日）

广东巡抚嵩孚，遵报拟操练章程，声称抚标左右两营，额设官三十员，兵一千八百余名，向以一、四、七日，操演藤牌刀棍；二、五、八日，操演弓箭长矛；三、六、九日，操演鸟枪及排枪打靶；逢十合操。今拟于每年考拔余丁之时，将两营官兵随意抽阅四五十名，下次仍将上次阅过官兵，酌抽数名，随同考验，总不拘定时日次数，使该弁兵莫能意料备防。道光帝批示："粤东为海疆重地，原应随时训练，俾技艺悉臻娴熟。今该抚所奏，恐有操练之名，并无操练之实，则该省营伍废弛，已可概具。所请不拘时日次数，随意抽阅，技艺有一日之短长，岂能遂据为定准？且所见甚小。无此校阅之法，此等诡遇之行，实非以诚御下之道。该抚系督率大员，不应出此。即如所言，每日抽阅四五十名，能得几何？其所谓再加训练以收实效者，全系一片虚文，并不实力从事。所奏断不可行，该抚惟当遵照旧章，认真操演。其技艺精熟者，分别奖赏拔擢；平庸生疏者，分别责革降伍。并严饬该管将备，实力奉行，勤加练习，毋得日久生懈。固不在多立章程，转致有名无实也。"②

初六日辛巳（4 月 27 日）

因山东滨海地区粮食匮乏，朝廷取消粮食出海禁令。《宣宗成皇帝实录》卷三二载："前据御史孙贯一奏，山东登州等府属滨海州县，因奉天省暂停海运，穷民逃荒乞食，望粟甚殷，吁请开运，当降旨令该抚查明具奏。兹据奏称，该省登州、青州、武定等府属地方，滨海环山，产粮不敷食用，又艰于陆运，全赖奉天粮石海运接济。今若停止，于民食实有关系。请饬查明存积高粱、粟谷，酌量出运，以资调剂等语。本年二月，因奉天省粮价增昂，经松筠查明，将高粱、粟米两项奏准暂停海运，俟数月后，察看情形，再行奏请开运。现在山东省滨海居民，既资海运接济，自应量为调剂，以裕民食。着晋昌查明该省粮，是否平减，所存高粱、粟米两项，准其分半出运，俾两省居民均无乏食之虞。"

初七日壬午（4 月 28 日）

御史董国华奏，请除械斗命案积弊。据称闽粤沿海地方械斗命案，福建之漳

---

① 《清实录·宣宗成皇帝实录》卷三一。
② 《清实录·宣宗成皇帝实录》卷三二。

泉、广东之惠潮为尤甚。潮州府揭阳一县积至数百案未获，漳、泉逸犯亦多，所获止系顶凶，首犯先已潜匿。请饬地方官于先事访拿主谋首犯惩治，附和自散。其平日稽查保甲，择各乡村衿监耆民，责令随时查察，收缴铳械。一闻构衅之端，赴官密报，酌加奖赏。地方官于械斗积案缉拿不力者，随时参处。其案犯人数众多，解省非易，请饬委大员，亲赴该处，督率员弁严拿审办。道光帝批示："各省械斗之案，地方官平日果能于民间争控案件，随时审结，何至有私相械斗之事？着庆保等各饬所属，遇有讼案，即行迅速审办。并先期留心察访，闻有聚斗之信，即派干役严拿两造首犯惩治。稽查保甲，尤当实力奉行。并查察私蓄铳械，随时收缴。至州县于械斗积案查拿不力者，查明参处，勿稍徇隐。其案犯窝藏，艰于缉捕，人多提省劳费，或饬委臬司大员，亲赴该处，督率文武员弁，严拿惩办，以清积案而儆刁风。"①

十六日辛卯（5 月 7 日）

命长芦盐政福森来京，调两淮盐政延丰为长芦盐政。

二十日乙未（5 月 11 日）

道光帝再次对东南沿海械斗案进行批示。刑部奏报，械斗之案起于闽省漳、泉二属，而粤东惠、潮为尤甚。近来江西、湖南、浙江、广西各省，亦间有致毙多命、情近械斗之案。本年闰三月初旬，广东省咨到人命案内，有潮州府属贿买顶凶，旋即破案，将顶凶之人依例拟徒，另缉正凶者，共三十七件，大半皆火器竹铳杀人，而起衅多因口角细故。现在报部顶凶之案，数日之间至三十七件之多。道光帝批复："械斗逞凶，纠杀多命，最为风俗人心之害。而地方官规避处分，往往分作寻常命案办理，不究首祸之犯，致凶徒无所儆畏。着广东、福建、广西、江西、湖南、浙江各督抚，查明近年械斗情形，应如何申明禁令，将敛钱聚众之人，饬地方官留心访察，严拿惩办，不至再酿巨案。如有纠众致毙多命之案，其首祸原谋，应如何按纠众人数，致死命数分别加重治罪。及执持火器刀械下手之犯，应否分别稍予从宽，详细妥议章程具奏。"

廿二日丁酉（5 月 13 日）

周长安覆奏操练章程，将镇标各协营常操日期及常操之外每日操练技艺，开单呈览。道光帝批示："内惟塘汛兵丁轮调回营校阅一条，事涉烦苛。该兵丁本有应

---

① 《清实录·宣宗成皇帝实录》卷三十二。

当差使，若轮流更调，必致巡防操练两无裨益。该镇惟当遵循旧制，严饬该管汛弁，留心操演，不必更张。余着照所拟办理。"

廿四日己亥(5 月 15 日)

予福建出洋淹毙兵丁郑世升等十七名赏恤如例。

廿五日庚子(5 月 16 日)

从浙江巡抚帅承瀛所请，修浙江萧山县西江土塘。

廿九日甲辰(5 月 20 日)

抚恤越南国遭风难夷如例。

四月十一日乙卯(5 月 31 日)

补造江南狼山镇标遭风击坏左营哨船，赏恤淹毙兵丁如例。

十五日己未(6 月 4 日)

闽浙总督庆保等奏参玩忽职守的海岛巡防官员。清廷批示：此案外洋盗匪聚众二三十人，于旬日之间叠劫商船三次，捕务废弛已极。所有该管巡防之昌石营都司吴清，着先行革职。责成统辖之定海镇总兵陈梦熊带同出洋追捕，勒限一个月，将盗匪全数弋获究办。如逾限无获，即将该都司严行治罪，并将该总兵一并严参。①

廿一日乙丑(6 月 10 日)

从总督庆保等所请，修福建福州、泉州、台湾三厂损坏战船。

廿三日丁卯(6 月 12 日)

从协办大学士总督孙玉庭所请，修江南提标川沙各营燕尾梢哨快等船。

---

① 《清实录·宣宗成皇帝实录》卷三三。

廿六日庚午 (6 月 15 日)

武隆阿等详细奏报英吉利人请求内地买马情形。本年三月间，差委回人孟干等，前赴推巴特地方，探得英吉利二人，一名木尔齐喇普，一名铁里伯克，随带跟役约有二三十人，均系温都斯坦、克什密尔等部落，在推巴特居住贸易，尚属相安。现又据该夷人差人递字，求由叶尔羌一带行走，赴布噶尔等处贸易。且称从前曾有该国夷人到过叶尔羌地方，联名出具保结作证。经查询，并无其事，现拟仍行驳斥。道光帝重申："布噶尔等处地方，从无与英吉利夷人交通贸易之事，武隆阿等所办甚是。……该夷等求向内地行走之处，断不可行。武隆阿等惟当督饬各卡伦官兵小心防范，严密稽查，勿令潜入内地，以靖边圉。"①

廿九日癸酉 (6 月 18 日)

道光帝再次对闽省械斗情形进行批示。闽省械斗之风，惟漳、泉二属为甚，虽据该督奏称近来剀切晓谕，该一带地方民情尚为安帖，但恐托诸空谈，于地方无有裨益。着庆保、叶世倬遵照前旨，督饬地方官，将民间争控之案，平情剖断，以清其源，并严查保甲，收缴器械，随时剀切晓谕，实力化导。

五月初三日丙子 (6 月 21 日)

道光帝要求在天津沿海等地试种水稻："前因御史陈鸿条奏请修营田水利，交军机大臣等议覆，请于北省多辟水田，兼收南方粳稻之利。……朕闻直隶沿海旷地、丰润、宝坻、天津等处洼地，可仿南方开为水田栽稻，一二年后，即可渐成肥沃。着颜检饬委妥员查勘该地方情形，如可兴修水田，实于民生有裨，即行据实奏明办理。"②

十三日丙戌 (7 月 1 日)

道光帝再次就天津沿海试种水稻作出批示：着颜检即饬该地方官确访情形，如一州一县试有成效，再行广为增垦，并严饬所属务须妥为查办，不可任听吏胥藉端骚扰，转失为民兴利之意也。

---

① 《清实录·宣宗成皇帝实录》卷三四。
② 《清实录·宣宗成皇帝实录》卷三五。

十四日丁亥(7月2日)

抚恤琉球国遭风难夷如例。

廿一日甲午(7月9日)

予福建出洋遇贼伤亡外委朱雄祭葬恤荫,兵丁谢江等三名赏恤如例。予广东出洋淹毙兵丁李荣光、甘肃捻贼伤亡兵丁张法,赏恤如阵亡例。

廿五日戊戌(7月13日)

清廷处置巡海军官。碣石镇右营千总黄成凤,在洋盘获鸦片,将人船纵放,商同署守备曾振高希图变卖分肥。黄成凤、曾振高俱着革职,署碣石镇都司毛国斌被讦多款,着解任。

东北汪清边外五百余里红土崖地方,有官员发现黄松树株一百一十四件,距海口二千余里,将由陆路翻岭拉运入江,运至海口,用作建造隆恩殿。①

广东巡抚嵩孚,覆奏查禁械斗情形,查禁纹银出洋及严禁鸦片进口,并密访海关收受黑烟重税事宜。道光帝要求实力奉行,不得徒托空言,日久生懈,终致有名无实也。②

六月初九日辛亥(7月26日)

新授长芦盐政延丰以病解任,命福森仍为长芦盐政。

十五日丁巳(8月1日)

从巡抚帅承瀛所请,修浙江上虞县柴土塘堤。

十七日己未(8月3日)

调广东巡抚嵩孚为贵州巡抚,以河南布政使罗含章为广东巡抚,调广东布政使

---

① 《清实录·宣宗成皇帝实录》卷三六。
② 中国第一历史档案馆:《鸦片战争档案史料》第 1 册,天津古籍出版社 1992 年版,第44~45 页。

陈中孚为河南布政使，以湖南按察使苏明阿为广东布政使，山东兖沂曹济道讷尔经额为湖南按察使。

七月初一日癸酉（8 月 17 日）

琉球国使臣向廷谋等二人于午门外瞻觐。

初三日乙亥（8 月 19 日）

从巡抚帅承瀛所请，修浙江萧山县海塘。

初八日庚辰（8 月 24 日）

晋昌奏报躧获黄松树株及筹议砍运事宜。据称嘉庆十一年，采办工用木植，查照乾隆年间旧章，系由直隶总督拨船转运。此次躧获树株一百四十件，俟明岁春融，上紧运至岫岩大孤山海口，请循照旧例，仍由直隶拨船载运。道光帝要求颜检于明岁春融时，拨雇商船，派委妥员，押赴岫岩大孤山海口，迅速载运工次，以备应用。①

十四日丙戌（8 月 30 日）

广东新安县民人黄奕通，呈控洋商故纵夷匪、两命莫偿一案，交阮元审办。此案前据该督奏称，上年十一月，英吉利国护货兵船，停泊外洋伶仃山，夷人赴山汲水，与民人斗殴，互有伤毙。因凶夷驶逸，饬令该国王按名查出，附船解粤，听候究办。今黄奕通复以夷人上岸打冰，盗窃番薯，挟村人斥逐之嫌，即于次日统兵百余人持械掳掠，又用大炮轰击，黄奕明、池大河身死，合村房屋都被打毁，抢夺衣物，计赃一万余两。禀经该县知县准报人命，不准报掳抢等情具控，该督前奏折内均未将此等情节详细声叙。是否该民人架词捏控，抑竟系该县有意消弭，与该商等蒙混禀详，清廷着该督即行确查，据实明白核奏。②

十五日丁亥（8 月 31 日）

琉球国王尚灏遣使表贺登极，进贡方物，赏赉如例。

---

① 《清实录·宣宗成皇帝实录》卷三八。

② 中国第一历史档案馆：《鸦片战争档案史料》第 1 册，天津古籍出版社 1992 年版，第 46 页；《清实录·宣宗成皇帝实录》卷三八。

十七日己丑(9月3日)

莒州、日照二处，与江南海州、赣榆地界毗连，向为私枭出没之所。现在该州县引地，半年之久无商办运，居民淡食堪虞，私枭即可藉此日益充斥。清廷要求整顿。

廿三日乙未(9月8日)

以浙江温州镇总兵官沈添华为提督，福建台湾协外海水师副将杨继勋为温州镇总兵官。

廿四日丙申(9月9日)

闽浙总督庆保等奏报，闽洋米艇船只，缉捕未能得力，请分别裁汰改造。闽省从前添设米艇，系仿照粤省船式成造，专为攻捕艇匪之用。现据该督等查明，艇匪久已绝迹，且驾驶之法，于闽省洋面未能得力，自应酌量裁改。清廷指示着照所议，将此项米艇内朽烂之十五船，即行裁汰，以符额设兵船之数，毋庸再为添造；其尚存二十三只，俟届应行拆造之时，照一二三号同安梭船之式，一律改造，仍按原派营分，领驾配缉。

廿八日庚子(9月13日)

抚恤琉球国遭风难夷如例。

八月初七日戊申(9月21日)

命闽浙总督庆保来京，以广西巡抚赵慎畛为闽浙总督，甘肃布政使卢坤为广西巡抚，浙江按察使朱桂桢为甘肃布政使，调福建按察使吴荣光为浙江按察使，以江西督粮道苏成额为福建按察使。

十二日癸丑(9月26日)

从巡抚叶世倬所请，修福建福州厂战船。

十三日甲寅(9 月 27 日)

浙江巡抚帅承瀛奏报,浙省温州等府茶船,请仍由海道贩运,被清廷驳回。上年江海关出口茶船,经孙玉庭等查明,船身与闽、广、浙省之船可以利涉深洋者不同,舵水人等亦不谙南洋沙线,势难逾越,因降旨准其出口,北赴山东、天津、奉天等处,其向由内河行走输税者,照旧禁止出洋,不容紊越。兹帅承瀛复以浙省温州土产粗茶,向由平阳江口出海,进乍浦口,运赴苏州。定海县岁产春茶,亦由海运至乍浦,转售苏州。自饬禁海运以后,均从内河行走,盘费浩繁,未免生计维艰,恳请仍由海道贩运。清廷以为浙省毗连闽、粤,洋面辽阔,稽察难周。虽据该抚奏称提验查对,各口岸均有稽核,恐日久懈弛,茶船出口后,该商民等贪图厚利,任意驶赴南洋,私售外夷,并守口员弁得规徇纵,任令携带违禁货物,致滋偷漏,其流弊实不可胜言。所有该抚奏请由海贩运之处,着不准行。温州、定海各茶船,仍着由内河行走,以昭禁令而重海防。①

抚恤琉球国遭风难夷如例。

廿四日乙丑(10 月 8 日)

抚恤日本国遭风难夷如例。

九月初一日壬申(10 月 15 日)

阮元奏报,暹罗国王遣使呈进例贡,并遣使臣豫期恭赍贡品,候祝来年万寿。清廷批示:所有该国王例贡准其于本年呈进,该督等将赍进例贡使臣,委员伴送起程,令于本年内到京。其赍进万寿贡之使臣,亦着该督等酌量派员护送,于明年七月内到京,届期呈进。所有该国正副贡船,准其于本年底先行回国。②

初四日乙亥(10 月 18 日)

以广东惠州协副将爱新保,为福建建宁镇总兵官。

---

① 《清实录·宣宗成皇帝实录》卷三九。
② 《清实录·宣宗成皇帝实录》卷四一。

初九日庚辰（10 月 23 日）

从总督阮元所请，以广东雷州、琼州、高州、廉州、潮州五府所属州县，虽省较远，命嗣后遣军流徒人犯，由各该管巡道就近审转，限期处分，如臬司例。

十七日戊子（10 月 31 日）

以奸获在洋叠劫、拒戕官兵首伙各盗犯，赏福建游击黄清泰参将衔，准知县吴秉纶、千总杜抡元送部引见。

十八日己丑（11 月 1 日）

两广总督阮元奏报所查新安县民黄奕明、池大河被英吉利国夷人致伤身死一案详情。因英吉利国夷兵赴岛汲水，将黄奕明等田薯取食，黄奕明等向夺，致相争殴。夷人被伤跑回，越日，夷人复赶往黄奕明等住处，砍碎门扇，彼此互斗。夷人施放鸟枪，黄奕明与其女婿池大河均被伤身死。其受伤夷兵于跑回时，因见黄奕明等多人追逐近船，曾于上船后点放一炮吓唬，并未伤人，亦未毁击村屋。至黄奕通所控掳抢计赃一万余两一节，查黄奕通兄弟等种薯为食，安有万余金之物被夷人掳掠。且案经提省审讯，均未供及被抢情由。即黄奕通呈控词内，并无毁打合村房屋及掳抢衣物万余两之语。揣其现在具呈之意，难保非为图诈洋商起见。俟黄奕通递到，质讯明确，再行定拟具奏。再此案凶夷，于本年正月饬令英夷大班告知该国王查出，附搭货船解粤，应需来年秋间方有信息。①

廿八日己亥（11 月 11 日）

抚恤琉球国遭风难夷如例。

十月初二日癸卯（11 月 15 日）

闽浙总督庆保奏海外同知之要缺被驳回。清廷以为，福建淡水同知员缺紧要，该省岂无合例人员，何得率以到任在后之陈继曾调补，又将福州府海防同知王其福以繁调简，均属违例，俱不准行。

---

① 《清实录·宣宗成皇帝实录》卷四一。

前因浙江象山洋面，有盗匪连劫之案，降旨将该管巡防之昌石营都司吴清先行革职，责成统辖之定海镇总兵陈梦熊带同出洋追捕，勒限一月，将盗匪全获究办。兹缉限久逾，该革弁并未拿获本案余盗。吴清着发往军台效力赎罪，其统辖之定海镇总兵陈梦熊着交部议处。①

初五日丙午 (11 月 18 日)

长芦盐政阿尔邦阿奏，本年雨水较多，商运盐引滞销，请缓缴残票残引。得到准许。

朝鲜国王李玜遣使奉表谢恩，呈进方物。命留抵下次正贡，赏赉如例。

十三日甲寅 (11 月 26 日)

从巡抚帅承瀛所请，修浙江山阴县三江闸柴塘。

廿六日丁卯 (12 月 9 日)

广东省城西门外失火，一日一夜，延烧店铺、洋行、夷人楼馆，至千余家之多。大火始于于九月十八日亥刻，因风大火猛，至十九日亥刻始熄。②

廿九日庚午 (12 月 12 日)

从巡抚帅承瀛所请，修浙江东、西海塘柴埽、坦水各工。

十一月十三日癸未 (12 月 25 日)

调福建漳州镇总兵官庆山为云南昭通镇总兵官，以福建福州营副将桓格为漳州镇总兵官。

十四日甲申 (12 月 26 日)

贵州遵义县人陈铨，冒名胡佑铨，在南阳县手持黄纸拜帖，自称南番大历国差

---

① 《清实录·宣宗成皇帝实录》卷四二。
② 《清实录·宣宗成皇帝实录》卷四三。

赴京城投书，缺少盘费，欲至府署告助。经署知府马维骢等盘获到案，搜出伪造印文，被判处斩监候。①

廿三日癸巳（公元 1823 年 1 月 4 日）

颜检奏报，关外所起运木植，请由奉天牛庄转运，得到许可。盛京采办工用木植，前据晋昌奏请运至岫岩大孤山海口，由直隶拨船载运。兹据该督查明此项木植，向系天津县分运七成，宁河县分运三成。惟该二县海船，于岫岩大孤山海口一带，素未经由，恐滋贻误。请循照旧章，由盛京将军委员押赴牛庄海口，令天津、宁河二县拨雇商船前往载运。道光帝晓谕，着晋昌于明岁春融，即委员将木植押至牛庄，交直隶商船接运工次，以期妥速。②

粤海关监督达三奏报并无征收鸦片重税之事件。③

廿五日乙未（公元 1823 年 1 月 6 日）

福建水师提督许松年奏报出洋督缉情形，道光帝下旨："汝能如此不辞劳瘁，循照旧章，身先巡缉，使海疆永臻静谧，民商乐业，零星土盗，随时掩捕，不致酿成巨案，贻患将来。朕甚嘉焉。然总要奉行无懈，实力实心，以副朕推诚委任之意，勉之慎之。"④

缓征长芦被水引地本年正课十分之五，并展缓旧欠加价及加价息银。

廿七日丁酉（公元 1823 年 1 月 8 日）

江苏海洋辽阔，经孙玉庭督饬文武，拿获洋盗及贩私各犯共八十余名，起获大小匪船十只，枪炮刀矛器械及火药等项数十余件，究出此案渠魁张扣二即张宝传，逃匿在宁波奉化及舟山榔鸡子等处。

十二月初一日辛丑（公元 1823 年 1 月 12 日）

抚恤朝鲜国遭风难夷如例。

---

① 《清实录·宣宗成皇帝实录》卷四四。
② 《清实录·宣宗成皇帝实录》卷四五。
③ 中国第一历史档案馆：《鸦片战争档案史料》第 1 册，天津古籍出版社 1992 年版，第 46～47 页。
④ 《清实录·宣宗成皇帝实录》卷四五。

初五日乙巳（公元 1823 年 1 月 16 日）

琉球国例贡二号船，在闾头外洋遭风击碎，淹毙夷使人等十名。清廷晓谕：除照例优恤外，着加恩赏银一千两，给夷官雇觅商船回国，其沉失贡物，毋庸另备呈进。

颁给朝鲜国册立皇后诏书，赏该国王缎匹如例。

初八日戊申（公元 1823 年 1 月 19 日）

御史尹佩棻奏报，请严禁私食鸦片烟。据称鸦片烟之来，福建、浙江、江南通海口地方，俱有私带，总以来自广东者为最。一由于地方官不认真查拿，或差一二武弁巡查，徒为该弁肥囊之计；一由于粤海关之包税，洋船一到，即有包揽上税者，将烟雇载渔船，先行寄顿，然后查船，且闻鸦片非数换不卖，独巡海兵丁，不惜减价卖给，居心尤为可恶。道光帝批复："鸦片烟流行内地，大为风俗人心之害，民间私贩私食，久干例禁。节经降旨，严饬稽查，而此风未尽革除，总由海口守巡员弁，卖放偷漏，以致蔓延滋甚。着阮元、达三于通海各口岸地方，并关津渡口，无论官船民载，逐一认真查拿。"①

十一日辛亥（公元 1823 年 1 月 22 日）

粤海关监督达三，奏谢留任恩。道光帝下旨：税课丰盈，固是职守当然，然查禁鸦片，尤是洋口要务，果能实力禁绝，能无偷漏包庇之弊，方为不负委任。

十二日壬子（公元 1823 年 1 月 23 日）

阮元等奏报，广东商夷被火灾，祈请调剂。清廷将该夷人应交税银十四万二百四十三两零，全行豁免。其该商等应交税银五十二万四千一百五十六两零，着于明年先交银二十六万二千七十八两零，所余一半，自道光四年起，行馆未烧、栈房被灾者五家，分为三限，其行馆栈房、俱被烧毁者六家，分为五限。

十三日癸丑（公元 1823 年 1 月 24 日）

调广东巡抚程含章为山东巡抚，以两广总督阮元兼署广东巡抚，河南布政使陈

---

① 《清实录·宣宗成皇帝实录》卷四六。

中孚为广东巡抚，云南按察使杨国桢为河南布政使，直隶清河道吴廷琛为云南按察使。

廿一日辛酉（公元 1823 年 2 月 1 日）

本日晋昌奏报，起运木植，请仍由岫岩大孤山海口转运。据称查嘉庆十一年，采办木植，系在边外百铃川山场附近内河，是以由太资河运至牛庄海口转运。此次所办木植，系在边外红土崖等处，附近外江，不通内河，必须由浑艾两江下运，经过高丽沟，至岫岩大孤山海口，船载转运，方无窒碍。若由山场运至牛庄海口，其中山岭间隔，沟涧甚多，实属纡绕难行。又查嘉庆十八年，酌拨粟米运津，即系拨派天津、宁河二县船只，驶至岫岩大孤山海口，装载出口，有案可稽。此项木植，丈尺较大，由江运至海口，须俟水势深涌时，方可顺流挽运。请于明年春夏间，陆续赶运。道光帝批示：着颜检委员分起拨船，仍由岫岩大孤山海口载运，以归简易。①

廿六日丙寅（公元 1823 年 2 月 6 日）

署闽浙总督叶世倬奏，拿获投诚后复下海为盗并在洋行劫及接赃服役各犯。抚恤吕宋国遭风难夷如例。

廿八日戊辰（公元 1823 年 2 月 8 日）

清廷晓谕帅承瀛，要设法侦缉海盗魁首张扣二。张扣二为洋盗渠魁，前因行劫破案，与宁波南山人小王逃往宁波奉化县、舟山榔鸡子地方躲避。江浙两处，洋面毗连，海道延袤，该犯等闻拿远审，随地可以潜藏，总当不分畛域，于沿海口岸村庄及悬海洲岙各处，遍加查缉，以期迅即获案。

廿九日己巳（公元 1823 年 2 月 9 日）

福建巡抚叶世倬奏报，台湾艋舺营添拨水陆弁兵，应配军装炮械，请于盐课盈余银内，动支给制。从之。

琉球国使臣毛树德等二人于午门外瞻觐。

---

① 《清实录·宣宗成皇帝实录》卷四七。

是年

葡萄牙文报刊《蜜蜂华报》在澳门出版，为中国境内出版的第一份外文报纸。①

英国等向清廷输入鸦片七千七百七十三箱。②

经由广州进出口的中外贸易总额为四千五百七十四万七百九十四元，其中进口为二千五百二十七万零四百七十三元，出口为二千零四十七万三百二十一元。中英贸易额为二千九百八十七万六千九百零四元，进口一千六百九十三万一千零七十五元，出口一千二百九十四万五千八百二十九元。中美贸易额为一千五百八十六万三千八百九十元，进口八百三十三万九千三百九十八元，出口七百五十二万四千四百九十二元。③

道光三年　癸未　公元 1823 年

正月初三日癸酉(2 月 13 日)

福建巡抚叶世倬年老休致，调安徽巡抚孙尔准为福建巡抚，以安徽布政使陶澍为巡抚，甘肃按察使徐承恩为安徽布政使，浙江盐运使蔡炯为甘肃按察使。

初八日戊寅(2 月 18 日)

海盗魁首张扣二在浙江奉化被捡获。张扣二籍隶江阴，住寿兴沙地方，积年在洋劫掠，贩私度日，隐匿浙江定海县岱山峡港赵真传家及椰鸡子等处。清廷要求奉化县暨沿海各县，督同委员兵役，将其所供出其他盗匪一并勒限侦缉，按名获究。

从巡抚帅承瀛所请，修浙江海盐县石塘。

---

① 方汉奇：《中国近代报刊史》上册，山西人民出版社 1981 年版，第 13 页。

② [美]马士：《中华帝国对外关系史》第 1 册，张汇文等译，生活·读书·新知三联书店 1957 年版，第 239 页。

③ [美]马士：《东印度公司对华贸易编年史》第 4 卷，区宗华译，中山大学出版社 1991 年版，第 68~69 页。

贷长芦丰财、芦台、严镇、海丰四场上年被水灶户修整盐滩银，并展缓丰财场灶户借欠工本银一年。①

十三日癸未(2月23日)

琉球国使臣呈称国王此次恭进方物，恳照乾隆五十五年、五十九年、嘉庆六年、十四年准予赏收，免其留抵，得到许可。

朝鲜国王李玜遣使表贺冬至元旦令节，并进贡方物，赏赉如例，免入筵宴。

琉球国王尚灏遣使表贡方物，赏赉筵宴如例。

暹罗国王郑佛遣使表贡方物，赏赉筵宴如例。

十四日甲申(2月24日)

阮元等奏请署海疆要缺知县，准其以试用知县张大凯署理广东新宁县知县，期满后另请实授。因系海疆要缺，张大凯为特例，未拘资格。

十五日乙酉(2月25日)

以广东澄海协副将刘起龙为福建南澳镇总兵官。

十七日丁亥(2月27日)

福建台湾嘉义县黄心偷窃时失手杀人，其定罪拟斩监候。

十八日戊子(2月28日)

抚恤琉球国遭风难夷如例。

抚恤日本国遭风难夷如例。

廿四日甲午(3月6日)

福建汀州府永定县人翁日升，于嘉庆十八年往暹罗国贸易，因通晓番语，于上年呈进例贡时充当通事，声称奉国王差委而恳赏顶带，遭到训斥。清廷以其违例，虽无捏饰情弊，惟往来该国年久，恐滋事端，交本籍严加管束，毋许再行出外。

---

① 《清实录·宣宗成皇帝实录》卷四八。

二月初六日丙午(3月18日)

道光帝书"海表同文"匾额赐朝鲜国王,"屏翰东南"匾额赐琉球国王,"永奠海邦"匾额赐暹罗国王。①

初七日丁未(3月19日)

两广总督阮元、粤海关监督达三,奏报查禁鸦片偷运入口情形,先后在西炮台、黄埔口、佛山口、澳门口等地起获鸦片多起,并将鸦片当堂销毁。②

十九日己未(3月31日)

抚恤琉球国遭风难夷如例。

二十日庚申(4月1日)

闽省战船驾厂,本应随时修理,近绿木料短少,未能克期兴办,以致历年积压,叶世倬报请筹议承修。清廷晓谕,准其将福、泉、漳三厂应办战船,自道光二年正月为始,按月修船一只,遇闰多修一只。其集成字号大船,以一只抵修两只。至遭风击碎补造之船,即着落奉到行知之员造补,不在额修之内。该督抚仍督饬各厂道员,先尽到厂最久之船,挨次修造,不得越次先修,以杜挑修取巧之弊。③

三月十四癸未(4月24日)

两广总督阮元等奏报拿获鸦片烟人犯。道光帝指示:总要日久无懈,认真察查,勿被属员商人蒙混,方为至善。

十五日甲申(4月25日)

两广总督阮元奏报,官员子孙仰蒙予荫,原系非常旷典,岂容漫无区别,查故

---

① 《清实录·宣宗成皇帝实录》卷四九。
② 中国第一历史档案馆:《鸦片战争档案史料》第 1 册,天津古籍出版社 1992 年版,第 49~50 页。
③ 《清实录·宣宗成皇帝实录》卷四九。

闽安协副将张保原系粤洋大盗，经官兵剿捕，于嘉庆十五年投诚，其子嗣若一体子荫，殊不足以重名器，应请撤除。道光帝下旨，不必撤除荫生，着赏给千总，毋庸送部引见。①

十八日丁亥（4月28日）

从巡抚帅承瀛所请，修浙江萧山县属篓石土塘，并改建柴塘。

二十日己丑（4月30日）

闽浙总督赵慎畛奏谢陛见回任恩，道光帝下旨，令其屏除情面，力挽习俗，勤慎之中加之振作，海疆尤当注意，以副简畀。

廿四日癸巳（5月4日）

以浙江定海镇总兵官陈梦熊，为广东水师提督。

廿五日甲午（5月5日）

命保举堪胜水师总兵之江苏副将龚镇海，送部引见。

从协办大学士总督孙玉庭所请，拨江南苏松镇属及狼山标马步守兵四十七名，添驻狼山镇属掘港营汛。

廿九日戊戌（5月9日）

粤海关监督达三奏查禁鸦片烟，得到赞许。

三十日己亥（5月10日）

暹罗国使私买内地子女，被查禁。陶澍奏称暹罗国使入安徽境时，携有幼稚子女，询系前途所买奴婢，当饬将子女八名截留核办。道光帝批复：雷州府知府王文苑，系粤省派委护送夷使之员，理应沿途小心照料，乃任听家人通事等购买人口，

---

① 《清实录·宣宗成皇帝实录》卷五〇。

毫无觉察。傥使臣俱各效尤，竟将内地人民远携外夷役使，尚复成何体制。①

四月初三日壬寅(5 月 13 日)

朝鲜国夷船在洋遭风，漂流闽省，照例给予口粮抚恤外，难夷金光宝等被护送进京。

福建金门镇总兵官郭继青以亲老告养，允之。以病痊总兵官明保为金门镇总兵官。

十一日庚戌(5 月 21 日)

闽省剿办台湾逆匪案内军需，尚未捐完银一百七十九万余两，被准予删免。

十九日戊午(5 月 29 日)

从巡抚帅承瀛所请，修筑浙江会稽县中巷一带塘堤。

廿七日丙寅(6 月 6 日)

从总督赵慎畛所请，修补福建台湾中、左、右三营军装炮械，并于盐商应征息银内每年拨银一万两，为陆路缉捕经费。②

五月初九日丁丑(6 月 17 日)

抚恤琉球、吕宋遭风难夷如例。

十一日己卯(6 月 19 日)

乍浦副都统墨尔格纳因病休致，调镶蓝旗汉军副都统黄文煜为乍浦副都统。命保举堪胜水师总兵之福建台湾协副将陈化成，送部引见。

从总督赵慎畛所请，修福建台湾厂遭风击碎战船。

---

① 《清实录·宣宗成皇帝实录》卷五〇。
② 《清实录·宣宗成皇帝实录》卷五一。

十二日庚辰(6月20日)

从协办大学士总督孙玉庭所请,修江南苏松镇标六营战船。

十九日丁亥(6月27日)

浙江巡抚帅承瀛,奏报浙江萧山县新林塘外续办沟荡石闸各工完竣,并筹议岁修经费。清廷准许按亩捐输,自道光三年为始,由该县场按年分征存贮,遇有坍损淤塞,即由各该处绅民随时请领挑修。

因暹罗贡使委员在途买带幼孩,拟将前署高廉道事候补知府百顺、雷州府知府王文苑、陆路提标前营游击文泰俱着革职。①

六月初二日己亥(7月9日)

朝鲜国遭风难夷金光宝等九名漂流闽省,经谕令将该难夷委员护送进京。兹据礼部查明,该难夷等到京名数与原奏人数不符,且无委员护送,又无咨文,仅系沿途经过州县接递护送行走,至山东兰山县以后,并未派员照料。赵慎畛、琦善俱着交部议处,该难夷金光宝等着即派委通官护送回国,以示体恤。②

十一日戊申(7月18日)

降广东碣石镇总兵官陈元标为都司,以福建台湾协副将陈化成为碣石镇总兵官。

十七日甲寅(7月24日)

以江南京口协副将龚镇海,为浙江定海镇总兵官。

廿九日丙寅(8月5日)

抚恤琉球国遭风难夷如例。

---

① 《清实录·宣宗成皇帝实录》卷五二。
② 《清实录·宣宗成皇帝实录》卷五三。

七月十二日戊寅（8 月 17 日）

两广总督阮元等奏报，暹罗国通事翁日升系内地民人，无违禁出洋及营求捏饰情弊，惟请赏顶带之处殊属违例，应毋庸议，并即饬县递籍管束。处置得到许可。

从总督阮元所请，修广东南海、香山、陆丰、德庆、合浦五州县塘汛营房。①

十八日甲申（8 月 23 日）

予浙江巡缉被淹巡检黄湄、陕西剿办野番病故把总王瑞骀祭，葬恤荫如例。

二十日丙戌（8 月 25 日）

从总督赵慎畛所请，补造福建泉州厂战船。

廿九日乙未（9 月 3 日）

晋昌等奏报，欲处理水师营空闲房间。盛京、金州、旅顺海口，从前设立水师、兵丁、舵工、水手六百名，每名给予官房二间，共一千二百。遇有坍塌渗漏，均系该兵等捐饷修补。兹据该将军等查明该处营兵，现在携眷居住之兵，仅有一百八名，余皆只身合伙居住，只占用官房三百八十间，再以堪住官房二十间，作为官兵办事公所，足敷应用。此外八百间，俱属糟朽损坏，空闲无用，若每年仍令兵丁捐饷修理，殊形苦累。清廷批复：着照所请，将原设官房一千二百间，择其整齐者酌留四百间，俾资栖止。其余着拆毁减价估变银两，解交盛京户部银库查收存贮。②

三十日丙申（9 月 4 日）

命长芦盐政阿尔邦阿留任。

八月初二日戊戌（9 月 6 日）

吏、兵二部奏请酌定失察鸦片烟条例。鸦片烟一项，流毒甚炽，总由地方官查

---

① 《清实录·宣宗成皇帝实录》卷五四。
② 《清实录·宣宗成皇帝实录》卷五五。

拿不力所致。向来地方官，只有严参贿纵之例，并无议处失察之条。且止查禁海口洋船，而于民间私熬烟斤，未经议及，条例尚未周备。嗣后如有洋船夹带鸦片烟进口，并奸民私种罂粟、煎熬烟膏、开设烟馆，文职地方官及巡查委员如能自行拿获究办，免其议处。其有得规故纵者，仍照旧例革职。若止系失于觉察，按其烟斤多寡：一百斤以上者，该管大员罚俸一年；一千斤以上者，降一级留任；五千斤以上者，降一级调用。武职失察处分，亦照文职画一办理。其文武官拿获烟斤议叙，均着照旧例行。至滇省迤西迤东一带，将罂粟花熬为鸦片，必须严行禁止。着该督抚严饬地方官晓谕居民，概不准私种罂粟，以净根株。①

初三日己亥(9月7日)

暹罗国使臣白沾暖梭藩、哪吃腊车突等二人于神武门外瞻觐。

初五日辛丑(9月9日)

闽浙总督赵慎畛请将台湾府属军流等犯归巡道就近审转。道光帝批复：闽省台湾一府，离省窵远，兼隔重洋，招解人犯，每因风雨阻滞，辗转稽延，自应量为变通。嗣后台湾府属厅县，审办寻常案内，罪止发遣军流及命案徒犯，该府厅县于审明后，俱着招解台湾道，勘定移司，毋庸将犯解省。并令该道缮具文册二副，于鹿耳门、鹿仔巷两处口岸，配船分递。不拘何处文书先到，即由臬司覆核详咨。傥有犯供翻异，该道即就近提人质审，庶案件得以迅结。至应拟斩绞并斩绞案内遣军流徒余犯，及由斩绞减为遣军流徒者，仍着照向例解司审转，以昭慎重。②

初九日乙巳(9月13日)

暹罗国王郑福遣使恭祝万寿并进方物，赏赍筵宴如例。

十九日乙卯(9月23日)

海盐等四县二卫低田续被水淹，浙江巡抚帅承瀛请求由海道买运米石。清廷批复：着照该抚所议，即饬杭州府招商给照赴买，并咨行提镇及该道府，令各海口查

---

① 《清实录·宣宗成皇帝实录》卷五六。
② 《清实录·宣宗成皇帝实录》卷五六。

明印照米数相符，饬即验放运回，免其纳税，俟外省客贩流通，即行停止。①

予福建出洋淹毙外委蔡修立祭葬恤荫，兵丁萧长生等五十九名赏恤如例。

从巡抚帅承瀛所请，修浙江海盐县滨海坍卸塘工，并添建随塘坦水。

八月二十日丙辰(9 月 24 日)

两广总督阮元奏请将伤毙我民人而潜逃回国的英船兵丁，交该国自行惩办。"拟于本年该国货船开行时，由臣等谕饬洋商传谕大班寄字该国公班衙，俟巡船回国时，确查凶夷正身，自行正法，以结此案。"②

廿四日庚申(9 月 28 日)

予江苏出洋淹毙游击余元超祭葬恤荫，兵丁朱元亮等二名赏恤如例。

从总督赵慎畛所请，造补福建漳州厂战船。

九月初一日丙寅(10 月 4 日)

两广总督阮元等奏报，广东署南海县事候补同知章蜒，于邻境叠劫巨案，首先访获斩枭及拟遣盗犯多名，缉捕尚属奋勉，请免补本班遇缺升用，被驳回。

前署高廉道事候补知府百顺、雷州府知府王文苑、陆路提标前营游击文泰，因派委护送暹罗贡使，任听家人及通事等沿途买带人口，讯明所带幼孩实系家人等私买，百顺、王文苑、文泰俱着加恩改为降五级调用，撤销革职处理。③

从总督阮元所请，修广东肇庆府炮台。

初二日丁卯(10 月 5 日)

福建巡抚孙尔准奏报福建海防事宜。清廷批复：闽省滨临大海，幅员辽阔，禁奸诘匪，稽查宜周。兼以延津一带，盗劫频闻，漳、泉各属，风气犷悍，习于械斗，台湾又远隔重洋，土盗尚未能净绝。地方大吏，总当随时整顿，尽心化导，俾得渐收实效。兹孙尔准于到任后，体察该省情形，酌筹办理。所称连甲之法，每村甲首，率众轮值守望，一有盗警，附近各村，可以同往掩捕，宵小自无从潜匿。至

---

①　《清实录·宣宗成皇帝实录》卷五七。

②　中国第一历史档案馆：《鸦片战争档案史料》第 1 册，天津古籍出版社 1992 年版，第 52~53 页。

③　《清实录·宣宗成皇帝实录》卷五八。

晋江、惠安、同安各县渔船，偶因采捕乏食，逢船劫抢。舟师在洋巡缉，莫办其为渔为盗，未能即时弋获。嗣后着饬令沿海各县，将各澳商渔船只，于该船头尾两处，印烙县分甲号，渔户姓名，并在风篷两面，书写大字，以便易于识认。仍严饬汛口员弁，确加查验，毋许偷放，庶期洋面肃清。①

抚恤琉球国遭风难夷如例。

初四日己巳（10 月 7 日）

浙省被水，闽浙总督赵慎畛请招商赴台贩米。本年浙省雨水过多，又猝遇山水，低田被淹，各属米价增长。惟闽省早收丰稔，台湾余米可以出粜。清廷批示：着照所请，准其暂停海禁，并免征税科，该督等即招商给照，令其赴台采购，从海道运至浙省，以济民食。所经各海口验照放行，毋得留阻。俟浙省米价稍平，即行截止，仍遵旧制，饬禁海运，毋许越贩。

闽浙总督赵慎畛覆奏，此次护送朝鲜国难夷金光宝等九名进京，系照越南、日本等国难夷回国成案，分咨各省护送，并未委员伴送至京。清廷要求嗣后如遇难夷回国，着仍照向例，分咨经由等省，逐程委员护送。傥系由台湾内渡难夷进京，着闽省派委员弁护送，不得援照回国之例办理，以昭慎重。②

初六日辛未（10 月 9 日）

抚恤日本国遭风难夷如例。

初八日癸酉（10 月 11 日）

直隶总督蒋攸铦奏，雇运奉天赈米之海船，请准带商米二成，免其纳税一折。直隶省官雇海船，领运奉天赈米，必须量予调剂。清廷批示：着照所请，每海船装运官米八成，准其带运商米二成，到关时免其纳税，并咨行奉天押运委员，将商米兑明数目，分装运至天津，俟官米起兑足数后，再行卸起商运，以杜牵混短少之弊。其大孤山海口之岫岩旗仓米石，现据该督咨明奉天省停止免运，着照所议行。

初九日甲戌（10 月 12 日）

从巡抚孙尔准所请，修福建福州、泉州、台湾三厂战船。

---

① 《清实录·宣宗成皇帝实录》卷五八。
② 《清实录·宣宗成皇帝实录》卷五八。

十四日己卯(10 月 17 日)

前因奉天省采办钦工木植，饬令直隶派船赴岫岩大孤山海口接运，旋据蒋攸铦奏咨东省代为雇备。兹据琦善奏，东省船身窄小，路径生疏，该商船往来海口，仅可贩买杂粮，难以装载木植。道光帝批复：直隶、天津等县，商贾云集，船只较多，且据琦善查明，历届承运钦工木植，已非一次，从无雇用东省海船之案。此次承运木植，着蒋攸铦严饬所属，循照旧章，仍由直隶雇船接运，毋许辗转推诿，贻误要工。①

以芦纲坨盐被水冲荡，引地阻运滞销，缓各商应征节年正余引课银。

十八日癸未(10 月 21 日)

以广东海口协副将文应举为阳江镇总兵官。

廿七日壬辰(10 月 30 日)

抚恤琉球国遭风难夷如例。

十月十三日戊申(11 月 15 日)

暹罗遣接使臣船只在洋遭风。本年七月内，暹罗国遣来接载使臣回国正副船只，行抵广东新安县属洋面遇风，将正贡船飘撞击碎，漂失公文货物，并沈溺舵水、客民多名。②

前因各省所保水师总兵，俱已简放，道光帝谕令两江、闽浙、两广总督各于水师副将内，遴选堪胜总兵者，保奏一二员，送部引见，候其记名简用。

十四日己酉(11 月 16 日)

广东巡抚陈中孚奏报校阅抚标官兵情形。道光帝下旨：海疆重地，武备尤当讲求，勿为外夷所耻也，慎之勉之。

---

① 《清实录·宣宗成皇帝实录》卷五八。
② 《清实录·宣宗成皇帝实录》卷六〇。

十五日庚戌（11 月 17 日）

从总督赵慎畛所请，铸福建巡缉兵船炮位。

十八日癸丑（11 月 20 日）

调广东碣石镇总兵官陈化成为福建金门镇总兵官。

福建福宁镇总兵官刘成魁因病解任，以澎湖协副将常遇恩为福宁镇总兵官。

抚恤琉球国遭风难夷如例。

十一月十一日乙亥（12 月 12 日）

闽浙总督赵慎畛等奏报遵查闽海关征收关税情形。前因军机大臣会同户、工二部议奏，征收关税及分赔章程，令各督抚妥议具奏。兹据赵慎畛等查明闽海关历年征收税银，均系按数收足。清廷着仍照旧办理，毋庸另议章程。至税课如有绌收。若各按各任赔补，月分衰旺不同，仍照旧例，全年通计，按日匀摊，俾免偏枯。①

十九日癸未（12 月 20 日）

予故广东水师提督沈烜祭葬如例，谥勤毅。

从巡抚帅承瀛所请，修浙江山阴、会稽、萧山、余姚、上虞五县柴土篓石塘工。

抚恤琉球国遭风难夷如例。

十二月初二日丙申（公元 1824 年 1 月 2 日）

户部奏请饬查海运仓霉变豆石，并将该仓署任监督据实奏参，得到道光帝重视。

初三日丁酉（公元 1824 年 1 月 3 日）

从巡抚帅承瀛所请，修浙江钱塘县苕溪险塘。

---

① 《清实录·宣宗成皇帝实录》卷六一。

初四日戊戌（公元 1824 年 1 月 4 日）

和桂等遵旨将海运仓霉变豆石情形明白回奏。各仓收贮米麦豆石，均应一律干洁。海运仓本年新收之豆，既有潮湿，该侍郎等于查验时即当奏明驳回，不应收贮，乃不据实具奏，率将潮豆贮仓，并自捐银二百两，作为挑晾之费。①

初七日辛丑（公元 1824 年 1 月 7 日）

道光帝要求彻查海运仓豆石霉变一事，务令水落石出，毋稍徇纵。

初八日壬寅（公元 1824 年 1 月 8 日）

闽浙总督赵慎畛等奏报，水师兵船应制备巾顶插花，恳准报销。闽省缉捕兵船，前因经费无出，奏准于关税项下动支银十万两发商生息，岁得息银一万二千两以备支用。兹据该督等奏称，兵船巾顶插花，出洋驾驶，追踪盗踪，较为利便。如遇届期修造，驾厂必须制办。按照船只大小均匀牵算，每船需银四十余两，每年四厂，均需银二千两零。清廷批示：着照所请，准将战船制备巾顶插花工价，归于筹备缉匪经费之关税生息项下，一体动支制办，按年造册报销，以归核实。②

十五日己酉（公元 1824 年 1 月 15 日）

追予在洋捕盗被戕及遭风漂没江苏游击余元超、福建把总陈建勋、王得武、浙江外委叶逢阳、巡检黄湄、马步兵、陈光彩等十三名，并协捕云南永北夷匪阵亡廪生高世魁，分别赏恤如例。

添建山东兖州镇标中、右二营军械火药库局，从署巡抚琦善所请。

十八日壬子（公元 1824 年 1 月 18 日）

广东客民郑仁记等船只在洋遭风，漂至琉球地方，经该国安置养赡，现在该国王差都通事等配船送回内地，已抵闽省。道光帝晓谕：所有官伴水梢，着自安插日为始，分别日给蔬薪盐菜口粮，回国之日另给行粮一个月，并着加赏都通事等缎纱

---

① 《清实录·宣宗成皇帝实录》卷六二。
② 《清实录·宣宗成皇帝实录》卷六二。

布匹又修船银两。该夷带来土产货物，准其开馆贸易，事竣照料遣回。至难民郑仁记等，着即给照，由陆路递送回籍。①

十九日癸丑(公元 1824 年 1 月 19 日)

博启图等奏报盘查海运仓豆石数目。道光帝要求查明，该仓土豆因何短少，并霉变豆石因何致有二万余石之多。

廿三日丁巳(公元 1824 年 1 月 23 日)

海运仓相关官员受到惩处。吉升阿着即革职，与雅隆阿均发往伊犁效力赎罪；何元瀛着即革职，发往军台效力赎罪。

廿五日己未(公元 1824 年 1 月 25 日)

直隶总督蒋攸铦覆奏酌议添运奉天粟米。前据御史程邦宪奏，直隶灾区较广，请照嘉庆年间成案，于奉天省存仓粮米，再行酌拨，或在附近海口采买。嗣据伦图善等，请于海城县采买高粱十万石，锦县采买粟米五万石备拨，当令该督雇备船只，派员领运。兹据该督查明，船只无多，傥因采买粟米，将海船全行雇用，必致商贩无船装运，米价日昂。清廷指示：着照所请，所有采买粟米五万石，着俟各船起卸完竣，于明春开冻后，照例给票，分起前往，迅速装运。此项粟米，已不及凑作展赈之用。惟该省展赈后，或市价未能平减，即随时体察情形，酌量平粜。其高粱一项，直省既乏海船装载，又难久贮，且缓不及时，所有前议采买海城县高粱十万石之处，着即行停止。

廿九日癸亥(公元 1824 年 1 月 29 日)

袷祭太庙，道光帝亲诣行礼。
朝鲜国使臣洪义浩等三人于午门外瞻觐。

是年

英国传教士马礼逊所译《新旧约全书》中文版在马六甲出版，传入内地，书译

① 《清实录·宣宗成皇帝实录》卷六三。

名为《神天圣书》。①

英国等向清廷输入鸦片九千零三十五箱。②

经由广州进出口商品贸易总额为四千四百五十四万零三百一十九元，其中进口二千三百五十二万三千九百四十六元，出口二千一百零一万六千三百七十三元。中英贸易额为二千二百五十五万零四十三元，进口一千七百二十一万零八百一十九元，出口一千五百三十三万九千二百二十四元。中美贸易额为一千一百九十九万零二百七十六元，进口六百三十一万三千一百二十七元，出口五百六十七万七千一百四十九元。③

道光四年　甲申　公元 1824 年

正月十三日丁丑(2 月 12 日)

吴淞江水道淤积，当地要求清理。连年各处河道来源不旺，海潮挟沙而进，清水无力刷涤，以致间段淤浅。现在太湖水旺，吴淞积水犹深，第来源弱旺靡定，难以目前勘测为准，而上海、南汇、川沙三县厅粮艘，自改道黄浦泖湖，前后凡经五运，并无风水之虞。其吴淞一带，历年行走亦属稳便。清廷指示：查清吴淞消长情形，定该三县厅漕船趱行之路，免致逐年临时具奏。④

直隶总督蒋攸铦奏报，请借款造船运木以济要工。道光帝晓谕：前因奉天省采办钦工木植，东省船只难以装载，降旨令蒋攸铦循照旧章，由直隶雇船赴岫岩大孤山海口接运。兹据奏称，天津等县海船与东省船只短窄情形相同，舱内不能安放大木，至熟谙大孤山海道之头舵水手，东省尚有可雇之人。议请令各船户自备料物，造成宽大海船十只，天津船户承造七只，宁河船户承造三只，分起领运。其头舵水手人等，责成各船户，协同现在收泊天津之东省船户，自赴黄县觅雇，无庸官为经

---

① 清史编委会：《清代人物传稿》第 1 卷，辽宁人民出版社 1984 年版，第 407 页。

② ［美］马士：《中华帝国对外关系史》第 1 册，张汇文等译，生活·读书·新知三联书店 1957 年版，第 239 页。

③ ［美］马士：《东印度公司对华贸易编年史》第 4 卷，区宗华译，中山大学出版社 1991 年版，第 87~89 页。

④ 《清实录·宣宗成皇帝实录》卷六四。

理。惟造船工费甚巨，各船户一时未能全数筹备，着准在天津道海税内拨银一万五千两，借给天津、宁河两县海船户承领，赶紧购料排造，迅速竣工，雇定头舵水手，限四月初出口领运。其借领银两，自道光四年起，分作五年，照数完缴归款。倘有延欠，即将承领之船户监追治罪。所造各船运竣工木之后，仍责成该船户随时修整，听其装运客货。如官有需用之处，仍听官为雇用。至天津赴岫岩大孤山运木，应得海程水脚，既无报销例案。其不敷银两，着俟工部核复。①

两江总督孙玉庭奏报，太湖分洩水道不通造成江浙各郡水患。查太湖跨江浙苏、常、湖三郡，凡杭、嘉、湖、宣、歙诸路之水，无不汇归太湖，由三江分趋于海。在太湖北为刘河，即古之娄江；东南由黄浦入海者为东江；其中即为吴淞江。自乾隆二十八年大加疏浚之后，虽经先后兴挑，然海潮挟沙，日渐淤垫，旱则水不流通，灌溉难资，潦则诸水汇于太湖，仅藉一线吴淞为去路，势不能不汛溢为患。但地连数郡，工巨费繁，必须通盘打算，始可次第兴办。②

浙江巡抚帅承瀛奏报商议浙省各关收税事宜，得到批复。其建议海关货物有税则未及备载之项，现饬比征定制，另行造册咨部，刊入木榜税则，使众商咸知遵守。

十九日癸未(2 月 18 日)

直隶总督蒋攸铦奏报，请将筹拨奉天省采买银两改拨直隶。前因直隶本年春间展赈之后，尚需接济，饬令户部动拨银两，发交奉天省在锦县采买粟米五万石，以备支放。兹据该督奏称，此项银两，辗转筹解，耽延时日，且由海道装运天津，复须运赴各州县，脚价等项，未免多滋浮费，请酌量改拨应用。清廷批示：除降旨盛京将军等，令其停止采买外，着户部将筹拨采买粟米银十三万两内，即行拨给直隶银八万四千两，迅速解交该省收贮。该督于青黄不接之时，察看各属情形。如实在乏食贫民，酌借口粮，即以折色散给，俾资糊口，秋后照例征还。

蒋攸铦奏遵查关税章程。清廷批示：直隶天津钞关海税，近年并无短绌，惟恐日久弊生，自应认真经理，裁减家人，约束书役，俾税课日期充裕。如查有横征等弊，及奸商偷漏情事，随时分别严参惩办。至征收关税，月有淡旺之分，即课有多寡之别，设有短绌，仅着落经征在任之员，按月分核计赔补，恐遇旺月则有余赀，值淡月则有赔累，未免偏枯。着照所请，统计一年亏短之数，分十二个月，照旧均摊着赔，以昭公允而重榷务。③

---

① 《清实录·宣宗成皇帝实录》卷六四。
② 《清实录·宣宗成皇帝实录》卷六四。
③ 《清实录·宣宗成皇帝实录》卷六四。

道光帝寄谕盛京将军晋昌，停止在锦县海口采买五万石粟米。

以广东澄海协副将张清亮为琼州镇总兵官。

廿六日庚寅(2 月 25 日)

朝鲜国王李玜遣使表贺万寿、冬至、元旦三大节，及岁贡方物，赏赉筵宴如例。

缅甸国王孟既遣使表贡方物，赏赉筵宴如例。

二月初十日甲辰(3 月 10 日)

改福建艋舺营游击为水师参将，驻噶玛兰，添设噶玛兰营都司一员，千总一员，外委二员，都司驻伍围，移伍围守备驻头围，头围千总驻三貂；拨台湾陆路左营及城守营兵二百名，艋舺营兵一百名，隶噶玛兰营；换防台湾北路及城守营兵四百四十名，隶艋舺营。均归参将管辖。从总督赵慎畛所请。①

十三日丁未(3 月 13 日)

以福建候补总兵官明保为台湾镇总兵官，兼辖水陆营务，并会同该道办理一切刑名案件。

廿二日丙辰(3 月 22 日)

从巡抚孙尔准所请，修福建福州、泉州、漳州三厂战船。

抚恤琉球国遭风难夷如例。

三月初二日乙丑(3 月 31 日)

御史佘文铨奏，闽省台湾米多价贱，请官为采购北运。兹据奏称，由官采买，恐不免勒掯需索诸弊，请暂弛海禁，于糖船酌量装载，招募殷实商人，领取官给贩米数目印票，运至天津，将米粟赴口呈验，各自投行，按照市价粜济民食，各商免其纳税，又可杜吏胥勒索之累。清廷要求巡抚孙尔准亲自考查，制定章程，于四五月间巡台，察看该处地方，如果米多价贱，应如何招商给照，或糖船装载，或另船

---

① 《清实录·宣宗成皇帝实录》卷六五。

贩运，务期糖税仍无偷漏，米运并无留难，并核计该处时价，及运津水脚，每石应得价银若干，分晰议定章程。该抚一面据实奏闻，一面即督饬迅速购运，并知照直隶总督，饬天津海口，一体遵办，以平市价而裕民食。①

初五日戊辰（4月3日）

两广总督阮元等奏报，请定洋米易货之例。清廷指示：广东粤海关，向准洋米进口粜卖，免输船钞，粜竣回国，不准装载货物。近年以来，该夷等因回空时无货压舱，难御风涛，且无多利可图，是以米船来粤者少，自应将成例量为变通。着照所请，嗣后各国夷船来粤，如有专运米石，并无夹带别项货物者，进口时照旧其免丈输船钞。所运米谷，由洋商报明起贮粜卖，粜竣，准其原船装载货物出口，与别项夷船一体征收税课，汇册报部，以示体恤。②

十六日己卯（4月14日）

海口下游壅塞，给事中朱为弼奏请择要修浚。上年江、浙两省，夏秋雨水较多，浙江之杭嘉湖、江苏之苏松太仓，均被水患。据该给事中奏称，江苏省海口壅塞，以致浙江上游均受其困。现在刘河三泖，俱已淤垫；苏松之水，横趋泖淀；浙西下流之水口，先为江苏省各水所占，遂致溃决四出，田庐被淹，嘉、湖二府，受患尤甚。请趁水潦未降之时，于刘河、吴淞及附近太湖一带确勘情形，大加疏浚，为一劳永逸之计。清廷着孙玉庭、韩文绮迅派干练大员，前往海口下游，将何处急宜疏治，何处可缓施工，分段估计，择要疏挑，其应如何筹款妥办之处，据实具奏。③

廿一日甲申（4月19日）

裁广东潮阳营属门辟炮台外委一员，兵三十名，青屿炮台把总一员，外委一员，石井炮台兵十四名。添设普宁县城千总一员，外委一员，兵四十四名，拨石井炮台千总，驻青屿炮台。门辟炮台外委，驻石井炮台。从总督阮元所请。

廿六日己丑（4月24日）

御史程邦宪奏请浚治太湖泄水要道。太湖汇全吴之水，全赖入水之口与出水之

---

① 《清实录·宣宗成皇帝实录》卷六六。
② 《清实录·宣宗成皇帝实录》卷六六。
③ 《清实录·宣宗成皇帝实录》卷六六。

口，一律疏畅。若致力于海口下游而不去太湖淤塞，雨水过多，横决四出，苏、松、嘉、湖诸郡俱受其害。若专治湖州溇港，又挟天目诸山之水，奔注东来，吴江一带要口仍任淤垫，入海不能迅速，则苏松之患滋甚。是专治上游，专治下游，均未见有利益。惟择太湖泄水最要处所，如吴江堤之垂虹桥、爱遗亭、庞山湖及堤西等处，疏剔沙淤，铲除荡田，令太湖东注之水源流无滞，苏、松、嘉、湖诸郡可免汛溢，吴淞刘河诸下游亦得藉源刷沙，不致旋浚旋淤。清廷着孙玉庭、韩文绮迅派干练大员，会同浙省，确实查勘，择要疏挑，并严立科条，禁止栽种菱芦及绝流插簖、壅积泥淤等弊。①

四月初一日甲午（4 月 29 日）

修广东巡洋遭风师船，从总督阮元所请。

初八日辛丑（5 月 6 日）

闽浙总督赵慎畛奏请台湾鹿耳门等处毋庸添建炮台。台湾鹿耳门等处，从前因海洋未靖，经该省议请添建炮台，并建复卡堆、雉堞、望楼等项，原系因时制宜。兹据该督等查明，鹿耳、淡水两口，并无地基堪以建筑炮台，其鹿耳门口两旁沙汕，海潮冲涨靡定，亦难建筑。且该处前已添造守港快船，由台湾水师历年派定中、左、右三营"知"字号船十只，每船各配兵五十名，俱驾赴鹿耳门，常川在港巡防。其鹿港北岸地基，早已冲成港道，亦无余地可以建复。现由该厅捐雇巡船，在彼常川哨探，俱各周备。至淡水、海口、沪尾地方，原有炮台，本属坚固，足资守御。清廷指示：所有前议添建炮台、兵房、卡堆、雉堞、望楼等项，着照所请，毋庸建造以节糜费。②

初十日癸卯（5 月 8 日）

从长芦盐政阿尔邦阿所请，修直隶天津西沽叠道。

十五日戊申（5 月 13 日）

御史周贻徽奏参粤西商人李秉礼、李秉绶兄弟开设盐埠，纳课贩运，在全州柳

---

①　《清实录·宣宗成皇帝实录》卷六六。
②　《清实录·宣宗成皇帝实录》卷六七。

浦地方开厂，于额引外夹带私盐。嘉庆年间，经知州刘承志等缉获私盐，设法消弭。衿民唐锡等先后告发，地方官只将原告威吓，令出不愿终讼甘结，承审官并未将被告传质。该商李秉礼，系原任左副都御史李宗瀚之父，李秉绥系其胞叔，地方官关碍情面，不肯究办。粤省盐价，嘉庆年间因海洋不靖加价，今海靖盐旺，仍卖制钱三十八九至四十文不等，请饬部将加价概行停止。清廷批复：夹带私盐，久干例禁，如果该商等藉引行私，地方官消弭开脱，不可不严行查办。至从前因雨多盐缺，海洋未靖，暂准加价。今海道无阻，场盐丰旺，亦应量为减价。着交阮元会同康绍镛，将该御史所奏各情节，秉公确查，毋稍含混。傥该商等实有夹带私盐及贿嘱消弭情弊，即着据实严参治罪。其盐斤是否应行减价之处，亦着妥议具奏。①

五月初三日乙丑（5 月 30 日）

闽浙总督赵慎畛奏报闽洋米艇战船，缉捕不能得力，请全行裁汰。闽洋米艇船只，前因庆保等，以船身迟笨，驾驶未能得宜，奏请裁汰十五船，当经降旨准行，并令将裁剩船只，俟应拆修之时，照同安梭船式一律改造。兹据赵慎畛等查明，现存米艇各船，仍难适用。现届大修小修，若仍旧修造，未免帑项虚糜，自应全行裁汰。清廷批示：除已改造之"胜"字六号等米艇八只，堪资得力，毋庸议裁外，所有现在届修驾厂之"胜""捷"两字号，同击碎之"捷"字六号十二船，俱着即行裁汰。其存营驾驶之"胜"字一号、十号，并甫经修竣之"胜"字三号等三船，仍俟届修之时，一律全裁，分别变价报拨，以节糜费而收实用。②

初八日庚午（6 月 4 日）

孙玉庭等奏报兴修三吴水利事宜。江苏吴淞江、刘河等处及江震下游一带泖湖浦港，因积年久远，淤垫甚多，此时筹议修浚，工巨费繁，请于各条水道中，择要先加疏治，其余分年兴办。清廷批复：除吴淞江、刘河、白茆均暂缓办理外，所有太湖下注黄浦一路，为江震二邑下流，上年被水较重，急需宣泄深通，着俟本年冬令水落，先行兴工。其估需银两，若令民捐民办，实难先事鸠资，着准其借帑兴修，仍于工竣后，按照得沾水利州县，奏明分年摊征还款。③

---

① 《清实录·宣宗成皇帝实录》卷六七。
② 《清实录·宣宗成皇帝实录》卷六八。
③ 《清实录·宣宗成皇帝实录》卷六八。

初十日壬申(6 月 6 日)

从巡抚帅承瀛所请,修浙江宁波府镇海县石塘。

十六日戊寅(6 月 12 日)

御史郎葆辰奏报,请饬查棚民保甲,以重地方。据称会典内载乾隆四年,户部议准江南、福建、浙江各府州县内棚民,照保甲例编排户口。近闻浙江、江苏、安徽等省州县,凡深山穷谷之区,棚民蔓衍殆遍,租典山地,垦种山薯,大半皆温、台一带沿海之人。其声气相通,傥有奸宄藏匿,不可不豫为防范。清廷批复:向来各省地方有棚民、土著、山民,往往以种植麻靛、煽铁、造纸等项藉资生计。其外来无业游民,前赴该处工作者,亦一体编入保甲,选立保长、甲长,专司巡察,责成州县官据册稽查。诚以该棚民等良莠不齐,往来靡定,若任其占踞山场,不加约束,势必愈聚愈多,无从究诘,是以照例编排,立法极为周密。惟行之日久,懈弛相沿,自应亟为整顿。着各该督抚等严饬该府州县,将棚民逐细查察,按十户设立甲长,每年递换门牌,随时抽验,禁止匪类潜匿,勾串滋事。①

从巡抚孙尔准所请,修福建福宁镇左营战船。

十七日己卯(6 月 13 日)

从巡抚帅承瀛所请,修浙江上虞县吕家埠等处柴土塘堤。

廿三日乙酉(6 月 19 日)

抚恤琉球国遭风难夷如例。

三十日壬辰(6 月 26 日)

从护巡抚黄鸣杰所请,修浙江东、西两塘,并定海县营房墩台。
从总督赵慎畛所请,修福建漳州厂战船。

---

① 《清实录·宣宗成皇帝实录》卷六八。

六月初一日癸巳(6月27日)

从工部左侍郎程含章等所请,浚直隶任邱、雄二县属大港引河,并洩新安等处积水。

十八日庚戌(7月14日)

福建巡抚孙尔准奏报,遵旨招募商人贩米赴天津粜济民食,得到赞许。

二十日壬子(7月16日)

护浙江巡抚黄鸣杰奏报,遵旨饬查棚民保甲,并严禁居民勾串、私垦山场。道光帝要求随时认真稽查,不可日久生懈,致酿事端。

廿三日乙卯(7月19日)

程含章等奏报治水大纲,请拨发资金。清廷批示:直隶全省水利,经程含章会同蒋攸铦督率各道,将紧要处所逐一查勘,奏请先理大纲,兴办大工九处,如疏通天津海口,疏浚东西淀大清河及相度永定河下口,疏子牙河积水,复南运河旧制,估办北运河,修筑千里长堤,均着照所议分别估办。其请先筹拨银一百二十万两以作工需,并请于八九月间解到四五十万两先行择办,着户部查明广东、江西、浙江等省封贮及新收捐监银共有若干万两,可先拨若干万两,分晰迅速具奏,再降谕旨。①

七月初一日壬戌(7月26日)

闽浙总督赵慎畛奏请勒限造补闽洋战船。闽省水师船只,经官兵统带出洋,遇有遭风攻盗坏失情事,查非管驾及派拨不慎,例准动项造补,依限完工,以资驾驶。兹据该督查明,该省自嘉庆十年至今未经造补者尚有三十四只之多,总由官兵在船攻盗被害或遭风落水、沈失军械各项,均须造册取结、汇勘绘图具题兴办,以致辗转迟滞,贻误船工,亟宜明定章程,俾无玩视。清廷着照所请,所有应行造补各船,准以奉文日起再予限六个月,将被害落水官兵花名履历,船内军械件数斤重,并赔造将备衔名,逐细查造册结,申送该司详办。如有迟逾,即指名参奏,交部严议。嗣后傥有遭风被劫船只,统以呈报到案之日起,勒限一年详办完结,毋任

---

① 《清实录·宣宗成皇帝实录》卷六九。

再有延压。至另片奏厂员兴工限期，现在应行造补之三十四船，内除福州、泉州、漳州三厂，仅止承办六只，清廷着仍照原奏定限四个月完竣外，其台湾道厂应造船只较多，着准以该道奉文之日起，查照此次奏明定限，先办两船，俟将届完竣时，再办两船，以后俱按两船一次接续详办，似此量为变通，庶免支绌。此外另有造补船只，不得援以为例。

赵慎畛奏请商运台米专赴天津，无庸兼贩浙江，停止上年暂弛海禁之案，严查各海口，毋许小船私载偷越，并飞饬厦门商船，乘此南风司令之时，赶紧装运。①

初二日癸亥（7 月 27 日）

福建巡抚孙尔准参奏，请约束营兵不严之各将弁。清廷批复：台湾安平水师营兵，胆敢纠约同伍，并沿海奸民，抢毁商人李胜兴载米船只，实属目无法纪。该汛各将弁平时漫无约束，及至兵民滋事，又不上紧拿获案犯，怠玩已极。孙尔准查办甚好。署守备杨士高、许成安、把总赵世杰、许世藩俱着斥革，交该抚严审定拟具奏；署游击方朝辉近在同营，全无觉察，着先摘去顶带，勒限一个月，将犯事有名各要犯拿获送交地方官，提同现犯、研讯确情，按律惩办，如限满无获，即着革职；副将吴得勋系统辖之员，亦着勒限一月督拿，届限无获，奏参请旨；台湾镇总兵明保经该抚屡次移催，仅以副将吴得勋并不拿犯为词，空文回覆，意存诿卸，着交部议处。该地方文职各员，俱着查取职名，于定案时照例附参。②

十一日壬申（8 月 5 日）

闽浙总督赵慎畛奏报，闽县境内之琅崎岛，从前港道不通，未设专员，仅附辖于五处巡检馆头汛弁遥制。近年沙涂冲刷，港口宽阔，匪船出入，皆可不由五虎门、闽安镇各正口，消赃漏税，诸弊丛生。请移驻都司一员，带领千总一员，兵二百名，即于闽安本营酌拨，仍统辖于闽安镇。并于琅崎之右，港道适中处，建设都司衙署；元宝山海屿之麓，建设千总衙署；海屿山顶，建筑炮台、望楼各一座，即以访拿该处私牙入官行屋拆改。至稽查商船税货，应咨闽海关核办。③

廿二日癸未（8 月 16 日）

福建巡抚孙尔准奏报，台湾商民运米十四万石前赴天津，请准其半糖、半米匀

---

① 《清实录·宣宗成皇帝实录》卷七〇。
② 《清实录·宣宗成皇帝实录》卷七〇。
③ 《清实录·宣宗成皇帝实录》卷七〇。

载。目前台湾米价并无增长，嗣后应截止招募，为海疆民食留其有余。

廿四日乙酉(8月18日)

闽浙总督赵慎畛奏报，遵查闽省棚民，惟延建等府所属较多，因向办联甲章程有效，仍照办理。又奏，台湾匀销内地南靖、长泰两县官运盐额一万二千石，并照台地课则加补五千石，因该府缉私整顿，各贩户情愿代销缴课，汇同原额经征之余课、埕饷抵兑失饷。其未奉文以前，缺销六日，仍饬南靖、长泰两县自行赔补。所奏均得到肯定。①

闰七月十二日壬寅(9月4日)

清廷添设江苏吴淞营把总一员，驻宝山县城。协防宝山县外委一员，驻罗店镇。协防南翔汛外委一员，驻黄渡镇。改嘉定、宝山西县交界外委一员，协防嘉定县境。加派罗店镇防兵十名，黄渡镇、封家滨两汛防兵各五名，裁驻防炮台马兵八名，改二名为战兵，六名为守兵。从协办大学士总督孙玉庭所请。②

廿一日辛亥(9月13日)

山东武定、沂州二府滨海盐碱，未能归坨，时有枭匪纠众抢摊售卖，为害地方。琦善整顿山东海盐，拿获盐犯一百八十余名。

前因调剂芦商，将盐引并包装运，以省繁费。经户部奏准，令其试办一二年，再行定议。兹该盐政奏称部限业已届满，因连年被水各口岸，畅滞情形，实难遽定，恳恩量为加展。清廷指示：着照所请，准其再行展办三年，并着福珠隆阿到任后，随时察看口岸情形，核实定议，以期经久。③

廿八日戊午(9月20日)

调福建建宁镇总兵官蔡万龄为台湾镇总兵官，以山东文登协副将庆麟为建宁镇总兵官。

---

① 《清实录·宣宗成皇帝实录》卷七○。
② 《清实录·宣宗成皇帝实录》卷七一。
③ 《清实录·宣宗成皇帝实录》卷七一。

从巡抚帅承瀛所请,修浙江筵、设、伊、尹、佐、时六号塘工,并改建鱼鳞石塘,筑复随塘坦水。

抚恤琉球国遭风难夷如例。

八月初二日壬戌（9 月 24 日）

江南省苏州、松江、常州三府,太仓一州,与浙江省杭州、嘉兴、湖州三府均系水乡。近来各处河道多有垫淤,海口未能畅达,兼以塘闸损废,偶遇异涨,时有泛溢。孙玉庭奏请派专任大员综揽全局进行治理,清廷拟派江苏臬司林则徐综办江浙水利。

初四日甲子（9 月 26 日）

清廷晓谕:前据户部议覆御史条陈采买台米,降旨令福建巡抚孙尔准察看情形办理。兹据该抚在台湾招募商民,运米十四万石,陆续抵津。本年直隶秋收,一律丰稔,粮价已平,今米石全数运津,市价自必更减。该商等自备资本,远涉重洋,若仍照该部原议,令其自行投行,按照市价粜卖,必致赔累,且不能趁秋汛回南,守候尤形苦累,自应照此次户部筹议,官为收买,以惠远商。此次运米原船带回货物,官给印照,所过关津,加恩一律免其纳税。其台湾商人急公应募,远历海洋,运米至十四万石之多,着该抚孙尔准秉公查明,择其率领办运、资本最多尤为出力者,分别生监民人,给予顶带职衔,及酌量奖赏,以示鼓励。①

初五日乙丑（9 月 27 日）

闽浙总督赵慎畛奏报海洋缉捕事宜。查定海镇总兵龚镇海、温州镇总兵杨继勋捕务营规,俱为整肃,洋面平静。惟黄岩镇所辖仍有劫案,总兵罗光炤办事未见认真,经屡次严饬,颇知振作,倘日久生懈,定即据实查参。

二十日庚辰（10 月 12 日）

江苏臬司林则徐丁忧。清廷要求孙玉庭、张师诚、帅承瀛,于江、浙两省人员内保举他人治理江、浙两省水利。

---

① 《清实录·宣宗成皇帝实录》卷七二。

廿六日丙戌（10月18日）

从巡抚帅承瀛所请，修浙江李家汛、翁家汛、戴家汛、转家池、东西海塘柴埽各工。

抚恤琉球国遭风难夷如例。

九月初三日壬辰（10月24日）

延隆奏报查办南北商税偷漏出海之弊，请严申禁令。浒墅关南北商船，每多偷漏出海，以致内河各关税课不能足额，且于稽查洋禁亦形懈弛。现将沿江铺户装回北货，申明章程，严禁囤积转运出海。其南北商船，除册内挂号旧商仍准照常行运外，其有新立字号呈报海运希图影射者，概行截留，以清弊源。清廷指示：认真经理。①

初五日甲午（10月26日）

工部侍郎程含章等奏报估修千里长堤，得到准许。直隶千里长堤，自高阳县之刘家沟起，至天津县之西沽炮台止，年久残缺，一遇水潦，田庐被淹，系属紧要工程，自应先行办理。估修堤工，及栽种苇柳、防护桩埽、土方工料银，共三十四万七千一百两零。

十一日庚子（11月1日）

卢浙奏报，请就直隶兴办水利之便，查丈直隶、天津等九州县马厂、官荒及海退、抄产各项荒地，得到批复。

十二日辛丑（11月2日）

小西洋哑林国皮喉煲嚧夷船一只，载有胡椒、槟榔等货，来至零丁洋面寄碇。该国从前并未来过，询系夷商各自合伙，并非该国主遣令贸易，阮元暂令停泊候旨。道光帝批示：该夷远涉重洋，此次姑照嘉庆年间成案，暂准贸易，以示体恤。该督等即饬令洋商传谕该夷商等，此次暂准易货回国，系天朝特恩，不得援以为

---

① 《清实录·宣宗成皇帝实录》卷七三。

例，嗣后断不准再来通市。①

二十日己酉(11 月 10 日)

免浙江定海县冲失盐斤帑本银。

廿八日丁巳(11 月 18 日)

予福建巡洋遭风伤毙外委叶青山祭葬恤荫，兵丁李洪升等三十三名赏恤如例。

十月十八日丁丑(12 月 8 日)

清廷指示：粤省盐价，除海洋加价，仍照向定数目，免其议减。

廿七日丙戌(12 月 17 日)

闽浙总督赵慎畛奏报，台湾水陆官兵，请令该道会同总兵管辖。又奏防范夷船不严之游击，请降补守备。清廷批示：闽洋来有夷船寄碇，必系希图贩售违禁货物。经该督饬属巡防，内地各洋，业将夷船驱回，惟台湾寄泊一只，值该抚孙尔准在台，饬委署艋舺营游击现升台湾水师中营游击张朝发前往驱逐。该夷船藉称遭风捐坏，驶去复回，逗留月余之久，始行开去。该游击张朝发，犹以被雨所阻，具禀支吾，实属玩视，即予以斥革，亦属咎所应得。姑念其熟谙水务，平日缉捕，尚属勤奋，着加恩降为守备，留于闽省，俟有相当缺出，酌量补用，以观后效。仍着该督饬查在洋舟师及守口员弁，如有得规徇纵，并沿海奸民有交通私售禁物情弊，即据实严参究办。②

廿八日丁亥(12 月 18 日)

工部侍郎程含章等奏请择要估挑河道、修筑桥坝。据称塌河淀上承六减河，下达七里海，请挑宽晋口河，以泄北运、大清、永定、子牙四河之水入淀；再挑西堤引河，添建草坝，泄淀水入七里海；挑邢家坨，泄七里海水入蓟运河，达北塘入海；并在晋口北岸，另开一河，及拆造王家务石坝，挑乞八道沽以下减河。

---

① 《清实录·宣宗成皇帝实录》卷七三。
② 《清实录·宣宗成皇帝实录》卷七四。

抚恤琉球国遭风难夷如例。

十一月初六日甲午（12月25日）

两广总督阮元奏参疏防劫杀商船之武员，请分别斥革降补。清廷批示：粤洋连年肃清，舟师将弁，果能认真巡查，何致奸匪乘间行劫。兹据奏称，文昌县事主梁照聪等在洋失事，拿获首伙正法，讯系偶同邀结。此外并无伙党，惟被杀被淹多命，该管将弁漫无防范觉察，又未会获盗犯，现尚有余盗三名未获，若仅照常例开参勒缉，实不足以肃水师而示惩儆。所有专汛官代防青澜汛事海口协左营外委吴廷辅、协巡官署海口协左营千总事把总李兰菁着一并斥革，发该处口岸枷号三个月示众，其兼辖官都司陈端，着降为守备，统辖官署副将事参将李耀扬，着降为都司，以为玩视海洋捕务者戒。①

初十日戊戌（12月29日）

本日据御史陈肇奏称，东省庙工生息银，每年三万六千两，经前任巡抚钱臻于登州水师营修造船只案内，奏请每年动支银一万两，为船工帮贴之用。至本年四月间，琦善复请每年提银一万二千两，为临清州例雇添雇剥船工食之用。现只存一万四千两，恐此后复照前案动支，必至荡无复存，请饬令另款存贮，专备庙工应用。

十二日庚子（12月31日）

从总督赵慎畛所请，修福建泉州厂水师提标中营遭风击碎战船。

十四日壬寅（公元1825年1月2日）

前据赵慎畛奏报，台湾营弁，请照海疆久任之例，计俸升补，当交兵部议奏。兹据奏称，驻台守备以上，久停更调，而千把总以下，仍系纷纷更换，于海疆情形，未能周知，不足以资约束。嗣后台湾千总、把总、外委、额外外委等弁，三年期满，俱着毋庸调回内地。清廷批复：其留台分别保题升补之处，均着照所议行；至该督奏请千总俸满，先加升衔，未免过优，且留台将备等向无此例，亦觉两歧，所请着不准行。该处营员，现虽更定章程，而班兵仍照旧三年更换。惟兵丁内亦有由台招募土著入伍者，一经着有劳绩，不得不加以甄拔。若年久拔补渐多，则营弁

---

① 《清实录·宣宗成皇帝实录》卷七五。

半属台地之人，易滋流弊，殊非杜渐防微之道。着该督等遇有千把外委等缺，仍按嘉庆九年兵部奏定章程，凡由台募兵丁甄拔，并招募台地土著兵丁，均不得过十分之一，以符定额。①

廿一日己酉（公元 1825 年 1 月 9 日）

抚恤朝鲜国遭风难夷如例。

三十日戊午（公元 1825 年 1 月 18 日）

予福建在洋淹毙兵丁王宙、落水受伤兵丁刘江山等二十四名，分别恤赏如例。

十二月初一日己未（公元 1825 年 1 月 19 日）

从署巡抚黄鸣杰所请，修筑浙江东塘镇海汛坦水各工。

十一日己巳（公元 1825 年 1 月 29 日）

孙玉庭等奏报，通筹三江水利，请借项先修各工。青浦、娄县、吴江、震泽、华亭五属，承太湖下注黄浦各支河，浅滞淤阻，应挑应切，共估需土方，并柴坝单长，计银九万五千八百余两；又吴淞江为太湖下注干河，由上海出闸，与黄浦合流入海，因去路阻塞，流行不畅，应于受淤最厚之处，大加挑浚，共估需土方银三十万五千一百余两。②

十二日庚午（公元 1825 年 1 月 30 日）

从总督阮元所请，补制广东硇州营沈失军械。

十四日壬申（公元 1825 年 2 月 1 日）

从总督赵慎畛所请，修福建连江营年久损坏军装器械。

---

① 《清实录·宣宗成皇帝实录》卷七五。
② 《清实录·宣宗成皇帝实录》卷七六。

十八日丙子（公元 1825 年 2 月 5 日）

抚恤琉球国遭风难夷如例。

二十日戊寅（公元 1825 年 2 月 7 日）

直隶天津沿海州县，有渔船潜赴奉天私贩，并无照票，以致奸宄无可稽查，粮税全行偷漏，并有海商希图漏税，将商船改造渔船。御史王世绂奏请将渔船全数编号，官给照票，沿途稽查，仍令奉天省每船给予回票。倘私行出口，即行究办。如遇采买奉天米石时，与商船一律当差。①

从署巡抚黄鸣杰所请，修浙江海盐县育、问二号石塘，建随塘坦水二层。

廿一日己卯（公元 1825 年 2 月 8 日）

闽浙总督赵慎畛等奏请严禁民人私垦生番境内地亩。福建台湾彰化县所辖水里、埔里两社，系在生番界内，向以堆筑土牛为限。民人樵采，例禁侵越。近年以来，该处生番因不谙耕作，将熟番招入开垦。据该督等查明，该熟番与汉民交契结姻者颇多，恐汉奸私入，溷杂难稽。或因生番懦弱，逞强欺占。该生番野性未驯，必致争斗肇衅，酿成巨案，不可不严行饬禁。现在农事已毕，着即饬令各社屯弁及通土等，查明越入各熟番，概行召回，不准逗留在内，以后亦不许再有潜往。②

廿六日甲申（公元 1825 年 2 月 13 日）

晋昌奏请采买筹备京通各仓粟米。前据户部奏请采买奉天粟米二十万石，兹据晋昌等奏请在沿海一带及附近海口地方，分投采买粟米，每石价银不得过二两。将来报销脚价，近处只在数十百里，至远不过二三百里，不得赴边外采买。总计买米二十万石，约共需价银四十万两。清廷指示赶紧采买足数，运赴海口囤贮，并即速赴奉天海口装运。③

---

① 《清实录·宣宗成皇帝实录》卷七七。
② 《清实录·宣宗成皇帝实录》卷七七。
③ 《清实录·宣宗成皇帝实录》卷七七。

廿九日丁亥(公元 1825 年 2 月 16 日)

朝鲜国使臣李光宪等二人、琉球国使臣向廷楷等二人，于午门外瞻觐。

是年

英国等向清廷驶入鸦片一万二千四百三十四箱。①

经由广州进出口的中外商品贸易总额为四千七百三十六万五千九百四十元，其中进口为二千五百零七万九千五百二十六元，出口为二千二百二十八万六千四百一十四元。中英贸易额为二千九百九十万二千七百六十四元，进口为一千六百一十一万七千四百七十一元，出口为一千三百七十八万五千二百九十三元。中美贸易额为一千七百四十六万三千一百七十六元，进口为八百九十六万二千零五十五元，出口为八百五十万一千一百二十一元。②

道光五年　乙酉　公元 1825 年

正月初十日戊戌(2 月 27 日)

浙江巡抚黄鸣杰请借项修浚浙西水利各工，共需土方银十五万七千六百五十九两；又修筑乌程、长兴二县塘闸桥坝，计银一万九千八百三十七两，被准其于藩库封贮及现收监饷款内，先行借给兴办。③

从巡抚张师诚所请，修江宁省坞黄快船。

---

① ［美］马士:《中华帝国对外关系史》第 1 册，张汇文等译，生活·读书·新知三联书店 1957 年版，第 239 页。

② ［美］马士:《东印度公司对华贸易编年史》第 4 卷，区宗华译，中山大学出版社 1991 年版，第 103~104 页。

③ 《清实录·宣宗成皇帝实录》卷七八。

廿六日甲寅（3 月 15 日）

朝鲜国王李玝遣使表贺万寿、冬至、元旦三大节，并谢赏匾额、缎匹恩，呈进方物，赏赉筵宴如例。

琉球国王尚灏遣使表贡方物，赏赉筵宴如例。

二月初五日癸亥（3 月 24 日）

道光帝提出海运的设想。江苏之苏、松、常镇、浙江之杭、嘉、湖等府属滨临大海，商船装载货物，驶至北洋，在山东、直隶、奉天各口岸卸运售卖。一岁中乘风开放，每每往来数次，似海道尚非必不可行。道光帝意将各该府属应纳漕米，照常征兑，改雇大号沙船，分起装运。舵水人等小心管驾，定能履险如夷。所有风涛之警，盗贼之事，亦可无虑。惟事系创始，办理不易，然不可畏难坐视，漠不相关。着魏元煜、颜检、张师诚、黄鸣杰各就所属地方情形，广咨博采，通盘经画，悉心计议，勿存成见。务将如何津贴沙船，旗丁不至苦累，雇用船只，有无骚扰间阊，抑或随船均须派委员弁，照料护押及各该属由何处水次兑运开行，抵北时湾泊何所，以便起卸运通之处，一一熟筹，据实具奏。至江广帮船，应否同江浙漕粮一体转运海口，俟江浙等帮海运著有成效，再行归并筹办。①

十五日癸酉（4 月 3 日）

予福建台湾在洋遭风漂没受伤兵丁李成志等一百五名赏恤如例。

廿二日庚辰（4 月 10 日）

直隶总督蒋攸铦等奏报，查验台米止有气头霉变，并无廒底，斛数相符，非有搀换之弊。清廷批示：台米气质不坚，海运炎蒸，易于霉变，何以止有气头，反无廒底？仍着蒋攸铦等确查明白覆奏。

免江苏华亭县坍没民田漕粮。

廿三日辛巳（4 月 11 日）

福建台湾镇总兵官蔡万龄等奏报，捡获凤山县奸民许尚等，得到犒赏。

---

① 《清实录·宣宗成皇帝实录》卷七九。

廿四日壬午(4 月 12 日)

御史熊遇泰奏报，江海关商船出口，请照定例纳税放行。江海关商贩货船，除例禁出洋者，向准其纳税放行。前因运往北省销售茶船，不谙南洋沙线，势难偷越，亦经该督等议请弛禁，不必概令由内河行走，原所以体恤商旅。兹据该御史奏称，嘉善、松江交界一带地方，有江苏织造衙门胥吏人等，私雇巡船，藉端讹索。遇有重载商船，逼令由内河行走。是以关权为胥役营私之地，不可不加以严禁。清廷批示：除向例禁止出洋船只，饬令沿海口隘严查禁止，仍令由内河行走外，所有贩往北省茶船及不在出洋例禁商贩货船，一体实力稽查，于出口时验明照例纳税放行。仍严禁夹带违禁等物，毋许偷漏。并着该督抚及织造等严查胥役，如有假借巡查各色，留难商船，滋事纷扰者，即严行惩治，以安行旅。①

廿九日丁亥(4 月 17 日)

从总督阮元所请，拨广东洋盐商捐捕费银，补制水陆各营炮械。

三月初一日戊子(4 月 18 日)

予福建出洋遭风漂没外委黄振成祭葬恤荫，兵丁王必成等三十六名赏恤如例。

初六日癸巳(4 月 23 日)

直隶总督蒋攸铦等，覆奏台米霉变情形。据称商船将甫经成熟之米，赶紧装载，航海而来，本有潮润，又经暑湿郁蒸，船底之米，易于霉变。②

十八日乙巳(5 月 5 日)

福建台湾镇总兵官蔡万龄奏，驰赴凤山县剿捕贼匪，以致谢恩迟延。
抚恤琉球国遭风难夷如例。

---

① 《清实录·宣宗成皇帝实录》卷七九。
② 《清实录·宣宗成皇帝实录》卷八〇。

廿六日癸丑(5月13日)

两江总督魏元煜奏请暂行停办吴淞江挑工。吴淞江逼近海口，估挑正河及疏浚支港来源，需费较多，现在捐监银两即应解部，该省经费不敷办理，所有吴淞江挑浚各工暂行停止。①

三十日丁巳(5月17日)

从前署巡抚黄鸣杰所请，修浙江仁和县海宁州海塘、钱塘县江塘。

四月初二日己未(5月19日)

两江总督魏元煜等奏报讨论海运情形，以为诸多窒碍，以盘坝较之海运为稳妥。②

初十日丁卯(5月27日)

英和奏报，通筹漕河全局，请暂雇海船以分滞运。道光帝要求各地进一步讨论。

廿三日庚辰(6月9日)

予福建出洋淹毙兵丁许继等二名，落水受伤把总林瑞凤、兵丁张锦等二十四名，分别恤赏如例。

廿六日癸未(6月12日)

予福建出洋淹毙兵丁吴开成等三十五名，落水受伤千总张正照等四员、兵丁王世耀等二百七十名，分别恤赏如例。

从总督赵慎畛所请，修福建出洋遭风击碎战船。

五月初四日庚寅(6月19日)

前因闽省师船遭风漂粤，经粤省委员代为运厂修葺，所用工料银两，闽省以未

---

① 《清实录·宣宗成皇帝实录》卷八〇。
② 《清实录·宣宗成皇帝实录》卷八一。

届大修年分，碍难造报。经该督查验船身日久斁损，全行换新，费用尤巨。清廷着准其照闽省大修例，销银二千三百五十七两零，由闽省督抚即将前项用过例价银两，移解还粤归款。

广东潮州镇总兵官闵怀希年老休致，以前任四川松潘镇总兵官安庆为潮州镇总兵官。

十三日己亥(6 月 28 日)

御史杨煊奏，云梯关海口垫淤，请旨饬查。据称海州云梯关外束水长堤，自嘉庆十七年前，两江总督百龄增筑后，近闻汕缺处甚多，中流垫高处亦复不少。二月间，海口垫高八尺，今又阅二月之久，风闻海口一带，停淤愈多，下游阻滞，上游即有漫溢之虞。转瞬伏秋汛临，似宜豫为防范。道光帝批复：云梯关为黄水入海经由之路，总恃海口通畅，方足以资宣泄。上年高堰漫口，清水泄枯，未能收刷沙之益。本年借黄济运，以致水缓沙停。转瞬伏秋大汛经临，海口一日不畅，即上游在在堪虞，着魏元煜、严烺亲历查勘，俾海口一律深通，勿任少有淤垫。①

十五日辛丑(6 月 30 日)

从总督阮元所请，修广东澳门关闸，并演武亭。

廿二日戊申(7 月 7 日)

道光帝下旨，令再次商议海运事宜。前据英和奏，通筹漕河全局，请暂雇海船，以分滞运，酌折额漕，以资治河。当降旨交魏元煜等悉心计议，尚未据该督等覆奏。本日复据英和奏，雇商分运及折漕治河各章程。据称雇商船海运，应令两江总督、江苏巡抚专委干员，先期剀切晓谕，每官粮一石，给运脚银若干，净照漕斛兑交。仍令该委员亲身押运，抵津时，分出仓场侍郎一人并派户部堂官一人赴津，按官给执照米数，漕斛兑收，应给商船脚价银两，由该委员具结承领。漕标员弁，酌拨河标差委；津贴旗丁，按照减歇之例办理；安插舵工水手人等，援照江浙成案，给与盘费归籍。当上海交兑时，由该督抚等先期咨照江南、浙江、山东提镇会哨，以资弹压。明岁除豫东照常征运外，江浙漕粮，或海运一百万石，或一百五十万石。其余按照时价，暂收折色，以济工需。至改收折色，按照时价，由该督抚奏定，藩司出示晓谕，不许科索。其随漕轻赍、席木、赠截等项，亦应折征，并数汇

---

① 《清实录·宣宗成皇帝实录》卷八二。

解，协济工需。道光帝令各督抚就此方案各抒所见，据实奏闻。①

前任两江总督孙玉庭、漕运总督颜检来京，调两江总督魏元煜为漕运总督，以山东巡抚琦善为两江总督，调陕西巡抚伊里布为山东巡抚，以陕西布政使鄂山为巡抚，陕西按察使邓廷桢为布政使。

廿四日庚戌(7月9日)

予福建出洋淹毙外委赖必翔，祭葬恤荫，受伤把总黄连彪、兵丁马胜岗等九十三名赏恤如例。

六月初二日戊午(7月17日)

从总督赵慎畛所请，修福建闽县魁岐等六汛塘房。

初五日辛酉(7月20日)

予广东因公淹毙兵丁林得成等三名赏恤如例。

初六日壬戌(7月21日)

御史王世绂奏报，请防粮船水手设教敛钱流弊。据称各帮粮船舵水，设有三教，一曰"潘安"，一曰"老安"，一曰"新安"。所祀之神，名曰"罗祖"。每教内各有主教，名曰"老官"。每帮有老官船一只，供设罗祖。入其教者，投拜老官为师。各船水手，联名资助，统计三教不下四五万人，沿途纤手，尚不在此数。明年倘暂行海运，此数万人安保不滋生事端。

魏元煜请求道光帝直接指明海运章程：所有江浙漕米，仍循旧章，至于海运章程，事关创始，如蒙宸断施行，再督饬司道详晰妥议。道光帝有所动摇，批复：试行海运，原因运道浅阻，为一时权宜之计。海运试办，是否可行，并不豫存成见。②

初九日乙丑(7月24日)

魏元煜等奏报，查勘海口通畅，并云梯关外长河水势情形，请将三百弓引河加

---

① 《清实录·宣宗成皇帝实录》卷八二。
② 《清实录·宣宗成皇帝实录》卷八三。

挑展宽，及接筑两岸新堤。清廷批复：云梯关外长河水势，经严烺亲历查勘，尾闾并无淤垫壅阻之处。惟自海阜厅之水陆社以上，至山安海防外南北四厅境内，存水深浅不等，究未能一律通畅，且下游河身坐湾太多，再遇潮水顶阻，恐不免水缓沙停。现经该督等将上冬所挑三百弓引河头，再加展宽，务当严饬工员，认真加挑，一律宽深，俾得消水湍急，吸溜成河，方为尽善。至两岸新堤，现已长滩生草，至河水入海处，尚有三十余里，盛涨时无堤收束，即恐散漫停淤。所请将两岸新堤，向前接筑，系必应办理之工，着俟霜降后，即行勘估兴办。①

十二日戊辰（7 月 27 日）

南河革员沈淳呈递修复南河旧规，称海口积淤，宜仿浚船浚兵铁扫寻浚沙之法，搬坝剥载及海运折色，皆不如漕运安善。

二十日丙子（8 月 4 日）

抚恤朝鲜国遭风难夷如例。

廿二日戊寅（8 月 6 日）

道光帝对海运事宜作出批示。浙江乍浦海口，内河外海，中隔石塘，塘外积有铁板沙涂，海船不能停泊。其宁波府甬江口，可以收泊海船。惟由有漕州县剥运至宁波，中隔两江三坝，必须盘剥五次，耗费甚巨。浙江明年之米，该抚请仍由运河运送入京，自系实在情形。其酌折额漕一节，亦据该抚奏窒碍不可行。所有浙江明年全省漕米，仍着征收本色。该省海运、折色二条，均毋庸议。②

廿四日庚辰（8 月 8 日）

上年据延隆奏报，浒墅关南北商船，每多偷漏出海，以致内河各关税课，不能足额，当令孙玉庭等严禁偷漏。本年复据御史熊遇泰奏，江苏织造衙门胥吏，私雇巡船，藉端讹索，遇有重载商船，逼令内河行走，当降旨令该督抚等详加确访，所有贩往北省茶船及不在出洋例禁商贩货船，于出口时验明，照例纳税放行。兹复据延隆奏请量为变通，凡客商制贩南杂、布匹、茶叶、纸张等物，前赴上海出口者，

---

① 《清实录·宣宗成皇帝实录》卷八三。
② 《清实录·宣宗成皇帝实录》卷八四。

如实在行销关东登、莱、青等处字号，娄齐门挂号旧册有名者，仍照旧免税验放外。其旧册无名，本系影射关东等处者，免其截留。惟令于雇船装运之时，将各货赴关报明，按浒关则例，完纳钱粮，即由娄齐门签验给串放行，听其绕走海关，给照出口。其豫东所产黄豆，并海州青口所产豆饼等物，及江广桐油、药材、烟叶等北货南销，皆浒关应征之税。如有越漏，照旧于太仓浏河一带查拿，将该商押赴浒关补税。其浙闽土产，在苏销售，并由苏城贩往浙闽，南装南卸，浒关例不收税。①

廿七日癸未(8 月 11 日)

粤海关监督七十四，精神未能照察，关税颇有迟欠，简达三前往监督粤海关税务。

廿八日甲申(8 月 12 日)

两江总督琦善奏请派林则徐等赴上海筹议应办事宜。道光帝批复：现在堰盱石工已砌至七分以上，林则徐、邹锡淳着于石工届竣时，前赴上海，督同该县，将应办事宜，逐一筹议。

琦善奏报筹议海运折漕大概情形。拟将来岁新漕，先尽海运数目，确切议定，再将未能起运米石，设法变价，解归工用。至筹办海运，皆在上海一处出口，沙船为数无多，傥各省漕粮俱从上海放洋，船只愈形短少，必致连江省议运之米，壅滞难行。浙省本有宁波、乍浦两海口，自可就近办理。其安徽、江西、湖南、湖北四省，均无海道，请饬浙江等省督抚豫筹。道光帝批复：折色不可行，其变价存贮二议，俟该藩司酌核情形，详晰定议。浙省乍浦海口，中隔石塘，不能停泊。宁波甬江口，远隔三江五坝，盘剥费巨。折漕一节，亦窒碍难行。②

廿九日乙酉(8 月 13 日)

江苏巡抚陶澍奏报，筹议海运及暂收折色，停运治河各情形。据称折色与停运，二者均不可行。来岁当以海河并运为宜。广招商船，分作两次装载，计可运米百五六十万石，其余仍由运河而行。秋冬之间，即由河督派员将运河挑挖深通，计来春湖水益增，自可引导济运。道光帝批示：停运之说，原未可轻为议及。折漕一

---

① 《清实录·宣宗成皇帝实录》卷八四。
② 《清实录·宣宗成皇帝实录》卷八四。

节，江省尤难施行，此事竟无庸置议。海运一事，目前筹运之策无逾于此，着俟藩司贺长龄赴海口查勘情形筹画，将一切章程，会同妥议具奏。①

七月初一日丙戌(8 月 14 日)

闽浙总督赵慎畛等奏报查办台湾清庄缉私各事宜。道光帝批复：嗣后台湾地方，如有面生可疑、无亲族相依者，该庄头人立即禀报地方官，讯明籍贯，照例逐令过水，刺字递回原籍安插，毋许复行偷渡。其投充小夫者，亦令夫头查明果系诚实安分良民，具结准充。如来历不明，及好勇斗狠之徒，俱报明本管官，一律驱逐回籍。该管厅县等将该游民分起沿途小心押解，并饬漳泉各府厅县，如遇递解游民到境，即责乡耆等严行管束，并分檄守口员弁，遇船只出入口岸，实力盘诘。倘有奸民越渡台洋，即将人船拿获究办。其沿海奸民私设埕坎，擅自晒盐贩卖，着台湾道府督饬厅县，选派干役，协同贩户严紧查缉，务令私贩敛戢，官引畅销。②

初三日戊子(8 月 16 日)

李鸿宾奏报，筹议海运事宜，本年已不及行，来年筹运之一百五十万石，雇用商船，稍费招集，恐难定其足载百五十万之数。

初五日庚寅(8 月 18 日)

从巡抚程含章所请，修浙江上虞、会稽二县柴塘石塘。

十二日丁酉(8 月 25 日)

琦善等奏报治理黄河事宜，道光帝批示：总期海口刷畅，河身疏通，方为尽善。

十七日壬寅(8 月 30 日)

嵩孚奏称湖南距海甚远，又无赴海商船，应俟江浙督抚妥议，至改征折色一节，弊窦丛生，奉行稍有不善，必致滋生事端，请仍令粮户完纳本色，照市价易

---

① 《清实录·宣宗成皇帝实录》卷八四。
② 《清实录·宣宗成皇帝实录》卷八五。

银，解赴工次。①

十九日甲辰（9月1日）

李鸿宾等奏报，筹议约束粮船水手章程，漕船全帮停运，应减去水手一千八十名。道光帝批示：由海船起运者，不过一百五六十万石，其各省漕粮，仍须筹画河运。减去水手各事宜，此时俱毋庸筹办。

廿一日丙午（9月3日）

张师诚奏报筹议折漕济工事宜。道光帝指示：此时海运尚未经办有章程，一切暂缓。

廿三日戊申（9月5日）

道光帝晓谕：筹议海运折漕事宜，原为来年疏治河道之计。现据陆续覆奏，海运一事惟江苏可以试办，然亦不过运米一百五六十万石。其余各省漕米，既不能概由海运，而折漕亦多窒碍纷扰，是浙江江广额漕及江苏海运余剩漕米，皆须筹画河运。②

廿六日辛亥（9月8日）

御史熊遇泰奏请饬修营务以安漕运而肃海防，得到肯定。据称各省营务废弛，水师尤甚。每届大修小作战船，营弁侵蚀分肥，造报既未足额，修艌复多偷减。有事出洋，难资驾驶。各汛额设炮台、兵丁、器械，率多浮冒虚捏。虽有巡哨之名，究无缉捕之实。明年雇用商船海运，由江南吴淞江出口，直至转过登州成山方能收口。其间沙岛最多，匪徒易于出没。在东、直两省者少，在江南境界者多。江南由尽山以至大洋、小洋、马迹、花鸟等山，汊港纷歧，岭崖悬绝，川沙吴淞各营，不能周历巡缉，匪船得以潜藏。应将两江、山东水师营内战舰巡船，实力查核，务期一律修整，以备明年巡哨之需，并于各镇参游内酌派数员，带领弁兵弹压，庶使水师习谙洋线，且防船户偷漏捏报。③

---

① 《清实录·宣宗成皇帝实录》卷八六。
② 《清实录·宣宗成皇帝实录》卷八六。
③ 《清实录·宣宗成皇帝实录》卷八六。

八月初一日乙卯(9月12日)

命长芦盐政福珠隆阿留任。

越南国使臣黄文权等六人于西安门内瞻觐。

初二日丙辰(9月13日)

越南国王阮福晈遣使表贡方物，赏赉筵宴如例。

予福建出洋淹毙兵丁许有成等二名、落水受伤兵丁翁福寿等二十三名，分别恤赏如例。

初九日癸亥(9月20日)

据各督抚等详晰筹议，安徽、江西、湖广离海较远，浙江乍浦、宁波海口或不能停泊，或盘剥费巨，惟江苏、上海商船可以暂行海运。

直隶总督蒋攸铦奏，查天津自开海运以来，原有商船五百余只，请领船票粮照，前赴奉天采买粮石。此外又有渔船五百余只，船身大小不等，应请将梁头一丈以上之渔船照商船领给票照，前往贩运；其梁头一丈以下船只，如有不畏航海，准其领照贩粮。至专业捕渔，不敢航海，未领粮照者，若潜赴奉天贩粮，查出究办，并许当差商渔各船，指名禀首。①

十三日丁卯(9月24日)

江苏巡抚陶澍奏报，吴淞江口所建石闸有害无利，老闸甫成，即起新闸，亦止虚设，难于下版，徒有岁给闸夫银两，毫无实济，应行拆除。

廿九癸未(10月10日)

针对御史王云岫所奏申明海防事宜，道光帝批示：巡缉洋面，设有章程，必应实力奉行，以靖奸宄。如该御史所奏，巡哨将弁，不过届期而行，及界而返。有高竖官军旗号，俾踪迹可疑之船，旁道暂避者，有途遇可疑之船，并不盘诘者，至匪

①　《清实录·宣宗成皇帝实录》卷八七。

徒栖泊之区，尤弗暇问，此皆巡洋不力，相安偷惰。于奸匪藏匿处所，既未周知，何能捃办？着近海省分各督抚提镇等，严饬巡洋将弁，实力稽查。于匪船停泊巢穴，密侦搜捕，毋稍疏纵。该御史奏称，奸船必资料粮，或渔舟阴载内米，或商船多载食米，皆可接济。其尤甚者，米商往往贪图重利，中途私卖。由于滨海各官，并不稽查粮照之故。近闻设立海差，其米商领票领照，不过由海差敛取陋规，即行发给，听其私卖。且在收籴地方，多籴少报，希图诡避正税。开载既已失实，稽查又不认真，匪徒得以藉资劫掠，尚复成何事体？并着各该督抚严饬该地方官，随时认真稽查，以杜弊端。至该御史所奏，有巡检不居海口，而僦居城中者，海防同知，巡防是其专责，近来视为闲员，有经年留居省城者，着一并饬禁。务令各官身亲查察，以重海防。来年办理海运，各该提镇出哨巡查，尤应倍加周密。巡洋将弁等如有畏葸偷安者，即行参办。倘有疏虞，惟该督抚及该提镇等是问。①

九月初八日壬辰（10 月 19 日）

琦善等奏请将苏、松、常、镇太四府一州应征道光五年分漕粮，全由海运，并议定运送兑收各章程。②

江南苏松镇总兵官云天彪年老休，以候补水师总兵官陈光求为苏松镇总兵官。

初九日癸巳（10 月 20 日）

道光帝召见总兵陈光求，以为其人似平庸，且已年逾六旬，苏松地方紧要，现又值办理海运之时，要求琦善迅速拣员保奏，以备简用。

十二日丙申（10 月 23 日）

从升任巡抚孙尔准所请，修福建烽火营、闽安协左营、右营战船。

廿一日乙巳（11 月 1 日）

浙江巡抚程含章奏报，查海塘向分东、西、南三厅管理，每年岁修，有盐商生

---

① 《清实录·宣宗成皇帝实录》卷八七。
② 《清实录·宣宗成皇帝实录》卷八八。

息及节省引费等项，共银十五万六千余两。自嘉庆二十四年以后，至道光四年，每年于本款外，长用银自一二万至十余万不等，共借藩库新工项下银三十二万一千余两，归款无期，殊非经久之道。现勘得东塘石工，多有坏烂，已谕令厅汛各官于潮退时将坦水条石掣落者，检砌完好。西塘例作柴埽，难御风潮，嗣后随时镶砌，均加篾缆，仍定每年三塘岁修，总不得用过本款十五万六千余两之数，并饬各厅备弁于水势稍缓处所，试抛石块数十丈，如大潮时不被掣卸，以后陆续照办，所省必多，然后可弥补从前长用之银，而工程亦较有实济。至南塘险工较少，应修段落，止准择要修理。①

从巡抚程含章所请，修浙江定海温州镇标及提标右营、镇海协营在洋风损兵船。

廿四日戊申(11 月 4 日)

浙江巡抚程含章奏，东、西两塘柴埽、塘坦各工，因潮汐冲激残缺，请借项修筑。从之。

廿八日壬子(11 月 8 日)

琦善等奏报，查勘灌河海口内外，河窄滩高，难以率行改移，仍不如河堤抛护碎石坦坡。王营减坝以北至灌河口，海滩高仰，导河必为顶阻，掣溜难期迅疾，且口内河形窄狭，胶淤不能刷深，一经下游顶阻，势必泛滥四出。②

十月初一日甲寅(11 月 10 日)

道光帝要求张井、严烺与琦善、程祖洛会同筹议，讨论如何使黄河入海口大畅，河底可以刷深。

十八日辛未(11 月 27 日)

历任常镇道承办船工借动扬关库项，摊捐未补，并滥借挑河银两无着，江苏巡

---

① 《清实录·宣宗成皇帝实录》卷八九。
② 《清实录·宣宗成皇帝实录》卷八九。

抚陶澍奏请追赔。江苏常镇道，承办修造外海战船、哨船，自嘉庆三年后，历任各员，均因例价不敷，动借库项，扣廉流摊，请分限追缴。①

廿八日辛巳(12月7日)

道光帝指示张井将汀湖及海口形势详加履勘。

十一月初五日戊子(12月14日)

两江总督琦善奏报，海运究非全策。道光帝批复：原非可以久行之策。

初九日壬辰(12月18日)

暹罗国世子郑福应行承袭，现在权理国政，因值例贡之期，虔备方物，遣使入贡，并恳请敕封。该国使臣在洋遭风，掣碎船只，表文贡物，尽行沈失，并淹毙水手多名。道光帝批示：除该督等业经照例犒赏，并丰给饮食、制备衣服、医药调理外，该使臣等即令其在该省休息调养，毋庸远道来京。其沈失贡物，免其另行备进。现在捞获桅木等件，并着变价发给该使臣收领，以示绥藩柔远至意。②

以浙江杭州协副将耿金钊，为广东潮州镇总兵官。

廿二日乙巳(12月31日)

抚恤朝鲜国遭风难夷如例。

廿四日丁未(公元1826年1月2日)

户部奏报，明岁海运米石到津，请豫定卸运章程。道光帝批示：至海船到津为日甚速，着两江总督于初次兑竣沙船将次开行时，由四百里驰奏，到日即请钦派大员前往天津查办。其初次沙船在上海兑米，着即尽船受兑，不必拘定分匀二次配运，以免滞误。沙船到津起卸后，空船赴奉天买豆，是否有虑耽延，致误二次兑

---

① 《清实录·宣宗成皇帝实录》卷九〇。
② 《清实录·宣宗成皇帝实录》卷九一。

运，如何可期迅速之处，着两江总督酌量情形查奏办理。再拨运米石抵通后，转运京仓，仍恐经纪车户人等，尚有偷漏积压等弊，届理着英和派委步军统领衙门文武员弁，沿途往来稽察，以昭严肃。①

廿五日戊申（公元 1826 年 1 月 3 日）

那彦成奏报，筹议海运漕粮由天津剥运通坝各事宜。道光帝批复：来年苏省漕粮，雇用商船，由海运至天津，事属创始，所有起卸剥运各事宜，自应豫筹周妥，俾商船及早回空，不致羁留拥挤，官民剥船足资转运，并免苦累。

廿七日庚戌（公元 1826 年 1 月 5 日）

浙江巡抚程含章奏，浙江鄞、镇海二县蜑船及三不像等船，熟悉北洋沙线，堪备江南海运，现委员押赴上海，听候受兑。道光帝批示：贻误海运固属不可，亦不可勒令强行。

廿八日辛亥（公元 1826 年 1 月 6 日）

松筠奏报，上海沙船恐难两次兑运，御黄坝仍应照常开放，来年重运无庸盘坝，尽可如前河运，既可节省经费，帮丁水手带货抵通销售，于国计民生两有裨益。道光帝以为，询之沙船商埠人等，金称可以趁风汛之便，两次分运抵津，自必确有把握。且海运之说，由来已久。近来海道未闻险阻难行，商船经年往返，与内河如出一辙。②

十二月初五日丁巳（公元 1826 年 1 月 12 日）

琦善等奏报，会筹海运应办各事宜。道光帝批示：江苏现届新漕启征，商船陆续归次，来年二三月间即可次第兑运开行。着责成苏松督粮道、会同苏松太道查验米色，兑交商船，并封贮样米，随船带赴天津，由交米委员送交钦派大臣，比对米色，按册交收。③

---

① 《清实录·宣宗成皇帝实录》卷九一。
② 《清实录·宣宗成皇帝实录》卷九一。
③ 《清实录·宣宗成皇帝实录》卷九二。

十八日庚午(公元 1826 年 1 月 25 日)

从总督孙尔准所请,修福建台湾战船。

十九日辛未(公元 1826 年 1 月 26 日)

从巡抚陶澍所请,修江苏江宁府黄快船。

廿六日戊寅(公元 1826 年 2 月 2 日)

孙尔准奏报,请暂弛海禁,招商贩运浙米,得到准许。①
抚恤琉球国遭风难夷如例。

廿九日辛巳(公元 1826 年 2 月 5 日)

朝鲜国使臣李勉昇等三人于午门外瞻觐。

是年

英国等向清朝输入鸦片九千三百七十三箱。②
经由广州进出口的中外商品贸易总额为五千五百五十四万五千零五十一元,其中进口二千八百九十七万四千二百六十元,出口二千六百五十七万零七百九十一元。中英贸易额为三千九百零三万六千四百五十八元,进口二千一百二十一万八千二百二十九元,出口一千七百八十一万八千二百二十九元。中美贸易额为一千六百五十万八千五百九十三元,进口为七百七十五万六千零三十一元,出口八百七十五万二千五百六十二元。③

---

① 《清实录·宣宗成皇帝实录》卷九三。
② [美]马士:《中华帝国对外关系史》第 1 册,张汇文等译,生活·读书·新知三联书店 1957 年版,第 239 页。
③ [美]马士:《东印度公司对华贸易编年史》第 4 卷,区宗华译,中山大学出版社 1991 年版,第 123~124 页。

道光六年　丙戌　公元 1826 年

正月初三日乙酉(2 月 9 日)

道光帝晓谕：本年海运抵津，应筹备官剥、民剥船只及沿途稽察弹压事宜，前经户部议定章程，饬藩司、天津道妥为经理。

初八日庚寅(2 月 14 日)

浙江巡抚程含章奏报整顿海塘章程，得到道光帝批复：被敦促认真办理。

初九日辛卯(2 月 15 日)

江南海门厅属十一沙民食有盐可买，程含章奏请将滼缺灶盐，改归商办。前因松所崇明场产盐衰旺不齐，沙民不敷接济，奏明于滼缺地方，设灶煎盐，动支运库公费银二万两作为帑本，官为收买。兹当奏销之期，据该抚查明滼缺灶户得卤艰难，沙民聚集较少，销数未能如额。近年崇明场产盐较旺，无需再运滼盐。若仍发帑官收，恐致日后亏缺，请缴回帑本，改归商办。清廷着照所请。①

抚恤日本国遭风难夷如例。

十二日甲午(2 月 18 日)

从总督孙尔准所请，修福建泉州厂战船。

二十日壬寅(2 月 26 日)

黄河淤垫日增，严烺奏请于海口堤尽处接筑长堤，河身坐湾处取直挑渠，及增培河底垫高两岸堤工，得到批准。

---

① 《清实录·宣宗成皇帝实录》卷九四。

廿五日丁未(3月3日)

朝鲜国王李玜遣使表贺万寿、冬至、元旦三大节,并贡方物,赏赉筵宴如例。

廿八日庚戌(3月6日)

免英吉利国被火货船应征税银。

二月初五日丁巳(3月13日)

从署总督韩克均所请,以越南境内夷匪安静,撤云南开化留防兵一百名,土练七十五名。

初九日辛酉(3月17日)

从巡抚程含章所请,修浙江海盐县鱼鳞石塘。

初十日壬戌(3月18日)

海运漕粮,尽船受兑,现到商船九百余只,运米八十余万石。所有兑竣船只,先开赴十漵候风,初运沙剥到津卸米后,前往奉天买豆,琦善催令南归。清廷指示:贩豆系该船商常年本业,且海船利于压重,不能驶放空船,自应准其照常往贩。惟尚有二次兑运,必应迅速南下,着奉天府尹饬各该地方官俟商船到彼,即令置货开行,无得勒掯。并飞咨经过直隶、山东各省,转饬沿途海口催令南归,勿任逗留贻误。①

十一日癸亥(3月19日)

海船初运米石,现已尽船尽兑,陆续开出十漵地方,候过二月初八日风信开行。若遇顺风,旬余即可抵津。

---

① 《清实录·宣宗成皇帝实录》卷九五。

十二日甲子(3 月 20 日)

山东巡抚武隆阿奏报，本年海运，经临沿海岛屿，现查明最要处所，应添拨兵一百五十一名，每名日给口粮银二分，由外筹款动支。

十三日乙丑(3 月 21 日)

从总督孙尔准所请，修福建闽县罗星员山汛寨，并台湾厂战船。
抚恤琉球国遭风难夷如例。

十五日丁卯(3 月 23 日)

两江总督琦善奏报，初次海运，计可装米一百二十万石，纤夫雇价、剥船口粮等项，约需银三万余两。
道光帝晓谕："新授广东潮州镇总兵耿金钊，朕连日召见，察其才具平庸，着阮元于该员到省后，详加察看。潮州地方紧要，如该员不能胜任，所有潮州镇总兵一缺，着该督于所辖总兵内遴选一员调补。其遗缺或即以该员对调，或另请简放，据实具奏。"①

十八日庚午(3 月 26 日)

海运二起漕粮，约于六七月内抵津，正值大雨时行，剥船装运米石，必须多备席片遮盖，百春奏请饬豫为备办。清廷着直隶总督即饬藩司迅速筹款，交清河、天津两道，多备长丈席片，分给各剥船承领，务期米石足敷遮盖，毋致渗漏。

十九日辛未(3 月 27 日)

直隶总督那彦成奏，大名镇存城兵少，请裁撤海口官兵。直隶大名府属，界连豫东二省，地居扼要，前经添设总兵、都守等官，并抽拨兵丁，分布弹压，惟存城之兵尚少，不足以资操防。至天津地方，名为海口，实系腹地。且洋面久经肃清，所有现存水师营官兵，岁糜帑金，无裨实用。清廷着照所请，将天津水师营裁撤，改归大名镇。惟水师官兵，素习海洋，不能改充陆路，且相距遥远，其应如何分别

---

① 《清实录·宣宗成皇帝实录》卷九五。

裁化添设，及一切事宜，着该督详查妥议。①

廿三日乙亥(3月31日)

以拿获福建台湾积年盗匪，予候补县丞熊飞遇缺先补。

廿七日己卯(4月4日)

仓场侍郎申启贤，查明剥船起运北仓囤贮滞漕情形，并酌留剥船以待海运。北仓囤贮滞漕，前经该侍郎等筹议，先用官剥船二千五百只，尽运一次，卸空候拨海之漕粮。本年冰泮较迟，北仓起运已晚，海运沙船，现已开行，计日即可抵津。据申启贤筹议，先用剥船二千只，起运滞漕五十万余石，余俟东豫漕船回空接运。现留剥船五百只，候接海运。②

三月初三日甲申(4月9日)

江苏巡抚陶澍奏报，海船初运兑竣，仍接续赶办。本年初次试行海运，截至二月二十一日止共兑过正耗米一百一十二万二千余石，事机极为顺利。惟海运米石，除正耗漕白等米，尚有给船耗米，通计米数有一百六十三万三千余石，各船不敷装载，不能不分两次运送。一过春夏之交，南风司令，北船回沪较难，自应令初运沙船，迅速回棹，俾二运得资赶办。③

初四日乙酉(4月10日)

因台湾、澎湖均系海疆重地，闽浙总督孙尔准奏请动款补制军火炮械。
以浙江按察使祁墫为贵州布政使，四川盐茶道周之琦为浙江按察使。

初八日己丑(4月14日)

两江总督琦善奏报，查勘海口及切挑引河情形，并筹办运河堤闸，饬估洪湖堤工，得到准许。

---

① 《清实录·宣宗成皇帝实录》卷九五。
② 《清实录·宣宗成皇帝实录》卷九五。
③ 《清实录·宣宗成皇帝实录》卷九六。

初十日辛卯（4 月 16 日）

以失察弁兵得赃，降广东琼州镇总兵官张清亮为参将。以江南太湖营副将张兆麟，为琼州镇总兵官。

十二日癸巳（4 月 18 日）

道光帝有意将黄河改道。其以为黄河受病已久，当此极敝之时，若仅拘守成法，加高堤堰，束水攻沙，一时断难遽收速效。自应改弦更张，因势利导，以遂其就下之性。且黄河淤垫既甚，与其有意外之虞，必致淹没田庐，被灾甚广，何如改河避险，先以人力变之，为一劳永逸之计。至滨海一带，芦苇沮洳，并无城郭，自属无害。①

十七日戊戌（4 月 23 日）

从巡抚程含章所请，修筑浙江仁和、海宁二州县东、西海塘柴埽、坦水工程。

十八日己亥（4 月 24 日）

通仓收受海运白粮书役人夫饭食工价，百春奏请由通库垫发，仍应南漕解还归款，得到准许。

从总督孙尔准所请，修福建福州、泉州二厂战船。

十九日庚子（4 月 25 日）

海运陆续到津，沙船余米不下十万余石，照南粮余米例，听天津民人照市价收买。恐该商等希图贱价售买，观望不前，清廷由部动用银二十万两，官为收买。

廿一日壬寅（4 月 27 日）

予福建出洋淹毙外委陈连高、刘高山祭葬恤荫，兵丁宋贵等一百九十三名，赏恤如例。

---

① 《清实录·宣宗成皇帝实录》卷九六。

廿三日甲辰（4 月 29 日）

从总督孙尔准所请，移福建闽安营都司一员，千总一员，拨兵丁二百名，驻琅琦岛。

四月初一日壬子（5 月 7 日）

清廷命收买海运沙船余米八千一百石有奇。

从总督孙尔准所请，修福建水师提标，并台湾澎湖水师协战船。

初八日己未（5 月 14 日）

从总督阮元所请，修广东海口协右营并海安营巡洋师船。

十四日乙丑（5 月 20 日）

海运沙船，陆续到津，据查验，实系一律干洁。

十九日庚午（5 月 25 日）

海运漕粮到天津，用项不敷，两江总督琦善请筹款续解。本年办理海运，事属创始，一切用款均无成例可循。前经该督等两次筹款解往天津，尚不敷纤夫、露囤等款银二万余两，此外恐仍有续增之项，自应酌量筹拨。清廷着照所请。

江苏巡抚陶澍奏请饬催沙船以速海运，得到重视。据称现计存米尚有三十余万石，专待前船回棹方能全行起运。海船自南赴北，总以四五月夏至前后南风司令，最为相宜。至六月中旬，风暴靡常，即难行走。其办运员役人夫亦须及早竣事，方可裁撤以节经费。①

赏丁忧在籍前任江苏按察使林则徐三品卿衔，署两淮盐政。

五月初一日壬午（6 月 6 日）

闽浙总督孙尔准奏，台湾海口今昔情形不同，请将彰化县所辖海丰港开设正

---

① 《清实录·宣宗成皇帝实录》卷九七。

口，亦近改归嘉义县笨港县丞管辖，一切分配兵谷事宜仍归鹿港同知经理。其乌石港开设正口，统归头围县丞管辖。下部议行。①

从总督孙尔准所请，修福建漳州厂南澳镇左营、铜山营并水师提标后营战船。

十四日乙未（6 月 19 日）

以浙江黄岩镇所属洋面劫犯无获，总兵官罗光焰下部严议，革守备孙玉龙等职，摘游击张君昌等顶带。

从总督孙尔准所请，修福建台湾水师协标左、右营战船。

十七日戊戌（6 月 22 日）

调两广总督阮元为云贵总督，湖广总督李鸿宾为两广总督。

二十日辛丑（6 月 25 日）

从巡抚程含章所请，修筑浙江海宁州塘工。

廿一日壬寅（6 月 26 日）

添设江苏掘港营林家墩汛千总一员，额外外委二员，马步战守兵五十名，由狼山苏松二镇标及外海各营裁拨。从总督琦善所请。

廿八日己酉（7 月 3 日）

抚恤琉球国遭风难夷如例。

廿九日庚戌（7 月 4 日）

前据申启贤奏，北仓霉变粟米，请以经纪应得耗米赔补。清廷批复：本年海运及北仓滞漕，该经纪等应扣耗米并无一万四千九百余石之多，着仓场侍郎据实核算。②

---

① 《清实录·宣宗成皇帝实录》卷九八。
② 《清实录·宣宗成皇帝实录》卷九八。

六月初二日壬子(7月6日)

抚恤日本国遭风难夷如例。

初三日癸丑(7月7日)

台湾匪徒分类焚抢,闽浙总督孙尔准奏请檄调镇将带兵围捕。台湾嘉义、彰化地方有匪徒纠众焚抢,据奏系贼匪李通与粤民黄文润挟嫌纠斗起衅。①

以办理福建噶玛兰地方善后事宜出力,予署通判吕志恒等升补有差。

初七日丁巳(7月11日)

先是盛京将军晋昌等奏报,请将奉天府属岫岩理事通判改为海防同知。下部议。至是议上,若改同知,衔缺大小不符,请定为岫岩凤凰城海防通判,冲繁疲难要缺。从之。

十二日壬戌(7月16日)

据蔡万龄奏报,台湾匪徒播散谣言,乘机焚抢,显有附和奸民,从中播弄,请调兵分路堵御,设法剿抚。道光帝批示:台湾人情浮动,素分气类。该地方官若能豫加防范,好为化导,遇有雀角及盗劫之案,立为判断允协,缉匪惩办,居民自皆畏服,匪徒悉当敛戢,何至动有乘机煽惑之事。即如此案,因粤民黄文润家被匪抢掠,经邻庄围捕,格杀盗匪二人。该匪等竟敢显纠伙党,声言报复。地方文武员弁,若果平日缉捕勤能,该盗匪等焉敢肆行无忌。即当其纠结贼党之际,及早觉察,督率兵役,立即掩捕。该处附近居民,自亦不致纷纷迁避。乃既疏防于平昔,复又失察于临时。②

十七日丁卯(7月21日)

据闽浙总督孙尔准奏,交卸抚篆,驰赴厦门,督办台湾械斗一案,并陈现在办理台匪各情形。道光帝批复:孙尔准着即在厦门驻札,调度策应,不必亲往台湾。

---

① 《清实录·宣宗成皇帝实录》卷九九。
② 《清实录·宣宗成皇帝实录》卷九九。

以海运默邀神佑，命江苏巡抚陶澍遣员虔诣天后庙、风神庙、海神庙祀谢。寻加封天后"安澜利运"四字神号，颁风神庙御书匾额曰"宣仁利涉"，海神庙御书匾额曰"恬波济运"。

以海运抵津办理妥顺，予两江总督琦善议叙，赏江苏巡抚陶澍花翎，文武员弁升叙有差。

十九日己巳(7 月 23 日)

道光帝晓谕：许松年奏报查办台湾匪徒械斗一案及堵缉获犯各情形，所奏甚为明晰。台湾漳、泉、粤三籍民人，犷悍尚气。该匪等焚抢彰、嘉两县，均系随地纠邀，各有首伙，并非合而为一。亟宜抚良捕匪，以靖地方，毋任滋蔓。现在该道孔昭虔驻台湾，该镇蔡万龄驻艋舺，提督许松年即驻大甲地方调度，北可应接竹堑，南可控制彰嘉。惟三属道里绵长，路径纷杂，处处均应设兵堵缉，以镇人心。该提督因官兵不敷差遣，飞调内地健旅三千名。①

廿二日壬申(7 月 26 日)

从巡抚程含章所请，修浙江西塘柴埽、盘头各工。
从总督孙尔准所请，修福建前廊等三十三汛塘房炮台。

三十日庚辰(8 月 3 日)

两江总督琦善奏报，苏松镇总兵陈光求到省，臣屡次接见。该总兵系水师行伍出身，询以外海及江浙海面情形，颇为熟悉。年虽六十五岁，精力尚健，即应令前赴新任。报闻。

七月初三日癸未(8 月 6 日)

孙尔准驰抵厦门，探查台湾北路械斗尚未止息，现拟酌带官兵渡台督办。前因台湾匪徒不靖，已有许松年在彼督同镇将带兵堵缉，当经降旨令孙尔准驻扎厦门，调度策应，不必亲往台湾。兹该督以厦门与台湾重洋阻隔，文报往复需时，请即日渡台，相机督办。清廷指示：如前旨递到时，该督已经渡台则已；倘尚未开帆渡鹿

---

① 《清实录·宣宗成皇帝实录》卷九九。

仔港，着仍暂驻厦门。①

初六日丙戌（8月9日）

许松年奏报，续据各营县禀报，淡水、南坎、大甲等庄，闽粤民人，互相焚杀，并彰化之四张犁、葫芦墩等处，连日焚杀。淡彰一带道路梗塞，文报稽迟。该镇督同将弁追捕，竟敢抗拒，被兵丁格杀数人，始各窜散。其殿仔等庄被焚最甚，难民每庄不下数千。该提督饬委彰化县知县李振青，搭寮招集难民，仍督营县查明滋事为首匪徒，务获惩办。

命广东潮州镇总兵官耿金钊来京，以广州协副将苏兆熊为潮州镇兵官。

十一日辛卯（8月14日）

御史汪琳奏报剥船蠹役，朋谋舞弊。清廷以为虽系得自风闻，所奏甚是。据该御史奏报："本年海运漕粮抵津后，剥船装载赴通，该船户等侵蚀米石，私造燥烈药末，搀和热水，浸泡洒拌，使米石涨多，不顾日后霉变。经纪花户，通同受贿，颟预验收，又复怂恿本官，奏请先行开放，为日后推卸地步。"

以广东碣石镇总兵官林鸣冈不胜总兵之任，命以水师副将补用，以澄海协副将谭安为碣石镇总兵官。

十二日壬辰（8月15日）

道光帝晓谕：福建台湾府属彰化地方，自四月间有分类械斗之案。匪徒等乘机煽惑，焚抢村庄，延及嘉义、淡水等处。前因提督许松年巡台在彼，就近令其督同总兵蔡万龄、知府陈俊千等分投查办，迄未将煽惑纠斗要犯，究明捗获。孙尔准驻扎厦门，调度策应，未便遽行过台。山东巡抚武隆阿久任台湾镇，情形熟悉，经理得宜，着驰驿前往，会商孙尔准妥速筹办。

十五日乙未（8月18日）

闽浙总督孙尔准奏报，开辟台湾噶玛兰应行查办未尽事宜：一、番社未垦荒埔，分给民人开垦；二、田园租谷，请仍照原议，每田一甲，微租六石，园一甲，征租四石；三、请免纳余租，以纾民力；四、垦未成熟埔地，请缓报升科；五、建

---

① 《清实录·宣宗成皇帝实录》卷一〇〇。

筑城垣署舍，占用民人垦熟田园店屋，作为地基，换给埔地，请另列一款征收，以免混淆；六、历年水冲沙压田园无征银谷，请予豁免；七、嘉庆二十二年以前民欠钱粮，请予补豁；八、奏销限期，应划清年分，更定奏限；九、筹存常平仓谷，以资储备；十、额编文武员弁廉俸兵饷役食，就本厅所征供赋支给，毋庸由司动拨；十一、裁移营制新添官兵俸饷，在于本厅年征供耗余租等项支给，其不敷之项，应就余谷变价并税契项下凑给；十二、加留余埔，以资归化社番生计；十三、分别添设隘寮，以防生番；十四、编查保甲，设立族正，以资稽查约束。从之。①

十九日己亥(8 月 22 日)

直隶总督那彦成奏报，接剥海运漕粮，需用经费，请交钦差大臣确切查核，得到批复。②

二十日庚子(8 月 23 日)

抚恤日本国遭风难夷如例。

廿四日甲辰(8 月 27 日)

从巡抚韩克均所请，修福建烽火营、福宁镇左营水师提标左营战船。

八月初一日庚戌(9 月 2 日)

闽浙总督孙尔准奏报，抵台查办北路械斗情形。此案台湾匪徒李通等挟黄文润搜赃之嫌，纠众寻斗，黄文润集众抵御，格杀二人，匪徒遂造分类械斗之谣，乘机焚抢。经该县王衍庆手刃数贼，匪徒遂窜彰化境内。该提镇等误执"民自械斗，官兵只可弹压，不便加诛"之说，致该匪等益无忌惮，其结复斗。现因官兵云集，均已解散。该督就获犯供出，及难民控指，已有五百余人，令各庄总董头人按名缚送，并将著名匪类最多村庄，带兵围捕，指日即可肃清。道光帝批复：该督务将著名贼首严拿务获，尽法惩治，附和者随时解散，不必株连，以除稂莠而安良善。至抚恤事宜，着照所请。

道光帝晓谕：孙尔准奏参办理错谬之提镇副将，已明降谕旨，将提督许松年等

① 《清实录·宣宗成皇帝实录》卷一〇〇。
② 《清实录·宣宗成皇帝实录》卷一〇一。

褫革矣。水师提督一时简用乏人，南澳镇总兵官刘起龙系闽粤两省所辖，该镇是否足胜水师提督之任，着该督据实覆奏，再降谕旨。台湾镇总兵统辖全台，兼有谳狱奏事之责。候补总兵赵龙章曾任建宁镇总兵，前已降旨令其驰驿前往台湾，交该督差遣。又四川督标中军副将张琴由福建营弁，屡次缉捕洋盗，著有劳绩，熟悉闽省情形，人亦干练稳实。再新升寿春镇总兵裘安邦，曾经琦善保举，堪胜水师总兵，在清江浦拿获粮船滋事水手多名，人颇能事。孙尔准于此三员是否知悉，于台湾镇能否胜任，据实具奏。①

十三日壬戌(9 月 14 日)

以海运藏事，赏协办大学士户部尚书英和紫缰，仍下部议叙，赏天津镇总兵官克什德花翎，余加衔升叙有差。②

廿一日庚午(9 月 22 日)

以海运藏事，风帆稳利，命理藩院尚书穆彰阿恭诣天津天后宫、风神庙、海神庙祀谢，并颁风神庙御书匾额曰"功昭利济"。③

廿二日辛未(9 月 23 日)

从巡抚程含章所请，改建浙江东西塘鱼鳞石塘，并拆镶柴埽、盘头各工。

九月初一日己卯(10 月 1 日)

予广东福建出洋淹毙千总林桂芳、庄贵宝祭葬恤荫，兵丁何汉彰等四十七名、水手苏田等六名、福建甘肃阵亡马兵陈得保等七名并湖北巡江淹毙兵丁马清标，赏恤有差。④

初十日戊子(10 月 10 日)

抚恤琉球国遭风难夷如例。

---

① 《清实录·宣宗成皇帝实录》卷一〇二。
② 《清实录·宣宗成皇帝实录》卷一〇三。
③ 《清实录·宣宗成皇帝实录》卷一〇四。
④ 《清实录·宣宗成皇帝实录》卷一〇五。

十三日辛卯(10 月 13 日)

闽浙总督孙尔准奏报，行抵大甲，查办铜锣湾情形。

廿一日己亥(10 月 21 日)

从巡抚程含章所请，修筑浙江东、西海塘埽工、坦水。①

廿八日丙午(10 月 28 日)

从巡抚韩克均所请，修福建水师提标前营、后营、南澳镇左营战船。

廿九日丁未(10 月 29 日)

以福建南澳镇总兵官刘起龙为水师提督，台湾协副将潘汝渭为南澳镇总兵官。

调直隶正定镇总兵官刘廷斌为福建台湾镇总兵官，山东登州镇总兵官舒通阿为正定镇总兵官，以山东文登协副将成玉为登州镇总兵官。

十月初一日己酉(10 月 31 日)

抚恤琉球国遭风难夷如例。

十三日辛酉(11 月 12 日)

以办理海运出力，山东道员嵩英下部议叙，余开复加衔升用有差。②

十六日甲子(11 月 15 日)

以办理海运出力，江南副将汤攀龙、关天培和道员邹锡淳、李湘茝下部议叙，赏安徽知府庆玉道衔，余升赏有差。

---

① 《清实录·宣宗成皇帝实录》卷一〇六。
② 《清实录·宣宗成皇帝实录》卷一〇七。

廿五日癸酉(11 月 24 日)

从巡抚程含章所请,修浙江海盐县属塘工。

免奉天在海漂失采买米一千一百二十石。

廿七日乙亥(11 月 26 日)

水脚扛价,百春奏请展限裁减。五闸水脚扛价,自道光四、五两年,系照三厘旧额支领,本年已届限满,应行裁减三毫。惟因海运及盘坝漕粮并铜铅奉豆等项,一时云集,兼有转运北仓滞漕、豫东粟麦各项,又催令军船回空,加价添夫赶办。若遽令裁减三亭,役力未免竭蹶。清廷批复:着照所请,自本年起,准其再展缓二年,照三厘旧额支领。俾纾役力,至道光八年,仍应裁减办理。①

以办理海运出力,直隶知府周寿龄,同知濮城,下部议叙,余升补有差。

廿九日丁丑(11 月 28 日)

添设直隶大名镇中营游击一员,守备一员,千总二员,把总三员,经制外委三员,额外外委六员,马步守兵六百九十一名;裁天津镇水师营参将一员,守备一员,千总二员,把总三员,外委六员,水师兵四百九十一名,顺广磁等营马步守兵二百名,从总督那彦成所请。

予广东巡洋淹毙参将杜茂达、把总张萧汉祭葬恤荫如例。

十一月十二日己丑(12 月 10 日)

孙尔准奏报,拿获内山著名番割,并三湾械斗匪徒,分别审办。此次台湾民人械斗,粤人中即有勾串番割,率令生番出山助斗。经孙尔准派委将领入山搜捕,该匪等窜至后山,参将黄其汉等率领兵勇,攀藤附葛而上。该匪等带同生番抗拒,官兵开枪格杀凶番七名,拿获黄斗乃等多名,夺获番刀镖枪等件,并将内山番割寮舍拆毁。又购线拿获黄武二等多名,并讯出黄斗乃杀毙邓曾氏母子三命。道光帝批示:其头道溪地方,为生番出入总路,着照所请,于该处筑砌石墙,在熟番中选拔健丁六十名作为屯丁,并派屯弁驻大北埔防守。所有民垦荒博,饬该地方官勘丈明白,酌科租谷,拨充屯丁口粮,以资守卫。其黄斗乃所开埔地五甲,即给屯弁耕

---

① 《清实录·宣宗成皇帝实录》卷一〇八。

种，照例免其纳赋。各犯开种番地，着仍归番管业。①

十五日壬辰（12 月 13 日）

淮阳一带运河减泄之水，向由东堤各闸坝经下河各州县境内，汇入串场河，分流注海。中间支汊虽多，而入海之路，只有盐城县之新洋港、斗龙港、东台县之王家港、泰州之小洋口四处。自乾隆年间设闸疏浚，数十年来，海口疏通，河流畅顺。间遇湖涨宣泄，不过稍为浸溢，旋即涸退。迄今年月深远，濒海诸港口，泥沙壅滞。今岁七月间启放昭关车逻等坝，减泄湖水。现在将及半年，而下河各州县地土未干，田畴莫垦，百姓流离转徙。且濒海盐场，因场河积水未消，灶丁束手。御史汪琳奏请将注海各港口，及时疏导，先由运库筹款垫给后，归运场各商按引派缴，商捐官办。道光帝批复：本年开放闸坝，减水下注，淹及下河各州县。昨据琦善等奏报，昭关坝已经堵合，田亩渐次涸复，惟前此宣泄不畅，皆由入海港口淤塞所致，节经降旨，令该督等设法疏导。今该御史又为此奏，必应迅速勘办，俾民田场灶，均为有益。②

廿九日丙午（12 月 27 日）

韩克均奏报，总兵患病，回省医治。前任福建建宁镇总兵赵龙章因台湾匪徒滋事，发往闽省，交孙尔准差遣。兹据该抚奏称，该镇两次登舟放洋，阻风折回，旧病复发，暂缓渡台，委验属实。现在台湾事已完竣，赵龙章着准其留省医治，俟病痊后仍交该督差遣委用。③

修福建澎湖水师左营战船，从巡抚韩克均所请。

十二月初三日庚戌（12 月 31 日）

晋昌等奏报，验放海口运粮小船章程。天津沿海州县渔船，前经直隶奏定章程，准其请领船票粮照，前赴奉天贩粮。兹据晋昌等奏报，奉天海口各船，请照直隶章程一例办理。清廷批复：着照所请，所有奉天渔船，准其报明各该旗民地方官查取保结，编号烙印，造册报部，发给船票，饬令照例纳税。其愿领粮照载运粮石者，即与天津渔船，均照商船每只征银二十两之例，减半征银十两，仍照部议以八

---

① 《清实录·宣宗成皇帝实录》卷一〇九。
② 《清实录·宣宗成皇帝实录》卷一〇九。
③ 《清实录·宣宗成皇帝实录》卷一一〇。

两五钱解部，一两五钱作为兵役饭食、纸张之需，仍严饬行店人等无许格外多索行用饭钱。其在海口停泊上载，责成该旗民地方官，各于要隘处所，实力巡查，勿任偷漏，亦不得索扰滋弊。天津奉天互相查验，换给回照，彼此稽察。傥有棍徒把持，私充经纪，扰累商民，即着严拿，照例惩办。其岫岩、凤凰城等处，恐有偷运等弊，仍照成案不准存留船只。①

初六日癸丑(公元 1827 年 1 月 3 日)

以山东布政使讷尔经额为漕运总督。未到任前，命两江总督琦善兼署。调江苏布政使贺长龄为山东布政使，以江西按察使梁章钜为江苏布政使，浙江盐运使福珠隆阿为江西按察使。

抚恤日本国遭风难夷如例。

十二日己未(公元 1827 年 1 月 9 日)

闽浙总督孙尔准奏报，查办械斗完竣，筹议善后事宜。台湾所属，多系闽粤两籍寄居。闽粤漳泉，各分气类，每因械斗滋事。经此次惩创之后，该督议立章程，以期永臻绥靖。寻奏，改镇标右营游击为北路右营游击，移驻竹堑，隶北路协副将，镇标右营游击事务，归左营游击兼管；移竹堑守备一员，驻大甲，拨镇标右营千总、把总、外委各一员，兵二百名，归守备管辖；移镇标右营把总一员，兵六十名，驻铜锣湾；右营外委一员，兵四十名，驻斗换坪，均隶北路右营游击。从之。②

以办理台湾械斗匪徒出力，赏参将黄其汉、游击谢得彰花翎，道员方传穟、副将邵永福等下部议叙，赏生员刘献廷副榜，余升补有差。

十九日丙寅(公元 1827 年 1 月 16 日)

福建巡抚韩克均奏请暂弛海禁，准令商船贩运浙米赴闽。本年闽省各属秋成中稔，惟因上年歉收，粮价未能大减。漳、泉两郡，向赖台米接济。现在台北收成稍歉，商贩罕通。浙省秋成尚丰，米价较贱。清廷着准其暂弛海禁，听商船贩运浙江米石赴闽粜卖，以济民食。③

抚恤朝鲜国遭风难夷如例。

---

① 《清实录·宣宗成皇帝实录》卷一一一。
② 《清实录·宣宗成皇帝实录》卷一一一。
③ 《清实录·宣宗成皇帝实录》卷一一二。

廿八日乙亥(公元 1827 年 1 月 25 日)

朝鲜使臣洪羲俊等三人、琉球使臣马开基等二人于午门外瞻觐。

本年

英国等国向清朝输入鸦片一万二千二百三十一箱。①

经由广州进出口的中外商品贸易总额为四千七百四十七万零八百二十元，其中进口为二千五百四十二万四千六百九十九元，出口为二千二百零四万六千一百二十一元。中英贸易额为三千九百二十六万三千二百一十四元，进口二千一百五十八万零九百八十一元，出口一千七百六十八万二千二百三十三元。中美贸易额为八百二十万七千六百零五元，进口三百八十四万三千七百一十七元，出口四百三十六万三千八百八十七元。②

道光七年　丁亥　公元 1827 年

正月初四日庚辰(1 月 30 日)

原拨水师营津贴公项，被改拨陆路各营。前因裁撤天津海口水师，添改大名中营官兵七百余员名，该督请将原拨水师营津贴公项改拨陆地各营，得到准许。③

初五日辛巳(1 月 31 日)

从福建巡抚韩克均所请，修福建金门镇左营、铜山营战船。

---

① 　［美］马士：《中华帝国对外关系史》第 1 册，张汇文等译，生活·读书·新知三联书店 1957 年版，第 239 页。

② 　［美］马士：《东印度公司对华贸易编年史》第 4 卷，区宗华译，中山大学出版社 1991 年版，第 146~147 页。

③ 　《清实录·宣宗成皇帝实录》卷一一三。

廿一日丁酉(2 月 16 日)

从护浙江巡抚富呢扬阿所请,修浙江上虞县王家坝塘工。

廿二日戊戌(2 月 17 日)

朝鲜国王李玜遣使表贺万寿、冬至、元旦三大节,并贡方物,赏赉筵宴如例。琉球国王尚灏遣使表贡方物,赏赉筵宴如例。

二月初三日己酉(2 月 28 日)

闽浙总督孙尔准奏报修复水利情形。福建莆田县木兰陂,建自前代,上受诸溪,下截海潮,灌溉南北洋平田二十余万亩。近年屡经暴涨,泥沙淤积,陡门石堤,日久损坏,以致频岁歉收,经该督等率同该处士民捐输督修,修筑报竣。①

十四日庚申(3 月 11 日)

因军用浩繁,浙商恳请报效银一百万两,由运库先行垫解。
抚恤日本国遭风难夷如例。

十五日辛酉(3 月 12 日)

命前任广东潮州镇总兵官耿金钊以副将降补。

廿二日戊辰(3 月 19 日)

从署巡抚刘彬士所请,修浙江西塘柴埽等工。

廿四日庚午(3 月 21 日)

以督催海运商船出力,奉天防守御集成等下部议叙。

---

① 《清实录·宣宗成皇帝实录》卷一一四。

三月初一日丙子(3 月 27 日)

台湾兵谷大量积压。台湾每年应运内地兵谷兵米，例由各县将谷石征完运澳，由管口厅员拨船配载。近年因采买台米商船，概免配谷。截至道光六年止，共积压未运谷十六万五千四百六十石零，又未运兵米一万二百九十一石。清廷要求将道光七年分应运兵谷七万七百一十三石零，兵米七千八百七十五石，于本年全数运竣，并将道光六年以前积压陈谷，分作三年带运。①

二十日乙未(4 月 15 日)

闽浙总督孙尔准来京陛见，以前办台湾彰化匪徒滋事，迅速蒇功，善后事宜，筹画周妥，赏蟒袍缎匹，其子荫生候补光禄寺署正慧翼，以主事即用。

四月初二日丁未(4 月 27 日)

修广东大鹏等营遭风击碎师船，从总督李鸿宾所请。②

初三日戊申(4 月 28 日)

修广东罗定协左、右二营军械，从总督李鸿宾所请。

初四日己酉(4 月 29 日)

以建复台湾凤山县城垣，捐资绅士吴尚新等下部议叙，赏生员刘伊仲副榜。

初七日壬子(5 月 2 日)

从署巡抚刘彬士所请，修浙江海宁、仁和二州县东、西柴坦塘工。

十九日甲子(5 月 14 日)

抚恤琉球国遭风难夷如例。

---

① 《清实录·宣宗成皇帝实录》卷一一五。
② 《清实录·宣宗成皇帝实录》卷一一六。

五月初五日庚辰(5 月 30 日)

福建台湾镇总兵官刘廷斌到任。道光帝下旨，海疆重地，刻刻俱要留心，除暴安良，尤当注意，操防更须认真，切忌姑息养奸。①

廿七日壬寅(6 月 21 日)

从署巡抚刘彬士所请，修筑浙江海宁、仁和二州县东、西两塘柴埽、堤工。

闰五月十八日壬戌(7 月 11 日)

江南旗丁运费是其沉重负担，办理海运可以舒缓。御史钱仪吉奏称，江南办漕州县，津贴旗丁运费，前经该督议定数目，每船二百两至四百两不等，旗丁并未遵依，转更多索。州县以浮收在前，受其挟制，十数年来，逐渐增加，向日每船间有多至七八百两者，今则各船多至千两，实为该省一大积弊。上年办理海运，闻苏松各属因无旗丁之累，办公宽裕，间补旧亏。然使河工底定，仍复河海分运，恐漕费未必果减，而运务亦渐滋弊。②

廿八日壬申(7 月 21 日)

上年十一月内，仁和县民闹漕滋事，程含章派拨杭州协等营官兵，前往弹压。因程含章派兵时不知照提督，在任时所属将备黜陟委署，均系自主，受到弹劾。

三十日甲戌(7 月 23 日)

淮扬运河入海之路中的盐城县新洋港、斗龙港、东台县王家港、泰州小洋口四处，被要求疏导。

六月初八日壬午(7 月 31 日)

从直隶总督那彦成所请，铸给直隶天津大沽营守备条记。

---

① 《清实录·宣宗成皇帝实录》卷一一七。
② 《清实录·宣宗成皇帝实录》卷一一九。

十四日戊子(8 月 6 日)

从府尹常文所请,铸给奉天新改岫岩凤凰城海防通判关防。

廿二日丙申(8 月 14 日)

来年新漕,清廷将仍行海运盘坝。所有江苏省来年新漕,除江宁、扬州、淮安、徐州、通海等四府二州,照旧各归本帮兑收转运外,其苏州、松江、常州、镇江、太仓等四府一州,仍雇用海船运赴天津。①

廿七日辛丑(8 月 19 日)

抚恤朝鲜国遭风难夷如例。

七月初五日戊申(8 月 26 日)

以江苏京口协副将汤攀龙为福建海坛镇总兵官。

初十日癸丑(8 月 31 日)

闽省早稻丰收,商船赴浙买米被叫停,以重海防。
福建福宁镇总兵官博勒果善休致,以广东龙门协副将程恩高为福宁镇总兵官。
琉球国王尚灏遣使护送内地遭风难民到闽,赏赉如例。

十二日乙卯(9 月 2 日)

制造快船,弁兵巡缉有效,两广总督李鸿宾奏请筹口粮以期经久。广东黄博至处门一带,奸匪丛集,其船身长而狭,名曰快蟹艇,甚至用炮械抗拒巡兵。经李鸿宾等会同李增阶议筹制伏之策,仿照快蟹式样,造船七只,分段巡查,与粤海关监督筹办经费造竣后,交提督选派精兵,实力巡缉。上年冬间迄今,该匪一遇巡船,即自弃其艇而遁,陆续夺获快蟹艇六只,余多自行凿沈。黄博虎门海口,渐就肃清。每船派弁一名,日给口粮银六分;每船派兵四十名,每兵日给口粮银四分,俱

---

① 《清实录·宣宗成皇帝实录》卷一二〇。

系该督等捐赀给赏。所办甚属可嘉，然必须行之以实，持之以久，始于地方有裨。此后每年弁兵口粮及修理船只、添备器械一切用费，按年约需银四千两，势不能常行捐办，亦不得请动库款，自应筹一经久之策，以期支用裕如。俾弁兵得资口食，出力缉捕，不致渐形废弛。

两广总督李鸿宾等奏报，本年四月内，闻越南国夷匪巴荣等在该国水陆地方，肆行劫掠。粤东钦州及外海洋面，多与越南接壤，恐其窜入边界。当即飞咨水陆提督，拣派员弁，防范堵御，现闻该国已将首匪捦获，仍令龙门协师船暂留防堵，俟越南全境无事，再行撤回。道光帝下旨，随时严密防守，水陆并重，不可稍涉大意。务要严饬各属文武，不准喜事贪功，致生边衅。①

廿四日丁卯(9月14日)

暹罗国王遣使呈进表贡谢恩，清廷要求两广总督李鸿宾委员伴送该使臣按程前来，于本年封印前到京，所有原贡船随带货物，并准照例免税。

从署巡抚刘彬士所请，修浙江西塘埽工、柴工。

廿七日庚午(9月17日)

御史李鹏要求疏浚东南水利，得到重视。据称江浙各郡，苏、松最居下游，诸水汇入太湖，由三江东流入海。其东北由刘河入海者为娄江，东南由黄浦入海者为东江，吴淞一江独当太湖下注之冲，尤关紧要。近则刘河口淤成平陆，吴淞下游仅加沟洫，虽黄浦江势尚通畅，而吴淞不通，则苏松及浙湖交界之水无从入海。刘河不通，则苏州东北之水无从入海，以致水旱均灾，民田被害。

贺长龄奏报，筹议海运巡防事宜。南漕十月开征，应赶为一运赴浑，商船于春夏间揽载放洋，归期莫必。若不先行晓示，恐致误运。清廷着即饬沿海州县，各于所辖口岸多贴告示晓谕，并不时亲往稽查。如有南回船只，即令赶紧南驶。其自南省驶来者，即饬迅速前往卸竣回南，以备兑运。其最要岛屿，应令该管将官亲督弹压。南粮经由东省洋面，可寄锚收泊者二十五处。其庙岛孤悬海外，巡防尤为紧要。江南沙船舵水尚属安静，浙江蜑船、三不像船水手人等率皆弹悍不驯，每致登岸滋事。届时着饬各该管将官常川赴岛，督查弹压。仍先咨会江苏，豫为晓谕。如敢在途生事，即由所在官员，照例严行惩办，其陆路委员应行酌减。沿海炮台墩卡均有该管文武，督率兵役巡防，再派佐杂数员，帮同稽察。果能实力巡查，已属周密。若另设总巡，徒烦供帐，致扰闾阎，着即照议酌减，至派出之佐杂各员，亦毋

① 《清实录·宣宗成皇帝实录》卷一二一。

许多取夫马，以免扰累。其收入津口船数日期，应归直隶奏报。南船自吴淞江出口，须避五道大沙，均越过鹰游门交界，经由东大洋行驶。其入出东境日期，势难逐船分晰。着即就收岛船数，稽查奏报。若该省派员设拨于天津海口，查探船数具报，较天津镇奏报转迟，着即裁减，以节糜费。其收岛船只，应相风催令开行。漕粮正供攸关，未便在洋久滞。若听舵水籍口风信，任意逗留，不免耽延。着饬巡岛员弁，随到随即验明船号，察看风色顺利，即令开行，毋得稍有留难，并毋许舵水故意延宕。其附近口岸，如有窝赌滋事之徒，责成地方官查拿，随时严禁。该护抚惟当认真经理，严饬各员弁实力稽查，俾船行迅速，粮运无误，是为至要。①

廿八日辛未(9 月 18 日)

江南苏松镇总兵官陈光求年老休致，以太湖营水师副将关天培为苏松镇总兵官。

八月初一日甲戌(9 月 21 日)

金门镇左营所辖洋面，两月之间，商船被劫三案，金门镇等地水师官员受到惩处。

初二日乙亥(9 月 22 日)

两广海域巡缉经费得到落实。清廷批示：准于藩库赏借息银内借支银六万两，粮道库普济堂经费内借支银四万两，发交盐当二商生息。自发商之日起，每年所得息银一万两，以一半归还原本，一半拨充快船弁兵口粮及修费支用。如有余存，即为悬赏获犯等项之需。俟借款全数归还，仍将发商本银，永远生息。②

初四日丁丑(9 月 24 日)

挑浚吴淞江银款开始筹备。清廷批复：将明年办理海运案内节省苏、松、常、镇、太四府一州应征赠五等米枲变价银，留为挑浚经费，先于本年平枲缓漕米价银内借动银二十余万两，及早给发领办。所借银两，俟明春将海运节省各款米石变价后，即行还款。③

---

① 《清实录·宣宗成皇帝实录》卷一二二。
② 《清实录·宣宗成皇帝实录》卷一二三。
③ 《清实录·宣宗成皇帝实录》卷一二三。

十一日甲申（10月1日）

缓长芦所属沧州、宁河县并严镇场上年被水灶地额征银。

十六日己丑（10月6日）

命长芦盐政阿扬阿留任。

十九日壬辰（10月9日）

大学士两江总督蒋攸铦等奏报，酌拟新漕海运章程：一、沙船运送漕粮，应照旧给予耗米；二、商船给发水脚等项，仍由外筹给；三、天津通仓需用经杂各费，应由苏省筹款解交；四、验米交米，仍应专派大员经理；五、佘山应派武职大员驻扎，弹压稽查；六、宜饬沿海水师会哨巡防；七、如有短少霉变及松舱等事，应分别豁免赔补；八、商船奖叙，宜酌量分别；九、商船不准揽带客货，如有自带零星土宜，应查明仍准免税；十、通仓席竹二项，仍请折银购办；十一、粮米自津运至通仓，宜加慎遮盖，查禁搀水，并令各经纪亲自押送到通交纳，以免霉变而专责成。①

二十日癸巳（10月10日）

直隶总督那彦成奏报，筹议来年海运，直隶应办事宜，请量为变通，得到批准。又因江苏白粮米质鲜嫩，海洋风信靡常，若贮船时久，恐易发变，要求仍由河运，也得到准许。

廿一日甲午（10月11日）

从署巡抚刘彬士所请，修浙江海盐县石塘，并建筑坦水。
抚恤琉球国遭风难夷如例。

廿三日丙申（10月13日）

道光帝晓谕：来年新漕，可行海运，但不准盘坝。

---

① 《清实录·宣宗成皇帝实录》卷一二四。

廿四日丁酉(10 月 14 日)

巡洋兵船被裁改。台澎水师各营原存战船内,"善"字号船只过于笨重,知、方两字号船只不利深水,均于巡防不甚得力。查有白底艍船驶风折戗,最为灵便,以之追捕可期得手。清廷指示:将"善"字号船九只并"知""方"两字号船三十二只一并裁汰,照商船白底艍式样另造三十二只,以抵"知""方"两字号船之额。①

九月初七日己酉(10 月 26 日)

从署巡抚刘彬士所请,建浙江海宁州石塘并坦水桩石。

初十日壬子(10 月 29 日)

道光帝再次重申,盘坝之议断断不能允行。

十一日癸丑(10 月 30 日)

道光帝对海运章程八条进行批复,总期在南不致以津贴病官,以征收扰民;在北不致以刁难累商,以剥运伤米,方为妥善。

闽浙总督孙尔准等覆奏报,闽省战船,除台湾厂仍照旧章,以船只到厂之日,各归各任,随时修办外,其福、泉、漳三厂按月修船一只,与三年届修例限,并无窒碍。②

十六日戊午(11 月 4 日)

补造盛京、金州、旅顺口水师营巡洋遭风击碎战船,并沈失军械。从军奕颢等所请。③

十七日己未(11 月 5 日)

以江苏按察使庆善为浙江布政使,广东南韶连道衍庆为江苏按察使。

---

① 《清实录·宣宗成皇帝实录》卷一二四。
② 《清实录·宣宗成皇帝实录》卷一二五。
③ 《清实录·宣宗成皇帝实录》卷一二六。

从巡抚韩克均所请，铸给福建台湾艋舺营水师参将及分驻噶玛兰营都司头围守备关防条记。

十九日辛酉(11月7日)

抚恤朝鲜国遭风难夷如例。

三十日壬申(11月18日)

江苏巡抚陶澍覆奏报，苏省新漕，因河道尚阻，仍拟暂分海运，得到允许。

十月初三日乙亥(11月21日)

凯音布等覆奏海运事宜。海运米石，到津起卸后，由剥船运通，向派委员押送。清廷着仍照上届章程，由直隶派委员弁，分拨押运，带同兵役，实力巡查，以防偷漏。至米石抵通，经纪等往往挑斥米色，于轻重斛收之中，籍口需索，必有之弊，应严行禁绝，着该侍郎等督饬坐粮厅严密查察，于米色斛收，亲为校核。如查无潮湿短少，而经纪等少有讹索，准船户等禀究，从重惩办。倘经纪书役人等通同舞弊，未能查出，别经发觉，惟侍郎等是问。

海运米石，以百数十万漕粮，势难逐石包裹。舟行一月之久，恐易致蒸受海气。道光帝晓谕：来岁新漕海运，本非朕意。经蒋攸铦等屡次具奏，是以勉从所请。着蒋攸铦等严饬所属，务取干圆洁净之米收兑。其载入海船时，尤应防护周至，俾免薰蒸潮湿之弊。倘办理不善，收米时即不能一律干洁，沿途复不小心防护，以致米石受湿霉变，惟蒋攸铦等是问。①

初四日丙子(11月22日)

从署巡抚刘彬士所请，修浙江西塘埽工。

十七日己丑(12月5日)

蒋攸铦等奏报，遵旨议复海运事宜。各商船运米，应给水脚等项，及一切经费，除天津通州用款，按照上届章程应动漕项银两凑拨济用外，其在南经费，仍由

---

① 《清实录·宣宗成皇帝实录》卷一二七。

各州县将向来办漕贴费，照旧支用。①

十一月初二日癸卯(12 月 19 日)

漕运帮船津贴事宜受到关注。清廷强调，除来岁新漕苏、松、常、镇、太四府一州系由海运外，嗣后河运年分所有各帮津贴，遵照嘉庆二十二年奏定章程，核实办理，不准丝毫格外取与。②

初三日甲辰(12 月 20 日)

直隶总督那彦成奏报，议覆穆彰阿条陈海运未尽事宜各款，如剥船水脚，毋庸扣留三成，及沙船压载取土，应指定官地，不准稍越界限二条，均得到批准。

由于明年苏、松、常、镇、太四府一州漕粮仍由海运，该帮船即须停歇，头舵水手人等，概无所用，一旦游手游食，势必不安本分，生事扰民，为害地方，清廷要求防微杜渐，妥为安插。③

初四日乙巳(12 月 21 日)

蒋攸铦请将苏州、松江、常州、镇江、太仓四府一州,照常河运,道光帝勉强同意。

初八日己酉(12 月 25 日)

抚恤琉球国遭风难夷如例。

十二月初四日乙亥(公元 1828 年 1 月 20 日)

从署巡抚刘彬士所请，修浙江东塘坦水盘头各工。④

十九日庚寅(公元 1828 年 2 月 4 日)

直隶总督那彦成所奏报将长芦盐价改用银桩一事，被驳回。

---

① 《清实录·宣宗成皇帝实录》卷一二八。
② 《清实录·宣宗成皇帝实录》卷一二九。
③ 《清实录·宣宗成皇帝实录》卷一二九。
④ 《清实录·宣宗成皇帝实录》卷一三一。

二十日辛卯(公元 1828 年 2 月 5 日)

抚恤琉球国遭风难夷如例。

廿八日己亥(公元 1828 年 2 月 13 日)

朝鲜国使臣宋冕载等三人于午门外瞻觐。

是年

《广州记录报》在广州、澳门和香港刊行，是为清朝境内出版的第一份英文报纸。①
英国等国向清朝输入鸦片共计一万一千一百五十四箱。②

经由广州进出口的中外商品贸易总额为五千三百三十万三千一百二十一元，其中进口二千九百零二万三千七百零九元，出口二千四百二十七万九千四百一十二元。中英贸易额为三千八百五十万零六百五十二元，进口二千零三十六万四千六百元，出口一千八百一十三万六千零五十二元。中美贸易额为一千一百九十一万一千四百六十九元，进口五百七十六万八千一百零九元，出口六百一十四万三千三百六十元。与英美之外的其他国家贸易额为二百八十九万一千元。③

道光八年　戊子　公元 1828 年

正月十八日戊午(3 月 3 日)

以缉捕出力，予福建署同知李慎彝等升叙有差。

---

① 方汉奇：《中国近代报刊史》上册，山西人民出版社 1981 年版，第 13 页。

② [美]马士：《中华帝国对外关系史》第 1 册，张汇文等译，生活·读书·新知三联书店 1957 年版，第 239 页。

③ [美]马士：《东印度公司对华贸易编年史》第 4 卷，区宗华译，中山大学出版社 1991 年版，第 168~169 页。

廿六日丙寅(3 月 11 日)

朝鲜国王李玜,遣使表贺万寿、冬至、元旦三大节,进贡方物,赏赉筵宴如例。
暹罗国王郑福以颁赐敕宝,遣使奉表谢恩,恭进方物,赏赉筵宴如例。

廿八日戊辰(3 月 13 日)

从巡抚刘彬士所请,修浙江海宁、仁和二州县东、西海塘。①

三十日庚午(3 月 15 日)

朝鲜、暹罗二国使臣,在西安门内叩贺。
抚恤琉球国遭风难夷如例。

二月十四日甲申(3 月 29 日)

抚恤琉球国遭风难夷如例。②

三月初一日庚子(4 月 14 日)

清廷预算花费银两三百八万七千八百余两,用三年时间,整修江南水利。其中
海口接筑长堤,俟一二年后察看办理。③

十七日丙辰(4 月 30 日)

展缓长芦严镇、海丰二场上年被水应完工本银。

四月初一日庚午(5 月 14 日)

以福建台湾水师副将邵永福为浙江温州镇总兵官。

---

① 《清实录·宣宗成皇帝实录》卷一三二。
② 《清实录·宣宗成皇帝实录》卷一三三。
③ 《清实录·宣宗成皇帝实录》卷一三四。

初三日壬申(5 月 16 日)

从巡抚刘彬士所请，修浙江海宁、仁和二州县东、西海塘坦水、柴埽各工。

十二日辛巳(5 月 25 日)

从盐政阿扬阿所请，铸给长芦盐运司知事钤记。

十四日癸未(5 月 27 日)

贷杭州乍浦满营修理坍损衙署银。

廿一日庚寅(6 月 3 日)

贷福建金门镇标兵丁存营谷价银。

廿四日癸巳(6 月 6 日)

从福建巡抚韩克均所请，改铸福建台湾台义县、笨港县丞条记。
从江苏巡抚陶澍所请，修江苏黄快船。①

五月初一日己亥(6 月 12 日)

赏福建巡洋漂没巡检程士教主簿衔，予祭葬恤荫如例。

十二日庚戌(6 月 23 日)

清廷清查长芦盐场新旧欠款。着自本年六月为始，将每年加价银四十六万余两，以二十三万余两解部允公，其余银二十三万余两尽数抵交新欠，俟新欠完清，再将旧欠接续抵完。

---

① 《清实录·宣宗成皇帝实录》卷一三五。

十七日乙卯(6 月 28 日)

闽浙总督孙尔准等奏报，筹议戍兵眷米改给折色章程。闽省福州、兴化、泉州、漳州等营戍兵眷米，向系将台湾府属征收供粟，拨交商船，运回发给。前据该督等以近年商船较少，内运愆期，各兵眷不能久待，请将此项眷米，每石折给银二两。经部议，以较之延建邵等营每石折银九钱之数，多寡悬殊，请饬令妥议覆奏，并将台属征粟如何出粜归款，及道光七年以前未运谷石，查明另议章程。兹该督等奏称，此项米石改放折色，系在台属供粟内变价解给，与延建邵等营动支库项不同。现在米价每石粜银二两，若折银九钱，实属不敷买食。且银由米出，于度支并无增费，台属米价二两上下不等。若照月报变粜，易启厅县趋避捏报之弊。今画一定价，盈绌相参，各属尚无赔累。清廷指示：着照该督等所议，自道光八年起，将台属应运眷米，每石折银二两，由藩司筹款，随同眷银一并给发，仍于台饷内扣收归款。其节省运脚银两，俟定案后按年提出报拨。所有道光七年分未运谷石，准其一体改解折色。至六年以前欠运眷米，着仍照部议，饬令台属解运本色，归还内地各仓垫款，毋庸采买归补。①

廿二日庚申(7 月 3 日)

广东阳江镇总兵文应举患病开缺，常遇恩补授阳江镇总兵。道光帝以为该镇系水师要缺，常遇恩年力就衰，不知能否胜任，要求李鸿宾详加察看。

六月初一日己巳(7 月 12 日)

从总督孙尔准所请，修福建台湾北路协标中、左二营及南路下淡水等营军械。

初十日戊寅(7 月 21 日)

因回疆用兵大功告成，朝鲜国王遣陪臣李球等来京庆贺，道光帝赐使臣一体入宴。

十一日己卯(7 月 22 日)

朝鲜国使臣李球等三人于大红桥瞻觐。

---

① 《清实录·宣宗成皇帝实录》卷一三六。

十三日辛巳(7 月 24 日)

从巡抚刘彬士所请,修筑浙江上虞县吕家埠等处临江柴塘。

三十日戊戌(8 月 10 日)

福建台湾道刘重麟奏报,台湾难治情形,非内地可比,全在地方文武立心公正,执法严明,办理神速,不以事大而存顾虑之私,不以事小而萌姑息之念。厅县为亲民之官,尤宜时出巡察,俾总董人等,平时无敢欺蒙,遇事供其任使,即有奸匪窃伏,立时摘发,亦可使闻风敛迹,消患未萌。道光帝批复:以上所论,岂止台湾。任州县者,若能如此急公,何患民事不理也。①
准广东前任江南水师游击陈书重赴鹰扬宴,赏副将衔。

七月初三日辛丑(8 月 13 日)

修浙江仁和、海宁二州县东、西两塘柴、坦各工,从巡抚刘彬士所请。

初六日甲辰(8 月 16 日)

朝鲜国王李玜遣使表贺平定回疆,并谢颁给敕书恩,恭进方物。清廷命赏收贺贡,其谢恩贡物,留抵下次正贡,宴赉如例。

初八日丙午(8 月 18 日)

陶澍奏报审明控争滩地一案。此案孙景韶等,前在海州报买湾大等港下则新淤地亩,该地与官荡毗连,屡经争控查勘。兹据该抚查明,苇营官荡,生长柴薪,有裨工用。若召变归民,转恐工料昂贵,请照案退地归营。所有孙景韶等前买新淤共八百六十六顷零,着即尽行退出归公,拨还原价给领,追照涂销。至原丈召变新淤,尚有间杂滩租老粮地,并周殿华等价买共地九百余顷,该抚即饬令勘明办理,余照所议完结。②

---

① 《清实录·宣宗成皇帝实录》卷一三七。
② 《清实录·宣宗成皇帝实录》卷一三八。

廿七日乙丑(9 月 6 日)

福建莆田县治，于宋治平元年，有长乐钱氏室女，倾资筑陂，该处土人立庙崇祀。据孙尔准等奏称，现在尚著灵异。清廷着照所请，即将长乐县钱氏室女列入祀典，每年于东作方兴之时，饬令地方官致祭一次，以慰舆情而昭祈报。①

以修复福建莆田县木兰陂各工完竣，予督办出力知府徐鉴等议叙，赏监生郑道立副榜，余升叙有差。

八月初五日壬申(9 月 13 日)

抚恤日本、琉球二国遭风难夷如例。②

十八日乙酉(9 月 26 日)

法兰西国夷人十四名，并福建客民十二名，同搭福建厦门绿头船，自越南国开行放洋。于六月二十三日，驶至老万山外洋寄碇。福建客民，转雇渔船，先到澳门。该绿头船舵工水手，于二十四日夜，将夷人杀死十二名。另有二名凫水逃走，一名已经淹毙，一名遇救得生，逃生澳门禀报。现将搭船之福建客民李生等十二名查获。讯据供称，该绿头船主名刘亚五，现住厦门，并不在船，其船上代管之人名吴捆，舵水林亚享等约五十余人，该船尾刊刻"源荣"二字。清廷指示：该夷人被害处所，虽在黑水夷洋，并非滨海营县所辖。惟该夷雇觅内地船只，竟被舵水人等中途谋害，殊有关于国体。闽粤洋面毗连，该匪船乘风迅驶，或潜回原籍，或弃船窜匿，总不出两省海洋地面。着李鸿宾督饬水师提镇，严饬出洋舟师并陆路营县，一体迅速查拿务获，无任远扬漏网。仍严饬水师官弁于洋面地方，随时实力巡察，无致再滋事端。现已究出该商梢姓名及船尾书写字样，经李鸿宾等咨会闽省截拿。着孙尔准一面饬属查拿船主刘亚五，根究该管事、舵水人等姓名下落，按名悉数捡拿，一面督饬水师将弁于海洋及滨海营县，一体盘诘截拿，务在必获，勿稍疏纵。③

廿三日庚寅(10 月 1 日)

赵应陇在越南小潮地方，起意谋为不轨，商同李映川编写逆词，至开化纠约，

---

① 《清实录·宣宗成皇帝实录》卷一三九。
② 《清实录·宣宗成皇帝实录》卷一四〇。
③ 《清实录·宣宗成皇帝实录》卷一四一。

希图滋事。并王士林为伪雕石玺，图往越南小潮，诓惑滋事。经生员李宗唐首报，阮元督派委文武各员弁，将相连两起匪犯访拿迅获，赵应陇潜逃。

云贵总督阮元等奏报，越南国小潮地方与内地边界接近，难保无匪类潜踪，当经札饬镇道确查，并檄土官四路搜拿首逆，随时清查夷户。如有内地匪徒逃入，即为缚献，边界已可静肃，毋庸再行照会该国王查办，以归简便。道光帝批复：所办是。有关外夷边界之事，总以镇静而有防，是为至要，切不可受人邀功肇衅之举也。①

廿五日壬辰（10 月 3 日）

从巡抚刘彬士所请，修浙江杭州府贡院，并宁海、象山、萧山三县所属营房官舍塘工。

九月初五日壬寅（10 月 13 日）

嘉庆十年闰六月，广东南海等县私设班馆、虐待人犯一事，受到道光帝关注，要求无论繁要偏僻地方，俱不得设立班馆等所，滥行拘系。②

十四日辛亥（10 月 22 日）

从巡抚刘彬士所请，修浙江钱塘县大云寺湾压沙塘闸，并宁波、台州、温州三府水师各镇标协营钓杠船只。

廿四日辛酉（11 月 1 日）

在洋谋害夷人多命之首从凶犯被拿获，解赴广东，逸犯林赞成等正被加紧追查。遇救得生法兰西吐咕一名，现住澳门，飘泊余生，只身远寄，清廷要求加之体恤。③

十月初二日戊辰（11 月 8 日）

从巡抚刘彬士所请，修浙江东塘坦水，西塘柴埽、盘头及钱塘县境江塘桥闸运

---

① 《清实录·宣宗成皇帝实录》卷一四一。
② 《清实录·宣宗成皇帝实录》卷一四二。
③ 《清实录·宣宗成皇帝实录》卷一四三。

洞等工。①

十六日壬午（11 月 22 日）

从巡抚琦善所请，修山东胶州南汛、成山东汛、登州北汛战船艍船。

十八日甲申（11 月 24 日）

从闽浙总督孙尔准所请，修福建福州城守右军并将军标军装器械。

二十日丙戌（11 月 26 日）

闽粤二省聚赌之风受到重视。闽粤二省聚赌，向有花会名目，浙江温、台等府尤甚。其赌法由开局者制筹三十三根，每根各有字志，随掣一根，封存厨柜之内，令人猜压。或十日或半月一启封，以决胜负。猜得者压钱一文，开局者配给钱十五文，甚或压至数十金，顷刻间可获利数百金。愚民闻风奔赴，有不远数十里而往者，且有数百里之外，辗转寄托，遥相猜压者。每次聚赌，胜负以数千两计。此处花会才歇，而彼处又开。流倡土妓，游民奸棍，蜂拥蚁聚，累月经年，窝窃藏奸，皆由于此。又浙江、江苏接壤地方，春间多开花鼓戏场。其始不过祀神报赛，恃在法所不禁，遂至男女猱杂，搬演淫亵戏剧，秋间则为斗蟋蟀之会。名曰册场，而演戏开册之处，各种赌博无所不有。外来船只聚集，恒以千计。其窝倡窝贼情形，与花会相同。且该犯等往往于两省接壤，或两府两县交界地方聚集，一闻往拿，即遁入他境。不过数里，顷刻可至。衙门蠹役得规包庇，如闻本官往拿，则先送信使之早遁。及本官亲到，而赌场早散。该州县自顾考成，但求散出本境，便可塞责，不知数里之外，又复聚赌如故。②

廿六日壬辰（12 月 2 日）

山东巡抚琦善奏报，遵旨筹议条规，禁阻出海流民。山东省出海口岸较多，登莱各属贫民，往往前赴盛京边外，占种官荒。前经彭浚具奏，降旨令琦善详筹妥议，严行禁阻。兹据该抚酌拟条款具奏，着照所议，将越度关塞，私出口外，及夹带流民，私渡奉天，分别问拟流徒各律例，由登莱青道摘叙简明告示，就近遍行晓

---

① 《清实录·宣宗成皇帝实录》卷一四四。
② 《清实录·宣宗成皇帝实录》卷一四五。

谕，并刊板刷印，每有商渔船只俱发给一张，实贴船上，俾各知禁令，如有故违，照例究办。至牌头保甲等，严饬该地方官，责令就近稽查。遇有出口民人，晓以禁令，实力劝阻。如所言不听，许其指名禀究，审实量予奖赏。傥或徇情贿纵，或挟嫌诬禀，分别从严惩办。其专管海口之巡检汛弁，于商船出口时，务先亲往按票传验。其沿边采捕小船，亦令一体查察。如有冒混夹带，人票不符，立即严究，仍按季出具钤印各结，申送备案查考。傥有疏纵，即行奏参办理。至各州县受理词讼案件，或有人证不到，指称现赴关东者，即先查问该家属于何年月日，由何处口岸，何人船只前往，曾否领有印票。如系私渡，即传该口岸船户，及原籍牌甲分别讯究。其有久在奉天等处种地成家，挈眷贸易者，或只身回籍，准其据实呈明地方官，给予印照出口，将所呈情由于照内叙明，不准于本籍出口时，增添人数。至奉天等处海口营县，凡遇船只收口，逐加查验。如有无照流民，即行严拿，同夹带船户照例分别治罪。①

廿七日癸巳(12月3日)

台湾戍兵逞忿生事，受到惩处。

十一月初二日戊戌(12月8日)

从巡抚刘彬士所请，修浙江定海镇标米艇船只。
抚恤朝鲜国遭风难夷如例。

初四日庚子(12月10日)

署理直隶总督屠之申奏报，遵旨筹议查禁流民出口。前据彭浚奏报，盛京边外种地流民甚多，当经谕令屠之申筹议章程，严行禁止。兹据奏直隶水陆关口，定例盘查，本属严密，因道光二、三两年被灾较广，以致贫民携眷出口觅食，日积日多，不可不豫为查禁。着照该护督所议，严饬守关各员，谨遵定例查验。持有执照者，始准放行。并通饬各该州县于所属地方，无论乡村僻壤，遍行出示，晓谕民人，不可轻去其乡。仍剀切声明，关禁甚严，勿得懵然前往，徒劳往返。傥该州县晓谕未能周悉，该民人仍或私行偷越，出关时，经守关各员查出系属何州县民人，即将该地方官惩处不贷。其有呈请出口执照者，除实系贸易探亲，同行止一、二人者，照例发给外。凡携带妻子，迁移家属出口，概不得妄行给照。州县既不滥行给

---

① 《清实录·宣宗成皇帝实录》卷一四五。

照，关口必须验照放行，毋稍疏纵。至天津、宁河各海口出洋船只舵水人等，均有例定名数，给发票照，查验放行。并着奉天等处海口营县，凡遇船只收口，逐加查验。如有无照流民，即行严拿治罪。①

初六日壬寅(12 月 12 日)

夷钱流入内地。御史张曾奏报，风闻广东省行使钱文内，有先中通宝、景盛通宝两种最多，间有景兴通宝、景兴巨宝、景兴大宝、嘉隆通宝，谓之夷钱，搀杂行使，十居六七，潮州尤甚，并有数处专使夷钱。内地奸民，利其钱质浇薄，依样仿铸。清廷批示：广东、福建滨海地方，俱与外夷接壤，各该夷人通市贸易，自应以银易换制钱。岂可令外夷钱文，公然于内地搀杂行使，且有奸民利其钱质浇薄，依样仿铸，着该督抚严饬所属，确切查明，如有前项弊端，立即严拿究办。②

廿一日丁巳(12 月 27 日)

予广东巡洋淹毙把总卢鸿逵祭葬恤荫，受伤守备黄吉、外委陈进升、胡贵鹏加级，兵丁徐得龙等一百三十八名恤赏有差。③

十二月初五日庚午(公元 1829 年 1 月 9 日)

浙江巡抚刘彬士奏报，请修筑塘工。浙江东海塘，因本年雨水过多，潮汐较旺，以致各工间多波损，亟应赶修完整。清廷批复：浙省海塘岁修经费，前经奏定不得用过本款十五万六千余两之数，本年支用已及一年之额，此次所修"旦"字等号各工，即系豫支来岁款项。虽姑允所请，但塘工岁定经费，原以杜虚糜而期节省，若年复一年，逐渐加增，必至漫无底止。嗣后着加意撙节，如过原定十五万六千余两之数，断不能邀允准。④

初六日辛未(公元 1829 年 1 月 10 日)

传习天主教犯张成善等于改悔后，仍用旧时邪教音乐，收藏经卷，被杖一百，

---

① 《清实录·宣宗成皇帝实录》卷一四六。
② 《清实录·宣宗成皇帝实录》卷一四六。
③ 《清实录·宣宗成皇帝实录》卷一四七。
④ 《清实录·宣宗成皇帝实录》卷一四八。

流二千里，于犯事地方加枷号三个月。

初九日甲戌（公元 1829 年 1 月 13 日）

巡防疏懈之水师备弁被处理。福建护金门镇左营游击事守备林成全等，前因巡防疏懈，分别摘去顶带、革职留任，勒限缉犯。兹据该督奏报，该备弁等自奏参以后，尚知愧奋，获盗解办，又获另案盗犯多名，惟尚有二案未经犯犯。所有原参护理金门镇左营游击事右营守备林成全着降为千总，金门镇左营千总彭三阳、外委尤春贵、崇武、水汛把总陈瑞吉均着递降一等，酌量补用，饬令随同水师出洋协缉，以观后效。金门镇总兵陈化成，在洋查缉，获犯多名，功过尚堪相抵，着加恩免其议处。

初十日乙亥（公元 1829 年 1 月 14 日）

从巡抚刘彬士所请，修浙江上虞县吕家埠柴塘。

十一日丙子（公元 1829 年 1 月 15 日）

予福建巡洋淹毙兵丁柯茗芳等十名赏恤如例。

二十日乙酉（公元 1829 年 1 月 24 日）

展缓长芦严镇、海丰二场被水灶滩应交三限工本银。①

廿三日戊子（公元 1829 年 1 月 27 日）

琉球国使臣毛世辉等二人，于西苑门外瞻觐。

廿七日壬辰（公元 1829 年 1 月 31 日）

福建台湾镇总兵官刘廷斌奏报，查阅南北两路地方，察看民番情形，考验官兵技艺。

从巡抚陶澍所请，修江南省坞黄快船。

---

① 《清实录·宣宗成皇帝实录》卷一四九。

廿九日甲午（公元 1829 年 2 月 2 日）

朝鲜国使臣洪起燮等三人，于午门外瞻觐。

是年

英国等国向清朝输入鸦片总计一万三千八百六十八箱。①
经由广州进出口的中外商品贸易总额为四千七百八十七万三千二百九十一元，其中进口二千四百六十八万七千零九十一元，出口二千三百一十八万六千二百元。中英贸易额为三千九百九十四万七千五百二十六元，进口二千一百三十一万三千五百二十六元，出口一千八百六十三万四千元。中美贸易额为七百九十二万五千七百六十五元，进口三百三十七万三千五百六十五元，出口四百五十五万二千二百元。②

道光九年　己丑　公元 1829 年

正月初七日壬寅（2 月 10 日）

道光帝晓谕：朕闻闽、广、江、浙各省洋面，近来虽无大伙匪船，仍时有盗劫之案。地方文武非竟不查拿，每因解省经费无出，遂存化大为小之见，并不认真严办。若果如此，岂非因噎废食。戢暴安良，系地方官专责，该督等自应将缉捕及一切经费，豫为筹备。各州县距省道里远近不齐，既不能概以解费浩繁，有所籍口，况离省窎远之处，除罪应斩绞并斩绞案内遣军流徒余犯外，皆有就近解巡道审转之例，何至辄形苦累。外海营汛地方如是，内地土盗，因此从轻完结者，亦可想见。该管文武果能不分畛域，和衷共济，纵或一时，偶疏防范，迨经缉犯惩办，功过原

---

① ［美］马士：《中华帝国对外关系史》第 1 册，张汇文等译，生活·读书·新知三联书店 1957 年版，第 239 页。
② ［美］马士：《东印度公司对华贸易编年史》第 4 卷，区宗华译，中山大学出版社 1991 年版，第 193~194 页。

可相抵。每据该督抚陈奏，朕无不概从宽宥。其缉捕勤奋者，亦皆量予鼓励。岂得稍有畏难，养痈贻患。各该督抚接奉此旨，除向有缉捕等项经费各处，无庸筹款外，其余俱应一律酌议，量加经费，并严饬该管文武各官一体和衷，力改前习，以期安行旅而靖闾阎。如嗣后仍有因循规避观望延搁者，即当据实严参惩办。该督抚等亦当认真查察，勿涉颟顸，致干咎戾。①

二十日乙卯（2 月 23 日）

广东琼州镇总兵张兆麟，于外海水师情形不甚谙练，且不能约束兵丁。南韶连镇，毗连三省，地方紧要，总兵萧文治难期振作。张兆麟、萧文治俱着送部引见。

福建汀州镇总兵官王威宣年老休致，赏食全俸，以前任建宁镇总兵官赵龙章为汀州镇总兵官。

廿四日己未（2 月 27 日）

为防止官银大量出洋，福建道监察御史章沅奏请禁止外商违例以货物私易官洋。"嗣后只准易货，毋许易银"。②

廿五日庚申（2 月 28 日）

道光帝要求两广总督李鸿宾等妥议严禁外商以货易银，其谕令云：向来粤洋与内地通市，只准以货易货，例禁綦严。近日夷商货物，务为奇巧，炫惑渔利，取值不啻数十百倍。据该御史奏称，该夷人赋性狡黠，纯用机心，卖物则必索官银制钱，买物则概用番银夷钱。银低钱薄，仅当内地银钱之什七，或仍以番银给还，则断不收纳。是以番银之行日广，官银之耗日多。至鸦片烟一物，流毒尤甚。该处伪标他物名色，夹带入粤，每岁易银至数百万两之多，非寻常偷漏可比。若不极力严禁，弊将何所终极。嗣后该省通市，务当恪遵定例，只准易货，毋许易银。其番银之在内地者，行用已久，自难骤加遏绝。至内地官银，则分毫不准私出。其违禁货物，尤应随时稽察，不准私入。③

---

① 《清实录·宣宗成皇帝实录》卷一五〇。

② 中国第一历史档案馆：《鸦片战争档案史料》第 1 册，天津古籍出版社 1992 年版，第 54~55 页。

③ 《清实录·宣宗成皇帝实录》卷一五〇。中国第一历史档案馆：《鸦片战争档案史料》第 1 册，天津古籍出版社 1992 年版，第 55~56 页。

廿六日辛酉(3 月 1 日)

朝鲜国王李玒遣使表贺万寿、冬至、元旦三大节，及岁贡方物，赏赉筵宴如例。

琉球国王尚灏遣使表贡方物，赏赉筵宴如例。

二月十四日戊寅(3 月 18 日)

那彦成等奏报，请重申抽收外夷税课定例。回疆自开辟以来，曾经奏定章程。外夷货物，入卡贸易，每三十分抽税一分，原非重科，特藉以稽察各夷出入，慎重边防，立法本为至善。乃近年以来，各城大臣往往因外夷恳求免税，即量准减免，且有全行免税者，殊属不知大体。清廷着通谕喀什噶尔、叶尔羌、乌什各城大臣，嗣后各夷入卡贩易，务当遵照旧制。每三十分抽税一分，无论何处部落，概不准丝毫减免。如各城大臣滥行减免税课，着该参赞大臣据实参奏；傥参赞大臣有减免情事，著伊犁将军及各城大臣据实参奏，均照违制例交部严加议处，毋得日久玩视，以肃法令。①

廿五日己丑(3 月 29 日)

前据御史张曾奏报，广东省行使钱文内，有夷钱搀杂，并有另立名号，托为夷钱等弊，降旨令该督抚确查究办。兹据李鸿宾查明，粤东各属，多系滨海，向与外夷各国通市贸易。各店铺搀用夷钱，实所不免。现虽饬属严禁，恐日久仍然行使。必须设法收缴净尽，永杜弊端。清廷通饬各属晓谕铺户居民人等，如有积存夷钱，立即检出，交地方保甲，于每月朔望，各赴该管州县汇缴。每斤照部议给制钱六十文，在通省文职各员匀捐公费内按数支给，统限半年呈缴净尽。并责成各州县认真查缴，按月将收缴过夷钱若干千文，计重若干斤，禀报一次。所收夷钱，毋庸运局搭铸，俟限满解省销毁。其各关津要隘处所，并令一律查验收缴。如逾限不缴，复敢留存搀使，一经查出，立即严拿照例治罪，仍将收缴不力之地方官严行参惩，并着惩海关监督严谕洋行各商。嗣后各国夷人买卖，俱令以银易换制钱，并于洋船进口时详加查察。如有夹带夷钱，不准开舱，饬令带回。如违，惟洋商是问。至依样仿铸，及另立名号，托为夷钱等弊，尤应随时稽察。如有此弊，即行查拿重究，并

---

① 《清实录·宣宗成皇帝实录》卷一五一。

将该管地方官严参。①

廿七日辛卯(3 月 31 日)

从巡抚刘彬士所请,封浙江仁和县兴福庙神施全为显惠伯。
抚恤琉球国遭风难夷如例。

三十日甲午(4 月 3 日)

浙江省补奏案内修造艇船银两查明,恳免着赔,被驳回。清廷批复:此项修造艇船银两,实难保无捏饰浮销之弊,经工部议令着赔。着该抚查照前次奏案,着落历任巡抚藩司等照例分赔。
从巡抚刘彬士所请,修浙江西塘柴埽各工。

三月初四日戊戌(4 月 7 日)

以广东潮州镇总兵官苏兆熊为广西提督,两广督标中军副将恒安为潮州镇总兵官。②

廿二日丙辰(4 月 25 日)

潮桥引盐奏销期限,申请酌量展缓。广东潮桥地方,近年被水被风,埠盐冲失,商本亏折,额引又复滞销。上年四月起,应销七年分引饷期内,正须赶折六年分盐引,及带征嘉庆二十四年分缓征课饷,商力竭蹶,势难同时并征。清廷准其援案将本年五月内潮桥应销道光七年分引饷,展至十月底造册奏销。此后奏销之期,递年趱早一月,仍按年复归原限,不准再有推展。其从前展缓之饷,着仍督饬该运司等照案催征完解。③

廿五日己未(4 月 28 日)

闽浙总督孙尔准奏报,闽省获解洋盗,无庸再筹捕盗解费。道光帝下旨:除荛

---

① 《清实录·宣宗成皇帝实录》卷一五二。
② 《清实录·宣宗成皇帝实录》卷一五三。
③ 《清实录·宣宗成皇帝实录》卷一五四。

安良，封疆大吏之责，自不待言矣。惟当不时留心，如有捕务废弛之文武，断不准稍有姑容，以致闾阎商旅受害。且海疆尤关紧要，更宜加慎。

廿八日壬戌(5 月 1 日)

现在京中能书拉体讷字者，只有谢觐廷一人。遇有应译应写文移等件，无人接续办理。清廷要求李鸿宾、延隆于广东洋行贸易汉人，能译写拉体讷字、通晓文理者，拣选二人，奏明送京，给与钱粮当差。

四月初三日丙寅(5 月 5 日)

台湾府嘉义县已革捐职州同李朝仪，于雇工陈修，因伙同陈达强劫一案，着其于犯事地方枷号两个月，满日发黑龙江充当苦差，不准援减。

初五日戊辰(5 月 7 日)

长芦盐政阿扬阿奏请将加价展限，被驳回。

延隆奏报，请变通招募新商章程。粤省开设洋行，向来止凭一二商保结，即准承充。自嘉庆年间奏准设立总商经理，其选充新商，责令总散各商联名保结。该总商等往往意存推诿，以致新商格于成例，不便着充。数年以来，夷船日多，行户日少，照料难周，易滋弊窦，自应量为变通。清廷着照所请，嗣后如有身家殷实，呈请充商者，该监督察访得实、准其暂行试办一二年。果能贸易公平，夷商信服，交纳饷项，不致亏短，即照旧例一二商取保着充。其总散各商联名保结之例，着即停止。①

十一日甲戌(5 月 13 日)

调福建海坛镇总兵官汤攀龙为浙江黄岩镇总兵官。

廿九日壬辰(5 月 31 日)

从巡抚刘彬士所请，修浙江仁和、海宁二州县东、西海塘坦水、柴工。

---

① 《清实录·宣宗成皇帝实录》卷一五五。

五月初九日壬寅（6月10日）

本年道光帝巡幸盛京，应行秩祀处所为北镇庙。北海神、巨流河神、浑河神、辽阳太子河、辽太祖陵五处，于谒陵礼成后，遣官致祭。长白山、松花江二处，派吉林将军致祭。

廿八日辛酉（6月29日）

越南国差官护送广东遭风生监回省，顺带货物来粤售卖，并请通市贸易。清廷批复：此次越南国王，因内地生监，遭风漂收到境，恤给衣粮盘费，护送回粤，实属恭顺可嘉。所有带来各货，及将来出口货物，均着加恩免其纳税。至该国王请由海道来粤通市贸易一节，自当照例驳回，但须妥为晓示。着李鸿宾等传谕该国王："现据尔国王请由海道来粤通市，业经奏闻大皇帝，以尔国王久列藩封，素为恭顺，尔国地界毗连两广，向与内地商民有陆路交易处所，货物流通足资利用，非他国远隔重洋，必须航海载运者可比。外夷诸国如有于各海口越界求通贸易，例禁綦严。今若允尔国王所请，诚恐各外夷船只偶有挨越混入，以致滋生事端。于尔国王诸多未便，转非所以示体恤。是以仍令尔国王恪守旧章，于广东钦州及广西水口等关各陆路往来贸易，毋庸由海道前来。此系大皇帝格外恩施，曲加优眷，尔国王其善体此意，敬谨遵循为要。"如此明白宣谕，于示以限制之中，仍寓抚绥之道。该督等接奉此旨，即行遵照妥为办理。①

六月初一日癸亥（7月1日）

两广总督李鸿宾奏报官银出洋与私货入口情况。"与夷商交易，历系以货易货。夷商贩来呢羽、哔叽、棉花、钟表等件，换内地之湖丝、绸缎、布匹等物，彼此议价，原期两相抵对"。"臣等复调查洋商贸易出入货簿，道光六年进口货价银六百八十八万四千七百余两，出口货价银七百三十二万一千九百余两。七年，进口货价银五百八十一万五百余两，出口货价银七百八十八万五千八百余两。八年，进口货价银八百八十二万八千七百余两，出口货价银一千零四十九万八千三百余两，是所称出口货价多于进口货价。"②并提出严禁官银出洋及私货入口章程七条。

---

① 《清实录·宣宗成皇帝实录》卷一五六。
② 中国第一历史档案馆：《鸦片战争档案史料》第1册，天津古籍出版社1992年版，第56~60页。

十一日癸酉(7 月 11 日)

长芦应征道光八年引课正杂等款。据该盐政阿扬阿奏称，除参商抄产变抵及参课项下拨捕过引课分限加价帑利各款外，实应完银一百九十一万六千四百余两，均已遵照新定章程，按数征完，年清年款。①

二十日壬午(7 月 20 日)

以长芦盐课全完，运使蔡学川下部议叙。

廿八日庚寅(7 月 28 日)

朝鲜国使臣徐能辅等二人于神武门外瞻觐。

七月初一日癸巳(7 月 31 日)

从巡抚刘彬士所请，修浙江东、西海塘。

初五日丁酉(8 月 4 日)

直隶督那彦成奏报，朝鲜国使臣进京谢恩，行抵抚宁县。副使吕东植因病不能前进，停留调治，正使徐能辅等先行。该副使病愈，即令进京。清廷批示：该副使病痊，无庸前来，着在彼等候正使，偕回本国可也。

初七日己亥(8 月 6 日)

两广总督李鸿宾等奏报，遵议严禁官银出洋及私货人口章程：一、例载洋商人等将银两私运夷船出口者，照例治罪，嗣后行商找给夷人货价，有搀用官银者，一经查出，无论银数多寡，尽行充公，仍将行商照私运例治罪；二、例载内地银两偷运出洋，各口员弁丁役人等，扶同隐漏者，查出从严究办，嗣后查获船载赴洋官银，先交地方官讯明，在何处起获，除重赏查拿之人外，所有该船经过之上游各口员弁丁役，照扶同隐漏例究治；三、行中小伙及地方不法匪徒，将官银偷运出口，

---

① 《清实录·宣宗成皇帝实录》卷一五七。

惟责成各关口员弁、大关巡船巡洋舟师及地方文武，于各夷船将次回国之时，加倍严查，遇有私载官银，立即拿解，并究是来历，分别惩治，傥系由洋行中发出，将该商加等治罪，仍将经过各口未能查获之员弁兵役，从重究惩；四、夷船到粤与各行贸易，以货易货，不能数适相准，如有数行均应找给夷商银两，必同赴粤海关监督衙门联名出具并无搀和官银甘结，夷人收银后，傥经员役查出官银，即将找付官银之行商，严行治罪，联结各行商，亦一体治罪；五、香山县澳门地方，向许内地民人，与各国夷商交易，与省城皆归行商者不同，难以逐一稽查，现责成澳门同知督率县丞，随时稽查，凡与夷人买物，不许使用官银，亦不许将银换给夷人，违者即行拘拿治罪，如该同知县丞漫无查察，别经发觉，即行严参；六、番银可折官银九成四五，嗣后夷商如有以七八成低色番银，勒买货物，许内地卖货商人呈报到官，由官送交该国大班，从重究惩，傥隐忍收受，一经查出，将所收低色番银，概行充公，仍将该商照例治罪；七、贩卖鸦片，罪有明条，久经设法查拿，现在严饬巡洋舟师及地方文武，严密巡查，傥有民船拢近夷船，立即拿解究办，以防代运，至夷船进口，仍饬沿途守口员弁，逐一严查，傥带有鸦片等物，即时飞禀查办，如稍隐匿，从重惩处。①

二十日壬子(8月19日)

越南国使臣阮仲瑀等三人于大红桥瞻觐。

廿五日丁巳(8月24日)

外夷各国进贡，或由水路，或由陆路，定制遵行，未可轻言改易。越南国遣使来京进贡，自康熙年间议定由陆路行走。今该国陪臣于进表后，在礼部呈递禀启，欲改由广东水路。该部以事涉更张，实不可行。

八月初一日壬戌(8月29日)

以浙江定海县属内外洋面疏防盗劫，摘知县张华选等顶带，守备梁汉阶下部议处。

初五日丙寅(9月2日)

兵部议覆闽浙总督孙尔准题销道光五年分台湾水师各营朋马一案。道光帝晓

---

① 《清实录·宣宗成皇帝实录》卷一五八。

谕，依议至各省朋马奏销，例限于次年五月内具题，不准迟逾。台湾镇各营，自嘉庆十三年起，至道光五年，俱系分案题销，尚有道光六七八等年，未据题报，实属玩延已极。且孙尔准疏内称，迟延职名，移取到日，另行开参。自嘉庆十三年至今，未据逐案查取送部，殊非核实办公之道。着孙尔准严饬台变镇总兵，即将各营节年任意迟延各职名，速即查取送部议处，以儆玩误。①

初七日戊辰(9 月 4 日)

越南国王阮福蛟，遣使表贡方物，赏赉筵宴如例。

初八日己巳(9 月 5 日)

暹罗国王遣使具奏，补进例贡，并另表叩贺天喜。暹罗国王上年届当例贡之期，遣使入贡，因船只在洋遭风，贡品沈失，滋复备具表文方物，遣使补贡，并因捡获张逆，具表叩贺。清廷以为情词恭顺，甚属可嘉，所有应修贡船，着准其先行回国修整，其压舱货物，照例免税。该贡使现已行抵粤东，着即饬令按程行走，如年内不能到京，即迟至明年正月，亦无不可。②

十三日甲戌(9 月 10 日)

从总督孙尔准所请，修福建建宁镇标中、左、右三营炮械。

十八日己卯(9 月 15 日)

两广总督李鸿宾等奏报，越南国差官阮文章等，请由海道通市贸易等情，已遵旨照会越南国王，仍恪守旧章，于广东钦州及广西水口等关，各陆路往来，毋庸由海道前来，并将照会文缄封，面经该差官等赍回。报闻。

广东潮州镇总兵官恒安以不胜任开缺，以湖南沅州协副将张大鹏为潮州镇总兵官。

以广东龙门协副将蒲立动，署南澳镇总兵官。

抚恤日本国遭风难夷如例。

---

① 《清实录·宣宗成皇帝实录》卷一五九。
② 《清实录·宣宗成皇帝实录》卷一五九。

二十日辛巳（9 月 17 日）

从巡抚刘彬士所请，修浙江上虞县柴土塘堤。

九月十六日丁未（10 月 13 日）

从总督孙尔准所请，铸给福建台湾北路协标右营分驻竹堑游击，中军分驻大甲守备关防条记。①

十七日戊申（10 月 14 日）

美国基督教公理会派往清朝传教的首位传教士裨治文，经过一百三十五天的航行，从纽约来到广州。②

廿四日乙卯（10 月 21 日）

朝鲜国王李玜遣陪臣于道傍跪迎，表贡方物。

廿五日丙辰（10 月 22 日）

赐朝鲜国王李玜御书匾额曰"缵服扬休"，加赐御书"福"字"寿"字，并赏赍国王及使臣如例。

十月十六日丁丑（11 月 12 日）

以台湾军需报销完竣，予福建知县秦尔馨等升叙有差。

十九日庚辰（11 月 15 日）

从巡抚刘彬士所请，修浙江海盐县石塘。

---

① 《清实录·宣宗成皇帝实录》卷一六〇。
② 顾长声：《传教士与近代中国》，上海人民出版社 1981 年版，第 29 页。

廿七日戊子（11 月 23 日）

从巡抚刘彬士所请，修浙江萧山县柴塘。

廿八日己丑（11 月 24 日）

粤海关定额，正税银四万两，盈余银八十五万余两，共八十九万余两。"近数十年来，溢收至一百数十万两，内土货税约十之一二，夷船货税约十之八九。而夷船中，英吉利国船货专税居其过半，每年约纳税银六七十万两不等"。①

十一月十四日甲辰（12 月 9 日）

步军统领衙门奏报，江苏上元县民人白维一喊告安徽湖北有西洋白莲邪教一案，已明降谕旨，将白维一解交蒋攸铦审办矣。讯据白维一供称，道光五年，赴安徽五河县行医，在文生员凌先立家居住。凌先立自称已入西洋堂教，劝其入教未允。六年四月，复至湖北行医，在麻城县属地方易家饭店居住，因染病服药，被易姓用药惑迷。亦是凌先立先期令人教使，并称有道士自称白莲教，又有教匪一二十人，鸣锣聚众。复呈出光中景盛铜钱二个，供系在安徽池州府钱铺易钱，及山东兖州府卖画钱内挑出。清廷批示：该犯所供习教，既指有凌先立其人，并呈出夷钱字样，与上年广东查禁夷钱字样相同。必须将夷钱来历，及此外有无搀杂行使之处，详细查明饬禁。其生员凌先立有无习教情事，着蒋攸铦委员逐一细加察访，据实具奏。寻奏报，查讯白维一委因痰疾混告，凌先立并无习教之事，夷钱无凭追究，即行销毁，并饬严行查禁，以杜流弊。报闻。②

十二月初五日乙丑（12 月 30 日）

李鸿宾奏报英吉利夷船延不进口及晓谕防备缘由。道光帝批复：所奏甚是。各国夷船来粤贸易，惟英吉利夷商最为桀骜。现在该国大班等，因洋行连年闭歇，拖欠夷银，叠次呈控，并胪列条款，具禀查办。该督业经咨提商人讯追，并将所禀各款，饬司妥议，谕令洋商转谕恪遵。该夷船仍然观望，停泊澳门外洋，延不进口。

---

① 中国第一历史档案馆：《鸦片战争档案史料》第 1 册，天津古籍出版社 1992 年版，第 60 页。

② 《清实录·宣宗成皇帝实录》卷一六二。

辄敢摭拾前陈各条，哓哓渎办，语言不逊。该国货船，每言在粤海关约纳税银六七十万两，在该夷以为奇货可居，殊不知自天朝视之，实属无关毫末。且该夷船私带鸦片烟泥入口，偷买内地官银出洋，以外夷之腐秽，巧获重赏，使内地之精华，潜归远耗，得少失多，为害不可胜言，必应实力严查。此次该夷等业经该督将来禀严行批饬，如果渐知悔悟，相率进口，即可相安无事。傥仍以所求未遂，故作刁难，着即不准开舱，严行驱逐。即少此一国货税，于国帑所损无几，而夷烟不入，官银不出，所全实多。至该夷各船现泊澳洋，夷情叵测，不可不豫为之防。该督已密行咨会李增阶，饬令各营将弁等，不动声色，整齐防备，所办甚是。此事交涉外夷，有关国体，该督等务当镇静防闲，词严义正，折其桀骜之气，杜其贪诈之谋，断不可稍涉迁就，致失大体。其该夷人禀内夷船规银，不论船只大小，一律征收，恳请分别纳饷等款，尚可量为变通，着该督等妥议具奏。①

初九日己巳（公元 1830 年 1 月 3 日）

以福建台湾道刘重麟为江西按察使。

十四日甲戌（公元 1830 年 1 月 8 日）

从巡抚刘彬士所请，修浙江上虞县境内柴塘，并添建块石坦水等工。

十六日丙子（公元 1830 年 1 月 10 日）

道光帝晓谕："朕闻外夷洋钱，有大髻、小髻、蓬头、蝙蝠、双柱、马剑诸名，在内地行使，不以买货，专以买银，暗中消耗。每一文抵换内地纹银，计折耗二三分。自闽、广、江西、浙江、江苏渐至黄河以南，各省洋钱盛行。凡完纳钱粮及商贾交易，无一不用洋钱。番舶以贩货为名，专载洋钱，至各省海口收买纹银，致内地银两日少，洋钱日多。近年银价日昂，未必不由于此。又鸦片流行内地，吸者日众，鬻者愈多，几与火烟相等。耗财伤人，日甚一日，皆由番舶装载鸦片，驶至澳门、厦门等处附近关津停泊，或勾通书差，暗中抽税，包庇进关；或巡哨兵役，游奕往来，私为奸夷夹带，代为发贩；或得规容隐，任听奸夷分销各省商船，载往各处售卖。行销之路既多，来者日众。该兵丁等且藉以抽分吸用，贱价留买，南北各省情形，如出一辙，较洋钱之害为尤甚。若不究明弊源，严行查禁，不特徒

---

① 《清实录·宣宗成皇帝实录》卷一六三。

滋纷扰，转使作奸犯科之辈，益复无所顾忌。前因内地间有夷钱搀杂行使，曾经降旨饬禁，然尚不似洋钱行使之多，折耗之甚。至鸦片烟泥，则又以外夷之腐秽，潜耗内地银两。昨据李鸿宾等密陈英吉利请改贸易章程折内，亦经筹议及此。该督等通达治体，深悉积弊，必须将如何截其来路，如何禁其分销，外夷之诡谲不行，内地之销耗胥免，其于言出法随，不致徒为文告故事，有名无实，方为妥善。该督等素称晓事，当能仰体朕意也。"①

予福建巡洋淹毙把总蔡金成祭葬恤荫，兵丁余万和等九名赏恤如例。

予广东巡洋淹毙外委温安祭葬恤荫如例。

二十日庚辰（公元 1830 年 1 月 14 日）

予福建运米在洋漂没巡检祁泰绍祭葬恤荫如例。

廿三日癸未（公元 1830 年 1 月 17 日）

暹罗国使臣呸雅唆滑里巡段呵叭腊车突等四人于西苑门外瞻觐。

廿六日丙戌（公元 1830 年 1 月 20 日）

从巡抚刘彬士所请，修浙江东、西塘石塍工程。

廿九日己丑（公元 1830 年 1 月 23 日）

朝鲜国使臣柳相祚等六人于午门外瞻觐。

是年

英国等国向清朝输入鸦片共计一万六千二百五十七箱。②

经由广州进出口的中外商品贸易总额为五千二百二十六万二千八百三十九元，其中进口为二千七百二十一万九千二百八十四元，出口二千五百零四万三千五百五

---

① 《清实录·宣宗成皇帝实录》卷一六三。

② ［美］马士：《中华帝国对外关系史》第 1 册，张汇文等译，生活·读书·新知三联书店1957 年版，第 239 页。

十五元。中英贸易额为四千三百四十七万三千九百二十五元，进口二千二百九十三万一千二百四十六元，出口二千零五十四万二千六百七十九元。中美贸易额为八百零二万六千二百二十一元，进口三百九十一万七千六百三十二元，出口四百一十万八千五百八十九元。与英美之外其他国家的贸易额为七十六万二千六百九十三元，进口为三十七万零四百零六元，出口三十九万二千二百八十七元。①

道光十年　庚寅　公元 1830 年

正月十九日己酉(2 月 12 日)

抚恤日本国遭风难夷如例。

廿三日癸丑(2 月 16 日)

粤海关监督中祥奏报，英吉利商船仍不进口，恃强观望。臣虽职司榷务，裕课为先，而国体所关，亦断不敢稍存迁就。惟有会同督臣相机筹办，以肃功令而杜狡谋。道光帝下旨，此事总要同李鸿宾妥商办理，断不准只图裕课，妄行作主。②

廿四日甲寅(2 月 17 日)

朝鲜国王李玜遣使表贺万寿、冬至、元旦三大节，及岁贡方物，赏赉筵宴如例。

廿七日丁巳(2 月 20 日)

暹罗国王郑福遣使表贺回疆底定，并贡方物，赏赉筵宴如例。

---

① ［美］马士：《东印度公司对华贸易编年史》第 4 卷，区宗华译，中山大学出版社 1991 年版，第 208~209 页。

② 《清实录·宣宗成皇帝实录》卷一六四。

廿八日戊午 (2 月 21 日)

抚恤琉球国遭风难夷如例。

廿九日己未 (2 月 22 日)

以拿获福建台湾匪徒免知县张缙云处分，准凤山县知县徐必观送部引见，复把总朱国珍职。

二月初四日癸亥 (2 月 26 日)

以福建金门镇总兵官陈化成为水师提督。
予故福建水师提督刘起龙祭葬如例。

十七日丙子 (3 月 11 日)

因护送朝鲜使臣还国，中途走失朝鲜从人一名，派差之协领受到查处。
前因水师总兵缺出，简用乏人，降旨令该督等保奏。嗣据李鸿宾保奏万超、蒲立勋二员，蒋攸铦保奏庄方机一员，至今尚未遵旨送部引见。现在福建金门、海坛、南澳三镇，俱系委员署理，员缺久悬，殊多未协。清廷着蒋攸铦、李鸿宾，即将所保各员，给咨赴部引见，以备简用。

廿四日癸未 (3 月 18 日)

漳州、台湾二厂，前任道员积压未修各船，请饬分别遣丁赍价修办。前护汀漳龙道富信任内，有应修船五只，盛安任内有应修船四只，年久愈形朽坏，必须另造。计富信名下不敷例价银一万三千余两，盛安名下不敷例价银八千余两。又糜奇瑜前在台湾道任内，积压未修船，除裁改外，尚有八只。已解到银四千两，尚未解银一万二百余两。清廷批示：战舰关系海洋缉捕，岂可任听久延。着该部即饬催富信、盛安暨糜奇瑜各旗籍，迅速遣丁赍带津贴不敷银两到闽，该督等檄饬藩司核给各该船应领例价，一并发厂，责成现任道府督同该丁属赶办完竣，交营配缉，毋许再有延误。①

————————————

① 《清实录·宣宗成皇帝实录》卷一六五。

三月初五日癸巳(3月28日)

两广总督李鸿宾等奏报,妥议酌减夷船进口规银。各国夷船来粤贸易,于船钞货税之外,另有进口规银一项,原与正饷不同。据该督等查明,恳请量为变通。清廷批复:着照所请。嗣后各国夷船进口规银,仿照康熙二十四年酌减洋船钞银二分之例,将一、二、三等各船规银,均减去十分之二,以示体恤。①

两广总督李鸿宾等奏报,禁止鸦片惟有严禁分销,才能绝其来路。②

二十日戊申(4月12日)

抚恤日本国遭风难夷如例。

四月十七日乙亥(5月9日)

道光帝晓谕:本日孙尔准奏报,请将邵永福降补参将。其温州镇总兵一缺,竟致无员可委。似此员缺久悬,实从来所未有。各省设立水师,巡缉洋面,最为紧要,全在督率得人。各营副将以下,均额设有参将游击都司等官。如果该督等平日勤加训练,或于巡阅操演时,留心察看。或以获盗之多寡,考其勤惰。则该员等各知奋励,有志上进。遇有技艺精娴、才具出众者,以次递升,均可备专阃之选。若一味因循,视操练为具文,不惟人才无可造就,且捕务废弛,必致盗贼充斥,贻误洋面,关系甚重。嗣后该督等于所属水师,务当力加整顿,认真训练,总期营务日有起色,人才辈出,足资任使。倘仍前怠玩,漫不经心,遇有水师总兵缺出,仍至悬缺待人,惟该督等是问,恐不能当此重咎也。现在水师总兵出有四缺,各该省所保仅止三人,即使均已引见,尚不敷用。着该督等迅速再各保奏一二员,送部引见,候朕记名,以备简用。至庄芳机本系江南京口协水师副将,着仍留江南,孙尔准请将该员调回福建之处,着不准行。③

廿二日庚辰(5月14日)

邓八因兴贩鸦片烟,着枷号一个月,发近边充军,不准留养。逸犯邓三、李观

---

① 《清实录·宣宗成皇帝实录》卷一六六。
② 中国第一历史档案馆:《鸦片战争档案史料》第1册,天津古籍出版社1992年版,第64页。
③ 《清实录·宣宗成皇帝实录》卷一六七。

及承买鸦片烟之王姓，被追查。①

闰四月初一日戊子(5 月 22 日)

有人密陈两淮巨枭黄玉林以仪征老虎颈水次，为汇聚筹运之所，以湖北之阳逻、江西之蓝溪为屯私发卖之处，大者沙船载数千石，三两连樯，由海入江，小者猫船载百石，百十成帮，由场河入瓜口，器械林立，辘轳转运，长江千里，呼吸相通，甚则劫掠屯船转江之官盐，每次以数百引计。各路关隘，俱可贿嘱巡役，明目张胆，任其往来。赀本既多，党羽益众，公然立有约束，于贩私之外，不许有劫盗客商等事，以为要结人心之计。且闻该犯于大小衙门，俱有勾结耳目，凡有举动，无不先知。上官为属员朦蔽，或陷于不知。下僚以畏葸偷安，相期于苟免。且恐酿成事端，反蹈办理不善之咎。以致上下相蒙，惟恐多事。所获者不过肩挑负贩，零伙小枭，藉此为敷陈张大之词，官弁升迁之地，苟且塞责而已。近见该督抚所奏，以仪征为私枭窝据之所，请将王用宾调补，是督抚等亦虑及于此。王用宾前在沭阳任内，勤于缉捕，自系能事之员。然此等巨枭，声势已重，岂县令一人所能制伏。而巨枭不除，又何以清盐务而杜后患。道光帝批复：江南为腹心重地，此等巨枭，肆行无忌，地方官岂竟毫无闻见。若恐查拿激变，不及早剪除，相率容隐，是不第为害盐务，日久养痈贻患，必致酿成他变。蒋攸铦接奉此旨，务当不动声色，密速掩捕，一面将办理情形，先行由驿覆奏。惟该犯声势已重，党羽必多，江海船只，时常往来，在官人役，皆其耳目，若稍露端倪，或聚众拒捕，或闻风远窜，尚复成何事体。着该督酌量情形，如须藉用兵力，即当随宜调度。傥江省文武员弁，于办理此事，不能得力，他省文武各员内，如有该督稔知其可备任使者，亦即据实奏明，饬调前往。总期将黄玉林一犯，先行拿获，严究党羽，尽绝根株。既不可轻率偾事，亦不可任令潜逃。②

初三日庚寅(5 月 24 日)

从巡抚刘彬士所请，修筑浙江东、西两塘坦水、柴埽各工。

十四日辛丑(6 月 4 日)

兵部议复御史宋劭谷奏报，请酌定陆路呈改水师章程，并内河员弁升途。各省

---

①　中国第一历史档案馆:《鸦片战争档案史料》第 1 册，天津古籍出版社 1992 年版，第 66~67 页。

②　《清实录·宣宗成皇帝实录》卷一六八。

外海水师营分，巡缉关系紧要。各项改用人员，定例所载试验之法，极为详备。惟半年之期较促，难以周知。嗣后着定以一年试验，所有带验出洋月日，经过地方，该将备于保结内详悉开载。并令该镇于巡洋时，将该员随带出洋，亲加考验。其果否谙习水师，不畏风涛，加结报明该督抚认真稽核，并报部备查。其有不谙水师者，即将该员照例议处。至保举准改后，仍着勤加察看，随时甄汰，以免冒滥。至内河水师，向无呈改之例，均由内河兵丁升转。其平日缉捕，本与陆路无异，惟历俸悉照外海之例，一年即准升擢，未免过优。着将内河人员历俸一年，改为历俸二年，遇有缺出，再行题补，以示区别。该部即纂入例册遵行。①

廿八日乙卯（6 月 18 日）

以广东澄海协副将万超为福建海坛镇总兵官，江南京口协副将庄方机为福建南澳镇总兵官。

五月十一日丁卯（6 月 30 日）

越南国王豫期请示来年恭祝万寿进关日期。清廷指示：所有该国使臣，着于来年七月内到京。

十六日壬申（7 月 5 日）

据御史张曾奏称，江苏提镇两标川沙吴淞等营，额设战船六十只。每届小修、大修、拆造等期，该营照案移交松太道，历任以来，延估不修。现在除已造交营各船外，尚有自道光三年起，至今未修船三十余只，是存营不及额设之半。该营弁因不敷巡缉，竟至添雇民船，常年使用。请饬赶紧修整，禁止雇用民船，并请将小修各船，随到随修，交营备用，不必拘定移修先后次序，致多积压。相关部门回奏，江苏提镇两标额设战船，例应三年小修，六年大修，九年拆造。因木植工价等项，遂年昂贵，例价不敷，不能不由该道捐贴。向系先由关库闲款借垫，按限捐补，以故未能随到随修。至船只解厂修理，巡洋紧要之时，不得不暂雇民船，照民价捐发。船户既所乐从，营中亦甚称便，实无贻累商旅情事。所有未修船二十四只，各道员或因委办河工海运，迟延实出有因。应责成现任道员赶办，不任再有迟逾。至应届小修船只，自当随到随修，仍由该道先行筹垫银两，俟接准部覆，领回归款，

---

① 《清实录·宣宗成皇帝实录》卷一六八。

自不致积压贻误。①

廿二日戊寅(7 月 11 日)

以拿获造言惑众乘机滋扰奸民，予福建台湾镇总兵官刘廷斌等议叙。

六月十七日癸卯(8 月 5 日)

两广总督李鸿宾等，奏报查禁纹银出洋及鸦片分销各弊章程。前因外夷海舶，有以洋钱私易内地纹银及夹带鸦片行销之弊，当经饬交李鸿宾等将如何绝其来路，如何禁其分销，详筹妥议。兹据核议章程六条具奏。②

添建广东东莞县大角山炮台，从总督李鸿宾等所请。

廿四日庚戌(8 月 12 日)

御史邵正笏奏报，内地奸民种卖鸦片，贴害民生，请旨饬查严禁。道光帝晓谕，所奏甚是。鸦片烟流毒最甚，向系产自外洋，奸商夹带销售，遍行内地，屡经严行饬禁。兹该御史奏报，近年内地奸民，竟有种卖之事，浙江如台州府属种者最多，宁波、绍兴、严州、温州等府次之。有台浆、葵浆名目，均与外洋鸦片烟无异。大伙小贩，到处分销，地方官并不实力查禁，以致日久蔓延。此外如福建、广东、云南亦皆种卖，有建浆、广浆、芙蓉膏等名目，似此纷纷种卖。若不禁止尽绝，将来必至传种各省，不特贻害善良，更属大妨耕作。着各省督抚严饬所属确切查明，傥有奸民种卖，责成地方官立即究明惩办，并将如何严禁之处，妥议章程具奏。如所属实无种卖者，亦着确切查明，据实覆奏，总期认真查办，净绝根株。③

廿八日甲寅(8 月 16 日)

本日闽浙总督孙尔准奏报，龚镇海患病，呈请解任，所遗浙江定海镇总兵员

---

① 《清实录·宣宗成皇帝实录》卷一六九。

② 中国第一历史档案馆：《鸦片战争史料》第 1 册，天津古籍出版社 1992 年版，第 67~71 页。

③ 《清实录·宣宗成皇帝实录》卷一七〇。

缺，已降旨将陈步云补授。定海镇所辖洋面辽阔，与江南交界，为渔船会集之所，督察巡防，最关紧要。陈步云于该镇是否人地相宜，能否胜任，清廷着该督留心察看，据实具奏。至该员籍隶浙江，补授该镇，是否有应行回避之处，并着查明覆奏。寻奏报，陈步云历任定海镇属守备游击参将，人地相宜，堪胜总兵之任。该员籍隶浙江瑞安县，与定海系属隔府，应否回避，恭候钦定。得旨：毋庸回避。

七月初四日己未(8月21日)

从巡抚刘彬士所请，修浙江东、西海塘柴埽、坦水、盘头各工，及上虞县吕家埠柴土塘堤，并添建块石坦水。

初十日乙丑(8月27日)

以修建福建淡水厅城垣出力，赏同知李慎彝等升衔，捐赀绅士张惟明等议叙有差。

十四日己巳(8月31日)

以广东龙门协副将蒲立勋为浙江温州镇总兵官。

二十日乙亥(9月6日)

礼部奏报，朝鲜国王李玜差赍咨官李应信赴京投咨，称该国王世子李昊病故，请照例备物遣官致祭。道光帝下旨，朝鲜国王恪守藩封，岁修职贡，于属国中最称恭顺。今闻其世子病故，深为悼惜，着加恩于例，赏祭品之外，加一倍赏给，以示优恤。该国王正在壮年，亦不必过伤，俟得有子嗣，即行奏明册封世子，承续宗祧，用延国庆。①

廿一日丙子(9月7日)

暹罗国王遣使豫期恭赍贡品，候祝辛卯年万寿，现已行抵粤东。

---

① 《清实录·宣宗成皇帝实录》卷一七一。

廿七日壬午 (9 月 13 日)

道光帝晓谕：朝鲜国久列藩封，最为恭顺。天朝每于怀柔之中，曲示体恤之意。此次派往正副使，务宜恪守旧章，不准于例外收受仪物。该使臣差竣回京，路经奉天、山海关，着该将军监督等留心查察，如于正礼外多带仪物，即据实奏参，毋稍徇隐。

廿九日甲申 (9 月 15 日)

闽浙总督孙尔准等奏报，将弁巡缉疏懈，分别参处。浙江镇海等县船户，在内洋地方被盗行劫，并有殴伤舵工、水手等情。案关内洋连劫，非寻常疏防可比，所有督缉不力之昌石营都司请升署黄岩镇标右营游击丁钟杰、分巡之署昌石营守备张安邦、宁海营守备王大成，均着摘去顶带，专防协防各弁均着先行革职，一并留洋，勒限缉拿赃盗。倘届限无获，即行分别革职治罪，以示惩儆。告病总兵龚镇海、黄岩镇总兵汤攀龙俱着交部议处，宁海县知县沈逢恩着先行交部议处。该督等仍责成该总兵等出洋，督饬舟师梭捕，务将盗匪按名悉获。如无获犯，及洋面仍有失事，即行从重严参，不得稍存姑息。①

三十日乙酉 (9 月 16 日)

抚恤琉球国遭风难夷如例。

八月十四日己亥 (9 月 30 日)

御史达镛要求制定水师隔省巡哨之法。清廷以为，各省绿营水师巡洋，向系大员各按季订期巡哨，其属弁各按月轮派分巡，总于各营毗连洋面，刻期会哨，从无隔省巡哨之例。盖因洋面宽廓，分定界址，责有攸归。若使水师各标，多派效力额外营弁，配兵驾船，指定隔省之海洋，期于远到。不惟人地未宜，路径不熟，道途弯远，风波阻隔，不能约期相会。且恐兵船远出，该统辖大臣等鞭长莫及，势难遥制。该弁兵在外滋事，无从稽察。倘洋面失事，本汛弁兵，游巡出境，不能责以专汛之疏防，而客汛游兵，亦不能责令缉捕，转恐互相推卸，以滋规避之弊。各省驻防旗营水师，应该拨配兵船，与绿营一体出洋远哨。盛京金州水师旗营员弁，有旗

---

① 《清实录·宣宗成皇帝实录》卷一七一。

界地方之责，所管汛地洋面、巡哨章程与绿营同。至浙江乍浦、广州、福州各处驻防水师，专事操防，向无巡洋缉捕之责，着仍照旧章办理。①

十九日甲辰（10 月 5 日）

抚恤琉球国遭风难夷如例。

九月初三日戊午（10 月 19 日）

从巡抚刘彬士所请，修浙江东、西两塘柴埽各工。

初九日甲子（10 月 25 日）

孙尔准要求严定改用外海水师人员之例。清廷批复：改用水师人员，向例与应升降调候补人员相间轮用，改用人数不敌三项之多，得缺难易迥殊。嗣后着准其补用应题二缺后，轮补改用水师一人。其豫保人员，仍照旧例办理。至此项改用人员，是否能收实效，不在历俸之浅深，而在试验之宽严。如果该督抚认真考察，该员等自不得不勤历外洋，习练技艺。即素未谙晓之员，亦知儆畏，不敢滥行呈改。若同涉风涛之险，历俸又显有区分，转不足以昭平允。所有该督请将改用人员，历俸二年方准保题之处，着毋庸议。又该督奏称改用将弁，一时均不得人，皆因改用之后，不肯留心学习。经军机大臣等酌拟章程，着照所议。嗣后在京各省武进士、武举及候补、候选等官，悉照闽粤水师效力之例，毋庸在部呈改。如实有熟谙水性、捡贼立功者，由该督抚保题送部。其外省世职，陆路呈改人员，亦着照此例办理。至业经改用之武进士、武举、云骑尉等官，即饬令由水师各省督抚严加考察。傥于外海不宜随时甄别，照蒙混具呈例议处，以肃洋政而励人材，并着兵部即将各条纂入则例，通行遵照办理。②

廿四日己卯（11 月 9 日）

从巡抚刘彬士所请，修浙江海盐县鳞石塘工。③

---

① 《清实录·宣宗成皇帝实录》卷一七二。
② 《清实录·宣宗成皇帝实录》卷一七三。
③ 《清实录·宣宗成皇帝实录》卷一七五。

十月初三日丁亥 (11 月 17 日)

从巡抚刘彬士所请,修浙江仁和、海宁二州县东、西石塘。①

十九日癸卯 (12 月 3 日)

抚恤琉球国遭风难夷如例。

廿四日戊申 (12 月 8 日)

阮元等奏报,越南国王咨称内地县官擅拿夷目,委查并非彼境,应行照会该国。云南建水县之礼社江以外、巴发河以内六猛地方,自国初以来,投诚内附,久隶版图。乾隆年间,安南国王屡次以申画疆界为词,均经驳斥。嘉庆年间,越南国镇目传词各猛,意图越占,复经奏明驳斥,并将各猛各寨开写清单,照会该国,恪守旧规。兹该国来咨,一称刁国麟被拿监毙,一称刁政定等在昭晋州被拿。据该督等查明,系内地所辖各猛应行治罪及拘讯之人,该国佯为不知,干预查问,自系故智复萌,先行尝试,以为罩占猛地之端。内地与外夷毗连地方,界画分明,丝毫不准占越。猛赖等六处,久归内地管辖,纳粮请袭,且有土练兵丁数千,安设多年,岂容该国妄生觊觎,借名罩占。该督等拟录叙旧案,行文晓谕,直斥其非。清廷批示:着即将乾隆、嘉庆年间叠次旧案,详晰行知该国王,晓以大义,谕令懔遵旧规,不得挨越滋衅。边圉交界,最为紧要,该督等务当严行檄谕,俾知恪守界址,断不可令外夷妄启冀幸,有违天朝体制。至内地与该国接壤处所,遇有查拿人犯,诚恐书役等藉端骚扰,不可不随时约束,此系内地应行查禁之事,嗣后着严饬所属。凡遇传提人证,务当指实确查,秋毫无犯。倘有意滋扰,激成事端,致生衅外夷,必当从重治罪,决不宽贷。

庆保等奏报,查有英吉利国大班盼师,携带番妇来至省城,到公司夷馆居住。又该夷商由船登岸,坐轿进馆,并因讹言有派兵围逐之说,心怀疑畏,通信黄埔湾泊各夷船,令水手百余人乘夜将炮位数座及鸟枪等件,收藏舱内,偷运省城夷馆。经庆保等密饬文武员弁,留心防范弹压,该夷等业将鸟枪搬去,水手散回,其炮位尚藏放夷馆门内,并浼洋商代求稍宽时日,再令番妇回澳。现在严饬速将番妇押往澳门,炮位运回各船。清廷指示:向例番妇不准来省居住,夷商不准坐轿进馆,其携带鸟枪炮位,止系外洋备防贼盗,尤不得私运进城。今该夷等擅违旧制,庆保等

① 《清实录·宣宗成皇帝实录》卷一七六。

务当严切晓谕，令其遵守旧章，嗣后不得稍有违犯，致干禁令。傥仍敢延抗，即当设法驱逐，示以创惩，亦不可稍存迁就。总须酌筹妥办，于怀柔外夷之中，仍不失天朝体制，方为至善。①

十一月廿二日丙子（公元 1831 年 1 月 5 日）

广东洋行谢治安，因送肩舆与洋人而被查处。两广总督李鸿宾奏报，英吉利夷人历逞狡黠，俱由内地汉奸暗中唆使。查广东洋行司事谢五即谢治安，为人奸猾，熟习夷语，素与该国夷商交结。前月夷人乘坐肩舆，即系谢五送给，现拿获收禁，饬该府县严切根究，务得确情，按律定拟具奏。寻奏报，谢五因夷商盼师患病不得行走，送给肩舆乘坐，冀图买卖赚利，尚无教唆不法情弊，应革去州同职衔，发往伊犁充当苦差。下部议，从之。②

广东省城添调兵丁二百名，亟须建设兵房。粤海关库大臣废署一所，坍塌年久，被改建为兵房，兼设立箭道，随时操演。

十二月初三日丁亥（公元 1831 年 1 月 16 日）

展缓长芦盐商应征未完银。

初五日己丑（公元 1831 年 1 月 18 日）

台湾知府邓传安被调往内地。道光帝晓谕闽浙总督孙尔准：本年十一月内召见台湾府知府邓传安，看其人尚明白，但年逾六旬，虽未衰颓，颇形软弱。该府远在海外，民情易动，盗劫频仍，该员虽在彼有年，以此时之精力观之，可否胜任，当留心查看，慎勿稍有将就贻误地方为要。寻奏报，请将邓传安留于内地酌量补用。从之。③

十三日丁酉（公元 1831 年 1 月 26 日）

抚恤琉球国遭风难夷如例。

---

① 《清实录·宣宗成皇帝实录》卷一七八。
② 《清实录·宣宗成皇帝实录》卷一八〇。
③ 《清实录·宣宗成皇帝实录》卷一八一。

十八日壬寅（公元 1831 年 1 月 31 日）

定严禁内地种卖鸦片章程。

廿三日丁未（公元 1831 年 2 月 5 日）

两广总督李鸿宾覆奏，英吉利大班盼师颇知悔惧，已运铜炮回船，番妇亦回澳门。该国现已查知上年盼师屡次递禀，妄希更改贸易旧章，强令各船延不进口，夷货多遭霉烂，业将盼师撤回，另选人来粤更换。清廷批复：惟有随时稽察，严切晓谕，务令恪遵禁令，共安交易之常。①

廿九日癸丑（公元 1831 年 2 月 11 日）

朝鲜国使臣徐俊辅等三人于午门外瞻觐。

是年

英国等国向清朝输入鸦片共计一万九千九百五十六箱。②

经由广州进出口的中外商品贸易总额为五千一百二十六万七千六百八十六元，其中进口二千七百零七万零一十五元，出口二千四百一十九万七千六百七十一元。中英贸易额为四千一百六十万六千六百三十四元，进口二千一百九十六万一千七百五十四元，出口一千九百六十四万四千八百八十元。中美贸易额为七百三十一万八千五百二十七元，进口为三百零五万四千九百七十六元，出口为四百二十六万三千五百五十一元。中国与葡萄牙、荷兰贸易额为二百三十四万二千五百二十五元，进口为二百零五万三千二百八十五元，出口（仅荷兰船）为二十八万九千二百四十元。③

<hr />

① 《清实录·宣宗成皇帝实录》卷一八二。

② ［美］马士：《中华帝国对外关系史》第 1 册，张汇文等译，生活·读书·新知三联书店 1957 年版，第 239 页。

③ ［美］马士：《东印度公司对华贸易编年史》第 4 卷，区宗华译，中山大学出版社 1991 年版，第 260~261 页。

道光十一年　辛卯　公元 1831 年

正月廿五己卯（3 月 9 日）

抚恤琉球国遭风难夷如例。

廿七日辛巳（3 月 11 日）

朝鲜国王李玜遣使表贺万寿、冬至、元旦三大节，并谢赐祭恩，及请封其孙焕为世孙，进贡方物。清廷命例外贡物，留抵下次正贡，赏赉筵宴如例。①

琉球国王尚灏遣使表贡方物，赏赉筵宴如例。

暹罗国王郑福遣使表贡方物，赏赉筵宴如例。

二月初二日乙酉（3 月 15 日）

从巡抚富呢扬阿所请，修浙江仁和、海宁二州县东、西两塘。

十五日戊戌（3 月 28 日）

前据给事中邵正笏奏报，近年内地奸民，种卖鸦片烟，大伙小贩，到处分销。地方官并不实力查禁，当经降旨，严饬各省督抚确切查明惩办，并将如何严禁之处，妥议章程具奏。兹据阿勒清阿奏报，查明山西省尚无栽种鸦片烟地方，惟太谷、平遥、介休各县民人，多在广东及南省等处贸易，日久沾染，颇有嗜食之人。此烟既非晋省所产，则系来自外方，自应责成各该地方官认真查拿，使贩者无从托足，则食者不禁而自绝。清廷着通谕各直省督抚严饬所属，如有奸民种作鸦片烟，随时拿获究办。并着饬令各关口及州县文武各员严行查禁，如有奸商夹带偷漏，一经拿获，即当究明来历，将偷漏之关口暨失察之地方官，一并交部议处。如后任及他人拿获，亦着将前任失于查拿之员交部议处。倘该地方官并不实力查拿，及胥吏

---

① 《清实录·宣宗成皇帝实录》卷一八三。

人等有得规故纵情弊，着该督抚严参究办，并令地方官按季禀报查核，责成该管道府于年终出具所属并无种卖鸦片烟切实印结，报明该督抚，每年具奏一次。①

三月初一日癸丑(4 月 12 日)

从巡抚富呢扬阿所请，修浙江西塘埽柴各工。

初七日己未(4 月 18 日)

据两广总督李鸿宾等奏，崖州黎匪复出民村抢杀滋事，檄饬琼州镇督兵拿办。清廷指示：广东崖州黎匪，胆敢肆行抢杀，抗拒官兵，凶顽已极。现经该总兵孙得发带兵剿毙多人，各匪逃逸，必应迅速捡捕以免蔓延。

初九日辛酉(4 月 20 日)

工科掌印给事中邵正笏奏报，广东贸易夷人，日增桀骜。英吉利自恃富强，动违禁令，其余各国相率效尤。道光十年，该夷等违例乘坐缘呢小轿，又带夷妇入城在洋行居住，当经两广总督及粤海关监督出示申禁。而英吉利大班等统领各夷，向总督监督等衙门屡次递禀，语多诞妄，经该督调兵弹压。该夷等胆敢统率水手，搬运枪炮器械到馆，俨有抵敌之势，是直以有恃无恐之情，行其有挟而求之计。夷情叵测，不可不严为防范。又称夷人之桀骜不驯，必有汉奸从中唆使，传递消息，簸弄是非，以遂其肥己之计。澳门居民，半通夷语。其各洋行服役之人，及省城之开设小洋货店，此内均易藏奸。更有匪徒练习快蟹船只，为夷人运私偷税，贿通兵役，朋比为奸。俱应严密查拿，尽法惩治。又据称夷人违例八条：一、夷人致毙汉民，藏匿正凶，抗不交出；二、在省城横行街市，汉民不敢与较；三、夷妇生子，多雇汉乳妈服役，及向汉奸私买婢女；四、内地书籍例不出洋，近日汉奸多为购买，并有课其子弟者；五、上年该夷人在洋行门外私设临水马头，以为偷税地步；六、上年该督等所出告示皆被夷人涂抹，该夷人竟擅出告示，禁止洋商坐轿，洋商不敢不遵；七、向例夷人不准进靖海等门，上年二三百人以探听批禀为名，擅自拥入，莫敢拦阻；八、夷人销货完竣，不准逗留，近则往往在粤省过年。清廷指示：以上各情节，于海疆重地大有关系。如果该夷人桀骜日增，岂可一味因循，长其藐玩之习。著朱桂桢逐款严密访查，据实具奏，无许含混，并查明地方官如有苛虐夷

---

① 《清实录·宣宗成皇帝实录》卷一八四。

人情事，亦当一并参处示惩，勿稍隐饰。①

十六日戊辰（4 月 27 日）

上年春间，崖州黎匪黎那鸡等因歉收乏食，出至民村抢掠。经琼州镇道府督兵围捕，旋即悔罪自杀首犯投首。迨十一月内，复有黎匪纠集多人抢劫滋扰，经李鸿宾檄调琼州镇总兵孙得发带兵会同该府普祥，驰赴查拿，迨官兵众集，该匪等已纷纷逃匿，拿获韦只定、韦第二、陈亚纳、李亚二等，讯止随众伙抢，供出首犯韦色容、张红须、张亚基数人。清廷批示：该处黎人，素系顽悍，甫经拿办，自知悔罪，复敢纠抢拒杀，实属愍不畏法。该督务将逃逸各犯悉数揸拿，并究明起意纠抢首犯。

李鸿宾等奏报，申明防范外夷旧章，并尤议变通增减以便遵守。英吉利夷商，前此因求减输规银，延不进口，上年又有私带番妇住馆、偷运枪炮至省城等事，旋即自知悔悟，不至始终抗违。惟夷情诡谲，必须严申禁令，以重防闲。清廷指示：旧定章程，今昔情形不同，亦有因时异宜之处。该督等酌量增减，俾共相遵守，并责令员弁兵役实力巡防，行商通事认真稽察，以资控驭。该夷商前此屡违禁令，因自知悔悟，从宽免其惩办，但必须责令遵守旧章，岂得再有违犯。若任其日增倨傲，玩视法度，恣意抗违，渐至益形骄纵，莫敢谁何，尚复成何事体。该督等严内地之成规，杜外夷之滋事，总当于抚驭绥来之中，不失天朝体制，方为至善。倘办理不能妥协，将来该夷商辄敢再违禁令，致生事端，惟该督等是问，勿谓诰诫之不早也。②

廿八日庚辰（5 月 9 日）

抚恤琉球国遭风难夷如例。

廿九日辛巳（5 月 10 日）

湖广总督卢坤，奏报湖北属境现在尚无种卖鸦片烟之事，清廷以为该省为水陆通衢，商贾辐辏，外来奸民易于流传贻害，不可不认真查禁，以净根株，着该督抚严饬所属，于每年春、秋二季编查保甲时，亲赴各乡，留心查察。如有将田地种植

---

① 《清实录·宣宗成皇帝实录》卷一八五；中国第一历史档案馆：《鸦片战争档案史料》第 1 册，天津古籍出版社 1992 年版，第 73~77 页。

② 《清实录·宣宗成皇帝实录》卷一八六。

罂粟花者，立即严拿，照兴贩鸦片烟例，拟以枷号充军，田地入官。仍责令保甲随时稽查，倘容隐不举，即照为从例问拟杖徒。买食之人，无论官民，分别参究，一例治罪。并派拨丁役随同汛员，于各关隘常川巡查，遇有商民夹带烟土，拿获严拿。仍出示晓谕，俾各知猛省，毋蹈法纲。该州县于春、秋两次巡查之后，如境内实无种卖，即出具印结，由该管道府确切核明，详报督抚，该督抚于年终具奏一次。

三十日壬午 (5 月 11 日)

浙江台州府属黄岩县地面，有朝鲜国夷船遭风漂至该处停搁，晒晾失水布匹货物，旋有匪徒六七人至船搬抢之事。当地督抚将该难夷及存厂货物，妥为安顿，并先后拿获匪徒王彝赏等五名，即于各犯名下起出原赃布匹等物，交付夷人认领，并要求处理渎职官员。①

从巡抚富呢扬阿所请，修浙江仁和、海宁二州县东、西两塘。

四月初五日丁亥 (5 月 16 日)

从总督陶澍所请，修江苏华亭县海塘石工。

初八日庚寅 (5 月 19 日)

史谱奏报，陕省地方向不出产罂粟花、葵花，并无造作鸦片烟之事。清廷批示：惟近来多有私食之人，自系外来奸商偷运贩卖，地方官查察不力，以致不能禁绝。着该抚通饬所属文武，责令各关隘巡查兵役，认真查拿，并明定赏罚章程。如有兵役盘获，立予赏赐，示以鼓励。倘漏未查出，或得规纵放，放入境后被别处查拿，不但将该管官弁参处，并将该兵役等严行究办。其或兵役借查拿名目，栽害诬扳，致滋扰累，一经发觉，除将该兵役治罪外，该管官弁亦，着严行参处。至于地方官拿获食烟之人，务即究明买自何处何人，迅速密拿，毋得任令狡供以买自不知姓名之人，不复究诘，谨将本犯枷杖完结，稍涉宽纵。现在陕省虽无种植罂粟花葵花之处，但恐外来匪徒煽诱，不可不豫为周防。着饬令各州县于因公下乡时，留心访查，按季禀报查核，每届年终，由该管道府出具并无种卖鸦片烟切实印结，详报该抚具奏。②

---

① 《清实录·宣宗成皇帝实录》卷一八六。
② 《清实录·宣宗成皇帝实录》卷一八七。

初九日辛卯(5月20日)

两广总督李鸿宾，奏报崖州黎民起衅根由。其以为黎人质性蠢顽，历来肇衅之由，大率皆汉奸盘剥教唆，书吏勒收苛索所致。如徒重办黎人，而不将奸民蠹吏加以严惩，则弊源未绝，旋又激成事端。且彼重此轻，办理未能平允，即不足以折服黎人之心。

廿三日乙巳(6月3日)

邓廷桢奏报安徽省现在尚无私种罂粟花熬烟贩卖之事，惟徽州、宁国、广德等属毗连江浙，山地居多，恐有外来棚民串通该处业户，私种分肥，不可不豫定章程，杜其萌蘖。清廷要求该抚于每年初冬春尽时，两次委员严查，如有私种熬烟情弊，除首从各犯分别问拟军徒外，其贪利放种之业户，即照私种为从例杖一百徒三年。若任犯逃逸，不肯供出姓名，即照私种为首例，发近边充军，山地入官。如业户自行首告，并将私种之犯指拿到官者，免其治罪，山地并免入官，仅止首告。犯未就获者，但准免罪，山地仍行入官，并责令地保兵役随时稽查。倘得规容庇，俱治以应得之罪。地方官查拿不力，分别失察故纵，从严参办，并令按季禀报。①

廿八日庚戌(6月8日)

两广总督李鸿宾，奏报查明崖州黎人首要各凶匪姓名及起衅根由。此案黎匪韦色容，因民人卖盐，高抬价值，心怀不甘。又以黎人赊欠盐钱不还，该民人捏称奉官示禁，不准将盐售给。该犯与张红须恨其阻绝食盐，遂商同张亚基纠众抢杀泄忿。又有民人陈振魁等从中唆使，引诱同抢。经该督审明，韦色容系劫杀首匪，当即凌迟处决，并传首崖州黎村，悬竿示众，以昭炯戒。其崖州书吏郑运光等及汉书陈振魁并各黎匪，均解至雷州监禁备质。因叛乱平息，清廷应其要求，不再调拨增援官兵。

从巡抚富呢扬阿所请，筑浙江萧山、上虞二县塘工。

五月初四日乙卯(6月13日)

道光帝寄谕两广总督李鸿宾、闽浙总督孙尔准、湖广总督卢坤、云贵总督阮

---

① 《清实录·宣宗成皇帝实录》卷一八七。

元、浙江巡抚富呢扬阿、福建巡抚魏元烺、湖北巡抚杨怿曾、湖南巡抚苏成额、广东巡抚朱桂桢、云南巡抚伊里布：御史冯赞勋奏报"广东濒海通洋，向有匪徒拜盟结党。伊祖籍该省，习闻会匪之风，近又访获图样一纸，闻匪徒纠结多年，勾连凡五六省，名曰三合会。其党分为五房，福建为长房，广东为二房，云南为三房，湖广为四房，浙江为五房。每房各有头目，以五色分为旗帜。入会者授以口号，各执图一张，愚民多堕其局中，吏役兵丁，半皆羽翼，请饬严密访拿"等语，会匪结党聚众，久干例禁。如该御史所奏报，勾结五六省，执有旗帜，授以口号，尤应严行查办。着各该省督抚通饬所属，不动声色，密访严拿，务将为首匪徒缉获，按律惩办，散其余党，以绝根株而安良善。如不认真察办，将来傥养痈贻患，惟该督抚等是问。①

初九日庚申（6 月 18 日）

以缉捕懈弛，前任浙江定海镇总兵官龚镇海下部议处，革外委周嘉宾等职。云贵总督阮元等奏陈查云贵查禁种卖鸦片章程。②

十一日壬戌（6 月 20 日）

清廷整顿山东私盐，处理相关官员。据御史岳镇南奏山东私枭情形：折内称山东盐场，共有十处，而产盐最多者，莫如武定属利津县之永阜场。邻境匪棍，结众多人，径向滩内劫盐，商灶并受其害，土人谓之盐贼。道光四年，经琦善大加惩创，稍知敛迹。近因永阜场盐大使何学传，因循疲玩，废弛碱务，复致巡役、盐枭，表里为奸。河西各滩，往往有利津、滨州、沾化等县匪徒，结聚二三百人以至五六百人，执持兵器，赴滩劫盐，而灶户莫敢谁何。至河东一带，与蒲台、乐安、博兴诸县接壤，向来盐枭尚少，近亦数十成群，不时窃发。该地方官因事非专责，置若罔闻，而盐大使何学传又护纵巡役，以致私枭日炽，官引不销。现当晒盐之时，各滩俱有散盐，请敕查办。并据另折奏报：山东商人，自嘉庆初年，加斤浮春，灶户不依。有永阜场盐大使汪德润受商人每包规银三厘，私增二十五斤，烙以火印，十年后，商人不遵火印，浮春无度。二十四年，盐大使韩宣训，又于三厘厘头外，增加三厘，令商人每船照部例春盐六包，名为号盐，装载舱口，运至蒲关。有滨乐分司运同，及批验所大使，仅将号盐六包称验放行，其余盐包轻重，概置不问，即船到雒关，盐运司委人称验，亦复如是。道光四年，盐大使何学传，又于六

---

① 《清实录·宣宗成皇帝实录》卷一八八。
② 中国第一历史档案馆：《鸦片战争档案史料》第 1 册，天津古籍出版社 1992 年版，第 77~79 页。

厘厘头外，增加二厘，商人因场官收受陋规，陆续加斤，并无定数。近年以来，永阜场盐商浮春，较前更甚，每包竟有三百余斤。该灶户之所以甘心受此者，盖恐一经较称，商人即彼此齐行，不买其盐，又自揣势力难与商敌，遂忍气吞声，任其浮春。且监大使何学传，在任八年，但知得规庇商，罔计误课病灶。道光帝批示：私枭充斥，最为商灶之害，至浮春盐斤，灶户尤为受累，必应确切查明，分别惩办。着讷尔经额、钟灵将该御史所奏各情形，查明是否属实。寻奏报，请先将盐大使何学传撤任质讯。①

十五日丙寅（6 月 24 日）

兵科给事中刘光三奏请酌加吸食鸦片烟犯罪名。"臣闻凡食鸦片烟之人，日久中病，名为有引，应时而食，名为过引。傥当过引之时不得食烟，则四肢委顿，涕泗交下，刻不可支，吸烟数口，则精神倍异寻常。是食鸦片烟之人，直以烟为性命，故拿获到官，甘受重责，不肯供认买自何人，致拿私贩，断其来路。而地方官或规避处分，或听受嘱托，不复严追，亦所时有。且近年以来，挑贩广货各商大半挟带鸦片烟，地方官拿获食烟之人，其供称买自不知姓名挑上，原非尽属子虚，势亦无从究办。此近日各衙门承审食烟各案，仅将本犯惩治之大概情形也。"②

十六日丁卯（6 月 25 日）

陕甘总督杨遇春，奏报甘肃省现在尚无将罂粟花熬烟贩卖之事。清廷以为惟成段地亩，栽种罂粟，恐致有收浆熬土，不可不严示创惩，以防其渐著，责令该省东南二路入境首站及设有税口之各州县，严密稽查。至制造及贩卖鸦片烟器具，着照赌具之例惩办；其有将烟具携出修制者，许匠工首告，量予奖赏。并出示晓谕，责成家长约束。傥同居子弟，有贩卖买食者别经发觉，除本犯治罪外，着将家长照不能禁约子弟为窃之例治罪。③

十八日己巳（6 月 27 日）

广东巡抚朱桂桢，奏报访查广东贸易英人等滋事，并有人私运偷税情形。称

---

① 《清实录·宣宗成皇帝实录》卷一八八。

② 中国第一历史档案馆：《鸦片战争档案史料》第 1 册，天津古籍出版社 1992 年版，第 79~80 页。

③ 《清实录·宣宗成皇帝实录》卷一八九。

"缘自通商纳税以来，垂二百年，凡各国夷商，如美利坚、港脚、贺兰、小吕宋等来广者，不下二十余国，而英吉利较为富强，各国夷商均听英吉利大班之言"①。

廿二日癸酉(7月1日)

杨国桢奏查明豫省并无种卖鸦片烟之处。

浙江有会匪滋事。绍兴府嵊县地方，有钩刀会匪百十为群，横行乡曲，联盟聚伙，设有人名总册，入会者各给凭帖一纸，钩刀一把，故谓之钩刀会，分立大党小党名目。

廿四日乙亥(7月3日)

讷尔经额奏报，历城县暨胶州会同委员访获藏匿兴贩鸦片烟人犯张启育、法梦书等二十二名，起获烟土四千六百余两。

廿五日丙子(7月4日)

湖广道监察御史冯赞勋陈奏鸦片烟积弊，请杜绝来源。据称夷船私带烟土来粤，竟敢于附近虎门之大鱼山洋面，另设夷船囤积，称为鸦片趸。并有夷目兵船，名曰护货，同泊一处，勾通土棍，以开设钱店为名，暗中包售烟土，呼为大窑口。如省城之十三行、联兴街，多有此店。奸商到店，与夷人议价立券，以凭到趸交货，谓之"写书"。又有包揽走漏之船，名曰"快鞋"，来往如飞，呼为插翼。其船星夜巡行，所过关津，遇有巡丁追逻，竟敢施放枪炮，关吏莫敢谁何，又不报官惩办，是以肆无忌惮。此种"快鞋"，现有一二百只之多。凡由趸送货至窑口者，皆系此等船包揽。各巡船通同作弊，按股分赃包庇行私，其弊尤甚。其销售各路，如社建之厦门、直隶之天津、广东之雷琼二府皆由窑口立券到趸交货。其余各省私贩，入口出境，均系快鞋船包送出境必由之口，如南海属之仙管汛、阑石汛、紫洞口、落公海口、香山属之黄圃、三水属之西南汛、芦包埠等处。其由大窑口分销内地，悉因奸民串同各衙门蠹役，开设私局，名为小窑口，各处城乡市镇，所在皆有。查烟土一项，私相售卖，每年纹银出洋，不下数百万。是以内地有用之财，而易外洋害人之物，其流毒无穷，其竭财亦无尽。清廷批复：鸦片烟流毒最甚，前已屡降谕旨，通饬各直省督抚各就地方情形，设立章程，严行查禁。惟鸦片烟多系来

① 中国第一历史档案馆：《鸦片战争档案史料》第 1 册，天津古籍出版社 1992 年版，第81~84 页。

自外洋，实聚于广东，若不杜绝来源，是不揣本而齐末，虽内地严定章程，于事究无裨益。现经有人条奏，所陈各弊，是否实在情形，着李鸿宾等确加查核，如何使烟土不能私入，洋面不能私售，各夷于货船之外，不得另设船只之处，悉心酌议，务将来源杜绝，以净根株，勿令流入内地，以除后患。①

长芦盐政钟灵奏报，拿获囤积转贩私盐并偷埠土盐售卖等犯，受到嘉奖。

六月初四日甲申（7 月 12 日）

从将军萨秉阿等所请，改造福州满洲营抬炮四十门，添制督抚提镇协各标抬炮一百三十七门。

初九日己丑（7 月 17 日）

浙省内洋被劫，勒缉限满赃盗无获之将弁，并闽省不即会拿之署都司，孙尔准奏请分别革职降补。浙江镇海等县船户，在内洋地方被劫，前经降旨将督缉不力各将弁摘去顶带，勒限缉拿。兹据该督奏报，缉限已满，本案赃盗并无弋获，所有原参勒缉之昌石营都司请升署黄岩镇右营游击丁钟杰着即革职，以示惩儆。宁海营守备王大成于被参后缉获另案盗匪林成等犯，尚知愧奋，着以把总降补。该督仍严饬定海、黄岩两镇出洋督缉，各案盗匪务获究办，如洋面续有失事，即行从重严参。至福建署安海营都司提标前营守备宋世清于浙省委员访明盗犯李雪住趾地方，禀请会拿，自应即时驰赴，乃迟延数日，又不多拨弁兵，以致要犯被夺，该督请以千总降补，尚觉过轻，宋世清着以把总降补。在逃盗犯李雪及拒捕各犯，着该督责成宋世清，该管南安县知县袁焜，勒限严缉务获，按律惩办，毋令漏网。②

十三日癸巳（7 月 21 日）

杨国桢奏报查禁种贩鸦片烟瘴程。清廷批复：豫省地广民稠，奸民私种罂粟等花渔利，事所必有，自应严申禁约。嗣后如有盈坵成段，种植林立，为造蓄鸦片烟之用者，即将种植之人及知情故纵之地保，照例科以军徒，田地入官。地邻人等容隐不首，照例拟杖。若首先举告，即以所种之地给赏，以示惩劝。又该省通衢四达，并无关隘勾稽，外来兴贩，易于溷迹。着责成店户及居停地主人等严密稽

---

① 《清实录·宣宗成皇帝实录》卷一八九；中国第一历史档案馆：《鸦片战争档案史料》第1册，天津古籍出版社 1992 年版，第 84～88 页。

② 《清实录·宣宗成皇帝实录》卷一九〇。

查，一经得实，即密报官司搜捕，视贩烟之多寡，酌赏项之重轻，自数十两至百两为率，官为捐给，以奖首报之人。若地主知情容隐，或受财故纵，即照例从重治罪。其买食之人，为子弟者，责诸父兄。无父兄者，责诸牌保，准其自行举首，将本犯业已改悔，切实声明，均从宽免罪。倘容隐不首，将纵容之父兄牌保照例责惩。本犯初次依例科罪，再犯酌加枷号，以为怙终者戒。其造卖烟具者，即以制造赌具论罪。各衙门如尚有买食之人，查出即将本官严参。至所称于省外各府州属之朱仙镇等十处，派员协同地方官侦查等语，该处商贾辐辏，自应严密侦查。惟一经派员，即恐藉端滋扰，且地方官转可推诿卸责，所请派员协同侦查之处，着毋庸议。①

十六日丙申(7月24日)

刑部制定买食鸦片罪名条理。"军民人等买食鸦片烟者，杖一百，枷号两个月，仍令指出贩卖之人，查拿治罪。如不将贩卖之人指出，即将食烟之人照贩卖为从例，杖一百，徒三年。职官及在官人役买食者，俱加一等治罪。"②

廿五日乙巳(8月2日)

前往广东崖州处理黎民骚乱的官兵，因举措不当受到惩处。广东琼州镇总兵孙得发，于带兵查办黎匪，始而轻率，继复迁延，殊属任性乖违，着交部严加议处。署海口协副将龙门协副将邓旋启，于孙得发带兵率向茅草岭行走之时，并不阻止，又不认真搜拿匪犯，亦属委靡迟延，惟该员系水师出身，尚为熟习，着降为千总，以观后效。署崖州营参将海安营游击李耀扬，缉匪是其专责，乃仅随众往来，毫无出力，且年已就衰，着即勒令休致。感恩县知县兼理崖州知州印务袁斯熊，将黎匪伙抢已获到案之犯监毙数名，又不早为申报根究，酿成巨案，胆玩已极，该员业经撤任，着革职，交该督抚提同禁役人等，严行究讯。

前因有人陈奏报，广东贸易夷人日增桀骜，英吉利动违禁令各款，曾经降旨交朱桂桢逐款严密访察，据实具奏。兹据该抚查明，上年英吉利国大班部楼顿回国，该国二班盼师接充大班，即将眷口妇人，带至省城夷馆，并坐小轿登岸进馆，故行违例。又心疑官兵要用炮轰击，并将船上所用炮械，潜运至馆，自为保护。经该督李鸿宾会同将军庆保等派兵防范，该夷人等始知畏惧，潜将炮械运回，妇女亦均陆

---

① 《清实录·宣宗成皇帝实录》卷一九〇。

② 中国第一历史档案馆：《鸦片战争档案史料》第1册，天津古籍出版社1992年版，第88~90页。

续搬回，皆系盼师主使所致。其延不开舱一节，该国夷商并各国夷商亦皆归怨，因所带羽毛、大呢等货，不能即时起卸，致经潮湿，半多虫蛀，亏折本钱，该国王已撤回惩治。近所换之大班罗治臣，人尚恭顺，一切买卖，均属安静。现在严饬弹压稽查，使不敢再违禁令，已往之事不复苛求。至新砌临水马头，较旧日马头宽出十余丈，实属违例，旋经该抚亲往查看，饬令拆卸净尽，一律如旧，该夷亦并无违抗。并据该抚查询，夷人只知求利，尚无苛虐情弊，惟通事、买办、引水各项人等良莠不齐，难保不勾引串唆。至匪徒练习"快蟹"船只，为夷人运私偷税，兵役朋比为奸，自应拿办。清廷要求该督等总当随时稽查，妥为防范，并着水师员弁会同州县认真巡缉。如有"快蟹"船只走私漏税者，立即查拿究办。①

廿六日丙午(8月3日)

阮元等覆奏报查禁鸦片烟章程。滇省沿边夷民，向有私种罂粟，收取花浆煎膏，名为芙蓉，以充鸦片，内地民人，亦复栽种渔利，自应设法查禁。兹据该督等奏称，民间私重罂粟，缘费工少而获利多，积习已久，该省又多深山穷谷，若不竣立其防，则奸民易犯。清廷批复：所称每年冬令罂粟出土之时，该地方官会同营员亲往躜查锄毁一次，次年春末开花结苞之时，再躜查铲毁一次等语，该处深山穷谷较多，若令种植之家锄铲，是必不可信之事。若豫带多人，以备锄铲之用，又无此查办之法。且据称饬各地方官，于关津要道税口，加派诚妥胥役，不时督率稽查行旅商脚贩带之弊。试思胥役之中，焉有诚妥可信者？若添派多人，责令稽查，不但有名无实，且转滋纷扰，无非多增一弊。所议皆不过纸上空谈，于事何济。此事惟当责成该地方官，随时留心访查，不必拘定月日。或于稽查保甲之便，前往躜查。或于猝不及防之时，亲往查察。如有奸民私自种植，即行拿究惩办。倘查无私种，将来因案发觉，该督等派员前往，查出弊端，即将该地方官严参惩处。并着该督等于每年年终具奏一次。至土境夷民，栽种罂粟系在迤西迤南边外，着照所议，责成该管道府严饬土司，晓谕夷民毋得栽种。并于每年冬间，由土司亲查。如该土司不能认真查察，即行参究示惩，毋许宽纵。

廿九日己酉(8月6日)

广东匪徒，结拜纠抢，近来未能尽绝根株，并无三点会名目。其香山等县沿海一带棍徒刻木戳堂名盖用纸单，向耕户勒索钱文，名曰"打单"。如勒索不遂，即将田禾扰害。自道光四年奏定治罪专条，迄今已获打单匪徒四百余名，逐案严办，

---

① 《清实录·宣宗成皇帝实录》卷一九一。

此风犹未尽息。清廷要求随时访拿，有犯必惩，毋许稍涉宽纵。

广东南海、番禺两县，有匪徒抢窃炮械，旋经将匪犯拿获，并起获炮械。清廷指示：番禺县属乌猪冈地方炮台，虽民间捐建，业经拨兵防守。该匪犯胆敢将八百斤炮位一门窃去，显系意图出洋滋事，非寻常盗贼可比。现据称将匪犯梁亚牛等九名并炮械起获，着朱桂桢即饬司提犯严讯实情，从重定拟。此等枪窃炮械匪犯，该督抚及水师陆路两提督均应派员缉捕，着即督饬营弁，会同地方官，将此二案逸犯，加紧勒限缉拿，务期全获归案究办。①

两广总督李鸿宾等奏报查禁鸦片烟章程。鸦片烟来自外洋，内地奸民，近亦有罂粟花栽种熬膏，贩卖渔利。前已屡降谕旨，通饬各直省督抚，各就地方情形，妥议章程，严行查禁。兹据李鸿宾等奏报，粤省惟潮州府属，间有种植罂粟花之事，已饬地方官随时铲拔，以杜萌蘖，正恐潮州府属之外，栽种者亦复不少。至夷商夹带入口，奸民辗转兴卖，广东一省，向为尤甚。若不杜绝来源，以净根株。是以内地有用之财，易外洋害人之物，流毒方来，伊于何底。着该督抚等严饬所属州县，如有奸民偷种私制等事，责令保甲人等首报，勘明将地入官，并拘犯即照贩卖鸦片烟例治罪，并将徇隐之地保乡约及族长人等，分别枷责。兵役得规包庇，从重惩办。各州县因公下乡，及抽查保甲之便，随时认真察访，按季申报。该管道府即委员分往复查，详报督抚，每年具奏。②

从巡抚富呢扬阿所请，修浙江仁和、海宁二州县东、西海塘。

七月初二日壬子(8 月 9 日)

讷尔经额奏报查禁鸦片烟章程。鸦片烟来自外洋，必由海口而入。山东胶州、即墨、荣成、莱阳、海阳、利津等州县各有海口，查验海船货物之吏役，难免贿放烟土。嗣后着将该役等姓名，填写印票，禀报备实。俾事犯查究，无所诿卸。海口淤滩，海船不能傍岸之处，需用剥船起拨货物，着责成汛卡水师升弁兵巡船，水陆严查。其洋广货商及肩挑负贩所到地方，着落行户店家稽查，俾奸徒无处寄存。并着通饬各地方官，广为出示，晓谕旅居商贾及代运货物佣趁诸人，如有奸商贩卖，准其赴地方官衙门禀首。至外来奸徒煽诱种植罂粟等花，不可不豫为之防。清廷着照所议，以保甲之法行之。③

①　《清实录·宣宗成皇帝实录》卷一九一。

②　中国第一历史档案馆：《鸦片战争档案史料》第 1 册，天津古籍出版社 1992 年版，第 90~91 页。

③　中国第一历史档案馆：《鸦片战争档案史料》第 1 册，天津古籍出版社 1992 年版，第 91~84 页。

初三日癸丑(8月10日)

嵩溥奏报遵旨查禁鸦片烟。黔省山多田少，尚无栽种熬烟之事。惟与滇粤等省毗连，民人贸易往来，间有嗜食此烟者，奸商夹带，潜匿私卖，事所必有。清廷要求该抚通饬各属地方文武员弁，在于关津要隘，严密盘查。如有奸商夹带偷漏，即穷究来自何处，买自何人，一并拿获严惩。将偷漏之关口及失察徇纵之该管官分别参处。至罂粟花系常有之物，难保将来不私行栽种，着即豫为防杜。①

廿八日戊寅(9月4日)

越南国使臣黄文亶等三人于大红桥瞻觐。

八月初一日庚辰(9月6日)

给事中徐法绩奏报，近年械斗会匪，日渐增多，皆由地方官酿成巨案，请饬各督抚，慎选地方官以息刁风。道光帝批复：广东、福建等省，民风顽悍，习为械斗，并各省会匪名目。如果该督抚严饬地方官实力查禁，并将玩泄从事者随时劾参，另行委员妥办，何至匪徒日多，肆行无忌，以至酿成重案。②

二十日己亥(9月25日)

暹罗国王遣使呈进例贡。暹罗国本年例贡之期，该国王郑福如期遣使，赍捧表文方物，来粤入贡，并因去年京旋副贡使在途病故，蒙恩赏给银三百两，该国王虔申谢悃。

廿二日辛丑(9月27日)

广东巡抚朱桂桢奏报，据暹罗国大库呕雅打侃禀称，上年十二月，该国六坤洋面捞救遭风厦门船一只，询系福建署台湾澎湖通判乌竹芳眷属。报经该国王谕令迎

---

① 《清实录·宣宗成皇帝实录》卷一九二；中国第一历史档案馆：《鸦片战争档案史料》第1册，天津古籍出版社1992年版，第95~96页。
② 《清实录·宣宗成皇帝实录》卷一九四。

接资赡，兹值例贡之便，附载送回粤省。并据南海县具报，该眷属附坐贡船，业已护送登岸。清廷赏赐该国王蟒缎二匹、闪缎二匹、锦缎二匹、采缎四匹、素缎四匹。其大库呸雅打侃，亦着该督抚优加赏赉，交该国王颁给，俱俟贡使回国之便带往。①

从巡抚富呢扬阿所请，修浙江东塘石塘。

九月初二日辛亥（10 月 7 日）

以浙江瑞安协副将黄建功为广东琼州镇总兵官，广东阳江镇总兵官常遇恩因病解任，以香山协副将余得彪为阳江镇总兵官。

十九日戊辰（10 月 24 日）

从巡抚富呢扬阿所请，筑浙江会稽县枯渚塘堤。

廿四日癸酉（10 月 29 日）

朝鲜国使臣洪奭周等三人于大红桥瞻觐。

廿七日丙子（11 月 1 日）

祁𡎉奏报，严定查票鸦片烟章程。据称查明广西省，现在尚无私种罂粟花熬烟贩卖之事，惟浔梧、平乐等府，均与广东省毗连，恐有奸商兴贩，私运入境，不可不严定章程，杜其萌蘖。

廿八日丁丑（11 月 2 日）

南澳镇总兵报称在洋巡缉，瞭见夷船一只，驰往查探。据夷人带同通事开呈红单，称系越南行价陈文忠、高有翼奉本国王命，驾船护送福建省故员李振青眷属及难民等来闽。旋据兴泉永道等禀称，该夷船驶进厦门口，将该故员亲属及难民等先送上岸。②

---

① 《清实录·宣宗成皇帝实录》卷一九五。
② 《清实录·宣宗成皇帝实录》卷一九七。

十月初一日己卯（11 月 4 日）

鄂山奏报查禁鸦片烟章程。据称川省五方杂处，间有吸食鸦片烟之人。会理州、平武州一带，毗连番界，尚有种植罂粟花处所，现经通饬严密查拿。惟思查禁鸦片烟，必先清查官吏，俾免包纵徇隐诸弊。①

初四日壬午（11 月 7 日）

抚恤琉球国遭风难夷如例。

十九日丁酉（11 月 22 日）

闽浙总督孙尔准因病赏假，以福建巡抚魏元烺兼署闽浙总督。②

十一月十三日辛酉（12 月 16 日）

予广东黎匪滋扰被害千总周明清祭葬世职，兵丁王日章等九名赏恤如例。③

十七日乙丑（12 月 20 日）

广东将军庆保奏报英国大班携眷来省，并私带枪炮。④

廿七日乙亥（12 月 30 日）

从巡抚富呢扬阿所请，修浙江上虞县沿江柴土塘堤。⑤

---

① 中国第一历史档案馆：《鸦片战争档案史料》第 1 册，天津古籍出版社 1992 年版，第 98~100 页。
② 《清实录·宣宗成皇帝实录》卷一九九。
③ 《清实录·宣宗成皇帝实录》卷二〇〇。
④ 中国第一历史档案馆：《鸦片战争档案史料》第 1 册，天津古籍出版社 1992 年版，第 106~108 页。
⑤ 《清实录·宣宗成皇帝实录》卷二〇一。

十二月初六日甲申(公元 1832 年 1 月 8 日)

富呢扬阿奏报海塘沙水情形，并请修筑江海塘工。仁和、海宁二州县，东塘念汛"隶"字号起，至尖汛"南"字号止，间段抢修旧石塘工，共长一百四十八丈零，应一律全换新桩。建复鱼鳞石塘，例加工料银三万四千八百六十两零。清廷准其在于新工经费余剩暨本年用剩额息银内动支；其钱塘县江塘，共长一百二十三丈零，约需工料银五千五百七十一两零；准在藩库工程平余项下动支给办；至折尾声明石塘一丈，须筑柴坝一丈，计需银三十两，约计柴坝银四千数百余两，请附入岁修年额开销。①

从巡抚富呢扬阿所请，修浙江钱塘县官河纤塘桥座。

十九日丁酉(公元 1832 年 1 月 21 日)

抚恤琉球国遭风难夷如例。

廿一日己亥(公元 1832 年 1 月 23 日)

闽浙总督孙尔准因病展假，仍以福建巡抚魏元烺兼署总督。

廿二日庚子(公元 1832 年 1 月 24 日)

广东私盐泛滥，使江西引盐滞销，江西官员要求于赣州淮粤交界之地设厂，凡粤盐之冲入者，照淮课之数收税。

廿四日壬寅(公元 1832 年 1 月 26 日)

乍浦满洲营战船，申请由军营自行修造，被驳回。据称道光九年八月内，乍浦战船遭风，大桅同时并折。其沿海商船，同时遭风，毫无损失。细查情形，商船大桅多系整木，官船皆系别攒，虽有铁箍油饰，势难经久，是官船小修、大修、拆造，全属具文。乍浦额设"巩"字号战船五只，"谧"字号战船五只，三年小修，六年大修，十年拆造，小修每只例价银三百九十一两零，大修每只例价银六百三十四两零，拆造每只例价银九百十一两零。嗣因例价不敷，经嘉兴府属七县每年帮给津贴银二千两，交承修同知办理，不无草率偷减，请将应领例价津贴等款，交各该协

---

① 《清实录·宣宗成皇帝实录》卷二○二。

领等，会同乍浦参将，认真修造，工竣后请交该抚验明稽核。清廷以为，乍浦满营额设"巩""谧"字号战船十只，从前承造承修或专责武员，或文武会办，至乾隆三十三年始改归文员承办，营员监督，工竣后，副都统、参将、备弁层层验明，即与营员自修无异，仍照向例归乍防同知办理。①

廿七日乙巳(公元 1832 年 1 月 29 日)

本年暹罗国南掌国贡使，未能如期到京。清廷要求闽浙、两广、云贵各总督，嗣后如遇外藩遣使进贡，入关后即饬该使臣赶紧启程，并饬伴送官沿途照料，妥速行走，务于十二月二十日以前到京，以符定制。

廿八日丙午(公元 1832 年 1 月 30 日)

调浙江布政使吉恒为广东布政使，以广东按察使程矞采为浙江布政使，浙江盐运使杨振麟为广东按察使。

三十日戊申(公元 1832 年 2 月 1 日)

从巡抚富呢扬阿所请，改建浙江萧山县西江塘工。

是年

英国等国向清朝输入鸦片计一万六千五百五十箱。②

经由广州进出口的中外商品贸易总额为四千七百九十万四千九百二十四元，其中进口二千五百零八万四千七百四十九元，出口二千二百八十二万零一百七十五元。中英贸易额为三千七百四十五万八千四百七十元，进口二千零五十三万六千二百二十七元，出口一千六百九十二万二千二百四十三元。中美贸易额为八百九十万八千六百六十九元，进口三百零五万零九百三十七元，出口五百八十五万七千七百三十二元。葡萄牙进口货物一百四十九万七千五百八十五元。③

---

① 《清实录·宣宗成皇帝实录》卷二〇三。

② ［美］马士：《中华帝国对外关系史》第 1 册，张汇文等译，生活·读书·新知三联书店1957 年版，第 239 页。

③ ［美］马士：《东印度公司对华贸易编年史》第 4 卷，区宗华译，中山大学出版社 1991 年版，第 285～286 页。

道光十二年　壬辰　公元 1832 年

正月十一日己未(2 月 12 日)

芦商并引办盐的方案被固定下来。

十二日庚申(2 月 13 日)

山东酌裁兖州镇属兵一百二十名，登州镇属兵一百二名，曹州镇属及抚标兵一百四十六名。

十四日壬戌(2 月 15)

道光帝晓谕：福建省督标中军副将黄其汉、浙江陆路乐清协副将崇福送部引见，陆路台湾北路协副将叶长清毋庸送部引见；水师闽安协副将沈镇邦，甫于上年五月到任，资俸甚浅，业经该署督声明，且念一时水师乏人，准其送部引见。①

廿六日甲戌(2 月 27 日)

朝鲜国王李玜遣使表贺万寿、冬至、元旦三大节，赏赉延宴如例。
南掌国王召蟒塔度腊遣使表贺万寿，并贡方物，赏赉筵宴如例。
暹罗国王郑福遣使表贡方物，赏赉筵宴如例。

二月初五日壬午(3 月 6 日)

两广总督李鸿宾，奏请查禁鸦片烟来源。清廷批复：鸦片烟来自外洋，必应遏止来路。现据该督等查明载运销售各路，严定章程，绝其洋面私售之由。着照所请，嗣后夷人来粤贸易，该督等剀切出示，晓谕各夷，并严饬洋商向各夷开导，勿

---

① 《清实录·宣宗成皇帝实录》卷二〇四。

将烟土夹带货舱。傥经查出，不准该夷开舱卖货，立即逐回，并严谕以货船之外，毋许另设船只，以杜私人之源，仍于省河禁止走私快艇，潮琼各属商船不得拢近零丁洋面。并着直隶、闽、浙等省各督抚，严饬海口各地方官，凡出洋贩贸船只，逐一给与牌票，查验出入货物，毋许仍前偷贩情弊。①

初六日癸未(3 月 7 日)

抚恤日本国遭风难夷如例。

十三日庚寅(3 月 14 日)

抚恤琉球国遭风难夷如例。

十九日丙申(3 月 20 日)

命长芦盐政钟灵留任一年。②

廿七日甲辰(3 月 28 日)

从巡抚富呢扬阿所请，修浙江东、西两塘石塘柴埽各工。

三月初二日己酉(4 月 2 日)

抚恤琉球国遭风难夷如例。

初十日丁巳(4 月 10 日)

两广总督李鸿宾奏报追查三合会结果。③

十九日丙寅(4 月 19 日)

有英吉利夷船一只，在闽省大练洋面，向渔船用米换鱼，并给予书本。海坛镇

---

① 《清实录·宣宗成皇帝实录》卷二〇五。
② 《清实录·宣宗成皇帝实录》卷二〇六。
③ 《清实录·宣宗成皇帝实录》卷二〇七。

驱逐夷船远行，拿获渔户杨妹妹等六名，起缴夷书。该夷船因遭风漂泊至五虎洋面，损坏杠索，欲求就地销售货物。遭到拒绝。①

廿一日戊辰(4月21日)

广东连山一带猺匪解散，仍在楚粤交界各处，李鸿宾要求派兵防堵，得到准许。

廿四日辛未(4月24日)

改广东崖州营参将为崖州水陆副将，定为外海水师烟瘴题调边缺；海口协都司为崖州协陆路中军都司，定为陆路烟瘴题调缺：均驻崖州城。海口协副将为海口营参将，驻海口；海口协右营守备为海口营中军守备，均仍为外海水师题缺。添设崖州协陆路外委二员，水师外委四员，拨督标营把总一员，外委一员，兵一百名；陆路提标营把总一员，外委一员，兵六十名；琼州左、右二营把总一员，外委一员，兵六十名，海安营兵二十五名，海口营兵十五名：统归崖州协管配操防。从协办大学士两广总督李鸿宾所请。②

四月初五日辛巳(5月4日)

太平南关外越南界内之谅山地方。该国王将谅山镇改设巡抚，换用谅山高平巡抚关防，聚兵屯粮，开平道路，建塘立卡，无论土著客民，三丁抽一，五丁抽二，令其演习技艺。又将向开金、银二厂封闭，专留铁厂。清廷指示：越南素称恭顺，此时忽将设立总兵，改设巡抚，难保无叵测情事。现据李鸿宾等飞饬该镇道府等加拨弁兵，暗为布置。并饬左江镇文哲珲，俟贡使行抵南宁，即藉巡边之名，随行到关，督率员弁妥慎豫防。并饬派干员改装易服，赴沿边关隘确切访查，该国聚兵演技有无别情。总须不动声色，慎密防闲，先期筹备，相机妥办，切不可轻露端倪，使彼转生疑惑，尤不可稍涉大意，致有疏虞。一俟查访确实，是否另有别情，即据实奏闻。

两广总督李鸿宾等奏报筹议崖州善后事宜，得到批准。汉奸入黎盘剥及攒充粮总，浮收勒索，最为黎人之害，应申明定例严禁。至黎人设立黎总、峒长、哨管，

---

① 中国第一历史档案馆：《鸦片战争档案史料》第 1 册，天津古籍出版社 1992 年版，第 110~111 页。

② 《清实录·宣宗成皇帝实录》卷二〇八。

原所以专责成，应饬大小各黎村公同充选。如有黎丁不遵管束，及汉奸放债滋扰，许立即捆送究治。黎人犯事，除劫夺谋杀重情，向由地方官饬差协拿外，其余情罪稍轻，即着落黎总等交出审究，概不许差役擅入勾拘，藉端索扰。黎人食盐及牛羊器具等物，应准其照常售买，不得抬价阻买，以杜衅端。至铁器除应用外，如鸟枪利刃近于军械者，俱不准卖给，并不准铁匠代为制造。黎俗不通有无，田无沟洫，应出示晓谕，责令黎总峒长等谕以通力合作，多开沟渠，庶旱涝有备。岁丰境谧。①

十二日戊子(5月11日)

据祁墫奏报，探明越南谅山镇地方改设巡抚，因管辖七州，操演兵丁，系循照旧例。该国贸易客商，年终按户取银二两，今加倍收银四两，贴补新兵口粮，并非屯粮。至高平新开道路，设立塘卡，为稽查盗匪递送公文起见，其另有通谅山镇大路，令兵丁铲剔荆榛。因贡使将次回国，该国金银厂仍行开采，照常抽课。业饬左江镇文哲珲驰赴镇南关查看，边墙坚固，居民安堵，委无别项情事。清廷批示：边防要地必当加意防闲，认真查察，不得有懈周巡，切勿稍涉张皇，使彼转生疑惑。尤须严禁内地匪徒及一切游民，潜出关外，别滋事端。②

廿六日壬寅(5月25日)

遭风英吉利夷船，由外洋驶入旗头猫港，次日至镇海，欲赴宁波海关销货，为清朝水师截回，停泊于游山洋面。该夷船有七十人，装有洋布、大呢、羽毛等物。③

五月初一日丁未(5月30日)

闽省南北洋面，向惟琉球国船只准其往来，其余夷船概不准其停泊。有英吉利国夷船一只漂泊五虎洋面，清廷指示：迅速斥逐出境。该管将弁在壶江等洋巡缉，未能先事豫防，实属疏忽。闽安协副将沈镇邦、署闽安左营都司陈显生俱着先行摘去顶带，勒令赶紧驱逐。如办理不善，即行严参。并着该署督查明该夷船出境日

---

① 《清实录·宣宗成皇帝实录》卷二〇九。
② 《清实录·宣宗成皇帝实录》卷二〇九。
③ 中国第一历史档案馆：《鸦片战争档案史料》第1册，天津古籍出版社1992年版，第112~113页。

期，据实具奏。

署闽浙总督魏元烺奏报，遵旨酌裁福建水陆各营兵一千一百四十五名，浙江马步守兵六百六十三名。①

初六日壬子(6 月 4 日)

予福建出洋淹毙兵丁陈得瑞赏恤如例，受伤外委陈相坤、兵丁叶应登等三十一名升赏有差。

十三日己未(6 月 11 日)

给事中邵正笏奏报，两淮艒板等船私盐，侵害浙醝，请饬妥议章程，协力堵缉。据称江省常州、镇江等府，毗连大江，为浙西引盐门户。顺治年间，于京口地方，设立官厅，盘验盐船，严拿夹带私盐，立法至善。乃日久视为具文，兵役得规故纵，以致浙西引地绌销。兼之上年江省奏开沿江孟渎、德胜、澡港三河便于舟楫往来。即有江北枭徒，驾驶艒板、黑鱼腮等船，装载私盐，络绎进口。更有地方棍徒，勾引招接，私设秤手行家，到处贩卖。一遇官役查拿，冒称灾民，肆行强横，反向官盐商铺索诈抢夺。因此商无转输，店多闭歇，始于常、镇两府，蔓延苏州、松江、太仓各属。浙西引地，自上年七月以来，缺销十余万引，绌课数十余万两。且三河对峙，淮盐吕四等场，枭贩片帆飞渡，尤为便捷。清廷要求，当地或照京口船盐厅之例，在于沿江隘口，移驻一二员弁，专司盘验；或于三河之中，酌择一河通行舟楫，其余二河以及支港，概钉木栅，不准通舟；或修建闸座，派委妥员司其启闭，以资捍御。②

二十日丙寅(6 月 18 日)

抚恤琉球国遭风难夷如例。

英吉利夷人乘坐大船一只，夹板小船一只，约共百余人，由浙江镇海乘风突至江省大洋边境，停泊于江南羊山洋面。③

---

① 《清实录·宣宗成皇帝实录》卷二一一。

② 《清实录·宣宗成皇帝实录》卷二一一。

③ 中国第一历史档案馆：《鸦片战争档案史料》第 1 册，天津古籍出版社 1992 年版，第 113~114 页。

廿五日辛未(6月23日)

户部议准两江总督陶澍等奏报筹定堵缉粤私章程。一、万安县所辖之良市口，为粤私入淮门户，应增设大卡，派委文武各一员，带兵二百名驻扎。原设现澜罗塘二卡官兵，应即移驻良市口。其吉安府城外原委该营官兵，无关紧要，应行裁撤。另由赣标各营，派委守备或千总各一员，兵五十名，并委文职丞卒一员，巡役二十名，均驻良市口会同查拿，以杜私贩绕道之弊。二、龙泉县之汤村塘，为攸县私盐经过，应添派守备或千总一员，兵二十名，佐杂一员，巡役十名，驻扎巡堵。三、泰和县之白羊坳，系粤私经过，尤为紧要。原设弁兵无多，势难兼顾。应酌委守备或千总一员，添兵二十五名，并派佐杂一员，巡役十名，分路巡缉。四、赣县茅店，系潮桥、东江二埠私船经由之区，应设立官卡，酌派守备或千总一员，外委一员，带兵四十名，周流巡缉。五、赣县所属之攸镇大湖江等处，逼近淮界，私盐充斥，不特占碍淮纲，亦属有妨粤引，应责成赣南道将粤省雄赣埠运盐过关时，核实查验。其转发各该处，亦令报数呈验，仍咨查粤省是否与派拨盐数相符，查明核办。各处邻私，如果认真查拿，则枭贩何至肆行无忌。请嗣后每季将各县所销引目，及所获私盐，核其多少之数，分别记过记功，于年终咨部分别议叙议处。如有任听兵役勾串贿庇，及承审盐案含糊轻纵者，专案参究。从之。①

廿九日乙亥(6月27日)

从巡抚富呢扬阿所请，修浙江东、西两塘柴埽、坦水各工。

六月初一日丙子(6月28日)

福建巡抚魏元烺奏报，夷船驱逐远扬，请将原参之福建闽安协副将沈镇邦、署闽安在营都司陈显生开复顶带，得到降旨准行。据称三月十九日，有英吉利国夷船一只在大练洋面，向渔船米换鱼，并给予书本。查阅夷书，纸片字画，似系内地式样，恐有奸民为之翻刻。提讯渔户杨妹妹等，供称船内之人，言语不通。所给书本，伊等目不识丁，不知是何书，并无勾引接济情事。清廷批示：闽省向来不准外夷贸易，该夷船虽由遭风漂泊，岂可令其就地销售货物，并送给夷书？难保无生心觊觎之事。着程祖洛到闽后，悉心查访，务得确情。如实有内地奸民勾引接济，贪图获利，即行严加惩办。嗣后毋许该夷船在洋停泊，必须驱逐净尽，并严禁内地奸

---

① 《清实录·宣宗成皇帝实录》卷二一二。

民图利交接。务令弊绝风清，以靖洋面。①

初七日壬午(7 月 4 日)

本日据富呢扬阿奏报，英吉利国夷船由闽至浙，飘至镇海，欲赴宁波海关销货，当饬该管道府明白晓谕，不准该夷船通商，咨会提镇督令分巡各弁兵前往驱逐；该夷船挂帆开行，放洋而去，又飞咨江南、山东、直隶督抚，饬属巡防，毋令阑入；并将未能先事务防之备弁等，奏请交部议处。道光帝晓谕，英吉利夷船，向不准其赴闽浙贸易。今值南风司令，竟敢乘便飘入内洋，希图获利，自不可稍任更张，致违定例。虽经该省驱逐出境，难保其不此逐彼窜。着琦善、陶澍、讷尔经额、林则徐严饬所属巡防将弁，认真稽查。倘该夷船阑入内洋，立即驱逐出境，断不可任其就地销货，并严禁内地奸民及不肖将弁等图利交接，务使弊绝风清，以肃洋政。②

抚恤朝鲜国遭风难夷如例。

初十日乙酉(7 月 7 日)

山东荣成县切近海滨，东、南、北三面均有海口数处。江、浙、闽、广等省商船，贸易来往，偶遇大风，商船在洋内毁坏，商人全行淹没，一切杂货随浪漂至海边。此系无主之物，近海居民争相检取，例所不禁。惟有船已近岸，忽遭大风，吹至浅滩者，俗谓之抢滩船。此等船只，虽不能毫无损伤，而商人俱在，货物俱全，乃近海居民一闻有抢滩之船，遂蜂拥而来，将船只硬行劈破，一切货物银钱船板等件，霎时抢尽。清廷要求山东巡抚严饬地方官出示晓谕，如有仍前贪利故违者，严拿重惩，并恭录谕旨悬示海滨。③

十一日丙戌(7 月 8 日)

停泊江南羊山洋面之英吉利国夷船，经太湖协副将鲍起豹、候补知府程铨驱逐，起碇开帆向东南驶去。④

---

① 《清实录·宣宗成皇帝实录》卷二一三。
② 《清实录·宣宗成皇帝实录》卷二一三。
③ 《清实录·宣宗成皇帝实录》卷二一三。
④ 中国第一历史档案馆：《鸦片战争档案史料》第 1 册，天津古籍出版社 1992 年版，第 114~115 页。

廿二日丁酉(7月19日)

本日兵部奏报，海洋失事，久未定案题参，请旨饬查。据称崇明县事主孙翼如在洋被劫一案，又事主范学珍在洋被劫一案，江南、浙江各执一面之词，互相推诿，迄今案悬莫结。海洋失事，自当以初报地方为准。即或有呈报不实，派员会勘，亦当亲历失事洋面，确定地址，彼此会衔通禀，方成信谳。此二案事阅七年之久，尚无专缉之人，显系该督等各存徇护之心，既诿卸于前，复争执于后，并不认真办理，任听各属员巧饰规避，玩愒偷安。似此纵容耽延，殊属不成事体。且恐将来巡弁，纷纷效尤，各为避就延宕之计，不复认真缉捕，于巡洋要务，大有关系。清廷着陶澍、程祖洛各派明干大员，勒限会同详审，将事主前后供词各异，及委员并不详勘各情节，提集人证卷宗，逐一研究定案参奏，务期水落石出，勿再迁延，致干重咎。寻奏报，孙翼如一案，初报在陈钱山西北洋面被抢，应照初报归于江省参缉；其范学珍一案，原报在茶山被抢，嗣据查明实在尽山之东洋面，即据实呈明更正，应照续报归浙省严缉办理。①

廿三日戊戌(7月20日)

御史冯赞勋奏报，请严办广东贼匪。广东濒海通洋，向多盗匪，叠经查办，此风总未净绝。如该御史所奏报，近日贼党纵横，胆敢掘人坟墓，攫取衣物，甚至劫人尸棺，公然勒赎，各府皆有。而省城及首府所属州县为尤甚，似此明目张胆，无所顾忌，地方官形同木偶，毫无见闻，所司何事。清廷着李鸿宾、朱桂桢严饬各属，实力严办，总期有犯必惩，毋任凶徒一名漏网，以除强暴而挽颓风。

廿五日庚子(7月22日)

道光帝晓谕："朕闻江西有大乘教，其教首在福建崇安县星村地方，供奉观音，因有石菩萨、铜将军浑名。其伙党由铅山散入江西各县，扰害地方，不可不严行惩办。着程祖洛、魏元烺即遴委干员，至崇安县星村地方，将该教首密速掩捕，从重究办，并究出伙党，移咨江西密拿务获，勿任远扬漏网。倘该督抚存化大为小之见，或竟任该教首潜逃，自问能当此重咎耶。"寻奏报，讯得大乘教匪黄钧滢，两次至福建崇安县星村地方传徒骗钱，因平日不能言语，人呼为"石菩萨"。伊子黄海鑫，被人殴伤不死，人呼为"铜将军"。黄钧滢依律发回城为奴，究出伙党，

---

① 《清实录·宣宗成皇帝实录》卷二一四。

具各按律问拟。下部议，从之。

有人奏报，广东潮州府属荒旱过甚，米价昂贵异常，几至人相食。连州一带，现因贼匪扰害，用兵剿办。潮州地近海滨，素多盗贼，且民风强悍，习于械斗，恐匪徒乘机煽惑，勾结饥民，与连州表里为害，请饬酌量赈抚。清廷指示：各省地方偶遇水旱偏灾，督抚大吏自当体察情形，一面加意抚恤，一面奏闻。潮州府属荒旱米贵，几至人相食，是否实有其事。如果属实，该督抚岂竟毫无闻见，何以并未具奏，抑系该府州县匿灾不报，事关民瘼，不可不严行查办。寻奏报，潮州各属本年雨水较多，杂粮兼收，已饬令各该州县开仓平粜。查歉收各属，系一隅中之一隅，为时亦属无几。早稻丰稔，并未成灾，业于五月内附奏在案，现查得贫民均各相安，地方官亦无讳匿不报。至潮属相距连山猺境一千余里，并无匪徒勾结，仍不时督饬员弁，防缉匪徒，使地方安辑。①

七月初二日丙午(7 月 28 日)

据讷尔经额奏报，英吉利夷船乘风驶至山东洋面，现在巡防押逐。英吉利夷船，前已驶至福建、江苏、浙江等省，曾经驱逐，已降旨直隶、山东等省，如该夷船到时，一律驱逐。兹据奏报，登州镇总兵周志林咨称，六月十八日，刘公岛洋面，有夷船一只，乘风驶至，询系前在江苏等省被逐之船，带有羽毛、大呢等物，欲求在该处贸易，并有刊刻《通商事略说》二纸。该夷船前经福建、江苏、浙江等省驱逐，尚敢乘风驶至山东，情殊可恶，断不容其进泊，致滋事端。该抚现已飞咨该镇，亲督舟师弹压，不许夷人上岸。如遇南风，不准起碇开行。清廷批示：一俟南风稍息，即饬将弁督押南驶，驱出东境。仍着飞咨两江总督、江苏巡抚派拨水师将弁，于交界洋面巡防接护，一体押令南行，并咨直隶总督饬令天津水师，在直隶、山东交界洋面，认真防堵，以免乘风阑入。又另片奏报，该国夷人定例在广东贸易，乃明知故违，此次可以一船径至，将来无难多船驶入。若临时拦截，已觉较迟，请饬两广闽浙各督妥筹防堵，建议得到采纳。

道光帝晓谕：前因英吉利夷船驶入闽浙各洋，复由浙省镇海驶至江省大洋边境，当降旨令各该省督抚严饬沿海员弁，将该夷船立行驱逐，并禁内地民人，向其图利勾结。本日据讷尔经额奏报，该夷船复驶入山东洋面，带有货物，欲求贸易。该抚飞饬登州镇周志林亲往弹压，即令水师督押南行，驱出东境，并咨会江省督抚于交界洋面，一体巡防接押驱逐。所办甚是。向来夷船只准在广东贸易，不许阑入内洋，任其就地销货。乃该夷人明知故违，驶经数省洋面，一船如此，傥后此相率效尤，尚复成何事体。该夷船必先由粤闽各洋面经过，若果沿海员弁实力巡堵，不

---

① 《清实录·宣宗成皇帝实录》卷二一四。

令北驶，何至听其随地游奕。至一经迅驶，阑至江浙各洋，则洋面广阔，阻截较难。即多派兵船，驱押截回，已属费力。着程祖洛等悉心妥筹如何防堵章程，不使该夷船再乘南风驶入江浙各洋，以符定制。并着陈化成督率水师将弁兵丁，认真巡逻，随时稽查。傥有经过闽洋之夷船，即严行堵截，毋令北驶。此次押回夷船，该督等严饬水师接，管驱逐南行，不许片刻停泊，是为至要。

道光帝晓谕：本年英吉利国夷船驶至福建、江苏、浙江等省，已经各该省督抚严饬沿海将弁，驱逐出境。本日又据讷尔经额奏报，六月十八日，有英吉利夷船复驶至山东洋面，并刊刻通商事略说二纸，大意以粤省买卖不公，希冀另图贸易为言。该夷人情殊可恶，已经讷尔经额严饬将弁，在彼弹压，不许居民私相交易，一俟南风稍息，即督押南驶，驱出东境。因思该国夷人，向例只准在广东贸易，立法綦严。乃该夷明知故违，且以广东买卖不公为词。是否广东洋商贸易不能公平，抑或夷商另有他故，藉端狡诈，着李鸿宾等体察情形，据实具奏。至该夷船驶入内地，必先由广东洋面经过，如果水师员弁实力巡堵，何至令其北驶。至一经阑入内洋，则洋面辽阔，阻截较难，即多派兵船，驱逐截回，或致别生事端，实属不成政体。着李鸿宾等妥筹防堵章程，并晓谕该夷人以天朝定制，该国夷船只准在广东贸易，不准任意驶入内洋、就地销货，俾该夷恪遵定例，是为正办。并饬李增阶督率水师将弁兵丁，认真巡逻，随时稽查。傥有北驶夷船，力行截回。如再有阑入沿海内洋，惟该督等是问，其能当此重咎耶。①

初三日丁未(7 月 29 日)

以直隶被旱，命免奉天、河南、山东商船米税。

初七日辛亥(8 月 2 日)

前据讷尔经额奏报，登州镇总兵周志林咨称，六月十八日，刘公岛洋面，有夷船一只，乘风驶至，询系前在江苏等省被逐之船。本日又据陶澍等奏报，五月二十二日，有英吉利夷人大船一只，约七八十人，小船一只，约二十余人，驶入江南羊山洋面停泊。经该督等饬委巡船押送出境，于六月十一日晚间促令开行，向东南折戗而去，并派苏松镇总兵关天培等押赴浙江交界。该镇报于十二日申刻押护出境，入浙江洋面。仍飞咨前途，一体派列巡船押护南行，断其北驶之路。

陶澍等奏报，英吉利国夷船，业已押送出境。据称该夷有大船一只，约有七八十人，小船一只，约二十余人。因被闽浙两省驱逐，于五月二十二日，乘风驶入江

---

① 《清实录·宣宗成皇帝实录》卷二一五。

南羊山洋面停泊。经该督等饬委巡洋舟师，三面迎住，使之不得近岸，兼断其驶北之路，并令巡船押护至浙省交替，俾挨次由闽折回粤省。该夷船有胡嘎咪、甲利略通汉语，求俟风色稍转，即开船回去。迨六月十一日晚间风转西南，即促令开行，旋起碇开帆，向东南折戗而去，并派苏松镇总兵关天培等押赴浙江交界。该镇现报于十二日申刻押护出境，入浙江洋面，仍飞咨前途一体派列巡船押护南行。是该夷船自必由浙至闽至粤，乃本月初二日据讷尔经额奏报，登州镇总兵周志林咨称"六月十八日刘公岛洋面，有夷船一只乘风驶至，询系前在江苏等省被逐之船"等语，陶澍等既奏称将该夷船押护南行，不任北驶，何以复窜入山东境界？着陶澍等详查据实具奏。①

初十日甲寅（8 月 5 日）

山东巡抚讷尔经额奏报，驱逐英夷船只，于六月十九日开向正东大洋，是否南回，抑仍北向，殊难豫定。飞咨登州镇再行添派水师，分投巡探押逐，务得切实下落。

十一日乙卯（8 月 6 日）

户部议准两广总督李鸿宾等奏报外夷各国均已产铅，请暂停白铅出洋，得旨依议。粤东滨临大海，通洋水道甚多。现在白铅停止出洋，诚恐日久疏于防范，以致奸商贩运，复有偷漏营私等办。着该督等严饬关津要隘地方各官，随时认真巡查，遇有私贩铅斤，即照违禁例分别严办，仍于年终取具关厂各官并无出洋白铅切实印结，送部查核，并酌定稽查章程，报部核办，以垂永久而杜流弊。②

十六日庚申（8 月 11 日）

英吉利夷船，寄碇江南洋面，江苏巡抚林则徐责令水师押往浙江，挨次递送回粤，并访闻胡嘎咪等因在广东争占马头被逐，畏罪不敢回国，咨会粤省，知照该国撤回，免此逐彼窜。

廿一日乙丑（8 月 16 日）

前因翰林院侍读鄂恒奏报，请复设天津水师，当交兵部议奏。兹据奏称，天津

---

① 《清实录·宣宗成皇帝实录》卷二一五。
② 《清实录·宣宗成皇帝实录》卷二一五。

水师自雍正三年至今，旋设旋裁，已非一次。该侍读自因天津距顺天不远，慎重海防，保障京都，奏请重设水师，非专为英吉利国夷船起见。但该处海口情形，今昔不同。前任总督那彦成折内所称海口数十里外，有拦港沙一道，现在有无坍涨，洋船是否不能进口，碍难悬议，请饬查核办。清廷要求琦善将天津应否添设水师，抑或该处原有总兵驻札、陆路弁兵足资防卫之处，察看情形，从长筹计，悉心妥议具奏。①

从巡抚富呢扬阿所请，修浙江镇海县单夹石塘。

八月初三日丁丑(8月28日)

海疆难治要缺，人地实在相需，李鸿宾请准调补，被再次驳回。前因朱桂桢奏报，请以叶承基调补海阳县知县，陈凤图调补揭阳县知县。当经吏部查明，该员与例不符，业已降旨斥驳。兹据李鸿宾等复以人地实在相需，再行渎请，清廷以为岂通省中舍此二员别无胜任之人，且叶承基本任高要县，系冲繁疲难兼四繁缺，与所请调海阳县冲繁难兼三要缺，定例显有不符，陈凤图历俸未满三年，亦属违例。若各督抚以意为高下，易启贪缘钻刺之门，于吏治大有关系。该督等所奏，仍不准行。所有海阳县、揭阳县二缺，着该督抚另选合例人员奏请调补。

初四日戊寅(8月29日)

从巡抚富呢扬阿所请，修筑浙江钱塘县江干闸口塘工桥座。

初五日己卯(8月30日)

前据陶澍等奏报，英吉利夷船派苏松镇总兵关天培等于六月十二日押出江境南行，断其北驶；旋据讷尔经额奏报，六月十八日有夷船驶入山东洋面，即系江南驱逐之船，当降旨令陶澍等详查据实具奏。兹据奏报，该夷船自江境驱逐后，已过浙江尽山洋面，因深水大洋，江浙两省兵船不能接替，外洋又不能寄碇，无从押逐，是以仍窜至山东洋面。该镇等未能将该夷船明白交替，咎有应得，苏松镇总兵关天培、奇营游击林明瑞均着交部议处。陶澍、林则徐未能据实确查，即含混入奏，均着交部察议。又据另片奏报，该夷船若再入江境内洋、停泊海口，当密派文武大员，向该夷船严行搜查。如有携带违禁物件，立即起除，或抗不遵约束，严示惩创。道光帝批复：所见大谬，此事总以不准停泊销货为正办。该夷船定例只准在广

---

① 《清实录·宣宗成皇帝实录》卷二一六。

东口岸贸易，该督抚等遇有此等夷船驶入所辖洋面，恳求就地销货，只当饬委明干妥员，晓谕该夷人务须恪遵功令，不准乘风驶入他省洋面，停泊海口，求销货物，自属名正言顺，并严饬沿海文武大小员弁随时稽查。如驱逐夷船，必要明白交替，不可两省推卸。若因此别生枝节，致启衅端，则责有攸归，该督等自问能当此重咎乎？陶澍等日者不当视为易易，含混入奏，而今亦不必如此张皇，妄逞材能。凡事必应据理而行，岂能自作聪明，以致措施失当。况抚驭外夷，尤当遵守旧章，示以严肃，俾无得籍口启衅，何可率逞私臆，不顾政体。身任封圻者，其当如是耶？陶澍、林则徐，着传旨严行申饬。①

廿二日丙申（9月16日）

道光帝晓谕：前据讷尔经额奏报，英吉利夷船乘风驶至山东洋面。该夷船前已驶至福建、浙江、江苏等省，叠被驱逐，尚敢乘风驶至山东，情殊可恶。降旨令驱出东境，不准容其进泊，并着飞咨江苏等省，派拨弁兵于交界洋面巡防接护，一体押令南行。惟是洋面辽阔，兵船不能接替，外洋又不能寄碇，诚恐稽察难周，又复乘风北驶，冀图向山海关等处海口停泊，销售货物。向来该夷船只准在广东贸易，不许阑入他省，任其就地销货，该夷船屡经驱逐，仍复明知故违，驶经数省。一船如此，傥后此相率效尤，尚复成何事体。着奕颢、左廷桐严饬山海关税务监督翔凤及该处弁兵，妥为防范。如该夷船向海口停泊，即行驱逐，毋任片刻停留。傥有恳求就地销货情事，只当饬委明干妥员，谕以天朝定制如此，务须恪遵功令，自不虑其仍肆狡诈，但不准向该夷船搜查违禁物件，使该夷人有所籍口。即或抗违不听约束，仍须严密防堵，勿令上岸，驱逐截回，认真巡逻，明白交替，断不许用炮轰击，以致滋生事端，是为至要。如该监督等不能妥为防范，竟有内地奸民及不肖兵丁与之勾结，私将货物销售，及办理不善，致有别启衅端之处，该监督于税务稽查，是其专责，必将该监督从重治罪不贷，奕颢等自问能当此重咎耶？②

廿七日辛丑（9月21日）

御史冯赞勋奏报，请严禁弁兵吸食鸦片烟，以肃营伍。道光帝晓谕："鸦片烟屡经降旨严禁，此风总未静息，固由积习相沿，实缘各省大吏，未能实力查禁。近来粤闽等省，兵丁吸食鸦片烟者甚多，即将弁中食鸦片烟者，亦复不少。相率效尤，恬不为怪，筋力疲软，营务废弛，职此之由。即如连州进兵，孱弱误事，尤为

---

①　《清实录·宣宗成皇帝实录》卷二一七。
②　《清实录·宣宗成皇帝实录》卷二一八。

可恨。国家设兵卫民，营伍皆成劲旅，无事则人怀敌忾，有事则士尽干城，除戎器以戒不虞，方为有备无患。似此操防巡哨有名无实，必至一省并无一兵之用，尚复成何事体。粤闽既有此习，其余各省，恐亦不免。着各直省督抚提镇通饬陆路水师各营将弁，务须正己率属，不得仍蹈故习。经此次严禁之后，如将弁私食，即将该将弁揭参。如兵丁私食，即将该兵丁治罪，并将该管将弁议处，方为不负委任。若泄泄沓沓，故态复萌，一经科道参奏，或经朕别有访闻，必将该管督抚提镇从重惩处，决不宽贷，毋谓诰诫之不早也。"

道光帝谕令：朕思鸦片烟来自外洋，实聚于广东。欲清其源，必自广东始。卢坤曾任广东巡抚，自当熟悉情形，俟军务告竣到省，必须查明鸦片烟因何延入内地之由，即可大为防闲，为拔本塞源、一劳永逸之计。冯赞勋两折俱着钞给阅看，如有可采用之处，即着认真查办。傥另有正本清源之策，亦着卢坤熟筹妥议条奏，朕必见之施行，毋似李鸿宾苟且目前，全不以国计为重，一奏塞责，致贻远患也。①

九月初四日丁未（9月27日）

御史周彦奏报，慎重海防。道光帝批复：各省设立水师，原以巡历洋面为重，将备卒伍等，平日操防果能得力，自可远涉波涛，认真巡哨，何至有外夷船只乘风驶入内洋之事？如该御史所奏报，各省提镇性耽安逸，并不亲身赴洋，以致本年英吉利夷船顺风扬帆，毫无阻隔。水师废弛，已可概见。嗣后该督抚提镇等务当严饬所属，各按定期，巡洋会哨。并责成该管巡道临时查察，取结具报。傥各镇不亲赴会哨，立即据实揭参。如敢扶同捏饰，查出一并参办。至各营弁兵，尤应勤加练习，技艺娴熟，庶于洪波巨浪之中，履险如夷，悉成劲旅，不至临事退缩，视洋面为畏途。其出洋战船，是否应需修造。着饬沿海各地方官据实查明，造册报部。又另片奏报，沿海炮台额数，部中无从稽核，着一并查明筑自何年，安设何汛，旧贮炮位几尊，防守兵丁是否是额，详细造册报部备查。国家设立营制，一兵有一兵之用。傥仍畏葸偷安，操防疏懈，致令水师兵弁，虚糜粮饷，有名无实，别经发觉，定将该督抚提镇等从严惩处，断不能幸邀宽典也。②

初九日壬子（10月2日）

以福建台湾镇总兵官刘廷斌为广东陆路提督，调四川建昌镇总兵官张琴为台湾镇总兵官。

---

① 《清实录·宣宗成皇帝实录》卷二一八。
② 《清实录·宣宗成皇帝实录》卷二一九。

十二日乙卯（10 月 5 日）

从巡抚富呢扬阿所请，修浙江上虞县吕家埠等处柴塘。

十七日庚申（10 月 10 日）

祁埙奏报，越南贡使请酌定进关日期。

以广东澄海协副将何岳钟为阳江镇总兵官。①

廿七日庚午（10 月 20 日）

予广东出洋淹毙总兵官黄建功祭葬恤荫。

闰九月初二日乙亥（10 月 25 日）

琦善奏报，查明天津海口毋庸复设水师。天津水师自雍正三年至今，议设议裁，已非一次。前经降旨着琦善察看情形，妥议具奏。兹据查明天津地处海之西隅，与山东登州、奉天锦州遥相拱卫，沙线分歧，非熟习海径者，无由曲折而至。且海口二十里外，有拦港沙一道，延袤宽广，融结天成。俨若海河外卫，该处总兵驻札处所，距海口甚近，控驭既便，声势相通。陆路营伍，即足以资捍卫。所有天津水师，着毋庸复设，以节糜费。惟海疆既藉绿营为保障，弁兵技艺，必须训练娴熟，方成劲旅。②

初七日庚辰（10 月 30 日）

抚恤琉球国遭风难夷如例。

十二日乙酉（11 月 4 日）

白银大量流出，江浙影响巨大。据给事中孙兰枝奏报，江浙两省钱贱银昂，商

---

① 《清实录·宣宗成皇帝实录》卷二二〇。
② 《清实录·宣宗成皇帝实录》卷二二一。

民交困，并胪陈受弊除弊各款。近来钱贱银昂，日甚一日。如该给事中所奏报，各州县经征地丁银两，民间大半以钱折银，今因钱贱暗中贴耗，日益困穷；又州县总以银价昂贵籍口奏销之艰，即以杭、嘉、湖三府而论，每石勒折钱文，逐渐加增，致小民贫累；至江浙盐务日坏，皆由钱贱不敷，运本日绌，又以贵银纳课，以贱钱售盐，累亦因此；其余盐规匣费节省耗羡等项，每年不下数百万余两之多，是以日形困乏；其关税之多莫如江浙，而榷税有绌无赢，一由门丁胥吏舞弊，一由钱贱银昂；又米麦为日用所需，各处商贩，皆以钱贱暗耗，设遇水旱，不能仰给他处贩运。以上五款，皆受弊之由。至于官局亦有私铸，宜清其源；而绝私铸之来源，宜先禁胥役之包庇。私铸藉私贩为去路，欲断私贩之去路，宜先惩关吏之纳贿。其应查禁小钱，即委员亦虚应故事，只增骚扰，不如设局收买，折中定价。至纹银出洋，因奸商揽买鸦片，用板箱装贮，混充杂货，以致每年出洋纹银，不下数百万两之多。而沿海文武衙门并海关人等，转多索使费。若外洋银钱，银色颇低，而价反浮于足纹之上。宜核实平价，不许浮多，宽永钱搀入官钱使用，尤为钱法之累。以上五款，皆弊之应除。①

抚恤朝鲜国遭风难夷如例。

廿九日壬寅（11 月 21 日）

礼部奏报，朝鲜国领时宪书赍咨官，赍到该国王咨文一件。查系英吉利商船欲向该国交易，该国王恪遵法度，正言拒绝。朝鲜国臣服本朝，素称恭顺。兹以英吉利商船驶入古代岛洋面，欲在该国地面交易。经该国地方官告以藩臣无外交之义，往复开导，相持旬余。英吉利商船始行开去。该国王谨守藩封，深明大义，据经奉法，终始不移，诚款可嘉，宜加优赍。道光帝着赏赐该国王蟒缎二匹，闪缎二匹，锦缎二匹，素缎四匹，寿字缎二十匹，用示嘉奖，即交该国赍咨官带往。②

从总督程祖洛等所请，修浙江东、西两塘石工。

十月初十日壬子（12 月 1 日）

以杭州、乍浦两处军政年逾六十官十九员精力未衰，命留任。③

据海面巡查夷船之佐领徐士斌等驰报，初二日在陧城岛处遥见西南洋面有一夷船向西北行驶。初九日有海口受汛官兵禀报，有夷人三名空身登岸。初十日有十五

---

① 《清实录·宣宗成皇帝实录》卷二二一。
② 《清实录·宣宗成皇帝实录》卷二二二。
③ 《清实录·宣宗成皇帝实录》卷二二三。

名夷人在连云岛登岸。十七日进入山东洋面，向东南大洋而去。①

廿二日甲子(12 月 13 日)

盛京副都统国祥等奏报，英吉利夷船驶至奉天海面，派员驱逐。道光帝批示：所办俱是，务要谨遵前降谕旨，不可另生事故。

廿五日丁卯(12 月 16 日)

道光帝晓谕：英吉利夷船，前由福建、浙江、江苏、山东等省外洋游奕，又驶至朝鲜国，被该国王驱逐，不与贸易，今复由朝鲜驶至盛京。该夷行踪诡谲，随处逗留，殊为可恶。现据国祥等责成佐领管带弁兵尾追，押令出境，与邻省海面巡查官明白交替。着琦善、陶澍、程祖洛、钟祥、林则徐、富呢扬阿、魏元烺等严饬沿海州县及水师营弁，带兵驾船，于该夷船过境，立即驱逐，不许停泊登岸，将货物与民人交易，致生事端，米粮尤不许沿海居民卖给。该夷船一抵广东，即着卢坤、朱桂桢、中祥等严诘该夷船各省游奕，是何意见，并谕以天朝制度，尔国只应在广东贸易，不准私越各省，嗣后务遵定例，不得有违，即饬该国大班管束，令迅速回国。②

廿六日戊辰(12 月 17 日)

本日据平庆由五百里驰奏报，嘉义县迤北闽粤庄民，因强牵牛只起衅，旋有闽庄匪徒，造谣煽惑，陈办等乘机纠伙，欲攻双溪口粤庄。台湾府知府吕志恒亲往弹压，台湾镇刘廷斌正值带兵出巡，闻信即饬北路协副将叶长春带兵驰赴防堵，并饬安平协副将周承恩听候调遣。刘廷斌赶回捕贼五名，夺获长矛铁斧，将凶恶最甚之矮仔豹、麻高二名就地正法，同日副将叶长春路遇贼匪执旗鸣鼓，开枪拒捕，随督弁兵施放枪炮，毙贼数名，夺获旗鼓各一面。贼匪攻毁大墩等庄，伤毙男妇，掳掠幼孩，次日又攻埔姜仑庄。刘廷斌带兵往拿，贼复开枪拒捕，兵丁用炮击毙数人，余匪逃散。嘉义迤南之佳里兴巡检衙门，贼匪入抢衣物，杀伤男妇丁役多人，并伤毙教读及弓兵、汛防兵丁一名。③

---

① 中国第一历史档案馆：《鸦片战争档案史料》第 1 册，天津古籍出版社 1992 年版，第 126～132 页。

② 《清实录·宣宗成皇帝实录》卷二二四。

③ 《清实录·宣宗成皇帝实录》卷二二四。

廿七日己巳（12月18日）

昨平庆由五百里驰奏报，闰九月二十四日，嘉义匪徒陈办等兹事，当降旨令程祖洛迅赴福建，或派得力镇将带兵渡台，或亲往相机妥办，务将为首匪徒迅速捡获。本日据魏元烺奏报，接据该镇道禀，即于十月十一日，饬司先备饷银十万两，委员署海坛右营游击陈国荣、候补知县陈国瑞解交台湾应用，飞咨陆路提督马济胜管带本标兵六百名，兴化营兵四百名，檄金门镇总兵窦振彪管带本标兵三百名，水师提标兵五百名，迅渡鹿港，直趋嘉义。并派曾经出师著绩之署副将谢朝恩管带省标兵五百名，长福营兵三百名，桐山营游击保芝琳管带连江、罗源两营兵四百名，由五虎门对渡，阻该匪北窜之路。

廿八日庚午（12月19日）

本日据魏元烺由五百里驰奏报，嘉义县贼匪戕害府县，添拨官兵粮饷，驰赴剿办。据称接台湾镇刘廷斌禀称嘉义贼匪陈办、黄凤、张丙、詹通等三股分扰，道路梗塞，文报不通。闰九月二十七日，探闻贼匪窜往红山仔、牛朝山等处，该镇督同北路协副将叶长春追获六名。连日贼匪又在埔姜仑、样仔脚、店仔口各庄焚劫，台湾府知府吕志恒、署嘉义县知县邵用之、护安平协副将周承恩分路追捕。邵用之在店仔口被戕，该镇即前赴剿捕，惟兵数不敷，请内地派兵渡台。又称吕志恒闻邵用之被害，同护副将周承恩带领兵勇驰驻，初二日行至大排竹地方遇贼，众寡莫敌，吕志恒被害，府印亦失。询之吕志恒家丁，与兴泉永道等禀报相同。现在先已添调漳州镇标各营兵一千名，又调水师提标兵三百名，金门镇禁兵二百名，海坛镇标兵三百名，闽安协标兵二百名，派官带领，俱由坩江对渡鹿港登岸，听候陆路提督马济胜遣调。又添拨饷银五万两，饬司速委妥员解台。一面移咨水师提督陈化成整齐兵械，以备调拨。并委臬司凤来驰赴厦门，带银就近接应。①

以闽浙总督程祖洛兼署福州将军。

十一月初二日甲戌（12月23日）

本日据平庆由六百里驰奏报，台湾府知府吕志恒家丁周琳逃回，禀称署嘉义县知县邵用之在店仔口庄，遇贼向捕，因所带兵役无多，被贼戕害。伊家主暨护台湾左营游击事都司周进龙、前代理嘉义县事南投县丞朱懋同在县城，闻信即会带兵勇

---

① 《清实录·宣宗成皇帝实录》卷二二四。

追捕，行至店仔口附近地方。伊家主被贼用长枪戳伤坠马，伊亦被砍昏晕倒地，醒后见伊家主尸停地上。周都司、朱县承及贼匪不知去向。又据探差回称，贼伙中有陈办、陈连、张丙、詹通、黄奉等各执旗帜，聚散无定，每伙约有五六百人不等，不知何人为首。并云刘廷斌在下加冬一带进剿，杀贼甚多。无如附和者众，贼势未能稍减。①

初六日戊寅（12 月 27 日）

本日据魏元烺由四百里驰奏报，嘉义贼匪滋事，添派官兵剿办，加拨饷银、军火、器械，解往备用。据奏同知王兰佩禀称，嘉义地方，南至府城，北至鹿港一带，道路梗塞，文报不通。探闻台湾镇刘廷斌于初四日在嘉义城外与贼打仗，兵丁死伤甚多，刘廷斌亦受伤，未知驻札何处。又闻护安平协副将周承恩、署澎湖协副将温兆凤俱于初三日在嘉义与贼打仗，亦有被害之说。嘉义县城，连日被贼攻打，兵民协力守御。又据厦防厅禀报，有台湾贡生陈以宽于初七夜自台湾府城到厦，询称探闻贼匪聚有万余，嘉义县城被围甚急，离郡城一二十里俱有贼匪，府城经文武雇募义勇日夜固守。又据台湾道平庆来禀，护台湾左营游击周进龙、南投县丞朱懋不知下落。刘廷斌自初三日发禀后，并无文报到省。

马济胜奏报，前赴台湾剿贼，即日带印起程。据称现已饬泉州城守营参将马麟辉等先将标下兵丁配带军火器械，驰赴坩江，配载船只，一面檄调兴化协标兵丁，星速赴泉同渡。嗣又添调漳州镇标兵一千名，水师提标、金门、海坛、闽安等处兵一千名，令窦振彪等管带，均由蚶江对渡鹿港，听候调遣，并饬马麟辉等改赴厦门配渡，该提督即于十月十八日起程。

福建台湾府嘉义县，有匪徒滋事，清廷着杨固桢于河南全省兵丁内挑选一千名，桓格于西安马队兵丁内挑选三百名，候旨调遣。命署福州将军瑚松额为钦差大臣，镶红旗蒙古都统哈啷阿为参赞大臣，带领御前侍卫巴清德、乾清门侍卫华山泰、齐克唐阿、凯隆阿并巴图鲁侍卫章京等三十员名，驰往台湾剿贼。②

初七日己卯（12 月 28 日）

清廷下旨河南总兵谢金章、副将徐廷彪带兵丁一千名，贵州副将张必禄、游击马贵带兵丁内挑选五百名，四川游击包乡卿、候补游击马彦彪、都司良友才、李黄等带兵丁一千五百名前往福建台湾府嘉义县平定叛乱。

---

① 《清实录·宣宗成皇帝实录》卷二二五。
② 《清实录·宣宗成皇帝实录》卷二二五。

予广东出洋淹毙守备潘恩祭葬恤荫，兵丁郑焕高等二十六名赏恤如例。

初八日庚辰(12月29日)

和福奏报，因查办英吉利夷船不力，特参隐讳捏报及擅离汛守各员弁兵役，请交部分别议处，并自请严议。盖州属连云岛海口守汛卡官骁骑校富明阿巡查防范，是其专责，自应带领兵役，梭织巡逻。何得任意擅离汛守，以致夷人登岸入城。盖州防守尉集成，于同城官兵擅离汛守，不能查出揭报于前；盖平县知县张攀桂扶同隐讳病毙夷人，及夷人入城，会报守汛兵役盘获，意存规避，捏报于后，均属咎无可辞。骁骑校富明阿着革职，领催兵等着革役。防守尉集成、知县张攀桂着交部分别严加议处，和福着改为交部议处。①

十二日甲申(公元1833年1月2日)

本日据平庆由六百里驰奏报，嘉义逆匪围攻县城，镇臣连次接仗，及台湾县匪犯竖旗滋事，当即拿获正法。据奏初七日以后，自郡城至嘉义一带，道路照前梗塞，与刘廷斌音信难通。前委代办嘉义县事之署佳里兴巡检施模闻出庄追贼，不知去向。十一日据探差禀称，十月初三日贼匪围攻嘉义县城，刘廷斌在下加冬闻信，带领将备，于初四日前往救援，沿途与贼接仗数次，杀贼甚多，弁兵亦有伤亡。又据嘉义县典史张继昌、雇夫赍禀来郡，称刘廷斌于初四日驰抵县城内外冲击，贼匪退避。初五、初六、初七等日，贼匪连日攻城。该典史随同镇臣竭力守御，用炮毙贼多人。初八日贼匪从南北两路退去，县丞朱懋与吕志恒同时被戕。又据探称贼匪中尚有刘仲、刘港、黄番婆等，各自为首，彼此相通，逼胁良民入伙，距郡城十数里外，刘仲、刘港等贼匪数千，屯聚窥伺。郡城内仅有参将一员、守备二员，不能带兵出剿。又据彰化县禀称，境内尚无贼匪，但与嘉义壤地相接，已雇募乡勇保护。又据凤山县禀称，境内尚无北路贼匪窜入，惟本地零星贼匪，乘势截抢，请添兵防守，当即于澎湖兵内酌拨一百名，同新到换班兵丁一百二十五名，交千总许日高带往协同巡防。又据台湾县禀称，郡城迤南旧社庄，有贼匪林海纠人竖旗，强封民人谷石，当即派同知王衍庆、沈钦霖带兵揸获陈霑、林陇、黄祥、李典四名，林海中箭脱逃，余匪四散。讯据陈霑供称，林海听陈办等戕官攻城，起意竖旗响应，纠约该犯等入伙，共有一百余人，于审明后即行斩决枭示。又据探称贼匪众多，道路阻隔，该弁兵恐将饷银军火遗失，不敢轻进，现驻该处防守，饷银撤回，另行

---

① 《清实录·宣宗成皇帝实录》卷二二五。

筹运。①

抚恤朝鲜国遭风难夷如例。

十四日丙戌(公元 1833 年 1 月 4 日)

本日据魏元烺由四百里驰奏报,嘉义贼匪围攻县城,镇臣连次接仗歼贼及郡城拿犯办理情形。据称十月二十九日,接到刘廷斌初十日嘉义县城所发印禀,称初五至初八日,贼众昼夜用木皮档竹梯围攻。该镇亲督员弁施放枪炮,伤毙贼匪甚多,获爬城贼二名,竹梯牛皮多件,兵勇间有受伤。该镇督饬副将温兆凤带兵四百名出城,轰毙贼匪多名,生捡一名,城外武生何朝仁等追获贼目张糖即张淙,贼匪溃散。官兵将初四日阵亡护安平协副将周承恩、守备李高然、余国章及弁兵尸身四十余具收埋。

十六日戊子(公元 1833 年 1 月 6 日)

台湾匪徒起衅根由,屡次据魏元烺等奏报,并未声叙。道光帝要求程祖洛详查具奏,着瑚松额等于渡台后密加访察,究竟因何起衅,贼匪拒捕戕官;何以同在嘉义起事,知府吕志恒、知县邵用之先后被戕,又何以同在嘉义地方。从前台湾虽分类械斗,并无抗拒官兵戕害府县之事;是否该知府等平日不得民情,致有激变。着瑚松额等详细查访,不得因该知府等业已被戕,稍为回护。台湾文武员弁,自镇道以至州县,如有贪婪不法、办理不善之处,即着据实陈奏,无得稍有隐饰。②

十七日己丑(公元 1833 年 1 月 7 日)

升任广东陆路提督福建台湾镇总兵官刘廷斌奏报,请大兵渡台剿贼。清廷要求其尽力守御。

廿五日丁酉(公元 1833 年 1 月 15 日)

程祖洛等奏报,先赴厦门,相机渡台剿办,并探报提镇先后抵台日期。道光帝批复:现在提督马济胜已于十月二十八日收进鹿年门,总兵窦振彪于十一月初二日

---

① 《清实录·宣宗成皇帝实录》卷二二五。
② 《清实录·宣宗成皇帝实录》卷二二六。

由鹿港登岸。现计先后调发内地官兵及台湾道就近调澎湖兵，并本年拨戍班兵共七千数百余名，兵力不为不厚。程祖洛到厦门后。着体察台湾情形，傥马济胜等到台，力能进取，即饬令会同刘廷斌剿办，程祖洛即飞速渡台，办理善后事宜，将贼首生擒解京，尽法惩治，再将内地官兵先行陆续撤回，以节糜费。傥贼众兵单，势难即行歼除，着飞饬马济胜、窦振彪与刘廷斌遥为应援，以保守城池为第一要着，毋稍轻率，或有挫失，转令贼势鸱张，并着程祖洛暂驻厦门，不必渡台。

廿八日庚子（公元 1833 年 1 月 18 日）

陶澍等奏报，十月二十八日，余山直东洋面，有夷船一只，竖立三桅，载有炮械，桅上有旗写天竺国商船字样。该船有说华语之人，据称天竺系英吉利属国，船内装载呢羽等物，并称在直东大洋，有江南遭风船只，经该夷救起水手十二名，现要送交。并称答语之人，系前次胡嘎咪船内之夷伙甲利，据云前船已回，此另系刘罗船。道光帝以为殊不可信，该夷狡诈性成，难保不藉此为更换面目之计。且船自北来，前由奉天折回，又驶至江苏洋面，恐又阑入他省。着奕颢、琦善、陶澍、程祖洛、钟祥、林则徐、富呢扬阿、魏元烺等分饬沿海文武员弁，夷船到境，立即驱逐，不许停泊登岸，将货物与民人交易。所需水米，尤不许沿海居民卖给接济。只须严密防堵，断不准用炮轰击，及上船搜查货物，以致滋生事端，是为切要。该夷船一抵广东，着卢坤、朱桂桢、中祥等谕以天朝制度，只应在广东贸易，务遵定例，不准私越各省，即饬该国大班管束，饬令迅速回国。至该夷用脚船送出难民徐胜等十二名，讯均系崇明县人，在周长发船充当水手。尚有刘连一人，见宁波船救去，着陶澍、林则徐确查崇明县有无周长发商船出口之事，据实具奏之。寻陶澍等奏报，崇明县周长发船，出口装载豆石是实，报闻。①

三十日壬寅（公元 1833 年 1 月 20 日）

本日卢坤奏堵捕外洋盗匪折内，称稽查旧案，内地民人，因与越南壤地相接，多有越境采捕，该国王尝咨呈查办，前任总督亦尝照会该国办理。道光帝晓谕，李鸿宾身任两广总督有年，此等关涉外藩事件，何不奏明办理。着军机大臣会同刑部即提李鸿宾审讯，令其明白登覆，取录供词具奏。寻奏传到李鸿宾，据供前该国王咨呈内，仅请饬禁渔船越境采捕，并未指有渔船滋事，当即严饬查禁，并照会该国王。查旧案粤省与越南交涉，除朝贡及通市，或侵犯边界，应行具奏外，偶遇照例事件，均止照会，是以未经陈奏。

---

① 《清实录·宣宗成皇帝实录》卷二二六。

道光帝晓谕：本日卢坤奏报，据报福建台湾嘉义县贼匪滋事，分饬文武不动声色，戒备巡防。南澳镇总兵庄芳机，本日已降旨调补琼州镇总兵，其南澳镇总兵之缺，着沈镇邦补授矣。南澳为闽粤两省出入门户，庄芳机着督率舟师，加意巡防，并会同潮州镇道知府镇静弹压。密饬所属文武拣派员弁兵役，在水陆要路稽查。如有台匪窜入，协力兜捕，毋使一名窜匿。庄芳机着俟沈镇邦到任后，再赴新任。闽省官兵渡台，一切军火等项，傥有应需策应之处，该督接到知会，不分畛域，随宜协济，是为至要。

两广总督卢坤奏报，廉州、琼州二府所属外洋，毗连越南处所，聚有盗船，散出劫掠，现饬堵捕，奸捻盗匪多名，务清洋面。据称廉州府知府张堉春禀报，探得越南红螺沙口白龙尾洋面，有匪船三十余只，盗匪数百人肆劫。越南国现有师船缉捕，难保不窜越内地。该督即咨行水师提督李增阶并各该道府等会拿，嗣据代理钦州知州胡灿廷、思勒州判沈炳文禀称，在竹山洋面遇盗，督带水练兵勇渔船，捻获盗匪阮亚管等三名，格毙四名。合浦县知县翁忠瀚禀报，召募乡勇渔船，选派差役，巡至南滪外洋，遇盗截拿，该匪放枪抵御，适龙门师船及廉州营弁钦州兵差追至，格毙张亚四一名，溺毙六名，生捻李亚德等五名，起获枪刀旗帜。该县访询绅耆澳甲，探得盗踪在孤悬海外之涠洲，即会同廉州营游击区成达诣海口八字山等处演放炮位，以张声势，使盗匪不敢登岸。又令兵役渔船，在涠洲左近，佯作捕鱼诱缉。见大虾罟盗船，竖旗排列枪炮，正在抢劫商船。官兵四面兜捕，格杀盗匪三名，又格伤溺毙五名，将盗匪梁亚有等捻获，并获盗船一只及枪炮等械。又于另船生捻蓝亚晚等六名，被劫难民六名口，究出大头目杨就富、盖海老，盖海老系越南国人。又据李增阶咨称，副将李贤等巡至崖州三亚外洋玳瑁洲，与越南夷洋接壤，见匪船三只，每船约一二千人，当即追捕，记委陈鸿恩等被伤。兵役奋前施放枪炮，打沉匪船一只，击毙拒伤水手贼匪一名，溺死者不计其数，生捻朱亚二等十二名。该匪等现聚夷洋甲洲山岛护赃，与龙门协所属竹山不远，该署镇已飞饬龙门舟师，购线侦探。闻有匪船三十余只，常在马洲、老鼠山、甲洲等处踞占，时出游奕。今被廉州等处捻杀多名，已经丧胆，自不敢深入内地。现觅雇儋州红鱼船，配坐兵丁，行驶洋面诱缉。道光帝批复：所办尚属妥协。惟华夷洋面虽连，而疆域攸分，必须确悉情形，方可计出万全。盗船在洋行劫，固应严密追捻。贼巢越在夷境，应密咨该国严饬夷官，多拨师船，厚集兵力，订期会剿。俾首尾牵制，并力歼除，肃清洋面。该督即饬李增阶会同道府等分头堵捕，一面檄谕该国王合力同心，剿除净尽，于内地固为有益，在该国亦免劫掠。卢坤素为晓事，檄文自能措词得体，务须剀切宣示，令该国王敬服，合力剿捕，迅速蒇事。海口出入商船，着严行稽查，毋许以军火米谷济匪。伤亡弁兵，查明照例办理。所需经费银五千两，准其动拨备用。此等积猾奸民，因壤地相接，越境行劫，若及其党羽未盛，设法缉拿，何至日久滋蔓。总由李鸿宾辜恩溺职，延不查办，一至如是，可恨之至。该督检查旧案，内地人民越境采捕，该国王曾咨呈查办，前任督臣亦尝照会该国办理，李鸿宾从前曾否办理之处，着一并查明据实具奏。①

十二月初二日甲辰（公元 1833 年 1 月 22 日）

福建巡抚魏元烺奏报，台湾米船进口稀少，省城及漳、泉二府粮价增长，请委员分赴浙江、江西运米协济。福建省城及漳泉二府，向赖台湾米贩接济。现值嘉义匪徒滋事，商贩不前，粮价渐增，该抚奏请豫为筹备，以免小民食贵之虞。清廷着准其照案办理，并着浙江、江西巡抚俟闽省委员到日，指示米多价贱之处，委员同往，每省各买米十万石，饬地方官代雇船只。浙江之米，分运漳泉。江西之米，径运福建省城。倘该二省一时难以采买，仍照前办成案，浙江于沿海一带，江西于附近水次州县，每省各拨仓谷二十万石，碾米运闽。价脚等项，于该二省藩库借给委员领用，即在粜价钱文内易银解还，以期民食有济。②

裁福建沙县长汀县县丞，兴化府、泉州府、漳州府、延平府、建宁府、汀州府司狱，福清县、莆田县、浦城县、清流县、永定县、宁德县、福鼎县、永春州、大田县巡检十七缺，从巡抚魏元烺所请。

初三日乙巳（公元 1833 年 1 月 23 日）

免浙江定海县扬风冲失盐斤帑本。

初四日丙午（公元 1833 年 1 月 24 日）

道光帝接到奏报，就台湾局势做出具体批示。本日据程祖洛等由五百里驰奏报，嘉义匪徒围城攻庄，镇臣连获胜仗，夺回炮位关防，民心已定，并彰化匪徒戕害官兵情形及筹定剿办事宜，酌添官兵饷银折。粮饷为行兵紧要，魏元烺及程祖洛前后筹拨银三十万两，如有不敷，该督等于就近省分，一面动拨，一面奏闻。火药铅子，已降旨令富呢扬阿、周之琦迅速办解。至攻破斗六门土城，戕害官兵，未据查明伤害者何官何名，而刘廷斌禀内，有"被护都司许荆山等击退"之语，又另禀获犯陈太山等供认随同曾吉等于十月十八九在茅港尾与官兵打仗，杀兵抢银，并有官员烧死。查台湾道平庆与粜司凤来禀，似系传闻之讹。又据泉州府传询内渡船户，称蔡长青阵亡，陈雪蛟烧毙，与刘廷斌所讯陈太山供词相同，着确切查奏。该

---

① 《清实录·宣宗成皇帝实录》卷二二六。
② 《清实录·宣宗成皇帝实录》卷二二七。

镇先后共发八禀，均无遗失，可幸之至。陈办等既专在嘉义滋事，该处为全台适中之地，自应固守台湾、彰化两城，藉以控制凤山淡水，再图两路夹攻。该督称马济胜带兵二千名先到，后起兵一千五百名，尚未全到，剿或不足，守则有余，断不可轻率前进，或有挫失，转令贼势鸱张。又窦振彪带兵一千三百名已到，后起兵五百名，因风飘散，不知收泊何所。副将谢朝恩等带兵一千二百名，由五虎门对渡，至八里坌进发，遭风不能聚集，已分饬各将弁，就近径渡鹿港，直抵彰化，听窦振彪调遣。所称收集义勇已二万人，恐其中不尽善良，若系贼匪混杂，不可不虑。着妥加斟酌分晰，如实系良民，方可收为义勇。又台湾远隔重洋，全赖商船济渡。现当大兵云集，若各商船畏避，则文报更属难通，着多备船只，一体给价，不许克扣，俾无贻误。该匪等非窜入内山，即潜遁外海，入山则恐勾结生番，下海即汪洋难捕，务须派拨将领，于沿海要口，严密防堵。至先后调台弁兵，仍查照成案办理。彰化情形，更为吃重，窦振彪一军孤单，莫若厚集兵力，为一鼓歼擒之计。至密札戴雄豫备官兵二三千名，此项兵丁，不能得力，竟可全撤归伍，所调河南、西安、贵州兵已起程，四川兵亦令迅速起程。本日又降旨令瑚松额等赶紧遄行，程祖洛到厦门后，体察情形。如马济胜等力能进取，即飞速渡台，办理善后事宜。傥贼众兵单，着暂驻厦门，俟瑚松额等到日，大兵一鼓作气，聚而歼旃。凡有剿捕事宜，责成瑚松额、哈哴阿妥办其后路粮饷军火等事，责成程祖洛、魏元烺源源接济，如稍有贻误，惟程祖洛等是问。副都统富亮业已休致，福州将军印信，即交瑚松额署理，渡台亦可带往。①

初五日丁未（公元1833年1月25日）

陶澍等奏报，夷船驱逐开行，饬舟师押赴浙洋，分别饬查防范。此次英吉利夷船，向营船声称在洋搭救商船，将梢篷折损，求赏木板、铁钉修舱。经苏松镇总兵关天培等酌赏，已于十一月十五日起碇开行。清廷着该督等责成该镇督率将弁兵船押逐，与浙省舟师明白交替，毋许含混，并飞咨浙江省押逐回粤。第夷情狡狯，或于押赴东南深水外洋后，仍复绕越过北。着飞咨山东，分饬沿海县营，严行堵截。再此次夷船，比胡嘎咪船小至二丈有余，樯桅亦少一道。据甲利称胡嘎咪坐原船回去，伊搬刘罗船上，其为包揽指引，已属显然。胡嘎咪曾否回国，尚未可定。该督等仍饬水师将弁，押送浙省交替后，在洋了探。傥复有夷船窜至，立即堵截回南。沿海县营，随时防范，仍遵前旨，不许停泊登岸，将货物与民人交易，米粮尤不许沿海居民卖给。并着咨会广东，查明胡嘎咪及刘罗船果否回粤，统饬该国大班管束。

---

① 《清实录·宣宗成皇帝实录》卷二二七。

十二日甲寅(公元 1833 年 2 月 1 日)

各地汇报增援台湾兵丁行进路线。①

十七日己未(公元 1833 年 2 月 6 日)

彰化黄城自攻破斗六门之后，侵入彰化西螺等处，称北路大元帅梁办、庄文一黏贴告条，混造年号。大小股首张丙等十二处，在嘉义境内分布勾结，抗拒官兵，南北两路，文报不通。程祖洛因黄绥诰等携带银两，仅止守备一员护送，难以放心，飞饬副将王忠贵带兵八百名，改道蚶江，与黄绥诰等同渡鹿港，并催带领省标各兵之参将灵德作为后应。窦振彪自彰化前进，已于十一月二十日进嘉义城，马济胜在茅港尾杀贼甚多。二十五日，行抵离嘉义城五十里之铁线桥扎营，连胜二阵。清廷着飞催内地续调官兵星夜东渡。②

予广东出洋淹毙守备冯耀宗等祭葬恤荫。

十九日辛酉(公元 1833 年 2 月 8 日)

从署总督魏元烺所请，补造福建澎湖水师协标巡洋遭风击碎战船，并沈失军械。

廿一日癸亥(公元 1833 年 2 月 10 日)

抚恤琉球国遭风难夷如例。

廿三日乙丑(公元 1833 年 2 月 12 日)

广州将军庆山奏报，请赴台湾剿贼。清廷以为时大局未定，未便添派。

廿四日丙寅(公元 1833 年 2 月 13 日)

本日据魏元烺由六百里驰奏报，提臣到台后连得胜仗，捡获贼匪股首，余匪星散，请止各省劲旅。据称提督马济胜、总兵窦振彪自台湾府城及鹿港、驰抵嘉义，与提督刘廷斌会合，南北道路已通。贼匪各股首，虽黄番婆、刘港二犯，未知曾否

---

① 《清实录·宣宗成皇帝实录》卷二二七。
② 《清实录·宣宗成皇帝实录》卷二二八。

就捡，而陈连、刘仲、詹通三名，既经报获，又连获贼目多名。大股聚众三五千者，所存二三百人，小股上存百余人，或三五十人。各村庄团集丁壮助官获犯，义勇招雇不少，所调之兵，陆续抵台，搜捕余匪，已敷调遣，应将河南、四川、贵州、西安等兵截回。①

廿五日丁卯（公元 1833 年 2 月 14 日）

从巡抚富呢扬阿所请，修筑浙江山阴、会稽、萧山、上虞四县柴土篓石塘工。

廿六日戊辰（公元 1833 年 2 月 15 日）

据魏元烺奏报，十二月十二日，接到马济胜十二月初三日函报，捡获股首黄番婆、刘港二名，贼伙谢成、陈清山二名，大贼目戴阔一名，匪犯黄水来等六十四名。贼势既蹙，现饬舟师及沿海文武加紧巡查，并咨浙江、广东一体堵捕，复经水师提督陈化成派兵飞渡台湾通洋各港汊，查拿截堵。

廿八日庚午（公元 1833 年 2 月 17 日）

道光帝下旨奖励平定台湾叛乱有功人员。
抚恤琉球国遭风难夷如例。

廿九日辛未（公元 1833 年 2 月 18 日）

琉球国使臣向永昌等二人于午门外瞻觐。

三十日壬申（公元 1833 年 2 月 19 日）

清廷要求调查台湾动乱原由。

是年

英国等国向清朝输入鸦片计二万一千九百八十五箱。②

---

① 《清实录·宣宗成皇帝实录》卷二二八。
② ［美］马士：《中华帝国对外关系史》第 1 册，张汇文等译，生活·读书·新知三联书店1957 年版，第 239 页。

经由广州进出口的中外商品贸易总额为五千五百四十万八千三百一十五元，其中进口二千八百零四万六千七百三十六元，出口二千七百三十六万一千五百七十九元。中英贸易额为三千九百八十五万九千六百七十二元，进口二千二百三十万四千七百五十三元，出口一千七百五十五万四千九百一十九元。中美贸易额为一千一百八十一万五千八百三十元，进口三百五十九万零四百五十五元，出口八百二十二万五千三百七十五元。中国与英美之外的其他国家贸易额为二百七十八万五千一百七十三元。①

道光十三年　癸巳　公元 1833 年

正月初五日丁丑(2 月 24 日)

闽浙总督程祖洛奏报，请将纵容弁兵勒索滋事之游击庚音保等分别革审。道光帝布置台湾平叛善后事宜。

初七日己卯(2 月 26 日)

调广州将军庆山为福州将军，以乌鲁木齐提督哈丰阿为广州将军，甘肃河州镇总兵官德克金布为乌鲁木齐提督。

以捡获台湾贼匪詹通等出力，赏参将玉明、马麟辉花翎，把总林振高等蓝翎。

初八日庚辰(2 月 27 日)

马济胜由驿驰奏报，行抵茅港尾地方，连获胜仗。该提督自台郡拔营领兵剿贼，行抵嘉义县属茅港尾，遥见竹围中有贼旗数面，贼匪二千余人，旋挥兵勇上前接仗，枪毙贼匪数名。次日该匪刘仲、刘港、江七、蔡恭、黄番婆等贼众五六千人，四面包裹而来。该提督待其鼓噪疲乏，即分拨兵勇，四面攻击，枪炮叠发，轰毙骑马贼一名，步贼三百余名，生擒二十一名，夺获枪炮器械多件，贼匪溃散。因

---

① ［美］马士：《东印度公司对华贸易编年史》第 4 卷，区宗华译，中山大学出版社 1991 年版，第 351~352 页。

该处竹围茂密，恐有埋伏，未便深追。查点兵勇义民，只一名身受枪伤。该匪等纠众愈多，仍在竹围中三面埋伏。该提督整队前进，该匪等开炮抵拒，官兵奋力攻击，毙匪百余名，夺获枪炮、火药并竹枪器械不计其数，余匪散去。官兵追逐十余里，沿途杀毙贼匪数十名，生擒伪军师林浴沂等十余名，并据义民屯丁拾获澎湖水师各营千把外委遗失钤记六颗，木伪印一颗，旗一面，木匣一个，内贮书信十余张，多系股首蔡恭与刘港、刘仲、黄番婆等约会往来书信。该提督将各原信存留，俟掳渠时据为质证。十二日仍复分兵三路前赴茅港庄一带剿捕，行至铁线桥地方。该处桥梁狭隘，官兵不能整队而过。旋据兵民等呈缴首级耳记二十余具，夺获枪械百余件。该匪等败走后，纠集北路贼匪，陆续南来。十八日陈连、黄城、张丙、刘港、刘仲、江七、蔡恭、黄番婆等，同贼伙一万余人，由茅港三面蜂拥而来。该提督督率官兵分路攻击，伤毙贼匪不计其数，余匪四散，官兵追剿，共计杀贼三百余名。内有贼目吴姓一名，为屯番所杀，呈缴首级。又追至湾里溪一带，毙贼一百余名，生擒三十余名，溺死者不可胜数，夺获炮位器械无算。内有蔡四海等十四名，当即讯明正法。其余被胁平民，均经讯明释放。①

十一日癸未（3 月 2 日）

闽浙总督程祖洛奏报，续接镇臣禀报获匪及现办抚恤。此次台湾贼匪滋事，所有各处禀报股首之大小姓名、股数之多寡、滋事之月日，彼此互异；即刘廷斌、马济胜奏报情形，亦有参差：皆因道路梗塞，传闻舛讹所致。现在著名逆首及戕官攻城要犯，俱全数掳获。即有一二窜匿余匪及凤山滋事遗孽，亦不难于搜净。清廷要求程祖洛抵台湾后，与瑚松额即提逆首张丙等究追实在姓名下落，证以马济胜所获逆匪信札，并查明起衅根由，一面督饬搜捕，一面将张丙等专遣妥员迅速解京，尽法处治。此时大局既定，当以招集流亡、安抚难民为第一要务。

十八日庚寅（3 月 9 日）

两广总督卢坤奏报，续据廉州文武及水师各员报获盗船洋匪，并遵旨查复各情形。洋面匪徒，易于啸聚，必须随时查拿。提督李增阶统率署参将林开疆等，巡查合浦县之涠洲禁山，围拿获犯洗溃宽等四名，又续获大头鸡等三名。署副将高宜勇及署游击林凤仪等，会同廉州府巡缉龙门洋面，都司佘清拿住贼艘并盗匪二名，捡获要犯方彼等九名，长发夷犯二名，被掳客民二名。计先后截获盗船五只，击沉一只，生擒盗匪数十名，当场格杀及系毙者不计其数。惟前获各犯，讯出盗首杨就富

---

①　《清实录·宣宗成皇帝实录》卷二二九。

等均未弋获。并据高宜勇等勘得龙洋东南一面，属高、雷、琼三府，中有涠洲一岛为门户，其西一面为越南地方，盗船常聚匿狗头山，必须杜其粮食、军火接济，截其越境出劫之路。并访得盗船尚有十余只，远匿夷境甲洲狗头山等处。我兵沙线不熟，难以远涉，自宜咨会越南，驱逐出巢。惟华夷疆域攸分，必须确悉情形，方可剿捕无遗。又另片奏报，广州府属南海、番禺等县，与肇庆府属水面皆通，有著名首盗侯幅满等聚党抢掠。经卢坤委副将赖英扬等实力截捕，追获张武溃等六名，获船一只。又追获胡亚九等匪犯十余名，交新会县审办。又拿获匪徒锺昌连等八名，交香山县收审。又据余得彪等将该犯侯幅满拿获，并于海洲大亨横江等处，先后获陈亚明等二十余名。惟尚有香山四等未获，仍上紧缉拿。①

二十日壬辰(3月11日)

卢坤等奏报，筹堵违禁夷船章程。前因英吉利夷船，驶至闽浙、江南、山东等处洋面，降旨令该督等妥筹防堵章程具奏。兹据该督等查明英吉利到粤夷船，开舱输税，情形极为绥顺。其驶至闽浙、江南，又北驶山东，胡嘎咪、甲利等船，节年到粤夷船内，并无前项名目。询据该大班等亦不知有此船名，其由该国何路驶往江浙、山东，该大班等亦无从知悉。或系假捏该国船名，希图就地销货，亦未可定。英吉利夷船不准往浙东等省收泊，定例綦严。清廷着责成该省水师提镇，严督舟师官兵，在近省之外洋至万山一带及粤闽交界洋面，实力巡查。一遇夷船东驶，立令舟师严行堵截，并飞咨上下营汛及沿海州县，一体阻拦，务令折回粤洋收口。倘再有阑入闽浙、江南、山东等省者，即着将疏玩之提镇将弁据实严参，分别从重议处。该备弁兵丁等如有贿纵等弊，即行参革治罪。其由闽省外洋冒称西洋各国船名，径行驶入闽洋，及窜至浙江等省，即着由浙省查询来历，咨明闽省查办。自此次明定章程以后，该督等务须严饬将弁，实力奉行。倘水师官兵巡防稍有未周，洋行各商贸易稍有不公，在关经胥于减定规费之数，稍有溢取，即分别革究，以示惩儆。如查系由粤洋窜入内地洋面，则惟该督等是问。②

廿二日甲午(3月13日)

广东省向有南澳等镇营裁汰外海船兵马匹截存米石，例应按年变粜。又有裁汰军标官兵截存米石，无闰之年，亦应按年出粜。该省办理迟逾，经户部屡次行催，仍未遵照一律变粜造报。兹据查明船兵一项，除嘉庆十六、十七两年米石变粜外，

---

① 《清实录·宣宗成皇帝实录》卷二三〇。
② 《清实录·宣宗成皇帝实录》卷二三〇。

尚有嘉庆七年十一、十二、十三、十四、十五等年并十八年以后各年截存米石，未据造报。其军标米石，自变粜嘉庆二十年以后，除有闰之年，拨充旗营兵食外，其无闰之年，亦未据变粜报部，统计应变米十万余石，应变入拨价银二十万余两，延不造报。似此任意延宕，殊非慎重办公之道，着两广总督、广东巡抚严饬藩司查明道光十一年以前应变各案米石银两，迅速一律催缴完竣，扫数解司报拨，仍分年造具变粜价银细册，报部核办。倘经此次饬催之后，仍复视为具文，着将该管司道严行参奏。又据另片奏报，广东省题咨案内行查未复及逾限未报各案，开单请饬严催，着该督抚严饬藩司，自奉旨之日起，将新旧未结未报各案，迅即分别造报登覆，并查取各案迟延职名，随案送部核议。倘仍复任意延拦，该部即将该管督抚司道一并严参，以儆延玩。①

廿四日丙申 (3 月 15 日)

祁埙奏报，颁发越南国《时宪书》，尚未到粤，先将粤省刻本发给该国遵照。越南国每年应领《时宪书》，系由礼部发给广西驻京提塘领出，转交折差赍带回粤。去年该国应领《时宪书》，迟至十二月尚未赍到。经该抚将广西省遵照部颁道光十三年底本刊刷之《时宪书》，查照定数，发交左江道递送出关，转递该国王遵照。

廿六日戊戌 (3 月 17 日)

本日据刘廷斌奏报，彰化淡水闽粤两籍互相焚毁，带兵弹压，令居民归庄安业情形。

朝鲜国王李玜遣使表贺万寿、冬至、元旦三大节，并贡方物，赏赉筵宴如例。

琉球国王尚灏遣使表贡方物，赏赉筵宴如例。

以巡缉海洋不力，摘福建署副将林松顶带，革把总江壮图等职。

廿七日己亥 (3 月 18 日)

本日据马济胜奏报，续获要犯，并派将领会同平庆带兵驰赴凤山，查办分类焚抢。此次贼匪俱系乌合之众，仓猝间聚至二万有余，戕官攻城，诡谋叠出，并敢于大兵进剿时纠众抗拒，必有筹画主谋暨同恶相济之犯。该提督会同道府提讯逆首张丙等究出伪北路元帅蔡临、伪监军元帅吴扁等。经谢朝恩带兵围拿，该匪等持械拒捕，歼毙贼匪数名，捡获伪帅蔡临及股匪陈阿等十二名。又饬窦振彪派拨弁兵，拿

---

① 《清实录·宣宗成皇帝实录》卷二三〇。

获伪监军元帅吴扁暨旗首许滔、黄先进及攻破斗六戕官要犯蔡兽等十八名。此时股首悉数就捡，余匪将次歼灭。

二月初二日癸卯（3月22日）

浙江巡抚富呢扬阿奏报，遵旨截留浙漕并采买米石运闽接济目前办理情形。清廷批复：前因闽省兵糈民食，恐有不敷，准程祖洛奏报，委员前赴浙江、江西各采买米十万石，或借拨仓谷碾运，并着富呢扬阿于上年漕米内截留十万石，解往接济。兹据该抚奏称，台湾贼首已经全数就捡，大兵凯撤，海运已通，虽台地难民尚须抚恤，或可无须十余万石之多。且接奉谕旨，已在各帮军船受兑新漕之际，各船舵水亦均雇定，若截运十万石，须减歇船百余只，舵水二千余人，应缴还工资，并资遣回籍，办理实形掣肘。现在闽省委员于正月初六日抵杭，已将年前购买米二万石，委令运往。所有截漕米石，着准其截留五万石，委员前赴宁波、乍浦，或行文江苏于上海雇备海船，迅速运往，以资接济。其买米价值，准其借动封贮项下存银六万二千余两，俟闽省解到米价即行归还原款。①

初四日乙巳（3月24日）

因延迟交送越南《时宪书》，相关官员受到处理。礼部颁发越南国王《时宪书》，向由广西提塘领出，转交递折差弁赍带回粤，发交祗领。该提塘候选、营守备唐卓龄于领出后迟至两月之久，并未附便赍带，实属贻误。唐卓龄着即革职，新任提塘武举孙佳璜于接任后，复迟延十有余日，始交差便赍送，亦属不合。孙佳璜着于补官日罚俸三个月。

十二日癸丑（4月1日）

姚元之奏报，台湾营务亟宜整顿。台湾合漳、泉、潮、粤之民而聚处，寻衅逞忿，势所不免。其俗剽悍，浮动好事。当无事时有人立市一呼，今日抢某处某家，顷刻之间，从者数百，绝不为怪。此风断不可长。南路有鹿耳门，北路有鹿港，有八里坌，无票之人，概不准渡，弁兵不免卖放之弊，一船恒数百人。其沿海僻静处所，在在可以偷渡。内地游手无赖，及重罪逋逃之犯，溷迹其间。台民利其佣不取值，多乐容之。及不足相养，乃群起而为盗。是台湾盗贼之多，实由于此。地方大

---

① 《清实录·宣宗成皇帝实录》卷二三一。

吏必须严密稽查，以杜其源。台湾一镇，设班兵一万四千六百有奇，到台即住宿倡家，日以聚赌为事，揽载违禁货物，欺虐平民。官若查拿，辄鼓噪欲变，甚至械斗杀人，不服地方官申理，不听本管官钤束，违禁犯法，无所不为，而水提、金门二标为尤甚。又有身列行伍，不事训练。每操演时，本地别有习武匪徒，专为受雇替代。设有奸宄滋事，即依附为其凶党。①

十三日甲寅(4 月 2 日)

本日据刘廷斌奏报，淡水厅南北二路，闽粤互焚房屋，大饷未到，借项抚恤，地方安静。此次淡水厅民人，因雨大无屋，未能回家。闽籍俱聚桃仔园、艋舺等处，汀州附粤籍者，俱在中坜、新街等处。其厅南沿海被焚之家，俱在后垄、中港、厅城三处。其案犯吴阿贤、张阿三已回内山公管庄，经该提督亲率都司杨武镇等前往围拿，在该庄获生番加物有八二名，先行斩决，以绝吴阿贤等遁入内山之路，并获吴阿贤之父吴阿二、张阿三之父张阿安，交同知李嗣邺审讯。至兴化府知府黄绥诰等入淡境之旧社、泉州厝、吞霄后垄、中港一带，有屋者俱已归家，无屋者渐次搭寮。惟后垄中港两处，沿海归聚，及本处实在贫民缺食者，先给洋银，交总理妥为给发，俟内地饷到，按户抚恤。其厅治迤北之桃仔园，东西沿山沿海，闽籍漳州，粤籍惠潮，及附粤之汀州，互焚房屋，因大饷未到，现在春耕，难民势难久待。经王衍庆、李嗣邺就地传殷绅铺户，暂借洋银，先将堑南堑北，挨次抚恤，已饬该同知等清查户口，急为赈抚。

廿四日乙丑(4 月 13 日)

本日据程祖洛、马济胜、刘廷斌奏报到台湾搜捕逆案余匪情形。现在全台大局，据奏逆案余犯，经提督马济胜督饬将弁搜拿，无虞再行窃发，惟南北两路粤人，焚抢闽庄甚多。其北路彰化、淡水一带，经平庆、札委前任台防同知王衍庆驰往会同刘廷斌查拿，仅获吴阿长等九名，余皆逃散，被害难民，皆已归庄。南路凤山一带，旋起旋息，已勒令粤籍头人交出焚抢杀人首伙各犯，惟止据交出黄流满等三名，且较远之区尚未取结。又据马济胜于上年督饬镇将营县续获伪帅等七十余名，就地办结者五十六名，未办者十八名。而凤山粤庄中焚抢匪徒，现止获犯三名。②

---

① 《清实录·宣宗成皇帝实录》卷二三一。
② 《清实录·宣宗成皇帝实录》卷二三二。

廿五日丙寅(4月14日)

本日据马济胜由六百里驰奏，赴凤山拿办焚抢匪徒，带兵起程。台湾南路凤山县焚抢案内，获犯无几，现据该提督奏报，督兵亲赴该处查办。

三十日辛未(4月19日)

那彦宝等奏官兵叠剿夷匪，清溪县境肃清。此次夷匪滋扰，经提督桂涵密派将备带兵驰往沙坪及几子山、水桶沟等处截击，官兵行至沙坪，三路并进，奋勇攻击。该匪踞险抵敌，官兵火箭枪炮齐发，杀毙贼匪一千余人，生捦十六名，烧毙及扑岩死者甚多，夺获器械无算，零匪分散。次日桂涵移营富林汛扼住要隘，闻山后香树顶亦有贼匪，派兵驰剿。该匪踞山掷石，官兵左右兜捦，施放枪炮，杀贼百余人，轰毙亦多，余匪奔窜。迨官兵进剿几子山，该处系贼匪眷属藏匿，聚匪无多，旋赴水桶沟搜捕。该处系马林住居寨堡，山梁险峻，墙垣坚厚，随放枪炮轰击，毙贼匪二三百人，马林房屋当即焚毁。又有阿吾一支夷匪，约千余人，占踞山梁，前来攻扑。官兵三路绕道前进，枪炮火箭齐发，轰毙落岩无算，余匪从后山逃窜，官兵难以穷追，引队归营。①

从巡抚富呢扬阿所请，修浙江东、西海塘柴石各工。

三月初一日壬申(4月20日)

两广总督卢坤等奏歼捦盗首伙匪，洋面安静，及现在办理情形。越南国奸民陈加海与内地游匪杨就富、冯生疔痣、吴三狗先在夷洋狗头山啸聚，因乏食出巢，图越内地劫掠。经副将李元、游击李凤仪等率带兵船，驶赴夷洋交界白龙尾，各匪船十余号驶来。林凤仪等迎截驶拢围捕，枪炮并施，击破匪船一只，伙匪落海三十余名。都司佘清生捦大头目杨就富，并获伙匪炮械，余匪窜逃。官兵追至夷洋青蓝山，歼毙渠魁冯生疔痣及伙匪王亚狗等，又打破匪船三只，获船四只，生捦头目梁尚添等二十余名，击伤匪党李亚吉等，落海淹毙。又据商船宋敬利等追入夷洋，认系盗首陈加海船，越南夷目亦带兵船赶到，匪伙落海淹毙过半。追至雾水洲，陈加海船撞礁击破，杀著名凶盗吴三狗及段俚咸并余匪多名。陈加海带妻属伙伴十余人，逃入深山。其胜发、黄亚喜二船，打坏后望南驶脱。该土目捦贼匪潘亚八取供移送，其盗首莫亚吉潜回东莞，亦经拿获解送。其间，提督李增阶在洋屡次遭风，

———————
① 《清实录·宣宗成皇帝实录》卷二三二。

几至沈溺，飘入琼州昌化港，始得收泊。其参将林开疆遭风击损师船，飘至琼州澄迈县收泊。其督标中营二号米艇，阳江右营二号米艇尚无下落。①

初二日癸酉(4 月 21 日)

瑚松额由四百里驰奏报抵台后探询大略情形。

初九日庚辰(4 月 28 日)

陈嵩庆奏报海塘险要情形，请饬筹备。国家经费有常，此时筹款甚难，不能给例外之用。然如该学士所奏报，及早赶办，桩石皆可采用，尚属料省工轻。若再迁延，听其溃败，杭、嘉、湖、苏、松、常、镇七郡皆在下游，东南财赋之区，恐尽为斥卤不毛之地，民命悬于呼吸，患且不可胜言，是海塘关系甚巨，又为该省刻不可缓之工。此项工程，据陈嵩庆奏报，不过一千余丈，估计需银二十余万两。清廷要求富呢扬阿迅速体察情形，据实具奏，不许稍涉含混。又另片奏报，七郡中绅士殷商，及附近江浙处所有急公好义者，准其输资捐办，是否可行，亦着富呢扬阿一并议奏。寻奏塘工紧要，亟应兴修，请照道光四年奏办嘉湖水利成案，借银三十二万六千两，于仁和等十六州县民田内分八年摊征归款，并谕江浙各府属绅富量力捐助。下部议，从之。②

十二日癸未(5 月 1 日)

前往台湾增援之官军，沿途滋事，道光帝痛加斥责。道光帝晓谕：国家设兵卫民，所以戢奸禁暴。凡有将帅之责者，训练于无事之时，固宜技艺精良，足资捍卫，尤须讲明纪律，俾之有勇知方，庶为节制之师，克备干城之选。乃近日台匪不靖，调派河南等省官兵进剿，旋因首犯就擒，余匪殆尽，中途停撤，尚未临阵杀贼，而沿途滋事之案，业已层见叠出。如御史周涛所奏报，河南征兵行至宿州殴毙人命，撤回时又携带幼童至十七名之多。福建兵丁勒折夫价，殴毙夫头，游击庚音保任听兵丁定期不行，开单令地方官应付。千总李福祥，勒借番银。又有兵丁强抢盐馆之案。种种不法，皆由平日训练不明，因循废弛，以致恃强藐法，罔知顾忌，甚至带兵员弁，通同需索。似此骄纵，又何以戢奸禁暴乎！所有滋事弁兵，业经饬交该督抚等从严惩办。嗣后各将军、都统、督抚、提镇务须申明纪律，实心教导，

---

① 《清实录·宣宗成皇帝实录》卷二三三。

② 《清实录·宣宗成皇帝实录》卷二三三。

示以法无可宽，令不可犯。偶有黠骜不驯者，即随时惩创，毋稍姑息。作其果敢之气，戢其犷悍之心，使一律精纯，悉成劲旅。傥仍前废弛，必将管辖大员，惩处不贷。①

廿二日癸巳(5月11日)

千总许荆山于台湾土库地方遇贼，不知督兵捡拿，竟于斗六门被攻时，首先逃走。刘廷斌原禀有许荆山被贼追赶不知下落之语，自系得之传闻。迨经陈继昌投递遗禀后，已知许荆山带兵逃逸。刘廷斌着交部议处。寻议，刘廷斌降三级调用。得旨：改为降五级留任，不准抵销。

廿三日甲午(5月12日)

上年冬间福建台湾逆匪张丙等戕官围城，贼党窥觊斗六门，屡肆攻扰。署守备马步衢筑建围栅，开浚沟濠，与县丞方振声协力抵御。把总陈玉威乘贼未备，施掷火器，以遏贼势。贼众黄夜纵火，蜂拥而入，马步衢等持刀巷战，各杀毙数贼，力竭遇害。方振声之妻张氏并其幼女暨陈玉威之妻唐氏、幕友沈志勇与其子沈联辉及跟随家人江承惠等，同时死难。马步衢、方振声、张氏、唐氏，因骂贼致被剜割鼻舌，罹祸尤为惨烈。

廿五日丙申(5月14日)

两广总督卢坤等由驿驰奏报，生捡越南巨盗陈加海，匪巢尽扫，华夷洋面肃清。此案越南国奸民陈加海即阮保，与内地游匪杨就富，均在夷洋狗头山啸聚，陆续掳逼多人入伙，共船三十六只，四出行劫。先经游击林凤仪等带领兵船，驶赴夷洋围捕，都司佘清生捡杨就富，并获伙匪多名。其陈加海船撞礁击破，带妻属伙伴逃入深山。兹据奏称，越南土目禀报生捡陈加海即阮保，并匪党阮文军等男妇十一名口，押回州屯槛禁。并据商船旰勇宋敬利、陈金发，知首犯已获。随转至青蓝山，搜获余匪陈亚福等七名，斩匪目黄矮二、王亚二首级，起获大铜炮一门，铁炮一门及环刀、挑刀七把，火药一箱。通判陆向荣等，搜获逃匪逸犯王亚大、覃大业二名。署琼州镇谢德彰等在竹山一带，获解匪犯黄沅洸等十余名，其文武委弁获解匪党张亚德等二十余名，并经廉州府知府张堉春究出此股洋匪，尚有出海为盗主谋

---

① 《清实录·宣宗成皇帝实录》卷二三三。

之林致云，现在冠头岭外洋游奕窥伺。又经该府等密饬员弁前往躧拿，获解来府。①

四月初一日辛丑(5 月 19 日)

调福州将军庆山为乌里雅苏台将军，乌里雅苏台将军乐善为福州将军。

初六日丙午(5 月 24 日)

前因给事中孙兰枝奏报，江浙两省钱贱银昂，商民交困，并胪陈受弊除弊各款，当经降旨交陶澍等体察情形，悉心筹议。兹据陶澍、林则徐酌筹利民除弊事宜，分晰具奏，清廷批复：所称"洋钱平价，民间折耗滋多，惟当设法以截其流"一条，清廷以为洋钱行用内地，并非始自近年，势难骤禁。要当于听从民便之中，示以限制，其价值一以纹银为准，不得浮于纹银，庶不致愈行愈广；至官局议请改铸银钱，太变成法，不成事体，且银洋钱方禁之暇，岂有内地亦铸银钱之理；所称"鸦片烟来自外洋，以土易银，严查洋船进口夹带"一条，鸦片烟由洋进口，潜易内地纹银，为害最甚，全在地方官实力稽查，且恐此拿彼窜，或于大海外洋，即已勾串各处奸商，分路潜销，仍属不能净尽，该督等务当严饬沿海关津营县，于洋船未经进口以前，严加巡逻，务绝其勾串之源，复于进口时实力搜查，毋许夹带，如有偷漏纵越情弊，一经查出，即将牟利之奸商、得规之兵役一并追究，加倍重惩，法在必行，方可杜根株而除弊害；所称"纹银出洋，请明定例禁"一条，刑部律例只有黄金、铜铁、铜钱出洋治罪明文，于纹银未经议及，奸商罔知儆畏，着刑部悉心酌定具奏，纂入则例，颁发通行；所称"收缴小钱铅钱，请不及斤者一并随时收买"一条，私铸小钱铅钱，向来设局收缴，惟以斤计算，其不及斤者，恐民间仍私行挽用，嗣后各省收缴小钱，及斤者仍照例给价六十文，不及斤者小钱二文抵大钱一文，铅钱及斤者亦照例给价二十文，不及斤者铅钱五文抵大钱一文，俾民间随时收买缴官，间阎市肆，咸知与大钱价值悬殊，小钱、铅钱不能挽混，奸徒本利俱亏，自不肯轻于犯法，庶私铸可期净尽，以重钱法。②

十五日乙卯(6 月 2 日)

潮桥商力疲敝，卢坤奏请展限奏销，得到批准。广东潮桥盐务，日就敝坏。兹

---

① 《清实录·宣宗成皇帝实录》卷二三四。
② 《清实录·宣宗成皇帝实录》卷二三五。

据该督查明道光十一年分引饷，应于本年六月奏销，惟积引之内，仍有商垫未经收回饷款；兼之该年额引，甫经开拆，数月之间，断难拆办全年之引；且现在筹办疲悬埠务，条目繁冗，自应稍宽期限，以纾商力。①

以广东潮州镇总兵官张大鹏操守平常，降为都司，留粤差委，以江西南昌城守营副将李廷钰为潮州镇总兵官。

从总督卢坤所请，修广东巡洋师船。

十六日丙辰（6月3日）

道光帝召见新授潮州府知府诚善，见其人尚老实，惟潮州府系广东冲繁难兼三要缺，其虽曾任福建汀州府知府，能否胜海疆繁缺之任，尚须试看。要求卢坤、朱桂桢于该员到省后留心察看是否胜任。寻奏报，诚善朴实醇谨，先委护惠潮嘉道篆，办理无误，嗣饬赴本任，黾勉从公，操守谨饬。

廿二日壬戌（6月9日）

原任福建台湾府知府吕志恒、原署嘉义县知县邵用之，于上年逆匪分股肆扰，前往追捕，先后被戕，被降旨交部照例赐恤。

提督马济胜平定台湾一役中，身先士卒，有勇知方，能以少胜多，杀贼致果，着加恩赏给二等男爵世职。以台湾守城出力，赏福建知府托浑布、同知沈钦霖、知县陈炳极、参将珠尔松阿、游击升克托布花翎，典史张继昌等蓝翎，余升叙有差。

廿七日丁卯（6月14日）

有人陈奏报，福建全赖台湾米石。从前筹议兵米十余万石之外，听商人运米进口，内地每米一石，制钱不过二千上下。近来兵米多改折价，进口之米已少，商人运米到口，弁兵等以稽查私货为名，百般横索，其不遂意者，指为挂欠船税，登记簿内，下次进口，按年苛算。历年商人欠税者，多视为畏途，片帆不至，民间米价，每石制钱六七千文不等。该抚不能查察海口，遇有歉收，向浙江、江西等省采买，舟车运载，费用浩繁。况江浙连年大水，米价昂贵，一经采买，其昂愈甚。又台湾之商，既困于闽中海口，势必远载谋利。其运至浙江、乍浦、江苏、上海者，尚可宽裕民食，或接济重洋，勾通盗贼，为害不可胜言。道光帝批示：台米为福建民食所需，况荒歉之区，米船到关，例得免税。该地方官何得任听胥吏横索，致令

---

① 《清实录·宣宗成皇帝实录》卷二三五。

商贩不前。近年兵米何以多改折价，以致进口米少。如果属实，不可不严行饬禁。至江浙亦系连年荒歉，一经采买，其困更甚，自系实在情形。着程祖洛、魏元烺会同悉心妥议，出示晓谕，广为招徕，台商运米到口，可否免其船税，照验放行，并严禁弁兵索诈诸弊，傥查有接济盗贼情事，即严行惩办，毋稍宽纵。寻奏报，米船进口，例不征税，商贩皆知。近年进口米少，实因台湾生齿日繁，粮价较昂，又上年匪徒滋事，商船多雇载兵饷，米贩益稀，是以请赴浙江、江西买米，以备协济。嗣米船陆续进口，业经奏明停减。至闽省数十年来米价，贱至二千余文，贵至四千余文，亦无贵至六七千之事，此后仍当遵旨出示晓谕，广为招徕，并严禁各口岸兵胥，毋许稍有留难，一面分饬上游各府，劝谕藏谷之家，源源运粜，俾商情踊跃，民食充裕。报闻。①

五月初二日壬申（6 月 19 日）

以山海关副都统所属军政，年逾六十官七员，精力未衰，命留任。

初三日癸酉（6 月 20 日）

免调往福建台湾中途撤回河南兵丁应缴赏项行装银。

十一日辛巳（6 月 28 日）

两广总督卢坤奏报，师船在洋遭风，日久查无下落，请照会越南，遍加查访。广东提督李增阶统带将弁林开疆等巡洋捕盗，于上年十二月内，在西路洋面遭风，先后收港。惟提标中营二号米艇一只，配驾弁兵七十名，并军火炮械，查无下落。钦州竹山洋面，与夷洋接连，除卢坤已飞饬钦州饬令该州判移文该国万宁州土官在境内洋面探查外，仍着照会该越南国王饬令沿海镇目遍加查访。如该米艇漂收该境，迅即知照饬属护送内地，查明有无受伤受困，奏明照例办理。②

十二日壬午（6 月 29 日）

刑部覆奏两江总督陶澍等议覆给事中孙兰枝条奏纹银出洋，请明定例禁一条。查白银一项，虽非铜铁制造军器者比，惟内地物产，应供内地之用。若私运出洋，

---

① 《清实录·宣宗成皇帝实录》卷二三六。
② 《清实录·宣宗成皇帝实录》卷二三七。

则内地转形支绌。应如该督所议，另立治罪专条。嗣后纹银出洋，一百两以上，请照偷运米谷一百石以上例，发近边充军。一百两以下，杖一百徒三年。不及十两者，杖一百枷号一个月。为从知情不首之船户，各减一等问拟。并请纂入则例，永远遵行。从之。①

以剿办福建台匪出力，赏总兵官窦振彪、副将谢朝恩、参将温兆凤、游击保芝琳、守备关桂花翎，把总苏得升等蓝翎，游击玉明巴图鲁名号，余加衔升擢议叙有差。

廿六日丙申(7月13日)

新任台湾镇总兵张琴渡台，接印任事。刘廷斌暂缓前赴广东新任，协助调查买官买缺。

予剿办福建台匪阵亡县丞朱懋、护副将周承恩、守备张荣森，祭葬加等世职如例，被戕廪生古嘉会、阵亡武生许亮邦、民人洪启荣，祭葬世职如外委例。

六月初四日癸卯(7月20日)

从巡抚富呢扬阿所请，修浙江东、西两塘柴埽、盘头各工。

十四日癸丑(7月30日)

本日据卢坤等由驿驰奏报，越南国呈覆照会捕盗咨文，并报知漂失师船，已在该国收泊，款给修整送回。上年十二月二十五日，广东提标中营二号米艇，配坐官兵七十员名，遭风漂流越南国茶山洋面收泊，经该国王迎救抵次，优给供顿资用，代修船只，在彼阅四月之久。外委梁国栋因遭风受瘴身故，复为遣官料理，祭赠有加。及师船起程，各兵又有赏赍，并拨医通行，派兵帮驾，添械防御，已于本年五月初四日驶进虎门。清廷批示：越南国远隔重洋，素称恭顺。今该国王因内地兵船遭风飘收到境，优待款留，种种周详曲到，虔恪尽礼，可嘉之至。着降敕褒奖，并赏赐该国王蟒缎四匹、闪缎四匹、采缎四匹、素缎四匹以示宠嘉。此次该国带有压舱货物，及将来出口货物，俱着加恩免其纳税，仍循照旧章，先行开舱起货销售，俾免稽迟。所有颁赏该国王缎匹，着礼部于本年该国贡使七月来京顺国之便带往。其该国差官黎文谦等，亦着该督抚优加赏赍，交该国王颁给，该部先行文该国王

---

① 《清实录·宣宗成皇帝实录》卷二三七。

知之。①

二十日己未（8 月 5 日）

鄂山奏报，遵旨截回调赴闽省官兵，请将文过俸赏行装等项银两，恳照案分别扣免，得到准许。此次调赴闽省官兵一千五百余员名，于行出川境后，经该督遵旨截回，饬令省标官兵八百名，顺道驰赴峨边厅，协同防堵夷匪。其重庆镇、川北镇属各营官兵，均前后回营归伍。此次马兵每名所得赏银十两，步兵每名所得赏银六两，免其缴还。其官弁俸赏及兵丁借项，着照例无论官兵，分作四年，在于廉饷按季扣收。此内如有道光六年及十年出师甘省回疆，借支银两尚未扣完之官兵，俟前项扣完，再行接扣，以纾兵力。

廿三日壬戌（8 月 8 日）

予福建出洋淹毙外委谢得高祭葬恤荫，兵丁王富才等一百三名、受伤额外外委曾旭、徐秀莹、兵丁王士魁等一百四十名分别赏恤如例。

从巡抚魏元烺所请，修福建出洋遭风战船，并补沈失军械。

廿五日甲子（8 月 10 日）

福建陆路提督马济胜上年带兵二千渡台剿贼，以少胜众，十战成功，前经赏戴双眼花翎，交部优叙，并赏给二等男爵世职，用奖忠勤，兹据程祖洛奏报，该提督所带漳泉兵丁，素称勇健，每多桀骜不驯，该提督训练有方，善于驾驭。自渡台以来，迄今半年，未闻一卒滋事，于此益见该提督之忠勇严明，可嘉之至。道光帝特亲书"忠勇严明"四字匾额，颁给该提督祗领，以为著绩戎行认真整饬营伍者劝。

闽浙总督程祖洛奏报台湾营务情形，据称台湾营务，大弊在于不勤训练，不守汛地。上年护游击周进龙等督兵揖捕匪徒，中途遇贼，官兵开炮不能出声，以致为贼所乘。如果平时训练精熟，临阵何至于此。又刘廷斌在任多年，竟未知城守营右军守备应驻下加冬地方。其各营兵房，又多倒塌。兵丁赁居民房，竟有离汛贸易，倩代当差。种种不法情弊，刘廷斌以专阃大员，沿习相循，罔知振作，所司何事，实属辜恩溺职，着交部严加议处。

台湾凤山县粤庄在籍主事黄骧云，上年十月，经台湾道平庆谕令写信晓谕庄民不可生事。适粤人李受纠众攻打闽庄，该庄难民，闻该员寄信回庄，疑其串谋，互

---

① 《清实录·宣宗成皇帝实录》卷二三八。

相播告，连呈首控。该员因心迹不明，将妻子送郡监禁，自随官兵亲赴各庄，出资购线，搜捕匪犯，不遗余力，又捐买谷石，散放粤庄失业贫民。三月之间，正凶悉就捕治，闽粤二庄均皆安帖。清廷批复：黄骧云着交吏部存记，俟该员服阕来京，由该部带领引见，声明请旨。

台湾道员缺，谕旨将刘鸿翱调补。以广东南韶连镇总兵官曾胜为提督，山东临清城守营副将萨龄阿为南韶连镇总兵官。以拿获福建台湾逆首并防剿出力，赏参将灵德、同知王兰佩、知县李廷璧花翎，候选知县李晋等蓝翎，余升叙有差。①

廿六日乙丑(8月11日)

福建台湾逆犯张丙、詹通、陈办、陈连伏法。

廿九日戊辰(8月13日)

道光帝追查台湾事变责任官员。上年台湾逆匪张丙等分股滋事，原任台湾府知府吕志恒、原署嘉义县知县邵用之俱被戕害，该二员平日官声甚属平常，姑念其以死勤事，是以加恩照例赐恤。台湾道平庆统辖全台，乃于吕志恒果于自用，邵用之不协舆情，未能先事豫防，早为查办，以致酿成巨案，动烦兵力，已难辞失察之咎。至原任台湾镇总兵刘廷斌，在任多年，不勤训练，营务废弛，罔知振作，该道系加按察使衔，例有奏事之责，乃并不据实举劾，贻误地方，实属有乖职守。平庆着交部严加议处。

瑚松额等奏报，续获余匪，审办完竣，并将应行缘坐人等扫数拟结。

据魏元烺奏报，查明闽省并无朱毛俚踪迹，亦无伪封官职及溯查接递信函缘由。前因江西宁都州知州王泉之，在安徽禀称朱毛俚在安徽勾结山东、河南匪徒滋事，并接准新建县转准进贤东乡等县信称，教头朱毛俚在逃，应通饬严拿等情，当经邓廷桢奏请根查严缉。兹据魏元烺奏称密派干员周咨查访，并无朱毛俚影响，亦无伪封官职之事。其三次信函，沿途传递，并非印文，亦不存卷，无由细查。②

台湾镇总兵张琴，先委充翼长，经理一切，悉合机宜，迨接任镇篆，整顿营务，搜获余匪甚多。

以福建助剿台湾逆匪出力，赏义首增生陈廷禄等蓝翎，余加衔升选有差。

抚恤琉球国遭风难夷如例。

---

① 《清实录·宣宗成皇帝实录》卷二三九。
② 《清实录·宣宗成皇帝实录》卷二三九。

七月初二日庚午(8 月 16 日)

本日据兵部严议前任福建台湾镇总兵刘廷斌，请照溺职例革职。刘廷斌以专阃大员，历任多年，并未知城守营右军守备应驻下加冬地方。其各营兵房倒塌，兵丁赁居民房，竟有离汛贸易、倩代当差值宿情弊，沿习因循，罔知振作。及至逆匪张丙等分股滋扰，该镇有兵二万余人，不能登时扑灭，迨马济胜带兵二千渡台，立即荡平。是该镇兵数虽多，竟不足恃。道光帝晓谕，上年广东猺匪滋事，已革提督刘荣庆，平素不能整顿营伍，致兵丁临时不能得力，朕即将刘荣庆革职，发往伊犁充当苦差。此案刘廷斌平日不勤训练，营伍废弛，本应比照刘荣庆从重治罪，姑念其守城数月，尚有微劳，着照部议革职，免其遣戍。①

以助剿台湾逆匪，加在籍提督王得禄太子少保。

初五日癸酉(8 月 19 日)

上年台湾逆匪张丙等滋事，台湾道平庆统辖全台，未能先事豫防，早为查办，以致酿成巨案，已难辞失察之咎，且该道系加按察使衔，例有奏事之责，乃于刘廷斌废弛营务，并不据实举劾，贻误地方，实属有乖职守，兹据吏部遵旨严议，请将台湾平庆照例革职。道光帝惟念平庆前在台湾道任内，据程祖洛察看操守清廉，官声尚好，且逆匪滋事，该员守御郡城亦有微劳，特着加恩以六部主事用。

十三日辛巳(8 月 27 日)

道光帝晓谕：瑚松额等驰奏报，台湾逆匪荡平，览奏欣慰之至。此案台匪滋事，始于十二年闰九月，当严冬寒烈之时，海上文报迟滞，所调官兵或候风久泊，或遭风漂散，不能及时登岸。自瑚松额、程祖洛先后渡台，人心镇定，督同马济胜等搜捕余匪，和衷共济，将帅用命。复出示晓谕，散其胁从党羽。又擒获大股首并贼目多名，分别办理，全台安堵。于本年五月全功告竣，各庄仍复旧业，官兵陆续凯撤归伍，迅速蒇功，实堪嘉尚。瑚松额着施恩赏加太子少保衔，程祖洛着施恩赏戴花翎，仍各交部从优议叙，以示奖励。②

以剿办台湾逆匪出力，赏知府周彦、黄绥诰、同知许原清、骁骑校辅元、协领

---

① 《清实录·宣宗成皇帝实录》卷二四○。
② 《清实录·宣宗成皇帝实录》卷二四○。

特依顺、千总顾德铭花翎，知县张锡纯等蓝翎，余升补议叙有差，准投营效力已革总兵官孙得发，留闽以游击补用。

以台匪滋事，战守无方，革休致都司周进龙职，遣戍新疆，并革守备陈福龙等职。

二十日戊子(9月3日)

福建金门、厦门一带，沿海奸民，有私造小船，多装划桨，一名白底舡，一名草乌船，藏有炮位军械，沿海伺劫，贩运违禁货物，其疾如飞，官兵逼拢岸旁，即弃船入水而逃，人船难以并获，并有阑入粤浙洋面之事。程祖洛访知同安县属之潘涂等乡，素为贼巢，即函致提臣陈化成并密行兴泉永道周凯，督饬水陆文武官将克期捣穴，四面兜拿。该匪等望见官兵，早已逃逸，丢起船只、铁炮、火药、绳子、鸟枪、藤牌等件，获犯陈圈等三名，又在官浔乡起获匪船抬炮等件，尚有柏头等乡亦为匪薮等。清廷以为该匪等胆敢私藏炮位军火，窝顿海滨，驾船伺劫，实属罪不容诛。现在巢穴虽已捣毁，起获匪船共有数十只，而匪犯止获三名，恐柏头乡等处尚有匪类余船，另为窝顿互相勾结情事。清廷着该督即行知照该巡抚提督飞饬该镇道并通行沿海各营县，分咨粤浙两省一体实力堵拿，凡属沿海岛屿，责令水师营将按处搜寻，迅速追捕，务将人船并获，不使一犯漏网，一船藏匿。陈人成统辖水师，尤属责无旁贷，傥捕治不力，获犯仍属寥寥，窜往浙粤等省，别经拿获，惟该督等是问。

福建台湾北路中营千总护理淡水营都司陈起凤，于匪徒李受等焚抢闽庄，目击凶横，既不立时捡治，又不谕以利害，使之解散，并不将通番要隘严密堵御，辄因向李受等讲和不成，遂株守营盘，致令勾引生番，攻庄焚抢，惨杀多命。该弁庇恶纵凶，罪无可逭，陈起凤着即革职，发近边充军，到配折责安置。台湾镇标中营把总署理南路营石井汛把总陈高山，于逆匪滋事时调驻坤头，既不能小心护守县治，屡次派出巡哨，又毫无斩获，且先有被控盘剥利债准折货物之案。伊子南路营外委陈光隆，于该弁赴郡考验，子代父防，擅受私押，被人控发。此等不肖劣弁，均难稍事姑容，陈高山、陈光隆、着一并革职，仍各重责四十棍，驱逐回籍，以昭炯戒。①

廿二日庚寅(9月5日)

御史黄爵滋奏报，纹银洋银，应并禁出洋，务绝仿铸之弊，并严科罪之条。道

---

① 《清实录·宣宗成皇帝实录》卷二四一。

光帝着刑部再行妥议具奏，寻奏报，前经酌定黄金白银出洋，均请照私运米谷出洋例治罪。兹该御史奏称，纹银出洋有禁，而洋银出洋无禁，内地仿铸洋银者，多诚恐不能尽绝偷漏，自应另定治罪专条。惟仿铸洋银，究与私铸铜钱不同，未便遽问拟重辟。请嗣后内地奸民，有摹造洋板，销化白银，仿铸洋钱图利者，一经当场拿获，如数在一百圆以上者，即照白银出洋一百两以上例，发近边充军，一百圆以下，杖一百徒三年，不及十圆者枷号一个月杖一百，为从者各减一等，纂入例册，永远遵行。至该御史请将洋银并禁出洋，于海洋交易事宜，有无窒碍，应请饬下沿海各督抚酌核。得旨：据刑部将仿铸洋银、明定治罪科条具奏，着照所议办理。其禁止洋银出洋，是否可行，着沿海各督抚体察情形，妥议章程具奏。①

廿三日辛卯（9 月 6 日）

从巡抚魏元烺所请，修福建台湾府艋舺营在洋风损兵船。

廿四日壬辰（9 月 7 日）

越南国使臣陈文忠等三人于西安门内瞻觐。

廿五日癸巳（9 月 8 日）

广东巡抚朱桂桢因病解任，调广西巡抚祁𡎴为广东巡抚，以福建布政使惠吉为广西巡抚，四川按察使花杰为福建布政使，调山东按察使苏廷玉为四川按察使，以云南粮储道牛鉴为山东按察使。

廿八日丙申（9 月 11 日）

两广总督卢坤奏报，南澳镇总兵官沈镇邦捐造大草乌船配缉洋匪。

八月初一日己亥（9 月 14 日）

伊里布奏报越南国内哄，现饬巡防边界。②

---

① 《清实录·宣宗成皇帝实录》卷二四一。
② 《清实录·宣宗成皇帝实录》卷二四二。

初二日庚子（9月15日）

魏元烺奏报，请将因台匪滋事征兵骚扰之知县及屡审不承之营员分别革职解任，得到批准。

福建闽安水师营所辖洋面，上年五六月间有船户刘秀利、沈兴泰被劫两案，当降旨责成海坛镇总兵万超督率将弁，认真巡缉，一载以来缉限已满，而两案盗犯，尚未全获，所辖外洋，续又屡次失事。本年二月至五月，闽安右营都司所辖又有船户刘成裕等被劫各案。清廷要求程祖洛察看总兵万超是否能胜海疆总兵之任。

予福建出洋遇贼被戕兵丁萧勇等二名、落水受伤黄友生等三名、漂失无着陈国裕等十名赏恤如例。

初六日甲辰（9月19日）

据锺祥奏报，七月二十二日，有夷船一只，飘至山东日照县洋面。该县知县音德查看船内共十一人，载有烟叶等物，言语啾唧。内有一人书写字样，系琉球国首里内泊村人永张等姓。六月二十六日，从该国放洋。七月初二日，遭风飘至内洋。该县酌赏钱文食物，拟俟风势稍息，即令收口寄碇。次日东北风更大，该夷船即乘风南下。该抚已咨行江南、浙江、福建各省，饬令沿海文武一体巡探，并将未能拦阻听候奏办之知县参奏，当降旨将音德交部议处矣。清廷批复：该夷船乘风南驶，自必由闽洋回国，该督等着即通饬沿海文武员弁认真巡探。如该夷船到闽，即令速回本国并知照该国王于该夷船回国时，查明是否系伊国内商船，何时回国，即行咨覆闽省督抚查照，遇便覆奏。①

十一日己酉（9月24日）

以办理福建台湾府抚恤出力，予知县王益谦等选补议叙有差。

二十日戊午（10月3日）

闽浙总督程祖洛奏报，查明嘉义官绅，并无变服避难各情。

以续获台湾逆犯，赏福建副将叶长春花翎，义首布政司理问衔沈国兴蓝翎，余

---

① 《清实录·宣宗成皇帝实录》卷二四二。

升补有差。

予福建渡洋淹毙未入流沈世奇、把总林凤、外委陈开榜、董连高及军营病故把总林文辉，祭葬恤荫。

廿三日辛酉（10 月 6 日）

向来海疆巡洋定例，各省皆以总兵为统巡，其次有总巡、分巡、委巡、随巡名目。遇有失事，应与该管洋面之专汛兼辖统辖人员，一并开参，分别议处，勒缉赃盗，原冀众志协同，各齐心力，以肃洋政。近来闽浙二省海洋失事之案，往往只参专汛兼统一二人，余悉置之不议。迨兵部饬查，始行开参，而限期已逾，案多悬宕，并有积至数案而始开参者，以致案多遗漏，巡洋人员遂以议处不及，渐至懈弛之心。海洋寥廓，匪船易于窜逸，不分责于协缉，而欲以一二专汛兼统之力，肃清海面，势必不能。道光帝要求闽浙督抚提镇暨有洋面地方各督抚提镇，凡遇有海洋失事，将专汛、兼辖、统辖、统巡、总巡、分巡、委巡、随巡各员弁，均照例按限开参，勒令缉贼，不得一案只参一二人，亦不得积至数案始行开参。傥仍蹈前辙，即将该督等交部照规避徇庇例严参议处不贷。①

廿七日乙丑（10 月 10 日）

道光帝晓谕：伊古制治经邦，揆文必兼奋武。国家设兵卫民，水师与陆路并重。际此承平日久，尤宜整顿水务实力讲求。上年广东省廉琼二府所属外洋，毗带越南处所，有内地游匪杨就富与越南奸民陈如（一说加）海勾串劫掠，本年福建又有闽安水师营洋面，屡经失事之案，可见水师将弁甚难其人。夫水师兵丁与陆路不同，陆路以汉仗弓马为能，水师则以水战为事，全在能识风云，熟知沙线，娴习乎抢风折戗，神明乎破浪操舟，自然行阵整齐，戗驶利便枪炮联络，施放喷筒火药，皆能有准，猝遇盗船，出奇制胜。惟所纳之无不如志，即有盗匪穷蹙，入海逃逸者，亦能追捦歼毙，庶几鲸鲵浪靖，海不扬波。近来水师废弛，徒有出洋之名，而无出洋之实，盗劫之案，层见叠出，甚至夷船泊近内洋毫无觉察。朕思从前海洋，如朱濆、蔡牵，总由捕务废弛，酿成大患，似此因循疲玩，将来傥又有此等小丑跳梁不靖，尚复成何事体。将弁为兵丁领袖，总须练习有素，方可指挥士卒操纵得宜。其考核兵丁，固须以技艺之优劣，为拔补之等差，尤当以捕务之勤能，分等第之高下。水师保送俸满千总，尤宜详慎，以为储才地步。水师提镇，向归督抚考

① 《清实录·宣宗成皇帝实录》卷二四二。

核。着通谕沿海督抚等，嗣后务当饬水师提镇，实心训练，实力缉捕，无事则以训练之精，储缉捕之用，有事则以缉捕之效，验训练之精。遇有盗劫等案，破除情面，据实参奏，毋许徇隐。傥仍有游匪出劫，及洋面失事等情，该督抚瞻徇不奏，经朕访闻，则惟该督抚是问，决不宽贷，毋谓诰诫之不早也。①

廿九日丁卯（10 月 12 日）

免调赴福建台湾中途撤回贵州兵应缴赏装银，官弁原领俸赏行装及兵丁借项，分年扣缴。

九月初七日甲戌（10 月 19 日）

道光帝指示安置战后的台湾官员："前据程祖洛奏报，台湾水陆各营所出游击都司备弁各缺，分别遴员开单请补，当交兵部议奏。兹据兵部查明分别准驳，开单呈览，系属照例办理。惟台湾甫经戡定，水陆营伍，亟资整顿。该督于熟悉风土各员中择其曾经著绩及人地实在相需者，酌量奏补，自应稍宽成例。俾之任用得人，所有升补、拔补各员弁，均着准其陆续送部引见。澎湖协水师副将员缺，着该督内渡后另行拣补。其军营出力未经升用各员弁，着准其将内地各营截至该督回省日止，所出各缺，无论应补何项人员，尽归军营出力将弁递行奏请升拔，不积各营班次。此系因台湾地方紧要，营务久形废弛，训练需人。该督所请升拔各员弁，多系军营出力之员，是以格外加恩，概准升补，他省不得援以为例。该督务当严饬该镇督率将弁认真操练，一洗从前废弛积习，俾水陆兵丁，悉成劲旅，用副朕策励戎行、绥靖海疆至意。"②

初十日丁丑（10 月 22 日）

从巡抚富呢扬阿所请，修浙江东、西两塘坦水、柴埽各工。

十八日乙酉（10 月 30 日）

两广总督卢坤等奏报，廉州府属之钦州水陆地方，俱紧连越南边界。雷、琼二

---

① 《清实录·宣宗成皇帝实录》卷二四二。
② 《清实录·宣宗成皇帝实录》卷二四三。

府外洋，亦与越南洋面毗连。夷洋盗匪，虽已扫穴捡渠，惟内地采捕渔户蜑民，常漂出夷洋，难保无失利之徒，续聚为匪。近日风闻越南国境内，有用兵讨叛之事，查询护送兵船来粤之行价等，据称本国有故臣左军属下，因罪降官，心怀不服，占住录奈，勾结匪徒，滋生事端，现在三路进兵攻讨。并据钦州禀报，近闻越南国传有前黎王后裔与左军属下交通滋事。清廷要求惟当静镇，自严边备。

十九日丙戌（10 月 31 日）

以剿捕广东洋匪出力，赏游击佘清花翎，余升叙及开复处分有差。

廿一日戊子（11 月 2 日）

朝鲜国使臣李止渊等三人于大红桥瞻觐。

廿四日辛卯（11 月 5 日）

以长芦盐运使李恩绎为广东按察使。

十月廿一日戊午（12 月 2 日）

修乍浦水师船只，从副都统成顺所请。①

十一月初三日己巳（12 月 13 日）

贷福建南靖县修沿河长堤银。

十二日戊寅（12 月 22 日）

本日据卢坤由驿驰奏报，探报越南近信严密防堵情形。此次越南国黎氏后裔黎维良纠合北胜土司，勾结土民，在清化地方起事。又据该国谅平巡抚黄文权禀，有保乐州农文云聚党谋匪，国王派兵征剿，诚恐奔窜，请乞拿究等情。现饬署太平府知府庆吉前往巡查，探闻该国保乐州阮有魁带兵攻打牧马。九月初，谅山镇夷官黄

---

① 《清实录·宣宗成皇帝实录》卷二四四。

文权带兵救援败绩，沿途虽设有排栅，地方辽阔，兵力少单，已饬龙州等处雇募乡勇，并派兵前往隘口，严密防御。其与越南毗连龙凭、馗㵢二营，地广兵单，现檄署新太协副将周应麟会同庆吉亲赴各关察看，相机慎防，实力堵御，以期严密。其龙凭营所属各隘水陆塘汛，长三百余里，与越南犬牙相错，各隘防兵，仅止二百八十余名。该督即饬该都司等严堵内奸外匪，乘间窜越，并饬沿边各土司一体督率兵勇，会同官兵严密防堵，毋稍疏懈。该督仍饬署太平府知府庆吉、泗城府知府兴仁、郁林州知州王彦和等，随时防范。仍遵前旨，如有夷匪窜近边围，立即督率兵勇严行堵截，毋使一名阑入，总不许越疆妄杀，致滋衅端。又另片密奏报，该国王不能自存，竟至叩关请兵，即当正词拒绝。惟该国王恭顺有年，不便直言拒绝，所有卢坤请以官弁兵丁于该国道路水土，未能服习，到彼即染瘴疠，断难深入，徒劳该国供顿，惟有整旅境上，遥为声援。该国王当卧薪尝胆，招集本国忠义匡复，而天朝之兵，断不为出。①

十六日壬午(12 月 26 日)

广东潮州镇总兵张大鹏因操守平常，考拔不公，降为都司守备。镇标右营守备段正声附和逢迎，着即勒令回籍。

廿二日戊子(公元 1834 年 1 月 1 日)

从巡抚富呢扬阿所请，修浙江海塘，并筑挑水坝。

廿九日乙未(公元 1834 年 1 月 8 日)

据给事中金应麟奏报，浙江海塘工程紧要，亟宜厘剔弊端，大要有二。一在随报随修。该塘遇有坍损，工员详报，司多不即时勘估，及至愈刷愈宽，万不得已，始行查勘，亦只以原报之丈尺为经，自此详请领银，又复迟迟给发。其辗转冲刷，核与原报丈尺更属悬殊，遂至工员以原估之银，弥补续坍之数，不得不将就了事。一在实领实用。工员领银之时，藩运两司以至巡道衙门均有规费。领银到手，复又假手门丁胥吏，包与工头，除各项克扣已去十分之半，而工员之希图自肥，更无底数。宜其草率偷减，尺寸不符，工程日坏。②

---

① 《清实录·宣宗成皇帝实录》卷二四五。
② 《清实录·宣宗成皇帝实录》卷二四五。

十二月初五日辛丑（公元 1834 年 1 月 14 日）

道光帝召见福建陆路提督马济胜，给予嘉奖。台湾逆匪张丙等聚党滋事，分股肆扰，戕害官弁。惟时全台官兵一万四千余名，不能得力。该镇等婴城固守，请调兵三万赴援，马济胜经魏元烺派往，独带兵二千渡台接仗，身先士卒，所向克捷，以少胜众，十战成功。各股贼匪，纷纷溃散，逆首陆续就捐，不烦内地兵力，当瑚松额等未经渡台以前，全局戡定，厥功甚伟。前经赏给御书"忠勇严明"四字匾额、二等男爵世职、双眼花翎，兹来京陛见，允宜优加懋赏，笃眷酬庸。马济胜着加恩赏晋二等子爵世职，在御前侍卫上行走，紫禁城骑马，并赏御书"福""寿"字各一方，宝蓝绀丝蟒袍一件，缨纬两匣，大卷八丝缎两件，大卷红绸两件，颁给祗领，以奖忠勤。再台湾一役，福建巡抚魏元烺于奏请调兵时，稔知台湾府城为极本重地，一面奏闻，一面派马济胜带兵前往，迅奏肤功，办理甚合机宜，魏元烺着加恩赏戴花翎，仍交部从优议叙，以示论功行赏权、衡至当之意。①

初十日丙午（公元 1834 年 1 月 19 日）

祝麟奏报，长芦引课奏销，扫数全完，并陈山东正课两次奏销商力竭蹶情形。清廷着照所请，所有未完正课九万八千八百余两，俟明年十一月正课奏销时，随同一律全完，仍归原限。

抚恤琉球国遭风难夷如例。

十三日己酉（公元 1834 年 1 月 22 日）

海塘工程紧要，严烺奏请饬筹款兴办。浙省海塘，为杭、嘉、湖三府及江南苏、松、常、镇四府田庐保障，关系匪轻。近年坍损过多，愈形危险。据严烺奏报，东防厅所属本年两次请修塘工一千二百余丈外，尚有应修者三千余丈，西防所属亦有险要之处，请饬勘估筹办。清廷以为，此项工程，本年五月间，据该抚奏称择其尤险者先行修筑，估需银五十一万二千余两。十一月间，又称限内限外各工，俱已掣坍，估需银十九万四千余两，添建挑水坝，尚须在外。先后均经降旨允准，现在估需银两，该抚通盘筹办，自已足敷应用。惟此项工程，关系紧要，务期一劳

---

① 《清实录·宣宗成皇帝实录》卷二四六。

永逸，堪资保障。严烺所奏情形，是否均应及时兴修，着富呢扬阿悉心体察，究竟需费若干，确切估计，据实具奏。①

以巡防疏懈，革浙江温州镇总兵官李恩元职。

十六日壬子（公元 1834 年 1 月 25 日）

以拿获广东盗匪，予署副将秦裕昌等升叙有差。

廿三日己未（公元 1834 年 2 月 1 日）

程祖洛奏参，总兵营伍废弛，并巡洋惰误之守备，请一并革职办理。福建海坛镇总兵万超，身任专阃，素耽安逸，所属洋面，劫案频仍，除前此魏元烺查参各案不计外，据程祖洛续经查出在洋被劫至十二案之多，且督率无方，种种乖谬，必应从严惩办。海坛镇标右营守备陈承恩惰误巡洋，致多失事，亦难宽贷。万超、陈承恩着一并革职，仍将万超留于闽省，责令随同舟师巡缉，勒限三个月，将被劫各案全数弋获，再准回籍。如届限无获，即将万超在海滨枷号一个月，满日释回，以示惩儆。

本日据祁埙奏报，访察越南黎氏勾结保乐土州，乘衅起事。现在保乐兵势较强，三岐、牧马两镇及文渊州，皆为保乐所据，谅山镇亦被围困。该国北通广西之路，已属阻隔，如被攻穷蹙，非西赴云南，即航海而东，赴广东钦州。

以广东顺德协副将谢得彰为福建海坛镇总兵官。道光帝寄谕闽浙总督程祖洛，本日已降旨将谢得彰简任海坛镇总兵矣。谢得彰籍隶福建，以本省人任本省水师专阃，与例原无不可。但海坛地方，距该员原籍，究竟在五百里内外。该员操防调度，是否相宜，有无窒碍之处，并着于该员到任后，察看才具能否胜水师总兵之任，着该督一并查明，据实具奏。②

廿六日壬戌（公元 1834 年 2 月 4 日）

程祖洛奏请销采买浙米不敷价脚，并截拨漕粮，请免买补交帮。上年台匪滋事，福建缺米，降旨准拨浙省米石，以济滨海穷黎。所有采买米二万石，由海运受

---

① 《清实录·宣宗成皇帝实录》卷二四六。
② 《清实录·宣宗成皇帝实录》卷二四七。

潮，势难久存。业经照中米价值，共粜银四万五千四百两，较浙省册报原价，尚不敷银一万一千九百九十九两零。道光帝批复：着照所请，浙闽二省用过运脚等项，一并作正开销。其截拨浙省十二年分漕米五万石，浙省购买维艰，搭运不易，除三万石支给内营兵食，抵拨台湾征兵，及抚恤口粮，已准作正开销外，其二万石业已粜济贫民，本应解浙买米交帮，姑念购运不易，并着加恩准免浙省买补交帮。所收粜价银四万五千两，扣除闽省动用运脚，咨部核销外，余银尽数造报候拨，其浙省所用运费一切，仍由浙省报销。①

抚恤朝鲜国遭风难夷如例。

廿九日乙丑(公元 1834 年 2 月 7 日)

闽浙总督程祖洛覆奏，遵查升任台湾镇总兵刘廷斌禀讦各款，多系远年已结旧案。今刘廷斌已故，益无从质证，应请毋庸置议。此后惟有申明禁约，实力稽查，见弊即除，遇案即办，以期大法小廉，兵辑民安。瑚松额已遵旨驰赴成都将军任，不及会办。得旨：只可如此，着无庸议。

朝鲜国使臣曹凤振等三人、缅甸国使臣每麻牙咱觉等四人于午门外瞻觐。

是年

传教士在广州创办清朝境内第一份中文的近代化报刊《东西洋考每月统纪传》。②

英国等国向清朝输入鸦片计二万零四百八十六箱。③

经由广州进出口的中英商品贸易额为四千三百六十五万四千零四十五元，其中进口二千三百四十七万六千七百九十三元，出口二千零一十七万七千二百五十二元。④

---

①　《清实录·宣宗成皇帝实录》卷二四七。

②　方汉奇：《中国近代报刊史》上册，山西人民出版社 1981 年版，第 13 页。

③　[美]马士：《中华帝国对外关系史》第 1 册，张汇文等译，生活·读书·新知三联书店1957 年版，第 239 页。

④　[美]马士：《东印度公司对华贸易编年史》第 4 卷，区宗华译，中山大学出版社 1991 年版，第 380~381 页。

道光十四年　甲午　公元 1834 年

正月初六日壬申(2 月 14 日)

道光帝晓谕：台湾远隔重洋，人情浮动，前年逆匪张丙等滋事，甫经平定，一切善后事宜，均须次第筹办。该地方积习疲玩，营伍废弛，必须专阃大员实力整顿，时刻留心防范，方可为长治久安之策。该镇张琴由四川调往，伊抵任时，程祖洛尚未内渡，曾督饬该镇周历履勘，其能胜任与否，谅已得其大概，仍当随时察看，究竟能否胜任，据实覆奏，不可稍有将就。①

初八日甲戌(2 月 16 日)

浙江巡抚富呢扬阿奏报，两浙场盐缺产，请借买芦盐以资接济。两浙杭、嘉、绍、松四所各场灶，上年夏秋晴少雨多，本无存卤，复因冬雪连绵，以致土卤不起，无以供煎，民食堪虞，自应量为接济。清廷着照所请，准其借买长芦官盐五万引，即援照历届借盐各章程，由浙江省委员，带领浙商与芦商前赴各场，照价收买，仍按浙江省引斤捆包，并着长芦盐政祝麟一俟浙江委员到境，即委员作速秤掣，给发照票，无稍迟误。此项盐斤，即由海运至浙江乍浦等处收口，该商等照例先在运库完课，并缴买盐帑本，给与限帖，分运各岸销售。惟念该商等资本微薄，若令将五万引盐价一时凑足，商力恐有不逮，着加恩准其先在运库暂行动拨，统俟芦盐到后，即行归款。该抚仍随时察看，如此后浙盐稍旺，即不必运足五万引。倘尚有不敷，再行量予增买，庶于民食额课，两有裨益。

从巡抚富呢扬阿所请，修浙江东塘坦水各工。

十四日庚辰(2 月 22 日)

免广东巡洋师船弁兵应缴节年浮领口粮银。

---

① 《清实录·宣宗成皇帝实录》卷二四八。

十六日壬午 (2 月 24 日)

谕福建布政使花杰为广西布政使，广西布政使郑祖琛为福建布政使。

廿二日戊子 (3 月 2 日)

祁埙奏报，续探越南国保乐夷匪情形。据称署太平府庆吉等于上年十一月二十八日，巡察至水口关，忽有百余人偷爬关旁栅墙，意图潜入。经该员等拦阻盘诘，传令客民认识，始知悉皆夷人。该客民顾大利并指称内中一人，即系七泉夷州知州阮克和，投顺保乐，带兵交战，因被剿情急，商同诈充内地民人，求放入关，全活性命。该员等示以大义，告以尔等夷人，自相内讧，与天朝无涉，断难放进，并吓以若久缠不去，只可绑交夷官，该夷匪等始行退回远去。清廷要求文武各官及委员带同兵壮并守隘弁兵，实力巡查，严密防范，务期边境悉臻绥靖。①

廿三日己丑 (3 月 3 日)

先是闽浙总督程祖洛奏台湾善后事宜二十条，军机大臣会同该部议奏，至是奏上。一、禁偷渡以杜盗源。嗣后渡台民人，照例由地方官给票验放，台内管口厅员验收。私给照票者，照知情卖放例革职，口员照内地例参处。二、行清庄以除盗薮。查台湾清庄章程，与保甲略同，兼寓团练之意。嗣后每年秋收后，由台湾镇道委员编查一次。三、严连坐以杜包庇。清庄后，如有来历不明，为匪犯法之人，该总董庄耆保甲邻右并不随时捆解，发觉到官，一并连坐。四、禁搬徙以免窥伺。台湾人情浮动，奸徒凭空造谣，闻者纷纷迁徙。嗣后如有此等情事，先将该总董等枷号示众，再严拿造谣之人，照例治罪。五、实力化导以挽颓风。嗣后责令台湾镇道府厅县及驻防乡镇之县丞巡检等官，每逢朔望，传集衿耆，敬谨宣讲圣谕广训。并责成各学教官，于农隙时周历稽查训蒙之人，是否皆堪为后生矜式，明示奖罚。六、修建城墙竹围炮台，增设月城兵房，以资捍卫。请于台湾府城之西北以迄西南，扩一外城，将西门外市集民居，悉行围绕在内，择要建造炮台，并于各城门添筑月城，城上各垛增盖兵房。其沿海地势低洼之处，开挖濠沟，栽种蓟竹为城。其嘉义县城垣炮台，亦应分别修筑。七、划匀台湾、嘉义二县疆界，以资维制。请将嘉义县新港溪迄北至湾里溪二十余里，西极海滨，东竟番界，划归台湾县管辖。所有户口、钱粮、邮驿应行改拨之处，俟该督妥议，分别题咨核办。八、酌议裁改汛

① 《清实录·宣宗成皇帝实录》卷二四八。

防，以资巡查弹压。请拨原防加溜湾汛外委一员，兵六名，大武垄汛兵十七名，旧社汛兵四名，以二十名随同外委一员移驻萧垄，为萧垄汛。七名驻西港仔，归萧垄汛外委管辖。拨原防旧社汛外委一员，并城守营兵二十名驻茅港尾汛。移猫雾捒汛千总一员，兵八十五名，驻葫芦墩。葫芦墩汛外委一员，兵四十名，驻大墩，改为大墩汛。拨大安口汛外委一员，并大甲塘兵二十名，驻吞霄，为吞霄汛。移下淡水营随防把总一员，存营兵六十九名，驻阿猴，为阿猴汛。拨南路营存城把总一员，石井汛兵二十名，驻阿里港。拨下淡水营随防额外外委一员，东汛兵十五名，新园汛兵五名，驻九块厝，归阿里港汛管辖。改枋藔汛归南路营守备管辖，并拨兵二十名，移原设枋藔汛外委一员，兵三十名。再拨新园汛兵十名，驻潮州庄，为潮州庄汛。其改铸移驻各员弁关防条记，及移建衙署兵房等项，由该督分别题咨核办。九、修筑土堡衙署兵房，以资戍守。请于扼要汛地，添筑土堡，将衙署兵房围绕在内。十、练习技艺，以臻熟谙。请责成各营千总等弁，就所管兵丁，各按所习技艺，分日轮操，每半月由专营将领亲考一次，送该镇抽调考验。十一、按期会哨，以资巡缉。请责成各汛弁于两汛交界处，无分风雨寒暑，五日会哨一次。十二、驻防汛弁，不准任意更调。傥实在人地未宜，由该镇详报该督批准，方准调防，违者照移驻规避例参处。十三、酌更营弁调补内地章程。调台各弁，实在训练有方，缉捕勤能者，于三年期满时，准该镇道禀请留台。其循分供职各弁，三年调回，择其才技尚堪造就者补缺。其次降等补用，再次斥革。其各弁升补班次。千总把总期满，论俸请升。如无期满留台之员，由内地调补。十四、酌减台募兵数，以资约束。请嗣后台募兵丁，召募土著入伍，不得过二十分之一。其缉捕得力，量予甄拔者，亦不得过二十分之一。十五、考校班兵，以杜顶冒。嗣后班兵到口，由督抚提督按名阅看技艺，察出顶冒情弊，查系该营派拨者，将原派员弁斥革。如中途更换，将带领员弁究革。十六、选制军器，以收实用。嗣后责成水师提督于将备中择其熟里可靠者，委令监造。十七、清厘屯务，以示体恤，而资调遣。嗣后春秋二季，由理番同知会同地方官周历各屯，按名散放屯饷，仍将放过银数，造册详报该督。十八、整复隘口，以杜勾番滋事。查台湾近年有不法奸民，学习番语，偷越定界，散发改装，谋娶番女，名为番割。请嗣后拿获番割，除实犯死罪外，但讯有散发改装情事，分别充军，无散发改装情事，杖一百徒三年，交刑部纂入则例。十九、严硝磺之禁，以杜私煎。奸民私煎硝磺，无论已未兴贩，照附近苗疆五百里以内煎乞、窝顿、兴贩硝磺例，分别杖徒充军。三百斤以上，及合成火药十斤以上者，照私铸红衣大小炮位例处斩，妻子缘坐，财产入官。与生番交易货物，及偷漏出海者，均以通贼论。知情不举者连坐，失察各官，经照议处。交刑部纂入则例。二十、严申铁禁，以防偷漏。私贩偷运，应将内地口员，讯明是否故纵，分别革职治罪。贩卖接运之人，从重究治。班兵夹带，加等问拟。其原有铁店二十七户，悉移府厅县城中，不准在乡市及沿山沿海地方，私开一铺，私设一厂。从之。①

以福建延平协副将王忠贵为浙江衢州镇总兵官。

廿四日庚寅(3 月 4 日)

朝鲜国王李玜遣使表进方物，命年贡照例赏收。其万寿、冬至、元旦三大节贡物，准抵下次正贡，赏赉如例。

缅甸国王孟既，遣使表进方物，赏赉如例。

二月初三日戊戌(3 月 12 日)

两广总督卢坤奏水陆捕盗情形。得旨：查拿水陆盗犯乃海疆第一要务，须一力督办。文武有不认真用命者，断勿姑息。奋发有为者，务当奖励。必期水陆肃清，安闾阎而弭后患，方为至善，勉之又勉，以副重寄。

初四日己亥(3 月 13 日)

本日据祁𡎰由驿驰奏报，接据越南国来文，剿办夷匪完竣。②

初六日辛丑(3 月 15 日)

福建台湾道刘鸿翱奏报到任，得旨："汝系朕特旨简调之人，海疆紧要，一时一事，不可疏忽，公勤清慎，服膺勿失，朕惟知赏功罚过而已。"

初九日甲辰(3 月 18 日)

从巡抚富呢扬阿所请，修浙江东塘鱼鳞石塘。

初十日乙巳(3 月 19 日)

予福建凯撒内渡、遭风淹毙外委苏净云祭葬恤荫。

---

① 《清实录·宣宗成皇帝实录》卷二四八。
② 《清实录·宣宗成皇帝实录》卷二四九。

廿一日丙辰(3月30日)

闽浙总督程祖洛奏报，计自十二年四月英吉利夷船从闽安洋面开行以后，是年五、六、七、十、十一、十二等月及十三年正、三、五、七、十二等月，夷船之阑入闽洋者，凡十一次。至草乌匪船，先后捅获匪犯三百十一名，匪船一百五只。①

廿四日己未(4月2日)

朝鲜国领《时宪书》赍咨官金学勉呈报，起程回国时在途中遗失物件。清廷以为失物之处系属三河县所辖，事涉外夷，必应上紧缉拿，着顺天府严饬该道厅督饬州县选差丁役，分投侦缉，无论是失是窃，务须获赃给领，无许玩延。②

闽浙总督程祖洛奏报，台湾镇总兵张琴人甚精细，任事认真。

调福建海坛镇总兵官谢得彰为浙江温州镇总兵官，福建福宁镇总兵官程恩高为海坛镇总兵官，以闽安协副将邵求福署福宁镇总兵官。

从巡抚富呢扬阿所请，修浙江山阴县宜桥、宋家溇等处塘坦各工。

三月初一日丙寅(4月9日)

有人陈奏福建延平一带，盗贼公行。③

初二日丁卯(4月10日)

以巡洋不力，革广东署达濠营守备曾继珍、海门营把总邱雄职。

初六日辛未(4月14日)

从巡抚富呢扬阿所请，修浙江仁和、海宁二州县东、西柴石塘工。

---

① 中国第一历史档案馆：《鸦片战争档案史料》第 1 册，天津古籍出版社 1992 年版，第 140~143 页。

② 《清实录·宣宗成皇帝实录》卷二四九。

③ 《清实录·宣宗成皇帝实录》卷二五〇。

初七日壬申(4月15日)

从巡抚富呢扬阿所请,修浙江会稽县桑盆一带石塘。

十八日癸未(4月26日)

贷福州水师旗营修官署兵房俸饷银。

廿四日己丑(5月2日)

兵部奏报,福建省历年题咨船只遭风兵丁赏赐迟延,请旨饬催,得到重视。福建省咨报在洋遭风,办理迟延应议职名,自道光元年起至十三年止,共三十余件之多,迟至四五年至十余年之久,节经该部饬催,率不登覆。清廷着闽浙总督、福建巡抚严饬各营员弁,照兵部单开迟延各案,迅速查明,分别违限月日,开具职名,送部议处,并将现在咨送台湾班满换回兵丁议恤一案,办理迟延各职名,一并送部核议,毋许再有延宕。①

廿七日壬辰(5月5日)

程祖洛奏报,察究夷船游奕并查办两省洋盗情形。据称福建省洋面,向有私造草鸟等船匪徒,出洋伺劫,最为民害。该督严饬查拿,先后报获匪犯三百十一名,匪船一百五只。道光帝指示:夷船诡名不一,阳(佯)以求市为名,实则图贩鸦片。复有内地奸民,驾船接济,彼此获利。夷船之来日多,甚有奸民之贸易广东省,习学番语,即在澳门交接夷人,勾引来闽。地方文武各官,不知认真查察,遇有夷船往来,仅以一报了事。近来严禁鸦片,较前查拿甚紧,该夷船不能获利,又素闻奸民通信,以内地官员驱逐夷船,不肯用火器轰击,遂致心存藐玩,有不遵驱逐之事。而夷船一见官船,转敢施放枪炮,肆行拒捕。向来内地营员驱逐夷船,曾经降旨不准用炮轰击,原期于示威之中,仍寓以怀柔之义。乃该夷船遇有官船驱逐,胆敢施放枪炮。且该夷人船只较大,外洋路径,本所熟悉。官兵驾驶小船,洋面不能遍识,又复遵旨不敢擅用火器,其应如何妥为防范之处,该督务当随时察看情形,斟酌尽善,以肃洋面而杜私贩。至现获奸民王略仅据供认在广东澳门生理,常与夷人交易。其上年驶入闽洋之噶喇吧国船只,系伊勾引来闽售私,至苏禄国一船,及

---

① 《清实录·宣宗成皇帝实录》卷二五〇。

金门镇总兵所禀夷船二只，究系何国夷船，从何处勾接，是否专为贩卖鸦片而来，供词均不足据。该督即设法将其供出伙犯追拿一二名到案，并提到接受英吉利国夷书之杨妹妹等，与王略同伙，三面质对，务得确情，毋任狡展。该督仍当严饬水陆文武各官认真巡哨，毋许夷船阑入内洋，并饬严查口岸，不准一人一船，行驶出口，拢傍夷船，接济贩买，傥稍有疏纵，官则枷号海滨，兵役及本犯当场枭示，从严惩办，毋稍姑容。至浙江洋面，防范巡拿，本较闽省稍易。上年拿获装载鸦片烟土之船户王赞等八名后，未据报有夷船阑入浙洋之案。其盗劫一事，自上年至今，先后报获匪犯多名。惟所获各犯，尚未审结，着即严饬承审各官速行审究，从重拟办，不准藉词开脱。寻奏报，讯明王略屡经勾引夷船，代为运送鸦片烟土，并代夷人收买樟脑。查樟脑为制造火罐火箭必需之物，即与硝磺无异，王略应比照将违禁等物图利卖与进贡外国者为首斩监候律。该犯勾引夷船，不遵驱逐，情罪较重，审明后即行处所斩，仍传首海滨示众。林金条出洋贩运烟土，并开设烟馆，诱惑愚民，在逃多年，应拟绞立决。余分别问拟流徒。杨妹妹讯系捕鱼穷民，实无勾引接贩情事，即行保释。下部议，从之。①

四月初一日丙申（5 月 9 日）

御史帅方蔚奏报，芦商于浙江借买场盐，把持牟利。前据富呢扬阿奏报，两浙场盐缺产，请借买芦盐，当降旨着长芦盐政祝麟俟浙江委员到后，即作速秤掣，给发照票，毋稍迟误。兹据该御史奏称，浙省委员商人，已于二月间行抵津门，迄今月余，买盐章程，尚未议定。缘各场灶户原积有滩盐，每斤值银二厘有奇，价甚轻减，芦商则欲令浙端在伊等所存垞盐内售买，垞盐每斤四厘有奇，较之滩盐贵至加倍。浙商因垞盐价贵，不欲承买，以致日久逗留。道光帝要求彻查。②

初三日戊戌（5 月 11 日）

抚恤琉球国遭风难夷如例。

初六日辛丑（4 月 14 日）

祝麟奏报，遵查浙商买运芦盐情形。此次浙商借买芦盐，先据浙江巡抚咨请于

---

① 《清实录·宣宗成皇帝实录》卷二五〇。
② 《清实录·宣宗成皇帝实录》卷二五一。

存坨盐内收买，缘各场产盐之滩，分列沿海，既不能令船就滩装载，且散漫无稽，易滋勾通透漏等弊。现在浙商于三月初五日先后到齐，其管解银两之运判钟秀于十七日始到，即于二十三日，经芦商浙商公同议定价值，每斤只三厘有奇，并无四厘有奇之数。且坨盐卤尽，可免伤耗，比之赴场收买，较为便利。天津海船，于江浙水线不熟，惟南来沙船，可以装运。清廷要求沙船驶抵天津，该盐政即严饬所属赶紧秤掣，装运开行，无稍迟误。至浙商向有夹带灌包诸弊，该盐政务当严加查察，倘有前项弊端，着即从重究办，毋得稍有姑息，以济民食而肃鹾政。

初九日甲辰(5 月 17 日)

两广总督卢坤奏报，据署儋州知州诸镇等会议办理黎匪善后事宜八条：一、酌留弁兵，以慎防闲；二、团练乡勇，以资守御；三、搜捕余匪，以断根株；四、查拿汉奸，以绝煽惑；五、设立墟场，以通有无；六、禁越界往来，以杜勾串；七、讲求水利，以免荒旱；八、筹拨经费，以备缓急。①

以办理广东黎匪妥速，予知州诸镇等升叙有差。

修广东外海、内河水师各营战船，从总督卢坤所请。

初十日乙巳(5 月 18 日)

从巡抚富呢扬阿所请，修浙江西防厅海塘。

十二日丁未(5 月 20 日)

朝鲜国使臣洪敬谟等三人于大红桥瞻觐。

十九日甲寅(5 月 27 日)

查勘海塘情形，浙江巡抚富呢扬阿奏请另建鳞塘一道，需银九十万二千两。惟工段绵长，物料人夫，骤难凑集，应俟按年陆续请拨。其改建坦水，接筑条块石塘，加帮土戗各工，共需银五十余万两，请迅即照数筹拨。下部议行。②

从巡抚富呢扬阿所请，修浙江镇海及念里亭汛海塘。

---

① 《清实录·宣宗成皇帝实录》卷二五一。
② 《清实录·宣宗成皇帝实录》卷二五一。

二十日乙卯(5曰8日)

福建台湾镇总兵官张琴等奏，拿获嘉义县播谣伺劫、妄称伪号匪犯许懿成等，审明正法。

廿四日戊午(5月31日)

以闽浙督标中军副将谢朝恩为江南狼山镇总兵官。

廿四日己未(6月1日)

两广总督卢坤等奏报，请将借筑南海、顺德二县桑园围基岁修银，免息摊征，分限五年扣还，从之。

五月初二日丙寅(6月8日)

抚恤琉球国遭风难夷如例。

初三日丁卯(6月9日)

朝鲜国王李玜遣使恭进册谥孝慎皇后贺表，并贡方物，命留抵下次正贡。

十六庚辰(6月22日)

抚恤琉球国遭风难夷如例。

廿二日丙戌(6月28日)

有人奏报，近闻英吉利国大舶，终岁在零丁洋及大屿山等处停泊，名曰趸船。凡贩鸦片烟者，一入老万山，先以三板艇剥赴趸船，然后入口。省城包买户谓之窑口，议定价值，同至夷船馆兑价给单，即雇快艇至趸船，凭单交土。其快艇名"快蟹"，亦名"扒龙"，炮械毕具，每艇壮丁百数十人，行驶如飞，兵船追拿不及。各洋呢羽等货，税课较重，亦多由趸船私行售买。道光帝晓谕：海防例禁綦严，岂容夷船逗留，售私漏税。且鸦片烟流毒内地，叠经降旨严行饬禁，自应实力查拿，务使根株净尽。若如所奏，趸船之盘踞不归，"快蟹"之飞行递送，灌输内地，愈禁愈多。各项货物，恃有趸船售私。纹银之出洋，关税之偷漏，未必不由于此。着该督等饬属即将趸船设法驱逐，"快蟹"严密查拿，勿任仍前停泊，致启售私漏税等弊。该夷船如或驱此泊彼，巧为避匿，即责成巡哨水师认真巡缉，从严惩办，勿得稍有讳饰。①

六月初二日丙申(7 月 8 日)

苏勒芳阿奏报，伊胞兄分赔关税银两，无力完缴，恳恩代赔，被驳回。前任福州将军萨秉阿于短收闽海关税额外盈余银两，应分赔银四千五百七十四两零，经户部议准着落分赔，勒限二年完缴。兹据该将军奏报，伊胞兄一介戎行，素无蓄积，请令胞侄固庆就近呈缴银五百七十四两零外，其余银四千两于伊应领将军养廉银内，每年扣缴一半，须历七年，方可扣清。此项分赔银两，帑项攸关，既经部议勒限着追，该将军率以胞兄身后无力完缴为辞，将伊养廉按半摊扣，七年始清，殊与部限不符，且各关税务，甫经户部新定章程，甚为严明，自当遵照办理。若因该将军一人变通部议，非所以示限制而慎帑项。此项银两，仍着依限完缴，该将军所请，着不准行。②

初三日丁酉(7 月 9 日)

以拿获福建台湾逆案余匪，并播造谣言匪犯，予千总伍应龙等升补有差。

从总督程祖洛等所请，修福建水师提标中营右营并澎湖水师协标左营战船。

从总督卢坤等所请，修广东内河三路巡船。

初七日辛丑(7 月 13 日)

海塘工程，富呢扬阿奏前请捐办大盘头一座，业于四月上旬赶办完竣，经历四、五月望朔两汛，颇能挑溜中趋。如果抵御伏汛屹然不动，当相度地势，再建数座，以御顶冲，得到允许。

从巡抚富呢扬阿所请，修浙江石塘坦水各工。

---

① 《清实录·宣宗成皇帝实录》卷二五二。
② 《清实录·宣宗成皇帝实录》卷二五三。

十四日戊申(7月20日)

福建省城地方，本年五月初十、十一、十二等日，阴雨连朝，上游溪水涨溢，又值海潮顶阻，宣泄不及，以致沿河低洼处所，暨省城西南二门、东南之水部门、城厢内外积水丈余及四五尺不等，各处庙宇、营房、塘汛、火药库，闽县、侯官二县衙署、监狱、仓廒，沿河各乡民居、田园、道路、桥梁俱被淹浸。淹毙人口，幸尚无多，且天气旋即放晴，积水渐退。八旗满洲营地面，在城内东北一带，官兵房屋，地势较高，尚无妨碍。东南一带，地势较低，及临河居住各官兵房屋，亦被淹浸。该处兵丁携眷四百余口，避处城上，督抚按日散给粥米。其福州三江口驻防水师旗营，地临海滨，距省城较远，水势易于分泄，尚属无虞。①

十九日癸丑(7月25日)

越南撤兵后，农文云仍占住高平所辖之农通地方。该国现复调集夷兵，驻扎扶桑，拟由农通进剿，农文云亦自派兵防堵要隘。该处与小镇安厅所属之平孟隘魁来卡毗连，惠吉已饬各隘卡严密巡防，沿边照常安静。

廿六日庚申(8月1日)

英国基督教传教士罗伯特·马礼逊病逝于澳门。嘉庆十二年八月初七日(1807年9月8日)，马礼逊受基督教伦敦会派遣，乘坐美国货船"三叉戟"号，由纽约来到广州，嗣后以英国东印度公司职业身份开始传教。②

七月初九日壬申(8月13日)

程祖洛奏报，办理闽洋巨盗情形及审明浙省积年未结洋盗，请将原审官交部严议。道光帝晓谕：闽洋著名积盗刘连姑、刘四二犯，茹刑不吐，刁恶已极。该督即因众证明白，将该二犯立置重辟，以快人心。又浙洋林司一犯，确系事主任维华被劫案内正盗，乃前署宁海县知县现任孝丰县知县陈文治，偏听犯供，以致案悬数载，虽非有意开脱，与不能审出实情无异，陈文治着交部严加议处。闽浙洋面，为盗匪出没之地，全在该管官实力查办，除莠安良，乃近来承审府县，遇有在洋肆劫

---

① 《清实录·宣宗成皇帝实录》卷二五三。
② 顾长声：《传教士与近代中国》，上海人民出版社1981年版，第22~27页。

盗犯，非讯作良民，即欲化劫为抢，以上盗为被胁，致令武员籍口惰缉。此等恶习，已非一日，朕早有所闻，因无实据，难以惩办。该督不避嫌怨，将陈文治参处，如此整饬，可嘉之至。嗣后如有不肯认真谳狱者，着该督随时参革，以示惩儆。①

从巡抚富呢扬阿所请，修浙江东、西海塘。

免福建淡水、台湾、凤山、嘉义、彰化五厅县被贼抢失抄叛各产租谷。

初十日癸酉(8 月 14 日)

据赵盛奎等奏报，浙江塘工应用条石为数甚多，除已派工员承办赶速运工外，核计其数，仍有不敷，援照乾隆四十五及四十八等年，由江苏采办协济，所用银两，即由江苏报销成案。清廷着林则徐即派委妥员，于苏州洞庭一带采办宽一尺二寸、厚一尺、长四五尺、六面见方之条石四万丈，务于来春全数解交浙江工次，以资应用。此项条石尺寸，系照定例办理。

赵盛奎等奏报，筹议保护海塘工程，并将办工事宜，条议章程，开具清单，绘图贴说。道光帝批复：此次筹议保护海塘各工，东南两潮顶冲之地，现以念里亭汛为最险，除捐建盘头六座，择要添筑盘头三座外，其余改修柴埽，埽前照案抛护块石，以资保护。其念里亭汛迤西镇海、戴家桥两汛，为次险之工，除择要添筑盘头四座外，其余概改用竹篓块石，较之修复坦水，更为得力。此外西塘乌龙庙以东，旧工本系条石鳞塘，一律接筑，以昭慎重。其海宁绕城石塘，一律加高纵横条石两层，于保障城垣，更为有益。其尖山汛迤东塘下旧基，潮不当冲，无庸改建坦水，只须护以块石。又韩家池改建条块石塘，戴镇、念尖等汛三次奏修鳞塘，念里亭汛塘后加帮土戗，均系应办之工，着照富呢扬阿原奏办理。②

十九日壬辰(8 月 23 日)

两广总督卢坤奏报节次查办鸦片烟情形。③

调广东琼州镇总兵官陈步云为浙江温州镇总兵官，温州镇总兵官谢得彰为琼州镇总兵官。

---

① 《清实录·宣宗成皇帝实录》卷二五四。

② 《清实录·宣宗成皇帝实录》卷二五四。

③ 中国第一历史档案馆：《鸦片战争档案史料》第 1 册，天津古籍出版社 1992 年版，第 145~146 页。

八月初二日甲午(9月4日)

程祖洛等奏营弁串改失事洋面，请将授意之护理总兵解任质讯。浙江镇海县船户黄泰昌、舵工杜良元赴福建烽火门营，呈报在浙江三星洋面被盗行劫拒伤水手朱家泷落水身死一案。嗣经讯明，舵工杜良元指认失事处所，实在烽火门营所辖之大崳山北首七星山之西，离三星洋尚远，系外委龚发等串改，令其呈报。复经诘讯龚发等改写三星洋面，系参将潘世标授意，并又究出潘世标因水手朱家泷被杀，家有老母，曾赏给番银，为伊养胆。又因杜良元求索盘费，亦给番银。此中情节可疑，不可不彻底根究。护理福宁镇总兵事前任烽火营参将升补澎湖协副将潘世标，着即解任调省，交该督归案质讯，如实有授意贿串情事，即行奏参惩办。寻奏报，潘世标讯无授意串改，亦无赏给番银情事，惟于洋面失事，属弁营书，设计诿卸，不能先事查出揭报，实属失察，请交部议处。下部议，从之。①

暹罗国本年届当例贡之期，该国王郑福如期遣使恭赍表文方物入贡，并谢上次赏赐如意缎匹之恩，现已行抵粤东。清廷指示：其带来压舱货物，照例免税，至该国大库所请将贡船先行回国修整之处，着照所请行。

初四日丙申(9月6日)

御史曾望颜奏报广东水师有违规任用私人情形。广东平海营参将赖英扬所属之中军守备，即为其子赖恩爵，并不申请回避。又水师提标后营游击，现经题补新会营参将庐必沅，系江西南昌人，于上年署顺德协副将任内，令其子卢良弼冒认广东肇庆府藉贯，即在顺德营充伍食粮，不及数月，即拔补外委，又将左哨千总余得刚详参开缺，将右哨把总蒋大彪拔补，将其子卢良弼拔补蒋大彪之缺。

粤东沿海地方械斗顶凶之案，相习成风，莫如潮州为甚。而械斗之最甚者，莫如连乡纠众，总由土棍讼师，勾串播弄。清廷要求地方重点查处。

十六日戊申(9月18日)

赵盛奎等奏报筹议海塘岁修银数。浙江海塘岁修银两本有定额，经该侍郎等查明，东塘柴埽、竹篓两项，连盘头十三座，共工长七千余丈，现办埽工坐当顶冲，潮猛溜急，较之西塘情形尤重，自应筹款办理，以济要工。清廷着照所请，准其于

---

① 《清实录·宣宗成皇帝实录》卷二五五。

该省捐监项下，每年提银五万两，存贮藩库，备添东塘岁修之用，俟将来筹有生息银款，仍将监银全数报拨。

海塘要工差委乏员，严烺等奏请遴派南河人员来浙。清廷着陶澍、麟庆于南河所属候补丞倅佐杂内遴选四五员，派令赴浙，听候分派，工竣之日，此项人员仍回南河本工，不准奏请留浙补用。至海塘埽篓石工，皆以签桩为要务，现在浙省并无熟手，签钉不能如法，并着陶澍等于所辖河营内，酌派千把总一二员，选带熟谙桩埽兵丁一百五十名，携带云梯、天破各器具，即日赴工，率同力作，工竣仍令回营当差。

海塘首险要工，严烺奏请先行趱办。浙省办工，本少谙练之人，更多疲缓之习，据称现在石工孤立，潮汐可危。清廷要求地方次第兴举，不准稍有观望。①

十七日己酉(9 月 19 日)

北海塘工冲坍，商民摊捐改修。浙江萧山县东北一带，滨临江海。山阴、会稽两县，地居萧山之南，势处下游。该三县民田商灶，全赖北海塘工捍卫。现在被潮冲坍，情形危险。该绅士等请将顶冲之调字号至水字号土塘二百八十丈，改筑条石塘，以资抵御。玉字号至咸字号土塘四百三十五丈，增高培厚，兼施榫石，以期完固。其收字号至吕字号柴塘一百七十八丈，与调字等号紧连，尤为受冲要区，亦一律改建石塘以资联络。又宿字号至秋字号原修石塘一百五十六丈，形势卑矮，亦须加高三层，以免漫溢。共约需工料银五万七千余两，计钱七万四千余串，在三县境内按亩摊捐，共钱六万余串；尚不敷钱一万三千余串，约需银一万两，已据各盐商等捐足，以济工用。

廿五日丁巳(9 月 27 日)

闽省地方官员因盐务事宜被撤职。②

廿七日己未(9 月 29 日)

广西巡抚惠吉等奏报，越南内讧未靖，遵旨防范稽查，并沿边关隘，照常安静。

---

① 《清实录·宣宗成皇帝实录》卷二五五。
② 《清实录·宣宗成皇帝实录》卷二五五。

廿八日庚申(9 月 30 日)

本日据卢坤等由驿驰奏报，越南国差官护送广东遭风师船弁兵回粤。本年三月二十六日，广东左营外委陈子龙，在琼州府厂领驾左营一号捞缯船一只，兵丁共二十七人，遭风漂到越南清华省地方，经该处官目接引入港，资给钱米，复经该国王派官前往设宴款待，分给外委弁兵银米等物，并将船只器械代为燂洗修补，旋派差官李文馥等驾船护送回粤。清廷着降敕褒奖，并赏赐该国王各样缎匹。此次该国带有压舱货物，及将来出口货物，俱着加恩免其纳税，仍循照旧章先行开舱起货销售，俾免稽迟。

卢坤等奏报，英吉利国夷情谬妄，请旨办理，并现在筹备情形。据称该国夷人，自公司散局，各自贸易，事无统摄。本年六月内，有该国夷目律唠啤来粤，称系查理贸易事务，携带眷属，寄住澳门兵船。该夷目换船至省外夷馆居住，当即饬令该洋商查讯，该夷目不肯接见，旋即呈递致卢坤书信一函，系平行款式，混写大英国等字样。卢坤等以体制攸关，申明例禁，俾该夷人遵守旧章，反复晓谕。该夷目违抗不遵，随饬委员等面加查询，该夷目总不将办理何事，说明原委，又不将兵船开行回国，历次违抗不法，请照例封舱，将该国买卖，暂行停止，量加惩抑。如果夷目改悔，遵守旧制，即准其奏请开舱。该夷人除炮火以外，一无长技，现在密派员弁，在省城内外及澳门一带，分投布置，镇静防范。仍饬该府县访查汉奸，严拿惩办，并查明该商等有无情弊，严参究处。其澳门附近洋面等处，所有密派弁兵，豫为筹备，俟察看夷情安静，即行撤回。道光帝批复：英吉利国夷人，素性凶狡，向与中华不通文移。惟化外蠢愚，未谙例禁，自应先行开导。令该商等传谕饬遵，兹该夷目既报拗顽梗，不遵法度，自当照例封舱，稍示惩抑，俾知畏惧。如该夷目及早改悔，照常恭顺恳求贸易，即准奏请开舱，只期以情理之直诚，化犬羊之桀骜，但能无伤大体，即无庸过事苛求。倘该夷人自恃船坚炮利，阴蓄诡谋，不听约束，犬羊之性，急则反噬，则驱逐出省，不能不示以兵威。其省城内外及澳门一带大屿山炮台等处，务须密派弁兵，加意巡逻，不动声色，镇静防范。至外夷在内地通市，如能照常安静，自当一视同仁，曲加体恤。况天朝嘉惠海隅，并不以区区商税为重，该国贸易百数十年，诸事均有旧章，岂能以该夷目一人之执谬，绝商舶之往来。总当通盘筹画，设法整顿，自未便任听该夷目固执，致各散商纷纷向隅。务随时察看情形，酌量办理，固不可于国体有妨，稍事迁就，亦不准令边夷启衅，稍涉张惶。至该夷目胆敢抗违，有无内地汉奸，暗中唆使，必应严饬该府县密速访拿，从重惩办。其外夷贸易，系洋商专责，兹该夷目来粤，该商等既不先行禀报，节饬传谕，又无一能为，殊属玩忽，着该督等查明有无情弊，严参究办。其现在筹备防范各处，该督等当约束弁兵，密饬稽查防守，以备不虞，不准轻启衅端，致烦兵力，俟察看夷情安静，即行撤回。仍将办理情形，随时据实具奏，毋稍含混。①

九月初一日癸亥（10 月 3 日）

贷福州驻防官兵修理衙署兵房俸饷银。

初二日甲子（10 月 4 日）

本日据哈丰阿等由四百里驰奏报，八月初五日，有夷人巡船二只，乘风闯入内河。该处炮台，放炮攻击拦截。该夷船胆敢抗拒，施放连环大炮回击。现经左廷桐统带左司协领海明、杨承震二员，水师旗营佐领二员，骁骑校四员，兵三百五十名，于八月初十日，驾船前往猎德隘口，会同绿营将弁，实力防堵。道光帝晓谕：此次英吉利夷人律唠啤自称夷目，来粤查理贸易事宜，不领红照，擅自来省，率递书函。既经卢坤等传谕封舱，停其贸易，自应悔悟恭顺，俯首认罪，何以胆敢闯入内河。我兵放炮拦截，该夷船竟敢放炮回击，彼此有无伤损；迨经带兵防堵，该夷船现在停泊何处；且卢坤既与该将军等面商拨派水师兵船，妥为堵御，何以此次折内，卢坤等并不会衔。外夷准令通商，本系天朝体恤，英吉利夷人犬羊性成，心怀叵测，由来已久。此次夷船仅有二只，夷人亦不过四百，若不乘此加以威慑，俾知畏惧，将来酿成巨患，重劳兵力，尚复成何事体。着卢坤暨该将军等悉心会商，通盘筹画，倍加留意防范，切勿轻祖，既不可稍事迁就，致滋后患，亦不可过涉张皇，肇启边衅。②

初三日乙丑（10 月 5 日）

广东官员因处置英人入河与炮击事件不力而受到处理。广东水师提标中军参将高宜勇，于六月间即经派往海口堵御，任该夷兵船驶入内河，着先行革职，枷号海口示众。水师提督李增阶，着先行革职，事定后再降谕旨。两广总督卢坤革去太子少保衔，拔去双眼花翎，先行革职，暂留两广总督之任，戴罪督办。

英人闯入黄浦河面停泊后，广东开始整顿防护措施。据总督等奏称，调用大船十二只，每只用大石块十万斤，横沈水内。用粗大锚缆系碇，复用木排在水面阻塞，堵其入省水路。并调集提标大师船二只，军标大小师船六只，及新会顺德各营

①　《清实录·宣宗成皇帝实录》卷二五五；中国第一历史档案馆：《鸦片战争档案史料》第 1 册，天津古籍出版社 1992 年版，第 146~150 页。

②　《清实录·宣宗成皇帝实录》卷二五六。

县内河巡船二十余只，配兵备械，严密巡防。又调拨督标兵丁三百名，抚标兵丁三百名，提标兵丁七百名，府县壮丁三百名，整备枪炮，在两岸陆路防备。其大黄滘支河，派委参将卢必沅带领巡船二十余只，在彼拦截。并用大木排堵塞河面，又于对河建设木闸，委都司洪发科率领督标精锐兵五百名，水师兵一百名，运带抬炮及劈山威远大炮，以一百五十名防守炮台，以三百五十名扎营策应。又另片奏报，此时前路两处全行堵塞，后路亦在长洲岗地方，购备大石，派永靖营兵丁三百名，令游击玉禄管带防守。一俟碙石等处师船驶入，即将大石堵塞河内，该夷船即无出路。并豫备大小船百数十只，暗藏硝磺柴草引火之物，为火攻之计。道光帝批复：如该夷目一经惩创，计穷力蹙，俯首认罪，尚可宽其一线，即饬洋商晓以利害，责其擅进兵船，擅用炮火，并诘以因何来省之故。倘仍执迷不悟，顽抗如前，该督等即整饬戎行，相机驱剿，务令该夷目震慑天威，悔悟恭顺。①

以江南苏松镇总兵官关天培，为广东水师提督。

初七日己巳（10月9日）

闽浙总督程祖洛等奏报，酌筹拨解台湾道库贮备银两。福建台湾一府，孤悬海外，必须库贮充裕，方可缓急足恃。据该督等查明，请由收捐监生银两归补本省封贮项下酌拨十万两，发交道库，以为备公要需，得到批准。

初九日辛未（10月11日）

道光帝再次就英人闯入黄浦河面一事做出批示，要求查明缘由，做好防护。

初十日壬申（10月12日）

两广总督卢坤等奏报，查明番船贩卖鸦片及查办情形，并奏请允许英船开舱照旧贸易。广东夷船私带鸦片，多在外洋售卖。即有内地匪徒，勾串贩运。经卢坤等严饬舟师，将在洋停泊夷船，随时催令开行，并禁民船蜑艇与夷船交易，严拿走私土棍。但洋面众船聚集之时，难分玉石。惟有于各国商船回帆以后，查明如有在洋逗私船只，即调集水师，大加兵威，严行驱逐。仍饬令该管将弁派拨巡船二只，在夷船湾泊洋面，常川巡查，一切民蜑艇只，均不许拢近夷船，私相交易，以杜接济。倘有土棍驾驶快艇，向夷船兴贩鸦片，及私买货物，即查拿解究，从重治罪。并责成内河营县派拨巡船，在各海口及一切通海港汊，分定段落，昼夜轮流巡缉。

---

① 《清实录·宣宗成皇帝实录》卷二五六。

如有奸贩偷越进出，即行拿解。各关口一体实力严查，无论外海内河，拿获走私漏税人赃船艇，即照例奏请分别奖励。傥员弁疏于查缉，或兵役得规故纵，除兵役照例治罪外，将该管官从严参办。仍饬地方官访拿开设窑口土棍，查抄严惩，如不认真办理，别经发觉，从重参处。并令洋商传谕英吉利夷商互相查察，如有一船偷漏，即将众船一概不准贸易，使其彼此自相稽察，防闲更为周密。①

十一日癸酉(10 月 13 日)

本日据哈丰阿等由驿驰奏报，英吉利兵船夷目，均已押逐出口。据该夷商咖律治等复称，律唠啤系属夷目，与大班不同，不晓事体。兵船进口，实因商船封舱，保护货物，缘海口兵丁开炮轰击，夷兵亦放炮自护，深知悔错。且该国商梢数千人，俱以该夷目不遵法度为非，无一附和之人。该督等因该夷目律唠啤既已认错乞恩，众散商节资吁求，自应宽其一线，逐令出口。即准该商等赴粤海关请领红牌，该督派委文武妥员，于八月十九日，将律唠啤押逐出口。该夷兵船二只，亦于是日开行，押出虎门海口。所有调防各处水陆官兵，概行撤回，分别归伍归巡。道光帝以为两广总督卢坤始虽失于防范，终能办理妥善，不失国体而免衅端，着加恩赏还太子少保，并给还双眼花翎，其前此疏防，亦难辞咎，着仍带革职留任。前任水师提督李增阶业经革职，现已事定，着毋庸议，即令回籍。已革水师提标中军参将高宜勇，着俟枷满一月后，即行释放。其看守炮台怠玩各弁，着一并枷满释放。

又哈丰阿等奏报，该省水师营伍，人材甚少，俟新任提督到粤后从长商办。又各处炮台，有无应行更定事宜，俟亲往查勘，酌量办理。至该国公司既散，仍应另派大班管理，方可相安。道光帝批示：英吉利夷人与内地通市，向来不通文移，然必须有统摄之人，专理其事。着该督等即饬洋商，令该散商等寄信回国，另派大班前来，管理贸易事宜，以符旧制。至沿海各处炮台，尤当力加整顿，不可有名无实。着该督于校阅营伍时，亲往虎门一带，逐加查勘。如有应行更定事宜，务当悉心妥议，总期有备无患，实在得力，方足以壮声威而资防御。其营务海防一切章程，着俟新任提督关天培到粤后，该督等会同筹商，设法整饬，力除从前怠玩积习，俾该将弁等有勇知方，悉成劲旅。至关口进出稽查，全在粤海关监督，廉以饬躬，严以驭下，方能慑服诸番。着该督等会同新任监督彭年将废弛积弊，痛加整顿，其如何厘剔弊端之处，着即商酌详议，厘定章程，据实具奏。②

从巡抚富呢扬阿所请，修浙江海塘柴工。

---

① 　中国第一历史档案馆：《鸦片战争档案史料》第 1 册，天津古籍出版社 1992 年版，第 157~161 页。

② 　《清实录·宣宗成皇帝实录》卷二五六。

十八日庚辰(10月20日)

以捐修广东海丰县炮台，予捐职都司林光佩议叙。

廿三日乙酉(10月25日)

清廷派敬徵、吴椿会同乌尔恭额、严烺、富呢扬阿商讨保护海塘工程。

十月初三日甲午(11月3日)

卢坤等奏报，夷情惟利是图，其私贩已久，必不甘心舍弃，或伺官兵撤后复来，或穷蹙窜驶他省。道光帝批复：该督等务当严加约束，外则巡以舟师，内则谨防海口，使不致行销无忌，亦不致越驶他省，总期相机妥办，严行禁绝，方为不负委任。

有人奏报，粤商近增私税，拖欠夷钱，请定章程，杜绝弊端。道光帝晓谕：外夷与内地通商，本系天朝体恤。所有应纳税课，果能按额征取，该夷商等自必乐为输纳，日久相安。若如所奏报，近来粤商颇多疲乏，官税之外，往往多增私税，奸人又于其中关说牟利，层层朘削，甚有官商拖欠夷钱，盈千累万，以致酿成衅端。是粤商等假托税课名目，任意勒索，甚至拖欠累累，该夷商等不堪其扰，无怪激生事变。即如本年英吉利夷目律唠啤等不遵法度，将兵船阑入内河。夷情狡猾，惟利是图，未必不因粤商等多方婪索，心有不甘，遂尔狡焉思逞。若不明定章程，严加饬禁，何以服夷众而杜弊端。着卢坤等确切查明，傥有前项情弊，立即从严惩办，毋稍徇隐。并着悉心筹议，将如何稽核之处，妥立章程，据实具奏。总期夷情悦服，而奸商不敢恣其朘削，方为不负委任。①

十一日壬寅(11月11日)

从巡抚富呢扬阿所请，修浙江东塘鱼鳞石工。

十七日戊申(11月17日)

清廷指示：本年十月册立皇后，恭上皇太后徽号，所有应颁朝鲜国诏书，着俟

---

① 《清实录·宣宗成皇帝实录》卷二五八。

该国年班贡使到京，即交该使臣敬谨赉回。

廿四日乙卯 (11 月 24 日)

从巡抚富呢扬阿所请，镶建浙江上虞县余埭巷等处塘堤。

廿五日丙辰 (11 月 25 日)

有人奏报，广东澳门夷商，有自筑炮台，训练番哨情事，请严饬该省大吏设法拆毁驱逐。据称广东省澳门地方，距省城三百余里，向有夷商携眷寄住，已历二百余年。各国夷人恭顺奉法，惟英吉利夷情狡悍。该夷等于澳门自筑炮台六座：曰东望洋炮台，置炮七位；曰西望洋炮台，置炮五位；曰娘妈角炮台，置炮二十六位；曰南环炮台，置炮三位；曰噶斯兰炮台，置炮七位；其最大者曰三巴炮台，置炮二十八位。各贮火药于左侧。此外尚闻置炮百余位，约计置炮共二百余位，有大炮六十余位，余炮差小，其最大者重三千斤，长二丈，炮口能容蛇行而入者三人。又有番哨三百余人，皆以黑鬼奴为之，终年训练，无间寒暑，诡形异服，弥满山海。加以奸民贪利，被其啖诱，导之陵轹居民，蔑视官法。该夷中如马律成等通晓内地语言文字，粤省虚实情形及官民动静，无不确知。本年该夷目律唠啤擅令兵船阑入海口，若非见澳夷终年练兵，该省地方官漫无查察，恃为声援，安敢出此。该澳夷安居内地，筑台列炮，日练夷兵，如谓自备洋盗，有内地沿海文武衙门代为巡防，即谓该夷兵寄居内地，万无能为，但内地边疆，岂容外夷设险屯兵，置之不问。该省历任文武大员，从未以此情奏闻，请严饬该省大吏，务将澳门地方该夷自筑炮台炮位拆卸销毁，驱逐番哨，尽行回国。清廷要求将澳夷自筑炮台训练番哨情形，确切查明，据实具奏。①

廿九日庚申 (11 月 29 日)

本日据户部奏报，直隶省领运奉天米豆海船，并不遵照奏定例限办理。经该部饬查，并叠次咨催，该督未将迟误缘由随时声复。此项米豆，上年甫经该部奏定例限，本年即复因循，实属不成事体。况应运米豆，一经守冻，不免霉变折耗之虞。清廷要求琦善即将领运船只因何迟误缘由，迅速查明报部，以凭核办。嗣后每年雇船，着该督严饬承办各员遵照例限，于四月内全抵奉天，傥有稽迟，即由该部奏参惩办。并着盛京户部奉天府尹严饬经征各员每年将米豆尽数征完，一俟海船到齐，

① 《清实录·宣宗成皇帝实录》卷二五九。

刻即装载，务于限内运通，以速转输而符定制。至直隶雇船出口，既不派员督押，只令县役数名押往，致该船户任意耽延，难保无卖放包揽情事。嗣后海船出口，应如何添派员弁押赴奉天以专责成之处，着该督妥议章程，奏明办理。①

十一月初十日辛未（12月10日）

从总督程祖洛所请，修福建福宁镇水师战船。

十七日戊寅（12月17日）

惠吉奏报，续探越南国内讧情形，仍饬加意严防。据称该国官兵克复牧马，农文云退回保乐，现闻该国克期分路进剿。太平府一带，相距尚遥。镇安府属边境，去保乐较近。该国用兵已有年余，虽未扰及边境，惟蛮触相争，胜负无常，该国集兵进剿，意在必除。农文云以乌合之众，一经战败，难免分投逃窜，恐假冒内地民人，潜行混入。沿边一带，亟饬加意严防以杜窜越。傥农文云果败逃内地被获，即遵奉前旨，缚交该国自行办理。

十九日庚辰（12月19日）

敬徵等奏报，会勘海塘工程，酌议办理。据称此次修理塘工，前议由念里亭汛甲字号起，至尖山汛石字号止，于石塘外改筑柴工。现在已镶柴工，尚能抵溜。惟塘身紧要，应乘此柴工外护，将此内坍卸石塘，即时修整牢固，着速饬工员赶紧兴修，以资保障。至（自）镇海汛启字号起，至戴家桥汛积字号止，原议改建竹篓块石工程，本系前人成法，自乾隆四十五年以后，迄无办过成案。而保护鳞塘之法，以修复条石坦水，较为得力。乌尔恭额遵旨会同履勘，仍与前次情形相同。严烺称坦水与竹篓，均系海塘成法。富呢扬阿请仍修坦水。现据敬徵等公同商酌，意见相同。所有原议改建竹篓块石处所，着仍照旧制，修复条石坦水二层，以护塘基。限于明年四月内，将头层坦水，修整坚固。其二层坦水，接续赶办。统限于明年九月内竣工。清廷批复：各项工程，未能同时并举。着将乌龙庙以东原奏添建鳞塘，限明年七月竣工者，暂为推缓。俾专办坦水椿木条石，以济要工。其海宁绕城三层坦水，及原议绕城塘工加高二层，着俟明年大汛时察看情形，再行奏明办理。至请修坦水段落，除赔修不计外，应修条石坦水三千五百三十九丈零，共需银二十一万三千九百余两，着即照所议办理。柴埽工段，业经兴办，着限于本年十二月内完工。

① 《清实录·宣宗成皇帝实录》卷二五九。

又另片奏报，自尖山汛"巨"字号起，至"嘉"字号止，又"索"字号起，至"默"字号西十二丈止，一律修建条石坦水二层。又"猷"字号起，至"谁"字号止，并"默"字号东八丈起，至"道"字号西十三丈七尺止，旧有块石坦水，着照式修补，以资保护，并着于该汛适中之地添建盘头一座，以挑溜势。其盘头工料银两，着按例核实估办。至前项坦水工程，除旧料抵用外，计需银九万八千二百余两，较原议全抛块石银数，并无增多，亦着照所议办理。又另片奏报，东防一带石塘，经乌尔恭额等逐细履勘，亟须分别情形，核实修整，共估需银一万三千四百两零，着准其于协拨塘工节省银两内，如数动用，俾工员赶紧修填，以裨要工。①

以盛京工部侍郎乌尔恭额为浙江巡抚，浙江巡抚富呢扬阿为盛京工部侍郎，兼管奉天府府尹事。

廿四日乙酉(12 月 24 日)

两广总督卢坤奏报英吉利兵船回国日期。得旨：海洋寥阔，夷船虽报归帆，仍当加意查探，毋再生事，不可坐受欺诳也。

廿六日丁亥(12 月 26 日)

从总督陶澍等所请，移江苏金山县知县典史驻洙泾镇，洙泾镇巡检驻旧治卫城。

十二月十六日丙午(公元 1835 年 1 月 14 日)

哈丰阿等奏报，操演抬炮，并筹备军械。粤省地处海滨，毗连南越，训练操防，尤为要务。前经赏给关税银两，制造抬炮。兹据该将军等奏报，如数造成后，饬令各兵勤加操演，惟各兵自备步弓战箭，以及旧制矛枪，均有未能得力之处。该将军等另造火漆缠筋战弓六百张，前锋领催暨甲兵，每名配足战箭一百枝，其矛枪一项，亦更改式样，务令便捷合用。此项增改备制军械，不无需费，着即由粤海关税内，赏给银五百两，该将军等即饬交委员，将各项军械，一律制造完全，务须认真训练，不可有名无实。

广东水师提督关天培奏报到任谢恩。得旨：广东风气，浮而不实，加以历任废弛，水师尤甚。朕看汝颇知向上，尚有干济之才，是以特加擢用，务要激发天良，

---

① 《清实录·宣宗成皇帝实录》卷二六〇。

公勤奋勉，实力操防，秉公去取，一洗从前恶习，海疆务期静谧，勉益加勉，毋忽。①

十九日己酉（公元 1835 年 1 月 17 日）

予广东出洋淹毙把总傅文韬等祭葬恤荫。

从巡抚富呢扬阿所请，修浙江萧山县西江塘工。

二十日庚戌（公元 1835 年 1 月 18 日）

卢坤奏报查办粤海关商欠饷银大概情形。前据中祥奏报，截清新旧关饷已未完银数，并查明商欠饷款至二百六十余万两之多，当降旨交卢坤确切查明，据实具奏。兹据奏称，向来洋行倒歇，有将该商饷欠查办摊赔之案。道光四年以后，丽泉等五行，相继闭歇。现商代赔欠项多至二百余万两。又值比年洋货滞销，以致拖欠饷项。核与中祥所奏，尚属相符。关饷催征起解，例有定限，不得籍口摊赔，转致征解迟延。现经该关监督彭年奏报，请将欠数最多之商人梁承禧、李应桂革去职衔，同其余欠饷各商，均勒限三个月完缴，已于具奏后缴过银十一万二千八百两零，所有未完银两，仍着上紧严追，勒令于限内扫数全完，不准稍有蒂欠。傥逾限完不足数，即按欠数多寡，分别正杂，查抄追赔，务使帑项均归有着。②

廿七日丁巳（公元 1835 年 1 月 25 日）

吴椿等奏报，请将办工疏忽之县令摘去顶带。浙江海塘兴举大工，全在承办各员，认真经理。兹据吴椿等查明，石塘一丈，例应于塘底钉椿一百五十根，其椿数及围圆尺寸，俟委员验明合例，方准砌石。署秀水县知县刘礼章承修经府二号石塘四丈，于钉桩齐全后，尚未禀候查验，率任匠人累石修砌。虽非意存偷减，究属疏忽。刘礼章着先行摘去顶带，责令立时拆起，听候验桩，再行另建。傥仍不知愧奋，并工程不能如式，即着据实参办。③

调浙江衢州镇总兵官王忠贵为福建建宁镇总兵官，建宁镇总兵官孙抡元为衢州镇总兵官，福建福宁镇总兵官邵永福为浙江温州镇总兵官，温州镇总兵官陈步云为福宁镇总兵官。

---

① 《清实录·宣宗成皇帝实录》卷二六一。
② 《清实录·宣宗成皇帝实录》卷二六一。
③ 《清实录·宣宗成皇帝实录》卷二六一。

本年

英国等国向清朝输入鸦片计二万一千八百八十五箱。①

道光十五年　乙未　公元 1835 年

正月十八日戊寅（2 月 15 日）

闽浙总督程祖洛奏报，本年查阅营伍，遍历浙江全省及福建延平、建宁、福宁等府，并察看两省文武各员，亦仅能挽住狂澜，犹未能纳民于轨物。得旨："废弛易而整理难，此乃一定之理。即朕十数年来，诸事以诚以实，犹未大见起色，亦仅能或挽狂澜耳。朕之冰兢，朕自知之，无非孜孜慎勉，以期终始如一。"②

廿五日乙酉（2 月 22 日）

广州将军哈丰阿等奏报，遵旨查澳门炮台番梢，系西洋夷人设立，起自前明，并非英吉利夷商建设。得旨：所奏甚属明晰。京师传言，原难凭信，第有人陈奏，岂能不降旨查询。且拣查旧存图籍，造办处现存乾隆初年洋画澳门图一幅，朕详加披阅，其门户墙垣，宛然在目，并有高台数处，俱设有炮具，其三巴门等名目，俱系清书标识，与卿等所奏大同小异，自可毋庸查办，仍循其旧。惟诸夷货船，暨澳门居住夷人，均当随时留心，照例妥办。天朝体制，断不可失。外夷衅端，断不可启。

廿六日丙戌（2 月 23 日）

朝鲜国王李玜遣使表贺万寿、冬至、元旦三大节，并贡方物，赏赉筵宴如例。

---

① ［美］马士：《中华帝国对外关系史》第 1 册，张汇文等译，生活·读书·新知三联书店 1957 年版，第 239 页。
② 《清实录·宣宗成皇帝实录》卷二六二。

琉球国王世子尚育、暹罗国王郑福均遣使表贡方物，赏赉筵宴如例。

廿七日丁亥(2月24日)

英、美籍传教士组织"马礼逊教育会"，在广州设立"马公书院"，给清朝儿童提供英文、西学、宗教等方面的教育。①

廿八日戊子(2月25日)

从巡抚乌尔恭额所请，修浙江仁和、海宁二州县海塘。

为防范夷人贸易，两广总督卢坤等建议增易条规。②

二月初七日丙申(3月5日)

两广总督卢坤等奏报，遵查洋商实无私增税银，并现办夷欠事务，仍遵奏定章程。每年夷人回帆时，将洋商有无欠账未清，注明银数商名，据实结报，即将商欠夷账，勒催归偿。如不先行报明，即属私借，一概不准追赔，庶夷人无拖欠之虞，众商亦无摊赔之累。③

十八日丁未(3月16日)

予故朝鲜国王李玜祭一次，谥宣恪，并追予故世子奂封爵。

朝鲜国使臣朴宗薰等三人于大红桥瞻觐。

十九日戊申(3月17日)

钦差都察院左都御史吴椿等奏报："浙江海宁塘工，惟念里亭汛为最险，故自甲字号起，至石字号止，改筑柴埽三千四百四十四丈，添建盘头七座，先经奏准办理。嗣乌尔恭额来浙，因竹篓恐难经久，奏请仍修坦水。经敬徵与吴椿详加履勘，

---

① 郭廷以：《近代中国史事日志》上册，中华书局1987年版，第56页。

② 中国第一历史档案馆：《鸦片战争档案史料》第1册，天津古籍出版社1992年版，第176~177页。

③ 《清实录·宣宗成皇帝实录》卷二六三；中国第一历史档案馆：《鸦片战争档案史料》第1册，天津古籍出版社1992年版，第171~174页。

亦照修复坦水之议。其念里亭等汛，修筑柴埽、盘头，仍照前奏兴办。现在吴椿等亲往验收，尚属稳固，惟所办柴埽面宽尺寸短缺，盘头因两边俱有埽工坦水，块石亦须酌减，应将原估银数核实扣除。"报可。

廿二日辛亥(3 月 20 日)

以捐修浙江镇海县城垣河道书院，予前任知县郭淳章等议叙有差。

廿三日壬子(3 月 21 日)

朝鲜国王世孙李焕表请袭封，进贡方物，命留抵下次正贡，宴赉如例。

廿六日乙卯(3 月 24 日)

惠吉奏报，接据越南国王咨呈，内称保乐土州农文云现被该国官兵剿破贼巢，潜逃不见踪迹。据所获匪党许文泰等称，农文云挈眷潜窜内地镇安府之弄猛博炭等处，请严拿送办，并愿输银二千两，充赏出力兵民，并请准该国将弁酌带一二百人，或五六十人，于沿边一带分路追捕。道光帝晓谕：农文云诡谲异常，该匪党等所称农匪潜窜弄猛博炭地方，舆图内既无此项地名，显系逃东指西，诈言遁迹。即内地所探农文云藏匿夷地弄标地方，并前往老挝大墟归附黎氏之说，亦难凭信。该抚惟当遵奉前旨，咨会提镇并严饬镇安、太平各府协厅州，督率员弁兵勇，不动声色，严密侦缉。傥农文云力穷势蹙，潜行剃发，假冒民人，窜匿内地，立即拿获，缚交该国办理。至该国愿输酬赏银两，自应正词驳饬，谕以大体。其请带人分路追捕，尤应谕以疆界攸分，虽尺寸之地，亦不能容其擅入，俾不致内地居民，惊惶滋扰。傥别生枝节，更不成事。至现在沿边各村，办理团练保甲，自系为慎重边防起见。该抚务当督饬沿边文武随时查察，认真防堵，毋许该兵民等一名私越边卡，妄杀邀功，固不可擅助阮藩，尤不可为农匪煽惑，暗相勾结，致滋事端。①

三月初一日庚申(3 月 29 日)

从巡抚乌尔恭额所请，修浙江翁家汛塘工。

---

① 《清实录·宣宗成皇帝实录》卷二六三。

初六日乙丑(4月3日)

从巡抚乌尔恭额所请，修浙江海盐县塘工。

十四日癸酉(4月11日)

闽浙总督程祖洛奏报，拨赴台湾换防弁兵，申明定例，概用水师营哨船渡载，不准勒坐商船。闽省内地各营，拨赴台湾换防弁兵，例调水师营哨船，赴厦门蚶江五虎门三口配载东渡，顺载年满旧兵归营。嗣因乾隆年间台匪荡平之后，同时互调班兵，船少兵多，不敷配戴，权令附搭商船东渡，后即援以为例。兹据该督奏称，班兵勒坐商船，既足累商，各营哨船，既不载渡班兵，巡洋又属虚名，水师营务，亦就废弛。着即遵照定例，嗣后拨赴台湾换防兵丁，务期严饬水师各营，挑选大号坚固哨船，分驾三口渡载班兵，不准一人一械附搭商船，并责成兴泉永道稽查。如有不遵纪律，勒坐商船，滋生事端者，不论是兵是弁，轻则责革枷号，插箭游示，重即以军法从事。哨船到台后，责令台湾镇道严督各营将领，即日验收新兵，换回旧兵，统科十日内配坐原船内渡。经此次申明定例之后，如敢有不遵定例，图复旧习，藉端勒索者，无论提镇将弁，着该督一并严参治罪，不准稍有姑容，以除积弊而肃营务。

两广总督卢坤等奏报，防范贸易夷人，酌增章程八条。一、外夷护货兵船，不准驶入内洋。二、夷人偷运枪炮及私带番妇人等至省，责成行商一体稽查。三、夷船引水买办，由澳门同知给发牌照，不准私雇。四、夷馆雇用民人，应明定限制，严防勾串作奸等弊。五、夷人在内河应用无篷小船，禁止闲游。六、夷人具禀事件，一律由洋商转禀，以肃政体。七、洋商承保夷船，应认派兼用，以杜私弊。八、夷船在洋私卖税货，责成水师查拿，严禁偷漏。

以查拿鸦片烟贩出力，赏广东副将秦裕昌花翎，余升用拔补有差。①

三十日己丑(4月27日)

命前任乍浦副都统成顺以原品休致，赏给全俸。

四月十四日癸卯(5月11日)

卢坤等奏报，查勘虎门海口炮台，筹议增建修改，添铸炮位，分别兴办。广东

---

① 《清实录·宣宗成皇帝实录》卷二六四。

沿海各处炮台，前降旨着卢坤于查阅营伍时，亲往查勘，并将营务海防各事宜，会同关天培筹议整饬。兹据该督等奏称，遵赴虎门一带，逐加查勘，并于潮汐长落时，演试炮位，请添铸六千斤以上大炮四十位，酌派各台应用。并将南山炮台前面余地，添筑石基，建设月台，移置炮位，横档背面山麓，及对岸芦湾山脚，各添建炮台一座。其沙角、大角两处，为瞭望报信之台。其南山炮台起，至大虎炮台，分作三段，遇有应行防堵之时，一闻信炮，即将较准上中下三路炮位，齐发轰击。①

以广东澄海协副将赖英扬署碣石镇总兵官。

十八日丁未(5 月 15 日)

两广总督卢坤等覆奏，遵旨查办粤海关欠饷，酌定追缴章程。查粤商完纳饷银，多属那(挪)新掩旧。现在通盘筹议，饷项固无分新旧，而催征宜衡量重轻，此时若责令全完旧欠，势不能不那(挪)移新饷。与其移新补旧，旧欠甫完，新欠复积，不若将新饷加紧催征，旧欠分限带缴，应请将各商未完正杂等款银三十九万四千四百六十四两零，自此次奏奉谕旨之日起，分限五年带征全完。其各行代赔商人等欠项银三十一万六千六百两零，俟前项五年限满征完后，再行分限三年摊赔归款。下部议，从之。

廿三日壬子(5 月 20 日)

两广总督卢坤等奏报，越南内讧平定，防兵分别撤回，边地照常安静。越南国内讧以来，将及两年，太平、镇安二府所属，均与越南边界毗连，其三关百隘，亦处处有路可通，节经降旨谕令该督等，严饬沿边文武员弁，加意防范。兹据该督等奏报，越南渠魁殄灭，夷地悉平，边境乂安，毫无惊扰。内地陆续拿获该国夷匪共八十八名，均已解交该国办理。添防弁兵，业经分别撤回。②

廿八日丁巳(5 月 25 日)

从巡抚乌尔恭额所请，修浙江西塘柴埽各工。

五月初八日丙寅(6 月 3 日)

从巡抚乌尔恭额所请，修浙江象山县炮台。

---

① 《清实录·宣宗成皇帝实录》卷二六五。
② 《清实录·宣宗成皇帝实录》卷二六五。

十四日壬申(6月9日)

以办理福建台湾军需，予知县顾教忠等升选加衔有差。

廿一日己卯(6月16日)

有人奏报，山海关近有报满税书曹姓，在本城内开设商店，包纳关税。本年三月间，复遣铺伙驰赴海口，向监税书吏挪取课银六千余两，径进关门，被官兵盘阻，并起获私信，已由副都统衙门审出挪用实情，移交该监督自行办理。

廿七日乙酉(6月22日)

乐善等奏报，夷船阑入闽省熨斗洋面，并用小船窜入内港，妄递呈禀，业已驱逐出洋。据称本年四月初九日，闽省洋面，有夷船一只，径由五虎门之偏东，乘潮驶入熨斗内洋停泊。当经该将军等调派文武员弁，驰往驱逐，稽查弹压。该夷船乘兵船未集之时，于初九日夜，用小船剥载夷人十四名，欲图阑入内港。经调集会堵之镇将等写帖晓谕，饬令回棹，藐抗不遵，当即施放枪炮拦阻。该夷船始知畏惧，窜入小港，经该把总林朝江等驾船赶及，宣示国威，随将该夷船牵引出港。该夷人复向督署妄递呈禀，求在闽省贸易，并称愿运米百万来闽销售。查其船内，实无米石，并据该副将等呈到该夷人送给夷书，荒诞不经。该将军等公同商酌，缮发印札，晓以大义，随将该夷船驱逐出洋。督标水师把总林朝为清廷着加恩以千总遇缺尽先拔补，其不能严守口岸实力堵逐之海坛镇总兵程恩高、署闽安左营守备事金门镇标左营千总颜鸣亮，着交部分别议处。①

御史陈功奏请申严闽省海禁，以裕民食。据称福建省城，地狭人稠，产米不敷民食，全赖台米接济，向例台湾客米，不准贩运浙江、广东各省，原所以筹备民食。自道光四年，前任总督孙尔准，招商采买台米，贩运天津。海禁一开，虽奏明事竣仍照旧停止，而数年以来，台米散出，犯禁图利，来省甚少，闽中深受其害。推原其故，皆由海口奉行不力，文武员弁利其偷漏，以为分肥之地。清廷批复：台米不准越口贩运，例禁綦严，着程祖洛等通饬各海口申明例禁，实力稽查，如文武员弁奉行不力，即着严参惩办，不得有名无实，日久生玩。②

---

① 中国第一历史档案馆：《鸦片战争档案史料》第 1 册，天津古籍出版社 1992 年版，第 177~181 页；《清实录·宣宗成皇帝实录》卷二六六。

② 《清实录·宣宗成皇帝实录》卷二六六。

朝鲜国使臣洪命周等三人于三旗营箭亭瞻觐。

六月初一日己丑（6 月 26 日）

道光帝晓谕：前据乐善等将英吉利夷人所递夷书，咨送军机处，当经呈览，朕详加披阅首页标明道光甲午年夏镌字样，并有图章中引用经书等语，断非外夷所刻。该国在粤东贸易来往，必有内地奸民，通同勾引刊刻传播，殊属可恶。且此书刻自上年，何以今春即由该国传至闽省，从此严切追究，不难得其确情。着该督抚等密速访查，务将代刊夷书之铺户，拿获到案，究明此项夷书系由何人编造，何人送交该铺刊刻，确切指明，以凭查办，不准稍有讳饰，致干重戾，将此谕知卢坤、祁𪩘，并传谕彭年知之。夷书二本，着一并发给阅看。寻总督邓廷桢等奏报，拿获刻字匠屈亚熙供称，英吉利国住粤夷人雇伊父屈亚昂并梁亚发与伊三人，刊刻夷书，其底本不知来历，伊并无勾串夷人传教情事。复据该夷商供称，此书由来已久，该国刊刻汉字，不能工致，故携至澳门刊板，并非内地编造。至外洋驶风，瞬息千里，故此书刊自上年夏间，今春即可传到闽省。屈亚昂、梁亚发闻拿逃匿，获日另办，屈亚熙按律拟杖徒。[①]

初六日甲午（7 月 1 日）

朝鲜国王李焕遣使表贺册立皇后，并加上皇太后徽号，进贡方物，命留抵下次正贡，宴赍如例。

初八日丙申（7 月 3 日）

吴椿等奏报，查明塘工条石，实不敷用，请将范公塘工程，仍改条块石塘。浙江范公塘一带埽工，前经奏明改筑鳞塘，并援案由江苏采办条石，协济工用。兹据吴椿等查明，现在塘坦应用条石不敷，采办断难骤集。若将鳞塘接续建筑，必致停工待料，辍作无时。因查勘添字等号石工，已历五十余年，尚属完整，仿照成案，请将范公塘埽工建筑鳞塘之处，仍改为条块石塘，以资捍卫。计节省银十二万余两，少用条石六万六千余丈。清廷着照所请，所有该工自鸣字号东第三丈起，迤西至长字号东第三丈止，计长四百六十一丈，工难再缓，准其先行建筑。其自常字号东第四丈起，迤西至能字号止，计长四百十七丈，仍暂为推缓，以便赶办石料，运济各工之用，俾经费可期节省，工作亦免迟误。其江苏省协济条石四万丈，五月内

---

① 《清实录·宣宗成皇帝实录》卷二六七。

既可扫数运工，并着准其将范公塘应用条石，即于苏石内如数划留。余俱饬运东塘，以济要工。其节省银十二万两，并着仍存原款，一俟通塘续有必不可缓之工，即于此内奏请动用。①

廿四日壬子（7月19日）

以越南国内讧防堵边界出力，予云南知府魏襄等先补议叙有差。

闰六月廿一日己卯（8月15日）

两广总督卢坤等覆奏，遵查禁止洋银出洋，诸多窒碍，请仍照旧章办理。至纹银出口，应严行查禁。得旨：随时认真查禁。若奉文了事，不肯着实，岂公忠体国封疆大臣之所为耶！谅卿等自必知之也。②

廿三日辛巳（8月17日）

台匪张丙等滋事案内，陈平即陈得平一犯，本系逆案伙匪，罪犯应死，因其投诚立功，奏明免予治罪，发营充役。该犯留伊子陈洸显在省，私自偷渡回台，旋被差人寻获。清廷着将陈平永远监禁，犯子陈洸显听其自便。

廿九日丁亥（8月23日）

从巡抚乌尔恭额所请，修筑浙江仁和、海宁二州县海塘柴埽、盘头、石坝工程。

七月初九日丙申（9月1日）

调福建漳州镇总兵官达洪阿为台湾镇总兵官，以两广督标中军副将恒安为漳州镇总兵官。

十五日壬寅（9月7日）

道光帝寄谕闽浙总督程祖洛：昨因台湾镇总兵出缺，已降旨将达洪阿调补矣。

---

① 《清实录·宣宗成皇帝实录》卷二六七。
② 《清实录·宣宗成皇帝实录》卷二六八。

朕看该总兵明白精壮，人尚去得，惟台湾地方，四面环海，兵番杂处，民情浮动。该处平定未久，操防训练，稽查弹压，一切均关紧要。该总兵于该处事宜，办理能否胜任，着该督留心察看，据实具奏，不得因系特旨简调之员，稍存迁就。并着察看汀州镇总兵王锡朋、建宁镇总兵王忠贵，该二员于台湾要缺，是否相宜。如均不相宜，该省总兵内，何人可胜此任，着一并据实具奏，将此谕令知之。寻奏报，达洪阿有猷有为，就现在闽浙两省总兵而论，除达洪阿外，台湾要缺，无人可以胜任。报闻。①

廿六日癸丑(9 月 18 日)

浙江巡抚乌尔恭额覆奏，纹银出洋，本干例禁。近奉部议，黄金白银，概定出洋治罪之例，惟洋银一项，未便一并禁绝客商携带。从之。

从巡抚乌尔恭额所请，修浙江海盐县石塘。

八月初一日丁巳(9 月 22 日)

道光帝晓谕：前据程祖洛奏报，闽浙洋面，时有盗劫案件，并有积盗曾武未获，委员管带扮商兵船，设法诱缉，当即谕令将该犯曾武务期必获。迄今数月，尚未据该督等报获。朕闻该犯曾武凶恶最著，现在闽浙洋面，聚集多船，出没伺劫，大为民害。若不及早拿办，必致酿成巨案。着程祖洛、魏元烺、乌尔恭额即督饬闽浙两省水陆文武员弁，严密访查，逐段巡逻，不分畛域，协力堵拿，务俾该盗匪遁迹无所，期在必获，断不可养痈贻患也。②

福建金门镇总兵官窦振彪因病赏假，以福宁镇总兵官陈步云署金门镇总兵官。

十七日癸酉(10 月 8 日)

锺祥奏报，夷船驶至山东洋面，现饬候风南回。道光帝指示：此次英吉利夷船，驶入东省刘公岛洋面，经锺祥派委员弁巡堵驱逐，不准进口，所办俱妥。该夷人麦发达始则欲求通商，继又欲散布夷书。虽据称未在闽浙、江苏内洋寄碇，殊难凭信。着锺祥即严饬所属各员弁，一俟风发，驱令启碇南还，并将各岛口严加防范，毋许内地奸民，交易接济。东省洋面，界连直隶、奉天、江南，甚为辽阔，海洋风信靡常。其沿海各处，均当一律防办。着直隶、奉天、江南、山东、福建、浙

---

① 《清实录·宣宗成皇帝实录》卷二六九。
② 《清实录·宣宗成皇帝实录》卷二七〇。

江各督抚府尹等，严饬沿海文武各员弁巡防堵截，不准该夷船越进隘口，并严禁内地奸民，交易接济，甚至受其诳惑，无得稍有疏懈。①

两江总督陶澍等奏报，佘山外洋有夷船一只乘风而来，驶入吴淞海口外洋寄碇。该夷船约长十余丈，带有脚船两只，船内约有四五十人。据称七月初二日自广东来，现由山东折回，迷路至此。②

廿三日己卯（10 月 14 日）

从巡抚乌尔恭额所请，修浙江西塘柴埽工程。

廿四日庚辰（10 月 15 日）

前据锺祥奏报，英吉利夷船驶至山东洋面，当降旨着直隶、奉天、江南、山东、福建、浙江各督抚府尹严饬文武员弁，巡防堵截，毋得稍有疏懈。兹据冯赞勋奏报，英吉利夷船肆行无忌，请饬广东大吏，严谕该夷目，俾永遵约束，以肃国体而杜后患。道光帝批复：英吉利夷人在粤通商，素称强悍狡黠。历来督抚大吏，每存宽厚，过于优容。是以近年有占踞马头，擅递禀词，及私携夷妇至省，乘坐四轿之事。道光十二年间，遂敢将夷船驶入福建，遍历浙江、山东、奉天等处。上年秋间，又将兵船阑入广东之黄浦内地，距省仅四十里，胆敢施放枪炮，轰击炮台。种种藐法，殊属不成事体。此次夷船复行驶入山东洋面，并欲散布夷书，意图诳惑，尤堪骇异。该夷船驶入各省洋面，往来游奕，若非夷目为之主使，何敢肆无忌惮。着祁埙等即明白晓谕该夷目等，天朝制度，准其在粤通商，即是格外天恩。嗣后当与各夷同遵约束，不可驶入各省，妄思冀幸。倘再任意妄为，即行驱逐出口，不准通商。宪典难干，毋自取罪戾以贻后悔也。寻奏报，已饬澳门西洋夷目，派兵巡查，勿任登岸滋事。倘有不遵，即驱逐回国。③

廿五日辛巳（10 月 16 日）

道光帝晓谕："朕闻积盗曾武在闽、浙洋面聚集多船，出没伺劫，大为民害。前经谕令该督等，将该犯曾武务期必获，嗣因数月以来，未据报获。复降旨谕令该

---

① 《清实录·宣宗成皇帝实录》卷二七〇。
② 中国第一历史档案馆：《鸦片战争档案史料》第 1 册，天津古籍出版社 1992 年版，第 189~190 页。
③ 《清实录·宣宗成皇帝实录》卷二七〇。

督等，督饬闽浙两省水陆文武员弁，不分畛域，设法诱缉，协力堵拿。近有人奏报，福建厦门、金门及惠安县滨海一带，有盗船三十余号，往来洋面，肆劫商船。是否系曾武伙党，抑系另伙盗船，总须将积盗曾武拿获。盗首既除，盗风自息，否则愈集愈多，不特为害商旅，洋面地方辽阔，任令该匪等出没往来，肆行无忌，若不及时拿办，必致酿成巨案。着程祖洛等督饬闽浙两省水陆文武员弁严密巡逻，设法购线，跟踪躧缉，务俾该盗首曾武，遁迹无所，期在必获。其往来洋面之盗船，随时巡缉，实力堵拿，断不可再有迟延，以致养痈贻患。倘再逾时无获，致令该匪等日益滋蔓，肆无忌惮，必将该督从重惩处，决不宽贷。"①

九月初六日壬辰(10 月 27 日)

闽浙总督程祖洛等覆奏，查禁台湾米石越口贩运。据称台湾产米，素称饶裕，漳泉地方，赖以接济民食。本年据各口报称，运到台米二十万石有奇，核计该郡民食，所余不过此数，并查明沿海邻省米价，与台湾不相上下，客贩无利可图，自不舍近行远，似无违禁偷漏之事。清廷批示：菽粟为民食攸关，有无相通，原属酌盈剂虚之义。台湾米石，除本地食用外，如有赢余，不特运往本省漳泉各郡，在所不禁，即邻近之江浙各省，偶值米价昂贵，该商等运往贩卖，藉以平减时价，亦所时有。且以此地之有余，补彼处之不足，同系内地民人，原可准其通融办理。惟近来沿海各省，屡有英吉利夷船往来游奕，兼之盗匪曾武历久未获，抢劫之案，层见叠出，难保无商贩等越口贩运，资其食用，以致夷船恃以无恐，盗犯日久稽诛，不可不严行查禁。着程祖洛等严饬沿海员弁，实力稽查，并饬知台湾镇道等认真查察。倘有奸商偷漏渔利，暨兵役澳甲人等得规故纵等弊，一经查出，立即从严惩办，毋稍姑息。②

十三日己亥(11 月 3 日)

闽浙总督程祖洛奏请将捕盗不力之镇将员弁分别议处革职。闽浙水师镇将员弁，巡缉洋盗，是其专责。果能实力追捕，何至匪徒乘时窃发。兹据该督等查明浙江洋面，竟有盗船五只，游奕多时，一月之间，盗劫及拒捕杀人案件，至九起之多，甚至哨船军器被劫，弁兵受伤，捕务废弛已极。黄岩镇标中营游击张思铭、左营游击胡得耀、护右营游击事左营守备邱廷章着一并革职，暂行留任。邱廷章尚有

---

① 《清实录·宣宗成皇帝实录》卷二七〇。
② 《清实录·宣宗成皇帝实录》卷二七一。

疏防拒捕之案，着革去顶带。黄岩镇总兵汤攀龙督率无方，着交部议处。定海镇标右营守备林昇平抗违节制，调度乖方，外委张玉恩巡防疏懈，着一并革职，在海滨枷号三个月示众。外委周学鹏虽失机宜，业已受伤，着与应援迟误之额外严承荣一并斥革，仍各棍责四十。定海镇总兵庄芳机、护定海右营游击事宁海左营守备孙鼎鳌失察，林昇平擅调汛地，着交部察议。该督等仍责令汤攀龙、庄芳机督饬各将备员弁，勒限三个月，查拿行劫拒捕各犯，务获究办，傥限满无获，即行据实严参。又另片奏报，此案盗船五只，经庄芳机击沈一船，海坛镇营牵获一船，又闻遭风击碎二船。其曾武一犯，现据所获伙盗供称只剩一船，潜匿浙洋。①

十四日辛丑(11月4日)

给事中常大淳奏报，请通饬各省满洲驻防并水陆营伍，核实整顿。国家修明武备，设立营伍，搜简军实，操防训练，必申儆于无事之时，务期纪律严明，器械坚利，一有缓急，备御足恃，方能为国宣力，足称干城之用。内而八旗劲旅，外而驻防绿营，有将军、都统、督抚、提镇以资统辖，陆路水师，各归专辖，所以扼重镇而壮军威，自应常川练习，核实整顿，毋任稍有旷废，俾有一兵即收一兵之用。若如该给事中所奏报，近来各省，满洲营则生齿日繁，习尚日漓，往往竞繁文而薄骑射，废弃本业，别图进身之阶，风声气习，迥非古风。汉营则粮额多虚，老弱复滥行充数，豢盗窝倡，恃为生计，甚或因悍逞骄，其渐更不可长。陆路则捕务废弛，护解疏忽。水师则江防海防，类多疏纵，盗船夷船，肆无畏忌。

两江总督陶澍等奏报，驱逐英吉利夷船出境。得旨：办理甚好，仍须严饬沿海文武不时稽查，小心防范，断不准稍涉大意，尤当严禁内地无知图利之人，暗中接济勾通，是为至要，毋忽。②

廿三日己酉(11月13日)

浙江巡抚乌尔恭额奏报，八月十一日，有三桅夷船计五十七人，在东西柱外洋停泊，二十日扬帆东去。由广东而来的麦发达夷船，八月二十五日驶入浙江乍浦沥港，二十六日起碇南行。③

---

① 《清实录·宣宗成皇帝实录》卷二七一。
② 《清实录·宣宗成皇帝实录》卷二七一。
③ 中国第一历史档案馆：《鸦片战争档案史料》第1册，天津古籍出版社1992年版，第192~193页。

廿六日壬子（11 月 16 日）

从巡抚乌尔恭额所请，修浙江西塘柴埽各工。

廿九日乙卯（11 月 19 日）

从总督陶澍等所请，修江苏宝山县海塘土石各工，并添建石坝。

十月初一日丙辰（11 月 20 日）

闽浙总督程祖洛奏报追拿积盗曾武情形。据称曾武一犯，躧访数月，尚无端倪。适惠安营县报获周狡一犯，讯明实系曾武伙党，先据供称曾武同其弟曾纪、曾马养均改易姓名，现在浙江太平县石塘地方潜匿，又供系曾代曾武销赃探信之颜文、颜珠二人向伊告知，并非得自眼见。

闽浙总督程祖洛奏报，沿海各口，货值贵贱，不能相侔，必须携资往置。若将洋银概禁出洋，于交易事宜，实多窒碍。从之。

据祁埙奏报，越南国捕弁，拿获内地抢掠商船匪犯梁开发等三名，遣使由水路解粤审办，并带有压舱土物，恳准销售，遵例报税。又据该国王咨呈内有"南来米船入口，及停泊海岸，各加盘诘"之语，似欲藉词来粤贸易。现在酌循旧章，已令先行开舱起货，应否免税，请旨遵行。清廷批复：越南毗连两广，向有陆路交易处所，非若他国远隔重洋，必须航海载运。若该国偶有挽越混入，必致滋生事端。前据该国于道光九年，恳请货船由海道往来通市，曾令该国王恪守旧章，未经允准，嗣后仍应遵照办理。至此次该国王解送内地匪犯来粤，尚属恭顺，其咨呈内虽未明言欲行来粤贸易，而藉词入口停泊，亦难保无觊觎之心，自应杜渐防微，妥为晓谕。着祁埙等传谕该国王："现据尔国解送匪犯来粤，业经奏明大皇帝，以尔国王久列藩封，素为恭顺，尔国地界毗连两广，向来入贡贸易等事，均由陆路行走，嗣后获解内地人犯，若航海而来，既与定例不符，又冒风涛之险，尔国王务须恪遵旧例，就近解交内地钦州地方，由陆路转解，毋再遣使涉海解送，以示体恤。尔国王其善体此意，敬谨遵循为要。"如此明白宣谕，于抚慰外夷之中，仍寓申明限制之意。祁埙等接奉此旨，即行妥为照办，所有该夷使随带压舱货物，及将来出口携回之货，均着查照成案办理。①

予巡洋淹毙浙江千总王大成等祭葬恤荫。

---

① 《清实录·宣宗成皇帝实录》卷二七二。

初七日壬戌（11月26日）

朝鲜国使臣金鏴等三人于神武门外瞻觐。

十七日壬申（12月6日）

山东登、莱、青三府民人，因本处年岁歉收，携眷赴奉天依亲就食，前后约有八九千人。其各海口停泊处所，查有下船流民五百六十二名口，现经设法抚恤，俟春融再令回籍。清廷批示：流民就食他方，时届隆冬，天气严寒，易致流离失所。该将军等既经分饬各地方官，量为助资，并加抚恤，自不至有冻馁之虞。来岁春融，即妥为晓谕，饬令回籍，免致久留盛京，藉滋事端。①

廿三日戊寅（12月12日）

前因有人奏报，福建厦门、金门及惠安县滨海一带，有盗船三十余号，在洋肆劫，当有旨谕令程祖洛等查明是否曾武伙党，抑系另伙盗船，务即设法严拿。兹据奏称，厦门、金门，乃海中岛屿，为水师提镇驻扎之所，盗匪尚少。其对岸沿海之潘涂等乡，为同安县管辖，向有匪徒私造草鸟船只，出洋伺劫。又惠安县滨海一带，民无恒产，穷即造船入海为盗，甚至私藏军火，私筑炮台，备御官兵。近经该道将等数次惩办，同安已略知畏惧，而惠安之顽风，尚未能改。清廷批示：福建洋面，著名积盗曾武、陈沅等，皆系惠安县人，且历次拿办各犯，亦多系该县籍贯。可见该处穷民，习于为盗，若非将曾武等迅行拿获，从重惩治，则盗风一日不息，地方一日不靖，难保无零星匪徒，假托名号，附和恐吓，日久滋蔓，酿成巨案。着程祖洛、魏元烺、陈化成、马济胜分饬水陆文武，严密巡逻，设法购线，跟踪躧缉，务俾盗首曾武等遁迹无所，期在必获，不准任其窜逸稽诛。至惠安县沿海地方，既为盗匪出没之区，尤应严饬所属员弁，随地随时，认真堵缉，务使匪徒净尽，洋面肃清，方为不负委任。

有人奏报，广东潮州府沿海地方，民情犷悍，所属之海阳、揭阳、潮阳、普宁等县，每因口角细故，斗殴成隙，互掳逼赎，名曰赎身钱，其不赎者则戕毙之。更有一种烂匪土棍，竟将外来羁客，肆行劫夺，并毙其身以灭口。甚至黄昏之时，即直入城市，抢劫钱铺典铺，文武衙门规避处分，扶同捏饰，那（挪）改失事地方在城垣数十里外，讳劫为窃。本年春间，该府属之饶平县柘林、黄冈等处，澄海县之

---

① 《清实录·宣宗成皇帝实录》卷二七三。

东湖南洋汕头樟林外埔等处，旬月之间，抢劫数十起，海港贼匪，亦纷纷四出，掳劫民船。又另片奏报，该省嘉应州属之平远县，与江西赣州府属之长宁县交界，至城冈军门岭五百里内，近日土匪乌合成群，白日拦抢货物行李，伤毙人命。①

从总督程祖洛等所请，改建福建福州、兴化、泉州、漳州、福宁五府寨城炮台营房。

廿六日辛巳（12 月 15 日）

朝鲜国王李焕遣使表谢赐祭葬谥并封王恩，进献方物，命留抵下次正贡，赏赉如例。

廿七日壬午（12 月 16 日）

以江南太湖协副将鲍起豹为广东琼州镇总兵官。

三十日乙酉（12 月 19 日）

从钦差户部右侍郎吴椿等所请，修浙江东塘尖汛各工。

十一月初一日丙戌（12 月 20 日）

以捐修福建泉州府城垣各工，予提督马济胜等议叙升赏有差。

十一日丙申（12 月 30 日）

吴椿等奏报，请将海宁石塘各工，分别停缓。浙江海宁州绕城石塘，及三层坦水各工，据吴椿等查明，本年伏秋旺汛，塘工足资抵御，毋须再行加高。其绕城三层坦水，原为捍卫两坦而设，现在头坦二坦，均已修筑巩固，堪以护塘，三坦亦可缓办。清廷着照所请，所有前议加高塘工，着即停止，并着将三层坦水，暂行推缓，以重经费而归节省。②

从钦差都察院左都御史吴椿等所请，添筑浙江东塘尖汛坦水。

---

①　《清实录·宣宗成皇帝实录》卷二七三。
②　《清实录·宣宗成皇帝实录》卷二七四。

十七日壬寅(公元 1836 年 1 月 5 日)

山东省沿海各处，毗连奉天，居民依亲就族，视同乡里，今秋登、莱、青三府秋成较歉，纷纷前往谋食。锺祥现已委员会同地方官平粜出借，并酌发口粮接济，明春回籍后，妥为安置。道光帝晓谕：盛京为我朝根本之地，风俗醇朴，原不容流民涸迹。其附近之山东居民，往来营运，固属例所不禁。惟近来该处商贾辐凑，人已众多，若再任乏食穷民，前往觅食，甚至视同乡里，生聚滋繁，究属不成事体。着该抚酌量情形，除明春由奉天回籍各民，妥为安置外，嗣后该省偶遇歉岁，务当随时体察，设法抚恤，毋令各处贫民，附搭便舟，乘用小车，藉称依亲就族，挈眷同行，以致陪都重地，流民杂处，即寻常贸易客民，亦当示以限制，不得轻去其乡，往来营趁，以肃地方而昭慎重。①

廿九日甲辰(公元 1836 年 1 月 17 日)

抚恤琉球国遭风难夷如例。

十二月初四日戊午(公元 1836 年 1 月 21 日)

以山东胶州协副将张青云为广东高州镇总兵官。

十三日丁卯(公元 1836 年 1 月 30 日)

吴椿等奏报请停办石工。清廷回复：浙江范公塘应筑条块石工，现将竣事。此外推缓工段，据吴椿等察看埽外新沙涨起，埽根得有拥护，埽身自能结实，堪资抵御。所有前请筑办条块石塘四百十七丈，着即停办，以归节省。如将来潮势迁移，应须添筑，着该抚随时查看，再行奏请办理。所有节省银七万三千八百余两，着妥为存贮，如通塘续有必不可缓之工，即于此内奏请动用。②

从钦差都察院左都御史吴椿等所请，修浙江东塘念镇两汛埽工。

十五日己巳(公元 1836 年 2 月 1 日)

有人奏报，直隶天津府沧州盐山各属，濒海回民，多以扒卖私盐为事。其始不

---

① 《清实录·宣宗成皇帝实录》卷二七四。
② 《清实录·宣宗成皇帝实录》卷二七五。

过数十人，在天津东西两岸盐水沽、杨家岑子、邓家岑子及贯儿庄等处，招邀匪类，结队贩盐。迨后愈聚愈多，每帮自三四百人至六七百人不等。南路直至河间、献县、交河、阜城一带，东路直至宝坻、武清、香河一带，各用驴头，驮载盐斤，名曰盐驴，动以百计，并携带火枪器械，以防兵役缉拿。前月初旬，有沧州枭匪刘三、李二、李三、孙六等率领二三百人，并盐驴四五百头，手持兵器，至河间县属之崇仙镇，当经巡役查拿，该枭即放枪拒捕，巡役受伤及毙命者，共十余人之多，缉犯至今未获。此外各处经过盐驴，一日数起，前起未去，后起复来。该枭等皆系积惯巨盗，昼则卖盐，夜则劫窃。是以直隶各州县盗窃频仍，案多无获，盐驴即为逋逃之薮，捕役畏其人众，不敢缉拿。且所过村庄，勒派居民出钱买盐，并令供给喂驴草料。寻奏报，天津、静海、沧州、盐山、南皮五州县及河间、永清等县，先后拿获盐匪一百余名，起获盐斤及鸟枪器械车驴等物。①

廿二日丙子（公元 1836 年 2 月 8 日）

抚恤琉球国遭风难夷如例。

廿五日己卯（公元 1836 年 2 月 11 日）

据祁墇奏报，请收与夷人交结案犯，入官家产器物估变，作为防夷经费。清廷批复：此案逸犯姚九、区宽、晓习夷字夷语，与夷人通信交结，开设窑口，贩烟图利，与私通外国无异，自应照例办理，将该犯等家产器物，估变入官。至所奏筹备虎门海口增建炮台，每年练习炮兵，岁需炮子火药，及调操水师加赏口粮等项，即将此项入官家产估变，作为防夷经费。着邓廷桢到任后，查明妥议具奏。②

从巡抚乌尔恭额所请，修浙江上虞县柴土塘工。

本年

英国等国向清朝输入鸦片三万零二百零二箱。③

---

①　《清实录·宣宗成皇帝实录》卷二七五。

②　《清实录·宣宗成皇帝实录》卷二七六。

③　[美]马士：《中华帝国对外关系史》第 1 册，张汇文等译，生活·读书·新知三联书店 1957 年版，第 239 页。

道光十六年　丙申　公元1836年

正月十七日辛丑(3月4日)

两江总督陶澍奉旨暂理鹾政。

廿四日戊申(3月11日)

前桓格奏报，乍浦协领缺出，请不论满洲蒙古，通行拣选，被兵部驳回。

广东虎门地方修造各炮台，及添铸炮位各工完竣，经祁墝等查明新铸大炮五十九位，炸裂至十位之多。所有监铸委员，推升游击留署广州协左营都司黄廷彪着革去顶带，责令督匠加工提炼，如数赔造。署东莞县知县李绳先承修炮台，工程完固，着加恩交部议叙。

廿六日庚戌(3月13日)

本日据祁墝等奏报，上年十一月洋商伍绍荣等，转据英吉利国夷商禀称，夷人来粤贸易，必须传递书信。今有港脚烟船，能行逆风，欲行进省递信，恐沿途炮台关口，疑虑驱逐。该督等饬令洋商传谕该夷人不准进口，并访闻此船系为包揽各夷商送信而造，此次到来，欲将船卖给澳夷。因无人承买，是以尚未回国，亦不敢进口。清廷批复：外夷递送书信，向有章程，自应循照办理。何可以诡异不经之船，擅入海口。英夷素性诡诈，虽现据查明烟船并无滋事情形，惟既已饬禁不准进口，乃仍欲驶入内洋，实属藐玩。着邓廷桢等严饬各营县及虎门各炮台，随时查察，严行禁阻防范，并谕饬澳门西洋夷目派拨夷兵，在南湾一带巡查，勿使烟船水手人等登岸滋事，仍即驱逐开行回国，毋令久泊外洋。倘该夷人不遵法度，竟肆桀骜，立即慑之以威，俾知儆惧。①

朝鲜国王李焕遣使表贺万寿、冬至、元旦三大节及岁贡方物，赏赍筵宴如例。

---

① 《清实录·宣宗成皇帝实录》卷二七七。

二月初一日甲寅(3 月 17 日)

台湾各县征解兵谷，全数运清，福建台湾所属凤山县知县徐必观、嘉义县知县熊飞、彰化县知县李廷璧所受处分撤销。

程祖洛等奏报，拿获盗首萧图。讯据该犯为盗时，船上曾插有"不得已"三字白布旗一面，与陈沆往来认识，各自为首纠劫。曾武先曾为盗，与伊亦不同帮，后来久已不在海上。该犯鄙薄曾武为无足重轻，现在设法熬讯，并跟追曾武、萧乌鸟下落。

两广总督邓廷桢奏报，有英吉利国递送书信之港脚烟船，于正月初二日由伶仃洋起碇，向万山外洋东南远去。①

十一日甲子(3 月 27 日)

前据御史黄仲容奏报，请整顿广东潮商盐务，当交户部议奏。兹据查明，该御史所称官埠运盐无本，每藉私盐接续，请将每月销引多寡，由地方官行文，交盐埠呈递运同查核。清廷以为是否可行，有无窒碍，应行详加查察。至所称潮桥运务，请责令知府协同管理，诚恐事无专属，易启推诿之渐。惟该省高州、廉州配盐，均由各该府兼管，应否仿照办理之处，着邓廷桢、祁埙一并体察情形，通盘筹画，妥议章程具奏。

有人奏报，苏松太道阳金城晓谕各口告示，概不用印，稿不存案。宠用家丁三十余人，以查船为名，任意骚扰，讹索往来商旅，非格外贿求，即留难不放，甚至将已经输税起货之船，拿究严讯，调取关东沙船原票比较，扦多则就扦科税，扦少则就票科税。各船偶遇飓风，业将货物抛弃，该道惟以发票为凭，勒令将抛弃之货，一概输税。又分派官亲家丁，前往吴淞口，以复查进出船为名，勒取看舱钱文，给则免验放行，否则揢留，以致商船不能及时贸易，视海关为畏途，众怨沸腾，半将歇业。幕友江西王春浦算命为生，现在盘踞大楼，恣情需索，吴淞口剥广船只，每船馈伊洋钱四圆，方许出口。又广西秦姓，派赴小海口，头戴白顶，身佩宝剑，自制竹板二根，恐吓商船，无人不畏其强横。家丁中郭四、张乾鞳二人倚势讹索，尤为不法。②

---

① 　中国第一历史档案馆：《鸦片战争档案史料》第 1 册，天津古籍出版社 1992 年版，第 199～200 页。

② 　《清实录·宣宗成皇帝实录》卷二七八。

十四日丁卯（3 月 30 日）

以福建台湾水师协副将黄贵为广东碣石镇总兵官，以拿获盗犯予福建候补从九品张伯藩尽先补用。

十八日辛未（4 月 3 日）

山东巡抚锺祥奏报，登州镇水师营战艍船只，久逾固限，必须大修，方堪驾驶。原用竹篷，不如布篷挂放轻快，而随地购布修补，较为速便。下部议，从之。

廿五日戊寅（4 月 10 日）

从巡抚乌尔恭额所请，修浙江西塘柴埽各工。

三十日癸未（4 月 15 日）

礼部议奏报，朝鲜贡使来京，随带从人，例无定额，自一百七八十名至三百名不等，向无稽查约束明文，请嗣后设立门禁，各专责成。朝鲜人到馆，即责成该使臣拣派妥实从人，分别开具出馆缘由，酌定出馆人数，及出入时刻，由书状官造册，送交监督。由监督于按册给发腰牌照验外，另缮二本，分送稽查会同四译馆大臣察核，仍由该使臣严饬从人，不得在外贸易，违禁滋事，并按日轮派大通官一员，在门会同按册稽查。至内地商民，照旧责成该监督取具连环保结，给发腰牌，方准进馆交易。仍按日轮派通官大使一员，在门按册稽查，该使臣及监督帮办监督，仍不时亲自查察，并各约束所属该馆人役，不得藉端勒索。该国从人，亦不得藉词生事。如有违禁及滋事之处，查系该馆人役应议者，由礼部分别核办。如系朝鲜从人应议者，案轻交该使臣即行酌办，案重由礼部行知该国王自行办理。至内地莠民，诓骗外国，拟请照内地诓骗之案，加等严办。嗣后朝鲜使臣到京时，由礼部将加等严办事宜，出示剀切晓谕，俾共知儆畏。从之。①

三月初一日甲申（4 月 16 日）

抚恤琉球国遭风难夷如例。

① 《清实录·宣宗成皇帝实录》卷二七九。

初十日癸巳(4 月 25 日)

浙江海塘大工全行完竣。自道光十四年八月开工，至道光十六年二月工程完竣，统计修筑各工，共一万七千余丈，动用工料银共一百五十七万二千余两。

钦差都察院左都御史吴椿等奏报，酌议浙江塘工善后事宜五条。一、修塘费用，核实筹计，以免支绌。二、新建块石，限期保固，并豫备岁修料物，随时修补，以免延误。三、南沙淤岸，按年查勘，禁止圈占。四、塘后备塘河，按年挑挖培戗。五、各官责成，严加考察，以警怠忽。下部议，从之。①

十三日丙申(4 月 28 日)

光禄寺少卿梁萼涵奏报，山东登州府地居海滨，山多田少。上年秋收歉薄，现当青黄不接之时，无业贫民率皆乞食于外。兼有莱州府属逃荒流民，掺杂其中。以无限之穷民，待哺于有限之富户，其势断不能给。自去冬以来，各属平粜劝捐，同时并举。但平粜之利，只及次贫。若极贫饥民，仍不能沾被实惠。至劝捐数目，各属多少悬殊。其捐输较少者，钱粟不充，赈恤实难得力。请饬下该抚转饬登州府属各州县，酌量饥民多少，或每县发仓谷一千石，或数百石，速开饭厂，妥施赈济，并饬设法谆劝绅衿富户等，竭力捐输钱粟，以助官赈，务期惠及穷黎，得到允许。又另片奏报，山东登、莱二府，向赖奉天高粱、粟米、包米三项粮石，以为接济。除复州海口现停贩运外，其金州、盖州、牛庄各海口高粱、粟米、包米三项，请仍准照常贩运。道光帝批示后，奕经奏报，现已筹拨高粱十二万石，并各海口杂粮，共约计一百万石，准令商人运赴山东接济。②

以浙江海塘大工，屡邀神贶，颁海神庙御书匾额曰"朝宗效祉"，潮神庙曰"灵源符候"，观音庙曰"法云照海"，天后庙曰"恬波昭贶"，英济侯庙曰"长塘砥柱"。

十六日己亥(5 月 1 日)

道光帝寄谕闽浙总督程祖洛：有人奏报，两浙盐务，日久滋弊。近有松所总商祝逢吉即祝德风，串通引商周朗夫、汪大铺等把持盐务，始于松所八地，巧立名目，如甲商酬应，并掣接掣停，及不提引，不报多斤，不计子盐等项，勒派众商，自一二百两至七八百两不等，以致商力日疲。该总商串通库丁，领库银六万两，托

---

① 《清实录·宣宗成皇帝实录》卷二八〇。

② 《清实录·宣宗成皇帝实录》卷二八〇。

名开销，前经奉旨驳斥，仍复侵吞入己，勒令众商扣还。道光十四年，浙江省奏运芦盐，该总商浮开各费数万两，经运司查驳严追，至今仅缴银数千两，其解运京饷，统计逐年所领库款，不下数十万两之多。现立筹补名目，勒令众商名下，每引扣银三钱，以为弥补地步，运解京饷，另立章程，串通书吏蒙混换稿，经该抚查出，仅将书吏革役，仍未究办。上年有商人金肇新等呈控各弊，该抚悬牌批示，饬司按款确查详夺，复于次日改批驳斥。案关总商觇法营私，通同作弊，如果属实，于鹾务大有关系，不可不严行查办。着该督遴派妥干道府大员，前赴该处，将所指各款，逐加体访，确切根究，按律严行惩办，不得意存消弭，致有不实不尽。寻署总督魏元烺奏报，查明祝逢吉因贴挈一款，经费不敷，率行科派，虽未入己，实属违制，应革去举人，斥退甲商，并请将失察之嘉松运判钟秀革职，前任盐运使多容安、署盐运使吴其泰交部议处。下部议，从之。①

廿八日辛亥(5月13日)

乌尔恭额奏称，浙江温州府知府刘煜承办票盐，于奉文停办之后，延不遵办，转以招商接运为词，具禀请示，应行撤任清查。清廷指示刘煜着先行撤任。

四月初九日辛酉(5月23日)

邓廷桢等请筹备生息，以资防夷经费。广东虎门各炮台防夷兵丁，据该督查明每年操练，应用火药铁弹及加赏口粮等项，共需银六千七百余两，自应及早豫筹，以备支应。清廷着照所请，准其将查抄逸犯姚九、区宽等入官家产银五万余两，发典生息，一年所得息银五千余两，作为经费，其不敷银一千余两，着准其于内河裁撤巡船节省项下拨给。

清廷着林则徐于查验工程之便，亲往吴淞口大关一带，访查江苏苏松太道阳金城信任幕友家丁查船讹索之事。寻奏报，王春浦等查无讹索，但于关口应用钱文，删减裁扣，已驱逐回籍。舍人王承祉、余在中虽无挟私诬谤确据，而挪用税钱，随后措缴，应革役枷杖。下部议，从之。②

十一日癸亥(5月25日)

从巡抚乌尔恭额所请，修浙江山阴、萧山、上虞三县海塘。

---

① 《清实录·宣宗成皇帝实录》卷二八〇。
② 《清实录·宣宗成皇帝实录》卷二八一。

十二日甲子(5 月 26 日)

朝鲜国使臣权敦仁等三人于马厂东门外瞻觐。

十四日丙寅(5 月 28 日)

以浙江海塘大工完竣，予道员窦欲峻等升叙有差。
以捐备浙江海塘工需，予捐职知府瞿世瑛等议叙。

十五日丁卯(5 月 29 日)

以督办浙江海塘工竣，钦差都察院左都御史吴椿、巡抚乌尔恭额下部议叙。

廿九日辛巳(6 月 12 日)

广东现署香山县知县叶承基被举报行止卑污，声名狼藉，受到查办。

太常寺少卿许乃济奏报，鸦片烟例禁愈严，流弊愈大。近年以来，夷商不敢公然易货，皆用银私售，每岁计耗内地银一千万余两之多，请变通办理，仍准其以货易货。"乾隆以前鸦片入关纳税后，交付洋行兑换茶叶等货，今以功令森严，不敢公然易货，皆用银私售。嘉庆时每年约来数百箱，近年竟多至二万余箱，每箱百斤。乌土为上，每箱约价洋银八百圆，白皮次之，约价六百圆，红皮又次之，约价四百圆。岁售银一千数百万圆，每圆以库平七钱计算，岁耗银总在一千万两以上。夷商向携洋银至中国购货，沿海各省民用，颇资其利，近则夷商有私售鸦片价值，无庸挟赍洋银，遂有出而无入矣。"①

三十日壬午(6 月 13 日)

御史王藻奏请将沿海港汊村庄，设法编查履勘，以绝窝线而清盗源。各省沿海地方文武员弁，平日认真稽查，盗匪与奸民不能暗相勾通，根株净绝，洋面自可肃清。道光帝批复：如该御史所奏报，沿海地方港汊村落，距海远近不等，盗船不敢入港，总由奸民为之窝线，代销赃物，添雇舵工水手，或稔知村内殷实之家，

---

① 《筹办夷务始末》(道光朝)第 1 册，中华书局 1964 年版，第 1~2 页；中国第一历史档案馆：《鸦片战争档案史料》第 1 册，天津古籍出版社 1992 年版，第 200~203 页。

勾通入劫，盗去而人不敢过问。沿海一带，虽设有水师总巡、分巡各名目，往来会哨，多属虚应故事，潜匿港口，仅令微末弁兵，代巡捏报，无怪海洋劫案，窃发时闻，不可不严加防范。惟各省近海处所，情形不同，应如何稽查周密，自当因地制宜。清廷着直隶、山东、江苏、浙江、福建、广东沿海各督抚妥议章程，据实具奏。①

五月初一日癸未(6月14日)

从巡抚林则徐所请，改铸江苏金山县张堰司巡检印信。

十一日癸巳(6月24日)

贷浙江海盐县浚白洋河银。

十四日丙申(6月27日)

予福建台湾军营受伤副将温兆凤、千总陈荣标、刘英、把总潘高升、谢大吉、尤连高、外委卢明生暨被戕营书民壮义民、谢云台等一百八十三名分别赏恤如例。

十八日庚子(7月1日)

本日据御史沈铼奏报，外省行用洋钱，请量为裁制。据称洋钱来自外洋，虽系用银铸造，成色甚属低潮，外夷携来内地，换回足色纹银，每年难以数计。内地商民，多以洋钱便于使用，更可多换钱文，甚至元宝银两，亦须换作洋钱，再换制钱，方为得利。其荒僻之区，则但知有洋钱而不知有银两。数年以后，到处俱以洋钱交易，关系非浅。道光帝批示：洋钱流布东南，已非一日，前于道光十二三年间，曾经地方官晓谕商民人等，不能骤行禁止，势所必然。朕思洋钱来自外洋，流布广东，遍及他省。若外洋来粤贸易，以货易货，实力稽查，银两不准出洋，洋钱价值，自可不至昂贵。着邓廷桢等体察情形，酌定章程，据实具奏，要在日久遵行，毫无窒碍，方为至妥，不得以空言塞责，致日久仍属具文也。②

---

① 《清实录·宣宗成皇帝实录》卷二八二。
② 《清实录·宣宗成皇帝实录》卷二八三。

廿二日甲辰(7 月 5 日)

从巡抚乌尔恭额所请,修浙江西塘李家汛等处柴埽、盘头,并钱塘县江塘。

六月廿三日乙亥(8 月 5 日)

道光帝晓谕:鸦片烟来自外洋,流传内地,为患甚巨。前经太常寺少卿许乃济具奏报,当降旨着邓廷桢等会同妥议。本日据姚元之奏称,现今银贵钱贱,推其致匮之由,大抵为贩卖鸦片烟土出洋之故,并闻有伍姓洋行,暗与交通,立有照票,包揽买卖。着该督等将折内所指各情节,逐款悉心妥议,务当通盘筹画,力塞弊源,毋令奸商佹法营私,于民生国计,两有裨益,方为尽善。①

七月初四日乙酉(8 月 15 日)

贷乍浦驻防兵丁修理住房饷银。

初五日丙戌(8 月 16 日)

以直隶缉获私贩纲铁出海各犯,予知县玉镔等升用有差。②

十八日己亥(8 月 29 日)

程祖洛等奏报,查办洋盗各案内,起获枪炮器械,业经分别销毁配用。清廷指示:所有失察员弁处分,着加恩宽免。至所称向来办理洋盗案内,起获军火器械,非随手撩弃,即藏于私家,复为匪徒所得,积习相沿,亟应严禁。着锺祥于到任后,仍督饬所属按岛搜查,按户收缴净尽,分别销毁配用,不准稍有藏匿讳饰。经此次宽免处分之后,傥仍有制造藏匿等弊,定将失察之员严加惩处,决不宽贷。③

福州将军长清因病赏假,仍以副都统张仙保暂署,俟闽浙总督锺祥到任后,以锺祥兼署福州将军。

以福建拿获洋面巨盗,开复总兵官庄芳机等处分,予知州沈汝瀚等升叙有差。

---

① 《清实录·宣宗成皇帝实录》卷二八四。
② 《清实录·宣宗成皇帝实录》卷二八五。
③ 《清实录·宣宗成皇帝实录》卷二八六。

廿五日丙午(9 月 5 日)

从巡抚乌尔恭额所请,修浙江西塘柴埽各工。

八月十九日庚午(9 月 29 日)

予浙江出洋淹毙外委蔡洪龙祭葬恤荫,兵丁张殿邦等三名赏恤如例。

二十日辛未(9 月 30 日)

有人奏报,江、浙等省钱法敝坏,私钱之源,一为局私,一为民私。江省之宝苏局,炉头工匠,向以私积制钱五万余串,分存附近质库。每届开炉,运局点验,验后仍分藏质库。所有官铜,尽铸私钱,其价较民私稍昂。浙省局私,掺和沙土,堕地即碎,不若民私之便用。民间私铸,处处有之,有司衙门得规包庇。其大伙鼓铸,藏于附近海口岛屿之中,由商船夹带进口,船底有夹板,油饰严密,查之无迹,抵岸卸货,抉板出钱,一船所带八百千之多。①

九月初一日辛巳(10 月 10 日)

本日据邓廷桢等奏报,议覆姚元之所奏纹银出洋。据称:传到怡和行商伍绍荣等八家及代制木箱各匠人,隔别严讯,并查起账簿,逐加核对。每年每店所造大小木箱,自数千只至一二万只不等,不止伍姓一行为然。所造木箱,大约系装贮茶叶、湖丝等货之用。装银之箱,均系分往闽、浙、安徽采买货物,并非运银出洋。其夷人余剩花银,例准带三成回国,亦用木箱装贮,皆系木匠代制。伍绍荣查无勾串包揽情弊。清廷以为纹银出洋,久干例禁,全在地方文武各官认真查察,方能杜绝偷漏。现在虽据该督等查明木匠代制箱只,系为装贮货物,并采买各货及夷人自带余银之用。惟每年每店所造,既有盈千累万之多,难保无不法奸徒,从中影射,巧为装点情形,暗中偷漏纹银情事。②

本日邓廷桢等奏报,议覆御史沈镆所奏外省行用洋钱。据称洋钱一项,江浙闽粤之间,辗转贸迁,行使最便,流布已久,一旦骤行禁止,实亦势所不能。惟洋钱

---

① 《清实录·宣宗成皇帝实录》卷二八七。

② 中国第一历史档案馆:《鸦片战争档案史料》第 1 册,天津古籍出版社 1992 年版,第 210~211 页。

之弊，在不计分两之轻重，不较成色之高低。广东现在通行，谓之烂板，以之兑换纹银，每百两必补足银水三四两及五六两不等。至江浙行使，则全用镜光新面洋钱，以烂板兑换镜面，每百两竟须补水六七两之多。审势揆时，当立钤制之法，以平远迩之情。道光帝批复：洋钱流布东南，已非一日，虽未能遽行禁止，若任其价值增昂，不为平减，或致内地纹银偷漏出洋，实属不成事体。该督等惟当申严厉禁，遇有商夷交易，取具洋行总保各商并无偷漏纹银甘结备案。傥有私用纹银购买夷货，及向夷商兑换洋钱者，将总保各商及交易之商从重治罪，按数倍罚充公。铺户居民有犯，加等问拟。并严饬守口员弁实力稽查，毋许包庇故纵。并着该督等即行文移知沿海行使洋钱各省督抚，务须严饬所属晓谕商民人等，嗣后行使洋钱，必以成色分两为凭，不得计枚定价。其以洋钱易换纹银，或以纹银易换洋钱，无论烂板镜面，每百两止准洋钱补纹银之水，不准纹银转补洋钱之水。如此明定限制，惟当实力奉行，认真查察，以平市价而杜弊端。①

初三日癸未（10 月 12 日）

从巡抚乌尔恭额所请，修浙江鱼鳞石塘。

初八日戊子（10 月 17 日）

有人奏报，福建省城本年六月二十九日，津门楼地方民人面馆内，突有驻防兵丁数人，乘醉肆闹，因讹诈不遂，将家伙全行毁碎，痛打而去。该兵丁等回转旗界，又率十余人，持械继至。该民人揪住兵丁一人送县，该兵丁又纠集数十百人，手持刀枪，蜂拥而来，将邻近店伙捆缚掳去。当时人心畏惧，上至仙塔街，下至法海寺，西至柏姬庙，东至高节里，铺户全行罢市，居民避匿，路绝行人。闽县知县遽将所送兵丁开释，该驻防始将所掳无辜民人放出。次日百姓仍不敢开铺，经该县再三劝谕，始得照常开设。清廷指示严查，相关官员回复系驻防步甲来保住与开设面店之民人口角争殴，并无械斗及居民罢市等事。②

十三日癸巳（10 月 22 日）

抚恤朝鲜国遭风难夷如例。

---

① 《清实录·宣宗成皇帝实录》卷二八八。
② 《清实录·宣宗成皇帝实录》卷二八八。

十六日丙申(10 月 25 日)

御史黄仲容奏请将地方私用外国钱文，一律严行查禁。据称广东潮州府一带洋面，海船到日，携带外国景兴、光中二样钱文，钱质薄小，每一千文，计重不过三斤，较之制钱分两轻至一半。广东省纹银一两，市价换制钱一千四百余文，在外国换景兴、光中钱，每两可换二千余文。乡愚贪其多换，相沿成风，始则掺杂制钱并用，今则止用景兴、光中暨私铸小钱，并有将制钱销毁，掺和沙泥，私铸景兴、光中小钱各。清廷指示：文武员弁在高澳大汕头埯埠一带地面，海船到日，实力稽查。如有偷带景兴、光中钱文，立即缉拿究办。

有人奏报，福建台湾匪徒，自道光十二三年间剿办之后，至道光十四年春间，复有彰化县犁头店地方贼匪林坤等纠集匪党，潜谋滋事。经该镇等赶到弹压，始行溃散，并未闻作何究办。又道光十五年十月间，嘉义县知县遣家丁到店仔口解犯，回至八桨溪蔗园地方，竟有贼匪六百余众，攒殴夺犯，该家丁身受重伤，而贼匪反声言若本官到此，定要杀害。又闻斗六门及盐水、港水、沙连等处未获余匪，纷纷劫杀，毫无顾忌，地方官不敢过问。清廷要求严拿，同时做好殉难守备马步衢与县丞方振声、把总陈玉威建祠之事。①

廿一日辛丑(10 月 30 日)

兵部奏报，遵议闽浙二省巡洋弁兵处分酌改章程。一、洋面巡弁，以千把为专巡，外委为协巡，都守为分巡，副参游击为总巡，总兵为统巡。遇有失事，初参限满不获，将专巡、协巡、分巡各官，均降一级留任。贼犯限一年缉拿，二参不获，各降一级调用，贼犯交接巡官照案缉拿。二、内河、内洋附近汛口地方失事，即照陆路例，将专汛兼辖、统辖官，分别开参。亦以二参完结，初参不获，专汛官降一级留任。二参不获，降一级调用。兼辖官初参罚俸一年，二参降一级留任，统辖官初参罚俸六个月，二参罚俸一年。如专汛兼辖各官，限内有轮派出洋事故，均照陆路例，扣除公出日期。遇有调台之差，仍准照离任官罚俸一年完结。三、总巡系周巡一营洋面，统巡系按期分路会哨，情势不同，旧例一律议处，未免无所区别。嗣后初参限满不获，将总巡官罚俸一年，统巡官罚俸六个月，俱限一年缉拿。二参不获，总巡官降一级留任，统巡官罚俸一年。四、随巡官按各省开报册内，有随统巡者，有随总巡者，有随分巡者。倘遇失事，各按所随之人处分，一律议处。五、委巡今改为协巡，应将委巡一项名目删除。六、海洋失事，该督抚查明失事地方界

---

① 《清实录·宣宗成皇帝实录》卷二八九。

址，据实开参。如有统巡而无总巡，或有分巡而无随巡者，准其疏内声明，以免驳查。得旨：所议尚属周妥，着即纂入则例，颁发通行。①

廿二日壬寅（10 月 31 日）

昨日兵部带领引见人员内，题补游击之福建闽安水师协右营都司陈显生箭无准头，着仍撤回都司本任，不准题补游击。程祖洛出考送部，着交部照例议处。

邓廷桢奏报，酌增协济台操及泅水各兵口粮。广东虎门海口炮台，操演水军，据该督等查明原派防兵，俱经增给口粮，尚有协济各台操兵五百一十八名，泅水、凫水、爬桅兵一百三十名，应增口粮，未经议及。该兵丁等与专防台兵一同演习，自应加恩增给口粮，以示体恤。清廷着照所请，所有需用口粮银五百十八两零，准其于前项筹定经费项下，按次发营，照数散给。

廿四日甲辰（11 月 2 日）

福建古田县民人林德春赴京呈控，有西洋人煽惑传教。福安县属建昌地方，有西洋人传习天主教，教首名三不怕，聚众敛钱，设立铜铁炉，打造器械，并与江西、广东、浙江各省匪徒，时相往来。伊与伊母舅董姓等率众将三不怕拿获，解送延建邵道衙门收押病毙，余党未究。又有不知姓名浙江人，改名五不怕，复在建安县秋岭横坑地方，接续前教，招聚匪徒，打劫行旅。又称文生员叶大华，因伊呈禁教匪买食米谷，串出监生林利茂等于道光十三年三月间，捏词赴县将伊控告，嘱托捕厅责押，诈去伊钱二吊四百文。地方官员回复，拿获五不怕即彭庭兴，讯系与在押病毙之三不怕即郭若汶，均在横坑一带乞铁，恃强骚扰，尚无习教行劫情事，应照凶恶棍徒屡次生事扰害例，发极边足四千里充军。林德春所控责押索诈，系属诬捏，业已病故，应无庸议。②

予山东出洋淹毙马兵王魁五、水手杨得时赏恤如例。

廿五日乙巳（11 月 3 日）

抚恤朝鲜国遭风难夷如例。

① 《清实录·宣宗成皇帝实录》卷二八九。
② 《清实录·宣宗成皇帝实录》卷二八九。

三十日庚戌(11 月 8 日)

从巡抚乌尔恭额所请，修浙江海塘柴埽各工。

十月初三日癸丑(11 月 11 日)

湖广道监察御史黎攀镠奏陈中外通商，应以货易货，严禁纹银出口。①

十五日乙丑(11 月 23 日)

给事中陈功奏驿站积弊。据称上届越南国贡使入关，所过广西、广东、湖南、湖北各省，每站人夫用至四五千名。推原其故，皆由各员弁任听家丁私带货物箱只，且有赴补、赴选佐杂武弁等员，及幕友长随人等附搭同行，名为搭差，又曰搭贡。附搭者图其便安，私带者利其津贴，以致沿途备办行馆，地方不胜扰累。清廷指示严查。②

十七日丁卯(11 月 25 日)

两广总督邓廷桢奏报外商在粤情形，称现在鸦片充斥，纹银翔贵，其为奸徒勾结，偷漏事所必有。③

二十日庚午(11 月 28 日)

两广总督邓廷桢奏报，履勘海口炮台，演试炮位，会阅虎门秋操情形。另筹议杜绝鸦片流弊，以为当今急务，无论申禁驰禁，总以杜绝纹银出洋为第一要义。④

---

① 中国第一历史档案馆：《鸦片战争档案史料》第 1 册，天津古籍出版社 1992 年版，第 212～213 页。

② 《清实录·宣宗成皇帝实录》卷二九〇。

③ 中国第一历史档案馆：《鸦片战争档案史料》第 1 册，天津古籍出版社 1992 年版，第 217～220 页。

④ 中国第一历史档案馆：《鸦片战争档案史料》第 1 册，天津古籍出版社 1992 年版，第 220～222 页。

十一月初三日壬午(12 月 10 日)

前因御史王藻奏请将沿海汊港村庄，设法编查履勘，当降旨令直隶等省各督抚妥议章程具奏。兹据琦善奏称，查明直隶滨海十二州县内，丰润等八处，虽滨海而不能通海。其口港通海者，惟天津、宁河、临榆、乐亭四处。天津海口，夹岸有炮台两座。大沽、北塘两处，俱设有营汛。道光帝晓谕：该省海口，密迩京师，稽察最宜周密。其稽察之要，固当严诘外盗之乘机入口，尤须访拿内奸之违禁出洋。嗣后着责成天津镇总兵，于夏秋潮大之际，严饬该驻扎之都司守备等，督率兵丁，实力巡防，按月查报。其各本地商捕船只所雇水手人等，并饬该地方官确切查明，实系土著良民，取具船户连环保结，方准充当，有犯连船户并究。仍令海口营汛，并宁河县之芦台巡检，天津县之葛沽巡检，于出口时逐细详查。如有私藏货物，并夹带人口，即行扣留，送县究办。各该处捕鱼小船，并令查明如确系土著民人，即取具地邻保结，由县发给腰牌，以凭查验。如有更替渔丁，及新造船只，俱随时报明，换给新牌，每年编审一次。其近海村庄，无论户口多少，俱饬该府州县编查保甲，以杜奸萌。自此次明定章程之后，该督务当严饬所属认真查察，实力奉行，毋得日久生懈，视为具文。①

初九日戊子(12 月 16 日)

邓廷桢等奏报，演放炮位炸裂。据称会阅该省虎门秋操，前赴各台履勘，演放炮位，其威远台赔造八千斤大炮一位，复行炸裂，所有监铸委员推升游击现署广东抚标右营游击黄廷彪着交部议处，仍饬实力督匠加工赔造，以观后效。邓廷桢、关天培督率不善，均着交部议处。

十五日甲午(12 月 22 日)

前据善英奏报，平湖县海塘，连年冲坏，泼损花禾，并新修石塘，间有坍塌，恳请赶紧修筑，当有旨谕令乌尔恭额确切查明，据实覆奏。兹据该抚奏称，平湖境内塘工，偶被风潮冲卸，向由该县营自行捐办，并无岁修银两。上年六七月间，石土各塘，被潮泼损，已据该前县郑锦声禀报会修，尚未报竣。现据该管道员勘明理砌各工，并无坍坏。本年花禾，亦未泼伤，该县并非匿报。讯据具呈监生耆民顾菊廷、王天奇等回称，今年潮水溢入，系由塘河分流，花禾实未受伤，前呈系得自传

---

① 《清实录·宣宗成皇帝实录》卷二九一。

闻，并非目见。其新修坍坏处所，令其指出，该监生耆民等俱属茫然，称无其事，并称两次具呈，本无此说。该抚详核呈底，实无理砌石塘倒坏字样。道光帝要求悉心体访，破除情面，虚则虚，实则实，详细具奏。①

闽浙总督锺祥奏报，操练闽省官兵。得旨：承平日久，武备自多废弛，若不及时修明训练，缓急何所恃耶，勉益加勉。

廿一日庚子(12 月 28 日)

林则徐等奏请禁州县折给旗丁洋钱，以平市价。洋钱行用内地，势难骤禁，要当于便民之中，予以限制，其价值总以纹银为准，庶市侩不得售奸。据该署督等查明江苏省近年洋钱价昂，皆因铺户计析锱铢，往往于粮船受兑之前，先将洋价抬高，以困州县。及至帮船开行之日，又将银价抬高，以困旗丁。辗转低昂，以致县帮交累，漕务愈难办理。欲绝市侩之居奇，必先于办漕禁用洋钱，方可以回积习。现在新漕受兑，期于重运早开，所有县帮交涉一切费用，着概禁折给洋钱。即照该署督等所奏报，向需洋钱一圆者，以纹银七钱三分核实给发，庶市侩无高抬之价，县帮无争较之繁，而漕行亦得迅速。

廿三日壬寅(12 月 30 日)

本日据阮元等将广东省承修、督修炮位各员议处具奏，署游击黄冈协左营都司黄廷彪着即照部议革职，仍留云骑尉世职，其炸裂炮位，着责令赔造。邓廷桢、关天培部议降二级留任，本系公罪，原可准抵，惟督率不善，以致演放伤人，非寻常失察可比，俱着降二级留任，不准抵销。

十二月初三日壬子(公元 1837 年 1 月 9 日)

拨广东运库银十二万两，添补修造米艇经费，从总督邓廷桢所请。

初六日乙卯(公元 1837 年 1 月 12 日)

本日据锺祥等奏报，十月十八日夜，台湾嘉义县下加冬匪徒沈知等数百人，竖旗聚众，焚抢粮馆。把总柯青山带兵奋击，致被戕害，贼匪随即他窜。该镇总兵达洪阿带自练精兵六百名，并挑选安平等标营兵丁六百名，派员管带前往捕办，先据

① 《清实录·宣宗成皇帝实录》卷二九一。

该县陈文起将动手戕弁之股首伪大元帅沈基即沈知拿获，并获另股匪犯杨享等多名。八水溪一带，亦有藏匿之犯，现饬该镇等上紧搜捕。①

浙江温州镇总兵官邵永福以捕务废弛撤任，调定海镇总兵官庄芳机为温州镇总兵官。

初七日丙辰（公元 1837 年 1 月 13 日）

前据给事中鲍文淳奏报，江浙等省钱法敝坏，当降旨着该督抚等严密查察，认真究办。兹据林则徐等查明江苏实苏局验收之时，由藩臬两司及委员人等抽提择掷，并无破碎，其尚无掺和沙土。偷窃铜斤，私铸小钱，似属可信。惟该炉头等前于道光元年借款津贴，有发商生息之项，难保不藉端舞弊。至附近海口岛屿一带，虽查无私铸及夹板商船携带违禁他物进口之事，其海洋岛屿，及人迹罕到之处，小民趋利若骛，亦难保无私行鼓铸等弊。

初八日丁巳（公元 1837 年 1 月 14 日）

据鸿胪寺少卿叶绍本奏报，闽广械斗之风未戢，推求源本，严除弊端，以靖地方而安黎庶。闽广漳、泉、惠、潮一带居民，每以田土微嫌，眦睚细故，持械争斗，辄酿巨案。虽严立科条，力求整顿，此风总未止息。着锺祥、邓廷桢等将折内所陈，悉心妥议具奏。②

初十日己未（公元 1837 年 1 月 16 日）

前因乌尔恭额覆奏浙江平湖县海塘情形，与善英所奏迥不相符，当有旨交朱士彦于查办广东事竣后，驰赴浙江确查具奏。本日复据善英奏称，该抚派员覆勘时，乌尔恭额曾差人暗随，闻得以威吓民，所称坍塌，作为歪斜，今年被冲，不许供诉，并将土石塘被冲情形，绘图呈览。

十四日癸亥（公元 1837 年 1 月 20 日）

两广总督邓廷桢奏报，英国派义律来粤管理商人。③

---

① 《清实录·宣宗成皇帝实录》卷二九二。
② 《清实录·宣宗成皇帝实录》卷二九二。
③ 中国第一历史档案馆：《鸦片战争档案史料》第 1 册，天津古籍出版社 1992 年版，第 222~223 页。

二十日己巳(公元 1837 年 1 月 26 日)

道光帝著两广总督邓廷桢等,切实杜绝纹银出洋,毋得徒托空言。邓廷桢等筹议杜绝鸦片流弊,以为鸦片流传内地,以致纹银日耗。今欲力塞弊源,惟杜绝纹银出洋,最为要着。若能于从出之地,必出之途实力稽查,俾汉奸夷人,两无所施其伎俩,自可渐塞漏卮。①

本年

英国等国向清朝输入鸦片计三万四千七百七十六箱。②

道光十七年　丁酉　公元 1837 年

正月十八日丙申(2 月 22 日)

英吉利国公司散局以后,大班不来。上年十一月内,该国特派远职来粤,总管本国前来贸易之商贾水手。道光帝指示:该国来船络绎,自应钤束得人,以期绥静。今该夷既领有公书文凭,派令经管商梢事务,虽与向派大班名目不同,其为钤束则一。着准其依照从前大班来粤章程,至省照料,并饬令粤海关监督,给领红牌进省,以后住澳住省,一切循照旧章,不准逾期逗留,致开盘踞之渐。该督等正可藉此责成该夷小心弹压,不准干预滋事,仍应密饬该管文武及洋商等,随时认真访察。倘该夷越分妄为,或有勾结汉奸,营私贩法情事,立即驱逐回国,以绝弊源。

闽浙总督锺祥奏报,闽海外洋通连夷境,每有各种夷船乘风游奕,虽限于天时地势使然,而杜渐防微,不可不设法禁遏。③

---

① 《清实录·宣宗成皇帝实录》卷二九二。

② [美]马士:《中华帝国对外关系史》第 1 册,张汇文等译,生活·读书·新知三联书店 1957 年版,第 239 页。

③ 中国第一历史档案馆:《鸦片战争档案史料》第 1 册,天津古籍出版社 1992 年版,第 225~226 页。

十九日丁酉（2 月 23 日）

直隶总督琦善等奏报，查禁畿辅私藏鸟枪章程四条。一、发价收买，每杆给银二两，令民间按限缴呈。二、严禁私造，查明制造几家，令匠人出具甘结。三、编列字号，以便稽查。直隶环山滨海，或所必需，惟每户止许一杆，报官呈验，錾刻姓名，编号立册。四、明定功过，以昭劝惩。州县收缴鸟枪，以多寡定功过，限内收存三十杆以上者，记功一次。不及十杆者，记过二次。①

廿二日庚子（2 月 26 日）

以江苏巡抚林则徐为湖广总督，调江西巡抚陈銮为江苏巡抚，湖南巡抚裕泰为江西巡抚。

廿三日辛丑（2 月 27 日）

命两广总督邓廷桢查阅广东广西营伍，闽浙总督锺祥查阅浙江福建营伍。

廿五日癸卯（3 月 1 日）

锺祥奏报，筹议合巡洋面，核实稽考。闽浙洋面辽阔，虽有会哨旧章，恐稽考难周，必须设法整顿，以归核实。据该督等筹议，应立合巡箝制之法，使官弁不能畏险偷安，而稽察易周，亦不能捏饰混报。清廷着照所请，所有闽省南洋九营，除提标中营，毋庸添拨船只外，其余提标左右等八营，准其添拨哨船八只。北洋四营，准其添拨哨船五只。每船俱配兵载械，派员统带，各按南北，逐营会合，来往梭巡。无论南北巡船，行至闽安镇海口，俱令禀报该督。其南境哨船巡回之时，必过厦门，即令就近禀报该提督；北境哨船巡回之时，必过福宁镇，即令就近禀报该镇总兵，以凭稽察，庶足以杜偷安而壮声势。其每营分段巡查，仍照旧章办理。至此项合巡船只，仍随时换派官兵，俾均劳逸。所需口粮等费，查照常例，一体支发，毋庸另筹。浙江洋面，亦着该督咨行该抚及提镇等一体办理，该督仍督饬镇将实力整顿，随时分别勤惰，以示劝惩。如该营员弁等再有畏险偷安、巡缉不力等弊，即着严参惩办。②

---

① 《清实录·宣宗成皇帝实录》卷二九三。
② 《清实录·宣宗成皇帝实录》卷二九三。

廿六日甲辰(3月2日)

朝鲜国王李焕遣使表贺万寿、冬至、元旦三大节,并岁贡方物,赏赍筵宴如例。琉球国王世子尚育遣使表请袭封,呈进方物,赏赍如例。

二月初七日乙卯(3月13日)

嘉义县匪徒沈知等藉歉抢粮,戕伤弁兵,台湾镇道等将勾结各匪歼毙正法二百六十余名,其在逃之刘蓝、石大山二犯受到追捕。

十六日甲子(3月22日)

前据御史黄仲容奏报,广东地方私用夷钱等情,当降旨令邓廷桢等查办。兹据该督等奏称查明潮州府属,尚无私铸夷钱、小钱等弊。惟南澳、潮阳等处口岸,皆可寄泊海船,其店铺搀用夷钱,实所不免。现在筹议章程,设法收买。清廷着该督等即通饬所属,于城乡设局收买,予限一年,责成保甲,令将市间行使小钱、夷钱,一并缴出,由该地方官每斤给制钱一百文,依限缴销净尽,取具甘结存案。并出示晓谕,傥再有私藏行使等弊,一经查出,即从严惩办,并将铺屋查封入官。并着粤海关监督严饬各洋商,于夷船进口,详细验明。设有偷带夷钱来粤,即晓以天朝禁令,不准开舱,饬令带回。该国如违,惟洋商是问。并谕令各海口管关经书,于验货收税之便,一体严查。每月将查过海船有无偷带夷钱情事通报。其潮州府属之南澳、潮阳等处海口,责成该管道府,就近督饬地方文武各官,每遇海船到日,务须认真稽查。傥有夹带各项夷钱,立即严拿解究。如该地方文武奉行不力,日后查出,即着该道府指名揭参。傥敢受贿纵容,藉端需索,着照例严行究办。①

广东南韶连镇总兵赵浩,于繁难要缺不足以资整顿,被撤任,留于该省另行酌量补用。

两广总督邓廷桢奏报,拿获匪犯多名。得旨:承平日久,生齿必繁,为匪之徒,日见其多。缉捕一事,海疆尤当亟讲,否则必致贻患将来,勉之又勉。

十七日乙丑(3月23日)

抚恤越南国遭风难夷如例。

---

① 《清实录·宣宗成皇帝实录》卷二九四。

二十日戊辰 (3 月 26 日)

抚恤朝鲜国遭风难夷如例。

廿八日丙子 (4 月 3 日)

从巡抚乌尔恭额所请，修浙江东、西海塘柴埽各工。

三月初五日壬午 (4 月 9 日)

从总督锺祥等所请，拨福建盐务每年生息银二万两有奇，为漳、泉等处缉捕招解经费。

初六日癸未 (4 月 10 日)

御史刘梦兰奏报，山东盐务敝坏，旧商久经革退，新商未据认充，请饬妥议章程。据奏上年四月内，长芦盐政锺灵因东商疲敝，奏请革退安寿长等六十余商，另招新商接办，迄今一年之久，未据奏报接充有人。并奏山东省盐务疲敝已久，恐有相沿陋规，裁汰未尽，以致商人受累，抑或有引地情形，今昔不同，办理窒碍，宜加变通。

十二日己丑 (4 月 16 日)

邓廷桢等奏报，越南国遣使寻访被风船只，请照会该国，俾循定例。向来各国夷船来粤，均有该国王咨呈为凭，如遇难夷船只，即由该省分别核办，咨送回国。天朝体恤外藩之意，至为详备。越南国久列藩封，素称恭顺，所有航海来使，自必恪遵定例。乃上年七月间，有该国夷船，驶至澳门外鸡颈洋面湾泊。据该使李文馥等称，因传闻该国水师平字等号船只，洋面遇风，流入粤省琼崖等处，经该管商舶官派出伊等来粤寻访。经广州府海防同知马士龙会同营员查询，只据呈出管理商舶官所给凭照一张，并无该国王咨呈。虽查验该船尚无夹带货物，究与定例不符。既据该督等饬属查覆，并无该国被风船只漂泊到境，并派舟师护送该夷船出境。清廷仍着邓廷桢等传谕该国王，申明旧章。嗣后或有遭风船只漂入粤洋，定必护送回国，断不令其失所，该国王务当恪遵定例，不得仍前遣使航海远来。傥与内地别有交涉事件，俱由该国王备具咨呈，递交内地钦州陆路，转递到省，以符定制。①

十六日癸巳(4月20日)

前因给事中陈功奏报，上届越南贡使入关，经过广西等省，每站人夫，用至四五千名，并有搭差搭贡等弊，当有旨令梁章钜查明具奏。兹据奏称，该国贡使向系查给勘合传牌，由各州县应付。上届所禀夫船数目，均与向定章程相符，并无赴补赴选佐杂武弁等员及幕友长随装载私货、搭贡搭差各名目，实无滥派人夫。清廷指示：本年该国贡使进京，现已开关，该抚惟当于该使臣起行之日，酌定护送各官应用人夫数目，妥为伴送，不得稍有浮冒。傥护送文武官员，并该家丁人等仍有私带货物，及闲杂人等随途附搭等事，即着梁章钜严参惩办，其经过各省督抚亦着一体认真稽查，照例办理，以肃驿政而杜弊端。②

三十日丁未(5月4日)

军机大臣潘世恩等议覆山东巡抚经额布奏沿海各处情形，酌议章程六条：一、沿海汊港及岛屿居民，编查保甲；二、商渔船只，将姓名标书桅篷，以便认识；三、出产柴薪淡水之区，应严密防范，以防接济；四、巡洋弁兵，责成水师总兵，拣派参游大员督缉；五、商渔船只进口，严加盘察；六、海口兵役，应令守口员弁亲身督查，以杜贿放等弊。③

四月初二日己酉(5月6日)

福建台湾道周凯奏报调任谢恩，并陈地方情形。得旨：民情犷悍，断不可失于宽厚苟且。先发制人，用之台湾，尤属相宜。若养成祸害，徒费周章而难治矣。

从巡抚乌尔恭额所请，修浙江东塘尖山汛石塘。

初八日乙卯(5月12日)

添设山东鱼台汛千总一员，兵八十名，南阳镇经制外委一员，兵二十名，作为鱼台汛协防；移原设鱼台汛经制外委一员，兵二十名，并添兵十名，驻古村集，作

---

① 《清实录·宣宗成皇帝实录》卷二九五。
② 《清实录·宣宗成皇帝实录》卷二九五。
③ 《清实录·宣宗成皇帝实录》卷二九五。

为滕县汛协防，统归沙沟营都司管辖。从巡抚经额布所请。

十三日庚申（5 月 17 日）

道光帝寄谕闽浙总督锺祥：据达洪阿等奏报，续获嘉义下加冬戕弁滋事，并南路响应各匪犯，分别审办。此案嘉义逆犯沈知等，及南路台凤交界竖旗响应各匪徒，聚众滋事，经该镇等带兵剿捕，先后拿获首要各犯，共计三百四十余名，分别审办。现在地方安静，撤兵回营。

十四日辛酉（5 月 18 日）

有人奏浙江温州府前经仿照淮北票盐之法，一律改票，奏准试行，该府试办年余，行过票盐七万四千九百余引，较原额八百引，几增百倍。惟票盐一行，有盐皆官，该商等无所牟利，竞造浮言，以侵灌金衢引地为词，屡控运司，意图阻挠，于国计民生，均有不便。①

十八日乙丑（5 月 22 日）

前因给事中陈功奏福建台湾各事宜，当降旨饬令锺祥查明具奏。兹据奏称，作乱贼匪均已拿获。至于殉难之马步衢、方振声、陈玉威并未建祠之事，只缘料物多需内地购运，海洋风信靡常，未能克期，以致修竣稍迟，现已赶办完工。

十九日丙寅（5 月 23 日）

梁章钜奏报，探明越南内讧情形，现饬严密巡防缘由。清廷指示：越南夷地久村牧马等处，与内地小镇安归、顺州边隘，处处毗连。该夷匪农洪仁于农文云灭后，复出滋事，并邀约上下五郎州夷目，攻打久村牧马，譬杀头目。该国动兵剿捕，难保不窜入内地。着该抚即严饬左右江两镇，并该管道府，沿边文武员弁，督率守卡兵役，不动声色，加意巡逻。倘越南兵力不充，或有叩关请助之举，该抚即当晓以大义，据理斥之，俾知中国之兵，不能为外藩轻动，方为控制得宜也。②

① 《清实录·宣宗成皇帝实录》卷二九六。
② 《清实录·宣宗成皇帝实录》卷二九六。

廿一日戊辰(5月25日)

前据乌尔恭额、善英先后具奏乍浦塘工，情形互异，节经降旨令朱士彦驰往履勘，据实具奏。兹据该尚书亲诣该工，逐加勘验，并提到人证卷宗，确加审讯，分别定拟具奏。浙江海塘，原为保障民田而设，遇有坍损，自应赶紧修筑。所有乍浦塘工，向由县营捐资修理，并无承修保固限期，工程难期巩固。且该处接壤之海盐各塘，既经奏明借款生息，作为岁修。此项独山一带塘工，情形相似，遇有坍坏，若仍责令地方官自为捐办，力有未逮。清廷着乌尔恭额体察情形，筹款生息，作为岁修经费，并明定承修保固限期，仍用灰浆以资坚固。又该塘自西而东，逐渐低矮，其石土塘交接处所，现用排桩竹片拦护，亦属权宜之计。其东首天地等号石塘，应否加高，及东首接连之土塘，应否添建石塘，着该抚相度形势，妥议具奏。

本日据英隆奏报，山东青州、德州、满洲营新设炮位，按期操演，所需火药铅丸银两，筹定于缉捕经费及缉捕生息银内动支。应添制火药铅丸，斤数较多，操演日期，自应加增次数，请将一年除六月十二月停止操演外，其余十个月，仍按三六九日期操演，并按月加增二、五、八日打演准头，以期精熟。道光帝晓谕：朕思营中操演，既有定期，只须按期认真练习，不在加增日期。技艺固当精熟，兵丁亦宜体恤，若因火药较多，于常期之外更议加增，恐因烦生息，转致虚应故事，有名无实。着该抚体察情形，所筹款项既有赢余，不妨酌留银两，作为奖赏之用，俾兵丁等更踊跃勤操，以成劲旅，则事归核实，用不虚糜矣。①

五月初五日辛巳(6月7日)

两广总督邓廷桢奏报越南沿边情形。得旨：严密巡防，断不可贪功滋事。

初九日乙酉(6月11日)

道光帝晓谕：锺祥等奏筹议海防章程，均着照所议办理。闽浙洋面极为辽阔，匪类最易潜藏，向来外洋失事，陆路文武，恃无处分，往往妄分畛域，意存观望。嗣后着责成沿海镇道督饬陆路员弁，协同缉办，务期有犯必惩。倘有洋匪在岸潜藏不能破获，即将水陆各员弁一体奏参，分别议处。至水师合巡，原为钳制稽查起见，如有籍口风潮不利，随处寄碇迁延者，一经查出，即酌按玩误军法之例，从重

---

① 《清实录·宣宗成皇帝实录》卷二九六。

参办，毋稍宽纵。

廿一日丁酉(6 月 23 日)

山东登州镇总兵兼辖水师，有稽查海口之责，职司最关紧要。道光帝前降旨着富桑阿补授，该员到任后，着经额布随时留心察看，该员训练操防，能否认真，果否能胜总兵之任。据实具奏，毋稍徇隐。寻奏报，察看该镇精神周到，人亦练达，聆其言论，晓畅营务，自系励志戎政之员。①

廿七日癸卯(6 月 29 日)

从巡抚乌尔恭额所请，修浙江东、西两塘柴埽各工。

六月初三日己酉(7 月 5 日)

道光帝晓谕：邓廷桢等奏报，查明广东地方积弊，筹议办理章程。开单呈览，朕详加披阅，所议各条，尚属周妥，俱着照所议办理，惟纹银出洋实为东南一大漏卮。纹银之出，即为鸦片之所从入，视以银易货之害为尤大。节经该督等派委员弁，先后拿获匪犯陈亚二、丁亚三等，起获走私船只洋纹银两，奏明惩办，可见奸徒诡秘，情伪百端。现在查拿认真，自觉暂为敛迹。若稍形松懈，难保不肆行偷漏，仍蹈前辙。着该督等乘此办理，稍有头绪之时加意整顿，严饬各该文武员弁，于关隘紧要地方往来巡查，严密购缉，有犯必惩，久而勿懈务使中国财力，不致为外夷所耗，方为不负委任。②

初五日辛亥(7 月 7 日)

御史朱成烈奏报，银价昂贵，流弊日深，请饬查办。道光帝批复：所奏甚是。银钱价值，两得其平，方于国计民生，均无窒碍。近来钱价日贱，自系纹银不足所致，推原其故，固由于风俗奢移，耗于内地，而禁烟一物，贻害尤甚，耗银尤多。若如所奏报，广东海口，每岁出银至三千余万，福建、浙江、江苏各海口，出银不下千万，天津海口出银亦二千余万。一入外夷，不与中国流通，又何怪银之日短，钱之日贱也。前据邓廷桢奏报，拿获出洋纹银，业有旨将出力各员弁，量加鼓励，

---

① 《清实录·宣宗成皇帝实录》卷二九七。
② 《清实录·宣宗成皇帝实录》卷二九八。

并准其将所获之银，全数充赏。惟所拿之数，尚不及百分之一。且此等奸民，情变百出，难保不因广东查拿甚紧，遂暗与浙闽诸处交通，巧为透露。是一处之搜拿，不足戢众奸之偷越。着直隶、山东、江苏、浙江、福建、广东各省督抚，并海口各监督，严饬所属文武员弁，统于沿海要隘处所，随时随地，认真稽查。遇有出洋"快蟹"等船，务当实力巡查，倘敢装载纹银，妄冀偷漏出洋，立即设法截拿，按律惩办，毋稍轻纵。除将搜获银两，全数分别充赏外，并着查明实在出力各员弁，据实保奏，请旨鼓励。如有疏纵，亦即严参惩办。该督抚受恩深重具有天良，当思纹银出洋，于国计民生，大有关系，惟当同心协力，不分畛域，处处堵缉周密。即有奸民，何从施其伎俩？若经此次谆谕之后，仍复奉行不力，致有奸民吏胥，包庇私运出洋，不行查拿者，别经发觉，不特将沿海各员弁从重治罪，定将该督抚等严行惩处，决不宽贷，勿谓诰诫之不豫也。

初六日壬子(7 月 8 日)

道光帝晓谕：昨因沿海各口岸纹银出洋，于国计民生，关系匪细，已降旨严饬沿海各督抚认真查办。该督抚等均受朕厚恩，自必共矢忠勤，力加整顿。但思锢习已久，非破格示以劝惩，骤难挽回。嗣后如该督抚等仍视为具文，并不实力查办，必当从严惩处。其沿海文武员弁，巡缉不力，甚至书役包庇，奸民勾串，仍有偷漏，即着该督抚严参，加等治罪。如海口文武员弁，果能实力堵缉，或连获数起，或破除巨案，即着该督抚据实保奏，朕必施恩破格升用，以示奖励。自此次谆谕之后，该督抚等其各竭诚体国，务绝弊源，勉副朕力挽颓风至意。

初十日丙辰(7 月 12 日)

从巡抚乌尔恭额所请，修浙江上虞县王家坝柴塘。

十一日丁巳(7 月 13 日)

以故琉球国王尚灏世子育袭爵，命翰林院修撰林鸿年为正使，编修高人鉴为副使，往封。

十二日戊午(7 月 14 日)

前因沿海各口岸纹银出洋，于国计民生，大有关系，叠经降旨令各省督抚认真查办矣。本日复据给事中黎攀镠奏称，英吉利国有趸船十余只，自道光元年起，即入急水门，至十三年，遂由急水门改泊金星门。鸦片之入口，纹银之出口，恃有趸船为逋逃渊薮。匪徒"快蟹"，朝发夕至，各处港汊，可以偷越。又窑口奸商，包兑包送。该省洋货铺户，外假贩买货物为名，阴以走私为业，即与窑户无异。道光帝批复：外夷船只，停泊自有定所，何以道光元年以前，未闻私设趸船，近来则任其终岁在洋停泊，以致奸民与之勾通，任意偷漏。着责成该督等严饬洋商，传谕该国坐地夷人勒令寄泊趸船尽行归国，无许托故逗留，并确查窑口巢穴所在，悉数按治，毋稍姑息，以塞弊源而挽颓风。①

十五日辛酉(7 月 17 日)

粤海关监督文祥奏报，谢期满留任恩。得旨：禁止纹银出洋一事，虽非汝一人之力所能，然既会议会办，亦当竭尽心力，总以国计民生为念，断不可视作泛常也。

十八日甲子(7 月 20 日)

朝鲜国使臣金贤根等三人于大红桥瞻觐。

廿六日壬申(7 月 28 日)

前据给事中沈镳奏报，酌议海塘善后事宜，当降旨交乌尔恭额核议具奏。兹据该抚督饬司道各员逐条详议，所称编种柳株，虽不足以备工料，而于塘后空隙处所亦可种植，使之盘根入土，以固塘基。现在塘后坑洼，均已一律填好。近塘高处，现种桑树，近河低处，尚属空闲。清廷着该抚督饬厅备，饬令塘兵分段栽种，每兵每年限种一百株，三年核计，果能如数种活，即酌量奖赏。傥有违误，责革示儆。②

廿七日癸酉(7 月 29 日)

朝鲜国王李焕遣使请封王妃，进贡方物，命留抵下次正贡，宴赍如例。

---

① 《清实录·宣宗成皇帝实录》卷二九八；中国第一历史档案馆：《鸦片战争档案史料》第 1 册，天津古籍出版社 1992 年版，第 228~230 页。
② 《清实录·宣宗成皇帝实录》卷二九八。

七月初一日丙子(8月1日)

册封朝鲜国王妃,命兵部右侍郎倭什讷为正使,内阁学士明训为副使,往封。

十八日癸巳(8月18日)

有人奏报,广东省城包揽私贩鸦片烟泥之处,名曰窑口,皆系积匪亡命之徒。有赤沙广一名姓徐,番禺县沙湾司人,年五十左右,高颧无须,先曾私铸小钱犯案,现住省城韭菜栏兴隆街尾,暗开窑口。又王振高一名,亦系沙湾司人,走私起家,曾捐都司职衔,投香山营效力,缘事告退,道光十五年冬间与久惯走私之苏魁大等,伙开窑口一座,在省城永清门外向北,店名"宝记"。又关清即信良一名,系南海县九江人,曾犯盗案自首,后挂名广州府差役,与莫姓伙开窑口一座,在靖海门外城根利顺行后楼,店名"仁记"。又梁忠一名,广州府佛山人,曾充南海县差役告退,现住海珠炮台左侧紫洞艇,专管窑口走私账目。以上四名,皆系多年走私,起家巨万,因恃兵差通同一气,久未破案。①

廿一日丙申(8月21日)

锺祥等奏称,英吉利国夷官名肱,以小船三只入口投禀,请将遭风难夷交给,自带回国。经该督等明白谕示,饬令赶归大船,一齐起碇,不准片刻停留,该夷船开往东南大洋而去,并无违抗。道光帝批复:所办甚是。英吉利夷性诡谲,胆敢拨用小船,进口递禀,以请给难夷为词,虽情形恭顺,一经谕饬,遵照启行,而临行复将原禀暗置庙内桌下,其鬼蜮伎俩,已可概见,难保其日后不再生希冀。该督等惟当严饬沿海文武员弁随时认真查察,设该夷船复有似此藉词入口者,傥竟不服驱逐,即当慑以兵威,俾知天朝例禁綦严,不容抗玩。即或外托恭顺,卑词恳求,亦当以理拒之,不得稍有迁就,致酿事端是为至要。②

廿六日辛丑(8月26日)

锺祥奏请将督缉案犯未能认真之员,分别降补议处。福建漳州镇所辖之同安等

---

① 《清实录·宣宗成皇帝实录》卷二九九。
② 中国第一历史档案馆:《鸦片战争档案史料》第 1 册,天津古籍出版社 1992 年版,第 233~235 页。

汛境内，未获案犯较多，前经降旨将署同安营参将顺德、署漳州左营游击马起凤革去顶带，勒限防缉，嗣因马起凤办理无能，复经撤署留缉，兹勒限已满。据该督查明，该营员等防缉仍未认真，必当加以惩儆，顺德着以都司降补，马起凤着以千总降补，均着留营候补。漳州镇总兵黄其汉着先行交部议处仍再勒限半年，责令督办防缉事宜，届时着锺祥查看，如仍不竭力整顿，即行严参惩办。①

廿八日癸卯 (8 月 28 日)

闽省奸民施猴等与粤匪串通贩烟图利，游奕洋面，并于海汉搭盖寮房，囤烟勾结，实为地方之害。现经该督缉获究办，乡民渐知畏惧，惟烟船游奕往来，必应认真巡缉，有犯必惩。水师提督陈化成统辖全洋，其驻扎地方亦与该匪出没之处相近，随时侦缉，整顿甚易。清廷着责成陈化成亲率镇将，随时巡查，一经拿获立即严办，其粤省连界处所，傥有奸匪藉端越界贩私，务即从严杜绝，毋许勾结滋事。锺祥仍当督饬文武员弁，尽力搜拿，不准松懈，以靖海洋而除奸宄。澳门地方多有各国夷官大班来往，难保匪徒不藉端溷迹，勾贩营私，着邓廷桢等即传谕该大班等加意查检，傥有蒙混勾贩之人，即饬令该夷等作速驶回，自治以该国之法。并着该大班等从严稽查，不准私行越界勾贩滋事。②

廿九日甲辰 (8 月 29 日)

两广总督邓廷桢与粤海关监督文祥，奏请恢复承商旧例，请嗣后十三行洋商，遇有歇业或缘事黜退者，方准随时招补，此外不得无故添设一商，亦不必限年试办。③

三十日乙巳 (8 月 30 日)

邓廷桢奏报，夷船被风，寄碇外洋，请将玩不自禀之汛弁，未经转报之将领，分别斥革降补。清廷批复：广东水师海门营所辖之溪东外洋，夷船被风漂至，寄碇旬日之久，该管把总李英翘于该夷船寄碇之初，既不禀报查办，事后又仅知会邻汛代禀，实属庸劣懈弛。该署参将谭龙光，洋面是其统辖，乃接据禀报，辄以夷船已

① 《清实录·宣宗成皇帝实录》卷二九九。
② 《清实录·宣宗成皇帝实录》卷二九九。
③ 中国第一历史档案馆：《鸦片战争档案史料》第 1 册，天津古籍出版社 1992 年版，第236~238 页。

去，不即转报，亦属玩视。海门营右哨头司把总李英翘，着即斥革，以示惩儆。署海门营参将碣石镇右营都司谭龙光着降为守备，留于广东水师，酌量补用，以观后效。嗣后着该督通饬水师各营，严督备弁，于该管洋面，一遇夷船驶至，立即会同地方文武，防范驱逐，仍先禀报核办，毋得稍有玩忽，致干咎戾。①

从巡抚乌尔恭额所请，修浙江东、西海塘柴埽、泼损各工。

越南国使臣范世忠等三人于神武门外瞻觐。

八月初二日丁未(9 月 1 日)

有人奏报，粤东濒海通洋，素多盗贼，常有匪徒百十成群，公然掳人勒赎，平民畏其凶暴，出资求免，名曰"打单"。叠经奉旨查办，总未尽绝，盖缘地方官相率因循，既恐匪党众多，畏葸偷安，不敢穷诘，又复顾虑处分，意存消弭，以致该匪等益复肆行无忌。现闻该省有贼首陈亚三、贼伙牛筋享、牛筋二等聚集群匪，在新会县属之崖门，香山县属附近黄梁司之大虎等处，劫物掳人。而掳人之祸为尤惨，每掳一人，必视其家之贫富，以定其价之低昂，自数十金至数百金不等。被掳之家，具银收赎，始行释回，其愿赎而无银者，则拘禁以待，日久不赎则杀。该管州县悍然不顾，遇有民间报案，必多方威吓，百端抑勒，使其不敢呈报。②

二十日乙丑(9 月 19 日)

有人奏报，山东盐务，渐归凋敝。每年应征正杂课款及加价帑利共约银五十六万两，现在钱价过贱，须制钱八十余万千，方能易及此数，较嘉庆二十年以前，约多出制钱三十万千。更兼南运各境，近为淮北票盐浸灌，引皆不销，每年赔课，又须制钱五六万千，共赔制钱将及四十万。此皆新增之累，该省曾经另请加价二文，以资津贴，经部议驳，仍恐办课艰难，即另易新商，而来则亏折，亦必辗转倒累。③

廿二日丁卯(9 月 21 日)

从巡抚乌尔恭额所请，修浙江东、西海塘泼损、埽工。

---

① 《清实录·宣宗成皇帝实录》卷二九九。

② 《清实录·宣宗成皇帝实录》卷三〇〇。

③ 《清实录·宣宗成皇帝实录》卷三〇〇。

廿四日己巳(9 月 23 日)

前任闽浙总督程祖洛奏报，台湾嘉义二县划匀疆界，及改拨户口钱粮章程：一、征收正供，配运兵米眷谷，分别匀拨，以专责成；二、丁耗钱粮，解支起运，俸工养廉，分别划扣，以便造报；三、番社屯租，分别改划代征解给，以备征调；四、大武陇巡检，归两县管辖，更换印信；五、新划台湾县四里，原设弁兵月米，循旧支放，修建汛署兵房，归入修理兵房本案造办；六、新划四里未结命盗等案，按年分归两县审办；七、嘉义县湾里溪迤南各庄，划归台湾县管辖，其取进文武生童，责成台湾道通融酌拨，以杜争端。①

三十日乙亥(9 月 29 日)

有人奏报，广东地方，日形疲弊，敬陈六款，垦请整饬。据称该省盗案叠出，会匪居多，有添弟会、三合会各名目，联结党羽，种种扰害，一涉词讼，需索多端。又该省州县，征收粮米，闻有每石折银六七两之多，纵容书差，受贿包庇，至积贮便民，莫如设立义仓，以民捐充贮之谷，备岁歉不时之需，于官民均有裨益。若巡船之设，原为捕盗堵私，近来各船，只图收受地面陋规，并未缉获私匪，水陆营汛，渐至有名无实。该省盐务，宜杜私侵，必须随时体察，设法疏销。至榷税一节，尤宜厘剔弊窦，其坐省奸夷喳唩等及零丁洋已造之趸船，均须驱逐。清廷着邓廷桢等即将折内所指各款，逐加确查。寻奏报，遵查各款。一、粤东负海依山，向为匪类渊薮，综计两年来，前后获犯几及五千人，其中间有结拜弟兄者，然并无添弟、三合名目。至民间词讼，土音实属难解，但初到之员，学习一半年后，亦可渐通，并不尽凭书吏传达。其有串供诈骗者，一经查出，即当据实严办。二、粤省征米，系供兵糈之用，从未折银解司。其自愿折纳小户，仍按照便民章程，酌量妥办。倘书差土棍，敢于浮收包揽，立拿惩治，州县据实参处。三、省城向无义仓，前值岁收中稔，因偕司道等首先捐廉，并绅商富户，随同踊跃乐捐，共建盖东西两仓，现已工竣，即令买谷存贮，其平粜赈恤一切章程，仿照社仓事例，妥议立案，似可经久无弊。四、通省水陆兵丁，按营核计，兵数足额，并无减克情事。且武职人员，缺无肥瘠，亦无所用其钻谋。至考核各营，老弱庸劣，沙汰殆尽，所有节次具奏拿获各匪，得自营弁者居多，尚无被控收受陋规、得贿放行之案。五、现当遵拿纹银出洋鸦片入口之时，陆续获解匪徒，均系本犯自认出洋，并无妄拿商船之案。惟潮州、琼州各府商民，每图捷径，航海往来，应请查照原奏，通行晓谕，令

---

①　《清实录·宣宗成皇帝实录》卷三〇〇。

各商船概走内河，不许出洋行走。如有必须经洋之处，须领有新给船照，及各关税单，验明放行，亦不得妄拿勒索。六、粤省盐务，分别省潮引地，省河各埠，历经严定缉私章程，潮桥各埠，或有埠无商，或有商无本，以致各路私侵，自应尽力查拿，力筹补救。至潮盐由海运至郡城，一路河道淤塞，前经该商捐资挑浚，挽运已通，或可渐期起色。七、趸船寄泊外洋，业经将驱逐情形具奏在案，其嗗唡即嗗吨，并颠地两夷，因行商积欠未清，控经发司确审，俟审明后即勒限回帆，以免久留滋弊。①

九月初一日丙子 (9 月 30 日)

邓廷桢奏请复承商旧例。粤东洋商，自嘉庆年间，设立总商经理，其选充新商，责令总散各商联名保结。后因夷船日多，行户日少，照料难周，易滋弊窦，是以量为变通，准以殷户自请充商，暂行试办，停止联名保结之例。兹据该督等查明，现在招补缺商，已复旧额，足敷办公，自应仍复旧例，以示限制。嗣后该商遇有歇业，或缘事黜退者，方准随时招补，此外不得无故添设一商，亦不必限年试办，以归核实。其承商之时，责令通关总散各商，公同慎选殷实公正之人，联名保结，专案咨部着充，并着该督等随时查察，毋许该总商等仍蹈从前推诿垄断恶习，俾保充者务求核实，而走私漏税诸弊，亦责有攸归，以裕课饷而杜奸私。②

廿三日戊戌 (10 月 22 日)

邓廷桢等奏报，谕逐趸船，并筹议窑口走私章程。清廷批复：粤省纹银出洋，必当弭趸船之来踪，断匪艇之去路。据该督等咨会提督关天培，督饬所属认真巡查禁阻，无论内地何项艇只，不许拢近趸船，亦不许无故在洋游奕，一遇走私匪艇，奋勇兜捡，解省严究。其窑口巢穴所在，密速掩捕查抄，尽法惩办。如在事人等，玩不用命，致有纵漏，一经发觉，即究明开窑出洋经由处所，将该员弁兵役，分别参劾治罪。倘敢得规包庇，受贿卖放，甚或比匪反为之用，俱照本犯罪名加等从重问拟，以昭炯戒，失察各上司，一并参处示儆。其有实在出力员弁，能源源报获，或拿获赃重大案，亦即据实保奏，量加鼓励。如有关口丁役，勾串扶同，着即拿解重惩，无许稍涉瞻徇。至粤洋四通八达，该趸船设因防逐较严，改由他途驾驶，不独惠潮一带洋面，恐其潜往，且难保不乘风径入闽洋，着该督等，严饬惠潮各营，

---

① 《清实录·宣宗成皇帝实录》卷三〇〇。
② 《清实录·宣宗成皇帝实录》卷三〇一。

常川巡防驱逐，毋许片刻容留。并着闽浙总督、福建巡抚饬属一体堵逐，毋稍疏纵。①

邓廷桢等奏报，谕逐趸船，并筹议拿办窑口走私章程。据奏英吉利等国趸船货船，近年藉词避风，驶入内洋，现已谕饬洋商传谕该国领事，将伶仃等处洋面寄泊趸船，概行遣令回国，毋许仍前寄泊逗留。并饬总商等俟趸船开行回国，即行禀报查考。其"快蟹"一项，业已尽净，而走私匪艇，名目尚多，实与窑口奸徒，均属难容，已饬道府标镇协营严督所属巡逻查缉。②

廿六日辛丑(10 月 25 日)

善英奏报，顶补战船，蒙蔽搪塞，临时误操。据称杭州将军桓格，本年八月赴乍浦阅视官兵马步箭各项技艺，定于二十五日看演水操。旋据参将姜希佩面禀将军，现因海沿风雾大作，碍难操演，求将军讨限，另日再操。桓格因杭州文武场必得弹压，不能久待，当时起程回杭。善英随后亲至海口，查验战船五只，俱已损坏，并究出该副都统前次看操之时，该将备等借用同安船顶补，该副都统曾面嘱该参将不时查验，稍有损坏，即时修补，再三面嘱，不以为事。③

从巡抚乌尔恭额所请，修浙江东塘石埽、盘头各工。

十月十五日己未(11 月 12 日)

钟祥奏参，水师营员督巡疏懈。浙江护理瑞安协副将事温州左营游击朱麟标所管洋面，经该镇亲率巡缉，并未遇有该营兵船，且该管将领亦未能身亲督率，显系偷安疏懈。朱麟标着先行撤任，革去顶带，留于该营洋面，予限三月，实力缉捕。如限满未能报获匪船，即行革职，以资整顿而肃洋政。④

廿二日丙寅(11 月 19 日)

抚恤琉球国遭风难夷如例。

---

①　中国第一历史档案馆：《鸦片战争档案史料》第 1 册，天津古籍出版社 1992 年版，第 239~242 页。

②　《清实录·宣宗成皇帝实录》卷三〇一。

③　《清实录·宣宗成皇帝实录》卷三〇一。

④　《清实录·宣宗成皇帝实录》卷三〇二。

廿八日壬申(11 月 25 日)

从巡抚乌尔恭额所请，修浙江西塘柴埽各工。

十一月十一日乙酉(12 月 8 日)

善英奏报，乍浦水师营谧字号大修战船四只，小修战船一只，经该副都统亲往查验，各船舱内间有糟朽渗漏，参将姜希佩蒙混呈报。

十二日丙戌(12 月 9 日)

御史高枚奏称，浙江宁波府属洋面中之舟山，产盐甚旺，闽广商船，经过收买，每制钱十二文一斗，每斗约二十斤，载至上海，每斤可售制钱二十六文，其利息不啻三十倍。上海一带，会馆最多，即为囤贮之所，两淮盐引滞销，大半由此。惟舟山所出之盐，滨海穷黎，藉资口食，或就本地之价，官买发商，或令商买配引，或以所出之地属浙江，归浙江省经理，或以所销之地属江南，归江苏省经理。寻两江总督陶澍回奏，上海一带，系浙盐引地，与淮界相距窎远，不致充斥。并饬委员赴上海县一带地方，查明城内外有江苏等省会馆十三处，并无囤积私盐之弊。至舟山之盐，江省远隔重洋，未能深悉，应由浙省妥议章程办理。浙江巡抚乌尔恭额奏报，舟山系定海县所属，产盐向完包课，听民自煎自食。嗣因余盐串枭兴贩，于乾隆三十六年奏准，拨帑令定海县营分厂收买，额运松江营四千二百引，交商完帑，再有余盐，听嘉松商人完课领配，到乍浦交收后，由乍浦海防同知给发回照查考，层层稽核，无从偷漏，应请仍循旧制，归于浙省经理，以免纷更。现查舟山并无闽广商船到彼，惟恐沿海各船，夹私济匪，在所不免，仍严饬员弁访有夹私偷越，即行截拿，从严惩治，以期杜绝私枭。①

十二月初六日己酉(公元 1838 年 1 月 1 日)

以广东澄海协副将赖英扬为浙江定海镇总兵官。

初七日庚戌(公元 1838 年 1 月 2 日)

祥厚奏报，拿获夹带鸦片烟土人犯，请饬部审办。道光帝晓谕，鸦片烟流毒滋

---

① 《清实录·宣宗成皇帝实录》卷三〇三。

甚，例禁綦严，况盛京为我朝根本重地，风俗淳朴，尤不准染此恶习。向来山海关副都统等，间有拿获私参，奏明惩办之案，而于夹带烟土重情，从未据查拿具奏。兹据该副都统督饬防御等，于程朴需等犯进关时，先后盘获鸦片烟土，并讯明买自锦州、海城县等处，可见奉天地方近来亦有私贩奸徒，不可不严行惩办。①

初八日辛亥（公元 1838 年 1 月 3 日）

道光帝晓谕：谕军机大臣等昨因祥厚奏报，拿获夹带鸦片烟土人犯，已明降谕旨将该犯等解交刑部审讯，并加恩将祥厚赏戴花翎以示奖励矣。盛京为根本重地，风俗向称淳朴，民皆务本，但恐奸徒射利引诱，将来或不免沾染恶习，亟当思患豫防，以杜其渐。该处海口，为商贩入境要隘，必应严密稽察，不准丝毫偷贩。其胥吏得规包庇卖放，尤宜访查惩办。着宝兴等饬知山海关监督及各处城守尉协同认真查察，如有奸商偷贩，潜入海口，即时严加究治，毋稍疏纵。②

十一日甲寅（公元 1838 年 1 月 6 日）

抚恤朝鲜国遭风难夷如例。

廿三日丙寅（公元 1838 年 1 月 18 日）

两广总督邓廷桢奏报，水师提督关天培拿获闽省艚船鸦片匪犯共二十六名，起获烟泥一百七十斤。并侦办得知，在澳门开设窑口之郭亚平，邀同夷人引至伶仃洋，向夷船贩买鸦片。③

是年

英国等国向清朝输入鸦片计三万四千三百七十三箱。④

① 《清实录·宣宗成皇帝实录》卷三〇四。
② 中国第一历史档案馆：《鸦片战争档案史料》第 1 册，天津古籍出版社 1992 年版，第 244 页。
③ 中国第一历史档案馆：《鸦片战争档案史料》第 1 册，天津古籍出版社 1992 年版，第 244~248 页。
④ ［美］马士：《中华帝国对外关系史》第 1 册，张汇文等译，生活·读书·新知三联书店 1957 年版，第 239 页。

道光十八年　戊戌　公元 1838 年

正月初七日庚辰(2月1日)

邓廷桢奏报，徐广即赤沙广，王振高，梁忠即梁恩升，均系派委缉捕之弁，效用得力，获案甚多，请免置议，饬令仍回各该处缉捕。道光帝以为粤省走私匪徒，若无眼线，恐难搜剔根株，既据该督等查明该弁等并无开设窑口等弊确据，自应通权达变，俾收实效。徐广等着免其置议，仍回各该处缉捕，该督等随时认真稽察。如果该弁等奋勉当差，公事毫无贻误，则舍短取长，未始不可收指臂之效。

若稍有不法情事，自恃为缉捕得力，致滋弊窦，即当从严惩办，毋稍姑容。①

十一日甲申(2月5日)

从总督陶澍等所请，修江苏华亭县海塘。

廿四日丁酉(2月18日)

朝鲜国王李焕遣使表贺万寿、冬至、元旦三大节，并谢册封王妃恩，增贡方物，命例外贡物，留抵下次正贡，赏赉筵宴如例。

暹罗国王郑福遣使表贡方物，赏赉筵宴如例。

二月初四日丙午(2月27日)

御史帅方蔚奏报，向来出使琉球诸臣随从家丁及闽省派往护送弁兵，携带内地货物，或包揽商货，前赴该国昂价勒售。道光帝指示锺祥密认真稽查。

抚恤琉球国遭风难夷如例。

---

① 《清实录·宣宗成皇帝实录》卷三〇五。

初七日己酉(3 月 2 日)

刑部奏报，遵议广东拿获私开烟馆匪犯。得旨：郭亚平着即处绞。此等匪徒，胆敢于海疆重地勾串外夷，开设窑口，引贩鸦片烟泥，诱人买食，历时已阅五年，该省历任督抚总未认真查办，经邓廷桢等饬属严拿，立即就获，可见缉办认真，自有明效。邓廷桢、祁𡎴着交部议叙，嗣后着该督抚于匪徒售卖鸦片、开窑囤贩等弊，务当随时随地，有犯必惩，毋任漏网，以昭炯戒而净根株。①

十七日己未(3 月 12 日)

盛京将军宝兴等奏报查禁鸦片章程四条。②

廿七日己巳(3 月 22 日)

从巡抚乌尔恭额所请，修浙江东、西两塘柴埽各工。

三月十一日癸未(4 月 5 日)

锺灵奏报，长芦应征充公加价，依限催征，并参追疲商。此项现商应完十七年四季充公加价银二十一万一千三百五十余两，除已征完外，尚未完银二万一千一百三十余两。据锺灵查明实系晋永泰等十二商疲累，不能依限完交，若遽予革退，恐该商等转得置身事外。清廷着照所请，即将晋永泰等十二商勒限严追，统令于五月年清年款限内，将未完银两全数完交。至期如再有拖延，即行查抄治罪。

廿二日甲午(4 月 16 日)

从巡抚乌尔恭额所请，修浙江东、西两塘柴埽各工。

四月初六日丁未(4 月 29 日)

给事中曹宗瀚奏报，豫储水师人材。道光帝批复：各省水师员弁，必得谙习水

---

① 《清实录·宣宗成皇帝实录》卷三〇六。
② 中国第一历史档案馆：《鸦片战争档案史料》第 1 册，天津古籍出版社 1992 年版，第249~252 页。

性，不畏风涛，方足以资巡缉。现在海洋静谧，而武备不可不实力讲求，是在各督抚平日留心，豫储干城之选。朕叠降谕旨，令直省督抚于副将内保举堪胜总兵之员，以待擢用。各督抚有遵旨保奏者，亦有奏称无员可保者，自系意存慎重，惧干滥保之愆。但思该督抚职司校阅，如果平时训练有方，举劾悉当，自必咸知勤奋，何至竟乏人材。况水师副将，亦有表率营伍之责，如有不谙水性，不习风涛者，早当参撤，何以平日姑容，迨至保举之时，辄称无员可保。嗣后着两江、闽浙、两广总督等认真甄别，将庸劣各员严行参处，毋得任其恋栈。其有操防得力、缉捕勤能者，随时察核，据实保奏，以昭激劝，庶几收得人之效，而武备益修矣。①

廿二日癸亥（5月15日）

闽浙总督锺祥奏报，台湾孤悬海外，多系漳、泉二府流寓，与广东民人杂居，因有闽庄、粤庄之分，率皆浮动慓悍，易于为匪滋事。现檄饬该处文武各员，责令总董人等，从实举发，一有匪类滋事，即相机拿办，易于解散。若已滋事端，迅集兵勇剿办，信赏必罚，无令怯退。

吏科给事中陶士霖奏陈，查禁鸦片非议以重刑不能挽此积习。②

闰四月初六日丁丑（5月29日）

御史郭柏荫奏报，条陈台湾事宜。该府孤悬海外，民番杂处，奸宄众多，宜择廉明公正之员，方足以资抚驭。至于稽察匪徒，盘查仓库，清案牍以省株连，严巡防以惩偷渡，杜顶冒以重操防。所奏各条，清廷着锺祥饬知该镇道体察情形，会同妥议具奏。寻奏报，台湾四县两厅，有人地不宜者，俱经撤换；奸民偷娶番女，勾串生番扰害内地者，亦经惩办；并设隘楼以资查拿。各县亏空，半由逆案军需挪垫，路隔重洋，造册迟缓，现赶紧饬查，核实办理。其内地渡台人等，俱照例由地方官给发照票，查验放行，严防偷渡。换班兵丁，训练严紧，亦无顶替离汛等弊。得旨：要在核实认真，原不在徒事更张。③

初十日辛巳（6月2日）

鸿胪寺卿黄爵滋奏请严塞漏卮以培国本，以为近来银价递增，非耗银于内地，

---

① 《清实录·宣宗成皇帝实录》卷三〇八。

② 中国第一历史档案馆：《鸦片战争档案史料》第1册，天津古籍出版社1992年版，第253~254页。

③ 《清实录·宣宗成皇帝实录》卷三〇九。

实漏银于外夷。粤省自道光三年至十一年，岁漏银一千七八百万两；自十一年至十四年，岁漏银二千余万两；自十四年至今，渐漏银至三千万两之多。此外，福建、浙江、山东、天津各海口，合之亦数千万两。①

十六日丁亥(6 月 8 日)

从巡抚乌尔恭额所请，修浙江萧山县塘工。

廿五日丙申(6 月 17 日)

有人奏报，内地人民不尽皆食鸦片，而茶叶大黄为外夷尽人必需之物，请酌定价值，只准以纹银交易，不准以鸦片及洋货抵交。道光帝晓谕：自鸦片流毒中国，纹银出洋之数，逐年加增，以致银贵钱贱，地丁漕粮盐课，因而交困，若不及早防维，力图筹复，将以中国有用之财，填海外无穷之壑，于国计民生，大有关系，所奏似属可行。着邓廷桢、怡良会同豫堃揣时度势，密计熟筹，于复还财用之中，隐寓震慑外夷之意。其各省出产茶叶大黄地方，应如何稽查转运，设立票据，归沿海地方官员兼管，及丝斤出洋一律办理之处，着即悉心筹画，妥议章程具奏，不得任听属员，率以积重难返为词，一味因循，阻挠不办。②

廿九日庚子(6 月 21 日)

前有旨令锺祥稽查册封琉球使臣家丁并弁兵等有无携带货物情弊，兹据锺祥奏称，册封事宜，现已豫备妥协。其应行稽查之处，该督起程赴浙后，移交魏元烺随时督率办理。

闽浙总督锺祥等议奏报，整顿闽省漳泉等处盗匪及械斗章程。得旨：认真督饬办理，有奉行不力者，万勿姑息。

五月初二日壬寅(6 月 23 日)

山西巡抚申启贤奏陈，为塞漏培本，应严惩贩烟开馆之人。③

①　中国第一历史档案馆：《鸦片战争档案史料》第 1 册，天津古籍出版社 1992 年版，第 254~257 页。
②　《清实录·宣宗成皇帝实录》卷三〇九。
③　中国第一历史档案馆：《鸦片战争档案史料》第 1 册，天津古籍出版社 1992 年版，第 260~262 页。

初七日丁未（6 月 28 日）

山东巡抚经额布奏陈，为塞漏培本，必先严惩兴贩鸦片及贿纵人犯。①
盛京将军宝兴奏陈，为塞漏培本，应严禁烟船入口，并不准钱票磨兑。②

十八日戊午（7 月 9 日）

湖南巡抚钱宝琛奏，为塞漏培本，首应严惩鸦片兴贩。③

十九日己未（7 月 10 日）

为塞漏培本，湖广总督林则徐拟出禁烟章程六条。④
护理湖北巡抚张岳崧奏陈禁烟之方，即严禁吸食，查逐趸船。⑤

二十日庚申（7 月 11 日）

贵州巡抚贺长龄，为禁烟而奏请重处吸烟之人，并铸造白铜钱币。⑥

廿一日辛酉（7 月 12 日）

有英吉利巡船一只，驶至广东铜鼓外洋，称系来粤稽查贸易事物，带有番妇、女婢共三名，番梢五百名。⑦

---

① 中国第一历史档案馆：《鸦片战争档案史料》第 1 册，天津古籍出版社 1992 年版，第 263~266 页。
② 中国第一历史档案馆：《鸦片战争档案史料》第 1 册，天津古籍出版社 1992 年版，第 266~268 页。
③ 中国第一历史档案馆：《鸦片战争档案史料》第 1 册，天津古籍出版社 1992 年版，第 268~269 页。
④ 中国第一历史档案馆：《鸦片战争档案史料》第 1 册，天津古籍出版社 1992 年版，第 270~277 页。
⑤ 中国第一历史档案馆：《鸦片战争档案史料》第 1 册，天津古籍出版社 1992 年版，第 278~280 页。
⑥ 中国第一历史档案馆：《鸦片战争档案史料》第 1 册，天津古籍出版社 1992 年版，第 280~283 页。
⑦ 中国第一历史档案馆：《鸦片战争档案史料》第 1 册，天津古籍出版社 1992 年版，第 329 页。

廿二日壬戌(7 月 13 日)

黑龙江将军哈丰阿奏请应严禁白银出洋，并责令地方官严拿烟贩。①

廿四日甲子(7 月 15 日)

吉林将军祥康、陕西巡抚富呢杨阿奏陈禁烟方略。②

廿五日乙丑(7 月 16 日)

前据善英奏报，乍浦战船有顶补误操情弊。复据桓格奏称，善英于战船损坏，咨覆先后两歧，叠经降旨交锺祥查明据实参办。兹据该督讯明，浙江乍浦营参将姜希佩，因风坏一船，辄即回明副都统借船顶补。迨船被潮击，犹敢捏报遇飓，实属有乖职守。署守备童载瑜扶同捏禀，亦属玩误。姜希佩、童载瑜均着革职，以示惩儆。外委张维扬、陈伦贵、高贵三首先捏禀，均着斥革。乍浦副都统善英看演水操，于"巩"字号内配有同安一船，如果明知顶补，当时并不举发，事后辄以究出为词，率行饰奏，固属有心蒙混，若竟未经看出，尤为愦愦，且于查奏"谧"字战船一案，亦有不实，难胜副都统之任，着交部严加议处，先行开缺回旗，听候部议。杭州将军桓格、于姜希佩面禀风势不顺，并不亲往察看，即所奏善英函覆两歧，亦系该将军失查致误，桓格着交部议处。

锺祥奏报，遵旨查验战船，请将修不如式之承办同知革职勒赔。浙江嘉兴府海防同知吴方文承修"谧"字战船，尚无侵欺别情，惟修理未能如式，咎实难辞，着即革职，并勒令将原领大小修银两，全行赔缴，交接任之员兴修。③

廿六日丙寅(7 月 17 日)

直隶总督琦善奏陈严惩囤贩鸦片人犯，江西巡抚裕泰奏陈禁烟必先重惩海口接

①　中国第一历史档案馆：《鸦片战争档案史料》第 1 册，天津古籍出版社 1992 年版，第 284～286 页。

②　中国第一历史档案馆：《鸦片战争档案史料》第 1 册，天津古籍出版社 1992 年版，第 288～292 页。

③　《清实录·宣宗成皇帝实录》卷三一〇。

引奸商第四条章程。①

六月初六日乙亥(7月26日)

浙江巡抚乌尔恭额奏陈严治广东通洋烟贩，并酌议禁烟章程。②

两广总督邓廷桢奏报，陆续拿获贩卖鸦片人犯。③

初九日戊寅(7月29日)

云贵总督伊里布奏陈，禁烟应严惩造卖贩运之人。④

初十日己卯(7月30日)

河南巡抚桂良补充禁烟章程十条。⑤

十九日戊子(8月8日)

有人奏报，浙江黄岩镇标水师千总叶万青、中营守备罗建功性情贪鄙，素行不端，所辖洋面抢劫之案，层见叠出，复敢欺夺商船，消吞货物。迨经该商呈控，移文关查，该营弁等辄以借作战船为词，刁难勒索，始将空船给与领回。道光帝要求查办。寻奏报，讯明叶万青、罗建功并无扣留船只、借作战船情事，均毋庸议。⑥

两江总督陶澍奏陈禁烟方略八条。⑦

---

① 中国第一历史档案馆：《鸦片战争档案史料》第1册，天津古籍出版社1992年版，第292~300页。

② 中国第一历史档案馆：《鸦片战争档案史料》第1册，天津古籍出版社1992年版，第303~307页。

③ 中国第一历史档案馆：《鸦片战争档案史料》第1册，天津古籍出版社1992年版，第307~310页。

④ 中国第一历史档案馆：《鸦片战争档案史料》第1册，天津古籍出版社1992年版，第310~312页。

⑤ 中国第一历史档案馆：《鸦片战争档案史料》第1册，天津古籍出版社1992年版，第312~316页。

⑥ 《清实录·宣宗成皇帝实录》卷三一一。

⑦ 中国第一历史档案馆：《鸦片战争档案史料》第1册，天津古籍出版社1992年版，第317~321页。

廿二日辛卯(8 月 11 日)

广西巡抚梁章钜奏陈应严惩兴贩及开窑囤烟之犯。①

廿四日癸巳(8 月 13 日)

陕甘总督瑚松额奏陈,应严禁鸦片进口与白银出口。②

廿五日甲午(8 月 14 日)

江南河道总督麟庆,奏陈应严禁纹银之出与鸦片之入。③

廿八日丁酉(8 月 17 日)

福建巡抚魏元烺奏陈,严查贩烟巨奸为塞漏第一要务。④

三十日己亥(8 月 19 日)

从巡抚乌尔恭额所请,修浙江东、西海塘柴埽各工。

七月初一日庚子(8 月 20 日)

山西巡抚申启贤奏报,遵议四川总督宝兴奏禁用钱票。查民间贸易货物,用银处少,用钱处多,是以江、浙、闽、广等省行,用洋钱,直隶、河南、山东、山西等省则用钱票。若一旦禁绝钱票,势必概用洋钱,更受外洋折耗。再各省藩库,所存制钱无多,民间藏钱,亦不充足。今将钱票禁止,则现钱必日见其少,恐致商民

---

① 中国第一历史档案馆:《鸦片战争档案史料》第 1 册,天津古籍出版社 1992 年版,第 321~325 页。

② 中国第一历史档案馆:《鸦片战争档案史料》第 1 册,天津古籍出版社 1992 年版,第 325~327 页。

③ 中国第一历史档案馆:《鸦片战争档案史料》第 1 册,天津古籍出版社 1992 年版,第 327~328 页。

④ 中国第一历史档案馆:《鸦片战争档案史料》第 1 册,天津古籍出版社 1992 年版,第 332~333 页。

交困。至兵饷河工，所发均系银两，钱贵则例价不敷，势须另筹加增。即如山西省标兵米，向系本折兼支，本色按月给米，折色按月给银，前因折色之银，不敷买食，筹款生息，作为津贴，此在银贵钱贱之时，尚属不敷，傥银贱钱贵，则不敷之数益多。现查晋省行用钱票，有凭帖、兑帖、上帖名目，均系票到付钱，与现钱无异，毋庸禁止。此外又有上帖、壶瓶帖、期帖名目，均非现钱交易，应请禁止。报可。①

十一日庚戌(8月30日)

江苏巡抚陈銮奏陈查禁鸦片应首严运银出洋、贩土进口之罪。②

十四日癸丑(9月2日)

闽浙总督锺祥奏陈，塞漏培本首应查明鸦片来处、聚处与去处，以绝兴贩之途。③

十六日乙卯(9月4日)

两广总督邓廷桢等奏报，内地货物只准外商以银购买之事窒碍难行。④
邓廷桢奏报，英吉利夷目马他伦将候风开行回国。⑤

十九日戊午(9月7日)

步军统领衙门奏报，拿获职官吸食鸦片烟，已降旨将该员革职，并将贩卖人等交刑部审讯。

---

① 《清实录·宣宗成皇帝实录》卷三一二。

② 中国第一历史档案馆：《鸦片战争档案史料》第1册，天津古籍出版社1992年版，第334~336页。

③ 中国第一历史档案馆：《鸦片战争档案史料》第1册，天津古籍出版社1992年版，第336~338页。

④ 中国第一历史档案馆：《鸦片战争档案史料》第1册，天津古籍出版社1992年版，第339~341页。

⑤ 中国第一历史档案馆：《鸦片战争档案史料》第1册，天津古籍出版社1992年版，第342~343页。

廿一日庚申(9 月 9 日)

两广总督邓廷桢奏报，考验弁兵，分别奖赏降革，现在实力训练，务使技艺精纯，咸成劲旅。得旨：海疆重地，且各国夷船，络绎不绝，武备必当精益求精，而将备兵丁内，必有吸食鸦片烟者，尤当随时惩治，万勿姑息。①

邓廷桢奏陈筹议广东查禁鸦片章程。②

廿七日丙寅(9 月 15 日)

据邓廷桢等奏报，英吉利国巡船驶泊外洋，现在密为防范，谕逐回国，候风开行。道光帝晓谕：前因英吉利公司散局大班不来，曾经谕令循照旧章，仍派大班前来，以资经理。行之将及两年，何以该国忽有夷船驶入内地，并求呈递事件，免用禀字，又欲派官传谕。种种妄渎，现经该督等将原呈掷还，并密派文武员弁，加意防范，但该夷等犬羊性成，难以恒情测度。据称守候风信，届期开行回国，此数十日内羁留内地，仍当不时侦察，毋得疏懈。时届北风，即饬令迅回本国，不可任其北驶。或竟藉端停留，自当加以兵威，严行驱逐，并停止该国买卖，用昭惩创。着邓廷桢等酌量相机筹办，总宜外示静镇，内谨修防，以戢夷匪而靖闾阎。寻奏报，查英夷巡船，现已得风驶去，惟夷情叵测，是否去不复来，殊难臆度，惟严饬巡洋将备，加意防范，毋稍疏懈。凡各国非贸易货船，即驱逐出洋，不准停留，以免滋事。报闻。③

廿八日丁卯(9 月 16 日)

江西道监察御史狄听奏报，天津洋船夹带鸦片烟土，铺户代为囤积分销。据称两广、福建商民，雇驾洋船，转贩杂货，夹带鸦片烟土，由海路运至天津，向有潮义大有等店及岭南栈房，代为包办关税，山陕等处商贾来津销货，即转贩烟土回籍。至洋船入口时，并无官役稽查，抵关后，委员欲入舱搜查，该船户水手势将抗拒。烟馆随处皆有，烟具陈列街前，该处府县家人书役等，向多得规包庇。道光帝晓谕：吸食鸦片，例有明禁，昨经降旨，饬令各直省将军督抚严拿开馆贩烟之人。京师开设被局，影射售私，亦经严禁。天津为海口要隘，奸商囤积兴贩，势所不

---

① 《清实录·宣宗成皇帝实录》卷三一二。
② 中国第一历史档案馆：《鸦片战争档案史料》第 1 册，天津古籍出版社 1992 年版，第 344～348 页。
③ 《清实录·宣宗成皇帝实录》卷三一二。

免。现当整顿之时，尤当扼其要害，以清弊源。若果海口搜查净尽，则京师转贩亦少。着琦善即照折内所指各情，派委明干妥员，严密查拿，按律惩办，并根究伙党，杜绝来源，毋得视为具文，致有不实不尽。①

三十日己巳（9 月 18 日）

从巡抚乌尔恭所请，修浙江东、西两塘柴埽、盘头各工。

八月初二日辛未（9 月 20 日）

林则徐申述禁烟主张，强调鸦片的危险，指出"（鸦片）迨流毒于天下，则为害甚巨，法当从严。若犹泄泄视之，是使数十年后，中原几无可与御敌之兵，且无可以充饷之银"②。

署理直隶总督琦善奏报，委员查办天津囤贩鸦片之奸商情形。③

初五日甲戌（9 月 23 日）

琦善覆奏，遵旨查拿鸦片烟囤积情形。道光帝指示：此等匪徒，由洋船潜运至津，冒险嗜利，意在必售。始而闻风隐匿，继而勾串铺户，贿嘱胥役，暗地销卖，事所必有。天津为京师贸易来路，查拿不净，根株何由断绝。据称派委文武各员，前往诱缉，自系遴选明干之员。惟奸商之鬼蜮，胥役之蒙蔽，不可不防。该匪徒等营私射利，由洋船捆载而来，傥能杜绝来源，不令将烟土移运上岸，则牟利之徒，自无所施其伎俩。即该处起运苏木、槟榔及各项糖包，虽难一一开验，然不能因此遂令奸徒借以夹带售私，该地方官等转得籍口不办。着琦善密商盐政锺灵立定章程，严密查拿，总不准烟土上岸。现在整顿积习，该署督等断不可稍涉因循，致贻后患。④

协理京畿道监察御史黄乐奏陈，夷人驾驶兵船辄入海疆内地，请旨饬查，以杜衅端。⑤

---

① 《清实录·宣宗成皇帝实录》卷三一二；中国第一历史档案馆：《鸦片战争档案史料》第 1 册，天津古籍出版社 1992 年版，第 351~352 页。

② 林则徐：《林则徐政书·湖广奏稿》卷五，光绪十一年刊本。

③ 中国第一历史档案馆：《鸦片战争档案史料》第 1 册，天津古籍出版社 1992 年版，第 354~356 页。

④ 《清实录·宣宗成皇帝实录》卷三一三。

⑤ 中国第一历史档案馆：《鸦片战争档案史料》第 1 册，天津古籍出版社 1992 年版，第 361~362 页。

十七日丙戌(10 月 5 日)

林则徐、钱宝琛奏报，查拿烟贩，收缴烟具情形。道光帝晓谕：鸦片烟流毒中国，为害已久。现经该督抚等剀切晓谕，严行禁止，设局收缴烟具。数月以来，军民人等，咸知畏法，该地方官等，亦能力加振作。现在湖北省拿获及首缴烟土烟膏，共一万二千余两，收缴烟枪一千二百六十余杆；湖南省报获烟贩十余起，收缴烟枪三千五百四十余杆，均已分别劈毁，所办甚属认真。可见地方公事，果能振刷精神，实心查办，自可渐有成效。该督抚等惟当督饬所属，乘机谕戒，有犯必惩，呈缴者予以自新，隐匿者力加搜捕，断不准始勤终怠，日久视为具文。总期歼靡积习，立即挽回，方为不负委任。所有拿获烟土为数最多之湖北汉阳县知县郭觐宸，着加恩赏加知州升衔，以示鼓励。

廿一日庚寅(10 月 9 日)

前据御史周顼奏请酌定茶叶、大黄价值，只准外夷以纹银交易，并丝斤出洋，一律办理，当降旨令邓廷桢、怡良会同粤海关监督豫堃熟筹妥议具奏。兹据该督等奏称，查通商外夷，约有十余国，若令以纹银购买茶叶、大黄，则彼转得藉词于置货之外，余剩银两，携带出口。是纹银出洋，从前犹属巧取，此后竟属公行。并查向来出口之货，茶叶、大黄、丝斤，核计价值，居其大半。今以银购买，则其余内地之货，与入口之货，不敷抵兑，夷人余剩之货，将无所归。至欲酌定价值，则出产之区，转运之路，亦有不齐。若官为定价，偶值歉收价贵之年，必至官价不敷，商本亏折。若由出产地方出立票据，恐徒为不肖官吏，增益陋规，商贾转多扰累。种种窒碍难行，所有该御史原奏，着毋庸议。①

琦善奏报，拿获兴贩鸦片、烟土人犯，提省审办。天津地方，向有闽广商船夹带烟土之事，前经饬令该署督设法查拿。兹据奏称，遴委员弁，寻踪躧访，先后拿获烟土一万六千余两，人犯十一名。

邓廷桢奏报，破获贩烟案一百四十一起，拿获人犯三百四十五名，纹银九百三十六两，洋银二十元，烟泥一十七万一千六百二十九两，烟膏四十四两八钱。②

邓廷桢奏报，英吉利巡船"美莲"号已扬帆远去。③

---

① 《清实录·宣宗成皇帝实录》卷三一三。
② 中国第一历史档案馆：《鸦片战争档案史料》第 1 册，天津古籍出版社 1992 年版，第 366~378 页。
③ 中国第一历史档案馆：《鸦片战争档案史料》第 1 册，天津古籍出版社 1992 年版，第 379~380 页。

廿七日丙申（10 月 15 日）

　　山东登州荣成县，拿获夹带鸦片之广东商船，共获烟土七箱，计净烟土一万三千四百四十两。①

　　福建巡抚魏元烺奏报拿获贩卖鸦片人犯情形。②

廿九日戊戌（10 月 17 日）

　　从巡抚乌尔恭额所请，修浙江东、西两塘埽工。

九月初一日己亥（10 月 18 日）

　　贷福州驻防官兵修理衙署兵房俸饷银。

初六日甲辰（10 月 23 日）

　　以拿获鸦片烟土，予山东巡抚经额布、议叙，余加衔升用有差。

初七日乙巳（10 月 24 日）

　　本日据琦善奏报，向来闽广洋船回空，俱往奉天沿海地方，贩豆南旋。本年天津共到洋船一百四十七只，截至八月二十八日，已有一百二十三只起碇出口，实因查拿鸦片严紧，不能起卸上岸，仍将原物载回。又询据前获之闽船曾锡供称，厦门与广东各船，皆先至天津卸货后，顺赴奉天锦州，在西锦、南锦、三目岛、牛庄四处码头停泊，收买黄豆，现咨该将军等一体访捕。道光帝批复：此等刁猾商贩，惟利是趋，在天津既未卸载，势必于他处另谋销路。且津郡牟利之徒，难保不勾通潜往，仍将烟土在彼囤售。昨据经额布奏报，在山东荣成县之俚岛洋面，查有林兰商船一只，搜获鸦片烟土一万三千四百余两，讯系欲往奉天售卖。可见盛京地方，近来亦有此恶习，殊堪痛恨。着耆英、萨迎阿、庆林严饬所属，随时访察。如由天津

---

　　① 中国第一历史档案馆：《鸦片战争档案史料》第 1 册，天津古籍出版社 1992 年版，第 384～385 页。

　　② 中国第一历史档案馆：《鸦片战争档案史料》第 1 册，天津古籍出版社 1992 年版，第 385～386 页。

前赴该处之闽广各洋船，一经停泊海口，务当严密防范，设法稽查，断不准所带烟土，觊便上岸，以致根本重地，渐染浇风。且锦州一带，可以停泊口岸，想不止西锦、南锦等四处，尤应遴委妥实员弁，随处堵截，以防偷漏。倘奸商猾吏人等，得规包庇，或代为运送，或私相隐藏，但经查出，立即从严惩治，毋稍宽纵，方为不负委任。①

十二日庚戌（10 月 29 日）

抚恤朝鲜国、琉球国遭风难夷如例。

十九日丁巳（11 月 5 日）

抚恤暹罗国遭风难夷如例。

署理直隶总督琦善奏报，拿获兴贩鸦片人犯，起出军械烟具，并烟土十三万一千五百两，现将洋船扣留。②

廿二日庚申（11 月 8 日）

道光帝寄谕两广总督邓廷桢、广东巡抚怡良，本日据琦善奏报"现经天津镇道等，在大沽一带，金广兴洋船上，拿获烟土八十二口袋，计重十三万一千五百余两，并取获烟具军械。讯据奸商邓然即邓缮、水手郭吞等，供称邓然系广东三水县人，与南海县人佘晖、顺德县人崔四、福建龙溪县人郭有观即郭壬酉，各出资本，在广州府城外水西街万益号，有香山县人李四经手，向夷船代买烟土八十三担，每担约一千五六百两"等语，鸦片烟流毒最甚，现在天津地方，于一船之内，搜获如许之多，此外浸灌各省海口者，更不可以数计。既据该犯供称买自夷船，由香山县人李四经手，可见广东奸民，积惯勾串外夷，销售烟土，本省大小文武，养奸贻患，尽丧天良，深堪痛恨。着该督抚等密速派员，将省城外水西街万益号内香山县人李四立即拿获到案，严行追究伙党，及代人买运次数，逐一穷诘，务得确情，从严惩办，不得稍有疏纵，致令兔脱。寻奏报，查讯李亚彦即李四、莫亚三即莫仕梁，或假充经纪，或私立字号，代买烟土，至数十担之多，莫仕梁应按律从重发往新疆，给官兵为奴，李亚彦应革去监生，发近边充军，逸犯佘晖等俟缉获另结。下

① 《清实录·宣宗成皇帝实录》卷三一四。

② 中国第一历史档案馆：《鸦片战争档案史料》第 1 册，天津古籍出版社 1992 年版，第 391～393 页。

部议，从之。①

以拿获鸦片烟土，予大学士署直隶总督琦善议叙，余加衔升叙有差。

廿六日甲子(11月12日)

道光帝再次要求于海口扼要地方，认真梭织巡防，遇有船只形迹可疑，即时盘诘搜查，觉起出烟土烟膏，务将该犯拿获，追讯兴贩根由，从严惩办，毋得稍形松劲，致有浸灌。

廿八日丙寅(11月14日)

从巡抚乌尔恭额所请，修浙江东、西海塘柴埽、盘头各工。

廿九日丁卯(11月15日)

福建巡抚魏元烺奏报，拿获兴贩鸦片烟土人犯，从严惩办。得旨：一力从严查缉，若再因循玩泄，是始终丧良误国，国法具在，懔之慎之。

三十日戊辰(11月16日)

署理直隶总督琦善奏陈稽查天津海口偷漏鸦片烟土章程。②

琦善奏报，于二十七、二十八日将洋船起获烟土十三万一千五百余两全行烧毁。③

十月初三日辛未(11月19日)

两广总督邓廷桢奏报，拿获拒捕之开设窑口囤贩鸦片冯得圃等犯。得旨：历任大小文武，相率姑容，致有今日之患，此时若再因循，其害尚复忍言乎。朕姑既往

---

① 《清实录·宣宗成皇帝实录》卷三一四。

② 中国第一历史档案馆：《鸦片战争档案史料》第 1 册，天津古籍出版社 1992 年版，第396~400 页。

③ 中国第一历史档案馆：《鸦片战争档案史料》第 1 册，天津古籍出版社 1992 年版，第401~402 页。

不咎，看汝等能否具有天良，所办若何耳。①

两江总督陶澍奏报查禁海口贩卖鸦片章程。②

十二日庚辰（11 月 28 日）

琦善奏报，天津镇道在大沽一带金广兴洋船上拿获烟土八十二口袋，计重十三万一千五百余两。③

十五日癸未（12 月 1 日）

从巡抚乌尔恭额所请，修浙江上虞县吕家埠等处塘坦各工。

抚恤朝鲜国遭风难夷如例。

十六日甲申（12 月 2 日）

有人奏报，江苏所属上海县，为东南数省贩卖鸦片烟口岸，向有闽粤奸商雇驾洋船，就广东口外夷船贩买杂货并鸦片烟土，由海路连至上海县入口，转贩苏州省城并太仓通州各路，而大分则归苏州，分销全境，以及邻境。省外州县地方，设有信船带货船各数只，递送书信。凡外县买食鸦片烟者，俱托该船代购，大县每日计销银五六百两，小县每日计银三四百两。道光帝晓谕：现在查拿烟贩，正当吃紧之时，如直隶山东等省俱已拿获大起，严行惩办，惟近畿各处查拿严紧，洋船原带烟土不能起岸，或径赴上海售卖，不可不防。各该省大吏原应不分畛域，认真缉拿。况上海为江苏所属，责有攸归。着陶澍、陈銮即遴派干练文武员弁，自苏州至上海一带，设法侦察，跟踪密缉。傥经拿获奸商到案，即根究伙党多寡，分路堵拿，勿任丝毫偷漏，并着查勘海口确实情形，妥议章程具奏。④

十七日乙酉（12 月 3 日）

陶澍等奏称，在上海东关外起获窝顿烟土数起，为数甚巨，复于苏州、扬州、

---

①　《清实录·宣宗成皇帝实录》卷三一五。

②　中国第一历史档案馆：《鸦片战争档案史料》第 1 册，天津古籍出版社 1992 年版，第 405～406 页。

③　中国第一历史档案馆：《鸦片战争档案史料》第 1 册，天津古籍出版社 1992 年版，第 535～538 页。

④　《清实录·宣宗成皇帝实录》卷三一五。

江宁等府属、盘获贩卖窝顿各犯，共计烟土一万六千余两，并谕令海船缴出烟土四万一千余两。清廷大力奖励有关人员。

十八日丙戌（12月4日）

琦善奏报，请将私给保单之会馆董事饬拿讯办。已革山东乐昌县知县廖炳奎，充当天津闽粤会馆董事，辄敢私行出具保单，给付闽粤商民，令经过关津海口查验放行，杖一百流二千里。

廿四日壬辰（12月10日）

道光帝晓谕：鸦片烟流毒传染日深，叠经降旨饬令严拿惩办。各该衙门拿获人犯，或咨或奏，俱陆续送交刑部审讯定拟。是该部为汇总之地，必当认真推鞫，务令水落石出，不致漏网。该堂司各官自应倍加慎重，严行讯勘，方能立除痼习。但案犯众多，承审司员，或草率了结，或积压迟延，甚至听信嘱托，吏胥需索，种种滋弊，在所不免。着刑部堂官严饬承审司员，于解到案犯，立时研鞫，切实根究，分别惩治，不得稍有不实不尽，以期净绝根株。该堂官仍当不时查察，督饬核办，傥有草率积压及听情消弭等弊，即行指名严参。如任其延玩滋弊，别经发觉，或被纠参，不但将该司员等从重治罪，并将该堂官等一并重惩不贷。①
山东道监察御史贾臻奏请肃海防以缉洋商。②

廿七日乙未（12月13日）

从巡抚乌尔恭额所请，修浙江仁和、海宁二州县海塘。

廿九日丁酉（12月15日）

闽浙总督锺祥等奏报，先后拿获出洋贩卖烟土施猴等犯，严审定拟。得旨：早应如此严办，姑从宽既往勿论，嗣后务当严行督饬文武，劝惩兼施，无论兴贩吸食，官兵百姓一概认真查办，断不准仍前松懈，海口尤当加意查缉，务要认真禁止，卿其勉力佐朕除中国一大患也。

---

① 《清实录·宣宗成皇帝实录》卷三一五。
② 中国第一历史档案馆：《鸦片战争档案史料》第 1 册，天津古籍出版社 1992 年版，第 413~414 页。

十一月初十日戊申(12 月 26 日)

从巡抚乌尔恭额所请,修浙江海盐县石塘。

十一日己酉(12 月 27 日)

道光帝晓谕:鸦片烟流毒传染日深,实堪痛恨,屡经降旨饬令中外严拿惩办。乃近来此种痼习,不但军民人等纷纷渐染,即世职官员,竟亦相率玩法。节据步军统领衙门查获犯案之男爵特克慎、侯补盐大使春龄、伯爵贵明均经刑部分别按律治罪。该员等身任职官,辄敢蹈此恶习,玷辱官常。嗣后文武官员军民人等,傥仍不知悛改,一经查拿,定行严办,决不宽贷。①

十五日癸丑(12 月 31 日)

命湖广总督林则徐为钦差大臣,驰往广东,查办海口事件,该省水师,兼归节制。

十六日甲寅(公元 1839 年 1 月 1 日)

前因琦善奏报,闽广洋船,因天津查拿鸦片严紧,不能卸货,已有一百二十三只起碇出口,虑其前赴奉天另谋销售,咨明该将军一体访捕,当有旨令耆英委员堵截,以防偷漏,迄今两月有余,未据奏到。本日复有人奏报,奉天地方,近来兵民沾染恶习,吸食鸦片,其沿海地面,如锦城之天桥厂、海城县之没沟营、田庄台、盖平县之连云岛、金州之貔子窝、岫岩厅之大孤山数处海口,为山东、江、浙、闽、广各省海船停泊之所,明易货物,暗销烟土。本年九月间,山东荣成县所属洋面,搜获商船一只,夹带烟土一万三千四百余两,讯系欲往奉天售卖。可见该处烟贩往来,断不止此一起。②

两广总督邓廷桢,奏陈筹议杜绝商船夹带鸦片章程,及严防鸦片偷漏入口办法。③

---

① 《清实录·宣宗成皇帝实录》卷三一六。

② 《清实录·宣宗成皇帝实录》卷三一六。

③ 中国第一历史档案馆:《鸦片战争档案史料》第 1 册,天津古籍出版社 1992 年版,第 424~428 页。

十七日乙卯（公元 1839 年 1 月 2 日）

御史万超奏报，请严查吸食鸦片职官。京外大小官员，均有率属临民之责，必使咸知自爱，方可望其正己正人。近来鸦片烟流毒日深，不特军民人等共相吸食，即现任职官，亦多染此恶习。清廷指示：嗣后该堂官上司等务当随时认真查察，遇有此等劣员，立即指名参奏，照例治罪。至内而京察，外而卓异，尤属三载考绩大典，断不容以卑鄙无耻之员，滥竽充数。

两广总督邓廷桢奏报，将私带鸦片之外商记厘佛人驱逐出口。①

十八日丙辰（公元 1839 年 1 月 3 日）

道光帝晓谕：朕因近年鸦片烟传染日深，绥银出洋，销耗弥甚，屡经降旨饬令该督等认真查办。但锢蔽日久，恐一时未能尽行破除，若不清查来源，则此患伊于胡底。昨经降旨特派湖广总督林则徐驰赴粤省，查办海口事件，并颁给钦差大臣关防，令该省水师兼归节制。林则徐到粤后，自必遵旨竭力查办，以清弊源。惟该省窑口"快蟹"，以及开设烟馆，贩卖吸食，种种弊窦，必应随地随时，净绝根株。着邓廷桢、怡良振刷精神，仍照旧分别查拿，毋稍松懈，断不可存观望之见，尤不可有推诿之心。再邓廷桢统辖两省地方，事务殷繁，若专责以查办鸦片，以及纹银出洋，恐顾此失彼，转不能专一心力，尽绝弊端，现派林则徐前往专办此事，该督自当益矢勤奋，尽泯畛域，应分办者各尽己责，应商办者会同奏闻，趁此可乘之机，力救前此之失，总期积习永除，根株断绝。想卿等必能体朕之心，为中国祛此一大患也，将此谕令知之。②

廿四日壬戌（公元 1839 年 1 月 9 日）

前因琦善奏报，闽广洋船一百二十三只，因天津拿烟严紧，起碇出口，虑其前赴奉天销售，当有旨令耆英委员堵截，以防偷漏。本日据耆英等奏称，详加察访，各该海口实无由天津私行起碇、未经卸载之闽广洋船到口，现仍遴委妥员设法查拿，购线诱买。清廷要求各旗民地方随地随时，认真访察，如该洋船于明岁春融冰泮后驶往该省，务即严密侦缉，实力堵拿，断不准回护。

---

① 中国第一历史档案馆：《鸦片战争档案史料》第 1 册，天津古籍出版社 1992 年版，第 430~431 页。

② 《清实录·宣宗成皇帝实录》卷三一六。

廿八日丙寅（公元 1839 年 1 月 13 日）

胶州外洋拿获兴贩鸦片人犯，起获烟土一万一千余两。①

十二月初八日乙亥（公元 1839 年 1 月 22 日）

抚恤朝鲜国、琉球国遭风难夷如例。两广总督邓廷桢奏报粤东拿获鸦片匪犯情形，自上年春间至本年十月下旬，共拿获匪犯四百八十九名，烟泥二十三万三千一百一两。②

初九日丙子（公元 1839 年 1 月 23 日）

前经降旨饬令着耆英等查拿鸦片，并着将作何堵截搜捕之处，据实覆奏。兹据耆英奏报，地方恶习沾染日深，几成积重难返之势。道光帝批复：盛京为根本重地，较之他省尤为紧要，虽由历任各员未能实力严禁以致蔓延，但着耆英等经朕委任，当此整顿之时，必应振刷精神，从严从实办理，毋得稍形诿卸。该处为闽广船只往来贸易之地，五方杂处，最易藏奸，现据奏获烟土仅二千四百余两，殊属寥寥。即所称明岁春融冰泮，多派员弁分赴各处侦缉，并未将如何设立章程之处，详晰具奏。且据称金州貔子窝、和尚岛等处，时当冬令洋船尚可进口，尤当加意防堵，毋令载私偷入。所有各隘口应行查禁之处，即着耆英严定章程，认真访拿。有犯必惩，并酌量与萨迎阿、庆林等，轮往查办，更为周密。总期痼习日除，根株永绝，方为不负委任。倘查办不能净尽，日后或经朕访闻，或别经发觉，惟耆英等是问，恐不能当此重咎也。③

以查缉纹银鸦片烟人犯，予两广总督邓廷桢、广东巡抚怡良议叙。

抚恤琉球国遭风难夷如例。

十一日戊寅（公元 1839 年 1 月 25 日）

以拿获鸦片烟犯，予兵马司正指挥李遇亨等升用有差。

---

① 中国第一历史档案馆：《鸦片战争档案史料》第 1 册，天津古籍出版社 1992 年版，第 444~445 页。

② 中国第一历史档案馆：《鸦片战争档案史料》第 1 册，天津古籍出版社 1992 年版，第 449~450 页。

③ 《清实录·宣宗成皇帝实录》卷三一七。

十五日壬午（公元 1839 年 1 月 29 日）

户部奏报，遵旨议覆户科给事中成观宣奏报，大江南北，今冬米贱，请及时采买。山东道御史贾臻奏报，州县采买扰民，不如商买商运，查京通仓贮米数，虽尚有赢余，而现当银贵米贱之时，果能及时采买，俾银米流通，利国实以便民。惟官买固虞其抑勒，而商贩亦难于招徕，如谓商贩船小，自能设法运渡，则近年南方米贱而直隶、山东粮价仍未平减，是商船未能贩运北来此其明验，如谓海连省费，则商贩更难稽查，易滋弊窦，请饬交两江总督、江苏巡抚察看办理。如果米价运费，合计在二两以外，三两以内，可以酌量收买者，或由搭运，或由海运，均须确有把握，酌定章程奏明，由部筹款发交买运。①

十六日癸未（公元 1839 年 1 月 30 日）

邓廷桢奏报，筹调师船将备，联帮驻泊洋面堵截民夷售私，并水陆交严，以除锢弊。

盛京将军耆英遵旨轮流前往金州海口查办鸦片。②

十八日乙酉（公元 1839 年 2 月 1 日）

两广总督邓廷桢奏报，驱逐英国住省烟贩八人回国。③

邓廷桢奏陈，将与林则徐共矢血诚，会办查禁鸦片。④

廿七日甲午（公元 1839 年 2 月 10 日）

两广总督邓廷桢奏报，拿获代匪出洋买运鸦片巡役。⑤

---

① 《清实录·宣宗成皇帝实录》卷三一七。

② 中国第一历史档案馆：《鸦片战争档案史料》第 1 册，天津古籍出版社 1992 年版，第 461 页。

③ 中国第一历史档案馆：《鸦片战争档案史料》第 1 册，天津古籍出版社 1992 年版，第 465～466 页。

④ 中国第一历史档案馆：《鸦片战争档案史料》第 1 册，天津古籍出版社 1992 年版，第 469～470 页。

⑤ 中国第一历史档案馆：《鸦片战争档案史料》第 1 册，天津古籍出版社 1992 年版，第 473～475 页。

邓廷桢奏报，将粤洋东路八艘外国船只全部驱逐。①

廿九日丙申(公元 1839 年 2 月 12 日)

有人奏报，浙江水师操防巡缉，诸形废弛，战船亦多缺损，盗贼窥伺劫夺频闻。本年夏间有盗船数十只，停泊温州、宁波等处海口，该道府均驰赴查看，而水师提督任意迁延，虽经该抚行催，并不督兵前往。道光帝批示：提督统辖水师洋面，查缉巡防，是其专责。若如所奏报，平日既因循废弛，临事复迁延畏葸，尚复成何事体。着锺祥即严密查访。

是年

英国等国向清朝输入鸦片计四万零二百箱。②

道光十九年 己亥 公元 1839 年

正月初九日丙午(2 月 22 日)

道光帝晓谕："本日据邓廷桢、怡良片奏查办粤省鸦片烟情形，朕详加披阅，具见肫诚为国之心，惟当此可乘之机，仍应督饬文武员弁，趁势严拿，毋稍松懈，务使根株净尽，痼弊全除。烟贩浸灌各省海口，虽到处可通，而该省为出入门户，如果认真堵截，则浸灌渐少，吸食者无从购买，日就肃清。林则徐计早晚到粤，该督等仍遵前旨，协力同心，尽泯畛域，勉之又勉，以副委任。"③

---

① 中国第一历史档案馆：《鸦片战争档案史料》第 1 册，天津古籍出版社 1992 年版，第 475~476 页。

② ［美］马士：《中华帝国对外关系史》第 1 册，张汇文等译，生活·读书·新知三联书店 1957 年版，第 239 页。

③ 《清实录·宣宗成皇帝实录》卷三一八。

初十日丁未（2 月 23 日）

浙江巡抚乌尔恭额奏报，在杭州省城及宁波要口拿获烟犯三十名，烟土烟渣一千五百八十四两，收缴烟枪一千四百六十一杆。①

盛京将军耆英奏报，奉天沿海一带，无业闽人较多，恶习传染日久，以致商贾、愚民渐次吸食鸦片，甚至宗室觉罗、官员兵丁内亦不无有吸食者。②

十二日己酉（2 月 25 日）

两广总督邓廷桢等奏报，筹议虎门海口，创造木排铁链二道，并添置炮台炮位，以期周防番舶，巩固海疆。③

十三日庚戌（2 月 26 日）

两江总督陶澍等奏报，拿获商船舵水郑阿钹等藏带鸦片烟土四千余两，提省审办。

十九日丙辰（3 月 4 日）

道光帝晓谕：朕因盛京为根本重地，现当查禁鸦片烟之际，恐该处亦渐染恶习，屡经降旨饬令耆英等认真查办，净绝根株。兹据奏查禁情形，尚属妥协，惟须核实办理，不可徒托空言。此等蔑法之人，无论宗室觉罗官员兵丁，一经拿获，即当按律惩治。其沿海一带无业闽人，私行潜住，自当妥为驱逐。如有违禁贩卖情事，必应派员查拿治罪，不得仅以驱逐了事。吉林与奉天接壤，该处傥有吸食贩卖各弊，总系奉天搜查未净，以致浸灌充斥，咎有攸归，日后别经发觉，朕惟耆英等是问，断不轻恕也。据奏该处地方官向来不肯实力查究，互相隐讳，反以查拿为多事。此种劣员，实属可恶，着留心察看，如再有因循讳饰不肖劣员，即行据实严

① 中国第一历史档案馆：《鸦片战争档案史料》第 1 册，天津古籍出版社 1992 年版，第 483~484 页。
② 中国第一历史档案馆：《鸦片战争档案史料》第 1 册，天津古籍出版社 1992 年版，第 485~486 页。
③ 中国第一历史档案馆：《鸦片战争档案史料》第 1 册，天津古籍出版社 1992 年版，第 486~489 页。

参。至所称饬令该佐领协领等各具印结，每月呈报，此系将就了事，该员等恃有结报，反得阳奉阴违，互相掩饰，吸食之人，亦恃有结报，益无忌惮，而该上司亦凭一纸申报，深信不疑，遂致相率视为具文，日形弛懈，所见甚属迂谬，着传旨严行申饬。现在着英于沿海一带，派员查明无业闽人，是否驱逐，有无违禁贩卖，如何惩办，其派员分赴威远堡、运河渡口等处，曾否缉获前往吉林贩烟之人，着一并详晰具奏，毋得空言搪塞，致干咎戾。寻奏报，现陆续拿获兴贩烟土无业闽人十七名，又于威远堡、浑河渡口等处，拿获携带烟膏烟枪坐车出边之宋有学一名，均移咨刑部会同审办。①

廿六日癸亥(3月11日)

朝鲜国王李焕遣使表贺万寿、冬至、元旦三大节，进贡方物，赏赉筵宴如例。
琉球国王尚育遣使表贡方物，赏赉筵宴如例。

廿七日甲子(3月12日)

钦差大臣林则徐至广东，调查洋面堵截趸船情形，并奏报英国商人查顿为贩鸦片之祸首。②

邓廷桢、怡良奏称，谕逐港脚夷商喳吨，现在下澳附船回国。清廷以为该夷查顿来粤贸易多年，所有趸船鸦片，多半系其经营，实为奸夷渠魁，现因稽查严密，恐惧图归，虽据该督等奏称该夷请牌下澳，于腊月底定可开行，但该夷盘踞既久，党羽必多，现在各趸船尚未回帆，其所存烟泥，岂肯即行抛弃，难保不别肆诡谋，着林则徐严密访查，该夷查顿是否实已下澳开行，确于何日起碇，如尚在逗留，即严行驱逐，据实覆奏。③

廿八日乙丑(3月13日)

山东署登州府海防同知试用通判永庆，因病吸食鸦片，复买唱曲妇女为妾，被革职，永不叙用。

---

① 《清实录·宣宗成皇帝实录》卷三一八。
② 中国第一历史档案馆：《鸦片战争档案史料》第1册，天津古籍出版社1992年版，第496~499页。
③ 《清实录·宣宗成皇帝实录》卷三一八。

廿九日丙寅(3月14日)

御史刘梦兰奏报,请严禁奸徒别造烟物,影射害人。近日射利之徒,因查拿烟土烟膏甚严,不敢肆行贩卖,另出新意,别造一种烟物,名为七宝琉璃散,与鸦片烟膏形质迥殊,而影射牟利,即与鸦片烟名异实同,必应严行查禁,以防流毒。①

二月初一日丁卯(3月15日)

邓廷桢奏报,粤洋东路夷船,驱逐尽净。南澳洋面,本非夷船经由之路,近因中路伶仃各外洋夷船寄碇之处,守堵綦严,先后有夷船八只驶来抛泊,现经该镇总兵亲督将弁舟师,逐去三只,余仍迁延观望,复经调集师船,将该五船围绕防范,并谕以如再逗留,定行开炮轰击,各该船已向东南外洋驶去。

邓廷桢奏请将派堵玩捕之游击革职留任。清廷批示:此案巡役胡德等,胆敢坐驾巡船出洋,为陈基德贩运鸦片,实属藐法,胡德、陈基德现均在逃,着即勒限上紧严缉务获,提同李新等严审确情,按律定拟具奏。署水师提标左营游击事前山营都司伦世光有统巡之责,于该巡船抛泊尖沙嘴洋面时,雇艇拢近夷船,漫无觉察,现当发令之始,即视为具文,实属胆玩,该督仅请将该员革职留任,不足蔽辜,伦世光着即革职,以示严惩。②

初九日乙亥(3月23日)

据萨迎阿奏报,查明金州海口情形,并收缴烟枪烟土,拿获无业闽人王别观等五名,临榆县流寓民人杨永青一名,各起获烟膏烟具,现在解省审讯。清廷着该将军等严饬所属,带领兵役,在海口一带昼夜巡缉,其城乡各处,亦密派兵役访拿。③

十二日戊寅(3月26日)

从巡抚乌尔恭额所请,修浙江山阴县宋家溇等处柴石塘工。

---

① 《清实录·宣宗成皇帝实录》卷三一八。
② 《清实录·宣宗成皇帝实录》卷三一九。
③ 《清实录·宣宗成皇帝实录》卷三一九。

十六日壬午 (3 月 30 日)

邓廷桢等奏报，筹议虎门海口创造木排铁链，添置炮台炮位，分别绘图贴说，开单呈览。虎门海口，为粤海中路咽喉，通商番舶，络绎往来，现在筹议海口章程，自应妥为布置，以密巡防。据该督等奏称，涉海登山，周览形势，请于横档山前海面较狭之处，创设铁链木排，并于威远炮台迤西，添建大炮台一座，安放大炮六十位，以壮声威。所有估需各项银八万六千两，系洋商伍绍荣等情愿捐办。清廷要求该督等即饬催原派文武各员，务于本年三月内，将排链炮台，一律赶造完竣，并将新添炮位，如法制造。其泅水兵丁，由该提督关天培如数饬募，随时演习，以期得力。至排链等项每年修费，及添设排链官兵月饷，并排链炮台各兵丁四个月增给口粮，春秋二操军火赏号，共岁需银八千三百余两，除商捐存银三千七百六十余两外，尚不敷一岁之需，着该督等另行筹款，奏明办理。

据邓廷桢奏报，外洋鸦片趸船，屡经派员堵截驱逐，内有港脚喋船及嘑吐船各一只，于上年十二月起碇驶去，业已远扬。其尖沙嘴等处洋面，现尚泊船二十二只，内港脚吧吨船一只，亦经整理桅帆，似有开行之意。①

十八日甲申 (4 月 1 日)

两广总督邓廷桢奏报，广东各府州续获匪犯多名。得旨：所办好，一力行之勿怠。又奏续获鸦片烟犯。批：断不可稍有松懈，日勉一日，务除痼习。

调广东高州镇总兵官张青云为四川川北镇总兵官，湖北宜昌镇总兵官达里保为高州镇总兵官，以闽浙督标中军副将博勒恭武为宜昌镇总兵官。

抚恤琉球国遭风难夷如例。

二十日丙戌 (4 月 3 日)

林则徐奏报体察洋面堵截情形。广东海口，为各夷船出入经由要道，自应水陆交严，以除锢弊。兹据奏称，现在夷趸既经移动，自须到处跟踪，即使该趸船驶出老万山，犹恐内海匪船，前赴外洋勾结。清廷着林则徐即亲赴虎门、澳门等处，相机度势，通计熟筹，务使外海夷船，不得驶进口门，妄生觊觎，内地匪船，不敢潜赴外洋，私行勾结。②

---

① 《清实录·宣宗成皇帝实录》卷三一九。
② 《清实录·宣宗成皇帝实录》卷三一九。

廿一日丁亥(4月4日)

两广总督邓廷桢等奏报,趸船续经开行,并派副将惠昌燿等并力谕逐。得旨:和衷妥办,万勿畏难,及其成功一也,懔之勉之。

廿四日庚寅(4月7日)

铸给两广督标游击等关防,从总督邓廷桢所请。

廿五日辛卯(4月8日)

从将军布勒亨所请,添设江宁满洲营抬炮二十尊,挑选闲散四十名,作为额外炮手。

从巡抚乌尔恭额所请,修浙江东、西两塘柴埽、盘头各工。

廿九日乙未(4月12日)

钦差大臣林则徐奏报,将趸船鸦片尽数呈缴,现于虎门海口会同验收,并请求暂缓断绝互市。经义律向各夷人名下反复追究,总数不下二百数十万斤。①

三十日丙申(4月13日)

江苏巡抚陈銮奏报稽查吴淞口鸦片章程,称向有闽粤奸商由海运将鸦片运至上海入口,转贩苏州、太仓、通州,分销省外。其稽查章程如下:一、商船进入,先到吴淞口封舱;二、添设守卫海口人员;三、禁止小船出洋;四、稽查近海寄泊洋船。②

初三日己亥(4月16日)

道光帝晓谕:自查禁鸦片烟以来,各省纷纷具奏,民间呈缴烟土烟具,投首者

---

① 中国第一历史档案馆:《鸦片战争档案史料》第 1 册,天津古籍出版社 1992 年版,第 508~513 页。

② 中国第一历史档案馆:《鸦片战争档案史料》第 1 册,天津古籍出版社 1992 年版,第 516~519 页。

甚多，行之既久，恐滋流弊，不可不防其渐。盖呈缴之后，地方官不复查察，转得优游吸食，漫无顾忌，是宽纵一二人，而效尤者将不止千百，法令所由废弛。且朕闻烟膏烟具，多有假造，地方官或意在邀功，贪多务得，或心存避咎，苟且塞责，托收缴之名，以售其蒙混之术，其弊不可胜言。国家矜恻愚民，原欲开其自新之路，该军民人等果能革其旧染，无难实力戒除，何必呈缴烟具，以自表其改悔。即如酗酒有干例禁，如果改悔，无难自行禁止，亦从无缴出酒具之条。嗣后各省拿获吸烟人犯，不准以呈缴烟膏烟具入奏，其从前投首不实之犯，仍着各督抚等严饬该地方官随时查察，如有再犯，即加重治罪，以杜蒙混而归核实。①

初九日乙巳（4 月 22 日）

琉球国使臣翁宽等二人于行宫门外瞻觐。

十六日壬子（4 月 29 日）

两广总督邓廷桢等奏报粤东禁烟进程。自道光十九年二月初一至月底，报获烟案一百三十四起，人犯二百一十八名，烟泥二万八千五百七十一两，烟膏三百七十七两一钱二分。②

十八日甲寅（5 月 1 日）

琉球国王尚育遣使谢册封恩，恭进方物，命留抵下次正贡。

十九日乙卯（5 月 2 日）

本日据林则徐等由驿驰奏报，查办趸船，尽数呈缴烟土。经林则徐等截回趸船二十二只，起获烟土二万二百八十三箱。清廷以为该夷等畏法自首，情尚可原，着免其治罪。该督等奏请酌赏茶叶之处，着照所议办理。至此项烟土，为数甚多，俟收缴完竣，即查明实在箱数，派委明干员弁解京，以凭核验。林则徐等查办妥协，自应量加奖励，林则徐、邓廷桢着交部从优议叙，怡良、豫堃、关天培着交部议叙。

---

①　《清实录·宣宗成皇帝实录》卷三二〇。

②　中国第一历史档案馆：《鸦片战争档案史料》第 1 册，天津古籍出版社 1992 年版，第 522~524 页。

林则徐奏请暂缓议断互市，及颁行各国檄谕。清廷以为此次查办海口防堵趸船，各国夷商业经遵缴烟土，自应加恩准予照常互市，以示怀柔，所有断绝茶叶、大黄，着暂缓置议。其英吉利既有在粤领事及住省夷人，经该大臣等就近谕知，办理应手，所有檄谕该国之处，亦着暂缓颁行，统俟议定兴贩吸食各罪名，颁行新例时，于善后章程内另行详细筹议，仍遵前旨拟稿进呈，再行颁发。

钦差大臣林则徐奏报，呈进谕令各国夷商呈缴鸦片示稿。本大臣既带关防，得以便宜行事，若鸦片一日不绝，本大臣一日不回，誓与此事相终始。道光帝批示：览及此，朕心深为感动，卿之忠君爱国，皎然于域中化外矣。①

以浙江瑞安协副将葛云飞为定海镇总兵官。

廿一日丁巳(5 月 4 日)

钦差大臣林则徐奏报，自二月二十九日收起，至三月二十日，收缴鸦片一万五千八百八十九箱，又一千五百四十七口袋，核之义律原报数目，已逾十分之八。另，英国烟贩查顿已回国，其同伙被驱逐。②

廿二日戊午(5 月 5 日)

前据礼部奏报，琉球国王恭进谢恩贡物，当经降旨准其留抵下次正贡，原以昭体恤而示怀柔。兹据该使臣等呈称，临行时国王再三谆谕，吁请准予赏收，免抵下次正贡。经礼部据情代奏，词意恳切，此次所进贡物，即照所请赏收，俾得遂其抒忱效悃之诚。该部即传谕该使臣，令于回国时转告该国王知之。③

廿四日庚申(5 月 7 日)

道光帝晓谕：向来越南国二年一贡，四年遣使来朝一次，合两贡并进；琉球国间岁一贡，暹罗国三年一贡。在各该国抒诚效顺，不敢告劳，惟念远道驰驱，载涂雨雪，而为期较促，贡献频仍，殊不足以昭体恤。嗣后越南、琉球、暹罗均着改为四年遣使朝贡一次，用示朕绥怀藩服之至意。

---

① 《清实录·宣宗成皇帝实录》卷三二〇。

② 中国第一历史档案馆：《鸦片战争档案史料》第 1 册，天津古籍出版社 1992 年版，第527～530 页。

③ 《清实录·宣宗成皇帝实录》卷三二〇。

廿六日壬戌(5 月 9 日)

前据林则徐等驰奏报,趸船鸦片尽数呈缴,请解京验明烧毁,当降旨允行。本日据御史邓瀛奏称,广东距京,程途辽远,所缴烟土,为数较多,恐委员稽察难周,易启偷漏抽换之弊。道光帝批复:林则徐等经朕委任,此次查办粤洋烟土,甚属认真,朕断不疑其稍有欺饰。且长途转运,不无借资民力,着毋庸解送来京,即交林则徐、邓廷桢、怡良于收缴完竣后,即在该处督率文武员弁,公同查核,目击销毁,俾沿海居民及在粤夷人,共见共闻,咸知震詟。该大臣等惟当仰体朕意,核实稽查,断不准在事员弁人等稍滋弊混。①

廿七日癸亥(5 月 10 日)

锺祥等奏报,拿办台湾滋事匪徒。此案匪徒胡布因谋反未遂,勾通内山贼匪洪保等分立股伙,并纠结街民萧红等为内应,攻汛戕兵,经该镇道等带兵驰往店仔口地方会商捕办,拿获首伙十二犯。

廿九日乙丑(5 月 12 日)

御史步际桐奏报,查办夷船鸦片,取具切结,不足永断根株。夷船贩运烟土,经此次尽数呈缴以后,自应妥筹善法,杜其复来。若但以切结为凭,仍属有名无实,且夷船停泊大海,难保无暗递消息、汉奸前往运取。②

四月初三日戊辰(5 月 15 日)

前因林则徐等在广东洋面,截回趸船,起获烟土至二万余箱之多,当降旨将林则徐、邓廷桢交部从优议叙,怡良、豫堃、关天培交部议叙。兹据该部奏报,请将林则徐、邓廷桢各加一级,纪录二次,怡良、豫堃、关天培各加一级。此项烟土,系在夷船起获,与内地迥不相同,林则徐、邓廷桢着各赏加二级,怡良、豫堃、关天培着各赏加一级,俱准随带。③

---

① 《清实录·宣宗成皇帝实录》卷三二〇。
② 《清实录·宣宗成皇帝实录》卷三二〇。
③ 《清实录·宣宗成皇帝实录》卷三二一。

初六日辛未(5 月 18 日)

命福建巡抚魏元烺来京，以刑部左侍郎吴文镕为福建巡抚。

林则徐奏报，粤省东路南澳一带，系与福建漳州府属洋面毗连，该处夷船自上年驱逐开行之后，今春又有数只至常山尾等游弋，而福建之布袋洋，近在其北，闻亦有夷船旋去旋来。缘两省交界之间，逐于粤则窜于闽，逐于闽又窜于粤，无非因船内载有鸦片，随处觅售。截至四月初六，合计前后所收夷人鸦片，共计一万九千一百八十七箱，又二千一百一十九袋。另，林则徐奏报，复查虎门海口排链炮台情形及为夷人夹带鸦片设立专条罪名。①

初九日甲戌(5 月 21 日)

据林鸿年等奏报，上年十月，自琉球回棹，该国王尚育恳请代奏，令陪臣子弟四人入监读书。清廷着照所请，所有该国陪臣子弟四人，俱准其入监读书，用遂其观光之志。

十三日戊寅(5 月 25 日)

颁发福建天后庙御书匾额曰"福佑瀛堧"，陈尚书庙曰"海溢昭灵"，拿公庙曰"利济心敷"。

十五日庚辰(5 月 27 日)

据林则徐等奏报，收缴夷船鸦片，乘势清理东路。粤洋趸船存贮鸦片二万二百八十三箱，前经林则徐等谕令驶至虎门，陆续随缴。兹据奏称，剥船与趸船高下悬殊，烟土起至一半，趸船水迹浮高，风信靡定，不免终日坐守，现在所缴鸦片，核之原报数目，已逾十分之八。又称东路南澳地方，间有数船至长山尾等洋游奕，虽经该镇随时驱逐，而旋去旋来，是中东两路，实属一气相生。其三板等船，分载烟土驶往南澳，亦不可不乘此机关，一概召回，悉数呈缴。清廷着林则徐等悉心筹画，相机妥办，不但原报二万余箱之内，不准稍有短少，如此外尚有多余，亦应尽数收缴，总期一律净尽，毋留余孽。又另片奏报，查明查顿实已回国，而现住省城

---

① 中国第一历史档案馆:《鸦片战争档案史料》第 1 册，天津古籍出版社 1992 年版，第 543~550 页。

义和行之唉吨，即系查顿之弟，又唉呀哋呾、吤呀哋呾皆查顿之外甥，并有代伊管账之呀哋啨亦在该行居住。清廷着将折内所指各该夷等与著名之颠哋等一并驱逐，不准任意逗留，并严谕领事义律、夷目唛嚓哆等确切查明，此外如有该夷伙党，务即设法驱令回国，毋许再有隐匿，以除锢弊而绝诡谋。①

　　钦差大臣林则徐奏报，鸦片贻害中华，势成积重。得旨：来源外断，栽种内除，虽不肖之徒，处处皆有，无从购觅，势亦不禁自绝也，奈因循日久，酿成奸患，言之寒心痛恨也。

十六日辛巳(5 月 28 日)

　　湖南道监察御史焦友麟奏报，漳州、泉州两府营务废弛。平日夷船夹带鸦片，一至闽界，皆借兵丁包庇交通。泉州所辖海口，每有黑夷采买内地少女，皆沿海奸民偷拐盗卖，亦借兵丁包揽接应。②

十七日壬午(5 月 29 日)

　　道光帝晓谕：鸦片烟流毒日深，自上年查禁以来，京城内外各衙门拿获各犯，分别奏咨，交刑部审讯者，不下数百起。承审各员，果能细心研鞫，何难就现获人犯，将烟土来历，兴贩伙党，及何处何人开设烟馆，同吸食者共有几人，逐层根究，按名查拿。若仅就案了案，殊不足以穷源竟委，净绝根株。朕轸念民生，欲为天下除此祸患，大小臣工，宜如何仰体朕意，同心协力，思所以涸锢习而挽颓风。嗣后刑部堂官，惟当督饬司员，凡承审烟案，总宜切实根追，固不可累及无辜，尤不可将就结案，务使人人畏法，积弊全销，用副朕除恶务尽之至意。③

廿三日戊子(6 月 4 日)

　　盛京将军耆英奏报搜查海口商船及查办海口禁烟情形，称辽宁各海口自开河以来，没沟营商船已有八百五十九只，其余各海口自数十只至百余只不等，搜获烟土烟膏四百五十两。④

---

①　《清实录·宣宗成皇帝实录》卷三二一。

②　中国第一历史档案馆：《鸦片战争档案史料》第 1 册，天津古籍出版社 1992 年版，第 553~554 页。

③　《清实录·宣宗成皇帝实录》卷三二一。

④　中国第一历史档案馆：《鸦片战争档案史料》第 1 册，天津古籍出版社 1992 年版，第 557~560 页。

廿九日甲午(6月10日)

林则徐等由驿驰奏报，收缴鸦片烟土，有赢无绌。又另片奏报，请将夷人带鸦片烟来内地者，定例治罪。道光帝批复：该夷人违禁带物，并暂时首缴免罪，自应专定条例，已明降谕旨交军机大臣会同刑部议奏矣。此次收缴烟土二万余箱，据林则徐等逐一查验，不准稍有留遗，着仍遵前旨，亲督销毁，毋许别滋流弊。至本年贸易夷船，开行在数月以前，未必遽知严禁，此次来船如有夹带鸦片，亦着责令一并缴官，以绝根株。

前因邓廷桢奏请于虎门海口，添设炮台炮位，创造木排铁链，当降旨允准，并降旨着林则徐查看情形，据实具奏。兹据奏称，布置森严，实属有益，惟排链被咸水泡浸，日久不能无损。清廷着邓廷桢、关天培随时察看，如有寸铁脱扣，一木离箄，立即修复，务使联络巩固，勿稍疏懈，以重海防。①

五月初一乙未(6月11日)

以搜拿烟土烟犯，予福建知府戴嘉谷等升叙有差。

初二日丙申(6月12日)

道光帝晓谕：据大学士穆彰阿等议覆、陈銮奏吴淞海口商船夹带鸦片章程，朕详加披览，所议俱属周妥。因思鸦片来自外洋，全在申严海禁，而各省海口，情形不同，难保奸商等不此拿彼窜。江南一省，既经明定章程，则各省滨海地方商船出入之处，俱应一律办理。着各该督抚于所辖海口体察情形，妥议章程具奏。

本日耆英奏报，搜查海口商船，严禁贩烟情形。据称在没沟营、盖州、复州、岫岩各海口搜获烟土烟膏等件，并吸食人犯三十余名，自已按律惩办。现在旗民感戴，情甘十家联环互保，以凭稽查。清廷指示：嗣后务当示禁，凡有流寓闽人，一概不准栖留该处。并着该地方官常川查察，如有蒙混寄居者，立即驱逐。②

初三日丁酉(6月13日)

从巡抚乌尔恭额所请，修浙江西塘柴埽各工。

---

① 《清实录·宣宗成皇帝实录》卷三二一。
② 《清实录·宣宗成皇帝实录》卷三二二。

直隶地方粮价渐昂，全赖商贩来粮以资接济。琦善奏报所有奉天、河南、山东米船至直隶售卖者，过关时免其纳税。

初四日戊戌(6 月 14 日)

林则徐奏报，拿获假捏照会外国公文人犯，销化烟土已将及半，并奏请将因循不振之镇将勒休降补。三月二十六日有双桅船一只，由西南外洋驶入长山尾寄碇，四月初一日向东南而去。相关水师熟视无睹。另，主张对偷渡之船枪击炮轰及以火攻。①

初五日己亥(6 月 15 日)

宗人府宗令敬敏等会议查禁鸦片烟章程三十九条。一、沿海奸徒，开设窑口，勾通外夷，囤积鸦片，首犯拟斩枭，为从同谋及接引护送之犯，并知情受雇船户，拟绞监候，该管官知情故纵者革职，失察者分别议处。二、沿海员弁兵丁，受贿故纵，拟绞立决，知情徇纵，俱发往新疆，官弁充当苦差，兵丁为奴，失察者、员弁分别议处，兵丁杖徒。三、合伙开设窑口并合伙兴贩者，以造意者为首，余俱以为从论。四、沿海奸徒，寄囤夷船烟土，照开设窑口从犯治罪。五、官役拿获贩烟吸食之犯、得财卖放者，与犯同罪，赃重者计赃以枉法从重论，失察之该管官分别议处。六、收禁人犯，如有禁卒人等，将鸦片烟私行传递，或为代买者，发极边烟瘴充军，其解递之犯，解役人等有犯前项情弊，发近边充军，赃重者计赃以枉法论，失察之该管官分别议处。七、兵役匪棍，以查烟为由，肆行抢夺，并挟仇诬赖者，俱发边远充军，赃一百二十两以上者，为首拟绞监候，失察之该管官，分别议处。八、鸦片烟案内流罪以上人犯、告称留养者，概不查办。九、事未发而自首者免罪，闻拿投首者减一等，首后复犯加一等治罪。十、吸食之案，止准官弁访拿，不许旁人讦告。十一、开设烟馆，首犯拟绞立决，从犯及知情租屋者，发新疆给官兵为奴，兵役包庇，与犯同罪，有赃、计赃准枉法从重论，失察之该管官，分别议处。十二、栽种罂粟，制造烟土，及贩烟至五百两，或兴贩多次者，首犯拟绞监候，为从发极边烟瘴充军，兴贩一二次、数不及五百两者，为首发新疆给官兵为奴，为从发极边足四千里充军，兵役贿庇，与首犯同罪，赃重者计赃以枉法从重论，其知情租给房地之业主，受雇之船户，一年以外者发边远充军，一年以内杖

① 中国第一历史档案馆：《鸦片战争档案史料》第 1 册，天津古籍出版社 1992 年版，第 590~597 页。

流，半年以内杖徒，州县官知情故纵者革职，永不叙用，失察之该管官，分别议处。十三、栽种罂粟，尚未制烟售卖，及收买烟土烟膏未售卖者，为首发极边烟瘴充军，为从杖流。十四、吸烟人犯，均予限一年六个月，限满不知悛改，无论官民，概拟绞监候。十五、平民吸烟在一年六个月限内者，拟杖流，如系旗人，销除旗档，一体实发。十六、在官人役并官亲幕友等，一年六个月内在署吸烟者，照平民加一等治罪，该管官知情故纵者革职，失察者降调。十七、职官吸烟，在一年六个月内者，发新疆充当苦差。十八、兵丁吸烟，在一年六个月内者，发近边充军，该管官知情故纵者革职，失察者分别议处。十九、开设烟馆，栽种罂粟，制烟兴贩，首从各犯，除现拟死罪外，其余俟一年六个月后，均拟绞监候。二十、吸烟人犯，虽经改悔戒绝，但存有烟灰者，杖一百。二十一、制卖鸦片烟器具者，照造卖赌具例分别治罪，失察及拿获之该管官，分别议处议叙。二十二、同居子弟有吸烟者，家长照不能禁约子弟为窃例治罪。二十三、职官因吸烟发往新疆者，概不准各城大臣因事保奏。二十四、宗室觉罗吸烟者，发往盛京，严加管束。如系职官及王公，均革职革爵，发往盛京，永不叙用。如犯在一年六个月限满后者，照新定章程，加重拟绞监候，宗人府会同刑部，恭进黄册请旨。二十五、太监内如有从前吸食者，限一个月内，自首免罪，再限三个月内，令总管太监认真搜查，如有收藏烟具者，审明从重治罪。如三个月限满，半年以内，有在禁门以内各值房吸食者，均拟绞监候。在外围值房吸食者，枷号六个月，发极边烟瘴永远枷号，遇赦不赦。失察之总管首领及同屋太监，奏请分别降革治罪。如系首领吸食，均照禁门以内新拟罪名办理，失察之本管总管奏请发遣，究出贩烟之人；若系太监，与吸烟之人同罪；若系民人，交刑部加等治罪；至陵寝首领太监等有吸食者，照外围办理。其王公门上及各大臣宅中之太监等有吸食者，交慎刑司永远枷号不赦，如半年以后，仍有吸食，在宫门以内者，拟斩监候；外围等处及陵寝当差，并王公门上、大臣宅中，并已为民太监等，拟绞监候，各项失察处分，仍照前议办理。二十六、夷商住澳住行，卖货完竣，即饬遵照定限起程，如逾限久留，照违制律治罪。二十七、官兵查拿鸦片烟，遇有大伙拒捕者，准放鸟枪，格杀勿论。二十八、销毁烟土，令督抚亲验真伪，以防偷换。二十九、沿海各省洋船进口，督抚派公正大员，实力搜查。三十、各省海关监督，于洋船带烟进口，知情纵放者革职，失察者分别议处。三十一、各省拿获烟贩，将由何处购买，何人包庇护送，及经过地方，逐一根究，分别惩办，该管官受贿故纵者革职治罪，知情者革职，失察者分别议处。三十二、拿获吸烟人犯，承审官徇情开脱，照故出人罪例治罪。三十三、吸食已戒，平民例得免罪，惟职官为民表率，如曾经吸食者，均勒令休致。三十四、拿获囤积兴贩各犯，无论邻境本境，均准给予议叙，仍分别送部引见。三十五、访获吸食者，亦准酌请议叙。三十六、在京各衙门及外省督抚，将吸烟之员列入京察卓异，即将原保举官议处。三十七、京城地面，五方杂处，稽察尤应严密，应责成步军统领衙门顺天府五城随时访察，仍严禁番役等讹索扰累。三十八、各省保甲，饬地方官认真编查，如牌长有受贿知情等弊，一体惩办。三十九、地方官朔望宣讲后，即将吸食鸦片之害，传集众人，明白宣宗，庶父诫兄勉，咸知自爱。①

初八日壬寅（6 月 18 日）

达洪阿等奏报，搜捕逆匪，酌撤弁兵。前据锺祥等奏报，台湾匪徒胡布聚众滋事，抢汛戕兵，经达洪阿等带兵捕获首从各犯，审明正法，当有旨令该督即责成该镇督兵搜捕内山余匪，以净根株。兹据该镇等奏称，督率弁兵，分路进剿，续获匪犯多名，内山巢穴，业已扫清。

十三日丁未（6 月 23 日）

军机大臣大学士穆彰阿等奏报，议覆钦差大臣两江总督林则徐请定夷人携带鸦片烟土入口售卖治罪专条。拟请此后夷人如带有鸦片烟入口图卖者，为首照开设窑口例拟斩立决，为从同谋者，从严拟绞立决。由督抚审明，交地方官督同夷人头目，将各犯分别正法，起获烟土，全行销毁，以杜贪顽而严法禁。仍行文两广总督，以奉文之日为始，予限一年六个月，如于限内将烟土全数呈缴者，免其治罪。②

十七日辛亥（6 月 27 日）

有人奏报，闽广两省海口，停泊夷船，往往收买内地年未及岁之幼孩，少者数十数百不等，多者竟至千余，其中男少女多，实堪骇异。清廷着林则徐、吴文镕分查广东、福建两省。寻奏报，委员查访各海口夷船，并无收买幼孩之事。

十八日壬子（6 月 28 日）

道光帝晓谕：朕因鸦片烟流毒，传染日深，已成锢习，若不及早为民除害，伊

---

① 《清实录·宣宗成皇帝实录》卷三二二；中国第一历史档案馆：《鸦片战争档案史料》第 1 册，天津古籍出版社 1992 年版，第 590~597 页。

② 《清实录·宣宗成皇帝实录》卷三二二。

于胡底。现在廷臣遵旨会议严禁章程，已颁发各直省遵行矣。该官民人等咸懔王章，迁善改过，自不难濯洗旧习，革除前非，共享生全之乐，藉免刑戮之加。即各地方官，亦必懔遵新例，认真查办，悔过者予以自新，怙恶者不令幸免，但积习相沿，已非一日，若数月之间，遽使各省一律肃清，恐不免有讳饰等弊，故予限一年六个月，俾查拿不致遗漏，而改悔亦不甚难。及至限满，仍复藐法，是自外生成，无可顾惜，置之重典，尚复何词。此朕爱民之心，先德后威，中外所共睹也。惟官民人等，皆朕赤子，既欲卫其生而除害，不能不视其死而垂怜，况法立如山，再三申谕，将来限满后再犯者，必难幸邀宽典，朕甚悯焉。着各直省大吏，趁此警动之机，振刷精神，认真查办，务将兴贩吸食各犯，悉数破案，照例惩创。此时限内多获一人，即将来限外多贷一命，切勿因循懈怠，视为具文。傥该地方官等姑息养奸，锄莠不尽，日后该犯等身罹重典，乞贷无从，是该大吏以民命为轻，朕亦断不宽恕也。①

廿二日丙辰（7月2日）

广州将军德克金布等奏报，自四月二十二日至五月十五日，钦差大臣林则徐在虎门共计销化烟土一万九千一百七十九箱又二千一百一十九袋。所有夷船呈缴鸦片，业已全数销除完竣。②

金应麟奏报，水师操演废弛，请饬查究。东南各省水师，最关紧要，必须操演精熟，方足以资防豫。近来浙省乍浦地方，督臣阅兵，竟以船只不备为辞；宁波等处报有盗舟，该将弁迟久方出；江南镇江府属战船，每岁只演一次，遇风即止，演试既未能如法，战船亦不堪驾驶，转以需索规费，为害行旅；松江、上海各处，每遇修船，武弁索取陋规，福建厦门亦然，以致文员领帑兴修，惮于赔累，推诿稽延，将备狡猾，遇事生风，讹诈包庇，甚且克扣兵饷，吸食鸦片。③

廿五日己未（7月5日）

钦差大臣林则徐奏请严办烟犯以杜外人窥伺，另虎门销毁鸦片已一律完竣。新到美利坚九艘船只，带有洋米、洋布、棉花、黑铅等货，无鸦片。原停泊于黄埔之二十三艘船只先后驶出老万山，七艘缴清烟土的夷船亦回国，中外贸易正常，洋面

---

① 《清实录·宣宗成皇帝实录》卷三二二。

② 中国第一历史档案馆：《鸦片战争档案史料》第1册，天津古籍出版社1992年版，第606~607页。

③ 《清实录·宣宗成皇帝实录》卷三二二。

澳门安静。①

两广总督邓廷桢奏报虎门排链炮台竣工，并察看试演情形。②

廿六日庚申(7 月 6 日)

以粤海关监督豫堃为上驷院卿，仍留监督任。

廿七日辛酉(7 月 7 日)

从巡抚乌尔恭额所请，修浙江东、西两塘柴埽各工。

廿八日壬戌(7 月 8 日)

林则徐等奏报，访获刊卖假捏照会外国公文人犯。广东查办海口，防堵趸船，业经各国夷商遵缴烟土，兹据该大臣等访闻，广州省城坊市，忽有刊卖假捏照会英吉利国公文之事，拿获铺户翁亚滩，据供系由外县陈姓士人辗转传钞。

林则徐等奏报，外洋驶到夷船，停泊累日，请将因循不振之镇将，分别勒休降补。南澳地方，为闽、粤两省关键，现在甫经清理，所有外洋来船，自应认真堵截，毋任停留，乃竟有双桅夷船一只，由西南外洋驶至长山尾寄碇，该署参将谢国泰既不能谕令呈缴烟土，又不立即驱逐，任其以风雨为词，停泊数日，始行开报，且年力就衰，巡防疏懈，着即勒令休致。南澳镇总兵沈镇邦于两省交界洋面，一味因循，含糊饰禀，难胜水师专阃之任，惟年力正强，着降为都司，仍留粤省水师酌量补用，并责令随船出洋，以观后效。

林则徐等奏报，请将偷渡夷船，严行惩办。外国商船来粤贸易，必在该国请领牌照，颁给禁约，方许驶入内洋。乃近年英吉利港脚地方奸夷，并未领照经商，往往偷渡越窜，并因中国员弁，遇有违禁来洋船只，不过驱逐而止，胆敢虚张声势，以枪炮相恐吓。该大臣等奏报，请遇有此等越窜船只，即令师船奋勇剿除，及雇募善泅，驾船载草，备带火器，占住上风，漏夜乘流纵放之处。清廷着林则徐、邓廷桢体察情形，相机筹办，务使奸夷闻风慑服，亦不至骤开边衅，方为妥善。③

---

① 中国第一历史档案馆：《鸦片战争档案史料》第 1 册，天津古籍出版社 1992 年版，第 608~614 页。

② 中国第一历史档案馆：《鸦片战争档案史料》第 1 册，天津古籍出版社 1992 年版，第 618~622 页。

③ 《清实录·宣宗成皇帝实录》卷三二二。

六月初一日乙丑(7 月 11 日)

命补铸闽浙总督关防，中一行改书清字年月。

初二日丙寅(7 月 12 日)

闽浙总督锺祥，因赴泉州府属阅伍时，随身携带之关防被窃，照部议革职。

初五日己巳(7 月 15 日)

江南道监察御史骆秉章奏陈整饬洋务以绝弊端。①

初七日辛未(7 月 17 日)

大学士军机大臣穆彰阿等议复浙江巡抚乌尔恭额等筹禁种植罂粟章程四条。道光帝批复：一、浙江台州等处，罂粟下种刮浆，各有定时，应饬该管厅县道府按时履勘，勘报不实，分别详参。二、守口兵弁，将商渔船只成箱烟土拿获者，即照米谷出洋例，将船及货一半赏给首获之人，余货分赏同查之人。三、海舶偷带烟土，无论舟人行户，有能首告者，将船货统给举发之人，如货主并不在船，系由水手中偷带者，将货给还原主，仍将船只赏给首告。以上三条，均应如所议办理。至所称罂粟出土时，不论何人，皆得指明地方，赴官首告，即以例应入官之地，赏给首告之人等语，查新例吸食鸦片烟之案，不准旁人讦告，以防滋扰，且栽种罂粟，接壤连畦，断无容匿之术，该抚既议于每年下种时，饬该管厅县道府分别履勘，何患铲除不尽，若恃有举发之例，则平日之履勘，转将视为具文，且与新例不符，应毋庸议。

以浙江定海镇标右营游击郑宗凯，暂护温州镇总兵官。②

十八日壬午(7 月 28 日)

林则徐等奏报，查办鸦片，续获人烟枪具，并销化烟土完竣。③

---

① 中国第一历史档案馆：《鸦片战争档案史料》第 1 册，天津古籍出版社 1992 年版，第 628~631 页。

② 《清实录·宣宗成皇帝实录》卷三二三。

③ 《清实录·宣宗成皇帝实录》卷三二三。

廿四日戊子(8 月 3 日)

钦差大林则徐奏呈拟具致英国国王檄谕底稿。另，奏请处理渎职官员。①

廿五日己丑(8 月 4 日)

琦善奏报，海船被劫，现饬设法追捕。直隶白马冈西头开边洋面，海船被劫，据船户张庭芝等供称，盗船系鸟船形式，盗伙六七十人，听系南方及山东口音，放枪持械，殴伤事主，劫去银物。

廿七日辛卯(8 月 6 日)

邓廷桢等奏报，粤洋创造防夷排练，并添建炮台工竣。广东横档海面，创设木排铁链，并添建炮台炮位，据该督等奏称，现已一律完竣，悉臻巩固。道光帝批复：惟立法必须永久，经始即应图终，此项排链炮台，若不勤加查验，必至日久失修，全功尽弃。着责成关天培随时实力稽查，遇有朽坏，立即赶紧督修。并严饬各兵丁加意周防，不得以现处无事之时，稍任因循懈忽。并着邓廷桢于阅兵之便，亲加察看，或一二年间，就近往查一次，总期工归永固，患弭未形，以靖海疆而严武备。至该督等请将在工文武各员量加鼓励之处，着择其尤为出力者，酌保数员，候朕施恩，毋许冒滥。②

调闽浙总督周天爵为湖广总督，湖广总督桂良为闽浙总督。

七月初五日戊戌(8 月 13 日)

从巡抚乌尔恭额所请，修浙江东、西两塘柴埽、盘头各工。

初七日庚子(8 月 15 日)

有人奏直隶永平府昌黎县地名浪窝，向有民人赵姓、周姓开设栈房，收买海船

---

① 中国第一历史档案馆：《鸦片战争档案史料》第 1 册，天津古籍出版社 1992 年版，第 643～651 页。

② 《清实录·宣宗成皇帝实录》卷三二三。

粮米杂货。六月十二日，有洋盗百十余人，执持器械，劈门而入，连伤六七人，劫去银四千一百余两，栈房报营，带兵追至海口，盗众放枪，将众人吓散，乘晚潮而去。近日盗船八九只，仍来往天津一带，遇船劫掠，肆无忌惮，并请于永平各海口，添设水师。永平所属各海口，向未设立水师，滨海地方无所捍卫，而天津水师又经裁撤，其应如何酌设巡防，是否应添设水师之处，清廷着琦善悉心筹画，妥议具奏。①

初九日壬寅（8 月 17 日）

前据琦善奏报，直隶白马冈西头开边洋面海船被劫，当降旨令该署督勘明内洋外洋，照例办理。兹据御史重豫奏报，请整顿各省海疆。直隶海船被劫，据船户张庭芝等，供称盗船伙匪，系南方及山东口音，可见各省匪徒，尚未绝迹。其洋盗劫掠之案，亦当不止直隶一处。清廷着广东、福建、江苏、浙江、山东、奉天各将军督抚，严饬所属，认真巡缉，务期海洋肃清，不得以现在安静，稍存玩泄。

十四日丁未（8 月 22 日）

浙江巡抚乌尔恭额奏报所议严查浙江海口鸦片章程四条：一、责成水师巡缉外海洋面；二、责成巡道查验沿海关隘；三、责成把守员弁盘查滨海口岸；四、责成驻口员弁巡防海僻沙涂。②

十八日辛亥（8 月 26 日）

前因直隶昌黎县有洋盗肆劫之案，降旨将直隶所属海口，应否添设水师，令琦善筹议具奏。兹据奏称，北方不谙风涛，天津水师，旋设旋裁，现既有洋盗肆劫，必当严行惩创，不得不添复水师，惟事属复始，一切均应察看咨访。清廷着琦善于前赴天津时，详加查察，务须计出万全，妥拟章程具奏。至此外近海地方，应如何酌设巡防之处，亦着查勘明确，悉心汇拟。

钦差大臣林则徐奏报，自五月截至是月十八日止，共抓获囤贩买食鸦片人犯一

---

① 《清实录·宣宗成皇帝实录》卷三二四。
② 中国第一历史档案馆：《鸦片战争档案史料》第 1 册，天津古籍出版社 1992 年版，第 657～659 页。

千七百九十二名，烟土烟膏六十四万八千七百六两七钱。自五月十九日至七月初三日，抓获人犯一百五十七名，烟泥三万四千六百七十五两八钱，烟膏三百八十七两五钱四分。①

十九日壬子(8 月 27 日)

广东准升水师提标后营守备蒋大彪、顺德协右营守备伦朝光，前经派赴海洋巡缉，拿获贩烟运银各案犯。兹据林则徐等访有侵匿贿纵情弊，必应严行审办，蒋大彪、伦朝光俱着即革职，交林则徐、邓廷桢提同案内各犯严审确情，按律定拟具奏。寻奏报，讯明蒋大彪、伦朝光等，均私受番银，核计银数，例止拟徒。惟当此严禁鸦片之际，尤须重惩，请从重发遣新疆，酌拨种地当差。下部议，从之。

林则徐将拟具檄谕英吉利国王底稿附折呈览与道光帝，道光帝着林则徐等即行照录，颁发该国王，俾知遵守，其余各国，俱着先行谕知在粤夷目夷商，傥须移知各该国王，着奏明再行酌发。又新定章程内"夷人带烟入口图卖一条"，请将例内"入口"字样，酌易为"来内地"，亦着照所议，即于新颁例内改易，以杜趋避。②

廿四日丁巳(9 月 1 日)

钦差大臣林则徐奏报，英船并无私买或戕害幼孩，但有贩卖华民出国情事。另，义律抗不交凶，已严断接济，勒分兵堵海口。英国非不可制，请严谕将英船新烟查明全缴。③

三十日癸亥(9 月 7 日)

耆英等奏报，天桥厂海口水师营战船，巡哨海洋，追获鸟船一只，搜出子母炮八个，均装有铅药，又有喷筒八个，并缴刀等军器各件，现在审讯。又于猪岛洋面追缉鸟船，揸获匪犯二名，枪毙贼犯数名，该匪等胆敢放枪拒捕，驶船逃逸，现饬

---

① 中国第一历史档案馆：《鸦片战争档案史料》第 1 册，天津古籍出版社 1992 年版，第659～661 页。

② 《清实录·宣宗成皇帝实录》卷三二四。

③ 中国第一历史档案馆：《鸦片战争档案史料》第 1 册，天津古籍出版社 1992 年版，第667～675 页。

水师严缉。道光帝批示：该犯蔡幅等既供称由广东潮州府放洋，何以拘验船票，数目不符，且子母炮、喷筒等件，均系官制军器，如系商船，不当有此违禁器械，究竟从何得来，必应彻底根究。其猪岛洋面乌船，拒捕后逃窜无踪，尤为可恶，业经该犯供称在山东洋面抢劫二次，不可不严行审办。所有盛京天桥厂海口，查获船只人犯蔡幅等十七名，猪岛洋面，所获贼犯李红、洪罕二名，均着解交盛京刑部奉天府尹衙门会同该将军等严行审讯，按律定拟具奏，仍严饬水师追缉逃逸匪船务获。余着照所议办理。①

从巡抚乌尔恭额所请，修浙江镇海县石塘。

八月初四日丁卯(9月11日)

从巡抚乌尔恭额所请，修浙江东、西海塘柴埽、盘头各工。

十一日甲戌(9月18日)

钦差大臣林则徐奏报巡阅澳门情形。澳门计华民一千七百七十二户，男女七千零三十三丁口，西洋夷人七百二十户，男女五千六百一十二丁口，英吉利国僦居夷人五十七户。②

十六日己卯(9月23日)

军机大臣穆彰阿奏报议覆乌尔恭额所奏严查海口鸦片章程，指出浙江海口与闽、粤一水相通，实为鸦片来源，所有洋面、关隘、口岸、沙涂等处，并关紧要，自应各按所守，重其责成，使一地有一地之专司，则一人收一人之实效。③

直隶总督琦善奏报查办天津洋船进口情形。现在海口、大沽、葛沽等处查明卸竣之船，已有一百余只，将漏税之燕菜、翠羽、豆蔻等逐一查处，按照课则纳税。④

---

① 《清实录·宣宗成皇帝实录》卷三二四。
② 中国第一历史档案馆：《鸦片战争档案史料》第 1 册，天津古籍出版社 1992 年版，第 681~683 页。
③ 中国第一历史档案馆：《鸦片战争档案史料》第 1 册，天津古籍出版社 1992 年版，第 684~686 页。
④ 中国第一历史档案馆：《鸦片战争档案史料》第 1 册，天津古籍出版社 1992 年版，第 686~687 页。

十七日庚辰（9 月 24 日）

钦差大臣林则徐奏呈《英吉利国领事义律面递澳门同知说帖》。①

林则徐奏报，督办驱逐夷船，断其接济，又另片奏陈该夷诡诈各情形。道光帝批复：该奸夷等迁延不去，希冀在澳门交易，兼欲偷卖新来鸦片，并于殴毙民人之案，不将凶手交出，当此法令森严之际，胆敢肆意抗拒，实属可恶。该大臣等现在禁绝柴米食物，撤其买办工人，自应权宜妥办，不可稍示以弱。至该夷等既以淡水为养命之源，务当稽查汉奸，毋许私行接济。其诡诈恫喝，固不值与之计较，而密为防范，调度弁兵，亦不可稍涉松懈。着林则徐等悉心商酌，趁此警动之机，力除弊窦。所有该国大小船只，游奕洋面，迹有可疑者，均着驱逐出境。俟该夷等悔罪畏服，领赏回国，并将凶犯交出，彼时该大臣等再行酌量办理，威德兼施，或可一劳永逸。总之不可冒昧偾事，为不得示弱长骄，惟在林则徐等相度机宜，筹画尽善，毋负谆谆训谕至意。②

十九日壬午（9 月 26 日）

琦善奏报，查验天津海口，有洋船牌名"金裕成"，出海人名荣裕利，询系广东潮州府饶平县人，据称船内装载糖包，水浅难行，迨经雇给剥船，而该船水手等又称风路不顺，即行起碇东往，似赴奉天盖平。清廷以为该船既近海口，忽又东驶，情节可疑，难保非带有烟土，恐被查拿，远扬他处，着耆英等严饬锦县、复州、海城、盖平各海口，密速巡查。如有前项船只到境，即行截住搜拿，并着杨庆琛即饬所属在利津、即墨及庙岛一带，一体查拿，毋令奸商售其鬼蜮伎俩，致滋流毒。寻山东巡抚托浑布奏报，遵饬福山县将该船户拿获，查无夹带烟土，惟因中途添雇水手，与原照不符，畏查起碇，委无别情。③

廿一日甲申（9 月 28 日）

耆英等奏报，海口查办烟禁，请简派大员前往督办。盛京、锦州等处各海口，现届秋令，正闽广商船进口之际，必应严行稽查，庆林现经赏假调理，着即派锦州

---

① 中国第一历史档案馆：《鸦片战争档案史料》第 1 册，天津古籍出版社 1992 年版，第 688～689 页。

② 《清实录·宣宗成皇帝实录》卷三二五。

③ 《清实录·宣宗成皇帝实录》卷三二五。

副都统道庆就近前往各海口，督率查办，其无业闽人，并着分别情形，饬回原籍。

廿二日乙酉（9 月 29 日）

从巡抚乌尔恭额所请，修浙江西塘柴工。

福州将军嵩溥等复奏筹议查禁闽省海口鸦片章程四条：一、外洋宜先设法防查以杜偷越；二、口岸宜分别稽查以杜疏漏；三、水路宜相互严查以专责成；四、关口宜令委员亲自查验以杜夹带。①

廿四日丁亥（10 月 1 日）

直隶总督琦善奏报盘查闽广船只，续获烟犯。其将已到洋舡一百六十七只验卸完竣，逐一检查，船内无藏匿鸦片烟土。②

廿八日辛卯（10 月 5 日）

前因耆英等在盛京猪岛洋面，获贼李红、洪罕二名，讯据供称伙犯许品等四十名在逃，当降旨饬令桂良等按单严拿。兹据耆英等奏报，研讯李红，究出闽浙总督印信，系逃犯许品、许拱、许料、许美四人合伙窃去，并供此言系得之许玛转述，惟此五人姓名住址，已开载发去单内，而此次究出行窃及镕化印信情节，历历如绘，着桂良即督饬所属严密查拿，不准松懈。逃犯既有四十名之多，此四十人家属甚伙，何难跟踪研究，按名弋获，现在耆英已飞咨沿海各督抚，协同侦缉。但该匪犯等俱系福建同安县人，由闽省觅线搜根，自更易于破案。寻闽浙总督邓廷桢奏报，缉获许品等多名，讯明在洋行劫拒捕属实，并无窃印情事。除李红在盛京监毙外，余犯隔别严讯，供亦相符，应将为首之许品一犯，按律问拟斩枭，余犯拟发新疆。下部议，从之。③

廿九日壬辰（10 月 6 日）

钦差大臣林则徐奏报，英吉利领事义律请将现泊粤洋夷船听官搜查，出具实无

---

① 中国第一历史档案馆：《鸦片战争档案史料》第 1 册，天津古籍出版社 1992 年版，第 693~695 页。

② 中国第一历史档案馆：《鸦片战争档案史料》第 1 册，天津古籍出版社 1992 年版，第 696~697 页。

③ 《清实录·宣宗成皇帝实录》卷三二五。

鸦片切结，其命案凶夷，亦愿悬赏查究，并奸夷空赍，均请勒限逐回。①

九月初一日癸巳(10 月 7 日)

福建代理晋江县知县泉州府经历顾堉，于营弁拿获通夷犯妇吴勤娘交审要案，并不严向根究逸犯下落，迅速掩捕，率请保释，蒙混具详，实属玩视要案，顾堉着即革职，交该署督等提同现犯，严审有无贿纵情弊，按律办理，仍着严缉逸犯施金等务获究办，并着讯明各犯由何处出口，兵役人等是否贿纵，一并究拟。

初五日丁酉(10 月 11 日)

道光帝晓谕：林则徐等奏报，英夷船只，被炮轰击，现在筹办情形，览奏均悉。该夷诡诈异常，胆敢以乞食为名，先放火炮，经参将赖恩爵施放大炮，击翻夷船，轰毙夷匪多名，复经守备黄琮抛掷火药，焚毁夷船。我兵先后奋勇，大挫其锋，该夷等自必畏慑投诚，吁求免死。惟当此得势之后，断不可稍形畏葸，示以柔弱。虽据该夷领事义律浼西洋夷目恳求转圜，但该夷等诡诈性成，外示恐惧，内存叵测，不可不防。着林则徐等相度机宜，悉心筹画。如果该夷等畏罪输诚，不妨先威后德。傥仍形桀骜，或佯为畏惧，暗布戈矛，是该夷自外生成，有心寻衅，既已大张挞伐，何难再示兵威。林则徐等经朕谆谕，谅必计出万全，一劳永逸，断不敢轻率偾事，亦不致畏葸无能也。

据林则徐等奏报，巡阅澳门，抽查华夷户口情形。道光帝批示：澳门为夷商聚集之所，夷楼屯贮烟土，久成弊数，乘此查办之时，必当于该处先清其源，方为尽善。该大臣等既委该地方官查明华夷户口，复由香山统领将备，整队出关，宣布恩威，申明禁令，并查西洋夷楼现无存贮烟土，办理甚属妥协。惟该处华夷丛杂，保甲之法，难以施之夷人，且由同知县丞每岁编查，恐有名无实，易滋流弊。至督抚两司分年轮往抽查之处，亦涉烦琐，其应如何立定章程，以清弊窦而垂久远，着该大臣等另行妥议具奏。②

以轰击英夷船只，赏广东参将赖恩爵花翎、巴图鲁名号以副将用，守备黄琮以都司用。

---

① 中国第一历史档案馆：《鸦片战争档案史料》第 1 册，天津古籍出版社 1992 年版，第 699～701 页。

② 《清实录·宣宗成皇帝实录》卷三二六。

初九日辛丑（10月15日）

予福建剿捕台匪受伤外委黄忠顺、被戕兵丁陈成龙等赏恤如例。

十三日乙巳（10月19日）

台湾嘉义县地方，于五月十七、十八等日地震，城垣衙署，不无坍塌。

十五日丁未（10月21日）

前据给事中王藩奏报"浙江水师操防废弛，战船亦多缺损，温州、宁波等处海口，盗船停泊，水师提督并不督兵往捕"等语，当降旨着锺祥查奏。兹据魏元烺奏称，上年五月间定海洋面，有匪船四只，经该总兵赖英扬拿获解省审办，实无盗船数十只停泊宁波、温州等处之事；提督祝廷彪于上年七月间，业经出洋巡缉，并未迁延畏葸；至乍浦战船，查无以旧代新冒销情弊，现在船只，亦无缺损。道光帝批示：海疆设立水师，以操练巡防为要务。近日福建同安鸟船，驶往奉天、山东等处海面行劫，是闽省水师缉捕废弛，已可概见。桂良到任后，着严饬各海口实力操防，加意巡缉，有犯必获，以息盗风。如查有盗船游奕，不能即时拿获，即将该管将弁一并参处，以示惩儆。倘嗣后各海口拿获匪船，仍有闽省船只，惟桂良是问。①

十九日辛亥（10月25日）

钦差大臣林则徐报会阅虎门秋操及审拟刊卖假捏英国公文人犯。另，自本年七月初三日至九月初十日，查获烟土烟膏三万九千零六十一两八钱三分，并要求惩处失察烟贩之知州。②

廿三日乙卯（10月29日）

道光帝晓谕：本日据林则徐等奏报，搜查夷船，出具切结，并勒限将空趸驱逐回国，所办尚属周妥。惟各船俱已清查，并无夹带烟土，其前后驶回各船，难保不

---

① 《清实录·宣宗成皇帝实录》卷三二六。
② 中国第一历史档案馆：《鸦片战争档案史料》第1册，天津古籍出版社1992年版，第706~711页。

潜赴东西两路，冀图私销。着即派员跟踪侦察，严饬沿海各营，认真防范。至所出切结，如果可靠，自必渐就肃清。倘该夷逼于势蹙，暂作缓兵之计，日后再有反复，即当示以兵威，断绝大黄、茶叶，永远不准交易，俾冥顽之徒，知所儆惧。现据该大臣等奏称，该夷出结，及各船回国情形，谅无讳饰。惟林则徐已放两江总督，现虽专办此事，岂能常川在粤。即邓廷桢统辖两省，公务繁多，亦不能顾此失彼，仍当通盘筹画，办理结实，俾日后净绝根株，方称一劳永逸也。①

廿八日庚申 (11 月 3 日)

钦差大臣林则徐奏报，驱逐英逫船，催交凶手，及查验具结进口货船。计驶出老万山回国空船二十三只，驱逐夷人一十六名。现在各国已进黄埔之船共四十一只。②

三十日壬戌 (11 月 5 日)

邓廷桢奏报，查缉鸦片，三载于兹，刁狡豪猾之徒，本厚利丰，一经确访严拿，已获者刑僇及身，未获者逋逃亡命，身家既失，怨谤遂兴，始而风影讹传，继而歌谣远播，以查拿为希旨，以掩捕为贪功，以侦缉为诡谋，以推鞫为酷罚，甚至诬以纳贿，目为营私，讥廷议为急于理财，訾新例为轻于改律，种种狂悖，无非为烟匪泄忿。道光帝晓谕：“朕因鸦片烟流毒传染，贻害生民，特派林则徐会同邓廷桢等严行惩办，以挽颓风。乃该匪徒等辄因查拿严切，肆行诋毁，深堪愤恨。前于道光十六年间曾经降旨，以为此等鬼蜮伎俩，实与匿名揭帖无异，饬令各直省大吏，遇有传播歌谣，密拿惩治。乃申谕未久，该匪徒等竟复藐法作奸，阻挠新令，若不亟加惩办，何以儆狡猾而息刁风。况林则徐、邓廷桢、怡良等皆朕亲信大臣，畀以重任，现在查办鸦片正在吃紧之时，断不可因群言淆惑，稍形懈弛。林则徐等务当协力同心，勉益加勉，严饬所属明查暗访，将编造歌谣之人，拿获到案，讯明起自何人，有无授意主使，从重定拟治罪，毋稍疏纵。”③

十月初三日乙丑 (11 月 8 日)

浙江钱塘县主簿苏盛春、嘉兴县县丞王协卜、平湖县乍浦巡检李志铭、镇海汛

---

① 《清实录·宣宗成皇帝实录》卷三二六。
② 中国第一历史档案馆：《鸦片战争档案史料》第 1 册，天津古籍出版社 1992 年版，第 717~719 页。
③ 《清实录·宣宗成皇帝实录》卷三二六。

外委周斌曾经吸食鸦片，现已戒除。惟身任职官，究属不知检束，均着即行革职。

以督修浙江海塘各工，予道员宋国经议叙。

从巡抚乌尔恭额所请，修浙江东、西两塘柴埽各工。

初四日丙寅(11 月 9 日)

署闽浙总督魏元烺等奏报，查照粤省咨文，以闽粤洋面相连，夷船此拿彼窜，必须两省一体从严堵逐，将夷船烧毁一二，然后其余不敢再至。道光帝下旨：固不可孟浪从事，亦不可示弱贻讥，妥慎行之可也。①

十一日癸酉(11 月 16 日)

福州将军嵩溥奏请严禁鸦片偷运，并水师务续实力截拿。称访闻金门镇营弁林和国巡船包运烟土，岸民观看声喊，巡船上竟敢放枪恐吓，伤及岸民三人。②

十六日戊寅(11 月 21 日)

钦差大臣林则徐奏报，拿获通英售卖鸦片匪犯，审明汇案惩办。另，英国货船正在具结进口，被该国兵船二只阻拦滋扰，即经舟师极逐，逃回尖沙嘴，窥伺陆路营盘，复经我兵据险俯攻，现散泊外洋。③

廿二日甲申(11 月 27 日)

林则徐等奏报，审拟刊卖假捏照会外国公文人犯。此案广东省城铺户翁亚濠，因见陈姓文童，钞有钦差与本省督抚照会英吉利国禁造鸦片文稿，并不查明真伪，辄行刊卖图利，着照所拟杖一百徒三年，不准查办留养，逸犯陈姓仍着饬属严拿务获究办。

林则徐等奏报，英国趸船，现已尽行驱逐，并饬取切结情形。据称该夷驶出老

---

① 中国第一历史档案馆：《鸦片战争档案史料》第 1 册，天津古籍出版社 1992 年版，第 722 页。

② 中国第一历史档案馆：《鸦片战争档案史料》第 1 册，天津古籍出版社 1992 年版，第 722～724 页。

③ 中国第一历史档案馆：《鸦片战争档案史料》第 1 册，天津古籍出版社 1992 年版，第 725～735 页。

万山回国空船二十三只，奸夷十六名，均经驱逐净尽，并遵式取具切结。道光帝批复：该夷等经此查办惩创之后，自必畏服。惟大船六只，小船十余只，潜回夷埠，距粤不过半月海程，恐日后私运入口，不可不严密防范。至"哗唑"兵船，来自夷埠，虽名为护货，亦难保无叵测情形。前次犯案凶夷，既不交出听审，又不能究出正凶，狡鸷可恶。着林则徐、邓廷桢派委妥员，巡查各隘口，如夷埠船只，潜载烟土混入，即行查拿惩办，其护货兵船，果否安静，并饬令将殴毙林姓凶夷交出，无得藉词逗留。傥有一事不遵，即当权变示威，为一劳永逸之计。至该夷恐兵役搜查栽赃，虽系过虑，亦不可不防其渐，着邓廷桢严饬该管文武员弁，剀切训谕，如有栽赃等情，一经查出，定当从重治罪，务使兵役畏法，夷商知恩，是为至要。若约束不严，稍滋弊混，外夷转得籍口，尚复成何事体，懔之。①

廿三日乙酉(11 月 28 日)

前据御史汪于泗奏报，直隶各海口暨天津，均应设立水师，当降旨饬令琦善筹议。复据御史张灏奏称，天津海口，请因时制宜，酌设水师弁兵，以重巡防。兹据琦善查奏报，直隶地方，如天津海口二十里外，旧有拦江沙一道，外洋巨艇，不能越沙而进。顺天府属宁河县之北塘汛，亦有拦江沙阻御。其余沧州、静海、青县、盐山、庆云等处，滨海而不通海者居多，永平府遵化州所属，惟昌黎县浪窝口较大，大舟亦不能进口。其他沿海村庄，人烟尚属稠密，盗船不至潜入。从前天津虽有水师，因北人不谙风涛，屡设屡裁，如果复设，势难周匝，徒事虚糜。道光帝批示：大凡盗贼逃窜，水陆皆其渊薮，全在各省大吏，督饬所属，不分畛域，有犯必获，毋令漏网。直隶所属海口较多，据琦善查有各处情形，自可毋庸添设。至天津虽商贾辐辏之地，如果该地方官查拿严紧，亦不至藏匿奸邪。况重设水师，所需将备员弁，仍须拨自南省，其挑拨而来者，人材技艺，未必转优于彼所自留，是徒事更张，有名无实。所有该御史等原奏报，均毋庸议。至江南、山东、福建、浙江、广东等省，俱设有水师，该督抚等务当督饬文武员弁，认真巡察，遇有抢劫之案，立时破获，俾隹苻永靖，行旅无惊。傥匪徒等计穷势蹙，逃窜登岸，陆路员弁，又复掩捕无余，巢穴两空，何虞攘夺。现在天津既不重设水师，着琦善严饬所属，如有洋盗上岸，悉数捡拿，严行惩办。其余各海口，并着一律梭织巡查，毋稍疏懈，傥日后报有盗劫重案，查系由海口窜入者，惟琦善是问。②

琦善奏报，请将天津水师营房屋船只，核实估变，并分别摊赔。在津水师营裁撤之后，所有房屋船只，清廷着准其核实估变，其余不足银两，即在历任天津县名

① 《清实录·宣宗成皇帝实录》卷三二七。
② 《清实录·宣宗成皇帝实录》卷三二七。

下，按在任月日久暂，分别摊赔，仍扣足从前原估一万三千余两之数，以清公项。福建巡抚吴文熔奏报，拿获通英烟犯案内之逃逸者。①

廿五日丁亥（11 月 30 日）

给事中袁玉麟奏报，胪陈水师积弊，请严饬查禁。国家设立水师，原以巡哨洋面，捍卫海疆，乃近来各省渐形废弛，以致在洋被劫之案，层见叠出，而各处缉获者，甚属寥寥。水师营务积弊，各省海洋静谧，专阃大员，竞尚浮华，需索包庇，习为固然，甚至冒粮扣饷，均所不免。又水师升途较捷，各该员等无论是否熟谙水性，辄纷纷呈改。该管总兵，未免意存瞻徇，逐一保题，从无驳归陆营之事。至修造战船，武弁索取规费，有加无已，文员赔累不堪，遂多草率从事，以致实堪驾驶者，竟属无几，是有水师之名，无水师之实，积弊相沿，废弛已极，不可不严行查禁。②

三十日壬辰（12 月 5 日）

魏元烺奏报，试习炮阵。清廷着即照所请，以枪炮为先，刀矛弓箭次之。另，奏请将代运鸦片之福建把总分别革职或解任审讯，亦得到允许。

十一月初二日甲午（12 月 7 日）

前降旨将越南国二年一贡，改为四年遣使朝贡一交，以昭体恤。兹据礼部奏称，该国王以四年例贡，品数应否照旧遵办，咨部请示。该部请照两贡并进之数，减半呈进，并拟单呈览。越南国向例每届四年，两贡并进，今既改为四年一贡，所进贡物，自应减去一次。其旧例两贡并进之处，着即停止。③

初八日庚子（12 月 13 日）

道光帝晓谕：林则徐等奏报轰击夷船情形，览奏均悉。英吉利国夷人自议禁烟之后，反复无常，前次胆敢先放火炮，旋经剀谕，伪作恭顺，仍勾结兵船，潜图报

---

① 中国第一历史档案馆：《鸦片战争档案史料》第 1 册，天津古籍出版社 1992 年版，第739 页。

② 《清实录·宣宗成皇帝实录》卷三二七。

③ 《清实录·宣宗成皇帝实录》卷三二八。

复。彼时虽加惩创，未即绝其贸易，已不足以示威，此次吐嘧夷船，复敢首先开放大炮，又于官涌地方，占据巢穴，接仗六次，我兵连获胜仗，并将尖沙嘴夷船，全数逐出外洋，该夷心怀叵测，已可概见。即使此时出具甘结，亦难保无反复情事，若屡次抗拒，仍准通商，殊属不成事体，至区区税银，何足计论。我朝抚绥外夷，恩泽极厚，该夷等不知感戴，反肆鸱张，是彼曲我直，中外咸知，自外生成，尚何足惜。着林则徐等酌量情形，即将英吉利国贸易停止，所有该国船只，尽行驱逐出口，不必取具甘结。其殴毙华民凶犯，亦不值令其交出。"嗥唎"一船，无庸查明下落。并着出示晓谕各国，列其罪状，宣布各夷，俾知英夷自绝天朝，与尔各国无与，尔各国照常恭顺，仍准通商，傥敢包庇英夷，潜带入口，一经查出，从重治罪。其沿海各隘口，并踞夷埠不远之海岛，均着林则徐等相度机宜，密派员弁兵丁，严加防护，毋稍疏懈。此次攻击夷船，提督关天培奋勇直前，身先士卒，可嘉之至，着赏给"法福灵阿巴图鲁"名号，仍交部从优议叙，以示奖励。所有在事出力员弁，着查明保奏，候朕施恩。阵亡及受伤弁兵，着林则徐等查明咨部，照例办理。①

初九日辛丑（12 月 14 日）

钦差大臣林则徐等奏报，察看义律及英国奸商反复情形，遵旨不准交易。②
闽浙总督桂良奏报到任日期。得旨："闽省吏治武备，废弛已久，水师尤关紧要，汝若不加振作，一味因循，委过前人，自问天良何在，朕有见闻，断不能曲为包容也，懔之勉之。"

十一日癸卯（12 月 16 日）

前据嵩溥等奏报，筹议查拿闽省海口鸦片章程，当交军机大臣会同该部议奏报。兹据穆彰阿等会议具奏报，均着照所议办理。嗣后拿获鸦片之案，讯系曾由何处关津经过者，着该将军等即将所派管关之员，有无知情故纵，一体严参究办。

十九日辛亥（12 月 24 日）

抚恤朝鲜国遭风难夷如例。③

---

① 《清实录·宣宗成皇帝实录》卷三二八。
② 中国第一历史档案馆：《鸦片战争档案史料》第 1 册，天津古籍出版社 1992 年版，第 742～745 页。
③ 《清实录·宣宗成皇帝实录》卷三二八。

廿一日癸丑(12月26日)

嵩溥奏请严惩内地奸民偷运烟土。据称夷人狡狯，奸民为之潜通，不但偷运鸦片，且接济水米，巡洋兵船，得规卖放，不法兵弁，代为包运。前据魏元烺等奏报，金门镇营弁林和国巡船包运烟土，枪伤岸民，曾经降旨饬令严办，恐各镇似此劣弁，难保必无，着沿海各督抚饬属严拿，傥审明实有勾通接济等情，即着奏请正法，以儆凶顽。至巡洋兵弁，不肯事先认真巡缉，每于被劫后人赃并获，冀可瓜分赃款，此种恶习，亦着该督抚等严行申禁。总当梭织巡拿，毋令盗匪肆行劫掠，傥查有故纵包庇情弊，即行严惩，以重缉捕而肃海疆。①

廿二日甲寅(12月27日)

以督造炮台排链出力，予广东副将李贤等加衔升叙有差。

十二月初一日癸亥(公元1840年1月5日)

调两广总督邓廷桢为两江总督，两江总督林则徐为两广总督。邓廷桢未到任前，以江南河道总督麟庆兼署。

实授裕谦江苏巡抚，调安徽布政使邵甲名为江苏布政使，以江西按察使管通群为安徽布政使，河南彰卫怀道刘体重为江西按察使。

初二日甲子(公元1840年1月6日)

林则徐奏请将道员暂行移驻澳门，查办夷务。广东澳门地方，为各国夷商贸易总汇之区，现在清厘积弊，控驭尤贵得人，该处虽设有同知、县丞各一员，惟官职较小，尚不足以穷弊源而制骄纵。清廷着照所请，即饬令高廉道易中孚暂行驻扎澳门，督同该同知等查办夷务，所有前山寨内河水师都司一员，带兵三百六十三名，着即归该道节制，遇有缓急，听其调遣，俟一二年后夷务肃清，再将该道撤回任所，以重职守。

道光帝晓谕："前据林则徐等奏明轰击夷船情形，曾经降旨，饬令将该国船只，尽行驱逐，绝其贸易，并谕以区区税银，何足计论，想已遵办。本日据林则徐

---

① 《清实录·宣宗成皇帝实录》卷三二八。

等奏察看英夷反复情形，览奏均悉。该夷反复无常，早已洞见。现当严禁鸦片，岂容该奸夷阳奉阴违，希图影射，着林则徐仍遵前旨，凡系英吉利夷船，一概驱逐出境，不准逗留。惟各国恭顺，照常通商，难保该夷不潜行偷漏，混入他国，私带烟土，妄冀销售，即大黄、茶叶，亦恐他国加倍购买，转相付给，是名为禁止英国贸易，而流弊益多，殊非核实办理之道。着林则徐即将种种弊窦，筹画堵塞。其"啙嘢"一船，毋须招令入口，以归画一。林则徐现已简调两广总督，责无旁贷，务当趁此警动之机，为一劳永逸之策。至于区区关税之盈绌，朕所不计也。"①

从巡抚乌尔恭额所请，修浙江尖山汛鳞塘。

初四日丙寅（公元 1840 年 1 月 8 日）

台湾嘉义县地震，倒坍官民房屋，压毙人口，查明捐资抚恤分别筹修。

钦差大臣林则徐奏报，遵旨宣布英人罪状，并设法驱逐英船出口；审拟出洋贩烟并接济英船匪犯；审拟兴贩鸦片及得贿纵放官兵。②

初八日庚午（公元 1840 年 1 月 12 日）

山东巡抚托浑布，奏覆海口防缉鸦片章程：一、东北两汛无定口岸，宜添委员文武大员专司稽查；二、南汛有定口岸商船入口，应令印官亲诣盘验；三、沿海小口岸宜一体防范；四、杉板小船宜编号稽查；五、岛屿港汊及旧有海口应饬一并查察；六、内外洋宜令文武分别查以专责成。③

初十日壬申（公元 1840 年 1 月 14 日）

顺天府尹曾望颜奏请，封关禁海，断绝对外贸易，并设法剿办，以清鸦片弊源。又奏报，澳夷互市货物，亦请定以限制。④

---

① 《清实录·宣宗成皇帝实录》卷三二九。
② 中国第一历史档案馆：《鸦片战争档案史料》第 1 册，天津古籍出版社 1992 年版，第752~762 页。
③ 中国第一历史档案馆：《鸦片战争档案史料》第 1 册，天津古籍出版社 1992 年版，第762~766 页。
④ 中国第一历史档案馆：《鸦片战争档案史料》第 1 册，天津古籍出版社 1992 年版，第767~770 页。

十一日癸酉（公元 1840 年 1 月 15 日）

江南道监察御史奏报，福建烟土，向从广东潮州陆路运至漳、泉，嗣因查拿甚密，遂有泉州奸民王略等勾通夷船，串同水师兵弁，将夷船烟土，由哨船代运漳、泉。今王略虽经正法，而各弁兵习惯如故，恬不知改，仍前买放代运。①

十八日庚辰（公元 1840 年 1 月 22 日）

闽浙总督桂良等奏报闽省现在查禁烟犯情形。计自本年六月起至今止，共获烟土烟膏五万四千余两，人犯二百余名。②

十九日辛巳（公元 1840 年 1 月 23 日）

两广总督邓廷桢奏报体访通省营伍情形。自本年正月截止封印日止，陆续阅过官弁五十六员，兵丁二百八十名。③

林则徐等奏报拿获鸦片案实数并现办情形。自本年九月十一日起至十二月二十日至，拿获烟土烟膏二万三千二百五十八两四钱三分。④

廿二日甲申（公元 1840 年 1 月 26 日）

据御史杜彦士奏报，英吉利夷船携带鸦片烟土，在闽省海口销售，已非一日。现当广东查办吃紧之时，福建系接壤之区，必当一律严办。闻漳泉各处，有夷船往来寄泊，水师员弁收受陋规，营弁包庇贩卖，与奸民勾串夷人，接济水米，水师哨船，代为交易，运送鸦片各处销售。道光帝批示：鸦片现当严禁，广东不能容留，必致转趋福建。若不一体严办，则来源未绝，纹银仍不能不出洋。且由闽省浸灌各省，在所不免。现已降旨派祁寯藻、黄爵滋驰往福建查办，并将邓廷桢调任闽浙总

---

① 中国第一历史档案馆：《鸦片战争档案史料》第 1 册，天津古籍出版社 1992 年版，第 771~772 页。

② 中国第一历史档案馆：《鸦片战争档案史料》第 1 册，天津古籍出版社 1992 年版，第 775 页。

③ 中国第一历史档案馆：《鸦片战争档案史料》第 1 册，天津古籍出版社 1992 年版，第 778~779 页。

④ 中国第一历史档案馆：《鸦片战争档案史料》第 1 册，天津古籍出版社 1992 年版，第 781~782 页。

督，邓廷桢着会同祁寯藻、黄爵滋将以上各款查明惩办，毋许稍有徇隐。至另折参金门镇总兵窦振彪烟瘾过深，精神不振，汀州同知齐承厚素食鸦片，喜唱昆曲，海澄县知县石彦恬吸烟怠惰，官声平常，亦着查明参处。其另片奏报，请将福建巡抚暂行驻扎泉州，以资弹压，并着该督察看情形，是否可行，抑或即以该督暂行移驻之处，据实具奏。①

调云贵总督邓廷桢为闽浙总督，闽浙总督桂良为云贵总督，邓廷桢未到任前，以福建巡抚吴文镕兼署。

廿三日乙酉（公元 1840 年 1 月 27 日）

御史杜彦士奏报，风闻福建同安县塔仔脚地方，有夷船四只，停泊多日。该水师提督巡洋，经过该处，演放船上大炮，该夷船一闻炮声，登时齐发大炮，兵丁受伤甚众。该提督舍舟上山，开炮乘高击逐，自午至申，夷船始行开散，现闻该夷船尚在附近海口停泊。②

朝鲜国使臣李嘉愚等三人于西苑门外瞻觐。

廿四日丙戌（公元 1840 年 1 月 28 日）

调福建水师提督陈化成为江南提督，江南提督陈阶平为福建水师提督。

两广总督林则徐等复议御史骆秉章条陈整饬洋务章程。另奏陈粤省封港后严海防以杜流弊，及探闻英国另派领事来粤。③

廿五日丁亥（公元 1840 年 1 月 29 日）

从巡抚乌尔恭额所请，修浙江西塘柴埽各工。

廿六日戊子（公元 1840 年 1 月 30 日）

道光帝晓谕：本日据林则徐等奏报断绝英夷，览奏均悉。该奸夷反复无常，早已洞见，曾经降旨饬令绝其贸易，一概驱逐出口。现据奏称，该夷具禀乞恩，业经

---

① 《清实录·宣宗成皇帝实录》卷三二九。
② 《清实录·宣宗成皇帝实录》卷三二九。
③ 中国第一历史档案馆：《鸦片战争档案史料》第 1 册，天津古籍出版社 1992 年版，第795～799 页。

严行批驳，所办甚是。惟夷商货物，意在销售，尤冀夹带烟土，影射作奸，现已列其罪状，宣布各夷，该夷智穷力竭，难保不将违禁货物，分寄各国夷商，转为洒带，是名为禁绝，流弊愈滋。着林则徐等派委文武各员，仍遵前旨散布各隘口，严查影射，缉拿奸徒，绝其销货之心，断其售私之路，是为至要。林则徐已实授两广总督，文武皆所统属，责无旁贷。倘查拿不能净绝根株，惟林则徐是问。所有沿海各直省督抚已降旨饬令严密防堵，不留去路矣。①

廿八日庚寅（公元 1840 年 2 月 1 日）

两广总督林则徐从美商旗昌洋行购买原英国制造的排水量为九百吨的"甘米力治"号商船，改装为战舰，装上三十四门新式炮，供水师演习用。这是中国最早引进并改造的外轮。②

道光二十年　庚子　公元 1840 年

正月初一日壬辰（2 月 3 日）

盛京将军耆英遵旨查禁货物，驱逐英船。其上奏云："奴才遵即严饬沿海各城旗、民、地方各官，促饬守汛员弁兵役，在于所属海口，散布各隘，认真稽查。倘见有前项船只，立即驱逐净尽，毋许偷审入口。仍俟春融冰泮，商船云集之时，奴才再当遴派妥员，专往各处梭织巡察，严密防范。凡有进口船只，一体严搜，认真查缉，务使绝其去路，令奸夷不得售其诡计，以杜来源，而清积弊。"③

传说清朝军队入驻澳门，义律向澳门葡萄牙人寻求保护，遭到拒绝。次日，英国军舰"海阿新"号移泊内港。④

---

①《清实录·宣宗成皇帝实录》卷三二九。

② 刘传标：《近代中国船政大事编年与资料选编》第 1 册，九州出版社 2011 年版，第 2 页。

③ 中国第一历史档案馆：《鸦片战争档案史料》第 2 册，天津古籍出版社 1992 年版，第 2 页。

④ ［美］马士：《中华帝国对外关系史》第一卷，张汇文等译. 商务印书馆 1963 年版，第 291 页。

十八日己酉（2 月 20 日）

英国外交大臣巴麦尊致函海军少将懿律、海军上校义律，指示其封锁珠江口，占据舟山，再北上白河口外与清政府展开谈判，并要求赔偿烟价，割让岛屿："对过去的事情进行赔偿，在于对所蒙受的各种损害付给偿金，而且为了迫使中国政府应允此事，远征部队将实行封锁，捕获并扣留中国的船只和财产以进行报复，而且将占领某部分中国领土。"①

道光帝晓谕两广总督林则徐整肃海疆。《清实录·宣宗成皇帝实录》卷三三○载："据林则徐奏，英吉利国王另遣夷官义吐噆顿来粤，系因义律所为不合，是以换人经理等语。该国王距内地七万里，当该国王遣官来时，断不知内地断其贸易，自应一并坚拒，勿与通商，以绝其逗留之念，消其叵测之情，庶几大害永除，勿贻后患。该督于封港后，早经严饬洋夷各商，将各口货船核实查验，确切结报，自不至再滋弊混。其水陆险要之地，皆当倍整军威，严饬文武员弁巡查防范，毋稍疏懈，以肃海疆而副委任。"

两广总督林则徐等奏议覆御史骆秉章条陈整饬洋务章程：一、严禁烟土，洋商如夹带分毫，即将其及保办洋商一并斥革治罪；二、饬令洋令通事、买办等逐层担保，如有营私舞弊者，惟保人是问；三、停止英国贸易，不准英人住省，其他各国贸易之人，除酌留一、二人住冬外，亦皆勒令遵例依期回国；四、曾于道光十八年十一月额设"顺"字舢板船七只，现一并裁撤，发给美利坚等国护照二张，各国洋人进省及寄信往来均令另雇民艇，赴各炮台隘口验明，方准内驶；五、洋人所带洋银，务令以银准货，不使余剩带回。②

十九日庚戌（2 月 21 日）

署两江总督麟庆汇报海口防范巡查情况。"查庙湾营所属海口有二，一曰潮河，一曰灌河，潮河即南北两尖为黄河出海之口。臣因查阅海安工程，亲至其地，只见有采捕小船，并无贸易大舶。曾详询营弁，知海清河浊，潮落沙沉，洋面结有五条沙，向东直出。又有大沙，自盐城境起，南北横亘千里，沙尖与莺游山相对，为淮海一带海防保障。至松江地方，吴淞口、川沙二口，滨临内洋，但遇东南风

---

① 胡滨译：《英国档案有关鸦片战争资料选译》（下册），中华书局 1993 年版，第 530~537 页。

② 齐思和等整理：《筹办夷务始末（道光朝）》一，中华书局 1964 年版，第 262~267 页。

顺，海船即可由浙洋斜驶径入苏松镇所辖洋面。……苏松镇所辖洋面相连浙省，自西至东以山为界，山之属江南洋界者，为老羊山、马迹山、陈钱山，其属浙江洋面者，有小羊山、黄龙山、尽山，诸山均相隔不远。此外则东望无际，全是深水外洋。凡极大商船，与夷船行涉深洋者，均以尽山为标准。"①

二十日辛亥(2月22日)

山东巡抚托浑布奏报山东添派员弁防堵英船情形。②

廿二日癸丑(2月24日)

浙江巡抚乌尔恭额汇报浙省海防情形。"浙江之温州、台州、宁波、嘉兴四府属，俱滨海疆，其洋面与闽、粤、江苏，一水相通。由闽南来，以温洋为门户；由浙北去，嘉兴之乍浦为要隘。其间分归温州、黄岩、定海三镇，按段管辖，舟师往来巡缉，不啻棋布星罗。其温州、台州各口，或系浅水，或有板沙，极大海船，不能拢岸。乍浦虽有拦口沙涂，或因离洋较近，时有海船停泊，云集于此。就浙洋情形而论，海防以宁波为要，乍浦次之，台州、温州又次之。"③

廿三日甲寅(2月25日)

闽浙总督福建巡抚吴文镕上奏道光十九年十月以后水师与夷船多次交战及伤亡情形，并提出水路严密防堵之方略："惟当次吃紧之时，附近各海口，虽不敢公然停泊，难保不由外洋倏忽阑入。臣请仍严切咨行提镇道府厅县营汛，严密防御，一经瞭有夷船，即行相机击逐，勿使逗留；一面侦拿通夷奸民，悉获究办，免致勾结觊觎。"④

---

① 中国第一历史档案馆：《鸦片战争档案史料》第 2 册，天津古籍出版社 1992 年版，第 8~10 页。

② 中国第一历史档案馆：《鸦片战争档案史料》第 2 册，天津古籍出版社 1992 年版，第 10 页。

③ 中国第一历史档案馆：《鸦片战争档案史料》第 2 册，天津古籍出版社 1992 年版，第 11~12 页。

④ 齐思和等整理：《筹办夷务始末(道光朝)》一，中华书局 1964 年版，第 273~275 页。

廿四日乙卯(2 月 26 日)

从浙江巡抚乌尔恭额请修浙江萧山、上虞二县海塘柴埽各工。①

廿七日戊午(2 月 29 日)

关天培上报水师渔艇火攻通敌之走私船，焚毁鸦片烟船二十三只，蓬寮六处，捕获生俘十名："正月二十七日丑刻，原任游击马辰带水勇四十名，由东浦、上下濠前进；加都司衔之守备卢大钺带水勇头目卢麟等，由屯门前进，……将近夷船寄碇之处，出其不意，一起发火，复将喷筒火罐，乘风抛掷，烧毁屠牛换土之大海船一只，买运烟土之艚船一只，大买办艇一只，大扒艇一只，虾筜办艇三只，杂货料仔艇一只，卖果子糕饼之扁艇十五只。"②

三十日辛酉(3 月 3 日)

托浑布克上奏，查禁夷商售卖违禁货物。③

二月初四日乙丑(3 月 7 日)

林则徐等奏英船被逐出口，仍在外洋逗留，并拿获汉奸："查英夷货船自驱除外洋之后，节据引水人等查报，陆续驶出老万山外者约有十余只，而观望留连不肯舍弃者尚复不少，并有新从彼国来粤，已过老万山，始知封港，不准进口，只在外洋徘徊寄泊者。……臣等若令师船整队而出，远赴外洋，非不足以操胜算，第洪涛巨浪，风信靡常，即使将夷船尽数击沉，亦只是寻常之事。而师船既经远涉，不能顷刻收回，设有一二疏虞，转为不值，仍不如以守为战，以逸待劳之百无一失也。"④

林则徐责令澳门葡人驱逐英人，并以控制贸易为手段："惟澳地三面皆临海，英货船，自经逐出后，仍恃有吐嘧、哗呐两兵船为之护符，不免乘间游弋。本年正

---

① 《清实录·宣宗成皇帝实录》卷三三〇。
② 齐思和等整理：《筹办夷务始末(道光朝)》一，中华书局 1964 年版，第 278~279 页。
③ 蒋廷黻编：《筹办夷务始末补遗》(道光朝)第 3 册，北京大学出版社 1988 年版，第 7~9页。
④ 齐思和等整理：《筹办夷务始末(道光朝)》一，中华书局 1964 年版，第 276~279 页。

月初间，义律等潜放三板，私行入澳。臣等接禀，即饬严拿。……臣等谕令限以日期，驱逐净尽，若过期尚有英夷在澳，西洋贸易亦即暂停。盖驭夷不外操纵二端，而操纵只在贸易一事，夷性靡常，不得不以此为把握。"①

林则徐密举张成龙为南澳镇总兵。②

其间，义律曾三次写信与澳门首领敦阿特厘阿加西呵打西尔威拉宾多，要求将货物屯寄澳门，将兵船一只驶入澳门港口，为后者所断然拒绝："尔(义律)若不念我对尔说之事，我即将近来九个月内所有之事宜宣布与通天下知道，求各国依公义判断。我又对尔说知，尔所行之事不独触犯我国法律，乃亦有犯于英吉利国国家之法律。"③

十九日庚辰(3月22日)

义律致信奥克兰勋爵，建议通过炮轰广州以攫取中国沿海岛屿的目的："如果我们在三天的战斗中把广州变成一片废墟，而我肯定这是可能的，那么他们将不再持有这个看法，即广州是对外贸易的唯一安全场所，而且更加乐于同意我们在距离朝廷和帝国最富庶地区更方便的某个地方占领一个岛屿。"④

二十日辛巳(3月23日)

应清廷要求，澳门将英人驱逐出境。⑤

廿四日乙酉(3月27日)

清廷指示：防缉山东海口鸦片章程。"山东省滨海各属江、浙、闽、广商船贸

---

① 齐思和等整理：《筹办夷务始末(道光朝)》一，中华书局1964年版，第281~283页。

② 中国第一历史档案馆：《鸦片战争档案史料》第2册，天津古籍出版社1992年版，第30~31页。

③ 中国第一历史档案馆：《鸦片战争档案史料》第2册，天津古籍出版社1992年版，第31~34页。

④ 胡滨译：《英国档案有关鸦片战争资料选译》(下册)，中华书局1993年版，第641页。

⑤ 胡滨译：《英国档案有关鸦片战争资料选译》(下册)，中华书局1993年版，第557~558页。

易往来，难保无夹带烟土，希图获利，自应各就口岸层层稽察，庶职有专归而功收实效。"①

廿六日丁亥(3 月 29 日)

林则徐奏报英添兵船来粤。"查此次英吉利夷船逗留外洋，常防火船潜往焚烧，夷情实形惊慑。今日复据澳门文武禀：据引水探报，英吉利一船、威哩时一船，均因被逐，已出老万山回国。惟有壳吐一船、车哩时一船，先经驶赴老万山之黄茅洋，本欲回国，乃寄碇一日，旋又折至九洲洋游奕。传闻该国有大号兵船，将次到粤等情。"②

廿八日己丑(3 月 31 日)

从巡抚乌尔恭额听请，修浙江东、西两塘柴埽各工。③

清廷从美国和其他外国人手中购买了两三艘旧船，以作为浮动炮台，布防在珠江口。④

廿九日庚寅(4 月 1 日)

邓廷桢上奏，由广州购得十四门大炮运回厦门。"福建地处海疆，各营师船炮位，自必不少，而能否全行得力，未及深知。查各国来粤夷船，所载护货炮位，因不许多带入口，间有变卖之事。臣此次折回广州，即商之督臣林则徐，设法购得四十门，每门自一千六百斤至八九百斤不等，装药演放，颇为灵利，亦能致远。……由海道运赴厦门，交行泉道衙门存贮。"⑤

---

① 中国第一历史档案馆：《鸦片战争档案史料》第 2 册，天津古籍出版社 1992 年版，第 39~43 页。

② 齐思和等整理：《筹办夷务始末(道光朝)》一，中华书局 1964 年版，第 286~287 页。

③ 《清实录·宣宗成皇帝实录》卷三三一。

④ 胡滨译：《英国档案有关鸦片战争资料选译》(下册)，中华书局 1993 年版，第 637 页。

⑤ 中国第一历史档案馆：《鸦片战争档案史料》第 2 册，天津古籍出版社 1992 年版，第 50~51 页。

三月初二日壬辰(4月3日)

江苏巡抚裕谦上奏要加强海上门户的守卫。《清实录·宣宗成皇帝实录》卷三三二载："御夷之道，首在守门户，固藩篱，尤在肃清堂奥。苏松镇属与浙江定海镇交界，若遇顺风，可由浙江尽山达吴淞口。现饬两镇总兵驾船在尽山洋面瞭望互援，并饬水师如遇有夷船阑入，即行封港。更于刘河等口，严禁汉奸接济水米。"

抚恤琉球国遭风难夷如例。①

初四日甲午(4月5日)

从巡抚托浑布请，修山东水师战船。②

初六日丙申(4月7日)

接福建巡抚吴文镕奏报福建大坠、梅林等洋面水师与外夷交战情形，清廷晓谕："夷船自轰击之后，即已畏惧远遁。而夷情狡诈，难保不由外洋阑入，断不容稍为懈弛，以致养奸贻害。着邓廷桢、吴文镕即饬所属文武员弁，严密防御，一经瞭有夷船，迅速相机击逐，勿使逗留。至欲杜夷踪，必先严察奸民勾结销运之弊。闽省漳、泉二府滨海地方，港汊纷歧，晋江、惠安二县尤多小口，防范更宜周密。着照吴文镕所奏，相机布置，严密防堵侦拿，仍着水师提督带领兵船，巡历洋面，遇有夷船窜入，即行攻逐，总期水陆交严，声势联络，俾洋面肃清，烟毒屏绝。"③

初七日丁酉(4月8日)

道光帝晓谕粤海关贡品不必多方求购。《清实录·宣宗成皇帝实录》卷三三二载："现在英吉利国贸易，业经降旨停止，所有粤海关每年例进贡物三次。呢羽、钟表等件，如有不能齐全之处，着该监督即行据实具奏，不必多方购求，将此传谕知之。寻豫堃奏，呢羽等物出自法兰西等国者，亦堪服用。该国金谓可以多制货物，来粤贸易。英吉利货物，无可居奇。得旨：现在虽能照旧呈办，设或日久有变动之处，仍应遵奉本年谕旨，不必设法购求，以副朕事务核实之意。"

---

① 《清实录·宣宗成皇帝实录》卷三三二。
② 《清实录·宣宗成皇帝实录》卷三三二。
③ 《清实录·宣宗成皇帝实录》卷三三二。

清廷同意林则徐以暂停贸易的方式迫使英人撤出澳门。《清实录·宣宗成皇帝实录》卷三三二载:"两广总督林则徐奏澳门寄居西洋夷人,历三百年之久,英吉利人早已垂涎其地。自嘉庆十三年间,英夷突占澳门炮台,旋被官兵驱逐,西夷始有戒心。现因西洋夷目禀称澳内华夷杂处,若兵役围拿,恐致扰动,特限以日期,驱逐净尽。若过期尚有英夷,即暂停西洋贸易,以示操纵之意。得旨:从长计议,务出万全。"

十一日辛丑(4 月 12 日)

林则徐奏报查获鸦片成果。自去年十二月中旬至本年二月底,共收缴烟土、烟膏一万八千五百七十八两九钱,烟枪七百九十三枝,烟锅三十二口。①

十七日丁未(4 月 18 日)

闽浙总督邓廷桢上奏要求严惩夷船汉奸,得到清廷的认可。《清实录·宣宗成皇帝实录》卷三三二载:"闽省漳泉等属夷船汉奸,与广东大略相同。欲治外必兼治内,欲治民尤先治官。无论奸夷奸民,见船即须攻打。水师之不用命者罪之,员弁之不出力者罪之,州县则责以编查搜捕之任,庶几积重之势可转。"

十八日戊申(4 月 19 日)

福建巡抚吴文镕奏,英船续来,开炮被攻而逃逸:"本年二月初十日,续据金门镇窦振彪报称:正月初八、十三等日,有夷船一只,洋船一只,在梅林、大坠洋面游奕,经哨船驱逐,即行开驶远去。二月初四日,有夷船一只,复来梅林洋面,哨船拦截攻逐,盖夷船胆敢开炮回拒,师船炮火联络,击断夷船帆索,旋驶向外洋逃逸。兵丁陈逢恩一名,亦被击落海淹毙。"②

十九日己酉(4 月 20 日)

准闽浙总督仿照两江总督前往清江浦之例,于每岁会办事件完竣,亲赴泉州驻

---

① 中国第一历史档案馆:《鸦片战争档案史料》第 2 册,天津古籍出版社 1992 年版,第 55~56 页。

② 齐思和等整理:《筹办夷务始末(道光朝)》一,中华书局 1964 年版,第 283 页。

扎，督办海防事务，移住日期及时限，由总督酌情自定。"着邓廷桢于会办事件完竣后，亲赴泉州驻扎督办。嗣后每岁应行前往驻扎，由该督自行酌量，不必拘定何时，亦不必限以月日。"①

廿四日甲寅（4月25日）

美商十一名联名禀告两广总督林则徐，谓英国将于6月1日前后封粤港，请允美船径驶黄埔，早日开舱贸易，林不予理会。②

英国外交大臣巴麦尊指示懿律和义律在与清朝商谈时，关注过境税的问题，或者取消，或者指定一项固定的附加税率，同时要求义律查明清廷是以什么样的方式处理鸦片。③

林则徐等捐资，在广州建造欧式双桅纵式战船两艘，二十五吨重。④

廿六日丙辰（4月27日）

两广总督林则徐奏，为防英军入侵，于尖沙咀、官涌两处各建炮台一座，工料银三万一千九百九十七两，由前山营将洋商捐银发交当商生息银内动支。"尖沙咀山麓，有石脚一段，其形方长，直对夷船向来聚泊之所；又官涌偏南一山，前有石排一段，天生磐固，正对夷船南洋来路。若两处各建炮台一座，声势既相联络，而控制亦极得益。"⑤

两广总督林则徐议覆顺天府曾望颜之奏请封关禁海折，力陈不可。"窃以为封关禁海之策，一以绝诸夷之生计，一以杜鸦片之来源，虽若确有把握，然专断一国贸易，与概断各国贸易，揆理度势，迥不相同。"⑥

---

① 《清实录·宣宗成皇帝实录》卷三三二。又见齐思和等整理：《筹办夷务始末（道光朝）》一，中华书局1964年版，第284~286页。

② ［美］马士：《中华帝国对外关系史》第1卷，张汇文等译，商务印书馆1963年版，第292~293页；胡滨译：《英国档案有关鸦片战争资料选译》（下册），中华书局1993年版，第645~646页。

③ 胡滨译：《英国档案有关鸦片战争资料选译》（下册），中华书局1993年版，第557~560页。

④ 刘传标：《近代中国船政大事编年与资料选编》第1册，九州出版社2011年版，第2页。

⑤ 齐思和等整理：《筹办夷务始末（道光朝）》一，中华书局1964年版，第302~303页。

⑥ 齐思和等整理：《筹办夷务始末（道光朝）》一，中华书局1964年版，第297~301页。

廿七日丁巳(4 月 28 日)

闽浙总督邓廷桢奏报，三月初九日有三桅英船三只，两桅船二只，由外洋驶至梅林澳寄泊，师船星夜驰往驱逐。十一日，英船开炮抗拒，双方接仗。英船被击，当日窜逸东南外洋。十四日，有夷船四只，先后来到獭窟洋面，因北风猛烈，被吹至大坠洋面，次日离开。①

邓廷桢建议福建海滨筹建炮墩以替代炮台。②

廿九日己未(4 月 30 日)

从巡抚乌尔恭额请，修浙江海盐县大石塘。

赏故琉球国使臣翁宽银三百两。③

是月

邓廷桢奏报，水师提督程恩高在梅林洋面攻击夷船，致毙夷人，捞获洗炮木棍。④

四月初二日壬午(5 月 3 日)

御史贾臻上奏有地方官纵容用海船贩运烟土者，清廷要求林则徐查明惩处。《清实录·宣宗成皇帝实录》卷三三三载："广东廉州府属合浦县龙头沙地方外面滨海，内地界连高州府属及广西郁林州属，海船专载烟土，停泊该处发售后，另用渔船，各执鸟枪包送上岸。该县城外之周盛、长泰、英利各字号，皆积惯囤贩之家，有府书徐老官及该县门丁周六为之包庇。又该县湖廉洞地方栽种罂粟，县丞王万春曾经履勘送县。该县韩凤翔并未查禁，反将禀稿延搁不发，意存消弭……现当查拿鸦片吃紧之时，不可不严行惩办，着林则徐确切查明，据实具奏，毋许稍有瞻徇

---

① 齐思和等整理：《筹办夷务始末(道光朝)》一，中华书局 1964 年版，第 295~297 页。

② 中国第一历史档案馆：《鸦片战争档案史料》第 2 册，天津古籍出版社 1992 年版，第 79~80 页。

③ 《清实录·宣宗成皇帝实录》卷三三二。

④ 中国第一历史档案馆：《鸦片战争档案史料》第 2 册，天津古籍出版社 1992 年版，第 125~127 页。

姑容。"

初三日癸亥(5月4日)

裕谦上奏，要求强调加强江苏海防。①

十三日癸酉(5月14日)

两广总督林则徐奏修造外海内河巡缉战船，并请由十三行行商捐缴纳三年茶叶行用银两，支销防英费用。②

十五日乙亥(5月16日)

战船修造草率及迟延积压等情况受到清廷重视。"沿海战船，巡洋缉匪，关系綦重。遇有修造届期，自不得草率从事。已故盐法道王耀辰承修福厂'成'字四号大船一只，甫经拆造，即致破坏，其为从前草率无疑，着即令该家属赔补。其承修草率之委员及滥行收领之营员，着查取职名交部议处。至该省修造战船，向有积压情形，现经该大臣等查明，自道光六年起至今，积压竟有三十只之多，亦着该部查取职名，分别议处。……水师配兵巡洋之外各船，例应随时操练，着该提镇督令将弁按期操练，并更番燂洗，毋任停泊海坞，日炙风干，致有朽坏，以利驾驶而肃洋政。"

安南伪币由广东、福建沿海流入。"前据御史杜彦士奏'福建漳、泉地方所用钱文，多系安南土贼伪号，内地不应有此。近年以来，日积日多，兑换无非夷钱。沿海奸民，遂多私铸'等语，当交祁寯藻等查办。兹据查明奏称，漳、泉二府行用夷钱，有光中、景盛、景兴等种，民间私图便利，相沿成风，遂忘例禁。此项夷钱，或由外夷流入内地，或由广东潮州、嘉应州，福建漳、泉二府奸民私铸。着该督抚等严饬沿海各府州县，一面杜绝来源，一面设局收缴。嗣后海船进口，责成地方官严查夹带。或有奸商囤积，奸民私铸，立即严拿惩办。"③

祁寯藻等奏确查闽省海口烟贩情形，指出海防之要首在汉奸。"据称闽省各属具报，夹板夷船多在铜山营辖之布袋澳、悬钟及金门营辖之梅林、深沪、衙口、大

---

① 蒋廷黻编：《筹办夷务始末补遗》(道光朝)第3册，北京大学出版社1988年版。
② 齐思和等整理：《筹办夷务始末(道光朝)》一，中华书局1964年版，第305~307页。
③ 《清实录·宣宗成皇帝实录》卷三三三。

坠、围头等处洋面游奕。内地奸民，勾结贩烟，为之接济。……海防之要，首在严办汉奸。汉奸一日不除，则夷船一日不绝。务须一力严拿，不除不已。该督等即当严饬文武各员弁，一见夷船窜至，水师各兵船则奋力追拿。如敢拒捕，即行开炮轰击，毋得稍有疏纵。陆路则严谨把守海岸，禁止奸民出海踪迹，水陆交严，坚持勿懈，总宜猛以济宽，禁绝根株为要。又另片奏控制海口之法最重炮台，现在筹议变通，莫如易炮台为炮墩为稳妥。入出口商船，责成该厅州县于给照时亲诣稽查。渔船责成该管地方官指定埠头，编立字号，责令澳甲按日稽查。如有出海驶近夷船者，即着官兵并力围拿。果能人船并获，即将烟土解官烧毁，船只衣物等项全行赏给。至汉奸巢穴，既经访得数十乡社，确有主名。尽力揖拿。"①

清廷关注山东海防。《清实录·宣宗成皇帝实录》卷三三三载："山东水师兵额较少，现既添用陆路，必须统辖大员熟谙水师情形，随时指示，方收实效。富桑阿于洋面事宜既据该抚察看不甚相宜，着托浑布于通省副将内择其才堪胜任者，酌量保奏，务于督率操防，均有裨益。"

林则徐检阅水师战船，受检阅船中有一艘广州制造的仿古车轮船——人力明轮船。②

二十日庚辰(5 月 21 日)

两广总督林则徐令所有来粤船只，均须具结未装英货。③

闽浙总督邓廷桢奏报，英走私烟船至福建虎屿洋面，被清水师攻击，俘黑夷二人。两人供述，此鸦片走私船四月初由广东开船来至福建，一路见有小船驶近夷船，即被清朝水师开炮攻打，因此船上鸦片无人购买。后来驶到崇武洋面，遇有水师船只二十余艘，逃至不知名洋面寄碇。小夷乘坐三板，欲上岸洗衣，即被拿获。④

廿一日辛巳(5 月 22 日)

浙江巡抚乌尔恭额查报海防情况，浙省共计有外海水师额船二百六十余只，各

---

① 《清实录·宣宗成皇帝实录》卷三三三。

② 刘传标：《近代中国船政大事编年与资料选编》第 1 册，九州出版社 2011 年版，第 3 页。

③ 郭廷以：《近代中国史事日志》上，中华书局 1987 年版，第 90 页。

④ 中国第一历史档案馆：《鸦片战争档案史料》第 2 册，天津古籍出版社 1992 年版，第 125~127 页。

营有红衣大炮四百五十余位，西洋大炮十八位。①

闽浙总督邓廷桢奏报，水师扮商缉捕，在穿山洋面，遇有夷船一只在彼寄碇，经过接战，共计击毙夷人十一人，水勇伤死八人。②

廿三日癸未(5月24日)

邓廷桢上奏查明英船驶入福建洋面及哨船拦截驱逐情形。"查闽省洋面，西南自南澳镇左营起，为粤海入闽门户；东北至烽火门营止，为闽海入浙门户。……向来不准外夷贸易，是以亦无夷船停泊码头。此闽省海洋之情形也。溯自嘉庆十九年以前，从无夷船在洋游奕之事。迨后鸦片渐行，每年间有一二只来至闽洋，或一二三四次不等。近年逐渐增多，每年或十余次，或二三十次。其船出没靡常，自一二只或三四只不等。其游奕处所，始则南澳、铜山、厦门、台湾等洋；继则闽安、海坛、福宁、烽火等处；今则多在铜山营辖之布袋、悬钟及金门辖之梅林、深沪、衙口、大坠、围头等处。或远在黑水夷洋，或近在沿海澳外，乘间抵倏去倏来，既无定期，亦无定所。此夷船久在闽游奕之情形也。"③

廿五日乙酉(5月26日)

两广总督林则徐奏准添设炮台，改设驻守营队。"改广东澄海协副将为大鹏协副将，驻大鹏九龙山；澄海协都司为大鹏协中军都司，兼管左营事务，驻大鹏所城；大鹏营参将为澄海营参将，驻澄海；协大鹏左营守备为澄海左营中军守备，驻县城；澄海左营守备为左营左军分防守备，仍驻篷州；均作为外海水师题补缺。添设大鹏左营把总二员，外委二员，额外外委二员，兵二百九十一名；右营千总一员，把总一员，外委二员，额外外委二员，兵二百九名；拨把总一员，兵七十五名，防右营官涌炮台；把总一员，防九龙山炮台。原驻九龙炮台千总一员，并新设额外外委一员，兵一百三十名，防左营尖沙嘴炮台。外委一员，兵十五名，防前经裁撤之左营红炉汛。"④

---

① 中国第一历史档案馆：《鸦片战争档案史料》第2册，天津古籍出版社1992年版，第104页。

② 中国第一历史档案馆：《鸦片战争档案史料》第2册，天津古籍出版社1992年版，第125~127页。

③ 齐思和等整理：《筹办夷务始末(道光朝)》一，中华书局1964年版，第308~310页。

④ 《清实录·宣宗成皇帝实录》卷三三三。

从巡抚乌尔恭额请，修浙江东、西两塘柴埽、盘头各工。①

二十六日丙戌（5 月 27 日）

闽浙总督邓廷桢奏报，是夜水勇在围头洋面截获通夷匪船一只，人犯十一名，起获烟土二十余两。②

五月初四癸巳（6 月 3 日）

闽浙总督邓廷桢等奏报闽省查办鸦片情形。自本年正月起至四月底，水陆文武各官先后拿获烟案二百八十起，人犯五百四十三名。③

初六日乙未（6 月 5 日）

巴麦尊子爵接到义律从澳门写来的书信，后者阐述了他对清廷的了解及其方略："无论牺牲多么重要的东西，看来总是必须保全最崇高的庄严的外表，以维护这个帝国的政治和社会制度。同时，只要有一支给人深刻印象的部队到来就可以激起所需要的顺从精神，这一点无疑是确实的。"④并且建议接管澳门："应将澳门置于英国女王的保护之下，并且规定由英国官员在一支英国部队支持下管理政府。"⑤

初九日戊戌（6 月 8 日）

两广总督林则徐奏报，广东水勇夜半至磨刀外洋夷船聚泊处纵火，烧毁夷船一只，击毙四人，延烧大小办艇十一只，捡获汉奸十三名。⑥

---

① 《清实录·宣宗成皇帝实录》卷三三三。

② 中国第一历史档案馆：《鸦片战争档案史料》第 2 册，天津古籍出版社 1992 年版，第 125～127 页。

③ 中国第一历史档案馆：《鸦片战争档案史料》第 2 册，天津古籍出版社 1992 年版，第 121～123 页。

④ 胡滨译：《英国档案有关鸦片战争资料选译》（下册），中华书局 1993 年版，第 563～564 页。

⑤ 胡滨译：《英国档案有关鸦片战争资料选译》（下册），中华书局 1993 年版，第 589 页。

⑥ 中国第一历史档案馆：《鸦片战争档案史料》第 2 册，天津古籍出版社 1992 年版，第 128～130 页；胡滨译：《英国档案有关鸦片战争资料选译》（下册），中华书局 1993 年版，第 648～649 页。

初十日己亥（6 月 9 日）

清廷同意林则徐所奏以洋商捐缴银两为查办鸦片经费。"广东查办鸦片，驱逐夷船，亟应筹措经费。现据洋商伍绍荣等呈请，将茶叶一项应得行用银两，捐缴三年，按卯解库，听候提用等情，着即准其捐缴，俟年限届满，由该督等核明总数，奏请恩施。此项银两，着免其造册报销，该督等务须撙节动用，核实支销。"①

十三日壬寅（6 月 12 日）

清廷同意两广总督林则徐所奏请将窝贩烟土人犯船货产业，分别给赏拿获之人。"兵弁拿获商渔船只成船烟土，将船及货一半赏给首获之人，余货分赏同查之人。又海船偷带烟土，舟人行户首告者，亦将船货统给。如货并不在船，系由水手中途偷带者，将货给还原主，船只仍赏首告之人。广东自应一律办理。至所称内地窝贩，亦可例推。请无论在洋、在岸，一体照行。"

二十日己酉（6 月 19 日）

清廷要求邓廷桢肃清泉州、漳州洋面外来夷船。"此种夷船，始因漳泉奸民自用船只赴粤洋购买鸦片，继则往来熟悉，勾串汉奸以为内线，牟利售私。总因该地方官庸懦养奸，贪黩包庇，以致鸦片充斥，积重难返。现经该督饬令水师提督等开炮轰击，先后逃逸，已足震慑奸夷之胆。惟该夷等嗜利藐法，洋面行走熟悉，难保不复萌故智，多方勾引奸民，再图尝试。着邓廷桢即照筹议章程，水陆交严，无稍松懈。一面出示晓谕该夷，现在禁绝鸦片，洋面毗连内地，非该夷等船只游奕之所，自当遵懔王章，驶回本国。如抗拒不服，即开炮轰击。其由粤所运炮位，正可妥为安置，以壮声威。倘有汉奸仍前勾串作弊，立即严拿惩办。并于粤闽交界地方，多派文武员弁，梭织巡查，毋任走漏。俟派查各案完竣，该督即亲赴泉州一带，兼查明漳州所属洋面，有无夷船踪迹。认真设法防堵驱逐，以期弊端永绝，洋面肃清，是为至要。"②

二十二日辛亥（6 月 21 日）

英国军舰与运输舰开始到达广州。次日，英海军司马伯麦准将发布通考，将于

---

① 《清实录·宣宗成皇帝实录》卷三三四。
② 《清实录·宣宗成皇帝实录》卷三三四。

本月二十九日(6 月 28 日)封锁广州江面与海口，并指定水门与澳门间的水路作为准许商船停泊的地点。同时海军少将乔治·懿律到来，带来委任他和查理·义律为全权代表的委任书。此时，在中国海面的英国兵力有军舰十六艘，载炮五百四十门，武装运输船四艘，运兵舰一艘，运输舰二十七艘，陆军四千人。①

廿四日癸丑(6 月 23 日)

英船侵入乍浦，并与清军水勇交战。浙江乍浦副都统长喜奏报："六月二十四日午刻，据防海官兵禀报，见有夷船一只，在乍浦洋面游奕。奴才随即亲赴海口西山嘴、天后宫一带，率兵堵御。不意该夷竟敢肆其猖獗，直逼天后宫海口讯，奴才即令施放枪炮堵逐，乃夷匪毫不畏惧，竟敢抵抗。自未至酉，沪江轰击。满绿各兵内，被炮击毙带伤者十余名。迨至戌刻，该夷船稍停轰击，将船略微驶远。"②

廿五日甲寅(6 月 24 日)

林则徐上奏英船在粤外洋逗留情形。"据引水探报，五月二十日，望见九洲外洋来有兵船二只。一系大船，有炮三层，约七八十门；其一较小，有炮一层。二十三日，陆续又来兵船七只，均不甚大，炮位亦只一层。又先后来车轮船三只，以火焰激动机轴，驾驶较捷。此项夷船，前曾到过粤洋，专为巡风送信。兹与各兵船，或泊九洲，或赴磨刀，或赴三角外洋，东停西窜，皆未敢驶近口门。"③

廿九日戊午(6 月 28 日)

从巡抚乌尔恭额请，修浙江钱塘县塘工。④

是月

由兵船十六艘，载炮五百四十门，武装轮船四艘，运输舰二十八艘，陆军四千

---

①　[美]马士：《中华帝国对外关系史》第 1 卷，商务印书馆 1963 年版，第 295~296 页；胡滨译：《英国档案有关鸦片战争资料选译》(下册)，中华书局 1993 年版，第 662 页。

②　齐思和等整理：《筹办夷务始末(道光朝)》一，中华书局 1964 年版，第 331~332 页。

③　齐思和等整理：《筹办夷务始末(道光朝)》一，中华书局 1964 年版，第 329~330 页。

④　《清实录·宣宗成皇帝实录》卷三三四。

人组成的英国侵华"东方远征军"抵达中国广东海面。①

是年夏

浙江嘉兴县丞龚振麟奉调赴宁波军营督造军械，仿造英轮船两艘。②

六月初四日壬戌（7月2日）

从巡抚乌尔恭额请，修造浙江温州、宁波二府巡洋船只。③

巳刻，有三桅夷船一只，由青屿门阑入屿仔尾海面。次日一早，厦门水勇与之接战，奏报伤毙夷人七名，④ 但英军舰长鲍彻致信舰队司令官懿律，称无一人伤亡。⑤

初五日癸亥（7月3日）

钦差大臣、两广总督林则徐奏报，截止近日，英国大小兵船二十余只，先后到达广东外洋散泊，现在安静。惟"于海滩上插一木牌，写有汉字说帖。妄称内地船只不准出入粤省门口，俟英国通商再行无阻。又称，鱼艇日间出入，不为拦截。各邑乡里商船，可赴英国泊船之处贸易等语"⑥。

从闽浙总督邓廷桢请，补造福建各厂战船。⑦

英船窜入浙江洋面。宁波府鄞县知县舒恭受，"以六月初五辰刻，防得进港渔船称，有夷船多只，于象山县爵溪洋面游奕。是日申刻，闻得定海县南韭山洋面，有大夷船两只，小夷船两只，从深水洋驶入"⑧。

---

① ［美］马士：《中华帝国对外关系史》第1卷，张汇文等译，生活·读书·新知三联书店1957年版，第296页。

② 吕实强：《中国早期的轮船经营》，台湾"中央研究院"1962年版，第9～10页。

③ 《清实录·宣宗成皇帝实录》卷三三五。

④ 中国第一历史档案馆：《鸦片战争档案史料》第2册，天津古籍出版社1992年版，第157～158页。

⑤ 胡滨译：《英国档案有关鸦片战争资料选译》（下册），中华书局1993年版，第676～678页。

⑥ 中国第一历史档案馆：《鸦片战争档案史料》第2册，天津古籍出版社1992年版，第146～147页；齐思和等整理：《筹办夷务始末（道光朝）》一，中华书局1964年版，第317～335页。

⑦ 《清实录·宣宗成皇帝实录》卷三三五。

⑧ 中国第一历史档案馆：《鸦片战争档案史料》第2册，天津古籍出版社1992年版，第149～150页。

英国海军准将伯麦致书定海总兵，要求后者投降，否则"即行开炮，轰击岛地与其堡台，及率兵丁登岸"①。

初十日戊辰(7 月 8 日)

浙江巡抚乌尔恭额上奏英人侵入定海，上岸滋事。"初七日午刻，镇臣在张朝发在船与该夷接战，未能取胜。夷人俱已上岸，约有三四千人，围攻城池。"其已令镇海营水师三百名前赴定海，又飞调金华协兵四百名、严州协兵三百名、绍兴及处州镇标兵八百名，前往镇海。②

有英船或停泊在虎门外校椅沙一带。"兹查六月初十前后，该夷兵船内有七只及车轮船二只，又陆续开出老万山，扬帆远去。而日内据报，复到有兵船三只，难保非即前开之船，去而复至。统计现在共有夷船十只，虽仍散泊外洋，而间有一二乘潮驶至相距虎门五十余里之校椅沙一带。"③

英国外交大臣巴麦尊接到义律正月十四日(2 月 16 日)于澳门写来的书信，信中流露占据舟山的意图："获得一个岛屿(不太靠近海岸)作为永久的殖民地是最安全的方案。我考虑这个问题越多，给我留下的这个印象就越深，即舟山群岛的一个岛屿为达到该目的提供了最大的有利条件。……在不到十年的时间内，那个地点将成为兴旺发达的对日贸易的中心。……我始终认为，我们必须抓住某个东西，放弃它的条件是他们把我们所选择的那个地点割让我们时，完全允许人民在那里同我们进行贸易。"④

十三日辛未(7 月 11 日)

乌尔恭额奏报定海县城沦陷情形。六月初八日，定海县城已被英军攻破，署定海县知县姚怀祥、典史全福，不屈投水死。定海镇总兵张朝发、护定标左营游击钱炳焕等，带伤退往镇海。现有英船多只，在笠山外往来游奕，距镇海不过十有余里。至十三日发折时，英船已增至三十一只，四面装炮，大者三层，次者二层，小者一层。内有两只，船旁装有轮盘，旋驶如风，往来甚速，以为前导。其兵约有五

①　中国第一历史档案馆：《鸦片战争档案史料》第 2 册，天津古籍出版社 1992 年版，第 154~155 页。

②　齐思和等整理：《筹办夷务始末(道光朝)》一，中华书局 1964 年版，第 318~319 页。

③　中国第一历史档案馆：《鸦片战争档案史料》第 2 册，天津古籍出版社 1992 年版，第 181~182 页。

④　胡滨译：《英国档案有关鸦片战争资料选译》(下册)，中华书局 1993 年版，第 614 页。

六千人。现镇海守兵，合计只有二千余名。①

清廷督促修造巡洋船只。"漕标盐城营额设巡船沙船八只，东海营额设哨船沙船九只，原以备驾驶而资巡哨。兹据该漕督查明，各船无一可用。承修之员，于委勘饬修后，又复延宕，未报完工，以致该营屡报雇募民船，殊属不成事体。着两江总督即将承修二营船只历任迟延各员职名，送部分别议处，仍责令迅速修造完竣。其有署事之员，虽经卸事，亦着协同修造，不准置身事外，以昭核实而重要工。"②

英军扣留了一艘驶向宁波的中国商船，强迫船长送信与浙江巡抚及提督，以作为释放船只的条件。在随之而来的接触中，英军察觉了清廷态度的变化以及对林则徐行为的否定。③

十九日丁丑(7月17日)

两广总督林则徐等奏火烧英人贩运烟土海船情形。"奏查英夷近日来船，兵械较多，仍载鸦片。在彼总欲愚弄沿海汉奸，阻挠当官禁令。臣等于前次烧毁接济匪船二十三只后，仍严饬水陆文武严拿惩创。以夷船最畏焚烧，函商水师提臣关天培等分带兵勇，暗伏岛澳，于五月初九日夜，将火船移近夷船聚泊处所，先后烧毁载烟夷船一只、大小办艇十一只、近岸篷寮九座。其冲突窜逃各夷船，彼此撞碰，叫喊不绝。夷人烧毙、溺毙及被烟毒迷毙者，不计其数，我兵并无被害。"④

二十日戊寅(7月18日)

闽浙总督邓廷桢上奏英军威胁定海情形，要求加强全面防御。"兹于六月二十日辰刻，连接浙江定海镇总兵张朝发禀报：六月初二日，有英夷火轮船二只、大小兵船二十四只，在于镇辖之南韭山、东西柱外洋行驶。经该镇统带兵船，配足炮火出洋防堵。初三日，南风盛发，该夷船驾驶如飞，至旗头洋面，分作两帮：一帮窜入定港；一帮由猫港横水洋向西行驶，恐其窜入镇关。……伏念英夷此次越赴浙洋，其心尤为叵测。且来船四十只，除浙洋二十四只外，尚有十余只未知下落。是

---

① 齐思和等整理：《筹办夷务始末(道光朝)》一，中华书局1964年版，第323~324页。

② 《清实录·宣宗成皇帝实录》卷三三五。

③ 胡滨译：《英国档案有关鸦片战争资料选译》(下册)，中华书局1993年版，第670~676页。

④ 《清实录·宣宗成皇帝实录》卷三三五。又见齐思和等整理：《筹办夷务始末(道光朝)》一，中华书局1964年版，第315~317页。

否停泊粤洋？抑系分赴沿海各省？应请旨饬下奉天、直隶、山东、江南、广东等省督抚一体防范。至闽洋紧要之区，以厦门、台湾为最；而台湾尤为该夷歆羡之地，不可不大为之防。臣前闻粤中探报，既已飞饬台湾镇、道及澎湖等协营准备周防、严守口岸，勿使稍有疏虞；其厦门一岛，连日会同水、陆提臣并兴泉永道督饬厅、营添备炮火，加意周防，以杜其复来滋扰。"①

廿二日庚辰（7 月 20 日）

因定海失守，浙江巡抚乌尔恭额受到斥责。《清实录·宣宗成皇帝实录》卷三三五载："谕寄谕浙江巡抚乌尔恭额：英夷因查办烟土，绝其牟利之念。朕早料其必有窜入海口滋扰之举，屡经训诫有海口各省督抚提镇严密防范，不许该夷驶入。本日据乌尔恭额奏，英夷致书定海镇总兵，肆其狂悖，并知夷人俱已上岸围攻城池。览奏之余，实深痛恨。此等丑类，不过小试其技，阻挠禁令，仍欲藉势售私，他何能为？该巡抚提督果能认真防堵，水陆交严，何至纵令登岸有三四千人之多？似此偶遇事端，文武大吏即张惶失措，浙江营伍废弛，不问可知。已另有谕旨将乌尔恭额、祝廷彪，交部严加议处。至定海县孤悬海外，被围甚急，该抚自应添拨水师，驰往救援。而西驶夷船，难保不窥伺宁波、镇海等处要口，妄希占据。着即派委将弁，分路严防，无许夷匪窜入。本日已降旨由四百里饬令余步云酌带弁兵，前往剿办，计日可到。该抚等务当悉心筹画，稍赎前愆，傥再有疏虞，必当从重治罪。"

廿五日癸未（7 月 23 日）

江南道监察御史陆应谷上奏，要求通商各国在交易之前先缴炮位。"所有通商各国，令其呈缴炮位，方许贸易，俟其贸易既毕，再行给还。彼夷人果专心售货，自不难呈缴；如其不肯呈缴，即属有心抗违，更应断绝交易，以防患于未然。"②

廿六日甲申（7 月 24 日）

定海失守，据报兵船有三十八只，兵七八千人。③ 镇海受到威胁，清廷要邓廷桢派福建水师前来增援。《清实录·宣宗成皇帝实录》卷三三五载："谕军机大

---

① 齐思和等整理：《筹办夷务始末（道光朝）》一，中华书局 1964 年版，第 347~348 页。
② 齐思和等整理：《筹办夷务始末（道光朝）》一，中华书局 1964 年版，第 322~323 页。
③ 中国第一历史档案馆：《鸦片战争档案史料》第 2 册，天津古籍出版社 1992 年版，第 190~191 页。

臣等，本日据乌尔恭额等由驿驰奏'定海县城被英夷攻破，该抚等现驻镇海县防堵，瞭见夷船多只，在笠山以外，往来游奕，距镇海不过十有余里，现在镇海官兵止有二千余名，应俟大兵云集，合谋攻击'等语，着邓廷桢选派闽省大员，带领舟师，星飞赴浙，无论夷船在于何处，即会同浙江水师合兵会剿，以期一鼓成擒。"

廿八日丙戌(7 月 26 日)

英吉利侵扰滋事，清廷以为多有汉奸从旁协助，故在沿海加强巡查，缉拿汉奸。《清实录·宣宗成皇帝实录》卷三三五载："此次英吉利逆夷滋事，攻陷定海，现经调兵合剿，不难即时扑灭。因思该夷先经投递揭帖，恣其狂悖。逆夷文字，不通中国，必有汉奸为之代撰。且夷船多只，闯入内洋，若无汉奸接引，逆夷岂识路途？以食毛践土之民，敢于自外生成，为夷匪主谋向导，实属罪不容诛。至沿海弁兵，疏于防范，已非寻常失察可比。若竟勾通接引，尤堪痛恨。着盛京、直隶、山东、江苏、广东、福建各将军督抚提镇等，分饬各属，严密查拿。如有内地奸民潜踪出入，一经获案，严究有无通夷导逆情事，从重惩办。其疏防纵奸弁兵，亦着一体严拿，加等治罪。务令奸宄净尽，毋任一名漏网。经此次谆谕之后，如各省海口仍有汉奸出入，别经获案，不特该管员弁从严究治，定将该将军督抚提镇等一并严惩，决不宽贷。"

七月初一日己丑(7 月 29 日)

英国领事懿律致信陈化成，要求休战。"本统帅现已递进本国宰相照会公文，因欲听候朝廷如何批复，是以不愿相攻。兹时贵提督如不先行攻击，又不命人搅扰惊动定海民人，则本帅亦不想攻击。炮台城邑，乃定海属地之内，如遇线人窥探，当必依照相战之例办行。"①

初二日庚寅(7 月 30 日)

山东巡抚托浑步奏报筹备海防情形，禀报六月十二、三、四等日，先后有白布

---

① 中国第一历史档案馆：《鸦片战争档案史料》第 2 册，天津古籍出版社 1992 年版，第 208 页。

风帆夷船驶入登州一带，拟拨陆营兵五百名布防于登州、荣成附近。①

沈镆奏陈沿海各省应该团练水勇，以散汉奸而靖夷寇。②

兵部尚书祁寯藻等奏报海防大局情形，声称浙江洋面夷船三十余艘、广东洋面夷船八九艘，要求造大船，筑炮台。③

初五日癸巳(8 月 2 日)

杭州将军奇明上奏，要求放弃海战，诱敌深入，清廷颇为动心。《清实录·宣宗成皇帝实录》卷三三六载："谕军机大臣等，奇明保等奏豫筹防堵情形一折'据奏杭州鳖子门为通江水路，尤属紧要，该将军等于水面较窄、枪炮易施之潮神庙地方，屯兵防守'等语，览奏已悉。英夷沿海滋扰，所恃船身坚大、枪炮便利。我兵水战，骤难制胜，不若诱之登陆，可期聚而歼旃。但非确有成算，断不可轻举妄动。着该将军等悉心商酌，妥密调度，总须计出万全，谋定后动，一有夷船消息，审机度势，妥为筹办。……本日又据长喜驰奏'夷船直逼乍浦海口，该副都统率兵堵御，互相轰击，伤毙兵丁十余名'等语，该处夷船，现在虽只一只，难保不陆续而至，乍浦兵力较单，亟须拨兵赴援。该将军现在省城防守，不可轻动。着即遴委将弁，选派兵丁，星夜赴乍浦海口接应，相机堵逐，毋稍延误。"

从巡抚乌尔恭额请，修浙江东、西海塘柴埽、盘头各工。④

初六日甲午(8 月 3 日)

接闽浙总督邓廷桢奏报，六月初四日，英兵船"布朗底"号驶入厦门港。翌日，放下舢板船一只，呈递英国外交大臣巴麦尊致中国宰相书副本。清兵不令上岸，开枪射落两人，长矛刺死一人。英人收回舢板，轰击炮台，轰死九人，伤十四人。岸炮还射，相持三时，英船始逸去。⑤

传言英船欲往天津恳请通商，清廷严词拒绝，严加防范。《清实录·宣宗成皇

---

① 中国第一历史档案馆：《鸦片战争档案史料》第 2 册，天津古籍出版社 1992 年版，第 212 页。

② 中国第一历史档案馆：《鸦片战争档案史料》第 2 册，天津古籍出版社 1992 年版，第 209 页。

③ 中国第一历史档案馆：《鸦片战争档案史料》第 2 册，天津古籍出版社 1992 年版，第 210~211 页。

④ 《清实录·宣宗成皇帝实录》卷三三六。

⑤ 齐思和等整理：《筹办夷务始末(道光朝)一，中华书局 1964 年版，第 340~342 页；姚薇元：《鸦片战争史实考》，人民出版社 1984 年版，第 59 页。

帝实录》卷三三六载："本日据林则徐等奏'粤洋英夷兵船，传言有往天津之说。如系恳求贸易，恳恩优礼'等语，天津通海各口，前据该督具奏严密防范，果有夷船驶入，自可有备无虞。惟夷情叵测，诡计多端，傥驶至天津，求通贸易，如果情词恭顺，该督当告以天朝制度向在广东互市，天津从无办过成案，此处不准通夷，断不能据情转奏，以杜其觊觎之私。傥有桀骜情形，即统率弁兵，相机剿办。"

初七日乙未(8月4日)

英军占领定海后，清廷加强镇海、厦门、台湾等地海防。《清实录·宣宗成皇帝实录》卷三三六载："前因浙江定海县被逆夷滋扰，当降旨着余步云酌带弁兵，星驰会剿。又着邓廷桢选派大员，带领舟师赴浙，以期一鼓歼擒。该督等接奉后，自已遵旨办理矣……现在逆夷占据定海，依城固守，乌尔恭额虽调兵防御，恐不足以胜重任。着邓廷桢接奉此旨，即携带印信驰赴镇海，筹办堵剿事宜。浙江巡抚印务，即着邓廷桢兼署。并着该督于到浙后，即行宣旨，将乌尔恭额革职，仍令随营效力赎罪。至闽洋紧要之区，以厦门、台湾为最。厦门一岛，据奏已会同该提督并兴泉永道督饬厅营，添备炮火加意周防，自可无虞疏失。其台湾府准备事宜，在籍前任提督王得禄最为熟悉，或有应行商酌之处，着即飞檄该镇道，与王得禄同心协力，以资保卫。至另片奏筹备经费银十万两，着准其在藩库动支，将来作正开销。"

初八日丙申(8月5日)

令革职巡抚乌尔恭额随营效力赎罪，补授刘韵珂为浙江巡抚。

福建擅拆哨船之官员受到惩处。《清实录·宣宗成皇帝实录》卷三三六载："福建南澳镇左营'南'字五号哨船，上年三月已届大修之期，乃延宕年余，竟将船身拆卸，杳不交厂修葺，以致哨船短绌。业据该署守备傅英辉，供系护游击汪国栋作主拆卸。该护游击辄以遭风击碎、漂流海面、督令捞拾等情，具禀分辩，实属狡诈。护理南澳镇左营游击水师提标前营守备汪国栋、署南澳镇左营守备金门镇右营千总傅英辉、南澳镇左营外委陈蓝顺着一并先行革职，交该督提集人证卷宗，彻底讯究，并着严缉逃兵陈捷成归案质讯，务得确情，照例惩办。又另片奏，南澳镇左营'南'字三号、铜山营'纪'字二号三号六号等船四只，业经道厂修竣，移催领驾。该营延不派拨弁兵赴领，以致船只日久停待，又复被水冲漂。虽查无需索情弊，实属有心延误，署铜山营参将南澳镇左营游击汤荣标、代理铜山营守备南澳左营千总许志勋、署守备事南澳左营千总徐建章着一并交部议处，并着查明该船如有损坏，即按照该员等署事年月久暂，分别责令赔修，以示惩儆。"

盛天将军耆英加强旅顺各海口巡查，另"令驾驶战船二只，遴委妥员，带领官兵在毗连山东之隍城岛洋面实力防堵"①。

直隶总督琦善调督标兵一千名，正定镇标兵八百名，河间协兵二百名，赴天津各海口防御②。

初九日丁酉(8 月 6 日)

命协办大学士、两江总督伊里布为钦差大臣，驰往浙江专办军务。浙江巡抚裕谦兼署两江总督、盐政。"浙江定海县逆夷滋事，乌尔恭额办理不善，已降旨革职，令随营效力。复因闽省亦当吃紧，邓廷桢未便远离。本日明降谕旨颁给伊里布钦差大臣关防，着驰驿前往浙江查办事件矣。该督接奉此旨，即将总督盐政关防，交裕谦兼署。该督即行驰赴宁波察看情形，再定进剿。江苏省水陆将备如有得力者，准其带往差遣。"③

福建举人陈氏因替英人投递书信，受到查处。《清实录·宣宗成皇帝实录》卷三三六载："福建已革举人陈姓，绰号不得已，早经逆夷聘往，为之主谋。总兵张朝发与彼同乡素好，定海未破之前十数日，有投张朝发一帖，导之从逆。现已着邓廷桢派员查拿务获，解至浙江讯究。着伊里布于提讯张朝发时，一并严讯确供，据实具奏。"

登州东北大洋外，有白布桅篷大夷船四只，小夷船一只，在外洋游奕。④

初十日戊戌(8 月 7 日)

林则徐奏报，英军攻占定海是早有预谋。"因查六月初间粤洋开去之英夷兵船仅止七只，而浙洋彼时已到三十一只之多，大抵径从该国黑水洋乘风北驶，乃敢聚于定海，妄逞鸱张，明因该处孤悬海中，希图踞为巢穴，是必豫相纠约，早蓄逆谋"。⑤

---

① 中国第一历史档案馆：《鸦片战争档案史料》第 2 册，天津古籍出版社 1992 年版，第 235~236 页。

② 中国第一历史档案馆：《鸦片战争档案史料》第 2 册，天津古籍出版社 1992 年版，第 237~238 页。

③ 《清实录·宣宗成皇帝实录》卷三三六。

④ 中国第一历史档案馆：《鸦片战争档案史料》第 2 册，天津古籍出版社 1992 年版，第 254~255 页。

⑤ 中国第一历史档案馆：《鸦片战争档案史料》第 2 册，天津古籍出版社 1992 年版，第 245~246 页。

水师北汛守备顾清源在蓬莱县大竹山洋面巡防，遥望东北大洋外，有白布桅篷夷船二只，蓝布桅篷夷船一只，先后乘风向西北疾驶而去。①

十一日己亥(8月8日)

清廷接到英军退出乍浦的消息，调整防守。"本日据奇明保等驰奏夷船退出乍浦海洋一折，览奏均悉。据奏'该处炮台海汛，现已加高培厚，安设枪炮，共计官兵一千七百余员名，乡勇一千五百名，即有匪船续至，足资防堵'等语，所办尚属周妥。前有旨令奇明保回省防御，一面知会恒兴前赴乍浦，计此时均已接奉，遵旨办理矣。现在匪船虽退，守御仍宜严固。奇明保着仍遵前旨，折回杭州省城。恒兴着暂驻乍浦，会同长喜妥为防守。倘有夷船续至，我兵备御已严，只须协力堵御，俟其舍舟登陆，方可奋击痛剿。""据朱树奏'漕标所辖之青口一处，坐落赣榆县地方，为商贾出入要区。现在浙省洋面不靖，应行一体巡防'等语，朱树现在督运来通，该处征调防堵各事宜，着责成裕谦一手经理。"②

十二日庚子(8月9日)

清廷做出收复定海方略。《清宣宗实录》卷三三六载："又另片奏'定海失守之后，探闻该夷于城内张榜招商，销售鸦片'等语，逆夷明目张胆，抗违禁令，深堪痛恨，惟既占据城池，正可兜捡痛剿。据邓廷桢奏称'夷船二十余只，聚泊港口，势类负嵎，内地师船恐难骤近，必须改造坚实大船，多配兵丁炮火，间道而进，一拥登山'等情，但泉州商人私信所称，恐未尽确。如果该夷占据定海，我兵竭力攻打。朕意分兵两路，一路烧毁船只，断其归路；一路攻复定海，聚而歼旃，庶足伸天讨而靖海氛。惟夷情诡诈百出，海洋风汛靡常，着伊里布于到浙后相机审势，妥为筹办。"

清廷加强沿海防御。《清实录·宣宗成皇帝实录》卷三三六载："前因浙江有英夷滋扰，降旨令沿海将军督抚等先事豫筹，巡察防堵，已据直隶、山东、江苏各省，将备防事宜陆续奏到。盛京为根本重地，朕心尤为廑注。该处港汊，何处可进大船；该省洋面，何处最关紧要，着耆英确切查明，先行奏闻。至现在作何筹办，固不可先事张皇，亦不得不豫为准备，以致临事周章。如果夷船驶至盛京，该将军即督属堵御，相机办理。""如该夷船驶至(天津)海口，果无桀骜情形，不必遽行开

---

① 中国第一历史档案馆：《鸦片战争档案史料》第2册，天津古籍出版社1992年版，第284~285页。

② 《清实录·宣宗成皇帝实录》卷三三六。

枪开炮。倘有投递禀帖情事，无论夷字、汉字，即将原禀进呈。""至台湾孤悬海外，防堵事宜，尤应准备。着该督飞饬该镇道等遵奉前旨，与前任提督王得禄同心协力，加意严防，毋稍疏懈。"

十四日壬寅(8 月 11 日)

是日，懿律偕义律、伯麦等率"威里士厘"号等九只兵舰，到天津海口拦江沙外停泊，遣船一只驶近口岸，送交信函。直隶总督琦善派游击罗应鳌登船接信。内称，口外大船有重要文件，请派官员来取。经道光帝允准，七月十八日，琦善派千总白含章往见懿律。二十日，取回一函，即英国外交大臣巴麦尊致中国宰相书。内中无理指责中国政府查禁鸦片，驱逐英国商民，断绝中英贸易，要求赔偿烟价、中英官员平等相待、割让一岛或数岛为英商根据地、索还商欠、赔偿军费。遂后，道光帝命琦善照会英军统帅懿律，照会中称："上年钦差大臣林等查禁烟土，未能仰体大皇帝至公正之意，以致受人欺蒙，措置失当，必当逐细查明，重治其罪。惟其事全在广东，此间无凭办理，贵统帅等应即返棹南还，听候钦差大臣驰往广东，秉公查办，定能代伸冤抑。"照会将英军要求逐条驳回。①

十六日甲辰(8 月 13 日)

清廷加强炮台、战船修建与水师训练。《清实录·宣宗成皇帝实录》卷三三七载："嗣后参将、游击、都司、守备等官，如有实在熟习洋面情形、勇敢有为者，着各直省督抚专折保举，并于折内注明该员出力实迹，候旨简用。至战船以资利涉、火炮以备攻坚，必应平日修造妥协，临时方可得力。该督抚等有统辖水师之责，谅已先事豫筹，办理悉臻坚固，更应督率将弁加意修理，以备不虞。况战船每岁报销修费，而炮位分置各海口，现据陆续奏报，位置咸宜全在，各该督抚认真查察，随时分别验勘。战船则驾驶轻灵，火炮则施放有准，稍有敝坏之处，即着赶紧修理，毋稍懈弛，正不在纷纷添造也。"

英军至天津拦江沙外停泊，投递公文书信。"本日据琦善由驿驰奏'英吉利夷人投递字据，声称诉屈，尚无桀骜情形，现仍饬令在拦江沙外停泊，听候奏奉谕旨遵行'等语，办理甚为妥协。所有该夷呈递该督字据，并给游击罗应鳌刊刻夷书一本，览奏均悉。惟既据称尚有别项公文应须呈递，着琦善委员查问接收一并进呈，仍饬该夷船不得妄越进口，俟奏奉谕旨，再行遵办。"②

---

① 《筹办夷务始末(道光朝)》第 1 册，中华书局 1964 年版，第 368、380~388 页。
② 《清实录·宣宗成皇帝实录》卷三三七。

乌尔恭额奏报，在镇海招宝山安设大炮十九位，在乍浦布防三千余名兵丁，在温州玉环招募水勇三千五百余名，在宁波置兵一千二百名，在海宁安设大炮六位。①

十八日丙午（8月15日）

钦差大臣两江总督伊里布奏，为防堵海口，现已调徐州、寿春、狼山三镇，及福山、京口、高资、镇江、扬州、常州、太湖等营官兵四千二百五十名，连江南提督陈化成所带之提标兵一千名，分驻吴淞、上海两处。又令苏松镇总兵田松林率该镇兵三千名，前往崇明县防守，以扼险要。其金山、南汇、奉贤、华亭、常熟、海门等处，额兵单弱，复调提标兵六百名，安徽抚标兵四百名，安庆营兵三百名，督标暨江宁城守游兵等三营兵各二百名，浦口、宁国、芜采、泗州等四营兵各一百名，共二千三百名，分赴各处，协同防守。②

吴淞口尚无夷船，清廷要求做好两手准备。《清实录·宣宗成皇帝实录》卷三三七载："裕谦片奏'江苏省金山县与乍浦接壤，离吴淞口亦不甚远，屡次查探，并无夷船踪迹，其余各小口亦皆添兵设守'等语，所有采买硝磺、备办快船、并豫筹米石等事，俱着照所议办理。惟夷船游奕，必须探明船只多寡，并密派干员察其来意。果系寻衅滋事，抑有呈递字帖，如该夷只驾小舟求递字帖，务须饬令委员就近接收，由驿驰奏呈览。傥巨舰连檣来势甚猛，即着督饬将弁，并力攻击，以壮声威。该署督等务当相机妥办，勿涉轻躁。"

青州副都统德珠布，因有夷船在登州外洋游奕，带兵五百名，抬炮八尊，炮兵四十名前去堵防。③

十九日丁未（8月16日）

邓廷桢奏，我师船难敌英船。"夷船以全条番木，用大铜钉合而成之，内外夹以厚板，船旁船底，包以铜片。其大者可安炮三层，而船身不虞震裂。其炮洞安于舱底，夷兵在舱内施放，藏身既固，运转亦灵。内地师船，广东名为米艇，船身较大。福建名为同安梭船，以集成字号为极大，然皆不敌夷船十分之五，向以杉板为

---

① 中国第一历史档案馆：《鸦片战争档案史料》第2册，天津古籍出版社1992年版，第266~268页。

② 《筹办夷务始末（道光朝）》第1册，中华书局1964年版，第369页。

③ 中国第一历史档案馆：《鸦片战争档案史料》第2册，天津古籍出版社1992年版，第276页。

之，惟桅柁木较坚。船之大者，配炮不过八门，重不过二千余斤，若再加多，则船身吃重，恐其震损。且炮位安于舱面，炮兵无所障蔽，易于受亏。此向来造船部定则例如此，其病不尽在偷工减料。"①

英船在粤寻衅滋事。其"自知上干天朝震怒，难望仍准通商，在粤夷船遂亦渐形猖獗，竟将海运盐船先后掳去十四只，甚至枪毙民船舵工盛全幅一名，并伤水手杜亚发一名，华民愤切同仇，指引弁兵在洋拿获白夷吐咀吨一名，黑夷英唎及吃吐两名"②。

林则徐奏报其所侦察英军攻打定海情形。"偶有觅得夷信，译出汉文，知此次领兵攻定海城者，名曰布林嘛，其统兵之夷目一人，名曰咖哇叉律，系东印度水师督，所坐夷船最大，名曰麦尔威厘，有炮七十四门。该船进定海港口时，碰于大礁之上，底穿一孔，入水甚深，几于沉没。又有带兵夷官职分颇大之呵兰打，被我师打死。"③

二十日戊申（8 月 17 日）

千总白含章至英船上，取回英国外交公文。直隶总督琦善查看英船样式，并与懿律交涉。④

给事中沈镈因家中来信，而提出收复定海之策，以为英军虽占据定海，只是为了获得一码头，并无登陆之心，形势尚未恶化。⑤

廿一日己酉（8 月 18 日）

清廷诏谕守护崇明岛。《清实录·宣宗成皇帝实录》卷三三七载："崇明孤悬海外，切近浙洋，亦关紧要。田松林着即在崇明防堵，无庸派往。所雇闽广商船及选派兵丁，着伊里布体察两省情形，酌量带往，慎毋顾此失彼。"

———————————

①　《筹办夷务始末（道光朝）》第 1 册，中华书局 1964 年版，第 374 页。

②　中国第一历史档案馆：《鸦片战争档案史料》第 2 册，天津古籍出版社 1992 年版，第 278～280 页。

③　中国第一历史档案馆：《鸦片战争档案史料》第 2 册，天津古籍出版社 1992 年版，第 281 页。

④　中国第一历史档案馆：《鸦片战争档案史料》第 2 册，天津古籍出版社 1992 年版，第 289～291 页。

⑤　中国第一历史档案馆：《鸦片战争档案史料》第 2 册，天津古籍出版社 1992 年版，第 293～294 页。

廿二日庚戌(8月19日)

清廷严令不得与夷船在盛京展开海战。《清实录·宣宗成皇帝实录》卷三三七载:"傥有夷船驶至盛京,该将军等务当相机防堵,不得于海洋与之接仗。如其入口登岸,即应竭力剿除。或来船声称投递禀揭,并无桀惊情形,即行派员接收,由驿驰奏进呈,听候谕旨。"

廿三日辛亥(8月20日)

邓廷桢上奏夷船侵扰福建洋面情形。"查闽省夷船,自六月初五日在厦门滋扰,经我兵逐退后,至七月初十日止,并无往来消息。迨至十一日,即据莆田县禀报,有夷船三只;十六日据晋江县禀报,有夷船二只;十八日据福防同知禀报有夷船二只,晋江县禀报,有夷船二只,俱在各该县及近省五虎门外洋往来游奕:因防堵严密,俱不敢逼近口岸。惟据惠安县禀报,十五日午刻,有三桅夷船二只、双桅夷船三只,从东北驶至大坠洋面停泊,桅上挂有红旗,与寻常商船迥异,当即严加堵御。即于十六、七等日,先后均向西南开去。旋据晋江县禀报,十六、七等日,先后有夷船三只驶至深沪等洋,旋即驶至黑水深洋停泊,远望尚有二只。并据该县禀报,先于十三日,有夷船十一只在深水外洋游奕,旋即向西南驶去。"①

清廷下令不得在秦皇岛等地与夷船展开海战。"山海关地方,距海口停船之老龙头仅止八里,秦王岛亦止三十余里,必当加意严防。傥有夷船驶往,即着该副都统相机堵御,不得于海洋与之接仗。如其入口登岸,即应竭力剿除。或来船声称投递禀揭,并无桀骛情形,即行派员接收,由驿驰奏进呈,听候谕旨。"②

廿四日壬子(8月21日)

两广总督林则徐等奏续获贩烟人犯,受到严厉斥责。"外而断绝通商,并未断绝,内而查拿犯法,亦不能净。无非空言搪塞,不但终无实济,反生出许多波澜。思之曷胜愤懑,看汝以何词对朕也。"③

御史焦友麟上奏严禁私贩焰硝出洋,同时希望加强澎湖守护。《清实录·宣宗

---

① 齐思和等整理:《筹办夷务始末(道光朝)》一,中华书局1964年版,第415~416页。
② 《清实录·宣宗成皇帝实录》卷三三七。
③ 《清实录·宣宗成皇帝实录》卷三三七。

成皇帝实录》卷三三七载："内地私贩焰硝本干例禁，况与外夷交接，私贩出洋，甚至弁兵营私卖放，实属法所难宥，必应随时拿办，以杜奸私。着各该将军督抚等督饬各关监督，严定章程，如遇私贩焰硝出洋者，拿获按律惩办。""御史焦友麟奏'东南海疆要地，请严饬防御'一折，据称'澎湖为闽省过台门户，欲固台湾必守澎湖，并请于该处招募练勇'等语，现在英夷滋扰，难保不觊觎台湾，而澎湖尤为紧要之区，不可不严加防范。着邓廷桢委派明干将弁，并责成该镇道招募练勇，勤加训习，严密防堵。"

有三桅夷船一只、二桅夷船一只在青屿门外游奕。次日卯辰之间，驶进青屿，与水操台炮战。二十七日巳时，放下杉板三只，驶入曾厝坡一带。①

廿五日癸丑(8 月 22 日)

湖广总督周天爵奏报拿获违禁传习天主教之西洋人董文学，另有传教之西洋人穆导沅尚查拿无踪。"此案董文学，以西洋人胆敢潜入内地，传习天主教，讲经惑众，实属罪大恶极。该州县即将该犯拿获，并访获习教多人，功过尚足相抵，所有失察处分着加恩宽免。至该犯等供出西洋人穆导沅曾至沔阳州南漳县境内，现在查拿无踪，难保不逗留传教，着各直省督抚严饬各州县查拿务获究办。"②

盘踞定海英军，有头目去世。"定海夷船仍然蚁聚，该夷于城内城外到处防闲，较前更密。其大头目名为伯麦，次则义律布耳利，两人近闻有一头目已遭冥诛，尚未探有确名。其夷船在外游奕者，南至石浦，北至乍浦，分头潜探，未敢近岸。即驶至镇海洋面，旋停旋去，亦不敢近逼口岸。现在浙江省各海口，俱已列兵防堵。"③

廿六日甲寅(8 月 23 日)

钦差协办大学士、两江总督伊里布奏请闽广遣兵会剿。道光帝谕："闽广两省海口，随在皆关紧要，若分兵赴浙，不独鞭长莫及，且恐顾此失彼，未能计出万全。""惟英人现据定海，主客之势既殊，若在洋面接仗，彼转得用其所长。收复之策，务须通盘筹画，确有把握，谋定后战。如何布置之处，奏明后再行进剿。"④

---

①　中国第一历史档案馆：《鸦片战争档案史料》第 2 册，天津古籍出版社 1992 年版，第 298～301 页。

②　《清实录·宣宗成皇帝实录》卷三三七。

③　《清实录·宣宗成皇帝实录》卷三三七。

④　《清实录·宣宗成皇帝实录》卷三三七。

清廷加强登州防护。《清实录·宣宗成皇帝实录》卷三三七载："据托浑布奏'探有夷船在东北大洋，乘风向西北驶去，并未在山东洋面停泊，现经调拨兵丁，宽备火药，驰赴登州，相机防御'等语，着该抚督同该镇道等察看情形，择要布置，毋得稍有疏懈。至此次防堵事宜，既据该抚查明，重在严守要隘口岸，利于步兵，不利于马队，所有副都统德珠布拟带满洲马队兵五百名、协领等官十七员同赴登州府协防之处，着即停止，毋庸前往。"

廿七日乙卯（8月24日）

大学士直隶总督琦善派员与夷船接洽，探究其北上山海关等地之缘由。《清实录·宣宗成皇帝实录》卷三三七载其上奏云："连日查探夷船全行起碇，自系前往山海关、奉天等处窥探，节次派员前往接受夷书，暨送给食物，屡与该夷面晤，渐近习熟，设法诱探。据称自广东封港后，所带货物资本赔累难支，是以各处寻觅码头，铤而走险。窥其词色，似有愧悔之心。再查义律系协同掌兵之人，在粤年久，诸事熟悉，一切皆其主谋。此时似先须折服义律之心，其次渐可疏通。且夷性最为犹豫，如遽令其旋回，尚恐其怀疑不从。现既由臣接其字据，即由臣传旨晓谕，或可冀其取信臣。惟待其回至天津，随机应变，详细开导，令其返棹南旋。"

有夷船两只从廖甬嘴直东外洋驶至糖鲈沙洋面，遥放枪炮。至八月初二日，盘旋在浙江之黄盘、羊山，江苏之铜沙、佘山等极东外洋。①

廿八日丙辰（8月25日）

因琦善在天津正与英人接洽，清廷晓谕各地不要轻举妄动，定海亦毋须急图收复。《清实录·宣宗成皇帝实录》卷三三七载："现有夷船驶至天津，投递诉冤禀帖，已降旨令琦善妥为办理。该大臣于抵浙后必须访察明确，谋定后动，断不可急图收复（定海），冒昧轻进。该夷人如有呈递字件，即着派员接受，将原件由驿驰奏。""厦门虽获有胜仗，仍须持重谨慎。着邓廷桢统率将弁，认真巡防，遇有夷船驶至，不值在海洋接仗。傥敢进口登岸，即着合击痛剿。或该夷人呈递说帖，并无桀骜情形，即派员接收，将原递之件由驿驰奏。""英夷船只，现已起碇他往，降旨令琦善相机办理。该提督驻扎古北口地方，亦关紧要，所有调拨兵丁防堵之处，着即派往周悦胜接奉此旨，无论行抵何处，即行折回。"

---

① 中国第一历史档案馆：《鸦片战争档案史料》第2册，天津古籍出版社1992年版，第301~302页。

八月初四日辛酉(8 月 30 日)

先是，七月十八日，千总白含章至英军大船取巴麦尊函时，义律声言，限十日内答复，并请派钦差大臣来船会谈。因道光帝不准琦善亲赴英船，八月初二日，琦善遂派白含章面见懿律，请登岸会议。至是，八月初四日，懿律派义律与马礼逊及随从十余人至大沽口南岸会谈。中方出席者为琦善、白含章及随从等亦十余人。琦善将致懿律的照会面交义律。义律则坚请琦善在巴麦尊函中所提条款上签字。琦善根据照会宗旨，逐条驳回。至八月初六日，议无结果，会谈结束，义律回船。①

盛京将军耆英奏，七月二十四、二十五日，有英船两只于复州八岔沟外洋游奕。清廷晓谕："此次夷船驶至奉天，如情词恭顺，另派小船投递禀揭等件，该将军不必遽开枪炮，仍遵前旨，派员接收，将原件由驿驰奏。倘有桀骜情形，断不准在海洋与之接仗。盖该夷之所长在船炮，至舍舟登陆，则一无所能。正不妨偃旗息鼓，诱之登岸，督率弁兵，奋击痛剿，使聚而歼旃，乃为上策。"②

裕谦奏报，上海多有游匪，"况上海为海舶聚集之所，其大小东门外所有行栈及一切生理，闽广之漳、泉、惠、潮、嘉应五府州人，十居六七，而停泊商船，接缆连艘。又在黄浦一带，凡船中舵水与岸上游民，无不痛痒相关，联为一气。又有杉板小船往来浦口，名则借称摆渡，其实偷运烟土，讹索客商，出没无常，无恶不作"③。

初六日癸亥(9 月 1 日)

清廷再次晓谕邓廷桢，不必与夷船展开海战。《清实录·宣宗成皇帝实录》卷三三八载："该夷船往来游奕，桅挂红旗，踪迹诡秘，难保无奸民暗为勾引，着邓廷桢仍遵前旨，严密防范，不必在洋与之接仗。我兵外示镇静，以逸待劳。如果登岸，再行剿除，毋庸汲汲图功，恐有挫失，是为至要。"

贵州道御史万启心提出与英夷谈判六条原则，被清廷传达给琦善。一、粤省封港。该夷总疑钦差大臣蒙蔽朝廷，绝其贸易，投书申诉，应谕以封港系该大臣因该夷不肯缴烟，奉旨办理，并无欺诱，以免藉口。二、夷人缴烟。又以洋商从前私许给价，嗣因钦差大臣不许，未曾得价，不甘亏本为辞，试思数万烟箱，架木烧毁，

---

① 《筹办夷务始末(道光朝)》第 1 册，中华书局 1964 年版，第 424 页。

② 《清实录·宣宗成皇帝实录》卷三三八。

③ 中国第一历史档案馆：《鸦片战争档案史料》第 2 册，天津古籍出版社 1992 年版，第 303~305 页。

共见共闻，岂有用价买来烧毁之理。且夷人与中国贸易数十年，获利不少，此次不给价值，未为亏本。买卖已失，近复用兵，该夷路险且远，中国以逸待劳，形势谁难谁易，费用孰多孰少，中国坚壁清野，令该夷不能上岸，纵有利器，于何用之。该夷素善权计，必知求息。三、鸦片烟新例。应谕知夷人，必不开禁，无得意存希冀。四、夷人以汉奸为耳目。应谕以此等奸徒，弃中国父母坟墓，惟利是图，有何可信。天下忘本之人，譬如毒药蛇蝎，岂能有益。如此谆切晓谕，汉奸自不为彼所信。五、夷人上年缴烟，尚属听命可嘉，宜奖其既往，以劝将来。六、茶叶大典，夷命所系，应谕以贸易既绝，此物必不出洋。俟该夷屈服后，照价赏赐，以为操纵之具。①

英人在山海关等地测绘地图，"据称山海关等处（英人）亦曾去过，带备工绘画之人，随处绘图。即天津炮台一带情形，亦经绘有图说"②。

初七日甲子（9月2日）

夷船出现在登州海口。《清实录·宣宗成皇帝实录》卷三三八载："夷船一只，在鼍矶岛外洋游奕，并驾小船，向岛民乞买淡水牛只。……现在该夷船既向西北大洋驶去，难保其不折回，且恐复有南来船只，山东省各口岸，内无涨沙拦阻，外无险要可守。设或夷船再至，竟有桀骜情形，不准在海洋与之接仗。该夷所恃者船炮，若舍舟登陆，则其技立穷，不妨偃旗息鼓，诱之登陆，督率兵勇，聚而歼旃。"

十一日戊辰（9月6日）

盛京将军奏报英船在复州停泊情形，"询据岛内村民，前次先到夷船二只，及续到夷船一只，均在塔山南外洋停泊。夷船各随有脚艇，曾在常兴岛之八岔沟汲取泉水，并向居民以洋钱易换牛只鸡鸭"③。

十三日庚午（9月8日）

夷船驶至老龙头海面。《清实录·宣宗成皇帝实录》卷三三八载："据称瞭见夷

---

① 《清实录·宣宗成皇帝实录》卷三三八。
② 中国第一历史档案馆：《鸦片战争档案史料》第2册，天津古籍出版社1992年版，第314页。
③ 中国第一历史档案馆：《鸦片战争档案史料》第2册，天津古籍出版社1992年版，第327~328页。

船一只，相距海口五里，桅杆高大，烟气上冲。此等夷船，系该夷探信所用，并非兵船。现在既经南驶，仍当加意巡防。该副都统先后派带官兵，相机守御，毋少疏懈。"

十四日辛未(9 月 9 日)

有大夷船五只驶至川沙厅之三尖角洋面寄碇，夜间二只小船驶近吴淞海口，为水师拦截一船，截获夷书一封，封面题有"江南提督开拆"字样。经审问，为夷船逼迫华人商船转呈。①

十五日壬申(9 月 10 日)

乌尔恭额移交拿获汉奸闻吉祥、布定邦及黑夷等，清廷要求进一步调查相关情形。"汉奸黑夷，系何人何处盘获。其被获之时，系何情形。该犯等深入内地，营谋何事，何以束手待缚。其所吐供词，大致若何。……至该夷占据定海之后，现在逃入内地者，究有若干民人。定海城内外，仍有若干户口。"②

浙江巡抚奏呈英人五月二十八日之报纸，其觊觎舟山之心暴露无遗："我等若由中国人手内夺得此岛，即定必令此岛比广东省城更为紧要。其路程虽系略远，而经过台湾之港口，大半年虽系有暴风之险，惟舟山之天气甚好，地土肥美，而居民亦甚稠密。在此岛上有定海城，即在于今亦系大贸易之处。此岛之样子正与新加坡相同，大抵比新加坡更宽大。"③

宋其沅奏报，英夷袭击定海。

十七日甲戌(9 月 12 日)

署两江总督裕、江苏巡抚裕谦报，七月十七日，有大洋船三只在宝山洋面游奕，其中一只闯入内洋，经提督陈化成督兵开炮轰击，转驶向东南深水大洋。④

①　中国第一历史档案馆：《鸦片战争档案史料》第 2 册，天津古籍出版社 1992 年版，第 341～342 页。

②　《清实录·宣宗成皇帝实录》卷三三八。

③　中国第一历史档案馆：《鸦片战争档案史料》第 2 册，天津古籍出版社 1992 年版，第 335～336 页。

④　《筹办夷务始末(道光朝)》第 1 册，中华书局 1964 年版，第 438 页。

麟庆上奏，黄河海口拿获夷人金万成等七名，讯系朝鲜国人遭风漂流。①

裕谦驰抵宝山县，接办防堵事宜，上奏清廷，指出夷人犯有兵家之忌者八：千里馈粮；重洋往返；国富民贫；炮火不利仰攻，施放亦难得准；船身笨重，吃水极深，内洋沙线，非所熟悉，水浅沙胶，转动万难；夷船虽坚固，然利于水者不利于火，可用火攻；夷人腰硬腿直，善水战不利陆战；夷人不服中国水土，或出天花，或染时疫。②

二十日丁丑(9 月 15 日)

八月初七日，懿律复书琦善，坚请赔偿烟价及改革行商制度。八月十八日，琦善派白含章携书见懿律，称烟价及行商之事可到广东商量。是日，懿律率英兵舰全数南去定海。③

是日，英军五桅船一只驶入浙江慈溪县观海卫洋内，放下舢板二只，欲登海岸，被清军官兵击退，生俘四人。次日，该英船驶至余姚近海，被清朝守军诱至软沙处，全船沉没，二十二人被俘，其中有英海军上校助治爹利，余众乘小舟四逃。其中一舟于二十三日，在上虞被清军捕获。④

廿一日戊寅(9 月 16 日)

因闽、广水师不能分调江浙，两江总督伊里布招集定海逃散水师，并在宁波府等地招募水勇，以期厚集兵力，战守有资。⑤

清廷要求侦察失守之定海情形，以为收复之准备。"定海一县数百里之地，夷兵虽众，未必能处处环绕，且现有民人逃难渡海及官员逃避之事。海洋辽阔，港汊纷歧，当必仍有路可通，务须密加察访，以为进攻之计。其定海文武官员，查无下落，现既有教谕曹应谷、训导诸葛璋等逃回郡城，即可向其查问城内情形，并姚怀祥等死事情节。其遭冥诛之夷目，究系何人，查明后亦着奏闻。"⑥

---

① 《清实录·宣宗成皇帝实录》卷三三八。

② 《清实录·宣宗成皇帝实录》卷三三八。

③ 《筹办夷务始末(道光朝)》第 1 册，中华书局 1964 年版，第 427~428 页。

④ 《筹办夷务始末(道光朝)》第 1 册，中华书局 1964 年版，第 501 页。

⑤ 中国第一历史档案馆：《鸦片战争档案史料》第 2 册，天津古籍出版社 1992 年版，第 370~371 页。

⑥ 《清实录·宣宗成皇帝实录》卷三三八。

廿二日己卯(9 月 17 日)

　　因天津海口外英船已全部起碇南返，清廷以琦善钦差大臣，派遣其前往广东与英人商谈，要求各地以防御为主，不必进攻。"该夷前此猖獗，殊堪发指，必应痛剿示威。现在福建之泉州府、浙江之乍浦、江苏之宝山、崇明各洋面，均经前后轰击夷船，大挫其锋。该夷既肯赴粤乞恩，自不值穷于所往。本日已降旨派琦善作为钦差大臣，驰驿前赴广东查办事件。俟该大臣到粤后，自能办理妥协。但恐沿海各督抚不知现在情形，特此由五百里飞示伊里布、宋其沅、裕谦、邵甲名、托浑布、邓廷桢、林则徐等，一体遵照，各守要隘，认真防范。如有该夷船只经过，或停泊外洋，不必开放枪炮，但以守御为重，勿以攻击为先。"①

　　宋其沅上奏，议覆给事中沈镣请饬各省团练水勇一事，要求妥善安置。"此等无业游民，驾船往来洋面，多系无赖匪徒，全在平日无事之时，抚绥安插，使之有所业而不为盗贼。若待洋面稍有不靖，始设法招徕，转恐为贼匪耳目，不可不防。……各属团练乡勇，协兵防守，民心藉以镇定，不为无益。虽人数较众，未必尽属良民，然在县则有官吏稽查，在局则有绅董钤束，该乡勇等尚不敢倚众滋事。至团集之后，皆系收聚口内，不令出洋，亦无从为夷人耳目。现拟酌量裁撤，凡本有生计可图者，仍令各谋本业。其实在无业游民，务令地方官妥为安插，不任流而为匪。"②

　　宁波府鄞县巡哨在定海县属青林岙地方，瞭见白夷一名，手执铜规纸笔，在山上测绘地图，又有黑夷数名在旁拥护。巡哨击毙黑夷一名，俘获白夷。③

廿三日庚辰(9 月 18 日)

　　上谕钦差大臣伊里布等查明林则徐所奏报密探定海情形。④

　　清廷申饬林则徐不得出洋剿办，要求在澳官员不动声色，加以防范。⑤

---

　　①　《清实录·宣宗成皇帝实录》卷三三八。

　　②　《清实录·宣宗成皇帝实录》卷三三八。

　　③　中国第一历史档案馆：《鸦片战争档案史料》第 2 册，天津古籍出版社 1992 年版，第 414 页。

　　④　《清实录·宣宗成皇帝实录》卷三三八。

　　⑤　中国第一历史档案馆：《鸦片战争档案史料》第 2 册，天津古籍出版社 1992 年版，第 378 页。

廿四日辛巳(9月19日)

两江总督裕谦密奏，英夷呈递夷书，语句狂悖，本不敢据以上闻。因前次奉有谕旨，不敢不代为具奏。得旨："所见大差，远不如琦善之遵旨晓事。原字原书，一并封奏，使朕得洞悉夷情，辨别真伪，相机办理。若似汝之顾小节而昧大体，必致偾事。殷鉴具在，不料汝竟效前明误国庸佞之所为，视朕为何如主耶？试思我朝之所以兴，开国时一切情伪，无不上达之故。前明之所以亡，事无巨细，率皆壅蔽。故国事日非，措置失宜，可不懔之又懔。"①

清廷调查六月间厦门与夷船海战情形。"着祁寯藻、黄爵滋于浙江审案完竣之后，驰赴厦门，密传该处乡民及未与是役之微员兵丁等，询以六月初间，夷船驶至厦门，彼时情形若何？究系孰先开炮？如何接仗？该夷伤亡若干？我兵有无伤损？其船只何时驶去？分起传讯，毋令串通。并密传提督陈阶平，谕以现奉密旨传询该提督，厦门一役，情形虚实若何？"②

舟山居民拒绝向占领的英军提供食物。③

廿六癸未(9月21日)

予广东出洋被雷火烧毙把总吴国泰，四川阵亡兵丁饶胜等三名，甘肃阵亡兵丁祁柄柱等五名，赏恤如例。④

廿八日乙酉(9月23日)

从钦差大臣琦善请，将直隶督标千总白含章，以守备尽先升用，先换顶带，赏带花翎，准带赴广东差遣委用。⑤

由天津南返之英船因食物匮乏在山东停靠，当地供给其食物。⑥

---

① 《清实录·宣宗成皇帝实录》卷三三八。
② 《清实录·宣宗成皇帝实录》卷三三八。
③ 胡滨译：《英国档案有关鸦片战争资料选译》（下册），中华书局1993年版，第690~691页。
④ 《清实录·宣宗成皇帝实录》卷三三八。
⑤ 中国第一历史档案馆：《鸦片战争档案史料》第2册，天津古籍出版社1992年版，第400~401页。
⑥ 中国第一历史档案馆：《鸦片战争档案史料》第2册，天津古籍出版社1992年版，第401~402页。

英军占据定海后，先后扣留了三十多艘满载货物的帆船。①

三十日丁亥(9 月 25 日)

有大夷船三只，驶至崇明县隔海之长沙洋面，驾舢板小船五只，登岸百余名夷人，抢掠牲畜。②

九月初三日庚寅(9 月 28 日)

清廷斥责林则徐、邓廷桢，以之为罪魁祸首。《清实录·宣宗成皇帝实录》卷三三九载："前因鸦片烟流毒海内，特派林则徐驰往广东海口，会同邓廷桢查办。原期肃清内地，断绝来源，随地随时，妥为办理。乃自查办以来，内而奸民犯法，不能净尽；外而兴贩来源，并未断绝；甚至本年英夷船只，沿海游奕，福建、浙江、江苏、山东、直隶、盛京等省，纷纷征调，糜饷劳师，此皆林则徐等办理不善之所致。林则徐、邓廷桢，着交部分别严加议处。"

钦差大臣伊里布奏报英船进逼浙江慈溪等县情形。八月二十日，夷船驶入慈溪、余姚等地，陷没内河，为水勇俘获。③

懿律、义律离开舟山前往广州与琦善展开谈判，致信英国外交大臣巴麦尊："认为关于早日达成一项临时协议，包括赔偿烟价，很可能获得靠近广州的一个岛屿，以及在广泛的、稳固的和改善的基础上开放该地的贸易，是不会有很大困难的，条件是我们同意撤出舟山。"④

初四日辛卯(9 月 29 日)

杭州将军奇明保奏，乍浦海口招募乡勇一千余名，请准入伍充补水师。清廷以为"事多窒碍难行，着毋庸议"⑤。

山东巡抚托浑布奏，有英船八只先后由东洋南回。"英夷船只前由东省外洋

---

①　胡滨译：《英国档案有关鸦片战争资料选译》(下册)，中华书局 1993 年版，第 695 页。

②　中国第一历史档案馆：《鸦片战争档案史料》第 2 册，天津古籍出版社 1992 年版，第 478～479 页。

③　中国第一历史档案馆：《鸦片战争档案史料》第 2 册，天津古籍出版社 1992 年版，第 415～417 页。

④　胡滨译：《英国档案有关鸦片战争资料选译》(下册)，中华书局 1993 年版，第 690 页。

⑤　《清实录·宣宗成皇帝实录》卷三三九。

北赴天津，共有夷船八只。现来夷船五只，已开帆南驶，其三只亦由外洋先回。"①

盛京将军耆英奏报英船在金州一带游奕停泊，并测量水势。②

宁波府所拿获二十余名夷匪，被清廷指示以商船解赴广东，交琦善办理。③

从署巡抚宋其沅请，修浙江东、西两塘柴埽、盘头各工。④

初八日乙未（10月3日）

照部议，将林则徐、邓廷桢革职，命邓廷桢迅即赴广东，以备查问差委。《清实录·宣宗成皇帝实录》卷三三九载："前派林则徐、邓廷桢在广东查办鸦片，乃时逾两年，不但未绝根株，转致该夷赴近畿呈诉冤抑，成何事体。已将该督等误国病民，办理不善之处，降旨宣示。兹据吏部遵旨，将该督等议以革职，实属咎所应得。林则徐、邓廷桢均着照部议革职，林则徐着即折回，邓廷桢亦着迅速前赴广东，以备查问差委。"

初九日丙申（10月4日）

增援登州守军撤回。《清实录·宣宗成皇帝实录》卷三三九载："如夷船果已全数南旋，并无踪迹，当此北风司令，天气渐寒，该夷船如不能瞬息再来，或只留登州镇所属各兵，其余尽行撤令归伍。全在该抚悉心筹画，既不致意外疏虞，复不令老师糜饷，是为至要。"

初十日丁酉（10月5日）

清廷指出安置定海难民，及将所捡获之夷人交送广东。"定海城内遗民仅止数十人，其余或赴邻郡，或即在郡安插收养，着该大臣督饬地方官妥为经理。果系难民，必应加意抚恤。倘有假捏避难，从中侦探者，即系奸匪，亦应严加体察，分别究办，毋令蒙蔽。所获黑夷六名，又另片奏称捡获白夷一名，镇海等营县拿获黑夷

---

① 《清实录·宣宗成皇帝实录》卷三三九。
② 中国第一历史档案馆：《鸦片战争档案史料》第2册，天津古籍出版社1992年版，第428~430页。
③ 《清实录·宣宗成皇帝实录》卷三三九。
④ 《清实录·宣宗成皇帝实录》卷三三九。

等四名，俱着暂行收管，觅有商船赴粤之便，派委妥员解交琦善讯明办理。"①

十二日己亥（10 月 7 日）

清廷指示：以英军退出定海为条件，交还俘虏。"该夷目所投回文，欲将捡获夷人释放，于交地退兵之事，并未复及。该大臣惟当剀切晓谕，告以尔等之来，原为诉冤乞恩起见。前在定海系因言语不通，以致互相攻击，伤我文武各员。此次我兵捡获该夷官兵多人，亦系因该夷直逼口岸，先放枪炮，是以力加防御。现仍仰体大皇帝中外一家之意，将所获夷人，优加豢养，未行伤害。尔等果能迅速退兵，交还定海，定将历次所获男妇，克日释回。天朝诚信待人，断无加以欺诳之理。该大臣如此晓谕，一面将捡获夷人妥为收管，一面密派明干之人分投侦探，如果该夷确系退兵交地，始可将捡获之人，全数交还。其前次捡获收管白黑夷人，亦着毋庸解赴广东，统俟交地时一并办理。"②

清廷指示：加强北方海域巡察。"英夷船只现已乘风开帆，向东南放洋驶去。惟金州所属之小平岛等八处海口，均关紧要，必须小心防守，方可有备无患。着该将军严饬各员弁加意巡防，留神瞭望，不得稍有疏懈，并体察情形，如九月内海口安靖，该将军即前赴中路连云岛等处海口履勘"。"山海关地方秦王岛、老龙头两海口，旧设炮位，既不敷用，自应酌量添设。惟此项炮位，既经蒸刷存营，是否堪以应用，须先试放。其火药铅子，亦应宽为储备。并酌派何人，如何施放演习之处，务当早为筹及。"③

十四日辛丑（10 月 9 日）

厦门水师提督陈阶平奏报加工制造火药情形。《清实录·宣宗成皇帝实录》卷三三九载："陈阶平奏加工制造火药，并将煮炼硝斤各条开单呈览。福建制造火药，现经该提督督造加工，轰击颇为得力。着各直省一体照单如式制造，以资利用。"

钦差大臣伊里布奏陈，两广总督所献收复定海之策不能实行，浙江只宜防守，不宜攻剿。④ 并汇报其与懿律交涉归还定海事宜。⑤

---

① 《清实录·宣宗成皇帝实录》卷三三九。

② 《清实录·宣宗成皇帝实录》卷三三九。

③ 《清实录·宣宗成皇帝实录》卷三三九。

④ 中国第一历史档案馆：《鸦片战争档案史料》第 2 册，天津古籍出版社 1992 年版，第459～460 页。

⑤ 中国第一历史档案馆：《鸦片战争档案史料》第 2 册，天津古籍出版社 1992 年版，第461～464 页。

十七日甲辰（10 月 12 日）

道光帝要求调查英国国王与林则徐文书之事。《清实录·宣宗成皇帝实录》卷三三九载："本年夏间，朕风闻有英吉利国王给林则徐文书之事，伊业经销毁，一并查明覆奏，将此谕令知之。"

十八日乙巳（10 月 13 日）

清廷晓谕钦差大臣伊里布，其与英人交涉，上则不伤国体，下则不开边衅。①

得伊里布奏，自本年八月二十七日以来，英官伯麦、辛好士、懿律先后来文，要求释放被获武官陆军上尉晏士打喇打厘、海军上校助治爹利等英国俘虏。至九月初七日，义律带英官员马礼逊等二人，乘船登岸，与伊里布、福建提督余步云、浙江提督祝廷彪等相见，商讨释放俘虏事。伊里布致意，若能归还定海，必将释放全部俘囚。义律则言，交回定海一事，俟晏士打喇打厘等释回之后，从缓商办。因是未果而散。②

林则徐上奏，声称英吉利船只北上的行为，影响了法兰西、美利坚等国的贸易，后者可能会帮助清廷威慑英人。清廷要求"琦善抵粤后访探明确，林则徐所奏是否实情，如系谎言，即传旨取具亲供，据实参奏"③。

二十日丁未（10 月 15 日）

裕谦上奏，江苏沿海口岸，旧存炮位，不足以资防御，要求请添铸自三千斤起至八千斤止大炮数十位，建造炮台，分口排立。清廷要求伊里布亲赴江苏沿海地方，详察情形。④

廿一日戊申（10 月 16 日）

清廷要求隔年演练火炮。《清实录·宣宗成皇帝实录》卷三三九载："前据裕瑞

---

① 中国第一历史档案馆：《鸦片战争档案史料》第 2 册，天津古籍出版社 1992 年版，第 472 页。

② 《筹办夷务始末（道光朝）》第 1 册，中华书局 1964 年版，第 513 页。

③ 《清实录·宣宗成皇帝实录》卷三三九。

④ 《清实录·宣宗成皇帝实录》卷三三九。

奏检出堪用大炮，在于海口添设，当降旨令其将此项炮位施放演习，并将火药铅子宽为储备。兹据奏称，遵将炮位先后试放，内十五尊均堪应用，仍着认真演习，务期开发有准，以资实用。此项炮位，现在演习之后，毋庸每年操演，着隔年演放一次。其应需火药炮子，届期即由工部请领。"

金州海口被要求严加防范。"金州海口多系老水贴岸，严寒不冻，商船进口较多，自应严为防范。着该将军遴选精细员弁，常川在彼瞭望，探有夷船踪迹，即行禀报，调遣备御。"①

廿三日庚戌（10 月 18 日）

台湾总兵达洪阿奏报防堵事宜，已添立炮墩，勘办港口，调备兵丁三千余名。②

清廷指示：伊里布将俘获英俘暂时扣留以推进收复定海的商谈。③

廿七日甲寅（10 月 22 日）

清廷指示钦差大臣伊里布，要求其开导英人退还定海，前往广东与琦善商谈。④

廿八日乙卯（10 月 23 日）

邓廷桢、吴文熔奏请拨给海防经费，清廷以为"该夷因闽浙疆臣未能代为呈诉冤抑，始赴天津投递呈词，颇觉恭顺，现在特派大臣赴粤查办，不日即可戢兵。邓廷桢等所称该夷猖獗，不知在何处猖獗。总因该革员等种种办理不善，遂费周章"。指示照常训练，坚守海口，所需钱粮，勘酌筹画，裁汰浮糜。⑤

十月初七日癸亥（10 月 31 日）

有广东海船受到查处。"查明天桥厂海口所获船只，船主系李三兴，曾于十八

---

①　《清实录·宣宗成皇帝实录》卷三三九。

②　中国第一历史档案馆：《鸦片战争档案史料》第 2 册，天津古籍出版社 1992 年版，第 481~483 页。

③　中国第一历史档案馆：《鸦片战争档案史料》第 2 册，天津古籍出版社 1992 年版，第 490 页。

④　中国第一历史档案馆：《鸦片战争档案史料》第 2 册，天津古籍出版社 1992 年版，第 496~497 页。

⑤　《筹办夷务始末（道光朝）》第 1 册，中华书局 1964 年版，第 525 页。

年十一月间换照，将该船交蔡茂京管驾。嗣于十九年二月，另招蔡幅管理，水手均系新雇。因未到换照限期，是以未经呈明。至炮位器械，均系原船旧有之物，惟所带过多，与例不符，应照例准其携带炮位二门，器械尽予收领，以资防捍。其余炮位，扣留存库，蔡幅等概令回籍，从之。"①

十四日庚午（11 月 7 日）

兵部尚书祁寯藻奏报厦门海防情形。"厦门海口东南一带青屿、浯屿、大担、小担各口以外，均系外洋。口内迤北，自安海汛、水操台、头巾礁至大炮台，均系逼近厦门内港，其南岸屿仔尾与大炮台斜对，最为扼要。中间迤西，有鼓浪屿横踞港中，与炮台屿仔尾有掎角之势。炮台之西即系十三路头，商贾辐辏之地，民居市廛，直连港面。是厦门防御以青屿、大担各口为外洋，安海汛至大炮台为内港，一过炮台即无险可守。"②

因江苏境内并无夷船踪迹，所有京口防御旗绿官兵，一并撤回归伍。其雩山原设炮台，仍令严加防守。

清廷询问与英人在定海商谈情形，并指示谈判人员不得接受馈赠。"此次差弁前往定海，与该夷目等见面，是否在定海城中，抑在该夷船上，原奏未经声叙。其定海居民，现在是何景象，该夷船只是否仍前占据要隘，该弁等既经前往，自必目击情形，着伊里布于接奉此旨后，详询该弁，据实奏闻。……现在收贮各项，如未经充赏，着将全数发还。仍善言晓谕，告以天朝定制，严禁苞苴，并无厌憎拒绝之意"。③

十七日癸酉（11 月 10 日）

两江总督裕谦奏报，拟将调防崇明、宝山、上海、川沙等地与赴浙之兵丁共计九千一百四十名撤回。④

得广东巡抚怡良报，十月十七日，英兵船在龙穴洋面，劫走广东阳江右营米艇师船一只。⑤

---

① 《清实录·宣宗成皇帝实录》卷三四〇。
② 中国第一历史档案馆：《鸦片战争档案史料》第 2 册，天津古籍出版社 1992 年版，第 519～520 页。
③ 《清实录·宣宗成皇帝实录》卷三四〇。
④ 中国第一历史档案馆：《鸦片战争档案史料》第 2 册，天津古籍出版社 1992 年版，第 525～527 页。
⑤ 《筹办夷务始末（道光朝）》第 2 册，中华书局 1964 年版，第 571 页。

十九日乙亥(11 月 12 日)

据差弁探明，懿律等实于十月十九日早，带领兵船八只，起碇由外洋而去，连前所撤六只，合计在浙久驻之船，所撤已及一半。①

廿一日丁丑(11 月 14 日)

清廷坚持英军撤出定海后，才能释放俘虏。《清实录·宣宗成皇帝实录》卷三四○载："此次夷目懿律来文，据称分船赴粤，惟该夷懿律，是否亲身赴粤；义律诸夷，是否一并随往；留在定海者，又系何人，文内未经叙明，自应确探起碇日期、退去船只数目，再行酌办。惟该夷等既已赴粤听候查办，何以尚有留住定海之人。伊里布前次所获夷目、夷妇等，仍着妥为看守，俟该夷将兵船全撤，交还定海，再行放回，着将此意晓谕该夷，并究诘定海留人，是何意见。"

从署总督裕谦请也，修制江南苏松镇标中、左、右、奇四营炮位。②

廿二日戊寅(11 月 15 日)

钦差大臣伊里布奏报，英船由定海驶向广东，增援官兵撤回，宁波、乍浦一带开港。"宁波、乍浦等处为商舶荟萃之区，其沿海贫民又多以采捕为业，舵工水手渔户人等，实繁有徒。自六月间封港以来，迄今五月有余，商渔失业，生计维艰。……自应即行开港，准其出入"。③

廿六日壬午(11 月 19 日)

以浙江乍浦海面已无洋船滋扰，将前调杭州官兵撤回归伍，潮神庙一带屯戍之满洲营绿旗官兵，亦一体撤回。④

---

① 《清实录·宣宗成皇帝实录》卷三四一。

② 《清实录·宣宗成皇帝实录》卷三四○。

③ 中国第一历史档案馆：《鸦片战争档案史料》第 2 册，天津古籍出版社 1992 年版，第 537~538 页。

④ 《清实录·宣宗成皇帝实录》卷三四○。

廿八日甲申(11月21日)

御史曹履泰奏报，获粤东澳门所传夷人私信，英人似有不能久占定海之意。清廷要求琦善派员妥密查探，相机筹办。①

十一月初一日丁亥(11月24日)

得伊里布奏，十月十九日，英军统帅懿律与义律、马礼逊等率兵三千人，乘坐兵船八只，由定海起碇赴粤。经调查，前在浙江之英船，共计四十余只，内兵船、商船各半，其中久驻浙者，止有三十余只。前英兵船已撤去六只，今又续撤八只，是所撤已及一半。其在浙英军人数，初有七千余人，后水土不服，疫病者约数百人，今又撤去三千，所余不过三千余人。所有浙江防兵，自应酌量裁撤。前调寿春镇兵一千二百余名，福建福宁镇兵五百余名，全数撤回。其本省调至镇海防守官兵，酌撤四千四百余名，及调赴乍浦之嘉、湖等协兵七百名，亦一体陆续撤退。撤后，镇海尚留守兵五千四百余名，足资防守。②

调查处理定海失守相关人员。"已革总兵张朝发愎谏丧师，受伤后复不设法守城，辄遁回镇海乞救，以致城被攻陷，咎无可逭，业已身故，应无庸议。罗建功等虽同时战败，但情罪各有不同，请饬部分别定拟。得旨：乌尔恭额押解到京时，着派军机大臣会同刑部严讯拟罪。其罗建功、钱炳焕、王万年、龚配道等罪名，着一并定拟具奏。"③

初七日癸巳(11月30日)

清廷准备将所获英人大炮，连同俘虏一并交还。《清实录·宣宗成皇帝实录》卷三四一载："本日据伊里布奏，查明定海情形并酌拟筹备一折，览奏均悉。该夷历次在浙投递禀词，船只并未近岸，若重申约束，恐夷众妄生疑畏，适肇衅端，所见甚是。至所获夷炮，点放不能及远，留之无用，俟该夷交还定海后，将前次拿获夷匪发还时，即将炮一并掷还。"

---

① 中国第一历史档案馆：《鸦片战争档案史料》第2册，天津古籍出版社1992年版，第552～555页。

② 《筹办夷务始末(道光朝)》第2册，中华书局1964年版，第558页。

③ 《清实录·宣宗成皇帝实录》卷三四一。

十二日戊戌(12 月 5 日)

清廷得到英军在外洋轰击并夺去米艇兵丁的消息,要琦善一面详加诘问,并向该夷要回掳去兵丁船只,一面严饬文武员弁,密加防范,毋许夷船驶入内洋。①

十五日辛丑(12 月 8 日)

清廷晓谕余步云奏,要求他留浙江随同防堵。"现在定海夷船,尚未全行撤去。该提督虽无承办要件,而海口仍须防堵,着俟夷船全撤,定海收复后,与钦差大臣伊里布一同奏明,再回本任。"②

十六日壬寅(12 月 9 日)

清廷查办海口经费,严禁藉端摊派。

钦差大臣伊里布奏报定海英人情形,以为"此次该夷称兵犯浙,原系图得码头,而其所欲为码头之处,不在澳门,即在定海。如果准其在澳门开市贸易,自不致再有觊觎定海之心,傥澳门或有阻格,不令通商,则定海乃该夷已得之区,恐未必即肯舍去。虽不敢久居城池,而欲求在此设立码头,是所难免",因而建议在粤与之通商。③

十八日甲辰(12 月 11 日)

定海英军尚未尽行撤走,而防守清军已然撤走。定海、镇海一带士民纷纷陈情,要求严防。④

钦差兵部尚书祁寯藻奏报,泉州洋面大坠山一带,多有夷船往来,与沿海奸民

---

① 中国第一历史档案馆:《鸦片战争档案史料》第 2 册,天津古籍出版社 1992 年版,第 581 页;《清实录·宣宗成皇帝实录》卷三四一。

② 《清实录·宣宗成皇帝实录》卷三四一。

③ 中国第一历史档案馆:《鸦片战争档案史料》第 2 册,天津古籍出版社 1992 年版,第 589～593 页。

④ 中国第一历史档案馆:《鸦片战争档案史料》第 2 册,天津古籍出版社 1992 年版,第 597～603 页。

勾结，贩卖烟土。①

廿二日戊申（12月15日）

定海一役相关人员受到严厉惩处。《清实录·宣宗成皇帝实录》卷三四一载："乌尔恭额以封疆大吏，责在守土，前因英夷断绝贸易，朕早料其必于海疆要隘，肆行滋扰。屡经降旨饬令各督抚严加防范，勿任觊觎，乃乌尔恭额不能先事筹画，以致定海仓猝失守，复调度无方，一筹莫展。似此昏愦无能，罪无可逭。现据军机大臣会同刑部遵旨议罪，拟将该革员发往新疆充当苦差，尚不足以示惩儆，乌尔恭额着改为绞监候，归入明年朝审情实。已革署游击罗建功、护游击钱炳焕、王万年，业经罪坐主将，照原拟发往新疆充当苦差。已革署守备龚配道，业经革职，应毋庸议。"

福建巡抚吴文镕奏，琉球国王遣使来闽，请照旧，间年进贡一次。"向来琉球国间岁一贡，上年降旨改为四年遣使朝贡一次，原所以体恤外藩。兹据该抚奏，该国王遣使来闽，请照旧间年进贡，情辞极为真挚，着如所请行。所有该陪臣子弟四名，准其随同贡使北上，入监读书。"②

廿三日己酉（12月16日）

户科掌印给事中朱陈烈奏报，称有安南轧船足以抵御英船："相传英夷尝侵安南，安南人造轧船，长仅三丈，船高于水仅一尺，两头光锐，头可为尾，船用二十四棹，鼓棹进退，两头架红衣炮，以击夷船。英夷大败，至今望见安南轧船，即落胆而去。"清廷晓谕广西巡抚梁章钜，要求其查明具奏。③

廿六日壬子（12月19日）

钦差大臣琦善奏报，英人强索香港，拟准其在厦门、福州通商④，并有二十多

---

① 中国第一历史档案馆：《鸦片战争档案史料》第 2 册，天津古籍出版社 1992 年版，第 604~606 页。

② 《清实录·宣宗成皇帝实录》卷三四一。

③ 中国第一历史档案馆：《鸦片战争档案史料》第 2 册，天津古籍出版社 1992 年版，第 621~622 页。

④ 中国第一历史档案馆：《鸦片战争档案史料》第 2 册，天津古籍出版社 1992 年版，第 632~640 页。

只夷船聚集在虎门一带。①

三十日丙辰（12 月 23 日）

清廷晓谕沿海各部不要轻举妄动。

十二月初二日戊午（12 月 25 日）

琦善于十一月初六日抵达广州，十一日接印署理两广总督。至是接其奏报，称英军自浙回粤以后，态度更加傲慢，"该夷似欲请于广东之外，再于宁波设一码头，缴还定海。"道光帝谕："该夷包藏祸心，狡焉思逞，恐后此无厌之求，益无底止。琦善面授机宜，现在自仍以开导为先，但恐事有变更，如有不得不攻剿之事，则兵贵神速，不可稍有迟延，坐失事机。特此申谕琦善、伊里布，并沿海各将军督抚等，务当随时体察，严密防范。其平日得力之将弁，及应用之枪炮、火药等件，均当豫为筹备，务使措置得宜，操练有准。前调各兵，虽已有撤回归伍者，而本地防兵，为数亦复不少，尤当分布要隘，有备无患。"②

浙江巡抚刘韵珂，从地利、物产、勾结、烟禁、关税、防费、国体、民心等方面论证，奏陈定海不能与英通商。③

清廷晓谕琦善一面商谈停战，一面整顿营伍，"遴选将弁，枪炮务须得力，船只必堪驶驾，妥为布置，毋少疏虞。如该夷实系恭顺，退还定海之外，别无非礼之请，自可仍遵前旨查办。傥敢肆鸱张，始终桀骜，有必须剿办之势，着即一面奏闻，一面相机办理"④。

初三日己未（12 月 26 日）

清廷得到懿律称病回国的消息，担心其北上，要求沿海各地加强巡查。"琦善又奏称懿律即欲回国，并向东驶去等语。该夷目诡谲异常，难保不藉词仍回浙省，并骚扰沿海各地方。着各该将军督抚等留意侦察，探有夷船，务察虚实，万不可受

---

① 中国第一历史档案馆：《鸦片战争档案史料》第 2 册，天津古籍出版社 1992 年版，第 632~640 页。

② 《筹办夷务始末（道光朝）》第 2 册，中华书局 1964 年版，第 605 页。

③ 中国第一历史档案馆：《鸦片战争档案史料》第 2 册，天津古籍出版社 1992 年版，第 650~653 页。

④ 《清实录·宣宗成皇帝实录》卷三四二。

其欺蒙，致有偾事。"①

初四日庚申（12 月 27 日）

给事中朱成烈奏请垦种屯田，以地利所入添补海防。"盛京地方腴田甚多，若查明垦种，以地利所入，添补海防，实为久远之策。"②

初六日壬戌（12 月 29 日）

从巡抚刘韵珂请，修浙江东、西海塘柴埽各工。
抚恤浙江定海县难民。③

初七日癸亥（12 月 30 日）

得琦善奏报，广东洋面英兵船日增，并陆续驶进虎门。疏称：英船内有打央鬼船二只，乘载陆军官兵，此前所未有。英人声称，必须赔偿烟价，白银一千二百万两，并于广东、福建、浙江等省沿海地方另行酌给一处，以便退还定海。烟价一项，琦善已私下向义律允以洋钱五百万元，十余年还清之意。道光帝谕："该夷反复鸱张，难以理谕，匪特澳门等处紧要隘口，不能准其贸易，即沿海各口岸，何处非海疆重地。今该夷挟定海为要求之具，种种鸱张，殊为可恶。况所索烟价，即令允给五百万元，而日后需索无已，逐渐增加，必至所求无厌，若不乘机痛剿，何以示国威而除后患。琦善现署总督，两广陆路水师皆其统辖，均可随时调拨。第念该省陆路兵丁，未必尽能得力，现已降旨，饬令湖南、贵州两省各备兵丁一千名，四川省备兵二千名，听候调遣。着琦善一面与之论说，多方羁绊，一面妥为豫备。如该夷桀骜难驯，即乘机攻剿，毋得示弱。需用兵丁，着一面飞调，一面奏闻。"又谕："英人肆求无厌，难以理谕。匪特地方不能给予尺寸贸易，即烟价亦不可允给分毫。今绝其冀幸，必生觊觎。定海洋船未退，英人藉为负隅，或竟扰及宁波一带地方，不可不急为防范。着伊里布严饬将弁，加意防堵。傥竟怙恶不悛，侵犯口岸，着即痛加攻剿，无稍示弱，特不可与之在洋接仗，致有疏虞。"④

---

① 《清实录·宣宗成皇帝实录》卷三四二。
② 《清实录·宣宗成皇帝实录》卷三四二。
③ 《清实录·宣宗成皇帝实录》卷三四二。
④ 《清实录·宣宗成皇帝实录》卷三四二。

初十日丙寅（公元 1842 年 1 月 2 日）

义律照会琦善，要求开埠通商。①

十二日戊辰（公元 1841 年 1 月 4 日）

以浙江提督祝廷彪年老，命休致回籍，调福建提督余步云为浙江提督，普陀保补授福建提督。②

刑科掌印给事中袁玉麟奏陈防英八条策略，如整顿水师、团练水勇、添设炮台等。③

清廷晓谕钦差大臣伊里布，英军或在浙动兵。④

十三日己巳（公元 1841 年 1 月 5 日）

筑直隶大沽、北塘海口炮台土坝，并建盖兵房，添铸大炮。裁提标及宣化、正定、大名镇标兵四百二十五名，如额募驻大沽等处。移霸州营游击为葛沽营游击，葛沽营都司为芦台营都司，永宁营守备驻霸州，滴水崖千总驻永宁。拨天津镇把总、经制外委各一员驻北塘口，宣化镇经制外委一员驻滴水崖。⑤

署两江总督裕谦奏陈收复定海之有利条件，希望早日进剿。⑥

十四日庚午（公元 1841 年 1 月 6 日）

接琦善关于与英人谈判情况之奏报，内称，经与洋人反复交涉，烟价一项，双方已酌定为洋银六百万元，先给一百万元，其余五年还清。至开埠一节，英人提出

---

①　中国第一历史档案馆：《鸦片战争档案史料》第 2 册，天津古籍出版社 1992 年版，第 679~683 页。

②　《筹办夷务始末（道光朝）》第 2 册，中华书局 1964 年版，第 623 页。

③　中国第一历史档案馆：《鸦片战争档案史料》第 2 册，天津古籍出版社 1992 年版，第 692~694 页。

④　中国第一历史档案馆：《鸦片战争档案史料》第 2 册，天津古籍出版社 1992 年版，第 698 页。

⑤　《清实录·宣宗成皇帝实录》卷三四二。

⑥　中国第一历史档案馆：《鸦片战争档案史料》第 2 册，天津古籍出版社 1992 年版，第 700~702 页。

于福建、浙江、江苏三省之中，酌准通商二处，琦善拟准于福建之厦门，福州两处通商。因广州距北京遥远，奏报往还，动经数月，现已一面奏闻，一面备文照会英人。再，现在英军大小兵船、火轮船二十余只，抛泊于距虎门不及十里之穿鼻洋面。道光帝览奏后谕："览奏愤恨之至！逆夷要求过甚，情形桀骜，既非情理可谕，即当大申挞伐。所请厦门、福州两处通商及给还烟价银两，均不准行。逆夷再或投递字贴，亦不准收受，并不准遣人再向该夷理谕。"现正飞调湖南、四川、贵州兵驰赴广东，着琦善督同林则徐、邓廷桢妥为办理。"傥英船驶近口岸，即行相机剿办。朕志已定，断无游移。"又寄谕伊里布、讷尔经额、耆英，再有投递英国文书者，一概拒绝，不准接受。如英船逼近口岸，即开枪放炮，痛加轰击。①

从巡抚刘韵珂请，添铸浙江杭州、嘉兴、绍兴、台州、温州五府海口炮位。②

十五日辛未（公元 1841 年 1 月 7 日）

是日晨，英军派出大小兵船二十余只，分两路同时进攻虎门外东面之沙角炮台及西面之大角炮台。清军英勇抗击，奋战多时，终因寡不敌众，两炮台相继失守。副将陈连升及其子陈举鹏、守台千总张清龄等阵亡。③

户科给事中万启心上奏，请求起用林则徐、邓廷桢以专办战守。④

十六日壬申（公元 1841 年 1 月 8 日）

山东巡抚托浑布上奏，提出在海岛坚壁清野，"添制军火炮位，相度要隘，修城练兵，于隙地搭盖草房，设闻夷警。将各岛民畜产内徙，掘断岛上泉脉，填平井口，使无可掳掠。诱之登岸，诱之触礁，可一鼓成捦"，得到清廷认同。⑤

钦差大臣琦善奏报英人虚实，及义律书信所言先战后协商之威胁。⑥

① 《筹办夷务始末（道光朝）》第 2 册，中华书局 1964 年版，第 627 页；姚薇元：《鸦片战争史实考》，人民出版社 1984 年版，第 77 页。

② 《清实录·宣宗成皇帝实录》卷三四二。

③ 《筹办夷务始末（道光朝）》第 2 册，中华书局 1964 年版，第 709 页。

④ 中国第一历史档案馆：《鸦片战争档案史料》第 2 册，天津古籍出版社 1992 年版，第 715~716 页。

⑤ 《清实录·宣宗成皇帝实录》卷三四三。

⑥ 中国第一历史档案馆：《鸦片战争档案史料》第 2 册，天津古籍出版社 1992 年版，第 717~719 页。

十七日癸酉(公元 1841 年 1 月 9 日)

三十二尊大炮将被运送至天津，以加强海防。《清实录·宣宗成皇帝实录》卷三四三载："本日据裕诚等奏，选出合式炮三十二尊，计年内总可运至天津，着讷尔经额妥为安设。各海口有应行分拨之处，酌量要隘，分别布置，现已带去炮甲二十名，并着拣派兵弁，随同学习演放。"

福州将军保昌等奏陈，已铸大炮三十六门，分拨海口安置。①

吏科给事中周春祺奏请起用林则徐以替代琦善。② 是日，周春祺以不胜给事中所任之由即被退回原衙门。③

修浙江山阴县鱼鳞条石塘堤，从巡抚刘韵珂请也。④

十八日甲戌(公元 1841 年 1 月 10 日)

伊里布上报英占定海城内情形及镇海备放措施。《清实录·宣宗成皇帝实录》卷三四三载："此次夷目懿律，虽无回浙之事，而定海城中，于伪知县加音之外，设有伪巡检典史等官，桀骜情形，灼然可见。……现在镇海一带，存兵九千八百余名，自已足敷调遣。所奏多备小船，购买柴草，乘其不备，纵火焚烧一节，亦着该大臣随时酌办。并严禁沿海居民接济食物，访有通夷汉奸，即着严密搜拿。"

廿一日丁丑(公元 1841 年 1 月 13 日)

清廷加强渤海防御。《清实录·宣宗成皇帝实录》卷三四三载："逆夷情形桀骜，沿海各口，均须严密防范。山海关、老龙头等处，关系紧要，着该副都统督率官兵，随时哨探，加意巡防。如了见夷船踪影，应行开放枪炮。""责成锦州熊岳副都统督率稽察，并酌备枪炮，晓谕岛民，均着照所议办理。惟枪炮施放，必期有准。着该将军严饬海口弁兵，遇有夷船驶至，度其地势远近，足以相及，方许合力轰击。倘该夷进口登岸，即着堵截痛剿，务使一鼓歼除。其各岛大小不一，或可归

---

① 中国第一历史档案馆：《鸦片战争档案史料》第 2 册，天津古籍出版社 1992 年版，第 724~725 页。

② 中国第一历史档案馆：《鸦片战争档案史料》第 2 册，天津古籍出版社 1992 年版，第 730~731 页。

③ 中国第一历史档案馆：《鸦片战争档案史料》第 2 册，天津古籍出版社 1992 年版，第 732 页。

④ 《清实录·宣宗成皇帝实录》卷三四三。

并迁移之处，着酌量筹办。总须严断接济夷船，是为至要。"

钦差大臣琦善奏陈英人占领炮台，欲攻打虎门与省城，现在拒守两难，因请按照英方所言于广州开港。①

廿五日辛巳(公元 1841 年 1 月 17 日)

命调安徽兵一千二百名，湖北兵一千八百名，湖南兵一千名，赴浙江，从伊里布请。②

清廷指示先占领岑港，再进攻定海，"据奏定海之西境，有岙名岑港，为定海全境第一险要之地。该夷不识地利，不能并据，应以精兵先据岑港，再行分兵守险，声东击西"。同时要求加强上海一带守护，"崇明既孤悬海外，上海为通商马头，宝山为出入门户，该署督现将炮位拨解海口，择要安设，并派员固守海口，控制崇明"③。

廿六日壬午(公元 1841 年 1 月 18 日)

从署总督裕谦请，修浚江苏崇明县土城、濠沟，宝山县海塘、顺塘河。④

钦差大臣琦善奏报英人愿意归还定海，但要求在香港定居，并上折请罪，言其已擅自同意英人之要求。⑤

廿七日癸未(公元 1841 年 1 月 19 日)

从江西南赣镇选调精兵二千名，增援广东，同时在广东扩充水师，悬赏重金。"惟调拨各兵，皆系习惯陆路，恐于水战不甚得力。广东为滨海之区，无业游民，类多泅水捕鱼，深谙水性，着该大臣悬赏召募，示以恩信。如有能捡获夷目，击破夷船者，即将船内辎重，悉数分给。"⑥

---

① 中国第一历史档案馆：《鸦片战争档案史料》第 2 册，天津古籍出版社 1992 年版，第 744~748 页。

② 《筹办夷务始末(道光朝)》第 2 册，中华书局 1964 年版，第 684 页。

③ 《清实录·宣宗成皇帝实录》卷三四三。

④ 《清实录·宣宗成皇帝实录》卷三四三。

⑤ 中国第一历史档案馆：《鸦片战争档案史料》第 2 册，天津古籍出版社 1992 年版，第 764~765 页。

⑥ 《清实录·宣宗成皇帝实录》卷三四三。

是年

蒋敦复上书言英人侵略东南沿海事，得罪权贵，削发为僧，避祸于月浦之净信寺和罗溪之善福禅院。

道光二十一年　辛丑　公元 1841 年

正月初三日己丑(1 月 25 日)

接琦善奏报，称上年十二月十四日收到义律来文，声言要向中方开战，然后再商谈各款。又奏十二月十五日晨，英兵船分股直扑虎门外沙角、大角两炮台，炮火环攻，我军奋力回击，自辰至未，英船始退。此后又有火轮船四只，直扑师船，双方激战，无分胜负。道光帝谕：现在英军已开始进攻虎门，着伊里布"不必俟广东照会，将自粤回浙夷船，及留定海逆夷，相机剿办"。"该大臣当一鼓作气，乘时进发，或潜师暗渡，或据险出奇，相机制胜，克服定海，以夺该夷所恃，万勿观望，坐失机宜。""即此后逆夷穷蹙乞命，断不能再邀恩宥，该大臣亦不准代为奏请也。"①

护理闽浙总督吴文熔奏报，晋江、惠安、大坠、梅林一带洋面，时有夷船五六只或七八只往来游奕，请旨筹拨经费，以资防御。②

初四日庚寅(1 月 26 日)

是日，英军强占香港。③

---

① 《筹办夷务始末(道光朝)》第 2 册，中华书局 1964 年版，第 690 页。

② 中国第一历史档案馆：《鸦片战争档案史料》第 3 册，天津古籍出版社 1992 年版，第 1~2 页。

③ 爱德华·拜尔秋：《英舰"硫磺"号环游世界航行纪事》第 2 卷，载《中国丛报》十二卷九期，见陈胜奔：《香港地区被迫"割让"和"租借"的历史真象(下)》，《学术研究》1983 年第 3 期，第 85~95 页。

清廷要求做好收复定海的准备。《清实录·宣宗成皇帝实录》卷三四四载:"据奏于招宝山下南首海涂及拦江埠等处,钉桩贮石,并于相距定海道头五十里之穿山所等处添建土墙,以资屏蔽等情,所办均合机宜,着即照议赶紧兴筑,毋稍迟延。……现在留驻镇海之兵,几及万人,前据该大臣奏,夷船自浙回粤,留屯定海夷兵不过三千,即续有自粤折回夷船,为数谅亦不多。当此北风司令之时,顺天时,因地利,用人和,以顺讨逆,以主逐客,以众击寡,不难一鼓作气,聚而歼旃。"

颜伯涛到厦门督促海防。"逆夷日肆猖獗,叠经飞谕各省海口加意防范。闽洋居粤浙之中,厦门为咽喉之地,尤关紧要。现据该署督咨行水陆提镇标营,将前次撤回之兵,仍行调往协防。散去乡勇,赶紧设法团练。各要口亦酌量添兵戍守。省城铸就大炮,分别解往安放。"①

初五日辛卯(1月27日)

得知英军于上年十二月十五日攻占大角、沙角两炮台讯,道光帝异常愤怒,命将琦善交部严议,革去广东水师提督关天培顶戴,戴罪立功,增派江西兵二千、湖南兵一千名、四川兵二千名、贵州兵一千名前来协防,并颁谕中外,谴责英军侵略罪行。"我朝抚驭外夷,全以恩义,各国果能恭顺,无不曲加优礼,以期共乐升平。前因西夷鸦片烟流毒日甚,特颁禁令,力挽浇风。惟英吉利恃其骄悍,不肯具结,是以降旨绝其贸易。乃并不知愧悔,日肆鸱张,突于上年六月间,乘驾夷船数十只,直犯定海,占据城池。复于福建、浙江、江苏、山东、直隶、奉天各省洋面,任意往来,多方滋扰。该逆夷桀骜不驯,至于此极,原不难整我师旅,悉数歼除,因念该夷投递书函,自鸣冤抑,不可不为之查究,以示大公。特命大学士琦善驰赴广东,据实查办。傥该夷稍有天良,自应全数直粤,静候办理。乃一半起碇南行,一半仍留定海,是其狡黠情形,已堪发指。近闻数月以来,奸淫妇女,掳掠资财,建筑炮台,开挖河道,且令伪官出示,谕民纳粮。百姓何辜,罹此荼毒。兴言及此,寝馈难安。迨琦善抵粤后,明白开导,仍敢要求无厌,既思索偿烟价,又复请给码头。朕早料其反复无常,断非信义之所能喻,特于年前简调四川、贵州、湖南、江西各路精兵,前赴广东。又调湖北、湖南、安徽各路精兵前赴浙江,豫备攻剿。兹据琦善驰奏,该逆夷于上年十二月十五日纠约汉奸,乘坐多船,直逼虎门洋面,开炮轰击,伤我官兵,并将大角炮台攻破,沙角炮台占据。是其逆天悖理,性等犬羊,实覆载所难容,亦神人所共愤。惟有痛加剿洗,聚而歼旃,方足以彰天讨而慰民望。现在所调各省劲兵,计可赶到。着伊里布克日进兵,收复定海,以苏吾

---

① 《清实录·宣宗成皇帝实录》卷三四四。

民之困。并着琦善激励士卒，奋勇直前，务使逆夷授首，槛送京师，尽法惩治。其该夷之丑类，从逆之汉奸，尤当设法揄拿，尽杀乃止。至沿海各省洋面，叠经降旨，严密防范。着各将军督抚等加意巡查，来则攻击，并晓谕官民人等，人思敌忾，志切同仇，迅赞肤功，共膺上赏，朕实有厚望焉。将此通谕中外知之。"①

英国发布入侵中国理由事檄文，以查逐商船、窃据土地、搜抄烟土为三大恨，其中称"尔国浙省定海、舟山等处，原属我国故地，先朝恃强占窃，攘为内地，蔑我强威，夺我土地"②。

初八日甲午（1 月 30 日）

授奕山为靖逆将军，隆文、杨芳为参赞大臣，赴粤协同剿办。又添派湖北、四川、贵州三省兵丁各一千名，迅速广东接应。③

黄爵滋奏曾见英吉利夷书，有英华书院名目，此书自系汉奸所为，若乘此时竟与绝市，则彼与汉奸疑忌，可不攻自溃。清廷着伊里布酌量办理。④

署直隶总督讷尔经额奏报筹防天津大沽口等处海口情形。⑤

初九日乙未（1 月 31 日）

命再添调四川兵一千名，湖北、湖南、贵州、云南兵各五百名赴广东，听候奕山、隆文、杨芳差遣，并严饬带兵之员，沿途毋许滋扰。⑥

初十日丙申（2 月 1 日）

御史黎光曙奏上天津海防方略。《清实录·宣宗成皇帝实录》卷三四四载："攻寇之法，御炮为先，其法用麻布口袋盛沙，每兵各负一袋，堆成两墩，横安一墩，成品字形，兵勇躲在墩后。土垒之法，布置亦略如沙墩。务须令土常湿，炮子遇之而陷。闻上年厦门、乍浦二役，用之业有成效。该夷施放大炮，炮子洞入沙墩，仅

---

① 《清实录·宣宗成皇帝实录》卷三四四。

② 中国第一历史档案馆：《鸦片战争档案史料》第 3 册，天津古籍出版社 1992 年版，第 7~8 页。

③ 《清实录·宣宗成皇帝实录》卷三四四。

④ 《清实录·宣宗成皇帝实录》卷三四四。

⑤ 中国第一历史档案馆：《鸦片战争档案史料》第 3 册，天津古籍出版社 1992 年版，第 29~31 页。

⑥ 《清实录·宣宗成皇帝实录》卷三四四。

止一二尺有奇。果如所奏，是沙墩土垒，实为御炮良法。但使堆筑得宜，厚至四五尺，便可捍卫兵勇，令人胆壮。俟该夷势穷力竭，再令我军施放大炮，彼必披靡逃溃。着该署督督率兵勇，照式堆砌，即于试炮之时，详加体察，如何变通得力，即如何办理，前奏称拟铸铜炮二十位，谅已兴工赶办。惟天津所属海口，紧要之处甚多，即如滦州、乐亭、昌黎、抚宁、临榆、丰润等州县所属之各海口，亦宜先事豫防，炮位愈多愈好，如何添置铁炮，即迅速督匠兴造。各按隘口布置周密，以资防御而壮军威。"

钦差大臣琦善奏报，英夷现已遣人赴浙江缴还定海，并将粤省之沙角、大角炮台及原夺师船盐船逐一献出，均经验收，该夷兵船已全数退出外洋。①

十一日丁酉（2月2日）

接琦善奏报，称英人愿缴还定海、沙角炮台，并请准于香港泊舟寄居，琦善不得已，已允其所请。道光帝下旨：现已布告天下，志切同仇，昨复派奕山等带兵赴粤剿办，势难中止。"该夷情愿缴还定海、沙角等处，恐系巧为缓兵之计。""但即据琦善苦心调停，即着琦善作为己意，饬令速还定海、沙角，退出外洋。且俟我兵云集，示以声威，大加惩创。彼时该夷恐惧乞怜，再由该将军等酌量情形，代为奏请。""再香港地方，离省远近若干里，地形宽狭若何，在彼开港是否有关利害，着一并迅速查明具奏，再降谕旨。"②

两江总督伊里布为粤省现正与英议和，浙省拟暂缓进兵，遭到道光帝痛斥。③

旅顺添加大炮。"西南环海，旅顺水师营独当其冲。面前南北隍城二岛，为奉天、山东两省分辖，凡船只往来天津等处，必由左右经过，实为南来海路要隘，请豫为把守，安设炮位，添驾船只，使两省声势联络，巡逻探哨。并旅顺水师官兵额设无多，必须添募水勇，方能敷用。其貔子窝各海口，亦须招练乡勇，协济巡防。至旅顺东南一带小岛，其中有可停泊夷船，藏伏汉奸之处，亦宜豫为稽查等语。……着耆英于盛京存贮炮位内，择其大而有准者，运往旅顺各口，相度形势，或筑台安设，或用船驾放。其迆南隍城各岛要地，着托浑布选运大炮，一体安置。设有夷船驶至，两面轰击，可期得力。"④

---

① 中国第一历史档案馆：《鸦片战争档案史料》第 3 册，天津古籍出版社 1992 年版，第 38~41 页。

② 《筹办夷务始末（道光朝）》第 2 册，中华书局 1964 年版，第 714、734 页。

③ 中国第一历史档案馆：《鸦片战争档案史料》第 3 册，天津古籍出版社 1992 年版，第 42~43 页。

④ 《清实录·宣宗成皇帝实录》卷三四四。

从巡抚托浑布请，贷山东司库银，筹备海防。①

着吉林、黑龙江、河南、陕西、甘肃五省各派兵一千名备调。②

十三日己亥(2 月 4 日)

浙江巡抚刘韵珂奏报安置定海难民与整顿防务情形。"现在尚有男妇六千余名，均经府县查明，设立门牌，定期五日一次散给口粮。其续来者，随时查明添给。……委员分购铁斤解省，铸造炮位，以便分解沿海各险要，俾资捍卫。"③

通政使陈官俊奏陈守战之策四条。一、天津海口宜坚守以为京畿；二、沿海各州、县宜团练乡勇以资坚守；三、大黄、茶叶、绿豆、淡水宜严禁奸民接济；四、夷人重利，宜坚守以伺夷变。④

十四日庚子(2 月 5 日)

据山海关副都统扎拉芬泰奏，本月十一日，有英船一只在山海关秦王岛海面游奕，旋向东南驶去。十二日又见夷船三只在洋游奕，又有桅篷高大船一只停泊洋面。十三日瞭见夷船两只。道光帝谕：英人行踪诡密，不可不防，现已派署正白旗领侍卫内大臣哈哴阿驰赴山海关，协同防堵，并饬令盛京将军耆英、山东巡抚托浑布，严防各要隘。恐该处兵丁单弱，再命署督迅派兵丁八百名，拨给火药三四千斤，由驿递送前往，以资捍卫。又命署正白旗领侍卫内大臣哈哴阿驰赴山海关协办防堵。⑤

十五日辛丑(2 月 6 日)

本日复据扎拉芬泰驰奏，续有夷船三只，在洋游奕，又有桅篷大船一只，停泊洋面，旋于未刻向南驶去。其大船一只，酉刻向南驶去。清廷晓谕：要加意侦探，密为防范，包括各处无名海口，恐逆夷出我不意，登岸滋扰。⑥

---

① 《清实录·宣宗成皇帝实录》卷三四四。

② 中国第一历史档案馆：《鸦片战争档案史料》第 3 册，天津古籍出版社 1992 年版，第 48 页。

③ 《清实录·宣宗成皇帝实录》卷三四四。

④ 中国第一历史档案馆：《鸦片战争档案史料》第 3 册，天津古籍出版社 1992 年版，第 57~59 页。

⑤ 《清实录·宣宗成皇帝实录》卷三四四。

⑥ 《清实录·宣宗成皇帝实录》卷三四四。

福建巡抚吴文熔奏报沿海地方防范英船情形，闽洋现仍时有夷船三五只游奕寄碇。①

清廷着两江总督伊里布遇有可乘之机，即出师收复定海。②

十七日癸卯（2月8日）

给事中朱成烈奏台湾应垦地亩甚多，如果认真垦种，即以每岁所入，为福建海防。颜伯焘、吴文镕饬台湾道府查明，具奏台湾界内并无未垦地亩。③

盛京将军耆英奏覆旅顺形势，及各海口添兵设炮情形。④

十八日甲辰（2月9日）

直隶总督讷尔经额奏报天津一带海口布防情形，计天津海口南北两岸并宁河之北塘海口，有守卫官兵二千五百名。⑤

山海关副都统札拉芬泰奏报在老龙头、秦王岛昼夜布防情形。秦王岛两日内并无夷船游奕。⑥

道光帝着闽浙总督颜伯焘查明台湾应垦土地上奏。⑦

十九日乙巳（2月10日）

钦差大臣、两江总督伊里布以无必胜把握，请暂缓浙江用兵。道光帝览奏愤懑，命裕谦为钦差大臣，兼程驶赴浙江镇海军营接印，会同余步云专办攻剿事宜。

---

① 中国第一历史档案馆：《鸦片战争档案史料》第3册，天津古籍出版社1992年版，第66页。

② 中国第一历史档案馆：《鸦片战争档案史料》第3册，天津古籍出版社1992年版，第68页。

③ 《清实录·宣宗成皇帝实录》卷三四五。

④ 中国第一历史档案馆：《鸦片战争档案史料》第3册，天津古籍出版社1992年版，第73~74页。

⑤ 中国第一历史档案馆：《鸦片战争档案史料》第3册，天津古籍出版社1992年版，第74~76页。

⑥ 中国第一历史档案馆：《鸦片战争档案史料》第3册，天津古籍出版社1992年版，第77~78、82页。

⑦ 中国第一历史档案馆：《鸦片战争档案史料》第3册，天津古籍出版社1992年版，第83页。

伊里布交回钦差大臣关防，星夜回两江总督本任，会同提督陈化成防堵江苏各海口。命刑部尚书祁埙驰往广东，督同江西布政使赵炳言、广东布政使梁宝常办理粮台事务。又命吴文镕加意防护澎湖等地，"着准其于福建藩库拨银二十万两，并着该部于福建较近省分，指拨银二十万两，迅即解赴闽省，以资接济。其沿海要口炮位，不敷分拨，着即添铸大炮，以备轰击。所需工料银两，准其即在此次所拨经费内支给应用"①。

清廷着靖逆将军奕山查明各国是否怨恨英国；着伊里布如有英船游奕，即并力攻击，勿再迁延；着祁埙驰往广东督同办理粮台事物。②

广东巡抚怡良奏报，粤海关税每年应征正额盈余共银八十九万九千余两，以洋税为大宗。本年所到洋船不及往年十分之二，盖由与英停止贸易，而各国船只，又为英人拦阻，不得进口所致。是以六月后，正当征输畅旺之时，转致短绌。③

二十日丙午（2 月 11 日）

盛京将军耆英奏报严防奉天海口情形。关外地方较寒，各海口封冻，无论何项船只，均不能拢岸停泊，沿海瞭望官兵亦未报见夷船踪迹。④

护理闽浙总督吴文镕奏陈厦门不可许为通商口岸。厦门周围环海地方五十里，而东为台、澎唇齿，西为泉、漳门户，北达会垣，通省咽喉所在，港内四通八达。假若许以通商，欲求一日之安不可得矣。⑤

广东巡抚怡良奏报，英人强占香港，并擅出伪示。⑥

廿一日丁未（2 月 12 日）

两江总督裕谦奏陈，急宜承时收复定海。定海夷船现只有二十余只，其大队已于去冬赴粤，城内居住夷兵亦不过千余人，且将城北角锁山墙垣掘去数丈，豫

---

① 《清实录·宣宗成皇帝实录》卷三四五。

② 中国第一历史档案馆：《鸦片战争档案史料》第 3 册，天津古籍出版社 1992 年版，第 85~87 页。

③ 《清实录·宣宗成皇帝实录》卷三四五。

④ 中国第一历史档案馆：《鸦片战争档案史料》第 3 册，天津古籍出版社 1992 年版，第 87~88 页。

⑤ 中国第一历史档案馆：《鸦片战争档案史料》第 3 册，天津古籍出版社 1992 年版，第 88~89 页。

⑥ 中国第一历史档案馆：《鸦片战争档案史料》第 3 册，天津古籍出版社 1992 年版，第 92~94 页。

留走路。①

廿三日己酉（2 月 14 日）

清廷要求加强旅顺各海口之防护。"奉天旅顺各海口，现据该将军添募水勇，雇备驱使，并将省城所存大炮，运送各口扼要之区安设，酌拨炮手分往教演。其大小岛屿数十余处，剀谕岛民，各固藩篱，责成地方官随时稽察，办理均属周妥。该省现存炮位，如果不敷备用，着即赶紧兴工添铸，俾资防御。"②

钦差大臣琦善奏报，接见义律，并续筹防堵英船及酌拟英人寄居香港通商章程底稿呈览。另，奏请议恤伤亡水路弁兵事宜。③

廿四日庚戌（2 月 15 日）

清廷寄谕靖逆将军奕山等，命无论英人是否交还定海，皆当一意进剿，香港地方绝不容许英人占据。《清实录·宣宗成皇帝实录》卷三四五载："逆夷在粤猖獗，必得声罪致讨，聚而歼旃，方足以伸国法。此时虽有缴还之说，难保非逆夷诡计，奕山等经朕命往督办，惟当一意进剿，无论该夷是否缴还定海，总须一鼓作气，设法捡渠，断不可为其所惑，致误机宜。且香港地方，岂容给与逆夷泊舟寄住，务当极力驱逐，毋为所据。即使该夷将来畏罪缴还香港，亦俟届时奏明请旨。此时惟有整我师旅，悉数歼除，是为至要。"

清廷又谕"裕谦于驰抵镇海后，察看情形，如定海业已缴还，着即抚恤难民，修理城濠。一切善后防守事宜，妥为经理。傥诡言献地，仍复负嵎，即遵照前旨，相度机宜，痛加剿洗。断不可因有缴地之说，为其所愚，仍蹈伊里布覆辙。逆夷所请将货物带至定海行销，恳令商民收买，断不准行。所有前调赴浙之皖、楚等省官兵，不可中止，仍着裕谦催令前进，协力进攻。前获夷俘晏士叮喇叮厘等，必待缴还定海，方可释放交收"。

清廷又谕余步云将前次带赴浙江之福建连江营游击张从龙，着准其随带福建兵数十名，暂留浙江差遣，俟军务竣后，再行饬令回营。④

---

① 中国第一历史档案馆：《鸦片战争档案史料》第 3 册，天津古籍出版社 1992 年版，第 97~100 页。

② 《清实录·宣宗成皇帝实录》卷三四五。

③ 中国第一历史档案馆：《鸦片战争档案史料》第 3 册，天津古籍出版社 1992 年版，第 105~110 页。

④ 《清实录·宣宗成皇帝实录》卷三四五。

山东巡抚托浑布奏报，酌调各营官兵驻守沿海要隘以备剿攻。①

廿五日辛亥(2 月 16 日)

接琦善奏，英军交还沙角、大角炮台，并接义律照会，请允其寄居香港，开港贸易之请。道光帝极力斥责："览奏曷胜愤懑，不料琦善怯懦无能，一至于此。英逆两次在浙江、广东肆逆，攻占县城炮台，伤我镇将大员，荼毒生灵，惊扰郡邑，大逆不道，覆载难容。无论缴还定海、献出炮台之语，不可凭信。即使真能退地，亦只复我故土。其被害之官弁，罹难之人民，切齿同仇，神人共愤，若不痛加剿洗，何以伸天讨而示国威。着奕山、隆文兼程前进，迅即驰赴广东，整我义师，歼兹丑类，务将首从各犯及通夷汉奸，槛送京师，尽法惩治。其沿海各省将军督抚等尤当加意严防，来即攻击，务令片帆不返，同奏肤功。至琦善身膺重寄，不能申明大义，拒绝妄求，竟甘受逆夷欺侮，已出情理之外。且屡奉谕旨，不准收受夷书，此时胆敢附折呈递，并代为恳求，是诚何心。且据奏称同城之将军、副都统、巡抚、学政及司道府县均经会商，何以折内阿精阿、怡良等并不会衔，所奏显有不实。琦善着革去大学士，拔去花翎，仍交部严加议处。"②

廿六日壬子(2 月 17 日)

孟保等奏访聂噶金那，系披楞洋面地名。其披楞之东噶哩噶达地方，直达广东边界。噶哩噶达、披楞，皆第哩巴察所属。该夷向呼英吉利为第哩。清廷指示：现在廓尔喀国虽属安静，仍着该大臣等遵奉前旨，严饬所属边界营官，妥为防范，毋任别滋事端。

以铸炮工竣，予福建在籍都司顾德铭游击衔。③

两江总督裕谦奏报上海等处防守情形。④

浙江巡抚刘韵珂奏报，查明杭、嘉两府海口形式，并择要增炮添兵。⑤

着准调任广东阳江镇总兵张成龙暂留浙省。

① 中国第一历史档案馆：《鸦片战争档案史料》第 3 册，天津古籍出版社 1992 年版，第 115~116 页。

② 《清实录·宣宗成皇帝实录》卷三四五。

③ 《清实录·宣宗成皇帝实录》卷三四五。

④ 中国第一历史档案馆：《鸦片战争档案史料》第 3 册，天津古籍出版社 1992 年版，第 125 页。

⑤ 中国第一历史档案馆：《鸦片战争档案史料》第 3 册，天津古籍出版社 1992 年版，第 125~127 页。

廿七日癸丑(2 月 18 日)

盛京将军耆英奏夷船在山海关游奕。清廷指示所属海口,开冻后必当常川瞭望,小心防守,设或夷船竟敢侵犯,相机剿戮,以扬国威。

署理两广总督琦善奏报查明香港地势,并现在筹办情形,以为英夷现在之所急者,一在通商,一在求将章程条款早为议定。①

参赞大臣杨芳奏陈,赴粤剿办拟筑堡布防。②

抚恤琉球国遭风难夷如例。③

廿八日甲寅(2 月 19 日)

钦差大臣裕谦奏报,英军情实叵测,前调官兵一千二百名仍行赴浙。④

漕运总督朱树奏报,盐城东海海州各营海口添兵巡防。⑤

山海关副都统札拉芬泰奏报,共设铁炮二十三位安放在秦王岛、老龙头等地。⑥

廿九日乙卯(2 月 20 日)

清廷要求进一步调查安南轧船的功用。"逆夷所恃船坚炮利,惟能仰击平击,不能近击俯击。轧船专击船底,可备火攻之策。广东既经仿照制造,是轧船之制,已得其详。着奕山、隆文、杨芳、祁埙于到粤后,访察情形。如果利于攻击,应即多为制造,以期利用。"⑦

---

① 中国第一历史档案馆:《鸦片战争档案史料》第 3 册,天津古籍出版社 1992 年版,第 128~130 页。

② 中国第一历史档案馆:《鸦片战争档案史料》第 3 册,天津古籍出版社 1992 年版,第 130~131 页。

③ 《清实录·宣宗成皇帝实录》卷三四五。

④ 中国第一历史档案馆:《鸦片战争档案史料》第 3 册,天津古籍出版社 1992 年版,第 132~133 页。

⑤ 中国第一历史档案馆:《鸦片战争档案史料》第 3 册,天津古籍出版社 1992 年版,第 133~134 页。

⑥ 中国第一历史档案馆:《鸦片战争档案史料》第 3 册,天津古籍出版社 1992 年版,第 134 页。

⑦ 《清实录·宣宗成皇帝实录》卷三四五。

闽浙总督颜伯涛奏报，筹备攻剿英船。①

二月初三日戊午(2 月 23 日)

英军火轮船闯入广东虎门附近之三门口内，破坏清军拦河木桩栅栏和大炮，轰击沿岸之官厂、民房。②

初五日庚申(2 月 25 日)

以伊里布任钦差大臣时"并不遵旨剿办，株守数月，观望迁延，甚属畏葸不堪"，命交部严加议处。又伊里布由镇海军营奏报，称粤省夷务查办完竣，现饬缴还定海，所有前调之皖、楚等省官兵已奏明撤退，道光帝亦以为其"不遵朕旨，惟知顺从琦善，盖自有肺肠，无福承受朕恩也"③。

道光帝着钦差大臣裕谦一意剿办，毋存通商之见。④

初六日辛酉(2 月 26 日)

琦善先私自与义律商定《穿鼻草约》，《穿鼻草约》将香港割让给英国，至此清廷收到广东巡抚怡良奏报，称本年正月初八日，署大鹏协副将赖恩爵接到英人照会，要求接管香港地方，令清军驻守之营汛撤回内地。初十日，英人又在香港帖出由义律、伯麦署名的告示，要求当地中国居民听从其管辖。道光帝接奏报后，立即颁谕："朕君临天下，尺土一民，莫非国家所有，琦善擅与香港，擅准通商，胆敢乞朕恩施格外，是直代逆乞恩。且伊被人恐吓，奏报粤省情形，妄称地利无要可扼，军械无利可恃，兵力不固，民情不坚，摘举数端，危言要挟，更不知是何肺腑。如此辜恩误国，实属丧尽天良。琦善着即革职锁拿，派副都统英隆并着怡良拣派同知知州一员，一同押解来京，严行讯问。所有琦善家产，即行查抄入官。"⑤

---

① 中国第一历史档案馆：《鸦片战争档案史料》第 3 册，天津古籍出版社 1992 年版，第 136～137 页。

② 宾汉：《英军在华作战记》，见中国史学会编：《鸦片战争》第 5 册，神州国光社 1954 年版，第 178～179 页。

③ 《清实录·宣宗成皇帝实录》卷三四六。

④ 中国第一历史档案馆：《鸦片战争档案史料》第 3 册，天津古籍出版社 1992 年版，第 153～154 页。

⑤ 《清实录·宣宗成皇帝实录》卷三四六。

英军大举进攻虎门炮台。激战从晨至晚，虎门之横档、永安、巩固、威远、靖远、镇远六座炮台全部失守，提督关天培与香山协副将刘大忠、游击麦廷章阵亡。

着英奏报奉天所属海疆，有小獐子岛、鹿岛等处，请分辖就近地界，以专责成。清廷指示：小獐子岛在凤凰城海洋界内，着即责成凤凰城旗民地方官管辖；鹿岛近岫岩海洋界址，着即责成岫岩旗民地方官管辖。①

杭州将军奇明奏报严防海口情形。②

初七日壬戌（2月27日）

英军攻破乌涌炮台，署湖南提督祥福、游击沈占鳌、守备洪达科等阵亡。英兵船驶至二沙尾，距省城不过三十里。③

钦差大臣伊里布奏报，定海业经收复。④

钦差大臣赛尚阿奏报查看北塘至山海关一带炮台情形。⑤

初八日癸亥（2月28日）

署闽浙总督吴文镕上奏，称厦门关系重大，断不可许与英夷通商，致贻后祸。道光帝览后甚为许可。⑥

兼护两江总督程矞采奏报，查看吴淞口筹防情形。⑦

初九日甲子（3月1日）

清廷指示：查办北塘至山海关一带炮台事宜。《清实录·宣宗成皇帝实录》卷三四六载："查宁河北塘及丰润、滦州、乐亭、昌黎、抚宁、临榆等各州县海口，

---

① 《清实录·宣宗成皇帝实录》卷三四六。

② 中国第一历史档案馆：《鸦片战争档案史料》第 3 册，天津古籍出版社 1992 年版，第 157 页。

③ 《筹办夷务始末（道光朝）》第 2 册，中华书局 1964 年版，第 854 页。

④ 中国第一历史档案馆：《鸦片战争档案史料》第 3 册，天津古籍出版社 1992 年版，第 160~162 页。

⑤ 中国第一历史档案馆：《鸦片战争档案史料》第 3 册，天津古籍出版社 1992 年版，第 162~165 页。

⑥ 《清实录·宣宗成皇帝实录》卷三四六。

⑦ 中国第一历史档案馆：《鸦片战争档案史料》第 3 册，天津古籍出版社 1992 年版，第 169~170 页。

或应增筑炮台，或应添设土垒，或应停办砖石，或应拆去旧台，均经该尚书督同该地方文武各员，相度机宜，虚衷商定。着讷尔经额迅速檄饬承办工员，分别赶办。"

山东巡抚托浑布奏遵查入官地尚未变卖者二百九十六顷十二亩有零，尚未报部者八顷八十三亩有零，予限招变，以备海防经费。内有拨营充公及捐入书院地亩，另行筹补。①

山东巡抚托浑布奏报，查明南北隍城二岛海道情形。②

道光帝着直隶总督讷尔经额赶筑北塘至山海关一带炮台土垒，并训练炮手枪兵。③

初十日乙丑(3月2日)

接前任钦差大臣大学士署两广总督琦善奏，遵查沙角、大角地方，与英夷接仗阵亡及伤亡水陆将弁共四十四员，兵丁七百十八名。得旨：三江协副将陈连升及其子陈举鹏同时殉难，尤属忠义可嘉，着加恩加等赐恤。余着照例赐恤，以慰忠魂。④

十一日丙寅(3月3日)

严定闽、广商船雇募水手人数并禁多带米粮。讷尔经额奏，闽、广每年到津海船水手约计万余人，其实驾船力作者，每船不过二十余人。嗣后洋船北来，雇募水手，大船不得过四十名，中船不得过三十名，并令船户连环保结，所管州县查明其姓名、年貌、住址。每船只准带米六十石，供往还食用，并于驶进天津口时，饬令报明天津镇道，详加查验，以防接济英人。⑤

钦差大臣赛尚阿奏报，秦王岛等处安炮移营情形，以为秦王岛等处海口形势险要，至澄海楼等处应设台安炮。⑥

定海业经收复，浙江巡抚刘韵珂奏报委暂署之员专署县事，并赴镇海与裕谦会

---

①　《清实录·宣宗成皇帝实录》卷三四六。

②　中国第一历史档案馆：《鸦片战争档案史料》第 3 册，天津古籍出版社 1992 年版，第 177~178 页。

③　中国第一历史档案馆：《鸦片战争档案史料》第 3 册，天津古籍出版社 1992 年版，第 178 页。

④　《清实录·宣宗成皇帝实录》卷三四六。

⑤　《清实录·宣宗成皇帝实录》卷三四六。

⑥　中国第一历史档案馆：《鸦片战争档案史料》第 3 册，天津古籍出版社 1992 年版，第 182~183 页。

商定海善后事宜。①

十二日丁卯(3月4日)

伊里布奏称该夷自愿将定海呈缴。其所请在浙销货一层，业经严行拒绝，所请先释被获各夷一层，亦经坚持不准。兹择于二月初四日，人地两交。清廷接到奏报，将信将疑，要求裕谦彻查。②

钦差大臣裕谦奏报，英船并未离浙，及定海善后事宜。经葛云飞探明禀报，乃有夷船一只搁浅蟹峙港，两只在彼驳载救护。③

署理两广总督琦善奏报，虎门炮台失守，提臣关天培阵亡。④

十三日戊辰(3月5日)

清廷着讷尔经额即派委妥员，将新铸铜炮，酌拨五六位。运送山海关，以资防守。⑤

广州将军阿精阿等奏报，英军逼近省城，其分兵防守情形。⑥

十四日己巳(3月6日)

得伊里布奏报，英军于二月初四日缴还定海，清军释放晏士打喇打厘等英俘。初五日，英军全部乘舟南返。初六日，清军进入定海县城。道光帝晓谕："本日据奏'定海业已收复，夷船全数起碇'等语，逆夷占据定海，已更数月，现因粤省命将出师，声罪致讨，方行缴还定海，全数起碇出洋，可见逆夷并无能为。设使伊里布奉到进兵谕旨，熟审顺逆主客之势，密筹剿防攻取之宜，一鼓作气，四面兜捡，复我故土，歼除丑类，庶足以伸天讨而快人心。乃观望迟延，株守数月，直至该夷

---

① 中国第一历史档案馆：《鸦片战争档案史料》第 3 册，天津古籍出版社 1992 年版，第 183~185 页。

② 《清实录·宣宗成皇帝实录》卷三四六。

③ 中国第一历史档案馆：《鸦片战争档案史料》第 3 册，天津古籍出版社 1992 年版，第 191~192 页。

④ 中国第一历史档案馆：《鸦片战争档案史料》第 3 册，天津古籍出版社 1992 年版，第 195~196 页。

⑤ 《清实录·宣宗成皇帝实录》卷三四六。

⑥ 中国第一历史档案馆：《鸦片战争档案史料》第 3 册，天津古籍出版社 1992 年版，第 199 页。

闻有大兵，望风远窜，始将定海收回，可谓庸懦无能之至。前将该督交部严议，该部议照溺职例革职，实属咎所应得。姑念一时简用乏人，伊里布着革去协办大学士，拔去双眼花翎，暂留两江总督之任，仍带革职留任处分，八年无过，方准开复，以观后效。"①

受定海收复的鼓舞，道光帝指示奕山、隆文、杨芳等人要做好收复香港的准备，"即使香港并非险要，亦必设法赶紧收回，断不准给予该夷，致滋后患"②。

十六日辛未(3 月 8 日)

清廷指示：加固浙江海防。杭、嘉二府，于扼要处所，或酌添炮位，增筑炮台营房，拨兵驻守，或堆砌土堡，遮护兵丁，以资轰击。宁波、绍兴、台州、温州四府属海口，有禀请修筑炮台营房及添铸炮位之处，着刘韵珂亲往履勘，酌量情形，分饬赶办。③

清廷要求加强奉天海口防御。奉天各海口情形不一，惟金州海口极多，最关紧要。凤凰城虽无海口，其东南洋面，亦关紧要。其时已拣派哈丰阿、海明、赓音等前往，会同该城旗民地方官、督率官兵卡兵在沿海一带防守瞭望。④

清廷着浙江巡抚刘韵珂亲往履勘宁、绍、台、温四府海口，酌量赶办事宜。⑤

十七日壬申(3 月 9 日)

接琦善奏报，称逆夷闻内地调兵，四出窥探，并有兵船数只，送至下横档山后探水。⑥

十八日癸酉(3 月 10 日)

接到裕谦奏报镇海关防情形，并请求如何处理搁浅的三只夷船，清廷指示："定海既无炮位，着照所议，迅于沿海地方，酌量抽拨，先行解往，以资抵御。所有浅搁夷船三只，着即派委将弁，或用炮击沈，或围困剿戮，以绝其观望之心。其

---

①　《清实录·宣宗成皇帝实录》卷三四六。

②　《清实录·宣宗成皇帝实录》卷三四六。

③　《清实录·宣宗成皇帝实录》卷三四七。

④　《清实录·宣宗成皇帝实录》卷三四七。

⑤　中国第一历史档案馆：《鸦片战争档案史料》第 3 册，天津古籍出版社 1992 年版，第 207~208 页。

⑥　《清实录·宣宗成皇帝实录》卷三四七。

未经驶出浙境各船，傥能诱入内地，突出伏兵，痛加攻击，亦可稍示惩创。"①

清廷着钦差大臣裕谦驻扎定海，妥筹善后，及痛击搁浅英船。②

十九日甲戌(3月11日)

新铸铜炮五六位，被运送山海关，安置秦王岛石河口。③

闽浙总督颜伯涛奏报厦门防剿情形。④

钦差大臣裕谦奏报沿海地势，及英船英炮情形，与定海被蹂躏惨状。⑤

廿一日丙子(3月13日)

兼署两广总督怡良奏报，英兵船游弈近省城二十余里之二沙尾等河面。⑥

参赞大臣杨芳奏报乌涌之战及现筹攻剿情形。⑦

廿二日丁丑(3月14日)

接程楙采奏，福建厦门与台湾对峙，中有澎湖，应行厚驻重兵，多集水勇，安设炮位，严断接济。清廷指示颜伯焘、吴文镕、陈阶平前去查看，豫为准备。⑧

廿三日戊寅(3月15日)

接琦善等人驰奏，本月初三、初四等日，英军驶驾火轮船，随带三板多只，叠

---

① 《清实录·宣宗成皇帝实录》卷三四七。

② 中国第一历史档案馆：《鸦片战争档案史料》第 3 册，天津古籍出版社 1992 年版，第 212~213 页。

③ 《清实录·宣宗成皇帝实录》卷三四七。

④ 中国第一历史档案馆：《鸦片战争档案史料》第 3 册，天津古籍出版社 1992 年版，第 213~214 页。

⑤ 中国第一历史档案馆：《鸦片战争档案史料》第 3 册，天津古籍出版社 1992 年版，第 214~219 页。

⑥ 中国第一历史档案馆：《鸦片战争档案史料》第 3 册，天津古籍出版社 1992 年版，第 225~226 页。

⑦ 中国第一历史档案馆：《鸦片战争档案史料》第 3 册，天津古籍出版社 1992 年版，第 227~228 页。

⑧ 《清实录·宣宗成皇帝实录》卷三四七。

进三门口内，冲撞簰桩，施放火箭，经副将庆宇等督兵抵御，至初六日酉刻，逆夷拢岸上山，横档永安炮台，恐被占夺，靖远、镇远、威远炮台失守，提督关天培不知下落。清廷调广西兵二千名迅赴广东，又令前赴浙之湖广兵二千八百名改道入粤。①

廿四日己卯 (3 月 16 日)

英军自攻破乌涌炮台后，其舰船即于二沙尾、大黄窖分两路游奕，欲进犯广东省内河。至是日未刻，有英国大兵船两只，火轮船一只，舢板船十数只，冲过大黄窖废营，直攻凤凰岗营垒。经激战，击沉舢板船二只，英军退去。②

廿六日辛巳 (3 月 18 日)

是日巳刻，英大小兵船七只，火轮船三只，舢板船二十余只，闯过凤凰岗，进入广东省内河，直逼广州城。省城内外，官兵奋力还击。英船停泊于白鹤滩。

定海善后方案确定。"所有定海城镇乡村中，实在无力难民，无论极贫、次贫，均着给予三个月口粮。其焚毁房屋，查明间数，照例给银，令其自行搭盖，以资栖止。其余均着照所议办理。"

钦差大臣裕泰奏报铸炮筹备火药情形。③

盛京将军耆英奏报，缉获传递英人文书人犯。④

廿七日壬午 (3 月 19 日)

接琦善奏报，虎门炮台失守，提督关天培阵亡，乌涌卡座被击，逆夷兵船火轮船联结多只，乘潮迅驶，距省不过三十里。清廷指示：浙省洋面现在尚有夷船游奕，江浙各处海口均关紧要，务必加意防守，毋稍疏虞。

接裕谦奏报，浙江象山县营于二月初五日，有未经驶出浙境之夷船十八只，陆续由北驶至，内九只先后往南驶去。⑤

---

① 《清实录·宣宗成皇帝实录》卷三四七。

② 《筹办夷务始末 (道光朝)》第 2 册，中华书局 1964 年版，第 900 页。

③ 中国第一历史档案馆：《鸦片战争档案史料》第 3 册，天津古籍出版社 1992 年版，第 245~246 页。

④ 中国第一历史档案馆：《鸦片战争档案史料》第 3 册，天津古籍出版社 1992 年版，第 246~247 页。

⑤ 《清实录·宣宗成皇帝实录》卷三四七。

廿八日癸未(3 月 20 日)

广州恢复通商。先是，二十四日，美国领事多利那请恢复通商，杨芳派广州知府余保纯与议。二十六日，义律托行商伍怡和转呈亲笔信，请照常贸易，不带违禁物品。杨芳答以兵船退出虎门为条件，并派余保纯与义律签订了《广州和约》。二十七、八、九日，进入省河之英船陆续退出。通商卒行。①

廿九日甲申(3 月 21 日)

得裕谦奏报沿海情形。"英逆所恃，惟船与炮。夷船吃水甚深，不畏风浪而畏礁浅。濒海各城外有浅滩十数里，便不能驶近。若该逆改换三板小船，只可装载二三十人，便不敢远离大船，一经登岸，不难歼捡。至于数千斤大炮，只可施于深水外洋，不能施于近岸之内洋。内洋施放，亦止一二千斤及数百斤之炮，较官炮略远一二里，然亦止及数里以内，实无远及十余里之事。滩距岸远，船不能近，炮即不能及。再沿海洋面，水中沙线，千条万缕。南洋多石岛之明险，北洋多沙线之暗险。夷船畏暗险，甚于明险，并非处处堪虞，港港可入。"②

清廷着靖逆将军奕山等酌办招募水勇以散汉奸，并准各国人一体杀贼请赏。③

三十日乙酉(3 月 22 日)

得阿精阿等驰奏，逆夷攻破乌涌，连樯驶入，逼近省城。现将存城满汉官兵分布严防，并于炮械之外，多备灰石，以备攻击。④

参赞大臣杨芳密奏，请暂准英国照常贸易。⑤

---

① 光绪《广州府志》卷八十一；中国史学会编：《鸦片战争》第 4 册，神州国光社 1954 年版，第 329 页。
② 《清实录·宣宗成皇帝实录》卷三四七。
③ 中国第一历史档案馆：《鸦片战争档案史料》第 3 册，天津古籍出版社 1992 年版，第 261~262 页。
④ 《清实录·宣宗成皇帝实录》卷三四七。
⑤ 中国第一历史档案馆：《鸦片战争档案史料》第 3 册，天津古籍出版社 1992 年版，第 266~267 页。

三月初四日己丑(3 月 26 日)

接颜伯焘奏报厦门防剿情形。道光帝晓谕："厦门一岛，孤悬闽南，远控台澎，近接金门，与粤东毗连，为全闽咽喉门户。该督于抵任后，亲赴履勘，在各海口安设炮位哨船，并派兵丁水勇等备御，倘有夷船窜至，不难截击兜捦，此外如尚有应需添兵安炮之处，着该督酌量情形，相机妥办。"①

耆英奏报山海关拿获携带夷书人犯，据供所存夷书，闻由承德县礼房经承傅洛步处拿来，现在查无其人。

清廷将库存道光十九年、二十年火药及本年应造火药二万七千一百五十余斤，依福建水师提督陈阶平条奏，将硝斤妥为煮炼，火药加添工料，督饬如法碾造，以资利用。又购买瓦缸盛贮火药并于缸口用铅里木盖，使硝不致潮湿走泻。着照所议行。其需用银三百十七两零。着准其在蔼余闲款项下动支。②

掌江南道监察御史骆秉章就粤省军情条陈管见，提出添铸大炮、精制火药、土筑炮台等多项建议。③

初五日庚寅(3 月 27 日)

清廷彰表虎门炮台捐躯者。《清实录·宣宗成皇帝实录》卷三四八载："原任广东水师提督关天培，除照例赏给银两、准予世职外，着该督抚查明伊子孙几人，均于服阕后，送部带领引见，候朕施恩。原任广东海口营参将奏补香山协副将刘大忠，着加恩照副将例赐恤。原任广东碣石镇标右营都司奏署水师提标左营游击麦廷章，着加恩照游击例赐恤。该二员应得恤典，该部另行议奏。原任湖南镇筸镇总兵祥福、左营岩门游击沈占鳌、提标左营中军守备洪达科、均照该部所议赐恤。该六员统领士卒，为国捐躯，均堪悯恻，着该督抚于事竣后，即在遇害地方，建立专祠，以慰忠魂而彰节义。"

两江总督伊里布奏陈，为江苏洋面防范森严，主张沿海各海口一律封闭。另，江苏洋面绵长，海口分歧，崇明岛孤悬海外，江浙两省只可互相照会，不能彼此应援。④

---

①　《清实录·宣宗成皇帝实录》卷三四八。

②　《清实录·宣宗成皇帝实录》卷三四八。

③　中国第一历史档案馆：《鸦片战争档案史料》第 3 册，天津古籍出版社 1992 年版，第 274~276 页。

④　中国第一历史档案馆：《鸦片战争档案史料》第 3 册，天津古籍出版社 1992 年版，第 280~284 页。

江南童生朱祛患条奏抗英八条：贼谋之宜伐；贼交之宜离；贼用之宜窜，贼之羽翼宜剪；贼之腹心宜溃出；水勇之宜团；将材之宜选；守卫之宜严。①

初六日辛卯（3 月 28 日）

接杨芳奏报，乌涌之战，阵亡将备三十一员，兵丁四百十五名。

道光帝晓谕："现在广东省剿办逆夷，两广总督、自广东巡抚及粤海关监督，本年端阳起，所有例进贡物，俱着暂行停止，俟夷务完竣后，再行照常呈进。"②

钦差大臣裕谦奏报东渡定海日期，并于二月二十八日诱捡白夷一名，将之正法。另，在定海查获满文与英文传教书籍各一千五百十四本、八百九十四本；拆除定海红毛道头与夷馆基地，拟退守镇海。③

初七日壬辰（3 月 29 日）

接怡良等奏报，逆夷兵船游奕二沙尾等处，逼近省城。④

广东藩司梁宝常携带库银十五万两，驻扎佛山，分路设立粮台。⑤

初八日癸巳（3 月 30 日）

廓尔喀国王请求助战，为清廷婉拒。《清实录·宣宗成皇帝实录》卷三四八载："廓尔喀国王禀称，披楞与京属汉人争战，被京属烧毁洋船，情愿去打披楞等语，经该大臣等婉为饬驳。旋查得披楞为英吉利所属，该国人常在广东贸易。其与京属打仗，据称在聂噶金那地方，因在外洋，不能指实界址，惟知披楞之东，系噶哩噶达地方，直达广东，又称第哩巴察，为西南一大国。噶哩噶达及披楞，皆其所属。……因夷人呼'加'为'噶'，呼'尔'为'哩'，故亦名噶哩噶达，其地计水程二十余日可到广东。披楞在噶哩噶达之西，亦英吉利所属。"

---

① 中国第一历史档案馆：《鸦片战争档案史料》第 3 册，天津古籍出版社 1992 年版，第 284~286 页。

② 《清实录·宣宗成皇帝实录》卷三四八。

③ 中国第一历史档案馆：《鸦片战争档案史料》第 3 册，天津古籍出版社 1992 年版，第 289~293 页。

④ 《清实录·宣宗成皇帝实录》卷三四八。

⑤ 中国第一历史档案馆：《鸦片战争档案史料》第 3 册，天津古籍出版社 1992 年版，第 297~298 页。

初九日甲午(3 月 31 日)

山东巡抚托浑布奏报登州府海防情形，并提出沂州府之日照与江南联界，该处海口距离登州大兵屯聚处遥远，应该派兵策应。①

英船退出省河，通商各国货船进至黄埔。②

初十日乙未(4 月 1 日)

盛京将军耆英奏准，因鼓铸大炮工费浩繁，拖延时日，现依式监造抬枪一百三十杆，分拨金州各城，每十杆为一排。前奏准添设九百八十杆鸟枪，也令加紧赶造。又以大炮利于海防，命再铸八千斤大炮四至五尊，一千斤、二千斤、三千斤大炮数十尊。③

浙江巡抚刘韵珂奏请各处防工先饬赶办，暂缓履勘。④

十一日丙申(4 月 2 日)

据杨芳驰奏，英逆于二月二十四日，驶驾兵船，闯进省河。经杨芳等先期豫备，择要埋伏。逆船开炮轰击，总兵长春被炮子擦伤右颧，皮破血流，仍复奋不顾身，开炮迎抵，击沈逆夷三板船二只，人船俱没，并将其大兵船击断大桅。该逆势极仓皇，即时退出。⑤

十二日丁酉(4 月 3 日)

参赞大臣杨芳奏请，港脚货船准予通商，而省城无可控御，亦似宜先准英船贸易。⑥

---

① 中国第一历史档案馆：《鸦片战争档案史料》第 3 册，天津古籍出版社 1992 年版，第 299~301 页。

② 中国第一历史档案馆：《鸦片战争档案史料》第 3 册，天津古籍出版社 1992 年版，第 301~302 页。

③ 《清实录·宣宗成皇帝实录》卷三四八。

④ 中国第一历史档案馆：《鸦片战争档案史料》第 3 册，天津古籍出版社 1992 年版，第 306~307 页。

⑤ 《清实录·宣宗成皇帝实录》卷三四八。

⑥ 中国第一历史档案馆：《鸦片战争档案史料》第 3 册，天津古籍出版社 1992 年版，第 309~311 页。

十三日戊戌(4月4日)

署理江苏巡抚程矞采奏报筹办江苏海口防堵事宜，并两湖官兵已星驰赴粤。①

十五日庚子(4月6日)

据杨芳驰奏，英军大小兵船七只，火轮船三只，三板船二十余只，闯入省河，施放炮箭，因省城内外周密巡防，窜出白鹤滩中心下碇，旋即开离省河。现有美国领事多利那代英恳请通商，洋商等也拿出义律请示通商贸易之亲笔信。清廷晓谕："此系该逆奸谋，懈我军心，惟现在大兵未集，不敷调遣，着杨芳设法羁縻，俾不得远遁外洋，致将来攻剿费手。"

接裕谦奏报，有白夷一名带同黑夷五人，驾坐三板小船在青龙洋面游奕，白夷被捡获，其受伤三人及未受伤二人乘间逃回，向东南外洋疾驶而去。船内所运粮食，系猪羊肉干、麦面饼等物。②

裕谦奏报审度江苏防堵情形，处置定海善后事宜，主张无庸封闭沿海通商海口。③

湖南巡抚吴其濬奏报，访闻英人遣汉奸赴连州南雄一带煽惑。④

清廷要求湖广总督裕泰、广西巡抚梁章钜将旧存大炮解粤备剿。

二十日乙巳(4月11日)

予福建遭风淹毙外委杨长康祭葬恤荫，兵丁吕鼎元等五十四名赏恤如例。⑤

钦差大臣裕谦奏报，定海现有兵五千六百余名，大小新旧炮七十位，浙江洋面安靖，并拟将通英叛犯杨阿三等先行正法。⑥

---

① 中国第一历史档案馆：《鸦片战争档案史料》第 3 册，天津古籍出版社 1992 年版，第 311~313 页。

② 《清实录·宣宗成皇帝实录》卷三四八。

③ 中国第一历史档案馆：《鸦片战争档案史料》第 3 册，天津古籍出版社 1992 年版，第 313~320 页。

④ 中国第一历史档案馆：《鸦片战争档案史料》第 3 册，天津古籍出版社 1992 年版，第 322~323 页。

⑤ 《清实录·宣宗成皇帝实录》卷三四九。

⑥ 中国第一历史档案馆：《鸦片战争档案史料》第 3 册，天津古籍出版社 1992 年版，第 336~341 页。

廿一日丙午(4 月 12 日)

前因福建举人陈姓有通夷主谋之事，经邓廷桢派员查拿，将已革在逃之同安县举人陈元华获案审讯。兹据颜伯焘奏称，陈元华因案斥革，逃往台湾地方。所有在台月日住处及寄带家信各情，现经逐一勘讯，委无通夷受聘主谋情事。①

廿二日丁未(4 月 13 日)

山东巡抚托浑布奏报登州府隍城岛海防形势。南北隍城二岛，在东省登州府城东北，距城二百四十里，两岛毗连，岛之东北计海程一百八十里，系奉天、旅顺口、铁山，为南来商船赴直隶、天津及奉天、锦州等处经由海道。②
参赞大巨杨芳奏报广东筹办防剿及军民情形，请求改水师为陆路。③
浙江巡抚刘韵珂奏报测量沿海口岸水势，严防接济英船。④
清廷着两江总督伊里布亲赴宝山督防，并毋庸一律封港。

廿三日戊申(4 月 14 日)

接杨芳等驰奏，英国商船要求同美利坚等国一同进入黄浦，继续贸易，为清廷拒绝。《清实录·宣宗成皇帝实录》卷三四九载："英夷商船，虽未随同助逆，总系逆英之人，断不准其通商。此次各国贸易，如有代逆销售、蒙混影射等弊，即着严行查办，万不可稍存迁就之见，致逆夷得遂通商之欲。"
闽浙总督颜伯焘奏报福建炮位难以拨解浙江，其海防压力也极大。⑤

廿五日庚戌(4 月 16 日)

海龄奏请将沿海通商各码头暂闭，道光帝令伊里布、裕谦等议奏，伊里布请一

---

① 《清实录·宣宗成皇帝实录》卷三四九。
② 中国第一历史档案馆：《鸦片战争档案史料》第 3 册，天津古籍出版社 1992 年版，第 342～345 页。
③ 中国第一历史档案馆：《鸦片战争档案史料》第 3 册，天津古籍出版社 1992 年版，第 347 页。
④ 中国第一历史档案馆：《鸦片战争档案史料》第 3 册，天津古籍出版社 1992 年版，第 348 页。
⑤ 中国第一历史档案馆：《鸦片战争档案史料》第 3 册，天津古籍出版社 1992 年版，第 352～354 页。

律封闭。道光帝以为"所议窒碍难行","沿海通商各码头，着仍照旧准商民往来贸易，毋庸封港"，并严禁米粮硝磺出洋。

江苏巡抚裕谦奏报，查康熙年间，曾准红毛夷船在定海通商，久经停止。而该县之南马头，俗尚称为红毛道头，附近并有夷馆基址。现在修筑土城，已将红毛道头及夷馆基址，全行拆毁，并将该处民房迁徙城内，酌留两门出入，如内城之制，使土城以外，一无所有，以绝逆夷觊觎之念，断内地接济之源。

赏已革两广总督林则徐四品卿衔，命驰赴浙江听候谕旨。①

廿七日壬子（4月18日）

以杨芳、怡良不及时发兵进剿，迁延观望，甚而请准英货船通商，命交部严加议处，并晓谕以后"断不准提及通商二字，坐失机宜"，"着迅速督饬兵弁，分路兜剿，务使英人片帆不返，俾知儆畏"。寻部议照溺职例革职。得旨：从宽，改革职留任。②

廿八日癸丑（4月19日）

着河南巡抚饬属代为打造抬炮五百杆，购备直长白蜡杆三千根，迅速解赴浙江省备用。惟器械固须精良，而运用尤宜娴熟。

从巡抚刘韵珂请，修筑浙江仁和、海宁二州县海塘。③

廿九日甲寅（4月20日）

清廷晓谕：现在山海关各海口，办理炮台事竣，所有秦王岛、石河口各卡驻扎满洲营兵丁，着即调回本营，勤加操练。其所调冷口、喜峰口二处防守兵丁，并着撤回归伍。至秦王岛、澄海楼二处安设炮位，仍着富勒敦泰酌派弁兵，在彼常川瞭望，以免疏虞。

免江苏江海关上年封港期内短征税银。④

---

① 《清实录·宣宗成皇帝实录》卷三四九。
② 《清实录·宣宗成皇帝实录》卷三四九。
③ 《清实录·宣宗成皇帝实录》卷三四九。
④ 《清实录·宣宗成皇帝实录》卷三四九。

闰三月初一乙卯（4 月 21 日）

两江总督伊里布奏报，浙江洋面并无英船，请暂缓封港。①

初三日丁巳（4 月 23 日）

隍城岛被坚壁清野。清廷以为"该处山岛，既系孤峰高耸，遇有夷船驶近，炮力不能遽及，又无策应，设被逆夷将山岛占据，得毋借寇兵而赍盗粮耶"，故"现令地方官雇小舟分布于近岛各处，设闻贼警，渡民于内地，妥为安插，并将岛上井泉塞断，弃此荒岛"②。

钦差大臣裕谦奏报吴淞海口未便填塞，各处港口毋庸封闭。③

初六日庚申（4 月 26 日）

金州拟安放八千斤大炮四五尊。《清实录·宣宗成皇帝实录》卷三五○载："据耆英奏请添铸大炮以重海防一折，克敌制胜，军火为先，该将军现在采办铁料二十六万斤，为铸造炮位炮子之用，现已饬内务府令造办处炮匠前赴盛京，听候遣用。惟所请铸造八千斤大炮二十尊，恐斤两过重，运用不能便捷，着即铸八千斤大炮四五尊，其余铁料，酌量分铸一二千斤二三千斤炮位数十尊，体察复州、金州各海口情形，妥为安设，以资捍卫。所需鼓铸银两，准其在于征存船规项下动支。"

靖逆将军奕山奏复琦善与义律晤谈，及外商在粤贸易情形。各路官兵分次到粤，分守要隘。④

十二日丙寅（5 月 2 日）

登州计有新旧铜炮百余位，安放沿海要隘口岸，并招募沿海捞摸海参渔户为水

---

① 中国第一历史档案馆：《鸦片战争档案史料》第 3 册，天津古籍出版社 1992 年版，第 374~375 页。

② 《清实录·宣宗成皇帝实录》卷三五○。

③ 中国第一历史档案馆：《鸦片战争档案史料》第 3 册，天津古籍出版社 1992 年版，第 379~381 页。

④ 中国第一历史档案馆：《鸦片战争档案史料》第 3 册，天津古籍出版社 1992 年版，第 385~390 页。

勇。《清实录·宣宗成皇帝实录》卷三五〇载："东省海道绵长，无险可扼，登州尤为全洋冲要，府城迤东之太平湾起，西至天桥口止，夷船处处可以拢岸，实为最要。由天桥口迤西至田横寨黑峰台一带，是为次要。现在相度情形，将各炮移置山腰之下，更为得力。"

截至闰三月初十，浙江已铸成一千斤至四千斤铜炮五十五位。宁海外洋有游奕夷船一只。①

十三日丁卯(5 月 3 日)

伊里布欲填吴淞口，为道光帝所阻止。《清实录·宣宗成皇帝实录》卷三五〇载："朕闻伊里布买备沙船，装载石块，为填塞吴淞海口之计。该处海口，关系农田水利，一经填塞，为患不小。此议纰缪之至，现在如已填塞，着伊里布即行开通。傥办理不善，致有淤垫漫淹等弊，必当重治其罪，决不宽贷。"

命两江总督伊里布来京，以钦差大臣江苏巡抚裕谦为两江总督，调广西巡抚梁章钜为江苏巡抚，以刑部右侍郎周之琦为广西巡抚，江苏按察使张晋熙为河南布政使，广东盐运使宋劭谷为江苏按察使。②

十五日己巳(5 月 5 日)

宁河等海口增添炮台，大沽北岸炮台工竣。③

廿一日乙亥(5 月 11 日)

道光帝晓谕奕山等要收复香港所有领土。《清实录·宣宗成皇帝实录》卷三五〇载："(香港地方)内地尺土，皆关紧要，岂容逆夷溷迹？所有前经该夷占据之香港，并现在寄泊之尖沙嘴等处地方，均着该将军等于进剿得手后，将该夷驱逐，各地尽行收回。至琦善与义律如何说话及有无馈赠往来，现在鲍鹏业经起解送京，俟抵京后再行研鞫，不难水落石出。"

山东巡抚托浑布奏陈所辖洋面各岛，已因地因势设法防卫。其登、莱、青三府所辖洋面岛屿，见于志乘者八十四，其中人迹罕至者五十二，有田园者三十二，守

---

① 中国第一历史档案馆：《鸦片战争档案史料》第 3 册，天津古籍出版社 1992 年版，第398~400 页。

② 《清实录·宣宗成皇帝实录》卷三五〇。

③ 《清实录·宣宗成皇帝实录》卷三五〇。

兵共三千余名。①

廿五日己卯(5月15日)

钦差大臣裕谦再渡定海，查勘新建土城炮城，督察抚恤难民事宜。定海已铸造大炮六十位，洋面安靖。②

廿六日庚辰(5月16日)

抚恤琉球国遭风难夷如例。③

廿七日辛巳(5月17日)

钦差大臣裕谦奏报定海善后事宜十六款，并奏请造船以利攻战。④

四月初一日乙酉(5月21日)

闰三月下旬，英兵船乘河水盛涨之期，由大黄窖、二沙尾两处，连樯驶进省河。是日夜，奕山派令四川、湖南水勇官兵一千七百余人，分三路夜袭英军。西路在白鹅潭，焚毁英船数十只，东路在二沙尾，烧英小舢板船数只。初二日，兵勇冲进洋馆，将囤贮货物抢掠一空。义律及大部分商人已于前一日晚前离开。⑤

钦差大臣裕谦奏报浙江防堵情形。镇海及招宝、金鸡两山，共有浙江各营水路防兵三千七百余名，新旧大炮一百一十五位，大小渔船六十只。⑥

---

① 中国第一历史档案馆：《鸦片战争档案史料》第3册，天津古籍出版社1992年版，第412~418页。

② 中国第一历史档案馆：《鸦片战争档案史料》第3册，天津古籍出版社1992年版，第419~422页。

③ 《清实录·宣宗成皇帝实录》卷三五〇。

④ 中国第一历史档案馆：《鸦片战争档案史料》第3册，天津古籍出版社1992年版，第429~438页。

⑤ 《筹办夷务始末(道光朝)》第2册，中华书局1964年版，第1029页；中国史学会编：《鸦片战争》第4册，神州国光社1954年版，第329页；光绪《广州府志》卷八十一；《清实录·宣宗成皇帝实录》卷三五一。

⑥ 中国第一历史档案馆：《鸦片战争档案史料》第3册，天津古籍出版社1992年版，第422~440页。

初七日辛卯（5 月 27 日）

是日，广州知府余保纯奉奕山命，与义律签订《广州和约》（即《广州停战协定》）。先是，四月初一日，清军夜袭英船后不久，英军即开始发起反击。初二日，英军炮轰广州城西之泥城港，守军溃散。初三日，英军分兵攻打西炮台、天字码头、东炮台等处，放火焚烧城外临河民房。初四日，英军在缯步登岸。初五日，英兵由缯步向广州城北门外之拱极、保极、四方、耆定等炮台进攻，陷之，并用炮火向广州城内射击。清军退入城内，居民相率从新城移入老城。初六日，广州城上竖起白旗，奕山派知府余保纯、行商伍绍荣同义律和谈。和约条款如下：一、钦差大臣奕山及外省一切军队，限六日内退出广州城六十英里以外。二、在一星期内，向英国赔款六百万元，自五月二十七日算起，该日日落前先交一百万元。三、目前英军仍驻原地。如所定赔款六百万元未能在七日内付清，赔款数额即增至七百万元；十四日内未付清，则增至八百万元；二十日内未能付清，增至九百万元。全部付清后，英军始撤出虎门及横档以外。事端未解决前，双方不得增加军备。四、限一星期赔偿各洋行及西班牙船"米巴音努"号所遭毁坏之损失。五、广州知府必须持有盖有奕山、文隆、杨芳三位钦差大臣以及总督、提督、抚院官印的全权证明书，以缔结此约。

是日，奕山向英军交款一百万元，和约生效。①

清廷着靖逆将军奕山俟兵械齐集，即相机进剿，并侦探英情，约束官兵。②

初十日甲午（5 月 30 日）

先是，初七日《广州和约》签订后，英军由四方炮台下山，窜扰泥城、三元里等乡，大肆奸杀抢掠。初九日，三元里农民韦绍光等击杀施暴之英兵数人，群众聚集于三元古庙誓师，并鸣锣北上萧冈等乡求援。是日，英军千余人从四方炮台出动，扑向三元里，进行报复。三元里、萧冈等百余乡农民将英军围困于牛栏冈，给予重大杀伤，毙其指挥官毕霞等。适值大雨，英军乘机逃回四方炮台。万余群众冒雨追击，又包围了四方炮台。十一日，被困于炮台内之英国全权代表义律，向广州

① 《筹办夷务始末（道光朝）》第 2 册，中华书局 1964 年版，第 1042、1093 页；中国史学会编：《鸦片战争》第 5 册，神州国光社 1954 年版，第 209~224 页；《清实录·宣宗成皇帝实录》卷三五三。

② 中国第一历史档案馆：《鸦片战争档案史料》第 3 册，天津古籍出版社 1992 年版，第450 页。

知府乞援。余保纯遂率南海县知县梁星源、番禺县知县张熙宁等前往弹压，胁迫民众解散。下午围解。①

兼护两江总督程矞采奏报查办海口防堵事宜。②

十一日乙未（5 月 31 日）

以浙江捡斩夷匪及防堵出力，赏知府邓廷彩、同知舒恭受、江苏同知黄冕花翎，县丞汪仲洋等蓝翎，余加衔升补有差。以演炮伤毙兵丁，浙江总兵官孙廷扬等议处降补有差。浙江巡抚刘韵珂疏报仁和场开垦灶荡三顷六十三亩有奇，照例升科，从之。③

十五日己亥（6 月 4 日）

靖逆将军奕山奏报英军攻击省城，并权宜准其贸易。至初五日，夷船三十八只全数驶入攻城。另，奏请用库款垫借洋商所欠外商银两二百八十万两。④

两广总督祁𡎴奏报，城外民房多被焚烧。⑤

十八日壬寅（6 月 7 日）

英军全部撤出虎门，奕山、隆文也于是日退出广州城，至金山驻扎。⑥

钦差大臣裕谦奏请启用林则徐。⑦

---

① 林福祥：《平海心筹》《三元里打仗日记》，见广东省文史研究馆编：《三元里人民抗英斗争史料》，中华书局 1978 年版；江上蹇叟：《中西记事》卷六；梁廷枏：《夷氛闻记》卷四；光绪《广州府志》卷八十一。

② 中国第一历史档案馆：《鸦片战争档案史料》第 3 册，天津古籍出版社 1992 年版，第 453 页。

③ 《清实录·宣宗成皇帝实录》卷三五一。

④ 中国第一历史档案馆：《鸦片战争档案史料》第 3 册，天津古籍出版社 1992 年版，第 461~464 页。

⑤ 中国第一历史档案馆：《鸦片战争档案史料》第 3 册，天津古籍出版社 1992 年版，第 464~465 页。

⑥ 同治《番禺县志》卷二十二；《筹办夷务始末（道光朝）》第 2 册，中华书局 1964 年版，第 1109 页。

⑦ 中国第一历史档案馆：《鸦片战争档案史料》第 3 册，天津古籍出版社 1992 年版，第 465~467 页。

廿二日丙午（6 月 11 日）

刑部进呈琦善所供办理夷物情形。①

浙江巡抚刘韵珂奏报，有英船多只在浙洋游奕，已备兵防堵。②

廿四日戊申（6 月 13 日）

接奕山等驰奏：逆夷两路分攻东、西炮台，经总兵段永福、琦忠、长春、张青云等、督率将士并力抵御，轰沈火轮船一只，并被兵勇抛掷火箭火器，焚烧三桅兵船一只；东炮台打折夷船大桅一枝，震落夷人数名落水。次日又复拥至，经游击伊克坦布等督率兵勇，击毙夷匪数名。夷人开炮自炸，轰碎三板船一只。③

廿五日己酉（6 月 14 日）

祁𡏇奏报，英夷猖獗，实由汉奸为之耳目。我兵举动，彼皆先知。汉奸之为夷人服役者曰沙民，与夷人贸易者曰孖𬮱，行踪诡秘，现在仍为鬼子偷买口粮，是以鬼子得以久扰内地。④

廿八日壬子（6 月 17 日）

御史许乃安奏杭州居民纷纷迁徙，山阴、会稽等县用印票索借民间银两。浙江巡抚刘韵珂回奏上年定海滋事，省垣民人不无惊疑，旋即安静，并无纷纷迁徙之事；其山阴、会稽二县，出有印票，实系郡城绅耆公请发给，以备劝捐防御经费，各该县权宜允准，设局办理，系因急图保卫起见，委无勒索侵蚀情弊。⑤

刘韵珂奏报，英船有来浙之谣。⑥

---

① 中国第一历史档案馆：《鸦片战争档案史料》第 3 册，天津古籍出版社 1992 年版，第 472～476 页。

② 中国第一历史档案馆：《鸦片战争档案史料》第 3 册，天津古籍出版社 1992 年版，第 477～479 页。

③ 《清实录·宣宗成皇帝实录》卷三五一。

④ 《清实录·宣宗成皇帝实录》卷三五一。

⑤ 《清实录·宣宗成皇帝实录》卷三五一。

⑥ 中国第一历史档案馆：《鸦片战争档案史料》第 3 册，天津古籍出版社 1992 年版，第 496～497 页。

廿九日癸丑(6 月 18 日)

接奕山奏，本月初五日，英船三十八只，全数驶入省河攻城，另有火轮船围攻泥城，广州城形势危急，新城居民相率迁入老城之内。初七日，英人提出，若能允准通商，追完商欠，则可立即退出虎门，缴还炮台。鉴于目前广州城危急情形，请暂允其请。祁墳等又奏，连日交战，炮火轰击城内，日夜不绝。城外沿河两岸之民居多被延烧，仅南海、番禺二县外城河岸及东西关一带，被焚即有数十处之多，大小民房、铺户及庙宇、公所、仓屋，约计八百余间。①

五月初一日甲寅(6 月 19 日)

予福建出洋落水受伤把总王玉辂、兵丁叶上春等四十二名赏恤如例。

从巡抚托浑布请，续拨山东海防经费银十万两。②

初三日丙辰(6 月 21 日)

浙江、福建海域上报，有多只夷船游奕。宁海县报大佛头外洋有夷船二只，象山县东屿外洋有夷船一只。有夷船一只，从古雷外洋自南驶北，后随小船六只，并渔船目睹小船载有黑夷。又诏安县报有二桅夹板夷船多只，从西南驶由畬洲外洋向东北而去。南澳镇报有三桅夷船二只，二桅夷船二只，由西南外洋驶往东北。同安县报大担门外洋，有二桅夷船一只，自南向东北开去；又有三桅夷船一只，由南向北。③

初四日丁巳(6 月 22 日)

夷船现在全行退出虎门，已将虎门横档各炮台缴还。夷船驶放外洋者二十余只，尚有十余只抛泊伶仃洋。④

---

① 《筹办夷务始末(道光朝)》第 2 册，中华书局 1964 年版，第 1042 页。

② 《清实录·宣宗成皇帝实录》卷三五二。

③ 《清实录·宣宗成皇帝实录》卷三五二。

④ 中国第一历史档案馆：《鸦片战争档案史料》第 3 册，天津古籍出版社 1992 年版，第 508 页。

初七日庚申(6月25日)

颜伯焘奏报，夷船两次滋扰铜山，已令前任提督王得禄迅赴澎湖驻扎防守。①

钦差大臣裕谦奏报，江苏洋面安靖，浙江洋面游奕之夷船，系货船而非兵船。②

初八日辛酉(6月26日)

四月初十日三元里人民抗英事件后，广州城北八十余乡村民结社自卫，成立升平社学，共计十三社。至是，祁𡎚颁布告示，赞誉升平社学爱国之举，要求各地"已团练者，益加勉励，未团练者，务速举行"③。

从巡抚刘韵珂请，修浙江仁和、海宁二州县海塘柴埽各工。④

初十日癸亥(6月28日)

林则徐、邓廷桢被发往伊犁赎罪。《清实录·宣宗成皇帝实录》卷三五二载："总督有统辖之责，必应于平时认真督率将备，加意练习，使之有勇知方，一旦猝遇外侮，何患不破敌摧坚，立功奏凯。道光十二年，两广总督李鸿宾、广东提督刘荣庆因办理军务临事不能得力，平素毫无整顿，曾经遣戍。前任两广总督邓廷桢，履任多年，懈惰因循，不加整顿，所设排链，空费钱粮，全无实用，以至该省兵丁，柔懦无能，诸多畏葸。虎门之役，竟有为夷匪买通者。思之殊堪痛恨。前任两广总督林则徐，经朕特给钦差大臣关防，办理广东事件，继复令其实授总督，全省军务，皆其统辖。既知兵丁染习甚深，便应多方训导，勤加练习。其于洋务，亦当德威并用，控驭得宜。乃办理诸未妥协，深负委任。邓廷桢业经革职，林则徐着革去四品卿衔，均从重发往伊犁效力赎罪。即由各该处起解，以为废弛营务者戒。"

得奕山奏报，四月十五日以后，英兵船陆续退出省河，缴还炮台。省垣城门，

---

① 《清实录·宣宗成皇帝实录》卷三五二。

② 中国第一历史档案馆：《鸦片战争档案史料》第3册，天津古籍出版社1992年版，第510~511页。

③ 中国史学会编：《鸦片战争》第3册，神州国光社1954年版，第318页。

④ 《清实录·宣宗成皇帝实录》卷三五二。

一律开通，商民照旧生理。①

十一日甲子(6月29日)

浙江巡抚刘韵珂奏报勘查定海形式及防御情形。寿春、处州、定海三镇共有防兵五千五百余名。定海东山炮台设大炮二十二位，城垣设大小炮位四十，兵船铁炮十位。另，奏请镇海酌添防御工程。②

十二日乙丑(6月30日)

靖逆将军奕山奏报筹守内河及查勘虎门炮台情形。其以为夷船自外洋入虎门，海面辽阔，路径分歧，水深浪大，必须以船进攻，以台拒守。今师船台炮皆无可恃，而狮子洋内不得不以省河为屏障。另，英夷在毗连香港之裙带路筑有码头。③

十八日辛未(7月6日)

得奕山奏报：新安县武举庚体群、义勇颜浩长、龙国昭等先后在洋面焚烧夷船，砍倒逆夷先锋并斩红旗夷目一人、黑白夷匪十余名。现夷船全行退出虎门，已将虎门横档各炮台收复。夷船仍寄碇伶仃洋迤东之裙带路地方。④

浙江巡抚刘韵珂奏报浙江洋面现在英船情形，称五月十一日见有两桅夷船一只从南驶入，十五日又来两只，均向东北而去。⑤

潮阳碣石各营县具报，望见洋面先后有夷船六只向东南外洋驾驶。⑥

---

① 《筹办夷务始末(道光朝)》第2册，中华书局1964年版，第1056页。

② 中国第一历史档案馆：《鸦片战争档案史料》第3册，天津古籍出版社1992年版，第518~521页。

③ 中国第一历史档案馆：《鸦片战争档案史料》第3册，天津古籍出版社1992年版，第523~528页。

④ 《清实录·宣宗成皇帝实录》卷三五二；《筹办夷务始末(道光朝)》第2册，中华书局1964年版，第1058页。

⑤ 中国第一历史档案馆：《鸦片战争档案史料》第3册，天津古籍出版社1992年版，第536~537页。

⑥ 中国第一历史档案馆：《鸦片战争档案史料》第3册，天津古籍出版社1992年版，第538页。

十九日壬申(7月7日)

讷尔经额上奏查明夷书来历一案。此案传钞夷书，由寿春镇总兵王锡朋之子王承瀚书房取来。经王承瀚供招供，上年十一月间，雇工王雨子回归，带有家信，并家人谢瑞禀帖一封，内夹夷书一纸。王承瀚拆阅后，放在书房笔筒之内，经王承祚等取阅，辗转传钞。①

廿一日甲戌(7月9日)

经查探，浙洋游奕夷船系属货船，并非兵船。清廷晓谕："定海洋面，原不准洋船私行销货，从前地方官诸务废弛，以致沿海奸民，贪利接买。经此番整顿之后，自应力杜弊端，以绝其觊觎之念。"②

廿二日乙亥(7月10日)

英夷抢去粤省尚未竣工师船五只，驶出横档之外。③

廿六日己卯(7月14日)

奕山等上奏，修复炮台，添铸炮位，非一、二年不能一律完固，师船炮台，皆无可恃，狮子洋内不得不以省河为屏蔽。清廷指示：先将要隘数处，密为填塞，以绝兵船来路，至省河南北二路炮台，赶紧兴修，安兵练勇，加意防守。内户既固，再行添制战舰，筹运砖石。由内而外，将各炮台次第修复。又因其上奏夷匪在香港对面之裙带路建盖寮篷，修筑码头。清廷晓谕："香港地方紧要，岂容该夷久据，着奕山等不时密探该夷在彼有无另蓄诡谋，作何举动，随时防范，毋稍疏虞。将来如有可乘之机，必应将该地方设法收复。"④

闽浙总督颜伯焘奏报，粤省文武苟安，三元里乡民抗英被压。⑤

---

① 《清实录·宣宗成皇帝实录》卷三五二。

② 《清实录·宣宗成皇帝实录》卷三五二。

③ 中国第一历史档案馆：《鸦片战争档案史料》第3册，天津古籍出版社1992年版，第545页。

④ 《清实录·宣宗成皇帝实录》卷三五二。

⑤ 中国第一历史档案馆：《鸦片战争档案史料》第3册，天津古籍出版社1992年版，第552~555页。

廿八日辛巳(7 月 16 日)

刘韵珂上奏，浙江定海洋面缉获烟匪。其中，格毙匪犯二名，拿获七十八名，搜获鸦片烟土二万四百三十余两，并有夷字烟票二纸。①

广东官员奏报查明炮台炸裂及琦善与义律谈话情节。②

廿九日壬午(7 月 17 日)

清廷严格控制商船驶赴天津。《清实录·宣宗成皇帝实录》卷三五二载："闽、广两省商船，贩运货物，驶往天津各处贸易，固属例所不禁。惟现当海氛不靖之时，稽察稍有未周，沿海奸徒，因而溷迹，或接济逆匪水米，或夹带违禁货物，均难保其必无。着通饬沿海各督抚，转饬海口文武员弁，于商船出口入口时，严密稽察。"③

六月初二日甲申(7 月 19 日)

钦差大臣裕谦奏报驰抵镇海，视察洋面及防堵情形。浙江洋面多有游奕夷船，炮局已铸就铜炮八十位，铁炮六位。④

初九日辛卯(7 月 26 日)

伊里布遭即革职发往军台效力赎罪。

盛京将军耆英拟将所铸就大炮分拨各海口安设。⑤

十一日癸巳(7 月 28 日)

接奕山奏报，广东神庙显灵，请给匾额。"此次英人肆扰，扑近省城墙，正欲

---

① 《清实录·宣宗成皇帝实录》卷三五二。

② 中国第一历史档案馆：《鸦片战争档案史料》第 3 册，天津古籍出版社 1992 年版，第 558～561 页。

③ 《清实录·宣宗成皇帝实录》卷三五二。

④ 中国第一历史档案馆：《鸦片战争档案史料》第 3 册，天津古籍出版社 1992 年版，第 571～572 页。

⑤ 中国第一历史档案馆：《鸦片战争档案史料》第 3 册，天津古籍出版社 1992 年版，第 575 页。

开炮,粤秀山观音大士神像显灵,居民共见,扑灭火箭,雷雨倾盆,冲浸汉奸洋人多名,夷人无不畏惧。"道光帝遂亲书匾额"慈佑清海",发往奕山。①

从靖逆将军奕山请,以粤省洋务大定,撤归外省官兵,先湖南,次湖北,次云南,次四川,次贵州,次江西,分期开行。②

钦差大臣裕谦奏报,查明乍浦防堵及江浙沿海情形。③

十二日甲午(7月29日)

谕军机大臣:据奕山奏,准令洋人通商贸易后,英商额庆欢忭,极为恭顺。但现当办理善后,必应计及久远,毋徒将就了事。着奕山等即饬谕英人,仍须出具切实甘结,不得夹带鸦片,勾串内地民人。其通商口岸及英船应停泊何处,均照旧章办理,不得妄生他念,另求码头。至贸易纳税,向有定限,亦毋庸轻议核减。各沿海省分,俱有将弁防守。晓谕该夷目严饬各夷,毋许驾船分赴各处勾串销货。傥不遵约束,被兵弁攻击,或将该夷捡获治罪,该夷目不得委生觖望。

以广东查办夷务,停止贸易,免粤海关短收税课盈余银。④

十三日乙未(7月30日)

靖逆将军奕山奏报,六月初四日,海面飓风陡发,打坏大小夷兵船三只,货船三只,沉失洋银三十余万,漂出大洋汉奸大小华艇四十余只。夷人所筑码头塌为平地。外海清廷水师撞碎二只,淹毙把总一名、外委二名、兵丁七名。⑤

浙江巡抚刘韵珂奏报筹备防守,并拟由镇海返省。⑥

清廷着江苏巡抚梁章钜将广东办理夷务实在情形详晰密奏。⑦

---

① 《清实录·宣宗成皇帝实录》卷三五三。
② 《筹办夷务始末(道光朝)》第2册,中华书局1964年版,第1081页。
③ 中国第一历史档案馆:《鸦片战争档案史料》第3册,天津古籍出版社1992年版,第577~579页。
④ 《清实录·宣宗成皇帝实录》卷三五三。
⑤ 中国第一历史档案馆:《鸦片战争档案史料》第3册,天津古籍出版社1992年版,第585~586页。
⑥ 中国第一历史档案馆:《鸦片战争档案史料》第3册,天津古籍出版社1992年版,第586~587页。
⑦ 中国第一历史档案馆:《鸦片战争档案史料》第3册,天津古籍出版社1992年版,第587~588页。

十四日丙申 (7 月 31 日)

直隶总督讷尔经额奏报，大沽海口铸就万斤铜炮四尊，八千斤铜炮四尊，专为轰击大船之用。①

清廷着将前任两江总督伊里布革职，发往军台效力。

十五日丁酉 (8 月 1 日)

从总督讷尔经额请，修直隶大沽南北岸炮台及土坝。②

钦差大臣裕谦奏报查明沿海土盗汉奸情形。③

浙江巡抚刘韵珂奏报，汇查浙省防兵水勇船只总数，并奏请各省有传钞英书，不必根究。④

清廷令广东官员筹议收复香港，解散汉奸。⑤

十六日戊戌 (8 月 2 日)

琦善受到严处。《清实录·宣宗成皇帝实录》卷三五三载："琦善以钦差大臣查办夷务，宜如何计出万全。该夷既形猖獗，即当奏请调兵剿除，乃妄冀羁縻，以香港地方许给，于一切防守事宜，并不豫为设备，以致该夷叠将炮台攻陷，要隘失守，实属有误机宜，应照守备不设、失陷城寨者斩律拟斩监候。得旨：着照所拟，秋后处决。"

十七日己亥 (8 月 3 日)

直隶总督讷尔经额奏准，直隶天津大沽海口等处，前共调兵六千七百余名，现

---

① 中国第一历史档案馆：《鸦片战争档案史料》第 3 册，天津古籍出版社 1992 年版，第 591～592 页。

② 《清实录·宣宗成皇帝实录》卷三五三。

③ 中国第一历史档案馆：《鸦片战争档案史料》第 3 册，天津古籍出版社 1992 年版，第 593～594 页。

④ 中国第一历史档案馆：《鸦片战争档案史料》第 3 册，天津古籍出版社 1992 年版，第 595～598 页。

⑤ 中国第一历史档案馆：《鸦片战争档案史料》第 3 册，天津古籍出版社 1992 年版，第 598 页。

拟留三千三百名防守外，余即裁撤归伍。①

廿三日乙巳（8 月 9 日）

托浑布奏称山东省登州等处海口，足资防守，所有前调各兵，请即行裁撤。②

廿八日庚戌（8 月 14 日）

据报，琉球国贡使船只，在江苏郭家行地方，遇风覆溺，淹毙从人、舵水等十一名。③

廿九日辛亥（8 月 15 日）

奕山等奏报，海洋陡发飓风，击碎英夷房寮码头，并漂没船只一折。"据称六月初四日寅刻，海面飓风陡发，海涛山立，大雨倾盆，尖沙嘴所泊大小夷船，漂泊击碎。汉奸大小华艇，漂出大洋，所存大小四十余船，桅舵俱坏，淹毙夷匪汉奸，不计其数。帐房寮篷，吹卷无存。所筑码头，坍为平地，扫除一空，浮尸满海"④。

是夏

监生丁拱辰在广州写成《演炮图说》，内有制炮及火轮船图说。⑤

七月初一日癸丑（8 月 17 日）

先是，道光帝以英军退出虎门，恢复贸易，广东抽调备省官兵陆续撤归，令两江总督裕谦酌量裁撤宝山、镇海等处调防官兵。至是，裕谦以有英军欲至浙江滋扰报复之传闻，请暂缓撤浙江、江苏防兵。道光帝谕：仍遵前旨，除予宝山、镇海酌留守兵外，其余调防官兵，即裁撤归伍。其至江苏防堵官兵，亦令撤回，"不必为

---

① 《清实录·宣宗成皇帝实录》卷三五三。
② 《清实录·宣宗成皇帝实录》卷三五三。
③ 《清实录·宣宗成皇帝实录》卷三五三。
④ 《清实录·宣宗成皇帝实录》卷三五三。
⑤ 刘传标：《近代中国船政大事编年与资料选编》第 1 册，九州出版社 2011 年版，第 3 页。

浮言所惑，以致糜饷劳师。"①

初三日乙卯(8 月 19 日)

江苏巡抚梁章钜上奏，以为此次广东省城幸保，实系借乡民之力，因此当认真团练乡勇以收复香港。②

林则徐着免谴戍，发往东河效力赎罪。

初五日丁巳(8 月 21 日)

奕山等奏报，捞获落水堪用炮位五十尊，内有大铁链、大铁锚并夷炮九尊。③

初七日己未(8 月 23 日)

靖逆将军奕山奏报，新任英夷领事璞鼎查并未久住澳门，先于六月二十二九日乘驾兵船，驶出外洋，恐已开行北上。④

初九日辛酉(8 月 25 日)

英兵船三十四只闯入厦门青屿海口。⑤

浙江巡抚刘韵珂奏报，宁波富商叶仁等捐办木桩扦钉，阻遏夷船，请分别奖励。得旨：扦钉木桩固属阻遏夷船之一策，然逆夷果欲思逞，数百钉桩，必不能阻其冲驶，仍属徒劳无益。现在捐输既属踊跃，胡不将此移作雇募水勇之费，既可节省军需，兼可捕盗以靖地方。况钉桩无非救急之举，岂经久之事耶？又奏报镇海、定海及乍浦等处，邻省、本省防守兵丁一万五千余名，官弁四百余员，官兵久驻，糜饷老师。得旨酌量裁撤。⑥

①　《筹办夷务始末(道光朝)》第 2 册，中华书局 1964 年版，第 1126 页。

②　中国第一历史档案馆：《鸦片战争档案史料》第 4 册，天津古籍出版社 1992 年版，第 4 页。

③　《清实录·宣宗成皇帝实录》卷三五四。

④　中国第一历史档案馆：《鸦片战争档案史料》第 4 册，天津古籍出版社 1992 年版，第 15～16 页。

⑤　《清宣宗实录》卷三百五十四；《筹办夷务始末(道光朝)》第 2 册，中华书局 1964 年版，第 1151 页。

⑥　《清实录·宣宗成皇帝实录》卷三五四。

从巡抚刘韵珂请，修浙江上虞县吕家埠等处塘工。①

两江总督裕谦奏报，浙江洋面有多只夷船游奕，经查探，系货船而非兵船。②

初十日壬戌（8月26日）

晨，英人向厦门守军投递璞鼎查照会水师提督窦振彪文书一件，内称，如不照上年天津所提各条办理，即当交战，将厦门让与英军据守。时，闽浙总督颜伯焘驻厦门，即命清军开炮，并亲自督战。英军凶猛异常，士兵奋勇抗击，战况激烈。终因寡不敌众，厦门失守。颜伯焘退守同安。③

十二日甲子（8月28日）

从巡抚刘韵珂请，修浙江东、西两塘柴埽各工。④

十六日戊辰（9月1日）

赏前任宁夏将军特依顺都统衔，为参赞大臣，驰赴广东办理夷务。赏前任宁夏将军特依顺保都统衔，为参赞大臣，接替杨芳，驰赴广东办理洋务。⑤

钦差大臣裕谦奏报酌撤江浙两省防兵情形。⑥

十七日己巳（9月2日）

福建巡抚刘鸿翱奏请再拨银两三百万两作为防剿军需，于山东等省拨硝磺来闽，并招募民兵协同堵御。⑦

---

① 《清实录·宣宗成皇帝实录》卷三五四。

② 中国第一历史档案馆：《鸦片战争档案史料》第4册，天津古籍出版社1992年版，第18~19页。

③ 《清宣宗实录》卷三百五十四；《筹办夷务始末（道光朝）》第2册，中华书局1964年版，第1151页。

④ 《清实录·宣宗成皇帝实录》卷三五四。

⑤ 《清实录·宣宗成皇帝实录》卷三五四。

⑥ 中国第一历史档案馆：《鸦片战争档案史料》第4册，天津古籍出版社1992年版，第35~37页。

⑦ 中国第一历史档案馆：《鸦片战争档案史料》第4册，天津古籍出版社1992年版，第38~40页。

廿四日丙子(9 月 9 日)

以浙江瑞安协副将郑宗凯为定海镇总兵官。①

浙江巡抚刘韵珂，为厦门失守，奏请暂留调防官兵，并募勇以资防守。②

闽浙总督颜伯焘奏报英船三十余只离岸开去，现留有五只。③

廿七日己卯(9 月 12 日)

据奏浙省沿海口岸，加筑土城炮台，安设炮位，已极周密。江苏洋面，并无夷船踪迹，守御已甚完备。清廷指示撤回援浙各部。④

江苏巡抚梁章钜赴上海防守。⑤

廿八日庚辰(9 月 13 日)

据报，六月二十七日，广州知府接到新任英吉利领事楼鼎查呈送文书二件，一系知照义律已革领事回国，伊来接任领事；一系要善定章程，照去年七月在天津呈诉各条款办理。如广东不能承当，即分船北上。并有于七月初一二日起碇之信。

越南国嗣阮福暶遣使请封，并进方物。遂予故越南国王阮福皎祭一次，以其嗣福暶为越南国王命广西按察使宝清往封。越南国使臣李文馥等三人于大红桥瞻觐。

接颜伯焘奏报夷船闯入厦门情形。据称逆夷兵船，于七月初九日，闯进青屿口门。颜伯焘亲自督战，奋力拒敌，开炮击沈火轮船一只，兵船五只。该夷一面回炮，一面蜂拥而进。是日南风大作，该逆船只又占上风，我军烟火迷目，以致厦门失守。道光帝恐英船北驶，命调吉林兵一千名往盛京防守，调黑龙江兵一千暂留盛京，以备直隶调拨。命讷尔经额即刻驰赴天津筹办防堵事宜。另调江西兵二千名增

---

① 《清实录·宣宗成皇帝实录》卷三五四。

② 中国第一历史档案馆：《鸦片战争档案史料》第 4 册，天津古籍出版社 1992 年版，第 50~52 页。

③ 中国第一历史档案馆：《鸦片战争档案史料》第 4 册，天津古籍出版社 1992 年版，第 52~54 页。

④ 《清实录·宣宗成皇帝实录》卷三五四。

⑤ 中国第一历史档案馆：《鸦片战争档案史料》第 4 册，天津古籍出版社 1992 年版，第 62 页。

援福建。①

廿九日辛巳(9 月 14 日)

接到英军攻占厦门炮台的消息,清廷大惊失色。"从前议者,皆谓该夷习于水战。若诱之登陆,便无能为。故人人意中,以为只须于海口严防,毋庸计及陆路交战。今福建厦门之役,该夷竟敢登岸,夺据炮台,伤我将兵。""惟念夷人此次到闽,已有陆路提督伪官名目,恐其不但在海口滋扰,并有登陆交战之计。现在筹备海防,不可以堵御口岸,即为无患。尤当计及登陆后,如何设伏夹攻兜剿,出其不意,方能制胜。"清廷要求直隶总督讷尔经额、盛京将军耆英、山东巡抚托浑布等做好英军登陆后的攻剿准备。②

直隶总督讷尔经额赴天津筹办海防。③

是月

张际亮由北京抵达厦门,写下多首纪宁波英夷之乱的诗篇。张际亮(1799~1843),字亨甫,号华胥大夫,福建建宁人,道光十六年举人。后人辑有《张亨甫全集》三十四卷。

八月初一日壬午(9 月 15 日)

命挑选陕西兵二千名分批迅赴天津。又因浙江洋面英船陆续有增添,令所有前撤各路官兵,未启程者,一概缓撤,已经启程者,全部截回,以资防御。如兵力不足,再于江西、安徽两省征调。④

初二日癸未(9 月 16 日)

英军二三百名在浙江镇海县盛密地方登陆。

天津沿海一带,前后已调兵七千六百名。

---

① 《清实录·宣宗成皇帝实录》卷三五四。
② 《清实录·宣宗成皇帝实录》卷三五四。
③ 中国第一历史档案馆:《鸦片战争档案史料》第 4 册,天津古籍出版社 1992 年版,第 69~70 页。
④ 《清实录·宣宗成皇帝实录》卷三五五。

山东巡抚托浑布带兵亲赴登州督防。①

初三日甲申(9 月 17 日)

英军进犯象山县石浦地方，被官兵击退。②

拟在泉州、漳州招募壮勇二三万名，并于湖南、湖北、安徽、江西四省各拨硝十万斤，磺二万斤，以应对福建所急需。③

初六日丁亥(9 月 20 日)

登州海口留防各兵虽有一千四五百名，尚觉单薄，令所有前次撤回之东昌、临清、高唐、泰安、济宁等营兵七百名及应行添调兵一百名，即迅速檄调。④

夷船在浙洋分口滋扰，镇海之盛岙地方业经登时击退，象山县之石浦地方现在堵御。浙省有防兵一万五千余名。⑤

初七日戊子(9 月 21 日)

据奏镇海、定海交界之青龙港洋面，有夷船五只，火轮船一只。宁海县大佛头洋面，有夷船三只。

泉州已募新兵三千余人，其厦门各乡有团练义勇一万数千余人。⑥

清廷着靖逆将军奕山分撤前调各省官兵，认真训练乡勇，乘机攻复香港。⑦

初八日己丑(9 月 22 日)

据奏天津海口添调大名镇兵八百名，宣化镇兵八百名，三屯协兵四百名，先分

---

① 中国第一历史档案馆：《鸦片战争档案史料》第 4 册，天津古籍出版社 1992 年版，第 80~81 页。

② 《筹办夷务始末(道光朝)》第 3 册，中华书局 1964 年版，第 1207 页。

③ 《清实录·宣宗成皇帝实录》卷三五五。

④ 《清实录·宣宗成皇帝实录》卷三五五。

⑤ 中国第一历史档案馆：《鸦片战争档案史料》第 4 册，天津古籍出版社 1992 年版，第 95~98 页。

⑥ 《清实录·宣宗成皇帝实录》卷三五五。

⑦ 中国第一历史档案馆：《鸦片战争档案史料》第 4 册，天津古籍出版社 1992 年版，第 102 页。

布防守。山海关拟调黑龙江兵一千名协防，并将新旧各炮，按期演试，各处层层设伏，互相策应。其丰润一带海口，添挖陷坑，分置兵勇，随处瞭望，及严防汉奸内应。①

初九日庚寅（9月23日）

富勒敦泰奏，秦王岛海口地临偏僻，口岸浅窄，距关三十余里，现有都司驻扎，请将满洲官兵撤回，仍留炮位，饬交都司管带。清廷指示：该岛距关稍远，绿营官兵，是否足资防堵，设或逆夷由彼登岸，满洲官兵能否要截往助，着哈哴阿会同富勒敦泰体察情形，妥议具奏。②

浙江巡抚刘韵珂奏报，七月二十七日，有夷匪数十人，驾坐舢板船，潜至镇海之盛岙登岸，被击退，黑白夷匪各一人被擒获。八月初二、初三日，盛岙及象山、石浦有夷人滋扰。③

十一日壬辰（9月25日）

接闽浙总督颜伯焘奏报，夷众悉数搬移下船，于七月二十一日黎明，开去船三十余只，声言大队不日复来，留船五只未开。④

两江总督裕谦奏报，初六、七、八、九日，夷船约四十余只在象山、定海、镇海三县洋面停泊。⑤

十二日癸巳（9月26日）

英兵船二十九只集结于舟山群岛洋面，并派船闯入定海竹山门内探测，被定海镇总兵官葛云飞督率官兵开炮击退。

龚自珍卒。

---

① 《清实录·宣宗成皇帝实录》卷三五五。
② 《清实录·宣宗成皇帝实录》卷三五五。
③ 中国第一历史档案馆：《鸦片战争档案史料》第4册，天津古籍出版社1992年版，第106~107页。
④ 《清实录·宣宗成皇帝实录》卷三五五。
⑤ 中国第一历史档案馆：《鸦片战争档案史料》第4册，天津古籍出版社1992年版，第110~112页。

十三日甲午(9 月 27 日)

接裕谦奏报，青龙港洋面有火轮船游奕，难保非即厦门开放之船，来浙滋扰。①

十四日乙未(9 月 28 日)

福州将军保昌奏报，英夷自窜厦后，于七月二十一日开去船三十余只，尚有五六只，或七八只，或十只，盘踞在鼓浪屿。②

十六日丁酉(9 月 30 日)

本日据裕谦驰奏，此次逆夷驶放三板小船在双岙地方登岸放火，经太平营参将文斌，督饬守备黄梦赉击伤夷匪，夺获器械，逆夷逃窜回船。其石浦夷船，亦据署同知李华等禀报击退。又盛岙逆夷大船仍在该处十余里外游奕，福建分窜之夷船三十余只，据报驶往东北浙洋，未见大帮，行踪诡秘。③

钦差都统哈哴奏陈，山海关海岸线长达二百余里，当分设营盘数座，以备英夷登陆。④

命广东巡抚怡良驰往福建查办事件，以广东布政使梁宝常署巡抚。

十七日戊戌(10 月 1 日)

自十三日起，英军不断向定海发动攻击。是日拂晓，英军大举登陆。守城清军官兵奋力血战，杀敌无数。至未刻，终因寡不敌众，定海县城失守。寿春镇总兵官王锡朋、处州镇总兵官郑国鸿、定海镇总兵官葛云飞、署定海县知县石浦同知舒恭受皆阵亡。

从巡抚刘韵珂请，修江浙山阴县塘坦。⑤

---

① 《清实录·宣宗成皇帝实录》卷三五五。
② 中国第一历史档案馆：《鸦片战争档案史料》第 4 册，天津古籍出版社 1992 年版，第 119~121 页。
③ 《清实录·宣宗成皇帝实录》卷三五六。
④ 中国第一历史档案馆：《鸦片战争档案史料》第 4 册，天津古籍出版社 1992 年版，第 130~131 页。
⑤ 《清实录·宣宗成皇帝实录》卷三五六。

十八日己亥（10 月 2 日）

接闽浙总督颜伯焘奏报，自七月九日厦门失守后，二十一日，英船离去三十余只，尚有五只在港游奕。二十六日，厦门各处街巷已无英人，惟沿海尚有英船往来游弋。①

昨接裕谦奏报，捡获夷匪，供称香港地方，现在岸上有兵一千名，兵房数百间。②

清廷着广东官员祁埙、梁宝常密查越南是否自愿助战。③

清廷着浙江巡抚刘韵珂添兵弹压乍浦游民，并痛剿尖山口登陆英兵。④

廿一日壬寅（10 月 5 日）

以厦门失守，未能事先豫防，将福建提督窦振彪交部严加议处，并处分防堵不力各员。⑤

杭州将军奇明保等，因定海失守，乍浦吃重，请求调兵防守。⑥

廿二日癸卯（10 月 6 日）

清廷拟在天津安置一二千斤以下小炮。

闽浙总督颜伯焘奏报筹备厦港攻防情形。⑦

廿四日乙巳（10 月 8 日）

接裕谦奏报，八月十二日，逆船二十九只挂帆起碇。先有火轮船二只，引带大

---

①　《筹办夷务始末（道光朝）》第 3 册，中华书局 1964 年版，第 1213 页。

②　《清实录·宣宗成皇帝实录》卷三五六。

③　中国第一历史档案馆：《鸦片战争档案史料》第 4 册，天津古籍出版社 1992 年版，第 140~141 页。

④　中国第一历史档案馆：《鸦片战争档案史料》第 4 册，天津古籍出版社 1992 年版，第 143 页。

⑤　《清实录·宣宗成皇帝实录》卷三五六。

⑥　中国第一历史档案馆：《鸦片战争档案史料》第 4 册，天津古籍出版社 1992 年版，第 150~153 页。

⑦　中国第一历史档案馆：《鸦片战争档案史料》第 4 册，天津古籍出版社 1992 年版，第 153~156 页。

夷船二只，乘潮阑入竹山门，经定海镇总兵葛云飞在半塘土城，看准苗头，开炮击断逆夷头桅一枝。该逆无暇拒敌，冒死窜出吉祥门，旋复绕入大渠门。又经镇标左营游击张绍廷在东港浦土城，督率弁兵，迎头轰击。该逆即时退出，我兵一无损伤。①

廿六日丁未(10 月 10 日)

英军攻毁浙江招宝山炮台，登陆，进万吨海。钦差大臣裕谦亲自督率官兵抗敌。县城失守，裕谦投水自尽。

廿七日戊申(10 月 11 日)

定海失守。"据称八月十三日，夷船驶至竹山门，经总兵葛云飞等督兵开炮，击断夷船大桅，当即窜去。十四日逆夷由竹山碶登岸，经总兵郑国鸿督兵开放抬炮，击杀夷匪无数。十五日在五奎山支搭帐房，我兵犹击毙逆夷十余名。十七日进攻定海，葛云飞亲自开炮，击中夷船火药，当即焚烧。该逆分作三路进攻，我兵前队阵亡，后兵继进，所用抬炮，至于红透不能装打，犹舍命轰击。该总兵等苦战六昼夜，连得胜仗，无如连日风逆浪大，逆船梗阻，策应之兵，无从东渡，我兵势难抵敌。十七日，定海失守。"清廷命将两江总督裕谦交部严加议处，将调赴闽省之江西兵二千名，截赴浙江。吉林、黑龙江兵各一千名，分赴山海关、锦州防堵；命分批调拨陕西兵二千名，第一批官兵由陕西提督胡超带领，经赴山海关，其余官兵迅速赶赴天津。②

浙江提督余步云奏报镇海失守情形。③

从巡抚托浑布请，续拨山东海防经费银十五万两。

廿八日己酉(10 月 12 日)

以定海失守，命将浙江提督余步云交部严加议处，浙江巡抚刘韵珂交部议处。调湖北黄州协兵一千名，江西九江镇兵一千名，迅赴浙江，交刘韵珂防守乍浦海口及浙江省垣。以浙江湖州协副将陈述祖为定海镇总兵官，山东文登营副将梁胜灏为

①　《清实录·宣宗成皇帝实录》卷三五六。

②　《清实录·宣宗成皇帝实录》卷三五六。

③　中国第一历史档案馆：《鸦片战争档案史料》第 4 册，天津古籍出版社 1992 年版，第173～174 页。

浙江处州镇总兵官。①

廿九日庚戌（10 月 13 日）

英军抵宁波城下。时，自镇海逃至城内之浙江提督余步云，与宁波知府邓廷彩、鄞县知县王鼎勋，弃城同奔上虞。英军不战而得宁波。

台湾总兵达洪阿奏报，夷船攻击鸡笼炮台，我兵击沉夷船一只，舢板二只，生捡黑夷一百三十三人，斩首白、红、黑夷三十二人。②

上海炮局所铸四千斤大炮十尊，安放至吴淞口。③

九月初一日壬子（10 月 15 日）

厦门收复之后，尚有夷船数只，盘踞厦港孤屿之鼓浪屿。④

初二日癸丑（10 月 16 日）

据奏夷船二十八只，散泊游奕在定海一带。现有逆船四只，驶进蛟门。⑤

初三日甲寅（10 月 17 日）

褒奖定海战役相关官员。

初四日乙卯（10 月 18 日）

得镇海失守、裕谦殉国讯，道光帝授协办大学士吏部尚书奕经为扬威将军，正蓝旗蒙古都统哈哏阿、固原提督胡超为参赞大臣，驰赴浙江督办军务。命前任福建水师提督陈阶平仍以提督用，驰赴浙江军营。令浙江巡抚刘韵珂驻扎省城杭州。将

---

① 《清实录·宣宗成皇帝实录》卷三五六。

② 中国第一历史档案馆：《鸦片战争档案史料》第 4 册，天津古籍出版社 1992 年版，第 188~191 页。

③ 中国第一历史档案馆：《鸦片战争档案史料》第 4 册，天津古籍出版社 1992 年版，第 193~194 页。

④ 《清实录·宣宗成皇帝实录》卷三五七。

⑤ 《清实录·宣宗成皇帝实录》卷三五七。

前调往盛京之陕西兵二千名，改调浙江。令裕泰挑选湖北黄州协等处精兵一千名，吴文镕挑选江西九江镇精兵一千名，迅速赴浙。又经裕谦奏准，将调赴闽省之江西兵二千名，截赴浙江。并飞咨程楙采，调用安徽寿春镇兵一千名。①

初五日丙辰（10 月 19 日）

以厦门失守，将颜伯焘革职留任。命广东巡抚怡良为钦差大臣，驰往福建，会同总督颜伯焘、巡抚刘鸿翱办理军务。加头等侍卫富僧德副都统衔，往山海关，同阿勒楚喀副都统倭克精额、山海关副都统富勒敦泰办理防堵。调河南兵一千名赴浙江军营。释已革大学士琦善，发往浙江军营效力赎罪。释遣戍黑龙江已革户部尚书奕纪，发往广东军营效力赎罪。②

初六日丁巳（10 月 20 日）

梁章钜奏江苏洋面，现在并无夷船，惟宝山、上海两处县城，不可稍有疏虞，已添兵防堵。清廷指示：江苏上海码头，为逆夷所垂涎，必须增添兵力，方可有备无患。现在该抚飞调各标营兵共二千名，于上海、宝山两县陆路要隘处所，分别安插。至金山县地方，与浙江乍浦海口相连，情形吃重，着准其于添调各营兵内抽拨三百名，赴该处分驻防堵。

讷尔经额奏直隶、山东交界之狼坨子迤南八里许，为大口河海口，该处河面既宽，河水亦深，逆夷设用三板船乘势进口登岸，则南通山东武定等处，北通直隶盐山、沧州等处，难保不四出窜扰。该督已于扼要后路羊儿庄地方，派员督率兵勇，豫为防堵。③

初七日戊午（10 月 21 日）

授户部左侍郎文蔚为参赞大臣，驰赴浙江军营。命固原提督胡超带前调陕西兵一千名驰赴天津。再调湖北兵一千名赴浙江。黑龙江兵一千名，已改拨锦州驻扎。吉林兵除已赴山海关五百名外，其已抵锦州驻扎之五百名，亦已分起驰赴山海关。④

---

① 《清实录·宣宗成皇帝实录》卷三五七。
② 《清实录·宣宗成皇帝实录》卷三五七。
③ 《清实录·宣宗成皇帝实录》卷三五七。
④ 《清实录·宣宗成皇帝实录》卷三五七。

初八日己未(10 月 22 日)

赠投水殉国之钦差大臣两江总督裕谦太子太保衔，照尚书例赐恤，开复任内一切处分，附祀昭忠祠，并于军务完竣后，在镇海建立专祠。补授牛鉴为两江总督，特依顺保为参赞大臣，赴浙江办理军务。正蓝旗蒙古都统哈哴阿不再为参赞大臣，仍回山海关办理防堵。命户部尚书祁寯藻为军机大臣。将赴浙江之陕西兵一千名，改调天津。命伯都讷副都统福勒洪额驰往山海关外，会同墨尔根城副都统乌凌额管带黑龙江官兵，办理防堵。①

浙江巡抚刘韵珂奏报查探英人在宁波情形。②

初九日庚申(10 月 23 日)

命已革户部尚书奕纪改发天津效力赎罪，不准进京。

从巡抚刘韵珂请，修浙江仁和、海宁二州县海塘。③

初十日辛酉(10 月 24 日)

接奇明保等驰奏，宁波府城失守。八月二十九日，夷船八只驶进郡城，连开大炮轰击。城内兵数无多，即行失陷。命贵州安义镇总兵官段永福驰往浙江，随同扬威将军奕经办理军务。赏已革安徽布政使管通群六品顶带，随同扬威将军奕经前往浙江办理粮台。命已革大学士琦善发往军台充当苦差，无庸赴浙江军营。释已革浙江巡抚乌尔恭额，发往军台充当苦差。④

浙江道御史殷德泰奏请招集渔户团练水勇。⑤

十二日癸亥(10 月 26 日)

道光帝晓谕内阁，要求沿海各地自行团练乡勇。《清实录·宣宗成皇帝实录》

---

① 《清实录·宣宗成皇帝实录》卷三五七。
② 中国第一历史档案馆：《鸦片战争档案史料》第 4 册，天津古籍出版社 1992 年版，第237~238 页。
③ 《清实录·宣宗成皇帝实录》卷三五七。
④ 《清实录·宣宗成皇帝实录》卷三五七。
⑤ 中国第一历史档案馆：《鸦片战争档案史料》第 4 册，天津古籍出版社 1992 年版，第248 页。

卷三五七载："自上年英逆犯顺以来，滋扰广东、福建、浙江三省，沿海居民惨罹锋镝，或被抢掠一空，或致流离失所。朕统御寰区，恫瘝在抱，每阅各处奏报，为之寝食不安。已命奕经为扬威将军，特依顺、文蔚为参赞大臣，调集各路精兵，克期进剿。……其沿海各处乡村，均宜自行团练乡勇，联络声势，上为国家杀贼，下即自卫身家。其有奇才异能，足备御侮之用者，许赴军营自行投效。……凡兹薄海臣民，皆系朝廷赤子，二百年来食毛践土，具有天良。当此逆夷不靖，自必志切同仇，断不可为奸夷所惑，自外生成，其或被胁陷贼，自拔来归，亦即有其既往，予以自新，俾得同赞朕功，共享太平之福。着沿海各督抚刊刻誊黄，遍行晓谕，用示朕外攘内安至意。"①

琦善、乌尔恭额，均改为发往军台效力赎罪。调四川省兵二千名，赴浙江军营。九江镇精兵一千名，撤回归伍。②

浙江提督余步云请求调陕兵来浙。③

十三日甲子(10 月 27 日)

得余步云奏报宁波失守收集散兵并退保上虞的消息，清廷指示：加强曹娥江的防守。④

十六日丁亥(10 月 30 日)

清廷晓谕：如山海关有夷船驶至，须进兵攻剿，即飞调黑龙江官兵应援。⑤

浙江巡抚刘韵珂奏请设立粮台所，赶铸炮位，并请将伊里布改发往浙江效力赎罪。⑥

浙江提督余步云奏报，初六、七日，有夷船驶近余姚、慈溪，探测水势。⑦

---

① 《清实录·宣宗成皇帝实录》卷三五七。

② 《清实录·宣宗成皇帝实录》卷三五七。

③ 中国第一历史档案馆：《鸦片战争档案史料》第 4 册，天津古籍出版社 1992 年版，第 255~256 页。

④ 《清实录·宣宗成皇帝实录》卷三五七。

⑤ 《清实录·宣宗成皇帝实录》卷三五八。

⑥ 中国第一历史档案馆：《鸦片战争档案史料》第 4 册，天津古籍出版社 1992 年版，第 273~276 页。

⑦ 中国第一历史档案馆：《鸦片战争档案史料》第 4 册，天津古籍出版社 1992 年版，第 276~277 页。

十七日戊辰（10月31日）

清廷教谕江苏官员加强防备。"现在浙洋逆夷滋扰，江苏地面毗连，沿海各州县卫，多有逆夷垂涎之处，着牛鉴、梁章钜择要防守，妥密布置，不得以现在夷船尚无踪迹，稍存大意。"①

十九日庚午（11月2日）

先是，直隶总督讷尔经额奏准，天津等处海口添兵六千名防守，其中二千名在本省各营抽调，其余四千名，由各省兵营内抽裁。至是，军机大臣等议定，所需兵丁六千名，由直隶各营抽拨三千二百名，其余二千八百名由广东等十三省抽裁。以一年为限。各省未裁足兵额前，准直隶先行招募练勇二千八百名，以资海口防守。②

二十日辛未（11月3日）

浙江巡抚刘韵珂奏报，英船窜扰余姚，并至奉化窥探。③

台湾总兵达阿洪奏报，英船又驶至鸡笼口滋扰，已被击退，并发现自刭洋人尸首。④

廿一日壬申（11月4日）

给事中骆秉章奏陈英夷向曾攻其近国哔沽，哔沽佯败，诱之登岸，空城居之，破以地雷，尽歼其军。又该逆兵目，以象皮铜片包护上身，刀刃不能伤，粤省义民以长梃俯击其足，应手即倒。清廷颇为留心。

讷尔经额等奏报，屯兵葛沽。"大沽海口至天津郡城，道路绵长，地面辽阔，后路之防，尤宜严密。现将陕西头起官兵一千余员名，于相距大沽海口三十余里之

---

① 《清实录·宣宗成皇帝实录》卷三五八。

② 《筹办夷务始末（道光朝）》第3册，中华书局1964年版，第1330页。

③ 中国第一历史档案馆：《鸦片战争档案史料》第4册，天津古籍出版社1992年版，第292~293页。

④ 中国第一历史档案馆：《鸦片战争档案史料》第4册，天津古籍出版社1992年版，第295~297页。

葛沽地方驻扎防守。西可为天津郡城屏障，东可为大沽炮台接应，南可控制沧州盐山境内各小海口，后路声势相联，颇为扼要。"①

据探查，香港泊有大小兵船、货船三十余只。②

廿二日癸酉(11 月 5 日)

道光帝晓谕："前因讷尔经额奏，天津等处海口，酌筹添驻官兵，并建盖墩台营房，以资经久，当降旨令军机大臣会同该部议准，即在直隶各营内抽拨三千二百名，外省简僻营分抽裁二千八百名，饬令讷尔经额分布坊堵，以资经久。因思沿海各省兵额无多，逆夷去来无定，欲为经久之计，必先筹屯兵之方。计七省大小口岸险要处所，应行添兵防守，与直隶情形相同，自应一律筹添。着该将军督抚等将该省险要各海口，查明共若干处，何处应添兵若干名，即于本省各营内，或量为裁拨，或分年换防，逐一详细查明，妥议具奏请旨，庶额饷不至增添，而客兵亦可省征调。至夷匪沿海滋扰，民间防守，莫善于团练。而拒炮之法，惟土堡最为得力。""讷尔经额屡次奏天津设兵防堵情形，知已布置周匝，足以御敌。惟北塘一带，甚为廑念。该处兵力已不单弱，惟该夷每到一处，先用大炮轰击，夺据炮台，再行抢掠，是其故智。滨海人烟稠密，我兵沿岸结营，后路又无接应，岂非束手受敌。厦门等处失事，皆由于此。为此再谕讷尔经额妥为筹画，或将该处商民，劝令迁移，令其无可肆掠；或团练乡勇，各自保卫，……其大小炮位均着安置得宜，参差不一，或深林密箐，或村落坡陀，以备贼来抄袭夹攻之用，断不可平列岸前，一望而尽。"③

清廷着扬威将军奕经悬赏招降汉奸及招募水勇驾驶商渔船只夜攻。④

廿四日乙亥(11 月 7 日)

梁章钜等奏报，江苏宝山、上海两处为江南全省门户，必应分驻重兵，而上海县商贾云集，尤为逆夷垂涎之地。其余各厅县洋面，亦俱毗连浙省。现已添调徐州等营兵一千七百名，分别防堵。⑤

---

① 《清实录·宣宗成皇帝实录》卷三五八。

② 中国第一历史档案馆：《鸦片战争档案史料》第 4 册，天津古籍出版社 1992 年版，第 304~305 页。

③ 《清实录·宣宗成皇帝实录》卷三五八。

④ 中国第一历史档案馆：《鸦片战争档案史料》第 4 册，天津古籍出版社 1992 年版，第 312 页。

⑤ 《清实录·宣宗成皇帝实录》卷三五八。

廿六日丁丑(11 月 9 日)

刘韵珂奏报,英夷占据宁波府城后,复敢闯入余姚县城,攻破县监,放走监犯,衙署县库均被拆毁。退出后又至奉化县境内,量水窥探,以致居民纷纷窜避。慈溪县监犯,乘间逸出。现派拨兵勇,扼要守御。①

直隶总督讷尔经额奏报办理海口防务情形。②

十月初一日辛巳(11 月 13 日)

得奕经奏报,山西陕西抬炮、抬枪,最称利用,请每省酌调二百杆,每杆酌派兵丁二三人,委员管带赴浙应用。清廷指示杨国桢于山西省挑选抬炮、抬枪二百杆,委员迅速解浙。又山东济南城守营参将托金泰在登州创造三轮车炮,灵便可用。清廷着浑布饬令该参将带领熟习工匠,迅速驰赴浙江军营,听候差委,毋稍迟误。又浙江剿办逆夷需用长矛,必应宽为筹备河南素产白蜡长矛,着鄂顺安选取数百杆,派委妥员,迅速解赴浙江军营应用。③

清廷开始重视海口水道与地理。"惟思英夷乘船近岸滋扰,船之大小不一,总视水之深浅以为进退。即如镇海、宁波等处,该夷皆先用火轮船测量水势,是该逆何项船只能到海岸,可以测水而知。盛京、直隶、山海关各处,所辖海口甚多,水之深浅不一。该夷兵船最大,其次如三板、火轮等船,何项吃水若干。谅该将军总督早已咨访得实,着即派委明干妥员,各就海口近岸水势,详细测量,何处深浅,何项船只可以拢岸,何项船只只能离岸若干远近,不能直逼口岸。其海潮增长之时,水势深浅,均着一并查明,绘图贴说,据实具奏。又各海口情形不一,或滩或沙,或洲或岛,或居民屋宇,或旷远地面,何处最为险要,应如何设法剿御之处,亦着详细查明附奏。"④

初二日壬午(11 月 14 日)

清廷强调加强粮道的守备。"前因给事中骆秉章奏,临清德州及淮安徐州等

① 《清实录·宣宗成皇帝实录》卷三五八。
② 中国第一历史档案馆:《鸦片战争档案史料》第 4 册,天津古籍出版社 1992 年版,第 324~326 页。
③ 《清实录·宣宗成皇帝实录》卷三五九。
④ 《清实录·宣宗成皇帝实录》卷三五九。

处，为南北通衢，恐有奸宄窥窃，梗塞南粮，当经降旨着该督抚等察看要隘，派兵巡查矣。江南瓜洲河口，为南五省漕粮总汇扼要之区，所关非细，如果下游海口防堵严密，俾各省漕船照常稳渡，庶京仓无匮乏之虞。着牛鉴通盘筹画，先事豫防。所有通海之狼山镇、崇明等处，及运道必经之瓜洲等口，务使处处有备，毋致临时稍有阻滞，是为至要。"①

　　直隶总督令沿海居民添筑土堡，以为自固藩篱之计，并令各州县亲身劝导，严禁胥吏干预。清廷着其报奏捐资助饷修建城堡，以及雇募义勇造船铸炮者。②

初三日癸未 (11 月 15 日)

　　梁章钜奏报上海防堵情形。"江浙地面毗连，现经该抚续调官兵，添设炮位，川沙等各厅州县均已团练乡勇雇募渔船。上海扼要处所，练有精壮义勇，并快船、海燕子船、沙船多只，排列堵御，豫备凿沈拦阻。"③

　　浙江镇海童生陈在镐，于八月间赴省代替逆夷投递书函，并献平夷三策，为当地看管。扬威将军奕经奏请提解审讯陈在镐。④

初四日甲申 (11 月 16 日)

　　浙江巡抚刘韵珂奏报，浙江四所商人金裕新等，以该省调兵防御剿逆军饷要需，呈请捐输银一百二十万两。⑤

初八日戊子 (11 月 20 日)

　　派御前大臣僧格林沁、尚书赛尚阿、护军统领巴清德，赴天津查阅海口。⑥

---

　　①　《清实录·宣宗成皇帝实录》卷三五九。
　　②　中国第一历史档案馆：《鸦片战争档案史料》第 4 册，天津古籍出版社 1992 年版，第 341~342 页。
　　③　《清实录·宣宗成皇帝实录》卷三五九。
　　④　中国第一历史档案馆：《鸦片战争档案史料》第 4 册，天津古籍出版社 1992 年版，第 342~344 页。
　　⑤　中国第一历史档案馆：《鸦片战争档案史料》第 4 册，天津古籍出版社 1992 年版，第 348 页。
　　⑥　《筹办夷务始末 (道光朝)》第 3 册，中华书局 1964 年版，第 1398 页。

十一日辛卯（11 月 23 日）

福建台湾镇总兵官达洪阿奏，八月十六日，英船开炮攻打二沙湾地方，官兵奋勇还击，击沉英军双桅大船一只。十七日，又于大武客港外，击沉英舢板一只。二日内共斩英军三十二名，俘获一百三十三人，并大炮十门。得旨：提督衔台湾镇总兵达洪阿，着赏戴双眼花翎，台湾道姚莹，赏戴花翎。达洪阿、姚莹及道衔台湾府知府熊一本，一体交部从优议叙。①

十三日癸巳（11 月 25 日）

清廷指示僧格林沁验放大炮。"现在天津各海口所铸大炮，讷尔经额谅早演试，所奏设立标杆，开炮取准，是否确有把握。着僧格林沁等于查阅海口之便，就近将新铸大炮抽查十分之一二，于空旷处所，装放炮子试演，能击远近若干里，并用废船装载柴苇各件，其高低仿照夷船尺寸，从上流放下，引至标杆之处。我兵觑准，用炮轰击，果否发无不中。抑或微有参差，如能演试纯熟，实有把握，军心自固。"②

十四日甲午（11 月 26 日）

据托浑布奏报，海丰县大沽河一道与直隶盐山县狼坨子接壤，查系荒僻海滩，近口十余里，有拦沙横阻，登岸数十里，并无居民庐舍。清廷指示：僧格林沁再加履勘。又山东海丰县城北大沽河，与直隶盐山县狼坨子接壤。清廷添拨武定营兵一百名、乡勇二百名，前往该河要隘，遍钉木桩，并于各村庄掘沟设阱。③

江南道监察御史黎光曙奏陈筹备天津海防八条：一、天津抵御之兵宜分三层布置；二、近畿海口宜豫备周密；三、藤牌短刀宜多用以期接应；四、炮台炮位宜核实演验；五、新调之兵宜加抚绥；六、新调之兵宜选宜练；七、天津士兵宜广为招募；八、天津地方宜及早招商储备米粮。道光帝要求僧格林沁择条办理。④

---

① 《筹办夷务始末（道光朝）》第 3 册，中华书局 1964 年版，第 1411 页。
② 《清实录·宣宗成皇帝实录》卷三五九。
③ 《清实录·宣宗成皇帝实录》卷三五九。
④ 中国第一历史档案馆：《鸦片战争档案史料》第 4 册，天津古籍出版社 1992 年版，第 363～367 页。

海丰县大沽河与直隶盐山狼坨子一带，有荒僻海滩十余里。清廷着僧格林沁再加履勘，并着山东巡抚托浑布添拨武定营兵一百名，添雇乡勇二百名，分段设守。①

十七日丁酉（11 月 29 日）

山东巡抚托浑布奏报，现在登郡所雇水勇，定为分班轮操，间日仍令捕鱼为业，如内地保甲法。又外洋岛屿寒冷较早，将登州镇营防兵暂令归伍，各处远营之兵移驻于登郡近城地面，以御风寒。②

浙江巡抚刘韵珂奏陈，十一日有逆夷二百人，抬大小炮二位，窥伺慈溪。③

浙江新铸铁炮六十七位，连前存铜铁炮十五位，共计八十二位，将逐一添设至沿海各要口。④

十八日戊戌（11 月 30 日）

湖广总督裕泰奏拨解硝磺，筹办火绳并仿明臣戚继光成法，制造火箭五百枝，解赴浙江军营应用。⑤

十九日己亥（12 月 1 日）

从巡抚刘韵珂请，修浙江尖山汛石塘，并改筑萧山县沿江石塘。⑥

钦差御前大臣僧格林沁奏报查阅天津大沽海口形势，驻兵设炮及试射大炮情形。⑦

---

① 中国第一历史档案馆：《鸦片战争档案史料》第 4 册，天津古籍出版社 1992 年版，第 367~368 页。
② 《清实录·宣宗成皇帝实录》卷三六〇。
③ 中国第一历史档案馆：《鸦片战争档案史料》第 4 册，天津古籍出版社 1992 年版，第 376~377 页。
④ 中国第一历史档案馆：《鸦片战争档案史料》第 4 册，天津古籍出版社 1992 年版，第 377~378 页。
⑤ 《清实录·宣宗成皇帝实录》卷三六〇。
⑥ 《清实录·宣宗成皇帝实录》卷三六〇。
⑦ 中国第一历史档案馆：《鸦片战争档案史料》第 4 册，天津古籍出版社 1992 年版，第 382~386 页。

廿二日壬寅（12月4日）

道光帝晓谕："盛京旅顺口与山东庙岛相对，其间海面相距百数十里，为海船至天津必由之路。若设兵防堵，其势有所难及。朕闻夷船坚固，惟于夜间从后尾轰击，较可得力。倘能雇募海滨善泅之夫，多置小木筏，筏上安设数百斤炮位，令善泅者伏于筏下。遇有夷船停泊该处洋面，我兵即可乘夜绕至船尾，开炮轰击。如能损其船舵，固可乘机攻剿。否则多方以扰之，亦使知我有备，狐疑而不敢进。即或夷船扬帆径过，有此尾追木筏，该夷不能无后顾之虞。如此设法牵制，虚虚实实，既可张我声势，且令该夷进退趑趄，不致毫无顾忌，是否可行。着耆英、托浑布相度情形，妥议具奏。"①

钦差大臣怡良奏报遵旨密查厦门失事及现状筹防情形。闽省沿海府县所在皆有要隘，而厦门孤悬海外，为海岛必经之所，然袤长三十里，并无城池障蔽，尚未设立炮台。②

若英夷入侵旅顺一带，清廷着盛京将军耆英等用木筏于夜间从后尾轰击英船。③

廿三日癸卯（12月5日）

英军在浙江演习登陆。④

廿四日甲辰（12月6日）

道光帝以靖逆将军奕山受命半年以来，始终未曾主动攻击英军，申斥其为"袖手坐视，隐忍苟安，不图攻剿之谋，只为退缩之计。劳师糜饷，是诚何心。朕于此事，屡经降旨，催令进攻，至再至三，该将军等置若罔闻"，"奕山等现在坐守粤省，办理何事，究竟是何意见"，着据实具奏。⑤

---

① 《清实录·宣宗成皇帝实录》卷三六〇。
② 中国第一历史档案馆：《鸦片战争档案史料》第 4 册，天津古籍出版社 1992 年版，第 390~392 页。
③ 中国第一历史档案馆：《鸦片战争档案史料》第 4 册，天津古籍出版社 1992 年版，第 393~394 页。
④ 《清实录·宣宗成皇帝实录》卷三六〇。
⑤ 《清实录·宣宗成皇帝实录》卷三六〇。

上海各项船有南洋、北洋之分，清廷要求官员详细查验进口商船。①

廿五日乙巳(12 月 7 日)

盛京将军耆英奏报奉天海防机宜。②

清廷着浙江巡抚添兵防守曹娥江。③

廿八日戊申(12 月 10 日)

浙江提督余步云奏，陆续收回散兵三千余名。清廷指示："此项散兵自系定海、镇海、宁波三处溃散之兵。即不能尽数诛夷，亦当分别惩治"，"将首先溃散之人，于军前正法示众。即稍有可原情节，亦当分别轻重，按律惩治"。④

廿九日己酉(12 月 11 日)

两江总督牛鉴奏报吴淞口紧要情形，及京口官兵足资防守，毋庸添拨。⑤

十一月初一日辛亥(12 月 13 日)

僧格林沁奏报查阅天津南路大沽以南至盐山县狼坨子南路一带海口形势，并安兵设炮机宜；奏报查阅山东海丰县海口情形。⑥

初二日壬子(12 月 14 日)

清廷晓谕：加强海丰县海口防守。通海内河一道，河口较宽，东风潮长，时有

---

① 中国第一历史档案馆：《鸦片战争档案史料》第 4 册，天津古籍出版社 1992 年版，第397~398 页。

② 中国第一历史档案馆：《鸦片战争档案史料》第 4 册，天津古籍出版社 1992 年版，第398~399 页。

③ 《清实录·宣宗成皇帝实录》卷三六〇。

④ 《清实录·宣宗成皇帝实录》卷三六〇。

⑤ 中国第一历史档案馆：《鸦片战争档案史料》第 4 册，天津古籍出版社 1992 年版，第409~411 页。

⑥ 中国第一历史档案馆：《鸦片战争档案史料》第 4 册，天津古籍出版社 1992 年版，第413~417 页。

宁波商船乘潮驶入，贩运杂货，现在关家庄尚有三桅商船九只，在河守冻。英逆诡诈异常，该处海口，内地商船既可驶进，即难保夷船不从此窜入，且恐其饰作商船，溷迹窥伺。必应未雨绸缪，不动声色，密加防范。①

浙江巡抚刘韵珂奏报，定海夷情可疑，请饬各钦差大臣斟酌办理。②

初三日癸丑(12月15日)

浙江本省及调拨兵丁，已共有万余名，加以募雇义勇沙民等三万余人，分守水陆要隘。清廷晓谕：浙江本省乡勇义勇无须继续招募。③

初四日甲寅(12月16日)

得奕经奏报，英夷将赴上海等处滋扰。清廷晓谕："惟该逆诡诈异常，往往声东击西。现在该逆株守宁波郡城，故作操演情形，安知不以数船游奕上海等处，使我移兵往援，而彼则水陆并力，径攻浙江。抑或在浙虚张声势，佯言攻击杭绍诸郡，而暗遣兵船，潜赴上海等处滋扰。凡此种种诡谋，该将军等不可不防。"④

靖逆将军奕山等奏报，外洋香港及伶仃洋等处，现有英夷兵船十六只，火轮船一只，往来不定。且以货船改作兵船，又另造小快船数十只。⑤

广东沿海渔户三千余名被招抚，安置虎门之外。⑥

初五日乙卯(12月17日)

奉天娘娘宫海口以北安置大小炮位二十二尊，抬枪、鸟枪数百杆。金州海岸拟安放新旧大小炮三十六尊，抬枪、鸟枪数百杆。⑦

---

① 《清实录·宣宗成皇帝实录》卷三六一。

② 中国第一历史档案馆：《鸦片战争档案史料》第 4 册，天津古籍出版社 1992 年版，第 417~419 页。

③ 《清实录·宣宗成皇帝实录》卷三六一。

④ 《清实录·宣宗成皇帝实录》卷三六一。

⑤ 中国第一历史档案馆：《鸦片战争档案史料》第 4 册，天津古籍出版社 1992 年版，第 423~424 页。

⑥ 中国第一历史档案馆：《鸦片战争档案史料》第 4 册，天津古籍出版社 1992 年版，第 425~426 页。

⑦ 中国第一历史档案馆：《鸦片战争档案史料》第 4 册，天津古籍出版社 1992 年版，第 430~431 页。

盛京将军耆英拟遴选水手扮作渔人，以攻击可能到来的英船。①

扬威将军奕经奏报上海宝山派防周密。②

初九日己未(12 月 21 日)

牛鉴奏报，江南第一扼要之区全在宝山海口，能守宝山，则上海可保，全省皆安。该处沿海两岸，筑有土塘，形如雉堞。现虽派兵防守，并无起伏照应之法。拟于两岸适中屯扎大营，分设游兵奇兵，以防逆船乘问家突。清廷拨调河南兵一千名赴苏。③

初十庚申(12 月 22 日)

前据达洪阿等奏报，八月间夷匪闯入台湾，经该总兵等督兵痛剿，击沈大船，捡获红、白、黑夷一百余名，或恐大队报复。道光帝晓谕查明实情。④

十一日辛酉(12 月 23 日)

天津城内议添新兵一千名。绅商设立救火局内，挑选一千余人，并因添兵，制造抬炮一百杆。⑤

十二日壬戌(12 月 24 日)

扬威将军奏报所讯问镇海县童生陈在镐通夷情形。⑥

芦商查庆余等，以天津海口防兵驻集，捐输银两四十万。⑦

---

① 中国第一历史档案馆：《鸦片战争档案史料》第 4 册，天津古籍出版社 1992 年版，第 431~432 页。

② 中国第一历史档案馆：《鸦片战争档案史料》第 4 册，天津古籍出版社 1992 年版，第 434~435 页。

③ 《清实录·宣宗成皇帝实录》卷三六一。

④ 《清实录·宣宗成皇帝实录》卷三六一。

⑤ 《清实录·宣宗成皇帝实录》卷三六一。

⑥ 中国第一历史档案馆：《鸦片战争档案史料》第 4 册，天津古籍出版社 1992 年版，第 446~448 页。

⑦ 中国第一历史档案馆：《鸦片战争档案史料》第 4 册，天津古籍出版社 1992 年版，第 456 页。

十五日乙丑（12 月 27 日）

从巡抚刘韵珂请，修浙江东、西两塘柴埽、盘头各工。①
直隶总督讷尔经额奏报，安置天津海滨在防弁兵营帐等事宜。②

十六日丙寅（12 月 28 日）

英军在浙江余姚登陆，守军弃城而逃，城陷。至十八日，英军离去。③
因海口封闭日久，商民失业，浙江巡抚刘韵珂奏请照旧开港，并酌定稽查章程。④

十八日戊辰（12 月 30 日）

从总督讷尔经额请，准直隶动用部拨银五十万两作为海防经费。⑤
僧格林沁奏报，查阅天津大沽海口北岸炮台，及北塘至山海关一带沿海安设兵炮情形，并履勘山海关防堵情形。⑥
钦差户部侍郎瑞华奏报查明厦门失守情形及兵勇数目。⑦

十九日己巳（12 月 31 日）

英军在浙江慈溪县登陆，攻入城内，烧毁衙署，旋出城上船，转回宁波。⑧
镇海县童生陈在镐，始而为逆夷画策，并令夷人设立汉巡查，继而乘机讨书，来杭投递，献破夷之策。因其既不肯招抚汉奸，又不肯漏泄夷情，即其姓名亦属诡

---

① 《清实录·宣宗成皇帝实录》卷三六一。
② 中国第一历史档案馆：《鸦片战争档案史料》第 4 册，天津古籍出版社 1992 年版，第 454~455 页。
③ 《筹办夷务始末（道光朝）》第 3 册，中华书局 1964 年版，第 1535、1549 页。
④ 中国第一历史档案馆：《鸦片战争档案史料》第 4 册，天津古籍出版社 1992 年版，第 456~458 页。
⑤ 《清实录·宣宗成皇帝实录》卷三六二。
⑥ 中国第一历史档案馆：《鸦片战争档案史料》第 4 册，天津古籍出版社 1992 年版，第 468~475 页。
⑦ 中国第一历史档案馆：《鸦片战争档案史料》第 4 册，天津古籍出版社 1992 年版，第 480~485 页。
⑧ 《筹办夷务始末（道光朝）》第 3 册，中华书局 1964 年版，第 1549 页。

秘，逆谋昭著。被解赴黄河以北，暂时禁锢。①

二十日庚午 (公元 1842 年 1 月 1 日)

御史龚文龄奏陈，福州海口以五虎门为门户，一进口门，金牌实为扼要。近闻筹办海防，处处设兵，而于金牌要害之区，防堵转形松懈。金牌江面，虽宽一百余丈，中多礁浅之处，仅容大船二三只，对面为长门两山，皆可屯兵设炮，事半功倍。清廷晓谕：防夷之法自以扼要为先，如能据险设防，则兵力以少胜多，不致顾此失彼，要求怡良、刘鸿翱详细查明福州实情。

僧格林沁奏报，查宁河之北塘口、昌黎之蒲河口、抚宁之洋河口，或以江沙拦阻，或以口岸逼隘，且核其潮长水势总在二丈以内，逆夷大船，似难驶入。即使用小船由沙线沟口乘潮驶入内河，而潮落亦必搁浅。又募习水打雁民人二十名，充作水勇。②

余姚失守，扬威将军奕经请求添兵策应。③

廿一日辛未 (公元 1842 年 1 月 2 日)

祁埸奏请再拨军需饷银一百五十万两，并请将粤海关库现存税银五十万两，一并截留。道光帝令户部速议具奏，并谕广东自军兴以来，合计动拨军需及藩、关、运三库银已至二百七十余万两，以后务应力加撙节。④

奕山奏报广东筹备防守情形。⑤

廿七日丁丑 (公元 1842 年 1 月 8 日)

因本年八月间，英船禀至浙江沿海，为防汉奸溷迹，于是月十一日将乍浦及温、台等处海口封闭。封港日久，货物不通，商民失业。刘韵珂奏报开港，获准商渔船只照旧出入。⑥

---

① 《清实录·宣宗成皇帝实录》卷三六二。

② 《清实录·宣宗成皇帝实录》卷三六二。

③ 中国第一历史档案馆：《鸦片战争档案史料》第 4 册，天津古籍出版社 1992 年版，第 491~493 页。

④ 《清实录·宣宗成皇帝实录》卷三六二。

⑤ 中国第一历史档案馆：《鸦片战争档案史料》第 4 册，天津古籍出版社 1992 年版，第 497~499 页。

⑥ 《清实录·宣宗成皇帝实录》卷三六二。

廿八日戊寅（公元 1842 年 1 月 9 日）

道光帝晓谕：安置宁波战乱流民。"其宁波等处逃出难民，准其一体加给钱米收养，或资送他处安插，毋使失所。又沿海各属卤船，该抚已全数截留，不准放至余姚等处。其前已放行者，即设法招回，毋为逆夷所掠，柴船等项一体照办。其中高大坚固各船，已雇至钱塘江，为配兵攻剿之用。其不堪雇用者，现当封禁无以谋生，着该抚等酌给安家口粮，以资养赡。"①

缓征福建厦门被夷滋扰灾区额赋。②

清廷着盛京将军耆英等妥立章程，稽查进口商渔船只，以防汉奸。③

廿九日己卯（公元 1842 年 1 月 10 日）

英国火轮船四只，舢板船四五十只，驶近浙江奉化，傍晚，英军登岸，进入县城，拆毁衙署。十二月初一日退走。④

发去造办处库贮圆城炮十五位，木靶子母炮十二位，送往浙江军营备用。

清廷晓谕：详细制定登州海防方略。"山东登州海口为北来船只必由之路，……惟该处大小岛屿共有几处，何处居民最多，何处人数寥寥。该逆傥敢扬帆北驶，料必占据海中岛屿一二处，则彼既有巢穴可居，且米粮淡水，取携甚便，不特岛民受其蹂躏，并恐驻足有所，则后顾无虞，其北驶更觉易易，该逆到处皆是此等伎俩。此时若处处添兵设炮，既嫌调拨不敷，且亦无此办法。……乘此无事之时，着体察地势，豫为筹画，总使该逆到彼，明知实无可图之利，占据亦属无益，即偶尔寄碇，既无水米接济，并有木筏小船乘夜牵击，彼必进退趑趄，不敢肆行无忌，较之添设兵炮，更为得力。"⑤

十二月初一日庚辰（公元 1842 年 1 月 11 日）

清朝闲散宗室要求前往登州等处查看海防情形。⑥

---

① 《清实录·宣宗成皇帝实录》卷三六二。
② 《清实录·宣宗成皇帝实录》卷三六二。
③ 中国第一历史档案馆：《鸦片战争档案史料》第 4 册，天津古籍出版社 1992 年版，第515 页。
④ 《筹办夷务始末（道光朝）》第 3 册，中华书局 1964 年版，第 1582 页。
⑤ 《清实录·宣宗成皇帝实录》卷三六二。
⑥ 《清实录·宣宗成皇帝实录》卷三六三。

初二日辛巳（公元 1842 年 1 月 12 日）

扬威将军奕经等奏报密探宁波、镇海、定海三城英军情形。宁波城中夷匪约二千余，镇海夷人最多，定海夷人大半在船中。①

初四日癸未（公元 1842 年 1 月 14 日）

道光帝拨发内库花翎五十枝、搬指八十个、翎管四十个、小刀九十把、火镰七十五把、六品顶六十个、七品顶八十个奖励定海战役相关人员。②

初五日甲申（公元 1842 年 1 月 15 日）

刘韵珂奏报，逆夷于十五日驾火轮三板及内地渔钓等船，由宁波驶至余姚，各处防守兵勇，即时溃散，该逆向城开炮，江西将弁，经该县跪地叩求，始定守城之计，旋被逆夷攻进，各兵奔出。逆复闯入慈溪，爬越入城，焚毁衙署，现仍退回宁波。此次逆夷侵犯，统计在船登岸不过二千余名，我兵数足相当，且有城池炮位，主客劳逸，形势了然，乃既不能冲锋击贼，复不能婴城固守，一见逆夷，辄即纷纷溃散。③

钦差大臣怡良等奏报，为闽省商办防务，现筹械饷以备进剿，提出所造战船必须能载四五千斤以上大炮轰者数十号。④

初六日乙酉（公元 1842 年 1 月 16 日）

耆英奏报查明奉天沿海情形，并绘图贴说呈览。据称该省大小海口三十九处，岛屿二十二处，惟金州所属海口内，间有老水贴岸之处。复州所属常兴岛以南，滨临大洋，无论大小船只，皆可逼近口岸。其余海口，非水浅滩薄，即礁石沙线大船断难进口，但三板夷船，均可乘潮拢岸。清廷晓谕：奉天海外岛屿甚多，若处处驻

---

①　中国第一历史档案馆：《鸦片战争档案史料》第 4 册，天津古籍出版社 1992 年版，第 523~524 页。

②　《清实录·宣宗成皇帝实录》卷三六三。

③　《清实录·宣宗成皇帝实录》卷三六三。

④　中国第一历史档案馆：《鸦片战争档案史料》第 4 册，天津古籍出版社 1992 年版，第 526~528 页。

兵安炮，不但不能得力，且亦无此办法。因令其暂腹移地以避其锋，并将岛内淡水，设法下毒，以绝其占据之心。其有岛屿较大，居民不能全移者，除谕令自为团练，各保身家外，并酌留淡水一二处，供民汲取，余皆置放毒物。①

初八日丁亥（公元 1842 年 1 月 18 日）

奕山奏报，奏逆夷遣人回国，添调兵船，欲于来春分扰台湾，并赴天津。广东塞河铸炮，修台造船，均须旷日持久，且有逆夷拦阻，水陆壮勇三万余名，仅能分据把守，未能出洋攻剿。香港现有夷船十四只、三板数十只，汉奸海盗万余人，不时窥伺。②

山东巡抚托浑布奏报筹防海丰县海口及酌筹额兵换防与筑堡团练等情形。③

浙江巡抚刘韵珂奏报，探知英军将由曹娥江、上虞、海宁内犯。④

初九日戊子（公元 1842 年 1 月 19 日）

以厦门失守降为三品顶带，革职留任之前闽浙总督颜伯焘，并不能积极筹画攻剿事宜，命即行革任，以山西巡抚杨国桢为闽浙总督。⑤

两江总督牛鉴奏报，常熟及崇明并通州、海门沿海一带，共有调防兵丁七千数百名，大炮数百位。⑥

泉州团练乡勇已有一万五千余名，分防各隘口。⑦

十一日庚寅（公元 1842 年 1 月 21 日）

托浑布奏陈山东兖州、登州、曹州三镇分列三十营，兼辖一百三十四汛，驻汛兵多

① 《清实录·宣宗成皇帝实录》卷三六三。

② 《清实录·宣宗成皇帝实录》卷三六三。

③ 中国第一历史档案馆：《鸦片战争档案史料》第 4 册，天津古籍出版社 1992 年版，第 540~543 页。

④ 中国第一历史档案馆：《鸦片战争档案史料》第 4 册，天津古籍出版社 1992 年版，第 544 页。

⑤ 《清实录·宣宗成皇帝实录》卷三六三。

⑥ 中国第一历史档案馆：《鸦片战争档案史料》第 4 册，天津古籍出版社 1992 年版，第 548~550 页。

⑦ 中国第一历史档案馆：《鸦片战争档案史料》第 4 册，天津古籍出版社 1992 年版，第 550~551 页。

者六七十名，少者止于二三十名，一经抽拨新兵，仍属不敷防堵，尚须添调。沿海多兵坐食，而腹地兵单，不敷差遣。清廷晓谕：沿海州县村庄围筑土堡，团练乡勇。①

十三日壬辰（公元 1842 年 1 月 23 日）

山东巡抚托浑布覆奏，海丰县海口内河进口八里许，地名蜊隍，河身仅宽四丈，拟用船载土束以铁链船内添载重石，船后排钉粗大木桩，横河严堵，并请拨省城新铸大炮六位，以资捍卫。②

十八日丁酉（公元 1842 年 1 月 28 日）

发交扬威将军奕经新制武功赏牌七百五十张，每张注明银两数，计银七万两，令随时奖赏有功将士，俟军事告竣后，由户部或各省藩库验明支领。

直隶提督陈金绶等奏报，海滨苦寒，每于天气晴齐无风之日，教练兵勇。③

钦差大臣怡良奏报台湾击退续至英船情形。④

十九日戊戌（公元 1842 年 1 月 29 日）

山东巡抚托浑布奏报，严定各海口稽查章程，以杜夷匪汉奸乘机冒溷，及勘察各岛豫为筹画布置情形。⑤

浙江巡抚刘韵珂奏报，十七日有双桅夷船四只，小船数十只，驶入乍浦之彩旗门洋面。十八日，有逆夷火轮船二只驶入海宁尖山口。十九日，夷船退走。⑥

廿二日辛丑（公元 1842 年 2 月 1 日）

以福建厦门海口戒严，暂停开关征税。

① 《清实录·宣宗成皇帝实录》卷三六三。

② 《清实录·宣宗成皇帝实录》卷三六三。

③ 《清实录·宣宗成皇帝实录》卷三六四。

④ 中国第一历史档案馆：《鸦片战争档案史料》第 4 册，天津古籍出版社 1992 年版，第 567~568 页。

⑤ 中国第一历史档案馆：《鸦片战争档案史料》第 4 册，天津古籍出版社 1992 年版，第 571~574 页。

⑥ 中国第一历史档案馆：《鸦片战争档案史料》第 4 册，天津古籍出版社 1992 年版，第 574~583 页。

清廷晓谕：因江西、浙江兵丁大半怯懦无能，着俟四川、陕西兵丁到浙，即陆续裁撤。①

廿三日壬寅（公元 1842 年 2 月 2 日）

两江总督牛鉴等覆奏，江苏向无渔人蜑户名目，沿海穷民驾驶小船海滨采捕，早出晚归，素尚安分，强入队伍，恐不足用。

命截留江苏苏松道属漕粮六万石，协济防堵兵丁口粮，并豫备崇明县民食。②

廿四日癸卯（公元 1842 年 2 月 3 日）

盛京将军耆英等覆奏，奉天沿海居民向多服田力穑，虽有捕鱼之人，只能于风平浪静时入水捕鱼，不能久伏海底，亦不能于水面有所施展，碍难团练水勇。③

廿六日乙巳（公元 1842 年 2 月 5 日）

江苏巡抚梁章钜因病解任，实授程矞采江苏巡抚，调江西布政使李星沅为江苏布政使。

清廷晓谕：沿海各岛居民内撤。"夷船如果北驶占岛，掠取薪水，自以断绝接济为第一要务。如蓬莱县之大竹山等处十三岛，居民多少不等，着即谕令届期塞断上岸道路，团练岛民自守。其大小钦岛及庙岛等处，远隔重洋，民力难施，不得不为临时迁避之计。该抚即豫令所属地方官，雇觅商渔船只，以备岛民挈资内渡。又福山等县各岛，孤悬大洋，必应埋伏枪炮，暗行设守，并将各井泉掘断，或置毒药。即令该逆强行占据，而薪水无从掳掠，久留必致乏食。"④

廿七日丙午（公元 1842 年 2 月 6 日）

刘韵珂奏报，逆夷火轮船驶进海宁州尖山口内，旋即退出。该逆每至一处，必先以火轮船测量水势，此次该逆双桅夷船四只、小船数十只，于本月十七日驶入乍浦所辖之彩旗门洋面。十八日复有火轮船二只，驶进海宁州尖山口内，显系窥探虚

---

① 《清实录·宣宗成皇帝实录》卷三六四。
② 《清实录·宣宗成皇帝实录》卷三六四。
③ 《清实录·宣宗成皇帝实录》卷三六四。
④ 《清实录·宣宗成皇帝实录》卷三六四。

实，冀图内犯。①

廿九日戊申 (公元 1842 年 2 月 8 日)

台湾镇总兵官达洪阿奏报：九月初五日，有三桅英船一只在鸡笼口外停泊，声言索还被俘英囚。十三日，该船突进口门，直扑二沙炮台。至次日午刻，英军被官兵击退，驶向外洋。②

是年

在籍户部员外郎许祥光等，为广东水师捐造九丈九尺及十丈不等车战船两艘，每艘工料银五千余两。广东批验所大使吴长庆承造的两头制舵水轮战船一艘，共安炮十二尊，用工料银七千两。广州知府易长华捐造师船一艘，安炮二十五尊，工料银八千两。番禺在籍刑部郎中潘仕成，捐造双桅战船一艘，配炮四十位，工料银一万九千两。③

道光二十二年　壬寅　公元 1842 年

正月初二日辛亥(2 月 11 日)

刘韵珂奏报逆船自乍浦退回，乍浦以西各洋并未续有夷船。④

初四日癸丑(2 月 13 日)

连日奏报，夷船在浙江沿海东去西来，又在定海、镇海两处操练技艺，安设火

---

① 《清实录·宣宗成皇帝实录》卷三六四。
② 《筹办夷务始末(道光朝)》第 3 册，中华书局 1964 年版，第 1606 页。
③ 刘传标：《近代中国船政大事编年与资料选编》第 1 册，九州出版社 2011 年版，第 3~5 页。
④ 《清实录·宣宗成皇帝实录》卷三六五。

炮，并将所掠民间财务搬运上船。①

两江总督牛鉴奏报防御海口情形，及所铸新制虎蹲炮位，可破英人洋枪火箭。②

初六日乙卯（2月15日）

命新授福建金门镇总兵官詹功显暂留澎湖防堵。③

初七日丙辰（2月16日）

闽浙总督杨国桢因病解任，以广东巡抚怡良为闽浙总督，广东布政使梁宝常为巡抚。④

淮北运商捐输十万两作为海防资费。⑤

英人璞鼎查宣布香港、定海为自由港，对于任何国家的任何船只，不收任何的关税、港口税或其他捐税。

初十日己未（2月19日）

闽浙总督怡良奏报福州海口与台湾布防情形。⑥

十二日辛酉（2月21日）

直隶天津道经征上年海税，短收正余银一万七千六百五十余两。

因乍浦滨临大海，地势散漫，甚为紧要。拨山东壮勇一千余、陕甘兵六百余

---

① 中国第一历史档案馆：《鸦片战争档案史料》第5册，天津古籍出版社1992年版，第2~3页。

② 中国第一历史档案馆：《鸦片战争档案史料》第5册，天津古籍出版社1992年版，第4~6页。

③ 《清实录·宣宗成皇帝实录》卷三六五。

④ 《清实录·宣宗成皇帝实录》卷三六五。

⑤ 中国第一历史档案馆：《鸦片战争档案史料》第5册，天津古籍出版社1992年版，第9~10页。

⑥ 中国第一历史档案馆：《鸦片战争档案史料》第5册，天津古籍出版社1992年版，第16~20页。

名、山西陕西兵四百名，一并前往屯扎。①

十四日癸亥（2 月 23 日）

清廷降旨饬令奕山等人，重兵坐拥，每月糜费军需三十余万，毫无裨益，何所底止。②

浙江巡抚刘韵珂奏报，委员赴豫采买硝十万斤，以制造火药。③

十五日甲子（2 月 24 日）

以广州将军阿精阿年老，调盛京将军耆英为广州将军，内阁学士禧思署盛京将军。④

十八日丁卯（2 月 27 日）

刘韵珂奏报，英逆复犯余姚，代理县事司狱林朝聘，因闻有欲烧民房之谣，即率同水勇家丁亲上夷船，责以大义，声色严厉，该逆旋即开船而去。

奕经等奏报，移驻杭城时，调取省局所制各样器械，逐一演试。其鸟枪竟于试放之时，每多炸裂。腰刀一项，质体尤多薄脆，或致弯曲如环。⑤

二十日己巳（3 月 1 日）

刘鸿翱等奏动拨宝福局铜斤铸炮，清廷晓谕：福建厦岛原设炮位毁弃无存，各要口所安之炮亦不敷用，自应设厂拨铜，广加铸造。惟所铸炮位，不在重大，必须坚固如法，足以摧坚致远，方为适用。其安炮地方，亦必拣择要隘，或明露，或隐藏，虚虚实实，严密防守。⑥

---

①　《清实录·宣宗成皇帝实录》卷三六五。

②　《清实录·宣宗成皇帝实录》卷三六五。

③　中国第一历史档案馆：《鸦片战争档案史料》第 5 册，天津古籍出版社 1992 年版，第 30~31 页。

④　《清实录·宣宗成皇帝实录》卷三六五。

⑤　《清实录·宣宗成皇帝实录》卷三六六。

⑥　《清实录·宣宗成皇帝实录》卷三六六。

廿三日壬申(3月4日)

奕经等奏报,逆夷知大兵已到,中情畏怯,东驶西窜,来去无常,又时驾小船多只,四出搜罗,诈吓我兵。①

廿四日癸酉(3月5日)

浙江巡抚刘韵珂奏报,本年正月乍浦防军捡获白夷二名,黑夷二名,杀死白夷一名。②

廿五日甲戌(3月6日)

台湾镇总兵达阿洪等奏报严讯英俘情形。③
各路兵勇已经齐聚浙江。④

廿七日丙子(3月8日)

怡良等奏报会勘金牌海口情形。该处水面宽一百十余丈,深十二三丈不等,其山脚直插水中,并无宽阔处所,不宜多设兵炮。惟距省三十里之少岐地方,河身稍狭,两岸稍宽,可以屯兵设伏,业用船载石沉塞,复用大石四面镶筑成堆,更于浅处钉桩设簰,大船不能闯入。乌龙江在少岐拦截之外,上通洪山桥,业已豫筹于距城二十里之洪塘河,钉品字木桩四层,藏兵护桩。⑤

廿九日戊寅(3月10日)

浙江巡抚刘韵珂奏请拨银两百万作为军需。⑥

---

① 《清实录·宣宗成皇帝实录》卷三六六。
② 中国第一历史档案馆:《鸦片战争档案史料》第 5 册,天津古籍出版社 1992 年版,第 50~51 页。
③ 中国第一历史档案馆:《鸦片战争档案史料》第 5 册,天津古籍出版社 1992 年版,第 53~55 页。
④ 中国第一历史档案馆:《鸦片战争档案史料》第 5 册,天津古籍出版社 1992 年版,第 55~61 页。
⑤ 《清实录·宣宗成皇帝实录》卷三六六。
⑥ 中国第一历史档案馆:《鸦片战争档案史料》第 5 册,天津古籍出版社 1992 年版,第 65~66 页。

清军官兵夜袭被英军占领之宁波、镇海两城，虽然攻入城内，但又被击退。在两城外，焚毁大小英船六只。①

二月初三日壬午(3 月 14 日)

直隶总督讷尔经额奏请奖励监修大沽、北塘二处炮台并省城天津府城及葛沽三处炮厂出力人员。②

初四日癸未(3 月 15 日)

台湾计破再犯之英船，生捦白夷十八人、黑夷三十人，并抓获通夷奸民五人，起获炮械多件。③

亦经等奏报，清军为收复宁波、镇海与英军交战。④

两江总督牛鉴奏报，英人有窜扰上海乍浦之说。⑤

初七日丙戌(3 月 18 日)

命东河差委已革两广总督林则徐仍发往伊犁，效力赎罪。⑥

英水师提督要求与清军互换被俘人员。⑦

十二日辛卯(3 月 23 日)

奕经等奏报，正月二十九日四鼓，官兵潜赴宁波南门，内应接入，杀毙守门守

① 《筹办夷务始末(道光朝)》第 4 册，中华书局 1964 年版，第 1662 页。

② 中国第一历史档案馆：《鸦片战争档案史料》第 5 册，天津古籍出版社 1992 年版，第 68~69 页。

③ 中国第一历史档案馆：《鸦片战争档案史料》第 5 册，天津古籍出版社 1992 年版，第 72~73 页。

④ 中国第一历史档案馆：《鸦片战争档案史料》第 5 册，天津古籍出版社 1992 年版，第 73~76 页。

⑤ 中国第一历史档案馆：《鸦片战争档案史料》第 5 册，天津古籍出版社 1992 年版，第 80 页。

⑥ 《清实录·宣宗成皇帝实录》卷三六七。

⑦ 中国第一历史档案馆：《鸦片战争档案史料》第 5 册，天津古籍出版社 1992 年版，第 86 页。

炮逆夷。该逆等携有手枪，并施放三尖火块及火球火箭等物，汉奸冒充乡勇，黑夜不能辨认，人众拥挤，炮械难施，仍行陆续退出。镇海城内，亦经官兵冲门而入，击杀夷匪，因火攻船只未到，亦仍退回。现于宁波城外焚烧火轮船一只，三板船三只，击断三桅大船头桅，烧去上盖。复于镇海城外焚烧三桅大船一只。梅墟一带，亦经开炮击坏三板夷船。又两路击毙夷匪四百余名。①

两江总督牛鉴奏报派兵防守宝山，并严防各海口。②

十三日壬辰（3月24日）

命耆英驰赴广州将军之任。③

奕经奏报长溪岭慈溪山营盘被焚。据奏，逆夷于二月初四日，驾驶大船径进大西坝，复有火轮船驶至丈亭，汉奸为之指引，并假扮商民乡勇，横冲营盘。慈溪山后突有夷人仇越山顶，枪炮齐发，我兵力不能支。其长溪岭山口，亦有假扮乡勇难民贼匪，施放火箭，焚烧营船。清廷命四川提督齐慎兼程前往浙江，会同奕经办理军务。调陕西、甘肃兵二千名，迅赴浙江。④

十五日甲午（3月26日）

以海防吃紧，命直隶总督讷尔经额移驻葛沽，固原提督胡超移驻大沽。命大学士穆彰阿驰往天津，会同直隶总督讷尔经额筹办海防事宜。⑤

清廷着盛京将军、直隶总督、山东巡抚豫防汉奸。⑥

十七日丙申（3月28日）

刘韵珂奏报，逆夷张贴伪示，勒令慈溪殷户付给银两，并有火轮三板等船在余姚县城外，或恐乘机内犯。命遣戍军台已革协办大学士两江总督伊里布改发浙江军

---

① 《清实录·宣宗成皇帝实录》卷三六七。
② 中国第一历史档案馆：《鸦片战争档案史料》第 5 册，天津古籍出版社 1992 年版，第 95~96 页。
③ 《筹办夷务始末（道光朝）》第 4 册，中华书局 1964 年版，第 1667 页。
④ 《清实录·宣宗成皇帝实录》卷三六七。
⑤ 《清实录·宣宗成皇帝实录》卷三六七。
⑥ 中国第一历史档案馆：《鸦片战争档案史料》第 5 册，天津古籍出版社 1992 年版，第 105~106 页。

营效力。①

靖逆将军奕山等奏报通盘筹画广东战守情形，并奏请奖励广东捐资出力绅士。②

法兰西兵头来广东为英人和解，为奕山等好言拒绝。③

十八日丁酉(3 月 29 日)

谕令天津海口严防汉奸匪党，扮作商民、难民、僧道、乞丐及各色技艺人等形状，潜踪分起，溷迹入城，作为内应。④

十九日戊戌(3 月 30 日)

从两江总督牛鉴请，以直隶天津等处海口酌添官兵驻防，抽裁江西兵九十名，安徽兵六十名，拨归直隶募补。⑤

广西巡抚周之琦奏报，遵旨密查越南战船情形。⑥

二十日己亥(3 月 31 日)

奕经等奏陈，奏尖山一带水面太宽，炮力难及，惟七堡地方稍为险要，已有博勒恭武带兵防守。其银杏埠渡口，紧接省垣，已将河南兵酌拨屯扎，与万松岭为掎角之势。又派寿春镇兵前赴海宁防守。现在兵力尚有不敷，请旨征调。清廷指示查明各地兵力详情。⑦

廿二日辛丑(4 月 2 日)

上海严密布防，自东沟至吴淞口外，有官船十五只，商捐钓船二十只，绅士捐

---

① 《清实录·宣宗成皇帝实录》卷三六八。

② 中国第一历史档案馆:《鸦片战争档案史料》第 5 册，天津古籍出版社 1992 年版，第114~119 页。

③ 中国第一历史档案馆:《鸦片战争档案史料》第 5 册，天津古籍出版社 1992 年版，第119~120 页。

④ 《清实录·宣宗成皇帝实录》卷三六八。

⑤ 《清实录·宣宗成皇帝实录》卷三六八。

⑥ 中国第一历史档案馆:《鸦片战争档案史料》第 5 册，天津古籍出版社 1992 年版，第126~127 页。

⑦ 《清实录·宣宗成皇帝实录》卷三六八。

备水勇船五只,官雇海燕子船十五只。每船兵勇自数十名至十余名不等。①

清军重兵把守天津各海口。②

廿三日壬寅(4月3日)

抚恤琉球国遭风难夷如例。③

廿四日癸卯(4月4日)

命直隶提督周悦胜带兵赴天津协助海防,以江西赣南镇总兵官长春署直隶提督。以四川提督齐慎仍为参赞大臣,驰往浙江办理军务。赏已革协办大学士两江总督伊里布七品衔,已革四等侍卫咸龄四等侍卫,交广州将军耆英带往浙江差遣。

为严防汉奸溷入,清廷令天津城之内外,密派各员,签分街道,专司侦察,无论居民、铺户、店寓、寺观,一体编列保甲,并令绅耆协同稽查。④

廿五日甲辰(4月5日)

夜,镇海知县叶堃、生员王师真率领水勇数十名驾船至镇海,放火焚烧英人船只。⑤

廿七日丙午(4月7日)

以耆英为钦差大臣,驰赴浙江防守省城,浙江沿海口岸责成奕经、文尉、齐慎防守。⑥

廿八日丁未(4月8日)

御史吕贤基奏启,近海之区,藉防堵以派费;征兵之境,备调发以索财;并各

---

① 中国第一历史档案馆:《鸦片战争档案史料》第5册,天津古籍出版社1992年版,第140~142页。

② 中国第一历史档案馆:《鸦片战争档案史料》第5册,天津古籍出版社1992年版,第143~146页。

③ 《清实录·宣宗成皇帝实录》卷三六八。

④ 《清实录·宣宗成皇帝实录》卷三六八。

⑤ 《清实录·宣宗成皇帝实录》卷三六九。

⑥ 《清实录·宣宗成皇帝实录》卷三六八。

经过地方，以护送供给为名，科敛无度。湖北、湖南、安徽等处皆有加派勒捐之事，浙江、直隶、山东亦然，请旨饬禁。①

廿九日戊申(4月9日)

将递送夷书之镇海县童生陈在镐解赴邠州监禁，现在浙江军营，有应行提讯之事，着交奕经等审办。②

扬威将军奕经奏报在浙与英军交战情形。③

三十日己酉(4月10日)

清廷晓谕：刘韵珂查明英军伤亡情形。④

三月初二日辛亥(4月12日)

核定稽查闽广驶往天津海船程章。凡福州、厦门、潮州海船出口往天津者，必经天津有字号商人，出具并无携带奸匪切结。到津时，先由天津原字号商人检查，如有来历不明之人，即行呈报，仍令出结。以后如再有发现，两处商人一体治罪。广州诏安海船出口，地方官责令保船税行出结，由各处给照衙门钤印，黏连船尾后，以凭到津查验。无加黏印结者不许进口。海船雇募水手，必须呈报其原籍州县，给发印照，注明年貌姓名，每名发给腰牌，黏贴印花，以凭到津查验。如有客民临时搭载来津贸易，亦应遵例赴厅州县衙门请给印照，填写年貌、籍贯及日期，没有印照者，不许搭载。商船驶至海口，由天津镇道督率文武员弁按照旧章，逐加查验。到津时，不准在城乡人烟稠密处停泊，"只许离城三四里外宽阔处所，间段挨次下碇，不得拥挤一处。在船人，等除与行户交易之商人准令上岸外，其余水手，均不准上岸。并于两岸分段派兵役弹压巡查，催令早卸货物，即速解缆出口，无任逗留"。⑤

---

① 《清实录·宣宗成皇帝实录》卷三六八。

② 《清实录·宣宗成皇帝实录》卷三六八。

③ 中国第一历史档案馆：《鸦片战争档案史料》第 5 册，天津古籍出版社 1992 年版，第157~160 页。

④ 《清实录·宣宗成皇帝实录》卷三六八。

⑤ 《清实录·宣宗成皇帝实录》卷三六九。

初三日壬子(4月13日)

靖逆将军奕山奏，璞鼎查自浙驶回香港，添船自固。"议战，实无把握，惟议守，省城可保无虞。"清廷责成奕山等严密防范，慎固封守，并准其将贵州、四川、江西、湖北等处调防兵丁尽撤回省，及酌量裁撤广东现存二万六千余名义勇之请。

以办理广东守御事宜得力，免已革湖广总督周天爵罪，仍留军营效力。①

初四日癸丑(4月14日)

清军官兵驾船夜袭定海英军，焚烧城外英船多只。②

初五日甲寅(4月15日)

英人璞鼎查以香港英国总督的名义发布通告，开办香港英国邮局。③

初六日乙卯(4月16日)

盛京雇募商渔船四十只，现据验明，于内洋试演，驾驶不稳；若外洋风浪，尤觉无济于用，亦着即行撤散。④

清廷着扬威将军奕经毋庸再调黔、川官兵，并不准杀害英俘，亦不准释放。⑤

十一日庚申(4月21日)

收缴浙江遣散壮勇之兵器。⑥

山东巡抚托浑布奏报，亲勘海丰县海口情形。⑦

---

① 《清实录·宣宗成皇帝实录》卷三六九。

② 《筹办夷务始末(道光朝)》第4册，中华书局1964年版，第1753页。

③ (407，1卷，376页；317，15页)《中国经济史编年记事》。

④ 《清实录·宣宗成皇帝实录》卷三六九。

⑤ 中国第一历史档案馆：《鸦片战争档案史料》第5册，天津古籍出版社1992年版，第175~176页。

⑥ 《清实录·宣宗成皇帝实录》卷三六九。

⑦ 中国第一历史档案馆：《鸦片战争档案史料》第5册，天津古籍出版社1992年版，第187~188页。

清廷着钦差都统哈哴阿查奏珲春兵内能驾威祜船出洋人数。①

十二日辛酉(4 月 22 日)

得讷尔经额等所奏陈大沽北塘屯营安兵情形，怡良等所奏陈闽省海口情形。②
清廷着闽浙总督怡良严防闽省，不可令人陆战得手，并应撙节经费。③

十五日甲子(4 月 25 日)

英夷在浙江尖山口等处窥探。④

廿一日庚午(5 月 1 日)

扬威将军奕经奏，广东送来熟悉洋语之翻译二名，道光帝晓谕：询问英吉利国相关情形，如"其至内地所经过者几国？克食米尔距该国若干路程，是否有水路可通？该国向与英吉利有无往来，此次何以相从至浙？其余来浙之孟咖利、大小吕宋、双英国夷众，系带兵头目私相号召，抑由该国王招之使来？是否被其裹胁，抑或许以重利？该女主年甫二十二岁，何以推为一国之主？有无匹配？其夫何名？何处人？在该国现居何职？又所称钦差提督各名号，是否系女主所授，抑系该弁员人等私立名色？至英人在浙鸱张，所有一切调度兵事及占据郡县，搜括民财，系何人主持其事？义律现已回国，果否确实？回国后，作何营谋？有无信息到浙？该国制造鸦片烟卖与中国，其意但欲图财，抑或另有诡谋？"等。⑤

廿四癸酉(5 月 4 日)

参赞大臣四川提督齐慎行抵浙江省垣，拟即赴曹娥江一带扼要防守。⑥

---

① 中国第一历史档案馆：《鸦片战争档案史料》第 5 册，天津古籍出版社 1992 年版，第 189 页。

② 《清实录·宣宗成皇帝实录》卷三六九。

③ 中国第一历史档案馆：《鸦片战争档案史料》第 5 册，天津古籍出版社 1992 年版，第 191 页。

④ 中国第一历史档案馆：《鸦片战争档案史料》第 5 册，天津古籍出版社 1992 年版，第 211~213 页。

⑤ 《清实录·宣宗成皇帝实录》卷三六九。

⑥ 《清实录·宣宗成皇帝实录》卷三六九。

英军再次寄信清军，要求双方各自优待俘虏。①

湖南将闽省所需火箭八千枝、大飞枪药筒二千枝委员解送。②

廿七日丙子(5月7日)

奕经等奏报定海焚烧夷船之事。三月初四日，于定海各洋，敆催水勇，用火攻船，焚烧大夷船三只，三板船数十只，并烧沈大夷船一只。城内洋面，复击杀夷匪数百名。③

四月初二日庚辰(5月11日)

牛鉴奏报查明上海火药局被焚之事。上海秋水亭一局，存贮火药二万五千斤被烧，致伤毙委员及兵丁等多名。

浙省自二月以来，尖山以内，江海浅涸，涨起新沙，英夷大船不能驶进。清廷现将熟悉沙线之水手拘集到省，使不令为逆所用。前所封禁之各场卤船，现准小号卤船开禁。

抚恤朝鲜国遭风难夷如例。④

初三日辛巳(5月12日)

宁波英船退赴镇海。⑤

初五日癸未(5月14日)

得台湾镇总后官达洪阿奏报，正月三十日，英军三桅船三只驶入台湾土地公港，官兵击沉其一只，生俘英军四十九人。⑥

---

① 中国第一历史档案馆：《鸦片战争档案史料》第5册，天津古籍出版社1992年版，第224~228页。

② 中国第一历史档案馆：《鸦片战争档案史料》第5册，天津古籍出版社1992年版，第231页。

③ 《清实录·宣宗成皇帝实录》卷三六九。

④ 《清实录·宣宗成皇帝实录》卷三七〇。

⑤ 中国第一历史档案馆：《鸦片战争档案史料》第5册，天津古籍出版社1992年版，第244~245页。

⑥ 《筹办夷务始末(道光朝)》第4册，中华书局1964年版，第1769页。

扬威将军奕经等奏报，英军两次遣返失陷兵勇共计二十六名。①

奕经奏报，水勇总目袁高荣带领水勇与夷人接战，杀死夷人两名，生擒白夷一名，黑夷一名，夺获舢板船一只。②

拨付山东海防经费十五万两。③

初六日甲申(5 月 15 日)

达洪阿等驰奏，上年淡水、鸡笼、海口生擒夷犯，系红毛望结仔吽膀油地方夷船。英逆因中国严禁鸦片，于槟榔屿等处，雇调兵船七十余只，大船用夷人八九百名，小船五六百名，分扰广东、福建、浙江等处。其等来台窥伺，被官兵用炮击破船只而遭擒获。④

广东官员祁埴、梁宝常查明，新加坡为英来粤经由之路。⑤

初十日戊子(5 月 19 日)

据刘韵珂奏报，三月二十四五等日，有火轮船在绍兴府属之三江口、沥海所、夏盖山等处游奕。宁波郡夷目一名于二十六日，率领夷众千余人，携带行李，乘坐钓船开往镇海。郡城所泊夷船六只，亦于二十七日开行赴镇，并于二十七八等日，陆续退往定海。现在招宝山上，尚住有夷匪二三百名等情。⑥

十一己丑(5 月 20 日)

清廷晓谕：在浙江逆夷船只，全行退出宁波郡城，势已穷蹙，诚恐该逆等情急分窜，驶向各海口滋扰，着该将军督抚等督饬文武员弁，一体严密防堵。⑦

大小夷船二十四只罗列乍浦，清军四千余人布防，另添调陕甘官兵，招募山东

---

① 中国第一历史档案馆：《鸦片战争档案史料》第 5 册，天津古籍出版社 1992 年版，第 254~256 页。

② 中国第一历史档案馆：《鸦片战争档案史料》第 5 册，天津古籍出版社 1992 年版，第 259 页。

③ 中国第一历史档案馆：《鸦片战争档案史料》第 5 册，天津古籍出版社 1992 年版，第 262 页。

④ 《清实录·宣宗成皇帝实录》卷三七〇。

⑤ 中国第一历史档案馆：《鸦片战争档案史料》第 5 册，天津古籍出版社 1992 年版，第 262~264 页。

⑥ 《筹办夷务始末(道光朝)》第 4 册，中华书局 1964 年版，第 1779 页。

⑦ 《清实录·宣宗成皇帝实录》卷三七〇。

兵勇二千余人，依然失守。①

钦差大臣耆英奏报英军攻陷乍浦情形，称战无长策，惟有羁縻。②

十二日庚寅(5 月 24 日)

清廷严禁私硝出口。其各员弁及沿海口岸关隘兵役，有缉获私硝者，按照斤重，酌予奖励，为数较多者，从优保奏。③

十三日辛卯(5 月 22 日)

传闻逆英为孟啊喇攻破，逆夷兵船纷纷遁回救援。清廷指示查明详情。"逆夷恶贯满盈，上干天怒，现在浙省叠次受创，若复为邻国所袭，则首尾不能相顾，自必势穷力竭。着奕经等趁此夷情窘迫之际，乘机进剿，大彰挞伐以扬国威，断不可坐失机宜。至福建省洋面鼓浪屿等处，尚有夷船停泊，亦宜及时攻剿，着怡良等相度情形，力加惩创。"④

钦差大臣耆英奏报，英船欲犯嘉兴。在乍浦之英船，共二十八只。⑤

十四日壬辰(5 月 23 日)

耆英等奏报，逆夷大帮船只窜至乍浦洋面一带。"据称初七日午刻，有逆夷火轮船二只，大小夷船二十余只，由乍浦所辖之黄盘山东首洋面而来。未刻，火轮船拖带三板船，自彩旗港驶入西行汛停泊，旋复往来游奕。"⑥

十五日癸巳(5 月 24 日)

莱州府属之胶州、即墨各海口为南汛藩篱，青州府属各海口亦通南商船只，托

---

① 中国第一历史档案馆：《鸦片战争档案史料》第 5 册，天津古籍出版社 1992 年版，第 275～279 页。

② 中国第一历史档案馆：《鸦片战争档案史料》第 5 册，天津古籍出版社 1992 年版，第 281～284 页。

③ 《清实录·宣宗成皇帝实录》卷三七〇。

④ 《清实录·宣宗成皇帝实录》卷三七〇。

⑤ 中国第一历史档案馆：《鸦片战争档案史料》第 5 册，天津古籍出版社 1992 年版，第 292～294 页。

⑥ 《清实录·宣宗成皇帝实录》卷三七〇。

浑布拟亲往履勘，顺道考核胶州等营官兵。①

十六日甲午(5 月 25 日)

命钦差大臣耆英仍赴广州将军任，并查明虎门炮台修筑与省河填塞情况。杭州将军以特依顺署理。②

奕经拟于浙江蜀山渡及梅墟地方，相度形势，钉桩筑坝。③

奕经因英船至尖山口逼近省垣，再次请求暂示羁縻。④

清廷着钦差大臣耆英查明省河虎门各工程，并筹办收复香港。⑤

耆英带钦差大臣关防，赴广州将军任。

十七日乙未(5 月 26 日)

耆英等奏报，逆夷攻陷乍浦，省城及嘉兴府危急。本月初九日，逆夷将大小各船排列阵势，另用三板船数十只，分扑西山嘴、唐家湾等处。大船开放大炮，直向内逼，复由灯光山等处登岸，火箭齐发，城内汉奸接应。各兵纷纷溃散，乍浦失守。以乍浦失守，将奕经、文蔚、特依顺、刘韵珂革职留任。⑥

清廷着两江总督昼夜严防吴淞口，截留陕、豫一千名以资捍卫。⑦

十八日丙辰(5 月 27 日)

英船开赴外洋，浙省官兵尚有一万七千余名。⑧

---

① 《清实录·宣宗成皇帝实录》卷三七〇。

② 《筹办夷务始末(道光朝)》第 4 册，中华书局 1964 年版，第 1806 页。

③ 《清实录·宣宗成皇帝实录》卷三七一。

④ 中国第一历史档案馆：《鸦片战争档案史料》第 5 册，天津古籍出版社 1992 年版，第 299~300 页。

⑤ 中国第一历史档案馆：《鸦片战争档案史料》第 5 册，天津古籍出版社 1992 年版，第 306 页。

⑥ 《筹办夷务始末(道光朝)》第 4 册，中华书局 1964 年版，第 1810 页。

⑦ 中国第一历史档案馆：《鸦片战争档案史料》第 5 册，天津古籍出版社 1992 年版，第 310~311 页。

⑧ 中国第一历史档案馆：《鸦片战争档案史料》第 5 册，天津古籍出版社 1992 年版，第 314~315 页。

嘉兴城设立粮台，收养乍浦难民。①

十九日丁酉(5月28日)

是日，侵入乍浦英军全数退出，乘船向东南大洋而去。②

着裕泰等挑选实在得力精兵，或一千名，或数百名，并备带器械，交刘允孝管带迅速起程，由长江行走，径赴江苏。③

廿一日己亥(5月30日)

扬威将军奕经奏请专委耆英办理羁縻事宜，并奏报所讯明英俘及该国一切情形。④

夷船三四只仍停泊于招宝山下。⑤

廿二日庚子(5月31日)

以士兵临阵溃逃，致乍浦失守，将屡次丢失城池之浙江提督余步云革职，交奕经索拿，派员押解送京，交军机大臣、刑部会审治罪。又令奕经严查先前失守之定海、镇海、宁波三城及乍浦等处首先见敌溃散之官。调广西提督段永福为浙江提督。

奕经由六百里驰奏，逆船已至尖山海口，逼近省垣。据称该逆火轮、三板各船，驶近尖山口外之凤凰山洋面游奕，并闻海盐一带，间有炮声。⑥

英船驶入金山洋面，旋即离开。⑦

---

① 中国第一历史档案馆：《鸦片战争档案史料》第5册，天津古籍出版社1992年版，第316~317页。

② 《筹办夷务始末(道光朝)》第4册，中华书局1964年版，第1849页。

③ 《清实录·宣宗成皇帝实录》卷三七一。

④ 中国第一历史档案馆：《鸦片战争档案史料》第5册，天津古籍出版社1992年版，第328~331页。

⑤ 中国第一历史档案馆：《鸦片战争档案史料》第5册，天津古籍出版社1992年版，第332页。

⑥ 《清实录·宣宗成皇帝实录》卷三七一。

⑦ 中国第一历史档案馆：《鸦片战争档案史料》第5册，天津古籍出版社1992年版，第338~339页。

廿四日壬寅(6 月 2 日)

奕经等奏报,尖山逆船,开赴外洋。据奏尖山口外之凤凰山海面夷船,退往东南而去。平湖之苏家埭、海盐之方家埭等处,又被逆匪抬炮轰击。省城阴雨连朝,江水陡涨,沙线既无可恃,瞭望未能真确,已将驻扎绍兴兵勇催调渡江,并将浙省各镇营未调官兵,抽拨二千名赴省捍卫。①

廿六日甲辰(6 月 4 日)

达洪阿奏报,台湾海口林立,客兵地理生疏,惟用本地义勇,自卫乡邦。现已练勇四万七千余名,如遇英人侵犯,可立即调取陆营官兵及团练义勇出御。②

耆英等奏报,逆夷船只于十八日开放二十余只,驶向东南外洋,尚留四只收拾篷索,亦将开行。命耆英暂缓启程赴广州将军之任,折回杭州,协同奕经等防守。③

廿七日乙巳(6 月 5 日)

道光帝发布备战诏令:"朕以鸦片烟流毒中国,贻害生民,前岁特降谕旨,饬令各省严禁,再三剀切申诫。因广东为外夷通商之所,特令林则徐前往查办。各国夷商均遵约束,独英吉利逆夷义律,以烧毁烟土之故,藉口滋事。因林则徐办理不善,旋亦罢斥遣戍。乃该逆于道光二十年六月,潜窜浙洋,窃据定海,继复于天津海口呈递禀词。朕惟中外一体,念切怀柔,不以其侵犯在先,诉辨在后,遽加屏绝,复命琦善前往广东确查核办。又将伊里布在浙捡获逆夷头目安突德等多名,特予宽典,免其诛戮,于定海退出之时,即行给还。乃该逆夷狡诈反覆,要求无厌,明知琦善意存抚驭,不设防守,竟尔称兵首祸,叠犯大角、沙角各炮台,伤我提镇大员,扰我海疆黎庶。是逆夷因私贩烟土,肇启衅端,复阳为乞请,阴施诡计,背信负恩,神人共愤。朕之命将出师,实由此也。及至靖逆将军奕山等到粤,逆夷已窜入内港,窥伺省垣。彼时带兵守土大吏,佥以该逆贪利性成,希冀通市,恳将商欠该夷银两,准令给还。朕至诚待物,从不以逆亿为怀,如果得利相安,不至别图滋扰,区区之施,实非所吝,蠢尔丑类,何足为仇。此又朕轸念薄海民生,不得已

---

① 《清实录·宣宗成皇帝实录》卷三七一。

② 《筹办夷务始末(道光朝)》第 4 册,中华书局 1964 年版,第 1846 页。

③ 《清实录·宣宗成皇帝实录》卷三七一。

之权宜也。孰意逆夷包藏祸心，欺天灭理，粤东甫经敛迹，闽浙又复扬波，定海再窥，连城袭据，以致督臣殉节，镇将捐躯，荼毒生灵，罪难擢数。爰命扬威将军奕经等帅师攻剿，数月以来，贼退宁波，旋陷乍浦，是该逆在粤则以厚施为饱扬之谋，在浙则以掳掠为赍粮之具。察其凶狡情状，实已罪恶贯盈。上天降监，必加诛夷；下民何辜，罹兹惨酷。朕抚躬循省，五内焦劳，每念毒孽未除，颠连莫拯，痛心自责，限才德之未逮，夙夜难安。将军、参赞、督抚及内外文武诸臣，亦宜仰体朕怀，亟苏民困，勿存苟安之见，狃于目前，勿怀幸免之私，贻臭于后。至于将弁兵丁，动谓船坚炮利，凶焰难当，因而见贼仓皇，望风先溃，殊不知贼之深入，早已自蹈危机，果人人奋勇直前，有进无退，加以乡民义勇，层层接应，则主客之势既异，众寡之数又殊，因地乘机，何难制胜。是逆夷之肆意猖獗，皆士气不扬所致也。其从逆汉奸，原系穷蹙愚民，或以生计维艰，为利所诱，遂至甘心从贼，暂饱身家。试思蹂躏者谁之乡里，抢夺者谁之赀财？贼来则驱之使前，俾当锋刃；贼去则委之于后，仍蹈刑诛。苟有人心，当知悔恨。朕为天下生民主，若只顾目前，苟安无事，不思大者远者，一听烟毒横流，不行禁止，是朕上负皇考付托之重恩，下不能保吾民之生命，思及此，曷肯不竭力禁之，更曷敢不竭力禁之也。目前虽奸夷俶扰，日肆贪残，尔阃帅疆臣，身膺重寄，宜如何激发天良，申明纪律，凡奋勇争先者，赏不逾时，退缩不前者，诛之无赦，如此则何攻不克，何守不固耶？从前办理不善诸臣，除分别惩儆外，余令戴罪图功，原冀其知感知奋，勉赎前愆，傥复坐失事机，殃民纵寇，国法具在，不能为若辈再宽也。至士民中果有谋勇出众之材，激于义愤，团练自卫，或助官军以复城邑，或扼要隘以遏贼锋，或焚击夷船，揃斩大憝，或声明大义，开启愚顽，能建不世之殊勋，定膺非常之懋赏。总之禁烟所以恤民命，御寇所以卫民生，朕宵旰思艰，兢兢业业，尔诸臣亦惟和衷共济，鼓励戎行，不戁不竦，以作士气，必能翦除夷孽，扫荡海氛，与天下苍生，恭享升平之福。兹将办理夷务前后情形，及朕为民除害之本意，特谕中外知之。"①

昨据耆英奏，乍浦夷船于本月十八日陆续开放二十余只，驶向东南外洋而去。

以广东崖州协副将李贤，为碣石镇水师总兵官。②

靖逆将军奕山奏报，查明广东洋面英船数目，并香港情形。③

在浙之英船，仍有四十三艘之多。④

---

① 《清实录·宣宗成皇帝实录》卷三七一。

② 《清实录·宣宗成皇帝实录》卷三七一。

③ 中国第一历史档案馆：《鸦片战争档案史料》第 5 册，天津古籍出版社 1992 年版，第 362~365 页。

④ 中国第一历史档案馆：《鸦片战争档案史料》第 5 册，天津古籍出版社 1992 年版，第 369~370 页。

廿八日丙午(6 月 6 日)

牛鉴奏报上海宝山一带防堵严密，夷船驶入金山外洋停泊，旋即起碇开行。据称十九日有大小夷船二十二只，先后开向金山筱馆墩洋面下碇。二十日对墩开炮，旋即挂篷向东南全数开去。①

闽浙总督怡良奏报，查明闽洋经过英船情形。②

廿九日丁未(6 月 7 日)

奕经等奏报定海兵勇连次夺获焚烧逆夷大小船只之事。据称初八日，勇壮在定海螺头门枪击逆夷，烧然夷船。十二日水师火烧多艘，计烧毙、沈溺及击毙者约有三百余人。③

五月初一日己酉(6 月 9 日)

予七品顶带已革协办大学士两江总督伊里布四品顶带，署乍浦副都统。④

黄家湾洋面，有夷船游奕。

初五日癸丑(6 月 13 日)

据刘韵珂驰奏，乍浦口外小羊山洋面泊夷船二十二只，大树下洋面泊夷船六只，定海县道头地方泊夷船十三只，镇海县招宝山下泊夷船两只，沥港洋面泊有夷船一只。小羊山系江浙交界，可以直至上海，亦可转至尖山海口，逆船聚泊于此，情殊叵测。且又制造三板船三十只，竹排一百余架，恐有四出滋扰之意。⑤

吴淞口洋面停泊有夷船三只。⑥

---

① 《清实录·宣宗成皇帝实录》卷三七一。

② 中国第一历史档案馆：《鸦片战争档案史料》第 5 册，天津古籍出版社 1992 年版，第 368~369 页。

③ 《清实录·宣宗成皇帝实录》卷三七一。

④ 《清实录·宣宗成皇帝实录》卷三七二。

⑤ 《清实录·宣宗成皇帝实录》卷三七二。

⑥ 中国第一历史档案馆：《鸦片战争档案史料》第 5 册，天津古籍出版社 1992 年版，第 401~403 页。

风闻闽粤英船意图会同北窜。①

初六日甲寅(6 月 14 日)

浙江巡抚刘韵珂奏，乍浦失守后，现在嘉兴府设立粮台，并收养被难旗民，资送各县安插。②

初七日乙卯(6 月 15 日)

江苏省城静谧，内河防守严密，黄家湾有夷船往北驶行，或将舍浙江而入江苏境界。③

吴淞口夷船增至二十多只。④

初八日丙辰(6 月 16 日)

英舰闯入吴淞口，清朝守军奋力反击，江南提督陈化成阵亡，宝山县城亦陷。

初九日丁巳(6 月 17 日)

山东巡抚托浑布奏报，莱青海口有长沙横亘外洋，足为保障，夷船不入登州府属洋面，辗转驶进，不能径达莱青海口。该处防守，较易于登郡。⑤

初十日戊午(6 月 18 日)

以奕山、祁埙、梁宝常等未认真调查关天培阵亡情形，奏报不实，予革职留任处分，并革去奕山御前大臣、领侍卫内大臣、都察院左都御使职，仍留正红旗汉军都统。⑥

---

① 中国第一历史档案馆：《鸦片战争档案史料》第 5 册，天津古籍出版社 1992 年版，第 403~404 页。

② 《清实录·宣宗成皇帝实录》卷三七二。

③ 《清实录·宣宗成皇帝实录》卷三七二。

④ 中国第一历史档案馆：《鸦片战争档案史料》第 5 册，天津古籍出版社 1992 年版，第 407~408 页。

⑤ 《清实录·宣宗成皇帝实录》卷三七二。

⑥ 《清实录·宣宗成皇帝实录》卷三七二。

十一日己未(6 月 19 日)

英军占领上海县城。

奕经等奏报，据福建钞录伪示，有战船三十余只，小船一百余只，由厦门寄碇，协同前往天津。有旨调赴江苏之山西官兵一千名，截留赴津协防。

扬威将军奕经将十六名俘虏交还给英酋。①

牛鉴奏报吴淞海口逆船相持情形。据奏五月初一日，逆夷三桅船一只、火轮船二只，停泊吴淞口外，开放大炮。水师饬备战各船一百余只，横排口内江面，以防奸细窜入，并出示谕止各商船，俟逆船退后，再行进口。该逆船与强胁之商船二十余只，停泊口外，相持五日，不见动静。

命山西太原镇总兵官善禄，暂留天津协同防堵。②

十二日庚申(6 月 20 日)

清廷着禧恩饬令地方官亲赴各岛，将瀑布流泉，或散其派络，或截令中断，或使之伏流，勿使逆夷得汲取之便。岛内井眼，应运石于旁，侦探逆夷来时，其常用之井，即将石块填塞井眼。其居民不用之井，或临时投以毒药，俾令服之自毙，仍当暗为记认，俟逆夷去后，得以设法淘汰净尽。所有附近海滨地方，禁止牧放成群牛羊，以免该逆觊觎。海外岛屿居民有牛羊之家，仍当剀切晓谕，令其早为藏匿，勿使掠取。其产柴薪海岸，酌令居民砍伐焚烧，并留为火攻之用，勿使该逆搬运上船。③

十三日辛酉(6 月 21 日)

英舰六只至松江城外，遇阻返回。④

据刘韵珂奏，逆船渐已自南而北，天津海口宜豫为筹备。⑤

---

① 中国第一历史档案馆：《鸦片战争档案史料》第 5 册，天津古籍出版社 1992 年版，第 433 页。

② 《清实录·宣宗成皇帝实录》卷三七二。

③ 《清实录·宣宗成皇帝实录》卷三七二。

④ 《筹办夷务始末(道光朝)》第 4 册，中华书局 1964 年版，第 1947 页。

⑤ 《清实录·宣宗成皇帝实录》卷三七二。

十四日壬戌（6月22日）

牛鉴奏报，逆船闯入吴淞，提督阵亡，宝山失守。初八日卯刻，逆夷突集船只，攻犯宝山，江南提督陈化成督率弁兵，在塘堵御，相持七日之久，开炮轰坏夷船三只，伤毙夷匪数十人。该县地本淀海，该逆辄将巨炮安放大船桅上施放，致将土塘轰裂，捍蔽无资，该提督阵亡，该县城旋亦失守。道光帝命钦差大臣耆英与伊里布驰往江苏，会同两江总督牛鉴酌商办理。以湖北提督刘允孝署江南提督。①

奕经等奏报，浙洋招宝山仍泊夷船二只，定海各港共泊船十五只。前在羊山游奕之船，并未驶回定海。现在羊山洋面，未见有船。

选吉林精兵一千名、黑龙江精兵一千名，豫备天津一带防剿之用。②

靖逆将军奕山奏报广东洋面英船情形，及自浙驶回英船数目。③

江浙两省现共有逆船八十四只。④

十五日癸亥（6月23日）

英军撤出上海县城，并于是日全部退出吴淞口。⑤

奕山等奏报，逆船踪迹有仅在粤洋游奕者，有驶往闽浙者，有去而复返者。现在香港对面尖沙嘴地方，有该国新到及自浙驶回之三桅兵船巡船，较往时加多。该逆火轮船直到黄浦窥伺，尤为叵测。又该逆夷在尖沙嘴修建营房炮台，均有夷目带领夷兵驻守。更有汉奸修造草棚铺房，交通买卖。

怡良等奏报闽洋夷船情形。据称自上年八月以来，夷船往来无定。其鼓浪屿夷船，现有八只，且时有火轮船来往。

据程矞采奏，逆船二只，驶入黄浦江内。⑥

军机处奏呈粤洋英船数目。分泊粤洋船数：兵船十一只，约夷兵二三千名，巡

① 《筹办夷务始末（道光朝）》第4册，中华书局1964年版，第1916页。
② 《清实录·宣宗成皇帝实录》卷三七二。
③ 中国第一历史档案馆：《鸦片战争档案史料》第5册，天津古籍出版社1992年版，第445~447页。
④ 中国第一历史档案馆：《鸦片战争档案史料》第5册，天津古籍出版社1992年版，第450~451页。
⑤ 《筹办夷务始末（道光朝）》第4册，中华书局1964年版，第1975页。
⑥ 《清实录·宣宗成皇帝实录》卷三七二。

船十四只，火轮船三只，夷船一只，共船二十九只。由粤起碇分驶船数：兵船六只，巡船四只，火轮船五只，共船十五只。由闽、浙回粤船数：兵船一只，巡船一只，共船二只。①

十六日甲子(6月24日)

西岸淮商朱鉴等捐资六万千文作为海疆经费。②

监察御史黎光曙，奏陈沿海地方实行边禁之法。③

十七日乙丑(6月25日)

在定海道头及岑港、歧头各洋面，既有分泊夷船十三只。又报有火轮船三只，大小夷船八只，向东北外洋驶去。夷船二十一只，在金塘洋面游奕。④

两江总督牛鉴奏报，英船全数退出吴淞口。⑤

直隶总督讷尔经额奏陈天津一带海防措施及天津沿海地势。⑥

道光帝晓谕：对英军作战，惟有诱之登陆聚歼，不可沿海迎战。⑦

十八日丙寅(6月26日)

清廷要求直隶总督讷尔经额落实筹议防剿机宜十三条。⑧

---

① 中国第一历史档案馆：《鸦片战争档案史料》第5册，天津古籍出版社1992年版，第461页。

② 中国第一历史档案馆：《鸦片战争档案史料》第5册，天津古籍出版社1992年版，第465~466页。

③ 中国第一历史档案馆：《鸦片战争档案史料》第5册，天津古籍出版社1992年版，第469页。

④ 《清实录·宣宗成皇帝实录》卷三七三。

⑤ 中国第一历史档案馆：《鸦片战争档案史料》第5册，天津古籍出版社1992年版，第473页。

⑥ 中国第一历史档案馆：《鸦片战争档案史料》第5册，天津古籍出版社1992年版，第474~479页。

⑦ 中国第一历史档案馆：《鸦片战争档案史料》第5册，天津古籍出版社1992年版，第482页。

⑧ 中国第一历史档案馆：《鸦片战争档案史料》第5册，天津古籍出版社1992年版，第485~487页。

十九日丁卯(6 月 27 日)

命工部尚书赛尚阿为钦差大臣，驰往天津，与直隶总督讷尔经额办理军务，申请拨军需三十万两。①

二十日戊辰(6 月 28 日)

钦差大臣耆英接到英军复文。②

两江总督牛鉴奏报宝山城外停泊英船情形，十五日酉刻，羊山洋面有大小夷船四十余只往北驶去。③

廿二日庚午(6 月 30 日)

浙江巡抚刘韵珂因病允假，命前任湖南布政使卞士云署浙江巡抚。

两江总督牛鉴奏报，逆船再犯松江，复经官兵击退。据奏十四日寅刻，该夷又以火轮船二只、二桅大船三只，驶向东汉，似欲上岸接仗。寿春镇总兵尤渤，整队相持，逆船连放大炮，我兵均伏在地，随用抬炮火枪更番叠进，逆船始行怯退驶去。④

牛鉴奏，英人船坚炮利，水上难与争锋，请饬沿海专备陆战。得旨："此朕早已料及，早经饬谕。奈沿海堵御，总要海上交锋，反致凶焰益张，徒损国威，为之奈何。"

清廷着盛京将军禧恩、山东巡抚托浑布于各海口扼要处所移炮设伏。⑤

廿四日壬申(7 月 2 日)

湖广道御史吕贤基奏请敕拿为害居民之香港英人及汉奸。"逆夷掳掠赀财，载

---

① 《清实录·宣宗成皇帝实录》卷三七三。

② 中国第一历史档案馆：《鸦片战争档案史料》第 5 册，天津古籍出版社 1992 年版，第 492~493 页。

③ 中国第一历史档案馆：《鸦片战争档案史料》第 5 册，天津古籍出版社 1992 年版，第 496~497 页。

④ 《清实录·宣宗成皇帝实录》卷三七三。

⑤ 中国第一历史档案馆：《鸦片战争档案史料》第 5 册，天津古籍出版社 1992 年版，第 520~521 页。

回广东香港裙带路收贮，现在该处建造楼房、寮厂、炮台。其伪官最著者，为赞逊乜哩时蛤等坚。其幕客著名者，为马履逊匪伦。各处渡船小艇，均须献纳陋规，方准出海，否则被其劫货留船。又新安士民，屡欲烧船杀贼，因该将军等出有通商告示，不敢举动。其汉奸曾给翎顶者，惟卢景尤为首恶。其人包庇汉奸，船只炮械俱全，替夷运货，抢掠乡村。其余如联义堂、忠心堂，均系汉奸自立名目。"①

廿五日癸酉(7 月 3 日)

直隶总督讷尔经额奏，遵旨筹议防剿事宜十条。如"大沽南岸至山东连界之狼坨子，后路应用察哈尔马队接应，请于羊儿庄、商各林两处各安插马队五百名，迤南迤东，均可接应"。"大沽北岸至北塘一带，涧河口至洋河口一带，暨山海关秦王岛，三处地面远近不同，接应马队应于何处安营，俟咨商都统哈哴阿等筹议"等。

越南国王阮福暎遣使表谢赐祭并袭封恩，进贡方物，命留抵下次正贡。

浙江巡抚刘韵珂因病赏假，赏四品顶带前任湖南布政使卞士云三品顶带，署浙江巡抚。命六品顶带已革安徽布政使管通群，接办浙江粮台事务。②

清廷着钦差大臣耆英不可亲与英酋会晤，只可令陈志刚等持书前去。③

廿六日甲戌(7 月 4 日)

因逆船北驶，着刘允孝无论行抵何处，接奉谕旨，即管带湖北兵一千名，迅速改赴山东登州。④

闽浙总督怡良奏报，厦门并无英船多只寄碇，过闽洋往北者仅有七只，往南者五只。⑤

往北英船折回吴淞口外聚泊，后向西北驶去。钦差大臣耆英等奏陈，璞鼎查复称不能戢兵。⑥

---

① 《清实录·宣宗成皇帝实录》卷三七三。

② 《清实录·宣宗成皇帝实录》卷三七三。

③ 中国第一历史档案馆：《鸦片战争档案史料》第 5 册，天津古籍出版社 1992 年版，第 537~538 页。

④ 《清实录·宣宗成皇帝实录》卷三七三。

⑤ 中国第一历史档案馆：《鸦片战争档案史料》第 5 册，天津古籍出版社 1992 年版，第 540~542 页。

⑥ 中国第一历史档案馆：《鸦片战争档案史料》第 5 册，天津古籍出版社 1992 年版，第 542~547 页。

廿七日乙亥(7 月 5 日)

清廷寄谕署盛京将军禧恩等，现据程矞采奏，浙洋夷船逐渐增添，有前往天津等处窥伺之谣，所有盛京、直隶、山东各海口务当随时侦探，加意严防，不可稍留罅隙。①

廿八日丙子(7 月 6 日)

朝鲜国王来咨，称内地民人越边界于其上土、满浦两镇地方盖房垦地。清廷有旨："即将越边垦地各犯，按名弋获究办，并将私盖房舍，偷垦田土，全行焚毁，毋许留寸椽尺地。"

命余步云解到京时，交三法司严讯定拟。②

台湾镇总兵达洪阿陈奏西洋各国地理政务。③

钦差大臣耆英接阅英酋回信。④

廿九日丁丑(7 月 7 日)

怡良等奏报，鼓浪屿夷船现有九只。清廷指示认真稽查，嗣后夷船驶入口内，一切货物，概不准私相交易。⑤

清廷共计拨去江苏前后征兵共六千三百名，现在浙省征兵剩九千三(五)百余名。⑥

六月初一日戊寅(7 月 8 日)

奕山奏报，奏粤东洋面自二月以前至五月初六日止，共计逆船六十七只。除起碇东驶者四十八只，尚存逆船十九只。其新到巡船内载有番妇番孩，裙带路造有夷

---

① 《清实录·宣宗成皇帝实录》卷三七三。

② 《筹办夷务始末(道光朝)》第 4 册，中华书局 1964 年版，第 2003 页。

③ 中国第一历史档案馆：《鸦片战争档案史料》第 5 册，天津古籍出版社 1992 年版，第 558~565 页。

④ 中国第一历史档案馆：《鸦片战争档案史料》第 5 册，天津古籍出版社 1992 年版，第 565~567 页。

⑤ 《清实录·宣宗成皇帝实录》卷三七三。

⑥ 中国第一历史档案馆：《鸦片战争档案史料》第 5 册，天津古籍出版社 1992 年版，第 571~573 页。

楼五十余间，装兵船内载去马匹炮车等。

怡良奏报，鼓浪屿所留之船多时或至十二三只，少亦有七八只之数，大约均听在浙逆夷号令等。①

初二日己卯（7 月 9 日）

耆英奏报，北窜之英船四十多只仍复折回，聚泊吴淞口外。崇明县及刘河、福山各口，均有夷船游奕，并有欲犯江宁之说。

奕经奏报，定海逆船开出九只，由镇海洋面北驶，二十日招宝山后复添夷船十余只寄碇。其定海道头等处仍泊船十八只。现在暗中设法，将其在道头修补之火轮船一只沈没，溺毙夷匪二十余人。又两次黑夜暗截缆索，漂沈其巡船及三板数只等。②

直隶总督讷尔经额稽查到口商船。③

两江总督牛鉴奏陈，英军嚣张，与前不同，仰求怀柔，与民休息。④

初三日庚辰（7 月 10 日）

据奏察哈尔马队官兵到津，拟分五六营。拨兵一千五百名作为大沽迤南南路后劲，余兵五百名于大沽北岸分驻二百五十名，北塘北岸分驻二百五十名，均在现设营盘之后。吉林、黑龙江兵二千名内各酌拨兵五百名，即于丰润县属之李八廒等处屯驻。⑤

钦差大臣耆英奏报，英船逼近江口，齐慎带兵赴镇江。⑥

初六日癸未（7 月 13 日）

金州、复州二处海口，已将原设大小炮位撤归后路适中扼要之所安置。⑦

---

① 《清实录·宣宗成皇帝实录》卷三七四。

② 《清实录·宣宗成皇帝实录》卷三七四。

③ 中国第一历史档案馆：《鸦片战争档案史料》第 5 册，天津古籍出版社 1992 年版，第 585 页。

④ 中国第一历史档案馆：《鸦片战争档案史料》第 5 册，天津古籍出版社 1992 年版，第 586~589 页。

⑤ 《清实录·宣宗成皇帝实录》卷三七四。

⑥ 中国第一历史档案馆：《鸦片战争档案史料》第 5 册，天津古籍出版社 1992 年版，第 597~599 页。

⑦ 《清实录·宣宗成皇帝实录》卷三七四。

初七日甲申（7月14日）

命署乍浦副都统伊里布回任；钦差大臣广州将军耆英留江苏，会同两江总督牛鉴等商办防剿事宜。

现在浙省征兵，尚有九千三百余名，分扎防守省城要隘及七堡、海宁、尖山、沥海所、平湖、嘉兴、绍兴等处。

两江总督牛鉴奏陈："逆夷情形日肆鸱张，从古制夷之道，不外羁縻。请仿照乾隆年间征缅罢兵，仍许朝贡事，准予通商。"得旨："中伊里布之害不浅矣，曷胜愤懑。"又批："朕之用兵，实出于万不得已。若将征缅之事比拟，事不相类，拟甚不伦，想卿必为伊里布簧惑矣，朕愈加忧愤。倘将士有所窥伺，稍有解体，将成瓦解，可设想耶。总因朕无知人之明，自恨自愧。"①

英船闯入江口，已过江阴之鹅鼻嘴。②

初八日乙酉（7月15日）

广州将军耆英呈递英人在宝山张贴的请求通商之告示，道光帝阅后谕军机大臣："英人如果真心求和，于通商而外，别无妄求，朕岂不思保全沿海生灵，聊为羁縻外人之术。着耆英即作为己意"，回复英人，如能将沿海船只全数退回广东，则必请旨允和。"耆英得有复信，即着据实密奏，断不准走漏消息，致懈军心。倘英人执迷不悟，妄肆要求，出于情理之外，朕亦惟有一面防堵，一面攻剿而已。"③

清廷着钦差大臣耆英派陈志刚私下劝英人议和。④

初九日丙戌（7月16日）

牛鉴奏报逆船闯入江阴县境。据奏夷船五六十只驶近福山，其火轮船二只已乘潮驶过江阴之鹅鼻嘴，大小逆船均在江中寄碇，等候探水。⑤

---

① 《清实录·宣宗成皇帝实录》卷三七四。

② 中国第一历史档案馆：《鸦片战争档案史料》第 5 册，天津古籍出版社 1992 年版，第 610~611 页。

③ 《清实录·宣宗成皇帝实录》卷三七四。

④ 中国第一历史档案馆：《鸦片战争档案史料》第 5 册，天津古籍出版社 1992 年版，第 623~625 页。

⑤ 《清实录·宣宗成皇帝实录》卷三七四。

清廷着钦差大臣耆英等用火攻船，截剿入江英船，并填塞要害，及团练义勇。①

十一日戊子(7 月 18 日)

乍浦满洲营官兵，除阵亡外，现存一千余员名，着准其统归嘉兴暂行驻扎，以资防守。该官兵等眷属家口，即令随往郡城驻防，俾令兼顾家计，仍着该署将军派委妥员，前往弹压照料。

察哈尔官兵已于本月初九日到津，拟拨大沽北塘五百名，其一千五百名，仍在新城一带驻牧。②

英船停泊焦山，京口、江宁危急。③

十二日己丑(7 月 19 日)

齐慎奏报，初七日逆夷火轮兵船已过圌山关，距京口数十里。该大臣仅止带兵七百名，现已资会刘允孝将所带官兵一千名截留协防。④

十三日庚寅(7 月 20 日)

接耆英奏报，自六月初三日，英船自江阴段扬子江面，绕过鹅鼻嘴，向上游行驶，至六月初五日，已有三十六只闯到京口地方。⑤

留泊粤洋夷船，仍有十九只。⑥

十四日辛卯(7 月 21 日)

道光帝晓谕：英人船坚炮利，内地师船不能相敌，"是以朕屡降谕旨，饬令将

---

① 中国第一历史档案馆：《鸦片战争档案史料》第 5 册，天津古籍出版社 1992 年版，第 629 页。

② 《清实录·宣宗成皇帝实录》卷三七五。

③ 中国第一历史档案馆：《鸦片战争档案史料》第 5 册，天津古籍出版社 1992 年版，第 648~649 页。

④ 《清实录·宣宗成皇帝实录》卷三七五。

⑤ 《筹办夷务始末(道光朝)》第 4 册，中华书局 1964 年版，第 2087 页。

⑥ 中国第一历史档案馆：《鸦片战争档案史料》第 5 册，天津古籍出版社 1992 年版，第 669~670 页。

军督抚但为陆守之计，勿与海上交锋。两载以来，迄无成效。推原其故，由于无巨舰水师与之接战。其来不可拒，而其去不能追，故一切夹攻、埋伏、抄前、袭后之法皆不能用，以致沿海州县屡经失挫，七省边防，劳师糜饷"。若福建、浙江、广东等省能够制造大号战船，多安炮位，设有如定海、镇海、厦门之事，我陆兵战于前，水师战于后，英人将无所逃命。"着福建、广东各督抚，浙江、各就本省情形，详加筹画，密为办理。"各地如有捐资建造战船者，照海疆捐输人员例，从优鼓励。又《清实录·宣宗成皇帝实录》卷三七五载："有人奏，破夷之法先破其船，用巨木捆搏有力，上置引火各物，下系石块，不致漂灠，安置上游。夷船入口，便将捆缚巨木顺流放下，使之借助水力，急湍激发，冲击逆船，便可破碎。又于木端用各种铁钩，钩住船板，不能立脱。传闻海外之国，曾以此法破英夷。此次逆船，若由江入河，着麟庆即择急流处所，仿照前说，制造巨木，或整或散，顺势直放，如果试验得力，即着购木赶办，俟逆船驶入，即以此法破之。"

是日，英军进攻镇江，守军坚决抵抗，城陷，副都统海龄殉难。

盛京将军禧恩奏陈，英人纠集天竺、佛喃、吕宋等人，请饬令广东商人设法离间。①

十五日壬辰(7 月 22 日)

常恒昌奏报，浙江洋面有盗船在石浦地方登岸抢掠，玉环厅及太平县等处亦有盗匪滋扰，石浦凶焰尤甚。业经该提督段永福派员带兵驰往剿捕，并派舟师在洋截击，石浦、太平盗匪均经击退，玉环厅格毙盗匪一名，捡获一名，惟乐清县洋面仍据报有盗船游奕。

据德珠布奏称，逆船闯入圌山关，被兵炮击退，现仍聚泊焦山，恐欲内犯江宁省城。

蠲缓浙江定海、鄞、镇海、余姚、慈溪、奉化、象山、平湖、海盐、海宁、嘉兴、秀水十二州县被夷滋扰灾区新旧额赋有差。②

闽浙总督怡良奏报台湾情形，鼓浪屿及闽洋经过南北驶夷船只数。③

---

① 中国第一历史档案馆：《鸦片战争档案史料》第 5 册，天津古籍出版社 1992 年版，第 682~683 页。
② 《筹办夷务始末(道光朝)》第 4 册，中华书局 1964 年版，第 2087 页。
③ 中国第一历史档案馆：《鸦片战争档案史料》第 5 册，天津古籍出版社 1992 年版，第 686~689 页。

十七日甲午(7 月 24 日)

牛鉴在常州府寄贮浙江军需内提银二十万两，解赴江宁。又提银四万两，分贮镇江、江阴两处。

以捐资雇募义勇制造炮车，赏江苏外委庞联奎蓝翎。①

十八日乙未(7 月 25 日)

得报，六月初八日以来，京口驻防官兵连日与英军接仗。至十三日，英船已闯过京口，直达瓜州河口。②

据德珠布将常镇道周顼原禀钞录呈览，内称镇江于初八日闭城，城上开放枪炮，击杀平民，指为汉奸。又在城内搜索汉奸，每日约杀十余人，颇有冤枉，以致城内汉人，近城傍晚不得行走。③

十九日丙申(7 月 26 日)

得英军于六月十四日围攻镇江府城，江宁、扬州危急讯，命耆英、伊里布与英军再商戢兵之事。就英军从前提出之戢兵条件：一、给还烟价、战费；二、中英官员间用平行礼；三、给滨海地作贸易场所。道光帝谕示曰："广东给过银两，烟价碍难再议。战费彼此均有，不能议给。其平行礼，可以通融。贸易之所，前已谕知耆英，将香港地方暂行赏借，并许以闽浙沿海暂准通市。"④

二十日丁酉(7 月 27 日)

得知镇江失守，道光帝令耆英、伊里布"便宜行事"，"设法羁縻"。命四川、湖广广购木料，雇觅工匠，加紧制造战船，将来运往闽、粤、江、浙等省使用。《清实录·宣宗成皇帝实录》卷三七五载："逆夷两载以来，流毒闽粤江浙，近复由海入江，扰及京口，总缘各该省武备废驰，水师战船有名无实，以致沿海郡县屡遭失挫。因思逆夷所恃，惟有船坚炮利。设我沿海各省，亦有大小战船，可以多安炮

---

① 《清实录·宣宗成皇帝实录》卷三七五。
② 《筹办夷务始末(道光朝)》第 4 册，中华书局 1964 年版，第 2117 页。
③ 《清实录·宣宗成皇帝实录》卷三七五。
④ 《筹办夷务始末(道光朝)》第 4 册，中华书局 1964 年版，第 2127 页。

位，一闻夷警，各处应援，主客之势既殊，劳逸之形迥异。彼以孤军深入，我可首尾夹攻。且跨海远来，后无所继。我能制其死命，逆必不敢跳梁。惟广东、福建、浙江、江苏现在用兵，无暇办理。况制造大船，必资巨木。四川、湖广向系产木之区，着宝兴、裕泰广购木料，雇觅工匠，约计每年可得船若干只。如何驶往闽粤江浙等省，妥议章程，先行具奏。"

廿三日庚子（7 月 30 日）

清廷晓谕：现在英逆攻陷镇江，江北一带，防守紧要，着托浑布、麟魁迅速于兖州、曹州两镇内挑选精兵，或一千名，或数百名，并选精良器械，多备抬枪抬炮，迅赴清江浦。①

两江总督牛鉴奏报，筹防省城重地情形，并自撰照会致璞鼎查。英军来书，挟制索银。②

廿六日癸卯（8 月 2 日）

据报初十日逆船停泊瓜洲，炮伤官兵。十二日逆船在由闸关横阻河道，并有匪徒抢搬军库。道光帝晓谕：扬州距瓜洲四十里，且为江北藩篱，必须竭力保守。着宝兴、富呢扬阿于四川、陕甘省各挑选精兵一千名，豫备调拨。③

廿七日甲辰（8 月 3 日）

道光帝晓谕："朕闻江广盐船最为坚固，于江路素称熟习，多在武昌一带停泊，并向有随铜船行走。豫备入江捞铜之人，号为'水摸'，能于江底潜伏半日。因思逆夷现在由海入江，肆意猖獗，总缘江防废弛，水师战船有名无实，以致逆船横行，不能堵截。若果有坚实江船，并募练熟习水性之人驾驶得法，于沿江一带，或合力迎击，或分路夹攻，当可制其死命。江南现有逆船滋扰，无暇办理。着裕泰于武昌停泊各船内，酌量豫雇坚致盐船，并救生红船三五百只，即于'水摸'中挑募水性最熟之人，或千名或数百名，认真练习水战，随时探明。安徽、江苏如有逆

---

① 《清实录·宣宗成皇帝实录》卷三七六。

② 中国第一历史档案馆：《鸦片战争档案史料》第 5 册，天津古籍出版社 1992 年版，第 768～770 页。

③ 《清实录·宣宗成皇帝实录》卷三七六。

船闯入，即派委妥弁迅将此项船只顺流而下，当可大挫其锋。"①

廿八日乙巳(8 月 4 日)

道光帝晓谕："朕思广东两年有余办理夷务，剿抚均不得手，总缘该省文武员弁，不得其人，以致逆夷鸱张，一筹莫展。若沿海守令营弁，平时能得兵民之心，一旦有警，以之御侮，则奋勇争先；以之守卫，则群情固结；以之诘奸戢暴，则兵民相助，众志成城。总在该督抚等平日留心人材，因地器使，俾得久于其任，各展所长，不但于海疆吏治营务日有起色，且可磨励人材，豫储大器。特恐为资格所限，不能及时自效，当此需才孔亟之时，允宜破格用人，以资激劝。"

奕山等奏查明经费银两数目，并筹办夷务情形。据称接奉谕旨，通盘筹画，现在仅留各省征兵一千六百余名，本省防兵二千六百余名，水陆壮勇共一万七千一百余名。兵勇两项月需经费约七万余两，连各项费用，合计不致逾十万两之数。②

两江总督牛鉴奏报，与璞鼎查往返行文，酌办罢兵情形。③

钦差大臣耆英奏报，派员赍送照会，酌办议和事宜。④

廿九丙午(8 月 5 日)

据齐慎奏报，逆夷于二十二日由镇江北门退出回船，仍留二千余人在城，其船可能开向仪征、三江口一带停泊。⑤

七月初一日丁未(8 月 6 日)

前经耆英筹议，派令水师雇船四十只游奕洋面，藉名捕鱼，专探夷人虚实，为乘夜攻剿之计。旋经禧恩启奏，所雇船驾驶不稳，无济于用，业经撤散。惟是该处海面辽阔，炮力不足以远及，又无船只为进攻之具，万一逆船驶至，必将据为巢穴。若于此处屯扎重兵，安设炮位，恐战、守均难得力。清廷指示：防线后移，其

① 《清实录·宣宗成皇帝实录》卷三七六。
② 《清实录·宣宗成皇帝实录》卷三七六。
③ 中国第一历史档案馆：《鸦片战争档案史料》第 5 册，天津古籍出版社 1992 年版，第 813~814 页。
④ 中国第一历史档案馆：《鸦片战争档案史料》第 5 册，天津古籍出版社 1992 年版，第 816~817 页。
⑤ 《清实录·宣宗成皇帝实录》卷三七六。

沿海居民及海中各岛民人，尽可劝其内徙。①

初二日戊申（8月7日）

所有江、浙两省被兵州县，除定海、鄞县、镇海三厅县本年钱粮业经有旨豁免外，其被兵各州县本年钱粮漕米，均着加恩悉予豁免。②

清廷着两江总督牛鉴照会英人，已由耆英奉旨专办议和。③

初三日己酉（8月8日）

御史孙起端奏，称粮船水手人等编入行伍，按名给饷，可为纪律之师。道光帝晓谕：此等乌合之众，平时既未练习，安能望其深明纪律。即使乘时励用，事平之后，人数甚多，又将作何安置，且恐愈滋流弊，所奏着毋庸议。并谕令挑选河南精兵一千名，备带军火器械，迅赴清江浦。咨会湖北督抚先行豫备精兵一千名，以备咨调。④

初四日庚戌（8月9日）

法国军舰"埃里戈纳"号舰长则济勒乘小船驶进黄浦江，在上海城外会见上海道台巫宜禊，并请代为雇觅民船，前往南京。巫宜禊告以不能擅为代雇民船，则济勒驶回。⑤

初五日辛亥（8月10日）

耆英奏报，逆船西驶，渐至浦口、仪征。

怡良等奏报，嘉义之树苓湖外，夷船勾结草乌匪船，在口外窥伺，经代理县易金杓等督兵开炮，击破草乌船二只，夷船开驶北去。续有草乌船八只，在树苓湖外，亦经千总李瑞麟等出洋围捕，击沈三只，生捦匪犯林山一名，捞获夷人盔帽乌

---

① 《清实录·宣宗成皇帝实录》卷三七七。
② 《清实录·宣宗成皇帝实录》卷三七七。
③ 中国第一历史档案馆：《鸦片战争档案史料》第6册，天津古籍出版社1992年版，第9页。
④ 《清实录·宣宗成皇帝实录》卷三七七。
⑤ 第一历史档案馆编：《鸦片战争档案史料》第5册，天津古籍出版社1992年版，第128页；汤志钧：《近代上海大事记》，上海辞书出版社1989年版，第12页。

枪，现在探报该处并无夷船驶入。其鼓浪屿夷船，现在仍留七只。①

清廷着两广总督耆英于英人交还定海时，与之要约，不得再在定海停泊船只。②

道光帝谕令：安徽、江西、湖北各督抚筹备火攻。

初六日壬子(8 月 11 日)

齐慎奏报，黉夜摸桩，击杀逆夷多名。据奏六月二十七夜，随营从九品郭藩会同县丞齐在镕等，带领精兵，潜入镇江府城，分伏暗袭，击毙骑马夷目一名。刀砍棒击，伤毙逆夷不计其数。侦探逆夷较场点人，连前共打毙八百余名。现在京口夷船，尚有二十二只。

据德珠布奏，六月二十九日，将京口失守情形具折由驿驰递。是日，据上元县知县吴廷献禀报，驿卒行至北河口江面，被逆夷将人船抢去，复行缮折，绕道由安徽驰奏。清廷指示：嗣后该省驰递奏折，务当小心防范。其必应绕道、改道行走者，即饬属早为筹度，妥速酌办，毋致再有疏虞。③

初七日癸卯(8 月 12 日)

据奏瓜洲江边停泊三桅夷船二只，仪征沙漫洲、礼祀洲、老河影各泊火轮船一只，其金、焦两山，上下共泊夷船六十余只，瓜洲口及仪征洲上各有大船三只。④

初八日甲寅(8 月 13 日)

接两江总督牛鉴奏，六月二十八日，英船四十余只驶至草鞋峡寄碇，省垣江宁危急。现已派人往英船，"告以现奉谕旨，准与通商，已钦派耆英、伊里布专办此事"。道光帝谕令耆英、伊里布："仍遵前旨，设法羁縻，迅速将此事了结，一切不为遥控。""惟既经商议，必应斩钉截铁，事事皆当着实，毋得稍留罅隙，将就目前。"⑤

---

①　《清实录·宣宗成皇帝实录》卷三七七。

②　中国第一历史档案馆：《鸦片战争档案史料》第 6 册，天津古籍出版社 1992 年版，第 24~25 页。

③　《清实录·宣宗成皇帝实录》卷三七七。

④　《清实录·宣宗成皇帝实录》卷三七七。

⑤　《筹办夷务始末(道光朝)》第 5 册，中华书局 1964 年版，第 2241 页。

因本年江、浙两省沿海州县钱粮漕米，业经量予豁免，正供既不符定额，所有仓廪军储，不可不豫为筹备。而盛京地方，产谷极多，或可采买高粱谷石，由每岁运豆海船，运至天津海口以资储备。清廷指示禧恩体察情形，妥议具奏。①

钦差大臣耆英奏报，夷船大帮聚集江面，欲进攻省城，正设法羁縻并筹防堵。另派张禧往英船议事。②

十一日丁巳(8月16日)

齐慎奏报，逆夷每日将城砖拆毁，并将大码头木料，强拉百姓运至北教场，声言以作盖房之用。北固山上，插有红旗，其大帮船只多已驶至江宁。

江苏巡抚程矞采奏报，法人递书求见。③

扬威将军奕经呈报英人军械单。④

十二日戊午(8月17日)

接耆英等奏，称七月初七日，英军送来议和条款：一、赔款洋钱二千一百万元，本年先交六百万元，其余分年带交；二、以香港为码头，并准往广州、福州、厦门、宁波、上海等处贸易；三、与中国官员用平行礼。初八日，英船忽换红旗，声称次早开炮攻城。其现于江面集结兵船八十余只，势难阻挡。遂即照会，准备照英方所提各条款商谈，罢兵媾和。道光帝览奏，准耆英等照此条款谈判，并谕："惟所称本年先交洋钱六百万元，从何措给？香港准其赏借，厦门、宁波、上海等处亦准其贸易，但只许来往通商，不准久住，据为巢穴。其福州一处，内地系属陆路，且山径丛杂，商旅不便，闽省既有厦门通市，自不得复求福州。着耆英等再行商酌，将福州一处撤去，即万不得已，或于闽省泉州附近，酌与通商，均着妥行议定。"⑤

耆英请求为所议条款钤盖御宝。⑥

---

① 《清实录·宣宗成皇帝实录》卷三七七。

② 中国第一历史档案馆：《鸦片战争档案史料》第6册，天津古籍出版社1992年版，第50~53页。

③ 中国第一历史档案馆：《鸦片战争档案史料》第6册，天津古籍出版社1992年版，第65~66页。

④ 中国第一历史档案馆：《鸦片战争档案史料》第6册，天津古籍出版社1992年版，第67~68页。

⑤ 《筹办夷务始末(道光朝)》第5册，中华书局1964年版，第2261页。

⑥ 中国第一历史档案馆：《鸦片战争档案史料》第6册，天津古籍出版社1992年版，第74~76页。

浙江巡抚刘韵珂奏报，浙省骤难捐造大号战船。①

十三日己未(8 月 18 日)

钦差大臣广州将军耆英等奏报："英夷大小兵船八十余只，陆续驶入草鞋峡江面，当将允准通商之处，专弁前往告知。该逆酋叠次覆文，总称臣等无权，不能作主。忽于初五日，向差往之弁张攀龙声称初六日欲行开仗，当拣派太仓州知州徐家槐、外委陈志刚及张禧发给照会，推诚布公，复加开导。该员弁驰至江边，见该夷各船张挂红旗，车皆驾炮，人尽执枪，纷纷上岸，排列阵式，候时前进。该员弁等将照会付给，众夷目公商良久，始鸣炮传令，撤落红旗，夷兵次序回船。逆酋吗礼逊等向告英吉利与中国通商，岂敢无故得罪中国之人。兵战连年，实出于不得已。现蒙准与通商，情愿听候商议。"清廷指示严加防备，不可轻信。又奏"初七日，据该夷将请求各款，开列清单，交委员塔芬布等携回，公同阅看，系索讨洋钱及贸易马头等款。并据称若能如所请，不敢再启兵端。不如所请，即行开仗，并往别省滋扰等语。正在酌议，讵料初八日，该夷闻有调兵防剿之信，忽换红旗，定于次早开炮攻城。……不若姑允所请，以保大局。现已照会该夷，即照所议，速为商定。"②

清廷着钦差大臣耆英严拒英人对福州通商之请求，并切实议定英国撤兵等事。③

十四日庚申(8 月 19 日)

两江总督牛鉴奏报，法兰西兵船一只泊近吴淞口外，夷目则济勒乘坐三板，驶赴江宁，声称为英吉利国劝和息兵。④

署山东巡抚麟魁奏陈，山东河防重于海防。⑤

---

①　中国第一历史档案馆：《鸦片战争档案史料》第 6 册，天津古籍出版社 1992 年版，第 78～79 页。

②　《清实录·宣宗成皇帝实录》卷三七七。

③　中国第一历史档案馆：《鸦片战争档案史料》第 6 册，天津古籍出版社 1992 年版，第 85～86 页。

④　中国第一历史档案馆：《鸦片战争档案史料》第 6 册，天津古籍出版社 1992 年版，第 86～88 页。

⑤　中国第一历史档案馆：《鸦片战争档案史料》第 6 册，天津古籍出版社 1992 年版，第 89～91 页。

十五日辛酉(8月20日)

应英全权代表璞鼎查邀请，耆英、伊里布、牛鉴出南京城，登英国三桅兵船，与之进行和谈。

清廷晓谕："沿海向备战船原以为巡哨御侮之需，近来各省多半废弛，不能适用，是以海氛不靖，御寇无资。广东为沿海首要之区，必应先行整顿。前经降旨谕令该省制造大号战船，自必早为筹画，妥密办理。惟此项战船，无论大小，总以坚固适用为主，并能于中间安设炮位。若仅依向来水师战船修造，仍属有名无实。着该将军(奕山)等极力讲求，雇觅工匠，迅将各项大小战船赶紧制造。"

抚恤琉球国遭风难夷如例。①

十六日壬戌(8月21日)

令奕山等购备坚实木料，加紧赶造炮船，"其该省洋商内如有深悉造船之法，及力能设法购买洋船者，并着文丰留心访察，加以激劝"②。

吏部奏定捐输海疆章程，如士民捐银三百两，给予八品顶戴，一万二千两给予道员职衔。③

十七日癸亥(8月22日)

是日接耆英等"连日与英人会议，粗定条约"一折。道光皇帝阅后，示谕军机大臣等："览奏忿恨之至。朕因亿万生灵所系，实关天下大局，故虽愤闷莫释，不得不勉允所请。"然所商各条款内，尚有应筹酌之处。前请之通商贸易五处，除福州外，其广州、厦门、宁波、上海四处，均准其来往贸易，不得占据久住。至索还商欠一节，该国与内地通商，货物交易，银钱往来，俱系自行经理，我国官员向不过问，亦非地方官所能经理。嗣后各处通商，仍照旧章办理，毋庸更改。其各省贸易，英人自纳税银，由副领事亲赴海关交纳，不经行商之手一节，有无窒碍，仍着该大臣等妥议具奏。"

达洪阿等奏二次生擒逆夷，提讯供词，究出通夷奸民，立时拿获，并进呈夷书

---

① 《清实录·宣宗成皇帝实录》卷三七七。

② 《清实录·宣宗成皇帝实录》卷三七八。

③ 中国第一历史档案馆：《鸦片战争档案史料》第6册，天津古籍出版社1992年版，第102~103页。

图样。清廷指示：逆夷供后如尚有未经正法者，着暂行拘禁，听候谕旨。至奸民黄舟等甘心从逆，导引为奸，必应尽法惩办。所有未获之陈恶一犯，仍着上紧查拿，务获究办，以净根株。①

十八日甲子(8 月 23 日)

是日，法国军舰"费弗拉梯"号，由舰长巴日率领，驶抵吴淞口。二十五日，巴日乘船到江海关，晤上海道台巫宜禩、署提督右营游击封耀祖、署上海知县秋家丞，要求代为雇船，前往南京。巫宜禩告以法舰"埃里戈纳"号舰长则济勒已经前往，无庸再去。二十六日，巴日等上船，抢拉沙船一只，前赴南京。②

十九日乙丑(8 月 24 日)

耆英于南京城外静海寺与璞鼎查会谈。又定将于二十一日，在南京城内，继续与璞鼎查会谈。③

浙江定海洋面仍有夷船停泊，计数总在二十只内外。④

廿一日丁卯(8 月 26 日)

麟魁奏详查海防情形。据称登州北面水城，距岸十二里外，水深约十余丈，两岸沙堤，尚堪捍卫。蓬莱阁形势较高，现又添置棉被千条，豫备挡护，并为盖护火药库房之用。该夷大船不能贴岸，桅上之炮，即能轰入，亦属摧坚无力。其可以扑岸之处，临时究濠设阱，足以堵御马车马炮。⑤

江苏丹阳民人房宝善呈递《平夷指掌》，提出收服汉奸、制夷炮、断逆夷归路三条。⑥

①　《清实录·宣宗成皇帝实录》卷三七八。

②　王铁崖：《中外旧约章汇编》第 1 册，生活·读书·新知三联书店 1957 年版，第 40~50 页；汤志钧：《近代上海大事记》，上海辞书出版社 1989 年版，第 12 页。

③　《清实录·宣宗成皇帝实录》卷三七八。

④　中国第一历史档案馆：《鸦片战争档案史料》第 6 册，天津古籍出版社 1992 年版，第 127~128 页。

⑤　《清实录·宣宗成皇帝实录》卷三七八。

⑥　中国第一历史档案馆：《鸦片战争档案史料》第 6 册，天津古籍出版社 1992 年版，第 134~135 页。

钦差大臣耆英奏报酌办议和情形。①

参赞大臣齐慎奏呈英船宽广丈尺，并装载兵炮数目清单。②

廿二日戊辰（8月27日）

禧恩奏报查明旅顺口情形。旅顺口水势平浅，其岸上皆系荒山旷野，且形如釜底，无险可守，逆夷不能据为巢穴。其安炮练兵设伏，以及晓谕岛民内徙，严断接济各情，亦经早饬料理。

又有人奏近得一书，名《演炮图说》，系丁拱辰所著。此人曾在广东铸炮，演试有准，亦晓配合火药之法。清廷着奕山等查明是否实有丁拱辰其人。

刘韵珂奏报，浙省产木多系松杉，坚大木料非贩自川楚，即来于福建。现在洋面江面，均有逆船梗阻，无从贩运。浙省临海各处，又无僻静处所，请俟夷务稍平，路通民归，再行筹办。

从前署巡抚卞士云请，修浙江东、西两塘坍损各工。③

四川总督宝兴奏，川省制造海洋战船不能驶达大江，现在委员采购战船木料。④

廿三日己巳（8月28日）

但明伦奏收复瓜洲，夷船退出江口。⑤

廿四日庚午（8月29日）

耆英、伊里布、牛鉴等登上南京下关江面上的英国军舰，与璞鼎查签订了中英《江宁条约》，即《南京条约》。

八天后，道光帝接到耆英关于此事之奏报，内称：已与英国签订议和条约。七月二十一日，璞鼎查及随从官员九人至南京城呈送和约条款。二十四日，双方再次晤面，商定各款，钤盖图印，并议定，俟英船退出长江后，于条约上钤盖皇帝御

---

① 中国第一历史档案馆：《鸦片战争档案史料》第 6 册，天津古籍出版社 1992 年版，第 136~138 页。

② 中国第一历史档案馆：《鸦片战争档案史料》第 6 册，天津古籍出版社 1992 年版，第 140 页。

③ 《清实录·宣宗成皇帝实录》卷三七八。

④ 中国第一历史档案馆：《鸦片战争档案史料》第 6 册，天津古籍出版社 1992 年版，第 147~148 页。

⑤ 《清实录·宣宗成皇帝实录》卷三七八。

宝。和约计为十三款，主要内容为：华英人民，彼此友睦，"各住他国者，必受该国保佑，身家全安"；开放广州、福州、厦门、宁波、上海等五处港口通商贸易，英国派设领事等官住该五处城邑，专理商贾事宜；"将香港一岛，给予英国君主暨嗣后世袭主位者，常远主掌，任便立法治理"；赔偿烟价洋钱六百万元；英商与中国商民交易，不再通过"公行"，以往广东行商拖欠英人货款难以清还者，由中国政府赔交洋钱三百万元，作为补偿；赔偿英军费洋钱一千二百万元，其自道光二十一年六月十五日以后，英军在各城内收过银两，于额内按数扣除；以上赔交洋钱二千一百万元，"此时交银六百万元，癸卯年六月间交银三百万元，十二月间交银三百万元，共银六百万元，甲辰年六月间交银二百五十万元，十二月间交银二百五十万元，共银五百万元，乙巳年六月间交银二百万元，十二月间交银二百万元，共银四百万元"，"偿银按期未能交足，则酌定每年每百元应加息五元"；释放被禁之双方军民；英国货物在港按例纳税后，即可由中国商人运销全国，所经过税关，"不得加重税例，只可照估价则例若干，每两加税，不过某分"；和约实行，并将先交之六百万元交清，英国军队即立刻退出江宁、京口等处江面，退还所占据之镇海县之招宝山，并不再阻拦中国各省商贾贸易，惟定海县之舟山岛、厦门厅之鼓浪屿岛，俟洋钱全部交清，五口开放后，驻守之英军始撤出。①

廿六日壬申（8 月 31 日）

钦差大臣耆英奏报英船丈尺构造，及兵丁接仗情形。②
清廷着钦差大臣耆英照所奏各条与英迅速定议，并令英船全数退出大江。③

廿八日甲戌（9 月 2 日）

户部奏为台湾士民准在闽省报捐。④
靖逆将军奕山等奏报天竺等国船只情形，并现筹洋务情形。⑤

---

① 《筹办夷务始末（道光朝）》第 5 册，中华书局 1964 年版，第 2312 页。
② 中国第一历史档案馆：《鸦片战争档案史料》第 6 册，天津古籍出版社 1992 年版，第 162~163 页。
③ 中国第一历史档案馆：《鸦片战争档案史料》第 6 册，天津古籍出版社 1992 年版，第 164~165 页。
④ 中国第一历史档案馆：《鸦片战争档案史料》第 6 册，天津古籍出版社 1992 年版，第 168~169 页。
⑤ 中国第一历史档案馆：《鸦片战争档案史料》第 6 册，天津古籍出版社 1992 年版，第 170~171 页。

三十日丙子(9月4日)

卞士云奏请将粮台报销，先为酌定章程。《清实录·宣宗成皇帝实录》卷三七八载："浙江省自军兴以来，所设粮台，或并或分，或添或撤，其间经手之员不一，将来核办报销，必应各专责成，庶免歧混舛错。所有该省道光二十年六月以后各局台支用银钱，将来军务竣后，核理报销，均着责成经手人员，按照历次奏定章程，分案别类，按例造册详报，由总局汇核，分案请销。"

清廷着钦差大臣耆英再与英人商谈和约有关英商在口贸易，均听其便。①

八月初二日戊寅(9月6日)

道光帝批准《南京条约》。《清实录·宣宗成皇帝实录》卷三七九载："谕军机大臣等，耆英等奏夷务已定、和约钤用关防一折，朕详加披阅，俱着照所议办理。惟尚有须斟酌妥协者，即如该夷赴各该口贸易，无论与何商交易，均听其便一节，须晓谕该夷。一切听汝自便，与地方民人交易，但日久难保民人无拖欠之弊，只准自行清理，地方官概不与闻。其各国被禁人口，自应一律施恩释放，以示格外之仁。将来五处通商之后，其应纳税银，各海关本有一定则例，该夷久在广东，岂有不知。至中国商人在内地贸易，经过关口，自有纳税定例。所称定海之舟山海岛、厦门之鼓浪屿小岛均准其暂住数船，俟各口开关，即着退出，亦不准久为占据。以上各节，着耆英等向该夷反复开导，不厌详细，应添注约内者，必须明白简当，力杜后患。"

初三日己卯(9月7日)

两江总督牛鉴等奏，遵议徐州府属八州县系产硝之区，现在海氛不靖，诚恐奸匪偷漏，已饬属于产硝适中处，设立局厂。凡民间扫取硝斤，均令赴厂秤收，按斤给价，将硝存公备用。查私贩原为图利，今既有利可取，自不致贩私干罪。又例载官员盘获私硝，有免罪、免议及议叙等语，似亦不致规避处分，意存消弭。至采买硝斤，每百斤例给正价津贴，共银七两，应即以此数为定值。其不产硝处所，亦饬

---

① 中国第一历史档案馆：《鸦片战争档案史料》第 6 册，天津古籍出版社 1992 年版，第 184~185 页。

各属严拿私贩过境，倘不肖弁兵得规庇纵，一经查出，并将经过地方官一律参办。从之。①

初四日庚辰（9 月 8 日）

齐慎奏报，据宝山知县禀称，六月二十日，有探差瞭见黑鬼五六人登岸，丈量海塘。又有通事一人上岸，似是广东口音。向居民传说，尚有大帮多只，在定海开行，不日到口，先往镇江、南京，后到天津。该通事姓名籍贯，屡经密访，坚不吐实。其丈量海塘之意，亦不肯说明。②

初七日癸未（9 月 11 日）

定海、镇海洋面现有夷船约二十余只，又平湖之乍浦、宁海之满山，各有夷船一只。③

初八日甲申（9 月 12 日）

程矞采奏镇江等处夷船情形。据奏镇江番舶停泊者，尚有九只。其余刘河、江阴等处，所泊夷船，往来无定。吴淞口外，泊有英夷船二只、法兰西国船二只等。④

十四日庚寅（9 月 18 日）

浙江巡抚刘韵珂覆奏，今逆夷滋事，两浙行盐引地，多被侵扰。且邻私乘机阑入，引目益形停滞，而银价每两易钱一千六七百文，较从前增至十分之五六。商人转运出纳，亏折甚多。若再事增加，则小民必舍官而食私，办理殊多窒碍。此次两浙盐价，应请免其议增，以期疏引敌私，庶于国计民生，较有裨益。从之。

从巡抚刘韵珂请也，修浙江山阴、上虞二县柴石塘工。⑤

---

① 《清实录·宣宗成皇帝实录》卷三七九。
② 《清实录·宣宗成皇帝实录》卷三七九。
③ 中国第一历史档案馆：《鸦片战争档案史料》第 6 册，天津古籍出版社 1992 年版，第 198 页。
④ 《清实录·宣宗成皇帝实录》卷三七九。
⑤ 《清实录·宣宗成皇帝实录》卷三七九。

十六日壬辰（9 月 20 日）

因英夷侵扰海疆，扬商捐现银一百万两。①

钦差大臣耆英奏报，遵旨再与英人详议善后事宜，并立定章程，交付赔款二百余万两。②

二十日丙申（9 月 24 日）

道光帝晓谕耆英，应与英人反复强调，官方不能代英商追讨欠项，止准在五口贸易，不准驶往各处。③

九月初三日戊申（10 月 6 日）

自八月初十日起，英舰开始陆续撤离长江口。至是日，其兵船八十五只已全部退走，驶入大海。另有法国军舰一只，也于初八日驶出鹅鼻嘴，出江入海。④

夷船全数出江，省城调防各兵请撤回归伍。

初四日己酉（10 月 7 日）

耆英等奏江宁停泊夷船均已开驶。据称草鞋夹江面，前留夷船十二只，上月二十八日早，全数开行。其法兰西夷船亦随同驶去。⑤

初五日庚戌（10 月 8 日）

江苏巡抚程矞采奏，夷船全数出江，镇江避难民人，渐次迁回复业。⑥

---

① 中国第一历史档案馆：《鸦片战争档案史料》第 6 册，天津古籍出版社 1992 年版，第 206～208 页。

② 中国第一历史档案馆：《鸦片战争档案史料》第 6 册，天津古籍出版社 1992 年版，第 211～214 页。

③ 《清实录·宣宗成皇帝实录》卷三七九。

④ 《筹办夷务始末（道光朝）》第 5 册，中华书局 1964 年版，第 2346、2375 页。

⑤ 《清实录·宣宗成皇帝实录》卷三八〇。

⑥ 《清实录·宣宗成皇帝实录》卷三八〇。

初七日壬子(10 月 10 日)

山东巡抚托浑布等奏，兖沂等地素多枭贩及掖刀凶匪，此时将届深秋，海上气候较早，寒威渐厉，度夷船未必遽敢北驶，沿海留驻多兵，徒滋糜费，而内地处处兵单，易启匪徒窥伺。拟将前奏明之兖沂等八营官兵，酌核远近，分起撤回，各守要隘，协防匪类。一面密咨兖曹两镇，并责成该管官严密堵御，以期消患未形。从之。①

靖逆将军奕山等奏报现筹造战船情形，并将式样绘图贴说进呈，及查明英船往来情形。②

初八日癸丑(10 月 11 日)

浙抚刘韵珂奏，因英船退出长江，已陆续将所雇民船给还原主，并遣散水手乡勇，贮备大炮、柴草等物，被难民人资遣回籍。其受难最重之乍浦十五村庄，查明户口，抚恤一月口粮。鄞县、镇海两地难民一万九千余口，令遣赴绍兴、金华、衢州、严州等府属各县安插，留居原地者，大口日给钱四十文，小口二十文，以资养赡。③

是日，占据镇海之英军全部登船撤离。

初十日乙卯(10 月 13 日)

以商力困乏，免江苏江海关出入船只税钞一次。④

英船退出招宝山。⑤

定海城外现泊有夷船六十二只，大小不一。⑥

---

①　《清实录·宣宗成皇帝实录》卷三八〇。

②　中国第一历史档案馆:《鸦片战争档案史料》第 6 册，天津古籍出版社 1992 年版，第 284~288 页。

③　《清实录·宣宗成皇帝实录》卷三八〇。

④　《清实录·宣宗成皇帝实录》卷三八〇。

⑤　中国第一历史档案馆:《鸦片战争档案史料》第 6 册，天津古籍出版社 1992 年版，第 296~297 页。

⑥　中国第一历史档案馆:《鸦片战争档案史料》第 6 册，天津古籍出版社 1992 年版，第 297 页。

钦差大臣耆英奏报，英船全数出江入海，并遵旨与英熟商五口通商及追讨商欠，为和约请盖御宝。①

耆英奏请赴粤与英再行妥议税饷，及今后香港民户如有犯案请由尖沙嘴巡检审理。②

台湾镇总兵达洪阿奏报，解送英俘至厦门，并英军官来台投书。③

十三日戊午（10 月 16 日）

以广东外海水师乏员，准两广总督祁埙于陆路将备内保举游击、都司各一员，守备、千总、把总各二员，并带赴外洋，一年期满胜任者，带部引见。其云骑尉、恩骑尉及随营武举有愿改水师者，准随时呈改，照例补用。④

十四日己未（10 月 17 日）

因牛鉴身任两江总督，未能防止英军进犯长江，直逼江宁，致使签订《南京条约》，命即革职拿问，由耆英派员解京，交刑部治罪。江苏巡抚程矞采、江宁将军德珠布亦均有守土之责，程矞采降为三品顶带，革职留任，八年无过，方准开复。德珠布革职留任，六年无过，方准开复。

以钦差大臣广州将军耆英为两江总督，署乍浦副都统伊里布为钦差大臣、广州将军。命江苏按察使黄恩彤、四等侍卫咸龄随伊里布往广州办理税饷及通商事宜。靖逆将军奕山来京供职。道光帝谕："所有办理饷税及一切通商事宜，着耆英通盘筹画，与伊里布详细商酌，务臻妥善，以便伊里布到粤后逐款定议，俾得日久相安，无滋流弊。"⑤

扬威将军奕经奏报，遵旨释放汉奸，并解还英俘。⑥

① 中国第一历史档案馆：《鸦片战争档案史料》第 6 册，天津古籍出版社 1992 年版，第 297~302 页。
② 中国第一历史档案馆：《鸦片战争档案史料》第 6 册，天津古籍出版社 1992 年版，第 302~304 页。
③ 中国第一历史档案馆：《鸦片战争档案史料》第 6 册，天津古籍出版社 1992 年版，第 306~307 页。
④ 《清实录·宣宗成皇帝实录》卷三八〇。
⑤ 《清实录·宣宗成皇帝实录》卷三八〇。
⑥ 中国第一历史档案馆：《鸦片战争档案史料》第 6 册，天津古籍出版社 1992 年版，第 315~316 页。

十五日庚申（10 月 18 日）

清廷晓谕："乍浦官兵空缺，除委署前锋校等缺，仍着照旧递升外，所有空缺甲兵，不敷挑选，准其暂行停止挑补，随后再行酌量筹补足额。如现在再有缺出，准其于小粮内递相挑拨。其阵亡官七缺，未便久悬，着该署将军于各该员弁内随时察看，陆续补放，以归原额而重操防。"以防堵天津出力，赏直隶总督讷尔经额太子太保、道员陆建瀛按察使衔、提督周悦胜等缎匹，并议叙有差。①

十七日壬戌（10 月 20 日）

闽浙总督怡良奏报，英人在厦门投文，请释放台湾俘囚。②

十八日癸亥（10 月 21 日）

命奕经、文尉来京供职，齐慎退回四川提督任，前调各省官兵撤回归伍。③

十九日甲子（10 月 22 日）

湖广总督裕泰奏报，本年夷船闯入大江，仪征盐艘被焚，舵工人等纷纷逃避来楚，负盐四出发卖，并有匪徒刊刷传单、创议减砠之事。现经拿获各犯，饬属分别严审，尽法惩治，以期弊绝引畅。报可。④

扬威将军奕经奏报，英俘十名已经在定海交给英领事，并收有回照。⑤

二十日乙丑（10 月 23 日）

道光帝谕内阁：现在英船已全数退出长江，一切通商章程，善后事宜，均关紧要，"着耆英现授两江总督，所有江苏省通商善后诸务，着会同程矞采、尤渤筹议办

---

① 《清实录·宣宗成皇帝实录》卷三八〇。

② 中国第一历史档案馆：《鸦片战争档案史料》第 6 册，天津古籍出版社 1992 年版，第 321～322 页。

③ 《筹办夷务始末（道光朝）》第 5 册，中华书局 1964 年版，第 2384 页。

④ 《清实录·宣宗成皇帝实录》卷三八一。

⑤ 中国第一历史档案馆：《鸦片战争档案史料》第 6 册，天津古籍出版社 1992 年版，第 326 页。

理。其江北一带善后，并着该督等会同李湘棻筹办"。"所有浙江省通商善后各事，亦着耆英会同刘韵珂、段永福一并妥议。其福建善后事宜，着怡良、刘鸿翔、窦振彪、普陀保悉心筹办。至该省通商章程，仍着怡良等咨商耆英，妥为定议。"①

廿二日丁卯(10月25日)

从巡抚刘韵珂请，修浙江东、西两塘柴埽、盘头各工。②
清廷着两江总督耆英等议奏由海入江要隘之善后章程。③

廿三日戊辰(10月26日)

道光帝命寄谕沿海各将军、副都统、督抚、提镇等："现在英人就抚，准令通商，各海口仍应加意防范。从前所设水师船只，几同具文，且今昔情形不同，必须因地制宜，量为变通。所有战船大小广狭，及船上所列枪炮器械，应增应减，无庸泥守旧制。不拘何项名色，总以制造精良，临时适用为贵。""至临敌之际，炮位兵丁不可排到前面，后路应如何层层接应，或旁抄夹击，出奇设伏，方可制胜。无论陆路水师，其兵丁应如何遴选，技艺勤加训练，方臻纯熟。船上与岸上施放枪炮，各有机宜，应如何分别讲究。沿海大小岛屿，可否另有布置，傥仍视为一概相同，临时安能得力？至江海要隘，如何布置，方可扼要固守。种种善后事宜，着各就地势，悉心讲求，妥议章程具奏。"④
清廷要求沿海各地讨论隘口善后事宜章程。

廿五日庚午(10月28日)

靖逆将军奕山奏准，制造战船一事现拟酌照英军中等兵船式样制造，不拘守部颁旧式，"并将年份例修师船暂停，节费为改造大船之用"。道光帝命天津、山东、江南、福建、浙江督抚，详察各海口何种战船适用。⑤
道光帝晓谕："各省设立驻防兵丁以资防卫，必须遴选技艺，训练精熟，方收

① 《清实录·宣宗成皇帝实录》卷三八一。
② 《清实录·宣宗成皇帝实录》卷三八一。
③ 中国第一历史档案馆：《鸦片战争档案史料》第6册，天津古籍出版社1992年版，第334页。
④ 《清实录·宣宗成皇帝实录》卷三八一。
⑤ 《筹办夷务始末(道光朝)》第5册，中华书局1964年版，第2393页。

御侮之效。广州地方滨近海洋，尤为扼要，现在夷务甫定，仍应加意防范。所有驻防兵丁，着伊里布于到任后会同裕瑞、官文认真校阅，破除积习，裁汰老羸，挑补精锐，总期一兵得一兵之用。至今昔情形不同，有应随时变通之处，尤须详细讲求，豫为办理。从前战船，几同具文，不堪适用。此后船只及枪炮器械等件，应增应减，或须改易制造，总以精良适用为要，万不可拘定旧制，徒劳无益。各处口隘，应如何分别缓急，择要驻扎，亦须详察地势，妥为布置。"①

廿六日辛未（10 月 29 日）

御史雷以诚奏报，据称英夷各国所需中国货物，以茶叶、大黄、湖丝为最。该夷前曾不经牙行，向商购买茶叶，载回尽属假造。请于茶叶、大黄、湖丝出产地方，及经过各关口，聚顿各牙行，实力稽查，酌加税银。现在增给口岸，将来地方如何整顿，兵将如何设备，请饬熟思远虑。清廷指示：该御史所奏陆续加增茶叶、大黄、湖丝税银，以抵所赏该夷之项，所奏不为无见。惟有无苛累及民，能否禁绝走私，并如何整顿口岸、严防要隘之处，着即通盘筹画，悉心妥议，务期操纵在我，足以收利权而杜后患，方为尽善。②

廿九日甲戌（11 月 1 日）

钦差大臣伊里布奏报筹集英军赔款情形。本年赔款六百万元，前议定，洋钱每元折库纹银七钱一分，共应折银四百二十六万两。该项赔款，扬州、上海两地各捐银三十五万五千两，运库拨银五十四万两，部库拨军需五十万两，山东解银十五万两，江苏藩库拨银三十五万两，江安粮道库银十万两，龙江关库银五万两，苏州藩库拨银四十万两，浒墅关库银五万两，浙江藩、运各库银八十万两，安徽藩库银六十万两，以上共计四百二十五万两。所缺一万两，于安徽解到之平余项下凑拨。③

台湾镇总兵达洪阿奏报，歼捡勾引英人之草乌匪船。④

三十日乙亥（11 月 2 日）

马礼逊学堂由澳门迁至香港。该学堂是马礼逊教育会为纪念英国传教士马礼

---

①　《清实录·宣宗成皇帝实录》卷三八一。

②　《清实录·宣宗成皇帝实录》卷三八一。

③　《筹办夷务始末（道光朝）》第 5 册，中华书局 1964 年版，第 2405 页。

④　中国第一历史档案馆：《鸦片战争档案史料》第 6 册，天津古籍出版社 1992 年版，第 366~371 页。

逊，道光十九年九月二十九日（1839 年 11 月 4 日）在澳门创立的一所小学。除教授中文和英文外，还开设了代数等自然科学课程。校长为美国基督徒布朗。第一批学生中有容闳、黄胜、黄宽等六名中国学生。①

闽浙总督怡良等密陈台湾办理英俘情形。②

粤海关监督文丰遵旨晓谕洋商，购买夷船。目前怡和行原商伍敦元购得美利坚夷船一只，价银一万四千四百两；同孚行商人潘绍光购买吕宋夷船一只，价银一万两。③

江南司郎中汤鹏，献海疆善后事宜三十条。④

是月

法国耶稣会神甫南格禄，乘英国军舰抵达上海。不久，葛必达神甫等亦到上海。他们以徐家汇作为耶稣会总部，从事传教活动。⑤

十月初二日丁丑（11 月 4 日）

清廷指示：严查汉奸为夷人递送京报之事，责成沿海各州县，平日留心设法访查，一经访有造作谣言及私行钞录京报之人，即行严究来历并辗转递送实情，从严惩办。⑥

初四日己卯（11 月 6 日）

道光帝晓谕：加强盛京防守。"该处要紧海口及登岸要隘，何处应埋伏炮位若干，何处应两道抄袭对发；其临阵所用之炮，自以轻便为宜，车载人抬，随时听用；惟大小炮位共需若干，方敷调拨；至省城为根本重地，亦应有守城之炮，或铜或铁：总宜宽为豫备，庶临时均可得力。倘有须添造之处，即于盛京陆续选匠监

---

① 陈学恂：《中国近代教育大事记》，上海教育出版社 1981 年版，第 2 页。

② 中国第一历史档案馆：《鸦片战争档案史料》第 6 册，天津古籍出版社 1992 年版，第 376 页。

③ 中国第一历史档案馆：《鸦片战争档案史料》第 6 册，天津古籍出版社 1992 年版，第 377 页。

④ 中国第一历史档案馆：《鸦片战争档案史料》第 6 册，天津古籍出版社 1992 年版，第 378~396 页。

⑤ 顾长声：《传教士与近代中国》，上海人民出版社 1981 年版，第 103 页。

⑥ 《清实录·宣宗成皇帝实录》卷三八二。

制，务期一律精纯。"①

初五日庚辰(11 月 7 日)

从英人所请，准释放台湾所获英军战俘。②

初九日甲申(11 月 11 日)

英使璞鼎查为定海民事讼诉出示公告。③
台湾镇总兵达洪阿等奏报，英船来台，请求释放英俘，并将遭风英人领回厦门。④

初十日乙酉(11 月 12 日)

达洪阿等奏报，厦港洋面有草鸟匪船多只，抢劫商船，并折件概行抢去，不法已极。清廷指示：认真追捕，务期全行弋获，按律惩治，毋任一名漏网，以绝盗踪而靖海洋。

前据怡良等奏，探明台湾嘉义县树苓湖有夷船勾结草鸟匪船，在口外窥伺，经该地方员弁围捕，开炮击沈船只，捡获匪犯。兹据达洪阿等奏，四草湖、树苓湖各口均有草鸟船引导夷船，往来闯驶，经该文武员弁协力堵剿，击沈匪船多只，溺毙贼匪无数，生捡匪犯林山一名。又于淡水厅击破草鸟船只，拿获匪犯陈义等十二名。台湾县复获通夷逃徒萧石一名。清廷晓谕：该匪等纠约夷船，为之向导，乘机行劫，不法已极。凡土盗宵小，暨勾夷汉奸，务要捕诛净尽，以绝后患。⑤

十一日丙戌(11 月 13 日)

以靖逆将军奕山授命广东时期，于英军围困省城之际，既不能主动进剿，当英人占据香港时，又束手无策，致英军复入闽浙江苏肆扰；扬威将军奕经于江浙只知株守一隅，不图收复失城，文蔚但以退守为计，特依顺于乍浦失守时不能救援，齐

---

① 《清实录·宣宗成皇帝实录》卷三八二。
② 《清实录·宣宗成皇帝实录》卷三八二。
③ 中国第一历史档案馆：《鸦片战争档案史料》，第 6 册，天津：天津古籍出版社，1992年，第 431~432 页。
④ 中国第一历史档案馆：《鸦片战争档案史料》，第 6 册，天津：天津古籍出版社，1992年，第 433~436 页。
⑤ 《清实录·宣宗成皇帝实录》卷三八二。

慎带兵赴江苏，不能保守镇江，一并交部严加议处。数日后定罪，奕山、奕经、文蔚均革去职任，定为斩监候，秋后处决。令其现所在之地方督抚锁拿解京，交宗人府、刑部分别监禁。特依顺、齐慎革职留任，八年无过，方准开复。

奕经奏，汉奸被胁从洋，人数众多，请法外施恩。清廷晓谕：此等莠民不得滥行保释，必须详加查核，"其有助英人拒官兵及为向导内应者，即与叛逆无异，天理难容，必应按律惩办。其中情罪较轻者，即不加诛戮，亦应牢固监禁，以杜后患"。如查明实系胁从，方准保释，递回原籍，交地方官严加管束，取具邻保人等甘结，造册查核，并照军流徒犯在配章程，按期查点，毋任逃脱。①

十五日庚寅(11 月 17 日)

减免江苏宝山、上海、丹徒、华亭、娄、奉贤、金山、南汇、青浦、川沙、江阴、靖江、丹阳、太仓、镇洋、长洲、元和、吴、吴江、震泽、常熟、昭文、昆山、新阳、金坛、崇明、嘉定、武进、阳湖、无锡、金匮、宜兴、荆溪、溧阳、太湖三十五厅州县并苏州、太仓、镇海、金山、镇江五卫被兵及邻近庄屯新旧额赋有差。

抚恤朝鲜国遭风难夷如例。②

十六日辛丑(11 月 18 日)

减免浙江慈溪、奉化等十八州县被兵村庄新旧额赋有差，并黄湾、玉泉等十七盐场灶课有差。

抚恤琉球国遭风难夷如例。③

清廷着钦差大臣伊里布即赴粤，与英妥定章程，并着两江总督耆英晓谕英人其所以不赴广东之原因。④

十九日甲午(11 月 21 日)

文丰奏，行商伍敦元购买美利坚洋船一只，潘绍光购买吕宋洋船一只，驾驶灵便。绅士潘仕成造成战船一只。道光帝命拨归水师旗营，交提督吴建勋认真操演，

---

① 《清实录·宣宗成皇帝实录》卷三八二。
② 《清实录·宣宗成皇帝实录》卷三八二。
③ 《清实录·宣宗成皇帝实录》卷三八三。
④ 中国第一历史档案馆：《鸦片战争档案史料》第 6 册，天津古籍出版社 1992 年版，第 471~472 页。

妥为存泊，并令晓谕绅商等再多方购造，以备捍御之用。

祁𡎴奏报，酌留兵勇六千七百余名，分守各炮台要隘，至虎门炮台为省城保障，亟应修复。清廷从之。①

两广总督祁𡎴奏报，美利坚人咖呢投递文信，要求与英吉利夷商一体贸易。②

二十日乙未(11 月 22 日)

从巡抚刘韵珂请也，修浙江仁和、海宁二州县东、西柴石塘工。③

廿一日丙申(11 月 23 日)

御史黄赞汤奏陈，江苏闽浙港口分开，一切客商，势必舍远就近，往福州、上海、宁波等处。江广两省穷民无所藉以谋生，必将聚而为盗，请饬设法防范。④

廿四日己亥(11 月 26 日)

耆英奏夷船全数驶出，江苏洋面肃清。据奏吴淞口外夷船，自九月十四日起至十月初三日止，全数往南驶去。该酋来文，已由该督备文照覆，不致复生异议。⑤

耆英奏报，台湾处决英俘一事不妨明白谕知英使璞鼎查。⑥

廿五日庚子(11 月 27 日)

英国公使璞鼎查为台湾杀英俘一事发布告示。⑦

---

① 《清实录·宣宗成皇帝实录》卷三八三。

② 中国第一历史档案馆：《鸦片战争档案史料》第 6 册，天津古籍出版社 1992 年版，第 483~484 页。

③ 《清实录·宣宗成皇帝实录》卷三八三。

④ 《清实录·宣宗成皇帝实录》卷三八三。

⑤ 《清实录·宣宗成皇帝实录》卷三八三。

⑥ 中国第一历史档案馆：《鸦片战争档案史料》第 6 册，天津古籍出版社 1992 年版，第 504 页。

⑦ 中国第一历史档案馆：《鸦片战争档案史料》第 6 册，天津古籍出版社 1992 年版，第 506~507 页。

十一月初五日己酉（12 月 6 日）

直隶总督讷尔经额奏准，天津大沽设立海防同知一员，作为题缺，稽察入口、出口船只，查验票照，有无夹带违禁货物及兵民强买、盗买、漏税等弊，准理兵民客商词讼，命盗重案仍归县办，照海疆三年俸满本例升转。

清廷要求奉天、山东、直隶三省洋面连为一气、巡查哨探。①

闽浙总督怡良奏报会见英使璞鼎查情形，及厦门形势，请求加强台湾防御。②

初六日庚戌（12 月 7 日）

以天津为京畿藩卫，命添设总兵一员，将伊犁镇总兵裁撤，移置天津。

两江总督耆英奏报，美商至浙贸易，已由宁绍道台鹿泽长谕回广东。③

闽浙总督怡良奏报，台湾运回英俘及遭风英人。④

初十日甲寅（12 月 11 日）

清廷查处宁波失守时溃逃之官兵。⑤

十一日乙卯（12 月 12 日）

接祁埙奏，九月初十日，美利坚国人咖呢呈书，请准许该国商人与英吉利商人一体在华贸易。道光帝命伊里布到粤后，与祁埙商办此事。⑥

丁拱辰所著《演炮图说》，所言火轮船式不适用，清廷着即无庸雇觅夷匠制造，亦无庸购买。⑦

---

① 《清实录·宣宗成皇帝实录》卷三八四。

② 中国第一历史档案馆：《鸦片战争档案史料》第 6 册，天津古籍出版社 1992 年版，第 531~534 页。

③ 中国第一历史档案馆：《鸦片战争档案史料》第 6 册，天津古籍出版社 1992 年版，第 539~540 页。

④ 中国第一历史档案馆：《鸦片战争档案史料》第 6 册，天津古籍出版社 1992 年版，第 541 页。

⑤ 《清实录·宣宗成皇帝实录》卷三八四。

⑥ 《筹办夷务始末（道光朝）》第 5 册，中华书局 1964 年版，第 2471 页。

⑦ 《清实录·宣宗成皇帝实录》卷三八四。

清廷着钦差大臣伊里布等于贸易事宜应循旧章，不可增改，并筹议大黄、茶叶增加税银。①

十四日戊午(12 月 15 日)

耆英奏报，接闽浙函报，九月十六日，淡水厅有遭风夷船一只，救起白夷二十五人。十月初一日，又有夷船到台。该道姚莹传见夷酋，已将五月内将夷俘正法之故，正言晓谕，并将遭风难夷准予领回，复亲至该酋船上，夷目感恩设誓，执礼甚恭。又奏美利坚商船至浙贸易，已令其返回广东。清廷指示：如再发生此类事情，着耆英"告以该国向在广东贸易，由来已久，仍应回至粤省，照旧通商。天朝制度，自有一定，不能少有改变"。②

从巡抚刘韵珂请，修浙江海盐县塘工。③

浙江巡抚刘韵珂奏呈由闽送到之英国照会并告示二纸。④

十七日辛酉(12 月 18 日)

达洪阿等奏报，据称接准怡良等会札，将夷目颠林等提禁释回，护送内渡，并安平洋面有三板进口，递书求见。据探书内索还夷俘及船内银物，经该府谕以夷俘九名现予释放，护送内渡。该夷闻知，尚为恭顺。

给事中杜彦士奏，请饬闽省厦门文武官员照旧驻扎。《清实录·宣宗成皇帝实录》卷三八五载："厦门为海口要地，向来兴泉永道、海防同知、水师提督均系常川驻扎该处，何以近来只有同知顾教忠来往厦署，而该道及提督均改驻同安，不敢到厦？是否因夷船停泊鼓浪屿，心存畏葸，着怡良等确切查明，据实具奏。"

两江总督耆英奏报接准闽浙录送英人照会，并现在办理情形。⑤

二十日甲子(12 月 21 日)

两江总督耆英奏："英吉利控诉台湾镇总兵妄杀遭风难夷，冒功捏奏，虽属一

---

① 中国第一历史档案馆：《鸦片战争档案史料》第 6 册，天津古籍出版社 1992 年版，第 567～568 页。

② 《清实录·宣宗成皇帝实录》卷三八四。

③ 《清实录·宣宗成皇帝实录》卷三八四。

④ 中国第一历史档案馆：《鸦片战争档案史料》第 6 册，天津古籍出版社 1992 年版，第 579～583 页。

⑤ 中国第一历史档案馆：《鸦片战争档案史料》第 6 册，天津古籍出版社 1992 年版，第 599～602 页。

面之词，而事涉外夷，有关体制。如实系妄杀冒功，则该镇咎亦难辞。应请将台湾镇总兵达洪阿解部审办，以期水落石出。"清廷晓谕："此断不可。该夷诡诈百出，勿堕其术中也。即使实有其事，亦当另有处置。"①

广东官员请求将士民援例在粤报捐银两，作为添造大船费用。②

广东居民多次与英人发生摩擦。③

廿一日乙丑（12 月 22 日）

清廷晓谕："据耆英由驿驰奏，英吉利控诉台湾镇总兵冒功妄杀遭风难夷，请旨将该总兵达洪阿解部审办等语。两军交战之时，明攻暗袭，势所必然，加以言语不通，来即拒之，又何能望而知其为难夷，不加诛戮耶？今既通商，不当籍口别生枝节，着耆英再行剀切晓谕。现在台湾于九月间救护遭风白夷二十五人，已于十月中旬由该道姚莹给还。该夷目等悬挂彩旗，迎接该道上船，持酒起誓，感激天朝。总之未定通商以前，两国将备兵民，各有伤损，此时一概前事，各宜置之不论。若因达洪阿守御有功，转加重罪，试思彼国出力大将，岂能因我国一言，遽令废弃乎？傥达洪阿实有贪功妄报情事，将来一经查访明确，自当以中国之例处之，该夷不必遇问。我国伤亡将士甚多，又岂能于事定之后，向该夷一一取偿耶？现在筹议通商，正在吃紧，惟有速定大局，以期干戈永息。如此开导，谅必尽释前疑。"④

廿三日丁卯（12 月 24 日）

以已革两江总督牛鉴身任封圻，办理防堵，半年有余，既不能固守吴淞海口，又不能严守长江，致英船犯及省垣，命照大学士、九卿等议，定为斩监候，秋后处决。⑤

廿四日戊辰（12 月 25 日）

清廷指示：调查美利坚国商船求在宁波报税通商之事。⑥

---

① 《清实录·宣宗成皇帝实录》卷三八五。
② 中国第一历史档案馆：《鸦片战争档案史料》第 6 册，天津古籍出版社 1992 年版，第 631~633 页。
③ 中国第一历史档案馆：《鸦片战争档案史料》第 6 册，天津古籍出版社 1992 年版，第 636~638 页。
④ 《清实录·宣宗成皇帝实录》卷三八五。
⑤ 《清实录·宣宗成皇帝实录》卷三八五。
⑥ 《清实录·宣宗成皇帝实录》卷三八五。

廿六日庚午(12 月 27 日)

两江总督耆英奏报，接准闽浙录送夷目照会，核其文义，俱系商办通商事宜。又示底二纸，即言台湾正法夷人，欲求伸冤之事。虽未露项要求挟制情事，而探闻定海夷船，尚有四十七只之多，迁延未去。总之该夷性疑重利，狡谋亦多，恐有必须亲往商办之处。此时抚局已成，固不可不防其狡诈，尤不可不示以诚信。现已示谕滨海地方，此时筹办善后，系属整顿营伍，并非重起兵端，以期破夷疑而解民惑。否则筑室道谋，恐有剿、抚两无可施之势。①

两江总督耆英奏报，粤省船图于江省均难得力，拟请另造同安梭船。②

廿八日癸酉(12 月 29 日)

清廷指示：禧恩彻查省城与沿海大炮。《清实录·宣宗成皇帝实录》卷三八五载："该处现有大小炮三十四位，着责成派出之枪营汉军官二员，带领弁兵，按期演放，务臻熟练。至沿海各口，着禧恩于明春亲往查阅，何处应设何项炮位，俟有成数。其不敷用之炮，再行奏明请旨。所有上年新铸炮位，着该将军逐加验放，傥有制造未精，不能致远命中者，即勒令承办各员如式赔造，以示罚惩。"

闽浙总督怡良奏呈英人在厦门所张贴之告示。③

十二月初三日丁丑(公元 1843 年 1 月 3 日)

两江总督耆英奏报，美利坚等国必欲在闽浙通商，似可准其一并议定税则。④

初四日戊寅(公元 1843 年 1 月 4 日)

以本年厦门失守事，将福建提督窦振彪革职留任，八年无过，方准开复。⑤

---

① 《清实录·宣宗成皇帝实录》卷三八五。

② 中国第一历史档案馆：《鸦片战争档案史料》第 6 册，天津古籍出版社 1992 年版，第 663~666 页。

③ 中国第一历史档案馆：《鸦片战争档案史料》第 6 册，天津古籍出版社 1992 年版，第 674~677 页。

④ 中国第一历史档案馆：《鸦片战争档案史料》第 6 册，天津古籍出版社 1992 年版，第 684~686 页。

⑤ 《清实录·宣宗成皇帝实录》卷三八六。

初五日己卯(公元 1843 年 1 月 5 日)

达洪阿等奏报,动用道库银两并入防夷案内造报。清廷指示:台湾两年以来,剿办各起逆案,动用道库备贮经费,本应专案报销。据达洪阿等奏,多与防夷事务牵涉,难以分晰造报,着照所请,准其并入防夷案内一体造报。所有各口雇募设守之乡勇水勇人等,准其相度形势,渐次裁撤。①

钦差大臣伊里布奏报,美法要求通商之事,俟到粤后与璞鼎查商妥后再行请旨,并酌加洋货内货税则。②

十一日乙酉(公元 1843 年 1 月 11 日)

清廷晓谕:"吴淞口外为由海入江必经之路,现在水师废弛,不独巡洋未能得力,即江防亦属无备,思之令人寒心。该督(耆英)议将外海内河额设战船实数,并水师各营原有马匹,酌量变通,然后整饬会哨,以冀补牢。着俟履勘各要隘形势,再行通盘筹画,奏明办理。将来制造船只,必须木植坚实,运用灵捷,方能得力。若拘守旧制,名为修理战船,其实无济于用,又复何所裨益。"又谕:"前因夷酋璞鼎查投递照会,诉称台湾镇总兵达洪阿等贪功妄杀遭风难夷,当令怡良渡台查办。兹据耆英奏,询问李廷钰、苏廷玉等,均有夷船遭风漂至台湾,被居民关闭村中。该镇道再三向索,始行交出,迨闻该夷正法,居民等有夷船若来,惟有戕官以图解免之语。计怡良已启程渡台查办,或从兵民暗访,或向官更明查,务得实情,毋稍徇隐。"③

清廷着闽浙总督怡良查明台湾所杀是否为英国难民。④

十二日丙戌(公元 1843 年 1 月 12 日)

耆英等奏,变通水师章程。《清实录·宣宗成皇帝实录》卷三八六载:"水师弁兵,自以讲求驾驶舟楫,辨识风云沙线,熟习大炮乌枪为要务。近来员弁缺出,皆于弓箭兵内考拔,以致弁兵皆习弓马,而于水务枪炮均不练习。若不亟予变通,何

---

① 《清实录·宣宗成皇帝实录》卷三八六。

② 中国第一历史档案馆:《鸦片战争档案史料》第 6 册,天津古籍出版社 1992 年版,第 693~694 页。

③ 《清实录·宣宗成皇帝实录》卷三八六。

④ 中国第一历史档案馆:《鸦片战争档案史料》第 6 册,天津古籍出版社 1992 年版,第 709 页。

以洗积习而收实效。该督奏请嗣后水师营将备员弁，专取水务枪炮，即骑射生疏，亦准录用，并将赴部之员由部阅看鸟枪，如果精熟有准，再准引见之处。着兵部核议具奏，并着妥议简明章程，通行沿海各省，一例照办，以肃军政。"

祁埙奏报，因夷人强买民人食物，致相争闹，是夜夷楼失火被抢，经该地方官弹压救护。清廷指示：细心秉公妥为办理，总当使该夷输服，不至有所籍口，尤不可屈抑士民，使内地民心，因而解体。

耆英奏报，请造同安梭船二只、子船四只试练。贷乍浦驻防修理衙署、兵房俸饷银。①

英船自定海来杭，定海现有英船四十三只。②

十五日己丑（公元1843年1月15日）

直隶总督讷尔经额奏准，将天津新设总兵定名为通永镇总兵，驻芦台，辖北塘、海口、丰润、玉田、采育、三河、宝坻、张湾等营，及通州协、通州协右营、提标山永协，并所属山海、石门二路，蒲河、乐亭二营，共十五协营。于芦台设中、左、右三营，添设游击、都司、守备、千总、把总、外委共十九员，兵一千名。共计通永镇统兵五千四百八十六名，原天津镇总兵管辖兵七千五百零四名。调直隶正定镇总兵官向荣为通永镇总兵官。

命江苏巡抚程矞采来京，以江苏布政使孙善宝为巡抚。③

十七日辛卯（公元1843年1月17日）

厦港及梅林澳现尚有夷船十只。④
浙江巡抚刘韵珂奏报，查勘宁波、镇海地方情形，及筹议造船进程。⑤

廿四日戊戌（公元1843年1月24日）

经军机大臣同三法司议，大学士、九卿、科道等复议，以已革提督余步云在与

---

①　《清实录·宣宗成皇帝实录》卷三八六。
②　中国第一历史档案馆：《鸦片战争档案史料》第6册，天津古籍出版社1992年版，第710~711页。
③　《清实录·宣宗成皇帝实录》卷三八七。
④　《清实录·宣宗成皇帝实录》卷三八七。
⑤　中国第一历史档案馆：《鸦片战争档案史料》第6册，天津古籍出版社1992年版，第736~741页。

英军接仗时，贪生畏死，临敌退缩，依律拟斩，即行处决。得旨依议，派刑部尚书阿勒清阿监刑。①

廿五日己亥（公元 1846 年 1 月 25 日）

调广东巡抚梁宝常为山东巡抚，山东巡抚程矞采为广东巡抚。②
军机大臣穆章阿奏陈所会议之山东海疆善后章程。③
清廷着钦差大臣伊里布于台湾杀俘之事，详细开导英人，务释其疑。④

廿六日庚子（公元 1843 年 1 月 26 日）

以水师战技重在驾舟放炮，令嗣后水师官员赴部引见时，停阅马箭，只考验枪炮。⑤

廿七日辛丑（公元 1843 年 1 月 27 日）

重修《大清一统志》成。御制序曰："我大清之受天命有天下，增式廓而大一统者，于今二百年。洪惟列祖列宗威惠滂流，声名懿铄，幅员之广，教化之洽，地利物华之盛，官方民事之详且备，羲绳轩驾以来，未之有也。圣祖仁皇帝始命纂修《一统志》，世宗宪皇帝重加编辑，至高宗纯皇帝御极之八年，甫获竣事，嗣以天威震叠，开拓西域地二万余里，因于四十有九年续有成书，叠矩重规，经纬翔实。皇考仁宗睿皇帝命史馆重修，未及告蒇。爰洎朕躬，荷神器付托之重，抚兹区宇，祗绎乎体国经野设官分职之大，溯惟我皇祖皇考所以因时顺地，变通斟酌者，日不辍书，使非及时编定，俾旧典有所承，而后事有所起，朕实愧且惧焉。兹全书告成，沿述于开国之初，增辑至嘉庆二十有五年，为卷五百有六十，非务为繁富，以侈示后嗣也。我祖宗以仁义中正治天下，凡所损益，如权衡之于轻重，度量之于长短大小，即一州郡之升降，一官职之分合，一臣一民之予夺彰瘅，无非本单心之宥

---

① 《清实录·宣宗成皇帝实录》卷三八七。
② 《清实录·宣宗成皇帝实录》卷三八七。
③ 中国第一历史档案馆：《鸦片战争档案史料》第 6 册，天津古籍出版社 1992 年版，第 758~764 页。
④ 中国第一历史档案馆：《鸦片战争档案史料》第 6 册，天津古籍出版社 1992 年版，第 765 页。
⑤ 《清实录·宣宗成皇帝实录》卷三八七。

密，垂为律度，布为官礼，除繁存质，扶条就干，始获成书，实阙略是虞，而何繁富之有。稽昔《禹贡·九州》，为后世方志之祖；周祖大司徒以天下土地之图，周知地域广轮之数；《汉书·郡国志》以下，纪载日详；唐宋而还，若《元和郡县志》《元丰九域志》，始专详地理，自为一编，顾政教所及，皆弗克进及于古。惟我朝祖德宗功，上继五帝三王之盛，信乎心法治统，不异地异民而理。揽斯编也，即其迹而道载焉矣。朕惟乾惕震恐，冀迪前光，深知守成之难，不殊于创始，愿与内外百执事，勉固封守而阜兆民。继自今无疆惟休，亦无疆惟恤，续有编录，视此典型，是朕之厚望也夫。"

廿八日壬寅(公元 1843 年 1 月 28 日)

从巡抚刘韵珂请，修浙江东塘。①

是年

福建六品军功顶戴监生丁拱辰，在广州铸炮，并仿造铜制蒸汽机及小火轮模型一只。广东水师提督吴建勋，仿美国兵船制成三桅战船一艘，装炮四十九门，船员三百余人。②

道光二十三年　癸卯　公元 1843 年

正月初八日辛亥(2 月 6 日)

清廷着钦差大臣伊里布等次第筹办通商事宜，并得有台湾确信，即向英人宣谕。③

---

① 《清实录·宣宗成皇帝实录》卷三八七。

② 刘传标：《近代中国船政大事编年与资料选编》第 1 册，九州出版社 2011 年版，第 5~6 页。

③ 中国第一历史档案馆：《鸦片战争档案史料》第 7 册，天津古籍出版社 1992 年版，第 1 页。

初十日癸丑(2月8日)

清廷晓谕：怡良等奏遵议炮架船式，据称接到耆英咨送炮架图四件，并祁埙咨到广东官绅制造船图五件，悉心体察。炮架以五千斤旧式，及仿造夷船内式为合用，拟将择定之式，各制一具，试演妥当，再行如式普律成造，以利军用。其广东船式，或查与福建不宜，或难出大洋驾驶，且不及夷船之坚致灵捷，而需费甚巨，拟请缓办以纾经费。海口制造大船，原为防御起见，既据该督等会同筹议，未能得力，着暂缓办理。惟水师捕盗船只，亦必坚致适用。旧有师船，是否足资配用，万不可有名无实，视同具文。著俟怡良内渡后悉心会筹，妥为制造。至炮火为行军利器，刘鸿翱等务即将择定之式，先行试演。如果施放有准，即广为制备，以资军实。又刘鸿翱另片奏，拟赴泉州驻扎，既可释该夷疑忌，又可控制厦门、漳州，并策应省垣等语，着照所议办理。①

调福建福宁镇总兵官郑宗凯为浙江定海镇总兵官，定海镇总兵官陈述祖为福宁镇总兵官。②

十三日丙辰(2月11日)

定海镇标兵丁尚未归伍，现于宁波、镇海等处分驻，刘韵珂奏请照内洋巡查之例，于名粮外日加口粮银二分，如有赴外洋缉捕者，再添支银一分。其该标额设战船，现均损坏，请暂雇同安钓杠等船，交营配用，所需雇价，于地丁项下支给。至定海县前经奏准改为直隶同知，请照玉环直隶同知之例，定为养廉银二千四百两，在于巡抚、藩司、运司、宁绍台道、宁波府五员名下养廉内匀摊。其现在定海、宁波鄞县署任各员，均请一并准支全廉。着该部议奏，寻奏查该省巡洋兵丁，向系动支生息银两。修造战船，系动支金台米折。兹加给兵丁口粮，暨雇用船价，应令该抚于册造杂款项下酌量动用。其请在地丁项下支给之处，未便准行。至定海直隶同知养廉，请照玉环直隶同知之例，除旧额五百两加给一千九百两，在巡抚等五员养廉内匀摊，应如所奏办理。其署同知各员，支食半廉不敷，应请并支全廉。此系一时权宜，各省署任官不得援以为例。③

刘韵珂奏查勘宁波镇海情形。现在停泊定海夷船，约在三十只以外，并有美利坚、法兰西等国货船，亦复逗留在彼。清廷批示：是英夷虽已就抚，防范不可不

---

① 《清实录·宣宗成皇帝实录》卷三八八。
② 《清实录·宣宗成皇帝实录》卷三八八。
③ 《清实录·宣宗成皇帝实录》卷三八八。

严。该抚所议练兵、造船、设险三事，均系当务之急。惟船只需人驶驾，险隘需人堵守，自当次第办理，此时总当以练兵为第一要义。浙省风气柔弱，武备废弛，必当大加振作，力挽颓风。着耆英、刘韵珂会同特依顺、李廷钰，悉心筹画，认真训练，并妥议章程具奏。其造船一节，李廷钰所拟制造同安梭四十只、八桨船八十只，共配水勇一千六百余名，需费既属不赀，是否得力，亦难悬拟，着即照江省之例，先行制造同安梭二只，八桨船四只，酌雇水勇数十名，先在江海演习，如果驶驾得力，再行奏请制办。至镇海防工，着俟李廷钰到任后，覆加察看，如前建各工外，尚有应行添建之处，着即相度筹办。乍浦等处，着特依顺亲往阅看，一并妥筹，仍着该抚等密筹妥办，毋稍疏漏，毋稍张皇为要。另片奏，夷人求派水手，请往福州、登州等处。登州并无设立码头，夷船不应驶往。未氏碧、得已士，究系何国夷人，其往泊定海之船，已否开去，着刘韵珂确切查明具奏。已革道员鹿泽长，着即饬令回籍。所请暂缓旋回之处，着不准行。①

据刘韵珂奏，"上年十二月初六日，夷船二只，驶泊石浦洋面，有夷目未氏碧、得已士二人，求派水手带至福州及山东登州，当经该厅覆绝"等语，福州系许该夷通商之处，该省鼓浪屿现泊夷船，洋面自所熟悉，何以需人带领，至登州并非该夷应往之处，何得冒昧陈请，清廷认为据奏情形甚属叵测，着伊里布、耆英谕知夷酋璞鼎查，令其妥为约束，毋许任意游奕。至定海本泊有美利坚、法兰西二船，未氏碧等二人，是否英国夷官，抑系美利坚、法兰西人，殊难揣测。惟美利坚、法兰西船只，既与英夷同泊定海，亦必惟该夷酋之言是听。如系该国夷人，着即令璞鼎查谆切晓谕，令其仍回广东听候办理。②

浙江巡抚刘韵珂奏，已革石浦同知舒恭受，前署定海知县，当县城失守之际，实已捐躯，后因被救得苏，出于意外，委非捏饰，请格外加恩，道光晓谕：该革员既以死自誓，曷不同三镇一并捐躯，至今尚腼然于世耶？③

清廷着山东巡抚王笃饬署瞭探，并严防洋船前往登州。④

十六日己未(2 月 14 日)

署福州将军保昌等奏报，正月初二，有火轮船一只，泊进五虎门内熨斗洋面，称定海夷目巴柏架随后驾坐数船，不日到闽探看码头。初九日，巴柏架带三桅三层

① 《清实录·宣宗成皇帝实录》卷三八八。
② 《清实录·宣宗成皇帝实录》卷三八八。
③ 《清实录·宣宗成皇帝实录》卷三八八。
④ 中国第一历史档案馆：《鸦片战争档案史料》第 7 册，天津古籍出版社 1992 年版，第 8 页。

大夷船至鼓浪屿，十四日离开。①

十九日壬戌(2 月 17 日)

定海厅同知王丕显申报，美利坚、法兰西两国船只，连英吉利火轮船一只，均于上年十二月二十五日向南驶去，现定港共泊英夷船二十余只。②

廿五日戊辰(2 月 23 日)

李湘棻奏候选知县马永炽，在广东团练兵勇、修筑炮台，最为得力，请饬前往江省交耆英等差委。清廷晓谕：该员马永炽，已据讷尔经额奏称委赴天津筑打土垒。如现在尚未将炮台兴筑，江苏差遣需人，着即饬知该员马永炽前往江南，交耆英、李湘棻差委。如该员业将炮台如式兴筑，其如何修筑之法，是否坚固，演度是否有效，着讷尔经额详晰具奏。寻奏：马永炽来直，即饬筑三合土小炮台一座，考验坚实，现在炮台已足敷用，似可无庸添建。江省既差遣需人，应即遵旨饬知该员，前往江南听候差委。③

清廷晓谕：耆英等奏江苏省议造同安梭船，改赴闽省造办，现拟先造阔头舢板船只，驾驶操防。据奏福建省城，料多价贱，着准其动拨银一万二千八百两，交委员等前赴宁波，与李廷钰熟商，或闽或浙，赶紧制造。惟造成试验之后，再行接续兴办，尚需时日。转瞬即届渔汛之期，江浙洋面，难保无盗匪乘时伺劫。该督等请先行制造阔头舢板船十只，以资巡防。着即赶紧加工，多为制造，必须坚致灵捷，务期于外海内江，均堪驾驶，方能得力。并着安设炮位，酌配兵勇，饬令水师各营将弁，认真练习，以收实效。④

两江总督耆英奏报查探江浙一带英船来往并节次办理情形。⑤

廿六日己巳(2 月 24 日)

台湾总兵达洪阿曾于道光二十一年八月及二十二年正月两次俘获英人一百八十

---

① 中国第一历史档案馆：《鸦片战争档案史料》第 7 册，天津古籍出版社 1992 年版，第 12~14、37~38 页。

② 中国第一历史档案馆：《鸦片战争档案史料》第 7 册，天津古籍出版社 1992 年版，第 23~24 页。

③ 《清实录·宣宗成皇帝实录》卷三八八。

④ 《清实录·宣宗成皇帝实录》卷三八八。

⑤ 中国第一历史档案馆：《鸦片战争档案史料》第 7 册，天津古籍出版社 1992 年版，第 29~33 页。

九人，后病死数十人，余除九人于在《南京条约》签订后被送交英军外，其他均在道光二十二年五月间被处死。自道光二十二年起，璞鼎查多次照会，称台湾所戮夷俘，实系遭风难夷。而达洪阿奏称，前年八月，夷船在台湾洋面游奕，是时并无风暴。该夷驶进口门，对二沙湾炮台连发两炮，打坏兵房，我兵随后放炮回击。九月，又有三桅夷船，鸡笼洋面攻破我炮台石壁，烧我哨船。上年正月，生擒颠林等夷众，起获炮械号衣旗帜及印文等件，均系浙江各营之物，实非遭风商船。清廷命怡良渡台查办。①

达洪阿、姚莹奏拿获竖旗谋逆匪犯，并歼擒图引夷船之草乌匪船。此次台湾彰化县匪徒陈勇等，分股聚众谋逆，经达洪阿等督饬文武兵勇剿办，将首要各犯并获，勘办完竣。又草乌匪船，图引夷船来台滋扰，乘机出洋行劫，亦经达洪阿等督饬员弁义首，屡次歼擒匪徒惩办。清廷也着怡良确切查明。②

朝鲜国王李焕，遣使表贺万寿、冬至、元旦三大节，进贡方物，赏赍筵宴如例。③

廿八日辛未(2 月 26 日)

定海同知王丕显禀报，本月十六日至二十日，定海各处道头现泊夷船二十三只，十九日又来法兰西货船一只，装载洋布小呢等货。④

二月初一日甲戌(3 月 1 日)

夷船赴闽投书，据称本年正月初五日，夷目巴柏架自浙带船五只来闽，遣其守备甲花厘等投递书函，察看地势，于十四日开驶出口。其巴柏架所坐大船，亦已进泊厦港。清廷指示：福州、厦门二处，既准通商，该夷船只往来，自不便于拒阻。惟现在设馆通商事宜，尚未议定章程。此次夷目巴柏架，自称系璞鼎查令其来闽察看地势，着伊里布即向璞鼎查告知，并询明巴柏架等是否系该酋遣令赴闽，有无假冒之处。⑤

①　《清实录·宣宗成皇帝实录》卷三八八；《筹办夷务始末(道光朝)》第 5 册，中华书局 1964 年版，第 2569 页。

②　《清实录·宣宗成皇帝实录》卷三八八。

③　《清实录·宣宗成皇帝实录》卷三八八。

④　中国第一历史档案馆：《鸦片战争档案史料》第 7 册，天津古籍出版社 1992 年版，第 41 页。

⑤　《清实录·宣宗成皇帝实录》卷三八九。

英公使璞鼎查为改设税口并派英官驻厦门事，致钦差大臣伊里布照会。①

初二日乙亥(3月2日)

道光帝谕军机大臣："着英奏密陈切要机宜，冀收实效。攘外必先安内，如果民心固结，即有外患，何至所向披靡？该督所陈'江苏州县，或于漕粮困民，或于词讼累民，或于盗贼案件诬民、虐民，甚至营员兵丁，无不以民为可欺，以致民情涣散，所以不能御寇'等语，该督身膺重寄，举劾公明，自可挽回恶习。着即会同该抚，择虐民之尤者严行参处，爱民之尤者立予升迁。至武职备弁，责重操防，其平日能否训练士卒，讲明纪律，尤当认真查察，分别劝惩。无论文武大小员弁，果能实心任事，著有成效，准该督秉公密陈，候朕破格超擢，以昭激劝。至于攘外之难于措手，该督既洞见本原，现办善后事宜，尤当悉心筹度，自立于不败之地。即如所奏'历观江浙炮台，未能得力，拟于江滨芦苇丛中，暗为设伏'等语，所奏亦不为无见，尤须于密为防备之中，处处示以无疑，慎勿稍有宣露，是为至要。"②

初六日己卯(3月6日)

钦差大臣广州将军伊里布等奏，现在通商输税各事宜，议有规模，惟该夷请裁行商，并原退居香港通市，一切稽查偷漏纳税各章程，诸费更张，必须通盘筹画，方足顺夷情而裕课额，至美利坚、法兰西各国抵粤后，无乞往各口通商情事。③

两广总督祁𡎴奏覆英船沿海测探，其照旧与英议定通商输税等事。④

清廷着钦差大臣伊里布照议按年筹付英银款。⑤

初七日庚辰(3月7日)

大学士军机大臣穆彰阿等议覆盛京将军禧恩筹议善后事宜十条：一、熊岳副都

---

① 中国第一历史档案馆：《鸦片战争档案史料》第7册，天津古籍出版社1992年版，第43~44页。

② 《清实录·宣宗成皇帝实录》卷三八九。

③ 《清实录·宣宗成皇帝实录》卷三八九。

④ 中国第一历史档案馆：《鸦片战争档案史料》第7册，天津古籍出版社1992年版，第46~47页。

⑤ 中国第一历史档案馆：《鸦片战争档案史料》第7册，天津古籍出版社1992年版，第48页。

统协领移驻金州，金州城守尉移驻盖州，盖州防守尉移驻熊岳，统归金州副都统兼辖，岫岩距金州较远，请改归盛京将军管辖；二、旗营队伍，马步相间，请省城酌留兵二千名，分日演习排枪、抬枪、长矛、腰刀，每月演习阵式，各操二次，步射骑射，认真选拔，并行知沿海各城勤加督演；三、炮位二千五百斤以上，择地存贮，春秋二季演放，一千五百斤以下，分贮附近海口数位，余俱运赴各城，每月轮流试演；四、旅顺口水师营战船，应分别报修改造，并添造巡船，请饬闽浙总督派员代造，务须工坚料实，一律稳固，以昭慎重；五、省城闲散旗丁，学习鸟枪，作为步队，金州旗勇，暂缓裁撤，遇有甲兵缺出，即行挑补，每名月给银五钱；六、奉省海口各城，添派佐领防御一员，会同民署委员，赴各岛屿稽查；七、硝磺出境，责成旗民地方官，并协同山海关监督等衙门，分别查拿治罪；八、保甲之法，严饬旗民地方各官照旧奉行，不准仍前怠忽；九、边壕边栅，一律挑挖树立，由该管官带领兵丁实力巡缉；十、奉天各城墙垣，责令官民捐修，并各乡村自行设立窝铺。前九条得到批准，第十条清廷以为捐输之事难保无苛派抑勒等弊，暂缓执行。①

初十日癸未(3 月 10 日)

有人奏报，厦门鼓浪屿寄泊夷船，干预民事。上年龙溪地方黄吴村庄，拾获漂流木筏，事主赴夷告诉，吴姓被焚房屋十三所，黄姓出洋银六百圆获免。又同安附近械斗，夷匪得银助斗。其赴台载米商人，在洋被抢，亦诉于夷目，代为缉获，财米均分。其闽广交界之南澳地方，该夷盖馆筑楼，并设教场操演，随处肆掠妇女，擅办民事。道光帝批复：如果属实，则夷目干预民事，奸民藉端勾结，不可不防其渐。再台湾港口鸡笼山、打狗山二处，沙礁甚险，须用平底船，及熟谙水路者方能前进。近闻夷船在厦，勾引奸民，要用平底船一百四十只，难保不别存诡计，着刘鸿翱严密访查，务得确情，据实具奏。并着怡良于自台内渡后，严饬该镇道等于鸡笼山、打狗山及鹿耳门扼要之处，加意防范。②

十二日乙酉(3 月 12 日)

两江总督耆英奏报，吴淞口外有英美来船，已谕令赴粤。③

---

① 《清实录·宣宗成皇帝实录》卷三八九。
② 《清实录·宣宗成皇帝实录》卷三八九。
③ 中国第一历史档案馆：《鸦片战争档案史料》第 7 册，天津古籍出版社 1992 年版，第 58~59 页。

十三日丙戌(3月13日)

福州将军保昌等奏报,夷酋巴柏架船只开往广东,极为安静,是其自称系璞鼎查令其来闽察看地势之说,尚属可信。应飞咨伊里布、耆英等,查照办理。得旨:夷船往来无定,不可不密为防范,总当持以镇静,妥协办理,是为至要。①

浙江巡抚刘韵珂奏报近日英美船只在浙情形。②

十七日庚寅(3月17日)

祁埙奏请修筑虎门炮台。据奏旧台过低,难以制胜,有仍照旧基建筑加高培厚者,有应添建以资策应者,有应连两台为一台添筑炮墙者,有原旧地势未合必须移建者。清廷着即照议办理。惟防守炮台,兵弁无多。其紧傍山麓者,设遇有警,应如何为后路接应,以防抄袭,其孤悬海中之炮台,尤不可无策应之兵,倘遇有警,应如何一呼即至,既可保护炮台,并可出奇制胜,均未议及,应悉心妥议,再行具奏。③

十八日辛卯(3月18日)

特依顺等奏勘明乍浦形势,会筹善后事宜。据奏该处无险可守,多建炮台,不能得力,当以训练兵丁为要。清廷以为所见甚是,兵丁技艺,果能胆壮,不能胜之于水者,或可胜之于陆。着即责成该将军等将该处满洲绿营官兵竭力整顿,一洗从前恶习,务使一兵得一兵之用,方为不负委任。至地利所不足,当以人事补之,若因其无险可扼,遽置不议,设遇海上有警,必至束手无策。若仍于近海口岸设炮安兵,一被强寇轰击,势必如前溃散奔逃,尚安望其转战成功耶?所称或可胜之于陆,临敌恐亦无把握也。着耆英、刘韵珂会同该将军等相度形势,悉心筹画。倘寇船近岸,其未登陆以前,作何准备;既登陆以后,作何截击,务操胜算,不致临事张皇,庶可有备无患。至现在建筑城垣,修理衙署,所费已属不赀,若一切拘循旧制,于防守仍无实济。该处驻防官兵,有无可以量为变通之处,并着耆英等留心体察,妥议具奏。所请另造战船,俟李廷钰拟造同安梭船造成后,如能得力,将乍浦水师营船接续兴办,着即照议办理。④

---

① 《清实录·宣宗成皇帝实录》卷三八九。
② 中国第一历史档案馆:《鸦片战争档案史料》第7册,天津古籍出版社1992年版,第60~62页。
③ 《清实录·宣宗成皇帝实录》卷三八九。
④ 《清实录·宣宗成皇帝实录》卷三八九。

廿二日乙未（3 月 22 日）

两广总督祁墳奏报，钦差大臣广州将军伊里布因病出缺，所议通商输税事宜，必须次第接办。查洋面停泊夷船二只，前据伊里布照带璞鼎查，令其查明约束。据该夷目等声称前次驶往福川，委因沙水未能熟悉，派船二只沿海探量，断无欲往登州之事。其美利坚、法兰西寄泊定海货船，现已驶回广东，极为安静。所有善后事宜，应督同藩司存兴等委员妥办。①

廿四日丁酉（3 月 24 日）

耆英奏报，遵旨议造炮架并办理情形。以下建议得到道光帝赞许：用炮先讲铸炮，尤须先讲造模，并筹及膛口炮弹；团练乡民，先避其害，不必专趋夫利；炮台架炮位，务取精良，不在贪多；水陆必须并重，不可偏废；团练听民自为，不烦官力，惟在慎选守令将备，以期兵民协力，众志成城。②

福州将军保昌等奏报，来闽测量之英船，现已开驶出口。③

廿五日戊戌（3 月 25 日）

保昌奏筹议训练驻防水陆兵丁章程。据称用兵之法，兵炮应距海口较远，后路再有接应，方可制胜。福州驻防，在前锋马步甲内挑选操演，并派协领等员专管。该将军等按季统阅，其所管汉军水师旗营，现挑精壮甲兵，饬本管水师协领等加紧操演，委员前往查察，仍每年春秋两季亲往校阅。④

因钦差大臣伊里布病故，英公使璞鼎查希望两江总督耆英来粤商办通商事宜。⑤

廿六日己亥（3 月 26 日）

穆彰阿等奏报续议天津善后章程。清廷批示：所奏水陆兼防巡哨船只，挑练马

---

① 《清实录·宣宗成皇帝实录》卷三八九。

② 《清实录·宣宗成皇帝实录》卷三八九。

③ 中国第一历史档案馆：《鸦片战争档案史料》第 7 册，天津古籍出版社 1992 年版，第 79~81 页。

④ 《清实录·宣宗成皇帝实录》卷三八九。

⑤ 中国第一历史档案馆：《鸦片战争档案史料》第 7 册，天津古籍出版社 1992 年版，第 82~84 页。

队兼习马枪，并三省会哨，防守炮台，沿海瞭望，存贮大器各条，均照该督原议章程。惟立法虽极周详，而奉行不力，日久仍属具文，必须行之以实，持之以恒，方可收安内攘外之效。①

廿七日庚子(3月27日)

抚恤越南国遭风难夷如例。②

三十日癸卯(3月30日)

讷尔经额奏报校阅省标各营操演速战阵式情形，并绘图呈览。道光帝批示："所铸五百斤铜炮六十尊，添设在速战阵头层，三十斤铜炮一百尊，添设在二层，有炮车推挽，炮架支放，轮转装药，均可连环套打，用之陆路，足可制胜，甚合朕意。后路以抬枪、鸟枪继之，又以弩箭、藤牌、刀矛、马枪继之。该督已亲加校阅，均属整齐，仍饬各营将领一体教演，务臻纯熟。至海口防兵技艺胆量，尤应平日认真讲论，方可收得心应手之效。"③

浙江巡抚刘韵珂奏请酌保浙省防堵人员。得旨："些须小惠，朕何所吝惜，实难于降旨，亦何心降旨。汝虽掉弄笔锋，巧言触动，朕能任怨，不似汝动辄邀誉于人也。"又奏报，上年十二月初二日，夷目未氏碧、得已士，求派水手带引前往福州、登州，情殊叵测。兹查未氏碧等船只，已自石浦开行，向东北外洋而去。未氏碧等系何国夷人，骤难详查。现飞咨广州将军等谕知在粤夷目转向浙中，各夷严加约束，毋许妄向他处停泊船只，以杜窥伺。④

三月初一日甲辰(3月31日)

英公使璞鼎查欲来江浙议定税饷章程，为两江总督耆英拒绝。⑤

---

① 《清实录·宣宗成皇帝实录》卷三八九。
② 《清实录·宣宗成皇帝实录》卷三八九。
③ 《清实录·宣宗成皇帝实录》卷三八九。
④ 《清实录·宣宗成皇帝实录》卷三八九。
⑤ 中国第一历史档案馆：《鸦片战争档案史料》第7册，天津古籍出版社1992年版，第92~94页。

初二日乙巳(4 月 1 日)

迩年英夷犯顺, 黄河再决, 近复有白气一道, 由西指东, 随星出没, 御史苏廷魁请下罪己之诏, 开直谏之门。道光帝晓谕: "朕君临天下, 二十余年, 兢兢业业, 日慎一日。即无上苍垂警, 岂敢稍涉怠荒。乃近年灾患频仍, 朕深宫循省, 负疚良多, 自当刻意慎修, 勉益加勉。在廷诸臣, 其各尽心献替, 匡弼朕躬, 毋辜期望。至求言纳谏, 系朕本心, 近来科道建言, 凡有裨于实政者, 无不立见施行。即如翰林院编修吴嘉宾、户部郎中汤鹏、主事丁守存等, 以本无言责之人条陈事件, 亦未尝不虚怀听纳。是言路并无壅塞, 况应天以实不以文, 正不必特诏求言, 反似虚应故事。嗣后大小臣工, 务各力矢公忠, 屏除私见。遇有用人行政阙失, 尽言无隐。朕非饰非文过之君, 诸臣不必存畏罪取容之见。但必拨诸时势, 实在可行, 方可登之奏牍。倘泥古不化, 徒托空言, 仍于国计民生, 毫无裨益, 则大非朕虚己听言之本意也。"①

初七日庚戌(4 月 6 日)

耆英奏报, 接到夷酋照会, 欲赴江浙与该督面定章程, 业经飞谕该酋, 令其在粤静候谕旨遵行。道光帝指示: 前因伊里布出缺, 通商事宜, 命祁𡎴督同黄恩彤、咸龄接办。惟耆英系原议之人, 为该夷所信服, 较之祁𡎴接办, 更为妥协, 本日已明降谕旨, 将耆英作为钦差大臣, 驰驿前往广东查办事件矣。该大臣即驰赴广东, 接受钦差大臣关防, 办理通商饷税章程, 一切务臻妥善, 将此由五百里谕令知之。②

命两江总督耆英为钦差大臣, 驰往广东查办事件, 以福州将军壁昌署两江总督, 未到任前, 以江苏巡抚孙善宝护理。③

初八日辛亥(4 月 7 日)

因耆英到粤尚需时日, 清廷着祁𡎴仍遵前旨, 即照伊里布原议各款, 督率承办之员, 逐条详议, 一俟耆英到后, 即可酌定章程。又另折奏报, 查察广东船户挑夫, 尚可照旧谋生, 不至失业, 清廷批示: 所有游手闲民, 遣散壮勇, 将来各省港

---

① 《清实录·宣宗成皇帝实录》卷三九〇。
② 《清实录·宣宗成皇帝实录》卷三九〇。
③ 《清实录·宣宗成皇帝实录》卷三九〇。

口分开之后，或因生计维艰，别滋事端，在所不免，着随时督饬文武员弁，设法稽查，妥为弹压，总以逐渐解散为要。又石井乡议立公所，现在抢劫之案已少，可见保甲之法，不惟可御外侮，亦足消弭内盗，惟在多方劝谕，实力奉行，自可渐收实效也。①

初九日壬子（4月8日）

通筹经费，达洪阿奏请分别撤留兵勇。现在台湾南北两路地方平靖，英夷亦经受抚，虽沿海未便撤防，而饷项不可虚糜，自当随时撙节。该镇等议自本年正月起，将原设兵勇分别撤留台湾各口，尚应酌留弁兵四千二十一名。澎湖一厅孤悬，各口弁兵，应照旧留防。其郡城之安平水师三营及澎湖水师两营，兵数较多，仍分两班更替休息，并停给下班口粮。其余兵少之处，皆不分班。至乡勇屯丁名数，亦议定台湾各口酌留一千七百四十九名，澎湖一厅酌留四百名，俾经费稍可持久。所有各属不领口粮之义勇，亦酌量情形，分别解散，以纾民力。清廷均着照所议办理。②

闽浙总督怡良奏报，台湾两次抗英获胜，纯属虚饰，请将达洪阿等治罪。③

十二日乙卯（4月11日）

福州地方上奏，保昌所议请于前锋马步及闲散壮丁内，挑出兵一千一百四十名，以六百六十名操练鸟枪，二百四十名操练抬炮，二百四十名操练步箭，均应如所奏办理。现拟按日分演步射、骑射及云梯、长矛等项技艺，并演放鸟枪、抬炮、抬枪。至汉军水师营原设兵五百一十六名，保昌前议挑选兵二百六十名，分习枪箭抬炮，余仍令配船巡查，所议尚未允协，应请嗣后将水师兵五百十六名，单日乘坐船只习练水操，双日在岸习练陆操。④

十四日丁巳（4月13日）

从巡抚刘韵珂请，修筑浙江钱塘县江塘。

---

① 《清实录·宣宗成皇帝实录》卷三九〇。
② 《清实录·宣宗成皇帝实录》卷三九〇。
③ 中国第一历史档案馆：《鸦片战争档案史料》第7册，天津古籍出版社1992年版，第104~105页。
④ 《清实录·宣宗成皇帝实录》卷三九〇。

十八日辛酉(4 月 17 日)

宝兴奏报，广东、福建制造战船，访闻川省柏木不合战船之用。其川木入海，于水性能否相宜，是否可为海洋战船之用，围长丈尺，能否合式，已咨闽粤督抚体察妥筹。清廷批复：闽粤制造海船，事关紧要，自不宜用质脆之木。且海洋水性，及围长丈尺，必须亲涉波涛熟谙形势之人，赴川勘度，方可得其实际。闽粤距川遥达，海运既多不便，即内河亦多山岭阻隔，一时率行咨取到后仍归无用，岂不虚糜工运，抑且有误要需。着怡良、刘鸿翱、祁埧、程矞采确查各该处海洋情形，悉心筹议。寻闽浙总督怡良等奏报，四川柏木，闽省工匠向未用过，其性未能深悉，此时既不能遵照广东船式制造，应毋庸率行咨取，请停采运以节糜费。两广总督祁埧等奏报，两广地方向无柏木，即川省亦从未贩到，无论大小长短，皆未用过。况由川运粤，海洋既多不便，而内地水路可通之处，又多曲折，难以运送，不如仍令潘仕成采买洋木为便。得旨：所奏是。①

十八日辛酉(4 月 17 日)

福州将军保昌奏请开征厦门关税。②
清廷着闽浙督抚确查海洋情形，筹议川木可否为建造海洋战船之用。③

廿四日丁卯(4 月 23 日)

闽浙总督怡良奏报，渡台后沿途访察两次夷船之破，一因遭风击碎，一因遭风沈拦，并无与之接仗及计诱等事。达洪阿、姚莹一意铺张，致为夷人籍口，殊属辜恩溺职，请从重治罪，命革职解交刑部会同军机大臣审讯。得旨：达洪阿、姚莹加恩免其治罪。④

调广东潮州镇总兵官保芝琳为福建台湾镇总兵官，以直隶山永协副将祥麟为潮

① 《清实录·宣宗成皇帝实录》卷三九〇。
② 中国第一历史档案馆：《鸦片战争档案史料》第 7 册，天津古籍出版社 1992 年版，第 112~113 页。
③ 中国第一历史档案馆：《鸦片战争档案史料》第 7 册，天津古籍出版社 1992 年版，第 114 页。
④ 《清实录·宣宗成皇帝实录》卷三九〇；《筹办夷务始末(道光朝)》第 5 册，中华书局 1964 年版，第 2609、2727 页。

州镇总兵官。

廿五日戊辰(4月24日)

道光帝寄谕盛京将军禧恩、直隶总督讷尔经额、署两江总督壁昌、江苏巡抚孙善宝、山东巡抚梁宝常、闽浙总督怡良、福建巡抚刘鸿翔、浙江巡抚刘韵珂、两广总督祁埙、广东巡抚程矞采：御史田润奏请团练乡兵，以杜后患而节军需。现在英夷虽经就抚，而思患豫防，不可不筹内固藩篱之计。与其临时征调，何如平日团练。惟此事一经官办，流弊滋多。该御史奏称，应选素行公正、才略有为之人，为练兵领袖，庶几乡民敬畏，齐受约束，而后团练之事可行。至于经费宜饬民间自行筹备，不可抑勒富民，亦不得假手官吏。技艺宜设法鼓舞，酌定赏罚章程，以资激劝，烦扰宜概行屏除，乡兵宜加意优恤。各省地利民情，多有不同，团练之法，亦应因地制宜。着该将军督抚按照该御史所奏，体察情形，是否可行，据实具奏。再团练乡兵，防御海口，该乡兵生长本土，保护身家，临时自能得力。惟用兵之法，固宜层层设伏而后路尤关紧要，傥仅于海口较近地方，安置兵炮，全力抵拒，而后路不能策应，断非制胜之道。三年以来，专顾海口海岸而偾事者，谁不知之？必须相度地势，将兵炮移置要隘处所，以为前路应援，临时更当得力。其应如何酌量变通之处，着一并详议具奏。①

廿九日壬申(4月28日)

太平营参将文斌、拣发参将都林保，前在余姚带兵防守，临时溃散，及至县城失守，一并发往新疆充当苦差。已革候选知州鄂云，因前赴浙江军营投效，私逃出京，并冒支军粮，虽冒支各款业已措缴，有盈无绌，应仍按律革职、销除旗档外，杖一百，流三千里。该革员于解部严审时，犹复任意抵赖，情殊狡诈，从重发往新疆充当苦差。

四月初四日丁丑(5月3日)

署闽浙总督刘鸿翔奏报所密查之鼓浪屿英船干预民事情形。②

---

① 《清实录·宣宗成皇帝实录》卷三九〇。
② 中国第一历史档案馆：《鸦片战争档案史料》第 7 册，天津古籍出版社 1992 年版，第 125~127 页。

初五日戊寅(5 月 4 日)

有人奏报，军需报销，往往有浮开之弊。此次各海疆动拨银两，报部者已不下二千万，现在截销，尚有陆续补报等项。且各处多未曾打仗，所造大炮战船，均不适用。并称亦经虚糜帑项，为郑鼎臣开销兵饷至三四十万，难保无侵渔浮冒。清廷着刘韵珂将一应军需动支各款，详细钩稽，别除弊窦，务使用项皆有着落，不准瞻徇情面。①

十一日甲申(5 月 10 日)

裕瑞等奏酌拟武备事宜。据奏添改枪兵三百八十五名，抬炮一百位，拟照原额枪兵及子母炮豫贮火药之例，一体分别豫贮。所需制造火药铅弹工料银两，即于藩库存贮旗营筹备修补军装项内动用制造，存贮旗营药局，以备急用，每年操演，出陈易新。又添设无米养育兵一百名，练习藤牌。并将凤冈操厅改建炮台，安置大炮，自八千斤至五百斤不等，共五十一位，派拨官兵轮班驻守。其潘仕成所造战船，暂在内河水深处操演，俟夏秋水旺之时，再行驶往虎门，听候操练。裁撤之箭手大刀挑刀手兵共一百五十名，俱拟改作炮手，并将汉军八旗余兵八十名，拨赴凤冈炮台，一体演习大炮，遇有水师兵缺，遴选拔补。②

十三日丙戌(5 月 12 日)

以杭州乍浦驻防军政年逾六十官十七员精力未衰，命留任。
军机大臣穆彰阿奏报所会议之江南善后章程。③

十四日丁亥(5 月 13 日)

禧恩奏报，酌拟巡洋会哨章程。清廷着照所议，准其将水师营额设战船十只内，每年派拨六只，每船派兵丁水手六十名，分为三路，派官三员，带领巡洋。南至山东交界之隍城岛以北地方，赴山东登州镇衙门呈验照票；东至岫岩大孤山，与朝鲜交界处所，由岫岩城守尉查验照票；西至锦州洋面，与直隶交界之天桥厂，赴

---

① 《清实录·宣宗成皇帝实录》卷三九一。
② 《清实录·宣宗成皇帝实录》卷三九一。
③ 中国第一历史档案馆：《鸦片战争档案史料》第 7 册，天津古籍出版社 1992 年版，第 130~140 页。

锦州副都统衙门呈验照票，以杜弊混。其直隶通永镇哨船，巡至天桥厂，亦着赴锦州副都统衙门呈验印照。其山东哨船，巡至隍城岛以北地方，即由水师营协领查验照票，并着该将军分咨直隶总督、山东巡抚，以归画一。该副都统等各将每年验过船只，造册报明该将军衙门查核。至船只除应行修造外，不敷派拨，暂雇商船，配搭出洋。并改期三月出哨，九月归次。①

十七日庚寅(5月16日)

从巡抚刘韵珂请，修浙江仁和、海宁二州县海塘。

护理两江总督孙善宝奏报吴淞口英美船只来去情形，并英船所呈递照会。②

初三日乙巳(5月31日)

壁昌请将含糊出示之护苏松道撤任。据奏英吉利船二只，先于二月开去，现又另带一船，同美利坚船二只，先后驶至，着即咨会着英知照璞鼎查查明具覆。其现在逗留船只，即谕令迅速启碇赴粤，仍一面确查严禁内地奸民潜相勾串，别滋事端。清廷批复：所办甚是，至通商章程，自应听候广东议定税则，各处遵照办理。何以该护道颜以燠出示晓谕，既以俟颁到税则，再行交易为词，复有乘此货物通行，赶紧转运，冀获利益之语。似此含糊不明，实属自相矛盾，恐为该夷所窃笑，且易启奸商愚民籍口交易之渐。颜以燠着即撤任，仍由壁昌、孙善宝严行查讯，其措词含糊之处，是何意见。倘有别项情弊，立即据实严参，以期惩一儆百，毋稍姑息。新授道员宫慕久，已催令迅速赴任，其未到任以前，着壁昌等遴选妥员署理，仍俟宫慕久到任时，留心察看，能否熟谙夷务，另行办理。③

初四日丙午(6月1日)

刘韵珂奏请饬堵缉私盐，并借款给商。两浙盐引，分配江南松江等属行销，总由该处文武员弁，不能实力巡缉，督销官引，以致淮私日充，额引日滞，不可不力加整顿。清廷着江南提督酌派水师将备弁兵，移驻海门，在各港口巡哨堵缉，遇有枭贩，立即捕捉，以遏淮私侵浙之路。至松所商力疲乏，自应量加调剂，着准其于运库

---

① 《清实录·宣宗成皇帝实录》卷三九一。

② 中国第一历史档案馆：《鸦片战争档案史料》第7册，天津古籍出版社1992年版，第145～146页。

③ 《清实录·宣宗成皇帝实录》卷三九二。

外输杂款项下，酌借银四万两，给发各商，饬即收买场盐转运，不准移作别用。①

缓征浙江定海厅甫经复业民户本年正杂赋课。

初七日己酉(6 月 4 日)

署闽浙总督刘鸿翱覆奏，遵查厦门夷人，并无干预民事，并要用民船等事。自璞鼎查到厦后，嘱留厦夷酋，约束夷众，均极安静。道光帝晓谕：现在该夷甫经受抚，防范不可稍疏，着怡良等密饬沿海文武员弁，于扼要各口岸，加意巡防。其闽广交界之南澳地方，尤当实力稽查。将来粤东饷税章程议定后，福建厦门等处，即须开关通市，华夷杂处，一切抚驭防维，益宜筹画尽善。该督等务当严饬所属，随时认真稽查，以杜奸民勾串之弊，是为至要。

初八日庚戌(6 月 5 日)

吴淞口外陆续又有夷船五只到来，要求通商。署两江总督壁昌令回定海等候广东议定章程后，再来贸易。②

初十日壬子(6 月 7 日)

着昌伊苏调补台湾总兵。

署闽浙总督刘鸿翱奏报，将遭风英人送回鼓浪屿，交英人收领。③

十三日乙卯(6 月 10 日)

修江苏宝山县土石塘工，从署总督壁昌等所请。

十四日丙辰(6 月 11 日)

讷尔经额奏报，直隶海防军需杂支各款，请动拨捐输银钱，并捐廉摊补。此次

---

① 《清实录·宣宗成皇帝实录》卷三九二。

② 中国第一历史档案馆：《鸦片战争档案史料》第 7 册，天津古籍出版社 1992 年版，第 170~171 页。

③ 中国第一历史档案馆：《鸦片战争档案史料》第 7 册，天津古籍出版社 1992 年版，第 171~172 页。

天津筹防海口，动用各款，现经该督核明，统计支银八十九万五千余两，即着在捐输银钱内动拨。其前拨用藩库银十二万两，着即筹议归补。至捐输银五十万三千余两，除新设通永镇建造各工估需银五万五千余两，另案造报外，准其尽数作为军需杂支之用。其不敷银四十四万七千五百余两，准其由司道府厅州县分作十年捐廉摊补。此项用款，既将正项归补，均系捐输捐摊，着免其造册报销。①

十七日己未(6月14日)

禧恩奏报，查勘各海口善后事宜，校阅兵勇枪箭技艺，并演放新旧炮位。金州现已移驻副都统，所有原设及抽拨兵额八百六十二名，不敷防守，清廷着准其于熊岳额兵九百五十名内，酌拨兵一百三十八名。遇有熊岳甲兵缺出，即在原驻金州满洲汉军佐领下均匀挑补。其应支饷银及随缺租银，均照前次抽拨章程办理。至盖州之望海寨西套各海口，及云连岛海口，或为海舶必经之路，或为船只停泊之所，现已移驻城守尉，而额兵仅止三百八十名，尚觉单薄，准其在于熊岳官兵内，择其附近盖州者，酌拨防御三员、骁骑校二员、甲兵一百二十名，饬赴盖州差操，听候调遣。至熊岳副都统衙门，原设印务笔帖式二员，准其由该副都统酌带一员，赴金州办理文案，仍留一员，作为熊岳防守尉衙门办事笔帖式。其金州城守尉衙门笔帖式，即令随同金州协领办事，盖州防守尉衙门笔帖式，令其随同盖州城守尉当差，毋庸另行更调。其距城较远之各海口，仍着该将军严饬该旗民地方各官，认真讲求团练，不得稍生懈忽。②

廿一日癸亥(6月18日)

钦差大臣耆英奏报，行抵粤东，现在会议税饷情形。③

廿六日戊辰(6月23日)

闽浙总督怡良因病解任，以浙江巡抚刘韵珂为闽浙总督，调湖南巡抚吴其浚为浙江巡抚，以江宁布政使陆费瑔为湖南巡抚，山东按察使崇恩为江宁布政使。

---

① 《清实录·宣宗成皇帝实录》卷三九二。
② 《清实录·宣宗成皇帝实录》卷三九二。
③ 中国第一历史档案馆：《鸦片战争档案史料》第7册，天津古籍出版社1992年版，第176~178页。

廿八日庚午（6 月 25 日）

禧恩奏报，修铸神机等炮一百位。清廷着准其于船规项下，先行借用银一万两，核实备办工料，即由该将军督饬监造。又盛京新铸炮位，经该将军等逐一演放，适用致远者，不过六成，其余四成，未能一律精纯，尚堪应用。惟其中有炮身裂缝，内膛不平，难以演放者，共炮六位，着勒令承办各员赔铸修理，即照所议，如数改铸，仍俟试放妥协，方准验收，所需工费钱粮，不准开销。①

三十日壬申（6 月 27 日）

福建漳州镇总兵官张元直因病解任，以前任台湾镇总兵官保芝琳为漳州镇总兵官。

六月初二日甲戌（6 月 29 日）

前据壁昌奏称，署松江府知府事海门厅同知王绍复，于夷船两犯郡城，乃能先事豫筹，阖城危而获安，请免查议，当交该部议奏。兹据该部奏称，该署府于上海是其兼辖，县城失守，咎有应得，未便因其保护郡城，遽从宽免。惟究与同城之知府有间，王绍复着照部议即行革职，免其治罪，其应取知州佐贰等官职名，该署督迅即开送，以凭查议。②

初八日庚辰（7 月 5 日）

展缓浙江海宁、嘉兴、秀水、嘉善、海盐、平湖、石门、桐乡、慈溪、奉化、象山十一州县及嘉湖卫、被灾被兵庄屯旧欠额赋。

十一日癸未（7 月 8 日）

壁昌等奏报，淮商捐输操防经费，淮南商人包振兴等情愿自壬寅纲起，每纲公捐银三万两，按引完缴，以济公需。道光帝着赏收，开列名单具奏，候其施恩。此

---

① 《清实录·宣宗成皇帝实录》卷三九二。
② 《清实录·宣宗成皇帝实录》卷三九三。

项银两，即作为常年操练水师兵丁津贴之用，免其造册报销。①

上年发交耆英《演炮图说》原本一册，重订《演炮图说》一册，小铜炮及炮架式样四匣，令其按式铸造。嗣据奏称，将择定之式各制一具，查照《演炮图说》试演妥当，再行如式成造，并将《演炮图说》刊刻颁行。清廷着壁昌即将前项发去《演炮图说》，及小铜炮并炮架式样等件，遇便委员解送缴回。②

十二日甲申(7月9日)

耆英奏报，行抵粤东，体察夷情，极为恭顺，现在会同筹议饷税。道光帝批复：税饷章程，必须通盘筹画，五处皆归一律，不可稍有参差。所称"拟将正税及归公规费，议定数目，归作一条编征，分款解支，例外浮费，无庸过事搜求，并严饬行栈胥吏，毋许需索"等语，现当酌定税则之初，此事尤宜斟酌尽善。该大臣务当会同祁埙等悉心筹度，因势利导，总期于民隐夷情，两无窒碍，方为不负委任。③

十五日丁亥(7月12日)

钦差大臣耆英奏报，已与璞鼎查面定通商输税章程，并换和约。④
耆英准许璞鼎查于七月初一日先在广州开市。⑤

十六日戊子(7月13日)

李廷钰奏报浙省营伍情形。据称漫州镇德年，由广西陆路副将升任，水师非其所长，现在漫属洋面盗案频发。⑥

十八日庚寅(7月15日)

从巡抚刘韵珂所请，修浙江仁和、海宁二州县海塘。

---

① 《清实录·宣宗成皇帝实录》卷三九三。
② 《清实录·宣宗成皇帝实录》卷三九三。
③ 《清实录·宣宗成皇帝实录》卷三九三。
④ 中国第一历史档案馆：《鸦片战争档案史料》第 7 册，天津古籍出版社 1992 年版，第 192～196 页。
⑤ 中国第一历史档案馆：《鸦片战争档案史料》第 7 册，天津古籍出版社 1992 年版，第 196～197 页。
⑥ 《清实录·宣宗成皇帝实录》卷三九三。

廿三日乙未(7 月 20 日)

前据壁昌等奏请于福山地方，添设水师总兵一员，当交军机大臣会同该部议奏。兹据穆彰阿等详议具奏，均着照所议办理。所有福山镇新设总兵，准其以孙云鸿调补，所遗苏松镇总兵准其以林明瑞升署，所遗京口协副将，准其以汪士遂调补。

从巡抚刘韵珂所请，改浙江萧山县土塘为柴塘。

廿五日丁酉(7 月 22 日)

签订中英《五口通商章程》与《海关税则》，并在香港公布。其中"英人华民交涉词讼"一款规定，"其英人如何科罪，由英国议定章程、法律，发给管事官(领事)照办"。广州、福州、厦门、宁波、上海各关英国进出口货物，议定税率相当于值百抽五。①

廿九日辛丑(7 月 26 日)

前据御史田润奏请团练乡兵，以杜后患而节军需，当降旨着沿海将军督抚体察情形，是否可行，详议具奏。兹据壁昌等奏称，平时团练乡兵，易滋扰累，弊端叠出，窒碍难行。道光帝批示：所议甚是。该御史所奏，着毋庸议。惟乡兵不宜无事豫练，而营伍亟须整顿，着壁昌等于江海要隘处所，派定水师官兵，勤加训练，陆路营汛，责成会哨巡防，总期水陆交严，兵弁悉成劲旅，以重操防而严守卫，余着照所议办理。②

七月初四日乙巳(7 月 30 日)

耆英奏报，酌定通商输税章程。据奏五月二十六日，带同黄恩彤、咸龄轻装减从，即坐火轮船前往香港，接见该酋璞鼎查，已将通商章程及输税事例，粗定大局。该酋极为恭顺帖服，即于六月初一日回省。道光帝晓谕：其粤海关进出货物，现已议定棉花、茶叶税则，约计关课，有赢无绌，因该夷急于通市，即照伊里布前

---

① 王铁崖：《中外旧约章汇编》第 1 册，生活·读书·新知三联书店 1957 年版，第 40~50 页；汤志钧：《近代上海大事记》，上海辞书出版社 1989 年版，第 15 页。

② 《清实录·宣宗成皇帝实录》卷三九三。

定期限，于七月初一日先在广州开市，着即照议办理。惟香港四面环海，舟楫处处可通，现已有内地民人零星买卖，必须明定章程，以杜走私漏税。并一切未定事宜，着耆英会同祁墳、程矞采、文丰通盘筹画，固须俯顺夷情，尤当慎持国体，永杜弊端，俾各省皆可照办。其美利坚、法兰西等国，请照新定章程办理，准俟定议后，另行办理。①

初十日辛亥(8月5日)

杭州将军特依顺等奏报，会筹海疆善后事宜二十四条。②

十三日甲寅(8月8日)

祁墳奏报，筹护炮台，拟行屯田。据奏虎门等处炮台，现经修复，必须重兵防守，而兵额未便请添。查出虎门附近及大角、沙角一带，多有淤出沙坦，可以围筑成田，令人承种，其余各台，或后靠石壁，或傍依山麓，均可酌行屯田之法，藉以保护炮台。惟上下两横档，并无后路，必须大小兵船往来援应。清廷以为以本地之田，养本地之民，即以种田之民，为御侮之兵，固属守隘防虞，寓兵于农之计。现任粮道孔继尹，既经办有端绪，着即责成该道一手经理，务使事可经久，不致有名无实。此次捐办屯田绅士，准按所捐银数，照筑台铸炮一律奏请鼓励。另折奏报，团练乡兵于粤省情形相宜，附省各乡有升平社学公所，为团练总匪之地，东路复立东平社学公所，陆续举行，声势联络。清廷着该督等体察情形，随时妥办，务期有济实用，永固边防，是为至要。③

十六日丁巳(8月11日)

议定通商章程收税则例。"酌定通商章程十五条，并查照粤海关原定税则，议增税银之货五十六种，议减税银之货六十四种。原例并未赅载，现在查明添出者十三种。此外另有价值靡常之货，品类不一，参用估价定税之法，以归简易。"④

---

① 《清实录·宣宗成皇帝实录》卷三九四；《筹办夷务始末(道光朝)》第 5 册，中华书局 1964 年版，第 2644 页。

② 中国第一历史档案馆：《鸦片战争档案史料》第 7 册，天津古籍出版社 1992 年版，第 224~237 页。

③ 《清实录·宣宗成皇帝实录》卷三九四。

④ 《筹办夷务始末(道光朝)》第 5 册，中华书局 1964 年版，第 2675 页。

十八日己未(8 月 13 日)

山东巡抚梁宝常奏报，登州有英船二只停泊，似系汉奸通英私贩。①

十九日庚申(8 月 14 日)

讷尔经额奏报，遵查直隶地方，难以兴举屯政水田。据称天津至山海关一带，户口殷繁，地无遗利，其无人开垦之处，乃沿海碱滩，潮水咸涩，不足以资灌溉，屯田之法，势难举行。至全省水利之说，历经试垦水田，屡兴屡废，总由南北水土异宜，民多未便，而开源疏泊，建闸修塘，一切工费，皆需重帑，未敢以有用之项，轻议试行。惟地高虑旱，地洼虑潦，但在地方官于境内沟洫，及时疏通，以期有备，或开凿井泉，以车戽水，亦足裨益田功。清廷着照所议办理。至省南民间用水车汲井溉田，需费不多，最为利便，现据该督照式制造，发交各府州，着即谆饬各属，广为劝导，实力奉行。如有民间不知此法，即于颁发式样后，劝令按井制车，试行灌溉。②

廿一日壬戌(8 月 16 日)

道光帝本日召见云南副将波启善。据奏道光二十年七月，后者在广东参将任内，经林则徐派往澳门，与英吉利接仗，杀毙一百余人，其额上被飞炮打伤。③
军机大臣穆彰阿奏报，遵旨核议耆英所奏通商章程。④

廿三日甲子(8 月 18 日)

刘韵珂遵旨覆奏，据称浙洋盗匪，节经派员雇船侦缉，现在报劫之案，少于去年；宁波郡城，匪徒造作谣言，曾经剀切出示晓谕，业已止息，仍饬该道府督县随时密查究办；至所称温州镇德年，到任三月，尚无贻误，衢州镇林方标现未到浙，

---

① 中国第一历史档案馆：《鸦片战争档案史料》第 7 册，天津古籍出版社 1992 年版，第 245 页。
② 《清实录·宣宗成皇帝实录》卷三九四。
③ 《清实录·宣宗成皇帝实录》卷三九四。
④ 中国第一历史档案馆：《鸦片战争档案史料》第 7 册，天津古籍出版社 1992 年版，第 246~251 页。

俟一并详加察看，分别遵办。道光帝俱着照所议办理，该督统辖两省，海防是其专责，务当会同该抚及各提镇等，不分畛域，饬属实力兜捡，并移资江省，一体会捕，俾洋匪无可潜踪，以重巡防而戢奸宄。①

梁宝常奏报，登州府属之荣成、文登，福山等县有双桅夷船二只停泊，内有广东、江西等省民人，驾三板小船上岸布散知单，欲与商民贸易，似系内地奸匪，勾通英夷奸商，越界私贩鸦片烟土。英夷通商，业经议定五处码头，山东地方并非该夷贸易之地，清廷着该抚严禁各海口商贩，不准私相交易，并着查明是否奸民勾串，现在开驶何处，据实具奏。寻奏报，沿海商民，严禁不与交易，该夷船已向东南大洋驶去，瞭望无踪，仍饬文武防范。②

廿六日丁卯(8月21日)

予浙江定海、镇海阵亡前锋校文魁、喜兴、阿勒金图，千总杨禄、罗振万，把总蒋鹤，外委钟崧华祭葬世职，兵丁乡勇吴化南等四十一名赏恤如例。

军机大臣穆彰阿等奏报，遵旨会议山东海疆善后事宜。③

廿七日戊辰(8月22日)

清廷着山东巡抚梁宝常每年春、秋二季亲往督操海防炮位，并另议空心炮子炸裂飞击之事。④

道光帝晓谕："穆彰阿等奏报，遵议山东海疆善后事宜，朕详加批阅。内严定操演章程一条，演放炮位，原以备临敌制胜，若平时只习虚文，临阵安得实用。且恐为时过近，出数较多，易于刷大炮口，损坏炮位。着梁宝常于每年春、秋二季，亲往督操，每位不得过五出，如果校阅认真，自不至荒疏技艺，无取定期过促，转致沿袭具文。所奏空心炮子炸烈飞击一条，亦恐无裨实用，缘炮子既出炮口，空中炸开，飞击何处，并无定准。即如英夷善于用炮，其所用炸炮，亦多有不能炸击者。该抚前在广东，当已目击其事，着即另行妥议办理。至慎选将领守令，自系善后要策，全在该抚实力讲求，正己率属，遇有武员废弛苛暴，立时惩办。各府州

① 《清实录·宣宗成皇帝实录》卷三九四。

② 《清实录·宣宗成皇帝实录》卷三九四。

③ 中国第一历史档案馆：《鸦片战争档案史料》第7册，天津古籍出版社1992年版，第253~258页。

④ 中国第一历史档案馆：《鸦片战争档案史料》第7册，天津古籍出版社1992年版，第258~259页。

县，随时随事，董劝兼施，切不可意存姑息，尤不可日久玩生。①

廿九日庚午(8月24日)

贺长龄奏报，召募土兵，请仍由各属公捐。前据御史田润奏报，请团练乡兵，当降旨令沿海督抚详议，嗣据壁昌、刘韵珂、梁宝常等先后奏驳，或称团练乡兵，易滋扰累；或称平时人多势众，必至恣意横行，有警则一哄而散，乘危剽掠；或称只可于有事之时，酌量情形办理，未可习以为常。清廷以为所论均合机宜，均经照议办理。现据贺长龄奏报，召募训练土兵，是否足收实用，恐行之既久，仍复视为具文，且难免前项诸弊，着贺长龄悉心体察，另行妥议具奏。寻奏报，黔省土兵，与江浙等省，情形迥异，实于地方有裨。②

闰七月初二日壬申(8月26日)

候选道潘仕成制造水雷已成，现派令曾经学习制造并制配火药之生员李光钤、议叙八品职衔潘仕豪、议叙从九品李光业带同匠役，将水雷二十具，火药四百斤，并缮绘《水雷图说》一册，赍送进呈。潘仕成着赏加布政使衔，以示奖励。③

初五日乙亥(8月29日)

以承办铸炮工竣，赏福建按察司经历徐嵚蓝翎，余升叙有差。
山东巡抚梁宝常奏报，由舟山驶来之英船二只，现往西北大洋驶去。④

初七日丁丑(8月31日)

壁昌奏报，三板船只造竣，安炮驾驶得力，请多为制造。江南筹备事宜，自以严密防江，慎固门户为要。据奏造成三板船只，令弁兵在江中驶驾，使风折戗，灵捷如飞，炮火连环演放，船身平稳，实资得力。南人生长海滨，觇风测水，用其所长，拟于巡江船上，安设炮位，令各营水师弁兵，常川驾演，并请多为制造，仍令

---

① 《清实录·宣宗成皇帝实录》卷三九四。
② 《清实录·宣宗成皇帝实录》卷三九四。
③ 《清实录·宣宗成皇帝实录》卷三九五。
④ 中国第一历史档案馆：《鸦片战争档案史料》第 7 册，天津古籍出版社 1992 年版，第 260～261 页。

龚润森督同张凤翔一手经办，俟造成多只，分运浙江，交李廷钰察看分造。清廷着即照议办理①

据讷尔经额奏报，大沽口拦江沙外，寄碇夷船二只，内有广东语音者约二十余人，白、黑鬼子约五六十人，据称系英吉利国船，装货来售，并给"嘞唎"号货单，经委员等明白开导，始向东南驶去。清廷批示：英夷就抚通商，业已在广州开市，其通商码头，自有一定处所，何以前忽有船驶至山东，滋复驶至大沽洋面，径称英吉利货船，希图售卖。着将该船货单发交耆英，令其晓谕璞鼎查，查明系该国何项夷船，私自潜往各处，务须一律严行禁止，不得任其于议定码头之外，妄希贸易，是为至要。②

管通群奏报，沿海各镇营叠获洋盗多名。据称浙省洋盗，近年乘间窃发，任意劫掠，现据该提督及温州、黄岩、定海三镇，于半载之中，在各洋面巡缉，格杀拿获之犯，已逾百名，但商民仍有报劫之案，盗匪尚未净尽，仍应严密侦捕。道光帝批示：浙洋盗匪，肆意剽掠，现虽缉获多名，而余匪未净，必应实力严捕，尽法惩治。闽浙两省洋面毗连，若不会同兜拿，尤恐此拿彼窜。着刘韵珂、管通群、窦振彪、李廷钰严饬各水师将弁等，严密侦巡，有犯必获，如有稍存懈弛者，即着指名参办，务使商民绥靖，海洋肃清，是为至要。至浙江提标等营，所需兵船，准由各营自行雇用，其温州镇标及所辖各营，如额设之船不敷配用，由各营随时酌量添雇之处，亦着照所议办理。③

直隶总督讷尔经额、河南巡抚鄂顺安、山东巡抚梁宝常会奏报，酌拟变通三省会哨章程。查直隶大名镇与河南河北镇、山东曹州镇相为控制，应请嗣后每届冬令，该三镇选带将备弁兵，亲往三省适中之地会哨一次；其本管营员，改为隔月会哨一次；专汛员弁，仍按月巡哨，俱互换印照，结报查考。仍责成镇道查察，如有不亲往哨巡，以空文差丁互换塞责者，指名严参，并饬各该州县，协同营汛查缉；该管知府，随时亲历稽查；道员于每年冬三月亲往各属巡察一次。遇有失事，无论在何省地面，查案轻重，将各该营汛州县，分别纠参；若在冬令，并将巡察之镇道附参；如一年并无失事，存记鼓励，并由该道府等每年公捐银一千两，移交该镇，以为哨巡津贴之费。下军机大臣会同吏部兵部议，从之。④

军机大臣穆彰阿奏报，遵旨核议耆英等所奏通筹海关税收，并解支禁革等事宜。⑤

---

① 《清实录·宣宗成皇帝实录》卷三九五。
② 《清实录·宣宗成皇帝实录》卷三九五。
③ 《清实录·宣宗成皇帝实录》卷三九五。
④ 《清实录·宣宗成皇帝实录》卷三九五。
⑤ 中国第一历史档案馆：《鸦片战争档案史料》第 7 册，天津古籍出版社 1992 年版，第 262～267 页。

初十日庚辰(9 月 3 日)

前据梁宝常奏报，山东洋面停泊夷船二只；又据讷尔经额奏报，天津洋面有夷船寄碇。兹据梁宝常奏报，东洋停泊夷船，系一大一小，查明船名及船主姓名，内有粤人男妇，并称该夷目是商非官，来自舟山，现已起碇往西北大洋驶去。清廷着耆英按照该抚折内，所开船主姓名，向璞鼎查询问，是否系英吉利夷商，何以违约私至各处洋面，希图贸易；务即饬谕该国商船，恪守前约，向原议码头通市，不准越界私贩；并禁止沿海奸民，毋得勾串夷商，潜踪游奕，以杜弊端。①

十二日壬午(9 月 5 日)

钦差大臣耆英等奏报，办理美、法等国按照新定章程一体通商大略情形。②
粤海关开市以来，华夷安辑，贸易照常。③

十七日丁亥(9 月 10 日)

禧恩奏报筹议团练章程，称奉天海疆南路，尤关紧要，海口铺商，所雇壮夫，堪以兼充乡勇，藉资团练。道光帝以为团练乡勇，只可行于有事之时。该处沿海铺户，多系外省客商，若令其团练，恐日久懈生，仍至有名无实，且难保无流弊。此时筹防海口，总以训练兵丁为急务，着该将军等督饬将弁，于所属营伍，勤加操练，务使技艺精纯，足备干城之选，如果一兵得一兵之用，自较之团练乡兵，更为得力。④

二十日庚寅(9 月 13 日)

大沽英船二只经山东庙岛向东南驶去。⑤

---

① 《清实录·宣宗成皇帝实录》卷三九五。
② 中国第一历史档案馆：《鸦片战争档案史料》第 7 册，天津古籍出版社 1992 年版，第 270~272 页。
③ 中国第一历史档案馆：《鸦片战争档案史料》第 7 册，天津古籍出版社 1992 年版，第 272~273 页。
④ 《清实录·宣宗成皇帝实录》卷三九五。
⑤ 中国第一历史档案馆：《鸦片战争档案史料》第 7 册，天津古籍出版社 1992 年版，第 274~275 页。

廿三日癸巳(9月16日)

广东已革署龙门协副将张斌，前因巡洋遇盗，劫去炮械关防，降旨革职留缉。现据该处文武，将案内伙犯先后获解，惟首犯及所抢关防，未经起获。而该革员自留缉以来，并未亲获一犯，是平日缉捕废弛，业经参革，又复不知愧奋，必应从重办理，以示惩儆。张斌着先于海口枷号两个月，满日发往新疆效力赎罪。琼州镇总兵鲍起豹，统辖洋面，并不认真督缉，至今要犯未获，着先行摘去顶带，如始终不能振作，即着从严参办。①

祁埙等奏报，越南国捕弁，拿获内地抢掠匪徒，订期解审。据称该国巡船捕弁，拿获匪犯船只，内有炮械兵仗，已据匪目金二纪等供认在洋抢劫属实，遣使请由水路解粤，经该督等檄饬文武员弁，俟该国船到虎门海口，管带护送。②

福州将军保昌奏报，已派员妥为经理厦门征收商税及移设查税小口。③

廿四日甲午(9月17日)

命云南巡抚张澧中来京，另候简用，调浙江巡抚吴其浚为云南巡抚，以浙江布政使管通群为巡抚。

廿五日乙未(9月18日)

调广东布政使存兴为浙江布政使，以广东按察使黄恩彤为布政使。

从巡抚管通群所请，修浙江东、西两塘柴埽、盘头各工。

廿八日戊戌(9月21日)

暹罗国王，因未接奉改定贡期公文，以致仍照旧例遣使呈进方物，并进二十一年万寿及补进二十年贡物。清廷准其于本年呈进，照例委员伴送该使臣起程，令于年底到京，该国正副二贡船，准其先行回国。俟此次该国贡船回帆时，即将前项礼部公文，交给领赍回国投递，嗣后着遵前旨，四年遣使朝贡一次，用示怀柔。④

① 《清实录·宣宗成皇帝实录》卷三九五。

② 《清实录·宣宗成皇帝实录》卷三九五。

③ 中国第一历史档案馆：《鸦片战争档案史料》第7册，天津古籍出版社1992年版，第275～276页。

④ 《清实录·宣宗成皇帝实录》卷三九五。

祁墕等奏报，越南国遣使解犯抵粤。据称该国差官张好合等船只，业已护送进口停泊，将匪犯金二纪等及枪炮押解至省审办。已据该匪犯等供认在洋行劫，抢夺师船炮位，飘至越南地方被获各情，并奏参琼州镇鲍起豹于师船被劫炮位后，并不据实禀报，迨经行查，又不详细确查禀复，显有扶同捏饰情弊。清廷着该督等即飞提该弁兵等严行审讯，据实参办。至该国王遣官解犯来粤，深明大义，该行价等所带压舱货物，着准其开舱起货，并加恩免其纳税，用示朕嘉惠远人至意。①

两广总督耆英奏报，呈进洋枪。得旨："朕亲加对合，大小均各有用。内一母大小二枪筒，大靶接小靶者，可称绝顶奇妙之品。又六眼小枪，灵捷之至，但惜其无大者耳。卿云'仿造'二字，朕知其必成望洋之叹也。"②

三十日庚子(9 月 23 日)

道光帝晓谕：据耆英等奏报，查办美利坚等国通商大略情形，并粤海关开市以来，华夷安辑，贸易照常，览奏均悉。西洋各国，以通商为性命，制驭之术，全在一切持平，务存大体，尤宜筹及久远，勿得仅顾目前。所有美利坚等国通商章程，着议定后即行具奏。至要约各条，现饬朴酉另派通习汉文之夷目，迅速翻译各等情，俱着妥商办理。③

八月初一日辛丑(9 月 24 日)

李廷钰奏报浙洋现在情形，英夷现已通市，宁波指日开港。清廷着该提督，严禁兵役藉端滋扰。至通商贸易，事属创始，着与同城文武悉心商办，镇静弹压，毋任别生枝节。其浙省水陆镇将备弁，着与刘韵珂察看整顿，秉公核办。所奏闽造同安梭船驾驶到浙如果得力，即将补造之船，赶紧造办，以次配补。④

初七日丁未(9 月 30 日)

福建巡抚刘鸿翱奏报，闽省不宜团练乡兵，及各海口后路布置情形。⑤

---

① 《清实录·宣宗成皇帝实录》卷三九五。
② 《清实录·宣宗成皇帝实录》卷三九五。
③ 《清实录·宣宗成皇帝实录》卷三九五。
④ 《清实录·宣宗成皇帝实录》卷三九六。
⑤ 中国第一历史档案馆：《鸦片战争档案史料》第 7 册，天津古籍出版社 1992 年版，第 281~282 页。

署两江总督壁昌奏报上海通市豫筹妥办情形。①

初九日己酉（10月2日）

刘韵珂奏请将水师总兵撤任。浙江温州镇总兵德年，由广西陆路副将升用，到任后虽并无废弛之事，究于水师情形不能熟悉，德年着先行撤任。温州镇总兵，着汪士逵补授。②

为通商章程到浙，刘韵珂奏报应先行料理事宜，包括如何稽查偷漏。③

十五日乙卯（10月8日）

钦差大臣两江总督耆英与英国公使璞鼎查，在广东虎门签订中英《五口通商附粘善后条款》，即《虎门条约》，或称《虎门附约》，计十六款，附列小船章程三条。④

军机大臣穆彰阿将达洪阿、姚莹等亲供呈览，清廷免治其罪。⑤

十七日丁巳（10月10日）

前据祁𡎴等奏报，候选道潘仕成制造水雷二十具，派令学习制造之生员李光钤、议叙八品职衔潘仕豪、议叙从九品李光业带同匠役赍京试演。现在李光钤等将水雷赍到，着讷尔经额遴派干员来京，令同李光钤等三人，将水雷火药，一并带至天津，交善禄、向荣择水深宽敞之处，会同试演。是否适用，着该督即行具奏。其《水雷图说》一册，届时交该委员，带给该总兵等阅看，以便如式试演。⑥

---

① 中国第一历史档案馆：《鸦片战争档案史料》第 7 册，天津古籍出版社 1992 年版，第 282~283 页。

② 《清实录·宣宗成皇帝实录》卷三九六。

③ 中国第一历史档案馆：《鸦片战争档案史料》第 7 册，天津古籍出版社 1992 年版，第 283~285 页。

④ 中国第一历史档案馆：《鸦片战争档案史料》第 7 册，天津古籍出版社 1992 年版，第 294 页；王铁崖：《中外旧约章汇编》第 1 册，生活·读书·新知三联书店 1957 年版，第 34~39 页。

⑤ 中国第一历史档案馆：《鸦片战争档案史料》第 7 册，天津古籍出版社 1992 年版，第 292~293 页。

⑥ 《清实录·宣宗成皇帝实录》卷三九六。

浙江提督李廷钰有统辖水陆之责，现在温州洋面，盗案尚多，该提督并未亲自出洋，不能胜提督重任，着刘韵珂、管通群于闽浙两省水师总兵内，密行保举一人，听候简用。

十八日戊午(10 月 11 日)

孙振曲等三十九人，私越中朝边栅，砍运木植二千九百余件，被拿获。骁骑校多伦布，因附近海口，不能实力堵截，疲玩无能，着交部严加议处。

二十日庚申(10 月 13 日)

从巡抚管通群所请，修复浙江山阴、上虞二县冲坍柴塘。

廿四日甲子(10 月 17 日)

祁埙奏请委总兵会同水师提督，缉捕盗匪。据奏西路洋面，龙门协师船被盗抗拒，抢去副将关防一案，盗首尚未就获，探闻匪船大小不过三十余只，惟海洋辽阔，难保不此拿彼窜，清廷着准其派委署南澳镇总兵赖恩爵即赴西路，会同提督吴建勋上紧缉拿，毋致蔓延，所有大鹏协副将，准其以沈镇邦护理。①
以广东香山协副将杨德雄署阳江镇总兵官。

廿七日丁卯(10 月 20 日)

钦差大臣奏报，与英议定通商案内未尽事宜之善后条约缘由；查明外国船只违约游奕情形；与英商定五口租房地办法，英已派定各口管理贸易人员；与英使议商暂定，支付赔款只付利息。②

九月初三日壬申(10 月 25 日)

军机大臣穆彰阿等奏报，会议浙江善后事宜：一、改提标左营兵丁为外海水师；二、镇海营改隶提督管辖；三、移昌石营都司驻石浦，并添设兵丁；四、改乍

---

① 《清实录·宣宗成皇帝实录》卷三九六。
② 中国第一历史档案馆：《鸦片战争档案史料》第 7 册，天津古籍出版社 1992 年版，第 294～299 页。

浦营参将为副将，并添设兵丁；五、海盐县之澉浦地方，添设外海水师；六、海宁州添设内河水师；七、添设弁兵，即在本省各营裁拨；八、通省陆路兵丁，选十分之三，专习火器；九、乍浦驻防旗兵，专习陆战；十、水师以巡缉为操练；十一、水师各镇，照例出洋统巡，并按期会哨；十二、提督每年亲往沿海各营，校阅兵技；十三、巡抚每年亲赴乍浦等处，校阅兵技；十四、水师额设战船，俟同安梭船造成试验后，按营分设；十五、钱塘江内，添设船只，以习水战；十六、水师营内招募善于泅水之人，教习兵技；十七、修复招宝、金鸡两山，及乍浦等处炮台；十八、镇海乍浦后路，添筑炮台，并将海宁州凤凰山炮台，移建山下；十九、海宁海盐交界之谈仙岭，建筑石寨，并修炮台；二十、沿海城寨，择要修复；二十一、酌裁马兵，节省经费，协贴各兵赏项；二十二、演习枪炮，添制火药铅丸；二十三、添铸炮位，补制器械；二十四、修建各工，分别动款，并劝谕捐输。从之。①

初四日癸酉（10 月 26 日）

道光帝晓谕："昨据军机大臣会部议复浙江善后事宜二十四条，已明降谕旨，依议行矣。所有招宝、金鸡两山及乍浦等处，修复炮台，并镇海、乍浦后路添筑炮台；及海宁、海盐交界之谈仙岭，建筑石寨，内修炮台；并沿海城寨，择要修复，以备藏兵抄袭四条，并添铸炮位一节，均系海疆紧要事宜，着管通群严饬承办各员，按款如式，确估兴办。工竣后，该抚亲往验收，并着于查验事竣后，专折具奏，候朕简派亲信大臣，前往复查试演。傥炮台工程，草率偷减，及演放炮位，不能得力，经钦派大臣查出，恐该抚不能当此重咎也。"②

清廷着闽浙总督刘韵珂查访提督是否沿海阅兵，并巡抚是否亲赴乍浦考核。③

初六日乙亥（10 月 28 日）

展缓福建厦门甫经复业农民旧欠额赋。

钦差大臣耆英奏报，公同熟筹赔款银两。④

① 《清实录·宣宗成皇帝实录》卷三九七。
② 《清实录·宣宗成皇帝实录》卷三九七。
③ 中国第一历史档案馆：《鸦片战争档案史料》第 7 册，天津古籍出版社 1992 年版，第 320 页。
④ 中国第一历史档案馆：《鸦片战争档案史料》第 7 册，天津古籍出版社 1992 年版，第 321~322 页。

耆英奏报，与美利坚等国议定通商章程。①

在对英赔款内，将扣还英人前向宁波士民所索银二十五万元。②

美国人欲求晋京瞻觐。③

初十日己卯（11 月 1 日）

刘韵珂奏报，会筹通商事宜，请交巡抚查办。前因英夷即日至浙通商，该督奏明前赴宁波体察情形，与夷酋面加约束。兹据奏报，该夷尚无到浙确耗，已将应议各事宜，与管通群逐一商酌，意见相同，俟该道府等与该夷要约后，具详抚臣核办。道光帝批复：浙省海口纷歧，此时甫议通商，自以严杜偷漏为第一要务。所有口内商民，应责成经管海关之员，及该地方官稽查，至夷官、夷商等，尤应于到关之时，开诚布公，要以信义。着管通群饬令该管道府于夷商到宁波海口之时，查照耆英现定章程，妥为办理。其应如何因地制宜，综核稽查之处，务当筹画尽善，以期经久无弊。如查有走私漏税之犯，立即从严惩办，毋稍疏纵。④

十六日乙酉（11 月 7 日）

道光帝寄谕盛京将军禧恩、直隶总督讷尔经额、署尔江总督壁昌、江苏巡抚孙善宝、山东巡抚梁宝常、闽浙总督刘韵珂、福建巡抚刘鸿翱、浙江巡抚管通群、两广总督祁𡎴、广东巡抚程矞采：据耆英奏报，遵查夷船违约游奕。前因直隶、山东洋面，有夷船驶至，降旨令耆英查询禁止。兹据该大臣奏称，诘询璞鼎查，覆称实因上海等处管事夷目，尚未到口，致各商船违禁他往。现已出示晓谕，如再有不遵者，即求查照船货，一并入官条约办理。该夷五处通商，议有一定码头。所有江苏、浙江、福建、广东各省分，本系准予该夷贸易之地，如有奸民于夷船到口，抑勒阻揸，致令商货不能流转，即着该督抚等严密查拿。其并非通商口岸，遇有夷船驶入，着该将军、督抚督饬查明，不论何国何船，将船货一并入官。有不遵者，咨会两广总督，行知该夷目，责令交出。傥查系奸民潜相勾结，兵役得规故纵，即行

---

① 中国第一历史档案馆：《鸦片战争档案史料》第 7 册，天津古籍出版社 1992 年版，第 323～324 页。

② 中国第一历史档案馆：《鸦片战争档案史料》第 7 册，天津古籍出版社 1992 年版，第 325 页。

③ 中国第一历史档案馆：《鸦片战争档案史料》第 7 册，天津古籍出版社 1992 年版，第 325～326 页。

④ 《清实录·宣宗成皇帝实录》卷三九七。

从严惩办，毋许稍有徇隐。①

现在五口通商，章程初定，头绪纷加，一切事宜，必须明干之员，随同该督抚办理。广东省，着祁𡑅、程矞采督同蕃司黄恩彤一手经理；江苏省，着壁昌、孙善宝督同咸龄、宫慕久核实办理；福建省，着刘韵珂、刘鸿翱督同藩司徐继畬妥为筹办；至浙江省规模甫定，海口纷歧，着刘韵珂、管通群遴派熟悉夷务大员，前往各海口，协同该地方官实心经理。②

耆英奏报，水师提督吴建勋于夷务及水师缉捕，均未见其所长。清廷着祁𡑅留心察看，据实具奏，此外水师总兵如有熟悉夷情，谙练水务操防之员，着随时秉公具奏。③

清廷着钦差大臣耆英暂停粤海关每年三次贡物。④

十七日丙戌（11 月 8 日）

英国驻沪领事巴富尔，由定海乘轮船"麦都萨"号抵达上海。⑤
从巡抚管通群所请，修筑浙江东、西两塘柴埽各工。

廿一日庚寅（11 月 12 日）

道光帝晓谕："朕恭阅皇祖高宗纯皇帝实录，内载乾隆十五年六月谕内阁，'水师兵丁与陆路不同，在陆路则以汉仗弓马为能，而水师则专以水战为事。况将弁为兵丁之领袖，凡风云气色，岛屿形势，以及往来驾驶之法，尤须练习有素，方可指挥士卒，操纵得宜。嗣后各省拔补水师千把，务留心选择通晓水性，熟练舟师之员，方许呈送考验等因，钦此。'仰见皇祖慎重水师，豫储将帅之至意，必应永远遵循，毋致日久生懈。近来水师将弁，不尽得人，每遇出洋巡捕之事，甚至畏避风潮，逗留近岛。总缘拔补千把总时，总督提镇，多取汉仗弓马，而不求实在谙习水师之人，循资按格，荐历大员。其于水师一切机宜，未能洞悉，则所呈送保举之人，安望能得习知水性，熟练舟师者耶？现在各省善后章程，饬令水师兵弁，演放

① 《清实录·宣宗成皇帝实录》卷三九七。
② 《清实录·宣宗成皇帝实录》卷三九七；《筹办夷务始末（道光朝）》第 5 册，中华书局 1964 年版，第 2739 页。
③ 《清实录·宣宗成皇帝实录》卷三九七。
④ 中国第一历史档案馆：《鸦片战争档案史料》第 7 册，天津古籍出版社 1992 年版，第 330 页。
⑤ 中国第一历史档案馆：《鸦片战争档案史料》第 7 册，天津古籍出版社 1992 年版，第 356 页；汤志钧：《近代上海大事记》，上海辞书出版社 1989 年版，第 17 页。

枪炮，尤须不畏风浪，惯能驾驶，方能施放有准。着通谕沿海总督提镇等，于拔补千把总时，务须留心选择，或谙识风云，或周知岛屿，或驾驶船只得宜，或施放枪炮有准，核实呈送，秉公考验。该总督提镇，均系受恩深重之人，各宜为国求才，实心遴选，俾水师日有起色，毋负朕谆谆训诫之意。"①

讷尔经额奏报，演试水雷情形。设伏之器，必使敌人不觉，方能攻其无备。此项水雷，既无此善水之人送至船底，轰击虽利，亦未见为适用，当再为推求。所有赍到水雷，清廷仍着该督妥为存贮，其李光钤等三人并广东带来匠役，均着饬令回粤。

以捐铸炮位，予江苏府经历莫载以知县尽先补用。

廿二日辛卯（11 月 13 日）

钦差大臣耆英奏报，与澳门葡萄牙人议定通商章程。②

廿四日癸巳（11 月 15 日）

道光帝晓谕：据耆英等奏报，议定美利坚等国通商章程等语，览奏均悉。现在英夷已准通商，所有美利坚等国，自应准其一体通商，以示抚绥之意，着照所议妥办。总须筹及远大，不可仅顾目前，致贻口实。至美利坚有进京瞻觐之请，英吉利又于善后条内，添出沾恩语句，豫为地步，安知非互相勾串，巧为尝试。着耆英等婉为开导，谕以天朝抚驭各国，一视同仁，凡定制所应有者，从不删减，定制所本无者，不能增添。若各国纷纷请觐，观光上国，不但无此政体，且与旧制有乖，万难代奏。至现在已准一体通商，天恩高厚，尔等果能约束商人，公平交易，照例轮税，无稍偷漏，大皇帝闻之，必然嘉悦也。耆英接奉此旨，即饬黄恩彤等照此明白晓谕，断不准稍有含混，别生枝节，是为至要。③

前据耆英等奏报，酌定善后条约，当交军机大臣速议具奏。兹据核议具奏，清廷俱着照所议行，惟香港通市一节，最关紧要。该处为售货置货之总汇，课税盈绌，全系乎此。而出口、进口之牌照，若仅责成九龙巡检，会同英官随时稽查，恐办理稍疏，即不免有偷越之弊。其应如何设法严查之处，着耆英等再行悉心妥议具奏。其各处出海船只，仍着严饬各海口文武员弁，实力稽查。至五处通商口岸，并

①　《清实录·宣宗成皇帝实录》卷三九七。
②　中国第一历史档案馆：《鸦片战争档案史料》第 7 册，天津古籍出版社 1992 年版，第 335~338 页。
③　《清实录·宣宗成皇帝实录》卷三九七。

着一体知照各该省，加意防范，毋任商船任意出入，以防偷漏而裕课税。①

道光帝寄谕署两江总督壁昌、江苏巡抚孙善宝、闽浙总督刘韵珂、福建巡抚刘鸿翱、浙江巡抚管通群：前因英夷船只驶至天津，降旨令着英查询禁止。兹据奏称，前赴山东等处船只，皆在未定条款之先，现已明定条约，如敢擅往他处游奕，即将船货一并入官。该酋又已出示晓谕，并求中华一体，严禁奸民接济，不准买办食物，其弊自绝。现在各处口岸，次第开市，准予通商之处，自宜妥为抚驭。其不准通商口岸，遇有夷船驶入，除遵前旨将船货一并入官外，着该督抚等督同经理各员，严禁奸民接济夷船食物，并不准该夷人上岸买办。如有违禁勾结私行卖给等弊，即着从严惩办，毋许稍有徇隐。②

廿七日丙申(11 月 18 日)

祁墳奏请改设九龙巡检。香港为通市总汇要区，若仅责成巡检稽查，恐不免有偷越之弊。③

廿八日丁酉(11 月 19 日)

祁墳奏报，遵旨查明发往广东以副将即补之波启善，前在澳门打仗受伤情形。波启善着仍遵前旨，遇有广东副将缺出，即行补用。④

十月初五日甲辰(11 月 26 日)

二十二年六月，署守备庞贯超派令千总叶光显管驾巡船，至榆林外洋，遇金二纪等盗船，炮位被劫。该署副将李邦汉讳匿不报，嗣奉行查，又复含混禀覆。叶光显应请从重发往新疆效力赎罪，李邦汉、庞贯超业已革职，应请从宽免议。下部议，从之。

初六日乙巳(11 月 27 日)

禧恩奏报，酌拟办理巡哨船只，请雇商船利用。奉天省每年巡洋会哨船只，如

---

① 《清实录·宣宗成皇帝实录》卷三九七。
② 《清实录·宣宗成皇帝实录》卷三九七。
③ 《清实录·宣宗成皇帝实录》卷三九七。
④ 《清实录·宣宗成皇帝实录》卷三九七。

遇修造年分，不能敷用，清廷着即责成水师营协领，雇觅沿海出洋贸易之商船，官为给价，配搭官船，出洋会哨，所需雇价，随时造册，报部核销。

前据禧恩奏报，请修造战船，并添造巡船五只，以资巡哨，当经部议奏准，转行闽浙总督照式成造。兹据禧恩奏称，此项巡船，若照本处水师营战船改小添造，不惟需费浩繁，且恐无济于用，应请停止。清廷着刘韵珂即将现在报修战船七只，并需用物料，迅速修造解送，以备应用，其前请添造之巡船五只，着停止。①

初九日戊申(11 月 30 日)

钦差大臣耆英奏陈，原办通商善后案内有关香港通市后难免偷越等事，似可毋庸再议。②

耆英晓谕美利坚夷目不得来京瞻觐。③

初十日己酉(12 月 1 日)

道光帝晓谕："着英奏报通商事竣，朕思鸦片烟虽来自外夷，总由内地民人逞欲玩法，甘心自戕，以致流毒日深。如果令行禁止，不任阳奉阴违，吸食之风既绝，兴贩者即无利可图。该大臣现已起程，着于回任后统饬所属，申明禁令。此后内地官民，如再有开设烟馆，及贩卖烟土，并仍前吸食者，务当按律惩办，毋稍姑息，特不可任听关吏人等过事诛求，致滋扰累，总之有犯必惩，积习自可渐除，而兴贩之徒，亦可不禁而自止矣。所奏定海地方紧要，请将舒恭受带罪当差一节，舒恭受罪干斩候，此次免勾，已属法外之仁，所奏难行。该处善后需人，着即咨商刘韵珂、管通群遴选贤员，妥为办理。着英现已回任，所有粤省未尽事宜，着即移交祁埙督同文丰，相机妥办。两江总督任重事繁，现在善后未结各件，及上海通商事宜，均须该督妥办，所请陛见，着俟一二年后再行奏请。其钦差大臣关防，俟回任后遇便赍缴。"④

赏粤海关监督文丰四品顶带花翎。

---

① 《清实录·宣宗成皇帝实录》卷三九八。

② 中国第一历史档案馆：《鸦片战争档案史料》第 7 册，天津古籍出版社 1992 年版，第 350~353 页。

③ 中国第一历史档案馆：《鸦片战争档案史料》第 7 册，天津古籍出版社 1992 年版，第 353 页。

④ 《清实录·宣宗成皇帝实录》卷三九八。

廿一日庚申（12 月 12 日）

予福建巡洋漂没兵丁陈汝成等二名赏恤如例。

署两江总督璧昌奏报，已与英领事巴富尔议定，上海于九月二十六日开市。①

廿二日辛酉（12 月 13 日）

前据耆英等奏报，请改设巡检，移驻附近香港之九龙地方，稽查出入牌照。道光帝以香港为售货总匣，若仅责成巡检稽查，恐立法尚未周密，令该大臣等再行妥议。兹据耆英奏称，体察情形，不在验照官之大小，全在行之以实。所有前赴香港之船，既由给照口岸，按月报明粤海关，业已互有稽考，九龙巡检，不过查其已到未到，并无税银可收，似可无虞偷漏。清廷着照所议办理，所有祁墫等前奏广东新安县属之官富司巡检，请移驻九龙地方，改为九龙巡检，作为海疆要缺。即照所请，准以试用从九品许文深试署，俟试署期满，如果称职，另请实授，并定为在任三年，如经理得宜，即予保举升擢，毋庸扣至六年俸满。其现准试署之许文深能否经理得宜，仍着祁墫等随时察看，如不胜任，即行撤回，另为酌调，毋得稍事因循，至该巡检虽无征收税课之责。而稽查出入，务令华夷相安，断不可任吏胥勒索，别生事端，是为至要。又据耆英另片奏报，钦遵谕旨，札饬黄恩彤晓谕美利坚夷目福吐。道光帝批复：倘该国果有使臣到粤，即着祁墫等督饬藩司黄恩彤，婉为开导，谕以天朝抚驭外夷，悉遵定制。该夷向来未通朝贡，不但广东督抚不能代为奏恳，即或驶往直隶海口，亦断不准该夷上岸。是该夷徒劳往返，转孤负大皇帝曲加体恤之意，不如安分通商，得沾实惠。如此明白晓谕，庶可绝其觊觎之心，并杜各国效尤之念，万勿稍有含混，以致别生枝节。②

道光帝晓谕：思五口通市，事属创行，必应于立法之初，详明周市，方可期经久无弊。各海关税课之盈绌，全在严查偷漏。着各该督抚等责成各海口文武员弁，督饬卡房巡船人等，实力稽查，断不准日久又成具文。至夷人在各口租屋赁地，自应于议定界址时，再与切实要约，以杜籍口，务当因地制宜，不准稍留罅隙。其出海船只，并着严申禁令，毋得任意出入。总之有治人始有治法，各该省督抚等，尤当随时体察情形，核实办理，认真整顿，俾商船不至偷越，而国课益臻充裕，是为至要。③

---

① 中国第一历史档案馆：《鸦片战争档案史料》第 7 册，天津古籍出版社 1992 年版，第 356~357 页。

② 《清实录·宣宗成皇帝实录》卷三九八。

③ 《清实录·宣宗成皇帝实录》卷三九八。

廿三日壬戌（12 月 14 日）

保昌、刘鸿翱奏报，厦门一口，已择于九月十一日开市，遵照广东议定条款，华夷均属相安。又接璞鼎查照会，因福州无英领事可派驻，请暂停开市。①

福建台湾镇总兵官伊昌阿奏报接印任事，得旨：海疆重地，固当处以镇静，然镇静非因循也，断不可稍有废弛贻误，勉之慎之。

廿八日丁卯（12 月 19 日）

壁昌奏报，验试同安梭船，并添造阔头三板船只，分交各营，认真巡防。据称同安梭船，吃水较深，于外洋相宜，清廷着即饬交苏松镇督同将弁等在外洋驾驶巡防，俾资得力，其续造阔头三板船只，着照议派给苏松、福山二镇并京口左右营管驾，一面仍饬该员弁等依式接造十一只，以备派给各营。惟江南水师积弊，领船到营，多不认真管驾，该将弁等平时既漫不经心，及至饬调操演，则诿为船不堪用，甚或偷卖扛具，私行租赁与人，种种恶习，实堪痛恨，着耆英、尤渤严定章程，认真查察，革除锢弊。所有此次派领船只，务当随时委员前往查验，如有管驾不慎，及巡防疏懈之员，即行指名参奏。其前赴福建成造之同安梭船二只，八浆子船四只，现交苏松镇收管，着责成上海道按季查明，该镇将是否亲身出巡，及船只有无抛泊捐坏之处，据实结报。②

予浙江慈溪县阵亡甘肃外委杨福增、陕西外委毛玉贵、何海祭葬世职。予广东阵亡水勇杨仲等一百十五名恤赏如例。

廿九日戊辰（12 月 20 日）

予浙江乍浦阵亡前锋校佛印祭葬世职，兵丁林茂通等五名恤赏如例。

十一月初五日癸酉（12 月 25 日）

以操防不力，降广东水师提督吴建勋为副将，以福建南澳镇总兵官赖恩爵为广东水师提督。以获盗多名，予广东同知刘开域等升补有差。

---

① 《清实录·宣宗成皇帝实录》卷三九八；《筹办夷务始末（道光朝）》第 5 册，中华书局 1964 年版，第 2783 页。

② 《清实录·宣宗成皇帝实录》卷三九八。

初七日乙亥（12 月 27 日）

御史江鸿升奏请饬水师提镇出洋巡缉。据奏近日广东洋面不靖，闽浙各洋，时有匪徒出没，沿海奸民，恃海洋为后路，必宜认真巡缉，遏绝奸萌。道光帝批复：近年沿海水师，不能得力，兵丁将备，但利水师之速于升转，而于海防一切机宜，平时既不讲求，临事率多避就，总由各该提镇，养尊处优，不知以身作则，将领以下，相率效尤，每届出洋巡缉之时，托故不行，转相推诿，甚或畏避风潮，逗留近岛，讳匿盗案，捏报虚词，言之愤恨。昨因广东水师提督吴建勋于廉州洋面盗匪，迁延观望，特旨降为副将。各该提镇自当知所儆惧，嗣后沿海水师各提镇，着于每岁出洋时，具奏一次，俟出洋往返事毕，洋面如何情形，据实具奏。其实在因公不能出洋，即着自行奏明，均令咨禀该省总督，以凭查核，并责成各该总督，破除情面，密访明查。傥敢偷安畏避，及奏报不实，随时分别参办。①

初九日丁丑（12 月 29 日）

孙善宝奏报，办理上海开市情形。内地贩运湖丝，前赴上海，应查明赴粤路程，少过一关，即补纳一关税数，该领事求免补纳，业经该道等告以定章不能更改，该领事无辞而退。清廷着耆英、孙善宝谆饬该道等，谨守现定章程，妥为办理，毋任妄意干求，致有增减。至开市伊始，商贩之多寡，本不能官为招徕，只可听民自便。其走私漏税诸弊，尤须实力稽查。②

十二日庚辰（公元 1844 年 1 月 1 日）

英国领事罗伯聃到宁波，是日开埠通商。③

廿五日癸巳（公元 1844 年 1 月 14 日）

刘韵珂奏报，水师需才，请留革员效力赎罪。已革游击陈胜元、杨靖江，前因在厦门防堵不力，经部拟发军台效力赎罪。兹据该督奏称，该革员等前在厦门防守，奋力攻击，俱经叠受重伤，因前任总督传令撤兵，始行随同退守，并无畏葸奔避情事。陈胜元、杨靖江着免其发往军台，即留于闽浙两省，效力赎罪，交刘韵珂

---

① 《清实录·宣宗成皇帝实录》卷三九九。
② 《清实录·宣宗成皇帝实录》卷三九九。
③ 《筹办夷务始末（道光朝）》第 5 册，中华书局 1964 年版，第 2793 页。

差遣委用。①

英夷领事罗伯聃于十月二十五日，前抵定海，即日来至宁波，商办通商事宜。宁绍台道陈之骥、宁波府知府李汝霖前往经理，并因该道府向未与夷目谋面，令已革道员鹿泽长协同办理。②

浙江提督李廷钰以不胜任革职，以福建金门镇总兵官詹功显为浙江提督，福建澎湖协水师副将施得高为金门镇总兵官。

廿六日甲午(公元 1844 年 1 月 15 日)

特依顺等奏请将炮位酌留分设。浙江现存满洲营广东大炮二十位，准其酌留八位，递年轮流演放，其余十二位，着解交浙江巡抚程楙采，即择炮台扼要处所，酌量分设，俾重防守而资得力。③

十二月初三日辛丑(公元 1844 年 1 月 22 日)

军机大臣穆彰阿等奏陈再议葡萄牙人之通商章程。④

初六日甲辰(公元 1844 年 1 月 25 日)

裕泰等奏报，捐输制造战船及海疆经费收支数目。⑤
调山东巡抚梁宝常为浙江巡抚，以江宁布政使崇恩为山东巡抚，调甘肃布政使陈继昌为江宁布政使，已革闽浙总督邓廷桢三品顶带，为甘肃布政使。

十四日壬子(公元 1844 年 2 月 2 日)

予江苏剿夷阵亡笔帖式哈丰阿、武举哈达海、前锋校松宝祭葬世职。

十九日丁巳(公元 1844 年 2 月 7 日)

两广总督祁𡎴因病给假，赏还广东巡抚程矞采二品顶带，暂护总督。

---

①　《清实录·宣宗成皇帝实录》卷三九九。

②　《清实录·宣宗成皇帝实录》卷三九九。

③　《清实录·宣宗成皇帝实录》卷三九九。

④　中国第一历史档案馆：《鸦片战争档案史料》第 7 册，天津古籍出版社 1992 年版，第380～381 页。

⑤　《清实录·宣宗成皇帝实录》卷四〇〇。

以剿捕洋盗出力，开复广东总兵官鲍起豹顶带，赏参将王鹏年花翎，余加衔升叙有差。

清廷着闽浙总督刘韵珂查奏李廷钰所奏筹办宁波通商是否属实。①

二十日戊午（公元 1844 年 2 月 8 日）

着耆英等奏报，水师亟需操练，请将公捐银两暂缓发商生息。前据壁昌等奏报，准商捐银三万两，作为操练水师津贴之需，降旨令将一半发商生息。兹据耆英等奏报，商力竭蹶，尚未发交生息，水师操练稍有迟缓，恐致废弛。清廷着照所请，准其挑派兵丁，按段操巡，分班调换，周而复始，以期一律纯熟，所有准商公捐经费，着准其暂缓发商，全数凑发加给口粮，以示体恤。仍着该督饬司将营田沙洲赶紧清厘，采取花利，以供支用，并着通盘筹画，如有赢余，仍行发商生息，以期经久。

以江苏清江炮局工竣，予道员徐泽醇等升叙有差。

抚恤越南国遭风难夷如例。②

两江总督收购英人枪支火药，并对仍载原货出口之英船征税。③

廿二日庚申（公元 1844 年月 2 月 10 日）

台湾府属民用茶叶、丝斤、绸缎，刘韵珂奏请照旧例贩运输税，并酌议稽查章程。前据耆英奏报，内地各省贩卖茶叶、湖丝、绸缎，不准涉海，如有愿由海运者，即照西洋各国贸易章程，完纳税银。其台湾等处地方，由该督抚妥议办理。兹据该督等奏报，台湾一府，民间所需茶叶、绸缎、丝斤，均由商民航海运往，若照外夷通商之例，一体增税，恐价值增昂，于小民日用有碍，请仍照旧例，按则输税，免其增加，并严立稽查章程。清廷着即照议办理。宁波、乍浦二口商民与台湾贸易，议请给照贩运，悉照闽省现定章程办理。乍浦口向因途远沙坚，税则量为折减，今仍照旧办理。宁波向有茶税，并无湖丝、绸缎税则，应查照闽海关税例征收。至江苏上海地方，例本禁止茶叶、丝斤、绸缎出口，其贩运赴台之览，应请仍

---

① 中国第一历史档案馆：《鸦片战争档案史料》第 7 册，天津古籍出版社 1992 年版，第 382 页。

② 《清实录·宣宗成皇帝实录》卷四〇〇。

③ 中国第一历史档案馆：《鸦片战争档案史料》第 7 册，天津古籍出版社 1992 年版，第 383~384 页。

行停止。①

闽浙总督刘韵珂奏报制造粤省磨盘炮架情形。②

廿八日丙寅(公元 1844 年 2 月 16 日)

暹罗国使臣披耶唆哩巡段哑派拿车突等四人于午门外瞻觐。③

是年

英国基督教伦敦会决定把东方的传教中心由马六甲迁到香港。④

英国基督教伦敦教会在上海成立墨海书馆，由麦都恩主持，业务主要为印刷《圣经》与传教小册子，道光三十年后开始翻译出版一些科学书籍。⑤

中英经由广州、上海等通商口岸的主要商品进出口总额为三千八百七十四万三千七百二十一元。其中，进口一千八百四十万零一十八元，出口二千零三十四万三千七百零三元。⑥

英国人在香港创建揽文船坞。⑦

道光二十四年　甲辰　公元 1844 年

正月初八日乙亥(2 月 25 日)

清廷着顺天府查明办理朝鲜使臣被抢之事，奏报：查朝鲜从人郑禹必于二十三

---

① 《清实录·宣宗成皇帝实录》卷四〇〇。

② 中国第一历史档案馆：《鸦片战争档案史料》第 7 册，天津古籍出版社 1992 年版，第 385～386 页。

③ 《清实录·宣宗成皇帝实录》卷四〇〇。

④ 顾长生：《传教士与近代中国》，上海人民出版社 1981 年版，第 226 页。

⑤ 陈学恂：《中国近代教育大事记》，上海教育出版社 1981 年版，第 3 页。

⑥ 姚贤镐：《中国近代对外贸易史资料》第 1 册，中华书局 1962 年版，第 630 页。

⑦ 刘传标：《近代中国船政大事编年与资料选编》第 1 册，九州出版社 2011 年版，第 6 页。

年十二月二十一日，行抵三河县枣林地方，坐马惊逸，行李失落，旋获马匹，交四驿馆设法带回，沿途有兵护送，并无被抢情事。①

因越南国王遣使张好合等将拿获内地盗犯金二纪等八名并炮械等项，驾驶兵船，解省审办，清廷着俟该国下届应贡年分使臣到京，于正贡照例赏赐外，另行加赏以示褒奖。②

两江总督耆英奏报，各国夷酋与中华各口官员文移往来，俱照新定章程办理，独意大利国仍照旧章办理，事转窒碍。③

十二日己卯（2 月 29 日）

广东归善县知县丁嘉藻，到任三月，于海疆要地拿获盗犯多名，着加恩赏加同知衔，先换顶带。④

十九日丙戌（3 月 7 日）

两江总督耆英覆奏，意大利国通商章程，前经军机大臣等议驳，不准于澳门添造房舍，遇有修建，必须请领牌照，自系循照旧章办理。惟查澳门地方，以关闸为门户，自关闸至三巴门五里，三巴门以内，地势湫隘，东西南三面滨海，并无尺寸之地可以扩充，不妨宽其禁令，免请牌照，以示体恤。如必遵照部驳，彼将籍口侵轶至三巴门外，似更无所限制。⑤

廿二日己丑（3 月 10 日）

暹罗贡使递禀，内称该国王面谕该使臣等恳求接贡之年，免输关税。清廷批复：向来琉球国进贡回国时，接贡船一只，随带货物，由闽海关奏明免税，暹罗向无此例。此次该贡使所请免税之处，未据祁㙔等奏明，所有该国接贡船只，应否照琉球一律办理，着该督抚等酌核具奏。如应照琉球办过成案办理，亦只准免一只船所带之货，概不准多带船只，冀图免税。⑥

---

① 《清实录·宣宗成皇帝实录》卷四〇一。
② 《清实录·宣宗成皇帝实录》卷四〇一。
③ 中国第一历史档案馆：《鸦片战争档案史料》第 7 册，天津古籍出版社 1992 年版，第390～391 页。
④ 《清实录·宣宗成皇帝实录》卷四〇一。
⑤ 《清实录·宣宗成皇帝实录》卷四〇一。
⑥ 《清实录·宣宗成皇帝实录》卷四〇一。

廿六日癸巳(3 月 14 日)

意大里亚国通商章程，所有三巴门内免领牌照听凭建造一节，清廷准其照议办理。①

朝鲜国王李焕遣使表贺万寿、冬至、元旦三大节，并进贡方物，赏赉筵宴如例。

暹罗国王郑福遣使表贺万寿，并呈贡方物，除年贡照例赏收外，其呈进中宫方物，命留抵下次正贡，赏赉筵宴如例。

缅甸国王孟坑遣使呈贡方物，赏赉筵宴如例。②

二月初一日戊戌(3 月 19 日)

祁墇奏报，校阅官兵技艺，大炮一项，所以防海，自以海中试放为宜。滨海炮台，均多船只往来，未便纷纷拦截。若择海边偏僻地方演试，大炮抬运较难，又虑炮重药多，所费不赀，请常演五百斤以上炮位。清廷批示：海中演放大炮，固多窒碍难行之处。惟现铸数千斤大炮，原为防海起见，傥因演放不易，常年存贮，不但日久生锈，且炮手于点放准头，全未讲求，又何以备缓急之需，势将使有用之物，竟成虚设。所有此项大炮，应如何设法变通演放之处，着耆英、程矞采再行体察地方情形，妥议具奏。③

两广总督祁墇因病解任，调两江总督耆英为两广总督，以福州将军壁昌署两江总督，未到任前，命江苏巡抚孙善宝护理，以江苏布政使文柱护巡抚，福州副都统敬穆署将军。

初三日庚子(3 月 21 日)

从巡抚程矞采所请，以祈祷灵应，广东新宁县宋校尉陈仲真为绥靖伯。

初四日辛丑(3 月 22 日)

护理两广总督程矞采奏报，遵旨劝阻美使臣顾盛晋京。④

---

① 《清实录·宣宗成皇帝实录》卷四〇一。
② 《清实录·宣宗成皇帝实录》卷四〇一。
③ 《清实录·宣宗成皇帝实录》卷四〇二。
④ 中国第一历史档案馆：《鸦片战争档案史料》第 7 册，天津古籍出版社 1992 年版，第 400~404 页。

法国巡船一只在九洲抛泊。①

初五日壬寅(3月23日)

从总督祁埙所请，以祈祷灵应，广东故龙门协副将景懋为忠显伯。

初六日癸卯(3月24日)

广东水师提督吴建勋，因不能得力，办理洋盗，迁延观望，有旨降为副将，留粤酌补。据吴建勋奏辩，督率操防，并无贻误，其查办廉州盗匪迟延，由督臣所发经费不足，舵水乏粮所致，并历陈督臣保奏各员，种种不实，及从前酌拟修复炮台章程，与督臣议论不合，触忿挟嫌，致被参劾。清廷着耆英于到任后，将折内所奏各情节，逐款详查。②

从巡抚王植所请，修浙江海盐县石塘。

初八日乙巳(3月26日)

原任广东水师提督关天培之孙关佛保，呈请照例承袭世职。

闽浙总督刘韵珂奏陈筹办厦门通商事宜。③

廿二日己未(4月9日)

美利坚国使臣，因上次阻止公文，未经接到，于正月初八日乘坐兵船"没兰的弯"号至澳门九洲湾泊，并欲来天津北河口朝觐，为程矞采反复开导，拟令在粤听候。另法兰西亦有巡船一只，在九洲抛泊，因其并未请求，程矞采未便豫行阻。清廷以为法兰西与美利坚事同一律，该夷目如有请求，即着照前谕止，务于婉言开导之中，寓正词拒绝之意。又着讷尔经额饬知天津镇道等豫为筹度，如夷船到津，迅即飞报该督，一面饬令该夷听候总督到时，有何言语，再行酌办。该国既称朝觐，切勿开炮打仗，所需食物淡水，准其购买，但不准一人登岸。所称

---

① 中国第一历史档案馆：《鸦片战争档案史料》第7册，天津古籍出版社1992年版，第404~405页。

② 《清实录·宣宗成皇帝实录》卷四〇二。

③ 中国第一历史档案馆：《鸦片战争档案史料》第7册，天津古籍出版社1992年版，第406~408页。

商议章程各情，该督到津后，谕以耆英系原议大臣，现调两广总督，即日到粤，该国贸易章程，前已议定，饬令即速折回广东，此处未便更议。其来京朝见一节，谕以天朝抚驭外夷，一切率由旧章，未便代为奏请，务须婉言开导，据理拒绝，万勿稍有含混。①

廿三日庚申(4 月 10 日)

从巡抚梁宝常所请，修浙江山阴、会稽、上虞三县海塘。

廿六日癸亥(4 月 13 日)

道光帝晓谕：耆英自任两江总督以来，督饬省标陆路各营将备，挑选弁兵，弓箭务求挽强命中，枪炮务求捷速有准，藤牌务求滚护有法，杂技务求舞击得势，现在已渐改观。其水师则以巡为操，责成各营将备，亲督弁兵，无分风雨梭巡，如值两船相遇，或与邻境兵船会合，即各逞其能，互相比较，不准将操练巡防，分为二项，亦不准止巡内江，不巡外海，所办均属妥协。着壁昌等即照耆英所定章程，勤加训练，俾水陆皆成劲旅，以期有备无患。至"战船一项，据奏惟放大舢船，江海均属相宜，最为合用。拟就善后案内，酌量造船一百数十只，就原额三百二十九船之例价，均匀增给，在江宁、苏州两处设厂，照市价核实办理，不敷银数，由外捐补"等语，着壁昌等察核情形，如能于操防得力，并无窒碍，即行酌核妥办。傥成造之员，办理未能如式，验收之员，索费拖累，均着严参惩处。至"沿江炮台，据称筑以砖石，则工费浩繁。若以土筑，又虑风雨剥蚀，不久即为平壤，似宜节省建筑之费，移为造船练兵之用。又新设福山镇，及所属衙署兵房，应驻扎福山，以守全江门户，已饬徐州道查文经等会镇复勘"等情，均着壁昌等体察情形，奏明妥办。②

廿八日乙丑(4 月 15 日)

前据祁埔等奏称"广东、琼州、廉州一带，近接夷洋，嗣后遇有匪徒，请知照越南国员弁，一体堵拿"等语，当交军机大臣会同该部议奏。兹据奏称，夷洋交界处所，遇有盗贼游奕劫掠，即责成沿海文武员弁，认真督缉，尽力捕剿，不得意存

---

① 《清实录·宣宗成皇帝实录》卷四〇二；《筹办夷务始末(道光朝)》第 6 册，中华书局 1964 年版，第 2804 页。
② 《清实录·宣宗成皇帝实录》卷四〇二。

观望。傥侦知窜入夷界，即行檄令捡获解回。其夷匪逃进内地，亦即拿解该国，自无虑其此拿彼窜。道光帝着即照所议办理，至该前督等请知会越南国一体堵拿，是中国应行缉捕匪犯，借资外夷兵力，不但无此体制，且沿海兵船，恃有外夷协缉，转致懈怠军心，废弛武备。①

三月初三日庚午（4月20日）

从巡抚梁宝常所请，修浙江仁和、海宁二州县海塘。

山东巡抚派员瞭探美利坚使臣巡船。②

初五日壬申（4月22日）

耆英调任两广总督，各省通商善后事宜均交该督办理，着仍颁给钦差大臣关防，遇有办理各省海口通商文移事件，均着准其钤用。③

美利坚使臣呈递回文，仍欲进京，并称专为和好、条约二事而来，因不遇钦差大臣，大失所望。清廷仍行知该使臣，在粤静候谕旨，即或进京，亦必仍令折回广东。所议条约，与钦差大臣两广总督耆英商酌。④

初八日乙亥（4月25日）

刘韵珂等奏报筹办厦门通商事宜。所议夷船按照销数输税，已据耆英咨覆，将已经报验起卸之货，按则征输；未验未卸者，免其纳税，并查照江省章程，开单呈览，即饬该道等秉公核实办理。其住处一节，既将空房给令赁住，该夷复欲在鼓浪屿栖止，亦经咨商耆英复绝严拒。现在该夷另派夷目李太郭到闽接替，闻须三四月间方能到厦。藩司徐继畲，清廷着即回省任事。⑤

美兵船进至黄埔，兵头巴驾投文请见。⑥

---

① 《清实录·宣宗成皇帝实录》卷四〇二。

② 中国第一历史档案馆：《鸦片战争档案史料》第7册，天津古籍出版社1992年版，第423~424页。

③ 《清实录·宣宗成皇帝实录》卷四〇三。

④ 《清实录·宣宗成皇帝实录》卷四〇三。

⑤ 《清实录·宣宗成皇帝实录》卷四〇三。

⑥ 中国第一历史档案馆：《鸦片战争档案史料》第7册，天津古籍出版社1992年版，第427页。

十四日辛巳(5月1日)

展缓浙江定海厅甫经复业歉收民户新旧额赋。

十八日乙酉(5月5日)

本日刑部奏报审拟湖北已革廪生易之瑶私越外域一案。该革生于二十二年正月行抵越南，先后致书彼国府尹、巡抚，次年六月，始行回粤，历时一年有余，投递呈词至八纸之多，委无勾结夷人情弊，拟照交通外境减等，杖一百流三千里。从之。①

二十日丁亥(5月7日)

福建海坛镇总兵官杨登俊奏报出洋巡缉，得旨：若仍前怠玩，则丧尽天良矣。②

廿一日戊子(5月8日)

台湾匪徒聚众谋逆，经刘韵珂等督兵剿捕，拿获首逆各犯。台湾嘉义县巨匪洪协等纠众竖旗谋逆，并有已革武生郭崇高合伙起事，所纠匪党，约共二千余人，经该镇道等督同各员弁带兵剿捕，接战六次，杀毙贼匪一千余名，将首逆洪协及股首林孕等先后拿获。又嘉义县匪徒李安等纠匪滋事，经营县往拿，捡获多名。③

泉州府马港厅之陈头乡为著名盗区，经护游击事千总吴金魁带兵往拿，该匪陈扭等胆敢逞凶拒捕，用枪轰伤吴金魁殒命，现在虽将首犯拿获，要犯陈得意尚未就捡。清廷着刘韵珂将此后应如何整顿防缉之处，会同详悉妥议具奏。寻奏报，酌拟四条：一、选立族正族副，以资约束；二、出洋船只，编列船甲，严禁偷渡；三、缉捕宜水陆交严；四、绅衿获盗，准予优叙。下部议，从之。④

廿四日辛卯(5月11日)

刘韵珂奏请将水师各员暂缓引见。前据兵部奏报，各省武职奏明暂缓引见者，

---

① 《清实录·宣宗成皇帝实录》卷四〇三。
② 《清实录·宣宗成皇帝实录》卷四〇三。
③ 《清实录·宣宗成皇帝实录》卷四〇三。
④ 《清实录·宣宗成皇帝实录》卷四〇三。

积有多员，当即降旨饬催。兹据该督奏称，闽省水陆武职，前因军务差遣暂缓给咨者，人数众多，业经分作两班，将列入第一班人员，陆续给咨赴部。其第二班及续经升擢之水师各员，现在均居要缺，转瞬南风司令，正当海洋缉捕吃紧之时，未便遽易生手。清廷着照所请，所有闽省应行引见之水师各员，准其俟本年冬令，再行给咨赴部，浙省情形既与闽省相同，亦着一律办理。①

提督窦振彪探明泉州府马港厅属之陈头乡匪徒踪迹，两次亲统舟师，分往搜捕，焚毁盗船八十余只，该匪四散逃窜。②

廿六日癸巳(5月13日)

予故福建水师提督陈阶平祭葬如例。

四月初四日庚子(5月20日)

上年十二月内派侍郎柏葰为正使，副都统恒兴为副使，前往朝鲜谕祭。兹据该侍郎等差竣回京，奏称该国于照例馈送之外，另送赆银五千两，陈明请旨。道光帝批复："朝鲜世守东藩，虔修职贡，遇有大臣官员差往彼国，旧有馈送仪物之例，蒙皇祖高宗纯皇帝谕，按旧例裁减一半，永著为令。原以仪物繁多，不忍重劳该国，若概不收受，又恐其以缺乏礼数，有歉于心，是以酌中定制，厚往薄来，成宪昭垂，允宜遵守。此次该国馈送柏葰、恒兴宴金土仪，均照旧例减半，自应遵例收受。其另送赆银五千两，据称前此天使原无赆仪，此次该国王因感恩荣幸，格外将敬，经该侍郎等坚辞谢却，该陪臣携银随行，沿途求受，将届出境，又复跪地叩恳，免冠垂涕，禀称如不收受，国王必治伊等重罪，并该国王亦欲请罪，且伊等虽随从入京，总期收受方敢回国。朕惟恭敬之实，不在多仪，此次谕祭朝鲜，该国减半馈送之物，业据该侍郎等照例收受，已足表该国事大之诚，若另送馈赆多金，致增糜费，既与定例有违，即非朕德礼绥藩之意。此项赆银着礼部暂行存贮，遇有该国便员来京，令其带回缴还，并将此旨传谕该国王，嗣后天朝差往官员，俱着恪遵成例，减半馈送，万不可于额外加增，虚耗物力。其派出之大臣官员，亦着礼部将此旨恭录一通，并将例载减半礼物数目，开具清单，一并交正副使赍带前往，永行遵守，以符定制而示怀柔，该部即遵谕行。"③

---

① 《清实录·宣宗成皇帝实录》卷四〇三。
② 《清实录·宣宗成皇帝实录》卷四〇三。
③ 《清实录·宣宗成皇帝实录》卷四〇四。

初五日辛丑(5 月 21 日)

美兵船退出虎门，璞鼎查退职回国。①

初九日乙巳(5 月 25 日)

梁宝常奏报，浙省善后案内，应行修添各船，一时造补不及，拟借闽省船十只，以资巡缉。现在该抚委员赴闽制造同安梭船三十只，清廷着准其由司筹拨银八万两，解赴闽省，存贮藩库，由浙省委员会同闽厂委员，仿照闽省现定船式监造。其未造竣以前，着刘韵珂拨给闽省船十只，驾驶赴浙，以资巡缉，俟浙省之船造竣后，再行拨还闽省。至善后案内应行修复及添建炮台等项，自应次第筹办，但必须体察地方情形于扼要处所酌量远近高下，妥为布置，务期资控驭而收实效。若只知照例添建，图壮观瞻，何济于事，广东虎门各炮台，非前车之鉴耶？②

十三日己酉(5 月 29 日)

程矞采奏报，遵查暹罗接贡船只，请照成案办理。暹罗国正副贡船，所载货物，向免输税。至接贡船只，并无免税之例，惟念该国恪守藩封，输忱效顺，自应格外优恤，以示怀柔。清廷着准其仿照琉球国成案，嗣后暹罗国接载贡使京旋之正贡船一只，随带货物，免其纳税。其余副贡船只，或此外另有货船，仍着照例收纳，以昭限制。③

程矞采奏报，召募屯丁分守炮台。据奏圈筑沙坦，共得田一百三十九顷余亩，召募屯丁二千名，每月于屯丁一百名内，轮值二十名，在台操演。若遇有事调用，仍令悉数到台，不准调往他处，及另派别项差使。每年岁修，及操演犒赏，需银一万五千两上下，应俟呈首坦亩捐输屯费，积有成数，通盘筹画。清廷批示：以本地之民，种本地之田，用以防守要隘，即属保卫身家，寓兵于农，自系长策。此次屯工各项银两，免其造册报销。惟屯丁究系乡民，是否足资御侮，平日如何操练，临时能否得力，此外有无未尽事宜，着耆英于到粤后，会同程矞采、赖恩爵体察情

---

①　中国第一历史档案馆：《鸦片战争档案史料》第 7 册，天津古籍出版社 1992 年版，第 445 页。

②　《清实录·宣宗成皇帝实录》卷四〇四。

③　《清实录·宣宗成皇帝实录》卷四〇四。

形，将现拟章程，有无应行斟酌损益之处，再行悉心妥议具奏。①

钦差大臣耆英抵达粤东，照会美国使臣，即赴澳门会晤。②

十五日辛亥(5月31日)

广东委员吴孙炳护送越南员弁回国，于桂平县石嘴地方被劫，清廷着周之琦严查。寻奏报，拿获盗犯五十七名，究明越南兵船一并被劫，已将新会六、关亚恒二犯正法，余分别问拟。前署桂平县知县袁湛业疏防讳匪，于参革后病故，应毋庸议。下部议，从之。③

十七日癸丑(6月2日)

敬穆奏报，捐办抬枪，并请支领火药铅子。福州水师旗营演习水操，经该署将军捐办抬枪四十杆，交营一体演习，所用价值，清廷着免其报部核销。至福州八旗所设抬炮，每年应需火药三千五百余斤，铅子三千四百余斤，着该督抚于八旗支取操演硝磺时，一并领取，仍俟年终造册报部核销。④

已革宁绍台道鹿泽长督率定海厅同知林朝聘，筹办定海善后事宜。⑤

十八日甲寅(6月3日)

前因总兵葛云飞、郑国鸿均在定海阵亡，曾经加恩优恤，并各赏给骑都尉等世职。现在该故员等子孙，应已承袭有人，清廷着各该原籍督抚查明袭职者如已及岁，即与前经赏给文举人之葛以简、郑铦、郑锷及赏给武举人之葛以敦等一并给咨送部引见，毋得迟延。⑥

浙江巡抚梁宝常奏报，美领事尚未来浙，定海洋面现泊有英夷船十三只。⑦

---

① 《清实录·宣宗成皇帝实录》卷四〇四。
② 中国第一历史档案馆：《鸦片战争档案史料》第7册，天津古籍出版社1992年版，第448~449页。
③ 《清实录·宣宗成皇帝实录》卷四〇四。
④ 《清实录·宣宗成皇帝实录》卷四〇四。
⑤ 《清实录·宣宗成皇帝实录》卷四〇四。
⑥ 《清实录·宣宗成皇帝实录》卷四〇四。
⑦ 中国第一历史档案馆：《鸦片战争档案史料》第7册，天津古籍出版社1992年版，第451页。

廿三日己未(6 月 8 日)

美利坚兵船退出外洋，英吉利使臣璞鼎查退职回国，另换公使德庇时接办。清廷着耆英侦探确情，寻奏报：璞鼎查因患病回国，德庇时曾于公司馆未散时来粤，充当大班，粗通汉语，数月以来，尚无桀骜不法情事。①

五月初八日甲戌(6 月 23 日)

昨据梁宝常奏报，接准程矞采咨称，美利坚领事，派有乌儿吉轩理知，在宁波港口办理事务。②

初十日丙子(6 月 25 日)

两广总督耆英奏报连日接见美使情形。③
葡萄牙亦有北上之请，法国使臣约一月后可到。④

十二日戊寅(6 月 27 日)

法船来宁波查探贸易码头。⑤

十五日己巳(6 月 30 日)

英国驻福州领事李太郭到福州。⑥

---

① 《清实录·宣宗成皇帝实录》卷四〇四。
② 《清实录·宣宗成皇帝实录》卷四〇五。
③ 中国第一历史档案馆：《鸦片战争档案史料》第 7 册，天津古籍出版社 1992 年版，第 457～458 页。
④ 中国第一历史档案馆：《鸦片战争档案史料》第 7 册，天津古籍出版社 1992 年版，第 459 页。
⑤ 中国第一历史档案馆：《鸦片战争档案史料》第 7 册，天津古籍出版社 1992 年版，第 461 页。
⑥ 《筹办夷务始末(道光朝)》第 6 册，中华书局 1964 年版，第 2838 页。

十六日壬午(7月1日)

从总督讷尔经额所请,培修直隶天津、静海、青、沧、南皮、交河、东光、吴桥、景九州县堤工,并浚沧州减河,加筑石坝海堤。①

十八日甲申(7月3日)

钦差大臣耆英与美国专使顾盛,在澳门附近之望厦村签订中美《望厦条约》(中美《五口贸易章程》)三十四款,附《海关税则》。②

廿四日庚寅(7月9日)

法国遣使来粤。③

六月初二日丁酉(7月16日)

从巡抚梁宝常所请,修浙江仁和、海宁二州县东、西二塘柴埽、盘头。④
两广总督耆英奏请洋商米船运货出口减纳船钞。⑤

初三日戊戌(7月17日)

耆英奏报接见美利坚使臣大概情形。该夷使等所呈贸易条款,据该督详阅,尚与新定章程约略相仿,无碍通商大局。业经分别准驳,饬令藩司黄恩彤面与会议,阻其北行。⑥

---

① 《清实录·宣宗成皇帝实录》卷四〇五。
② 中国第一历史档案馆:《鸦片战争档案史料》第7册,天津古籍出版社1992年版,第466~469页;王铁崖:《中外旧约章汇编》第1册,生活·读书·新知三联书店1957年版,第51~57页。
③ 中国第一历史档案馆:《鸦片战争档案史料》第7册,天津古籍出版社1992年版,第470~471页。
④ 《清实录·宣宗成皇帝实录》卷四〇六。
⑤ 中国第一历史档案馆:《鸦片战争档案史料》第7册,天津古籍出版社1992年版,第471~472页。
⑥ 《清实录·宣宗成皇帝实录》卷四〇六。

初八日癸卯(7 月 22 日)

两广总督耆英奏,英国公使璞鼎查于五月初六日从香港起身回国,德庇时接任。①

清廷着两广总督耆英与美议定条约后,即一面奏闻,一面钤印分执。②

十四日己酉(7 月 28 日)

耆英奏报,美利坚夷使呈出国书,停止北上,并议定条约。该夷使请求北上,意在亲递国书,经该督反复晓谕,始据该夷使将国书呈出求为代奏,不复希冀进京。其所呈条约清册,亦经逐款议定。所缴国书,着俟译出后遇便呈览。另片奏报,探闻法夷使臣喇吃呢带兵船七只、火轮船一只,在小吕宋停泊,或来粤暂住,或径赴天津,均未可定。广东为往来要道,该夷船无论驶往何口,自必经过粤洋,清廷着该督密饬委员加意哨探,见有该国来船踪迹,即行飞速禀报,探其来意,相机办理,如实有北驶情形,即一面奏闻,并飞咨沿海各省一体防范妥为抚驭,务于镇静之中,仍不失豫防之意,是为至要。③

以广东布政使黄恩彤办事认真,赏花翎。④

廿六日辛酉(8 月 9 日)

英副管事罗伯孙续到上海。⑤

七月初二日丁卯(8 月 15 日)

两广总督耆英奏报澳门葡萄牙人实在情形。⑥

---

① 《筹办夷务始末(道光朝)》第 6 册,中华书局 1964 年版,第 2836 页。

② 中国第一历史档案馆:《鸦片战争档案史料》第 7 册,天津古籍出版社 1992 年版,第 473 页。

③ 《清实录·宣宗成皇帝实录》卷四〇六。

④ 《清实录·宣宗成皇帝实录》卷四〇六。

⑤ 中国第一历史档案馆:《鸦片战争档案史料》第 7 册,天津古籍出版社 1992 年版,第 479 页。

⑥ 中国第一历史档案馆:《鸦片战争档案史料》第 7 册,天津古籍出版社 1992 年版,第 485~486 页。

英使亦拟北驶查看口岸，美使顾盛有回国情事。①
两广总督耆英等奏请准许各国商船赴澳门一体贸易。②
本年六月应付英国赔款二百五十万两，现已陆续兑交。③
军机大臣穆彰阿等奏陈，遵旨核议耆英与美利坚所定条约。④

初八日癸酉(8 月 21 日)

耆英奏请将游击留粤。广东营伍，现当整顿之时，陆路将领，必需得人。琼州镇中军游击赵如胜，据该督奏称熟习地方情形，已膺保荐，清廷着准其仍留本省，俟有应升之缺，酌量升用，嗣后不得援以为例。⑤

予故两广总督祁𡎴祭葬如例，谥恭恪。其子员外郎之铨、知州之镠，服阕后遇缺即补即选。

初九日甲戌(8 月 22 日)

泉州府知府沈汝瀚因福建厦门曾失守，遭追责，降三级调用。

十六日辛巳(8 月 29 日)

署两江总督壁昌奏报，江南水师，在本省洋面梭织巡哨，旧章尚属周密。
法使来粤，两广总督耆英与之订期会晤。⑥

十九日甲申(9 月 1 日)

户部奏报，前任福州将军保昌应赔闽海关少收赢余银两，呈请补缴。此项应赔

① 中国第一历史档案馆：《鸦片战争档案史料》第 7 册，天津古籍出版社 1992 年版，第 487 页。

② 中国第一历史档案馆：《鸦片战争档案史料》第 7 册，天津古籍出版社 1992 年版，第 488~489 页。

③ 中国第一历史档案馆：《鸦片战争档案史料》第 7 册，天津古籍出版社 1992 年版，第 489 页。

④ 中国第一历史档案馆：《鸦片战争档案史料》第 7 册，天津古籍出版社 1992 年版，第 489~492 页。

⑤ 《清实录·宣宗成皇帝实录》卷四〇七。

⑥ 中国第一历史档案馆：《鸦片战争档案史料》第 7 册，天津古籍出版社 1992 年版，第 494~495 页。

银两，除将短交银四千八十五两零，仍由该部行令补缴外，其余未完一半，清廷着准其遵照章程，陆续完缴，并将应得廉俸，全数扣抵，以清款项。该员尚有应赔道光二十三年分闽海关少收赢余三千八百二十六两零，着仍遵定例，予限二年缴完。①

廿七日壬辰(9 月 9 日)

兴泉永兵备道恒昌与英国领事记里布商定，厦门城西南滨海之校场及水操台地段，作为英人在厦门的租地，"每地见方一丈"，英人"年纳租价银一两"。附近民田，英人亦可"彼此公平租赁"。②

廿八日癸巳(9 月 10 日)

崇恩奏报，道府员缺，今昔异宜，请量为变通。据称山东省济东泰武临道一缺，有管理运道海疆之责，幅员辽阔，政务殷繁。曹州府一缺，与直隶、河南、江苏三省毗连，为盗贼教匪渊薮，必须随时惩办，非在省年久、洞悉利弊之员，弗克胜任。清廷着准其将济东泰武临道曹州府二缺，改为在外题补之缺。③

八月初一日乙未(9 月 12 日)

从巡抚孙善宝所请，改铸江苏松江府海防同知关防。

初二日丙申(9 月 13 日)

法兵船军官弗尼都拨浪，来宁波、厦门察看。④

浙江巡抚梁宝常奏报，查阅杭州省城营伍，并亲赴宁波镇海一带勘估炮台工程。得旨：要在核实得力，切忌徒饰外观。⑤

---

① 《清实录·宣宗成皇帝实录》卷四○七。

② 费成康：《中国租界史》，上海社会科学出版社 1991 年版，第 13~14 页。

③ 《清实录·宣宗成皇帝实录》卷四○七。

④ 中国第一历史档案馆：《鸦片战争档案史料》第 7 册，天津古籍出版社 1992 年版，第 495~496 页。

⑤ 《清实录·宣宗成皇帝实录》卷四○八。

免海疆失事案内浙江镇海营参将周维藩、宁波城守营都司李宗白、奉化县把总汪长清、鄞县知县王鼎勋、定海县知县舒恭受、余姚县知县彭崧年、奉化县知县金秀堃、江苏抚标参将封耀祖、宝山县知县周恭寿、丹徒县知县钱燕桂、上海县知县刘光斗死，命发往新疆效力赎罪。①

初三日丁酉（9 月 14 日）

台运内地兵米兵谷，刘韵珂奏请改折。前因赴台商船稀少，应运内地米谷不敷搭配，酌量改为一半折色。兹据查明台商困累，船只仍属无多，各营兵粮，自改议半本半折以来，按期领价，随时买食，亦于民食毫无妨碍。清廷着照所请，所有台运内地各府厅县兵米兵谷，仍改为折色一半，划抵台饷归款，俟三四年后，察看情形。②

从巡抚梁宝常所请，修浙江仁和、钱塘、海宁三州县海塘。③

初四日戊戌（9 月 15 日）

越南国以乙巳年系届贡期，请示何时进关。清廷着于道光二十五年封印前到京，所有请封谢恩二次贡物，着仍遵前旨，准抵二次正贡。其所备辛丑、乙巳二贡，着毋庸呈进，以示体恤。④

初六日庚子（9 月 17 日）

耆英奏报，体察澳夷实在情形，并访获夷书，查无籭洲建馆情事，及停止捐铸炮位、改造抬枪。又另片奏报，美夷顾盛探有回国情事，并议令各国商船，准赴澳门贸易。清廷指示：澳夷久住中华，素称恭顺，现议以三巴门为界，已于错处之中，示区别之意。炮台民居，均毋庸迁建。澳中房屋，近来多有空闲，自不致于三巴门外，妄肆干求，着即照所议妥为办理。至该夷所请各国商船，准令赴澳，一体贸易，既据该督等查无流弊，藉可系澳夷之心，并可分香港之势，亦着照所议变通办理。至外夷互相争胜，是其常情，此次办理夷务，给予条约，准其在各省通商，已属格外施恩，该夷等惟当恪守章程，共享升平之福，不得于议定各条之外，妄生

---

① 《清实录·宣宗成皇帝实录》卷四〇八。
② 《清实录·宣宗成皇帝实录》卷四〇八。
③ 《清实录·宣宗成皇帝实录》卷四〇八。
④ 《清实录·宣宗成皇帝实录》卷四〇八。

冀幸。国家抚驭外夷，一视同仁，断不使彼此稍分厚薄，致启争端。如该夷等续有干求，该督等务当剀切晓谕，严加驳斥，毋得稍涉含混。至所奏"省局炮位，已敷分设，现停捐铸，请将捐存炮铁，改造抬枪一千八百杆"等语，抬枪为行军克敌利器，必应多为制造，以资捍卫。该督等即饬局员，带同捐输铁斤之职员等，如法监造，务期适用，俟完竣之日，亲加验试，分拨水陆各营，随时演习，毋任草率了事，仍致有名无实。①

两广总督耆英议覆御史江鸿升奏报水师巡哨章程：广东洋面辽阔，内分中、东、西三路，请每年分为上、下两班，定以三月间由中路虎门起，巡至本省西尽头之白龙尾止；九月间亦由中路虎门起，巡至本省东尽头之铜山洋面止；其东路之南澳，与西路之琼州营，分定以六月间往中路，三面会哨。又南澳镇兼辖闽粤洋面，应于六、九两月会巡之外，再令该镇右营将备，每月分两班轮巡，与闽省左营会哨，俱令取结详报。下部议，从之。②

八月十四日戊申(9 月 25 日)

两广总督耆英奏呈美利坚汉字国书。③
耆英拟赴澳门会见法国使者。④

廿四日戊午(10 月 5 日)

抚恤琉球国遭风难夷如例。

廿五日己未(10 月 6 日)

前任广东水师提督降补副将吴建勋出洋捕盗，系其专责，乃管带各船三十余只之多，在儋洋逗留五月之久，糜饷已逾巨万，获盗仅止三名，观望迁延，实难辞咎。经祁埙查参降补副将后，乃复不知愧惧，摭拾空言，率行奏辩，已属胆大妄

---

① 《清实录·宣宗成皇帝实录》卷四〇八；《筹办夷务始末(道光朝)》第 6 册，中华书局 1964 年版，第 2859 页。
② 《清实录·宣宗成皇帝实录》卷四〇八。
③ 中国第一历史档案馆：《鸦片战争档案史料》第 7 册，天津古籍出版社 1992 年版，第 499~501 页。
④ 中国第一历史档案馆：《鸦片战争档案史料》第 7 册，天津古籍出版社 1992 年版，第 501~502 页。

为。迨经耆英提集核讯，案证俱确，仍敢始终固执，任意狡辩，吴建勋着即革职，仍交耆英严讯确情，按律定拟具奏。①

越南国差官，护送广东缉捕遭风弁兵船只回粤。上年八月初九日，广东海口营把总调补崖州协水师把总李茂阶，管驾新恒益商船，追捕盗匪，遇风漂抵越南国清化省靖嘉府地方。经该国王派员款劳，拨匠修补，并派令官员兵丁，驾船护送，于本年六月初五日回抵琼州。清廷着降敕褒奖，并赏赐该国王各样缎匹，以示宠嘉。此次该国带有压舱货物及将来出口货物，俱着加恩免其纳税，仍循照旧章，先行开舱起货销售，俾免稽迟。②

九月初一日乙丑(10 月 12 日)

调福建漳州镇总兵官保芝琳为福宁镇总兵官，建宁镇总兵官兆麟为漳州镇总兵官，福宁镇总兵官陈述祖为建宁镇总兵官。③

抚恤琉球国遭风难夷如例。

初四日戊辰(10 月 15 日)

以拿获江苏海洋重犯，赏参将王鹏飞花翎、游击黄永清蓝翎。

十三日丁丑(10 月 24 日)

钦差大臣耆英与法国专使，在停泊于广州黄埔的法国军舰"阿吉默特"号上签订了中法《黄埔条约》(中法《五口贸易章程》)三十六款，附《海关税则》。④

十六日庚辰(10 月 27 日)

从巡抚梁宝常所请，修浙江仁和、海宁二州县海塘。

---

① 《清实录·宣宗成皇帝实录》卷四〇八。
② 《清实录·宣宗成皇帝实录》卷四〇八。
③ 《清实录·宣宗成皇帝实录》卷四〇九。
④ 中国第一历史档案馆：《鸦片战争档案史料》第 7 册，天津古籍出版社 1992 年版，第 517~524 页；王铁崖：《中外旧约章汇编》第 1 册，生活·读书·新知三联书店 1957 年版，第 57~64 页。

十八日壬午(10 月 29 日)

耆英奏报，连日接见夷使大概情形。法兰西夷使到粤，经该督连次接见，详加诘问，该夷使请颁英、美两国贸易章程，自应查照前议条约，令其仿照办理。其越分妄求各情节，万无允准之理。至所请进京朝见一节，着谕以天朝体制，大皇帝从不接见外夷，徒劳跋涉，即如英吉利、美利坚亦未进京朝觐，中朝抚驭外夷，一视同仁，岂肯稍分彼此，该国自当与英、美两国，共遵条约，不得于例外妄有干求。①

廿一日乙酉(11 月 1 日)

两广总督耆英奏请将丁香洋酒税率量为酌减。②

廿六日庚寅(11 月 6 日)

从将军禧恩所请，改造盛京金州水师营战船。

十月初五日戊戌(11 月 14 日)

闽浙总督刘韵珂奏报英使来闽情形，并英领事记里布在厦门官地择定二处建盖房屋。③

十一日甲辰(11 月 20 日)

以福建捃获洋盗，予巡检李朝旭等升补有差，并被戕千总吴金魁祭葬世职，兵丁李定国赏恤如例。

十二日乙巳(11 月 21 日)

御史朱琦奏报，粤东水道淤浅，因防夷时用石堵塞，请饬疏浚下流。据称广东

---

① 《清实录·宣宗成皇帝实录》卷四〇九。

② 中国第一历史档案馆：《鸦片战争档案史料》第 7 册，天津古籍出版社 1992 年版，第 526~527 页。

③ 中国第一历史档案馆：《鸦片战争档案史料》第 7 册，天津古籍出版社 1992 年版，第 532~533 页。

省河及内洋通海地方，因用石填塞，浅窄异常，请去窒碍，所有共襄义举之绅士，恳照海疆捐输例，从优议叙。又番禺等县殷户多筑小围，以致上游停滞，请饬地方官申明旧例，不准另筑。又称水道填塞之后，来往船只，停泊失所，往往被贼抢劫，其寻常船只，辄被石尖撞碎，请及早挑挖开通。着英、程矞采回奏，前掷石海口，以防大只夷船，内地船只并无阻碍；至被水各围，由官绅捐筑，与海疆捐输各别，未便一律议叙；番禺等县殷户从前所筑小围，均已拆毁，近年并无另筑；至客船被劫，则在严缉盗贼，不在疏通水道，似无须捞挖，徒糜经费。①

廿九日壬戌（12 月 8 日）

江南提督尤渤奏报，查阅各营兵技艺及要隘情形，得旨：随时整饬训练，务期得力，万不可再事因循，勉益加勉。②

十一月初四日丁卯（12 月 13 日）

着英奏报，请留效力废员襄办夷务。革员舒恭受，着准其暂停发遣，交梁宝常，派令随同已革道员鹿泽长办理夷务。该革员现由浙江解赴新疆，着沿途各督抚俟舒恭受经过时，即饬令折回浙江，效力赎罪。③

初五日戊辰（12 月 14 日）

法兰西及各外国习教之人，清廷准其在通商五口地方建堂礼拜，不得擅入内地传教。④

初七日庚午（12 月 16 日）

有人奏报，长芦一带私盐充斥，请饬查严禁。长芦盐务，日形疲敝，总由私枭充斥，以致官引滞销，必须严加整顿，清廷着讷尔经额、普琳饬令该管文武员弁将

---

① 《清实录·宣宗成皇帝实录》卷四一〇。
② 《清实录·宣宗成皇帝实录》卷四一〇。
③ 《清实录·宣宗成皇帝实录》卷四一一。
④ 中国第一历史档案馆：《鸦片战争档案史料》第 7 册，天津古籍出版社 1992 年版，第 534 页。

私枭渊薮及分股占地之回民，实力查拿。其沿海私滩，尤应设法封禁。①

初八日辛未（12 月 17 日）

浙江巡抚梁宝常奏报荷兰船到宁波探听贸易情形。②

十三日丙子（12 月 22 日）

刘韵珂接准琉球国王密咨，称本年三月间，有法兰西战船一只，驶至该国洋面。该船总兵称由广东澳门至彼，数月后尚有大总兵都督大船或各战船前来，并强留执事、通事各一人，开船而去。日后若有大总兵到国，不知如何骚扰。道光帝批复：琉球国所见法兰西夷战船，在本年三月间，自系在条约未定之先。现在该国通商事宜，既经定议，自不应再至天朝属国，别生事端。究竟前项兵船，是否实系法兰西所遣？其所称大总兵等大船，曾否续赴琉球洋面？所留之通事、执事人等，此时已否归国？着耆英密加察访。③

福州美商、英商减价销卖货物。④

十六日己卯（12 月 25 日）

前据刘韵珂等奏报，请将福建兴泉永道、泉州府知府二缺，改为在外题补，当交吏部议奏。兹据该部奏称核与定例不符，惟该道府既为沿海要区，着准其比照省会首府之例，由该督抚拣员奏请调补。⑤

十八日辛巳（12 月 27 日）

署天津镇总兵官善禄奏报，查阅营伍情形。得旨：随时认真训练，务期得力，切忌徒饰外观，勉之。⑥

---

① 《清实录·宣宗成皇帝实录》卷四一一。
② 中国第一历史档案馆：《鸦片战争档案史料》第 7 册，天津古籍出版社 1992 年版，第 543～544 页。
③ 《清实录·宣宗成皇帝实录》卷四一一。
④ 中国第一历史档案馆：《鸦片战争档案史料》第 7 册，天津古籍出版社 1992 年版，第 545 页。
⑤ 《清实录·宣宗成皇帝实录》卷四一一。
⑥ 《清实录·宣宗成皇帝实录》卷四一一。

赏故琉球国使臣魏恭俭银三百两。

十二月初一日癸巳(公元1845年1月8日)

着英等奏报，酌议炮台互换管理。广州旗营，专为驻防省城而设，所有城上神安炮台，着准其改归旗营拨兵防守。其凤凰冈炮台，离城十余里，旗营既难兼顾，着即改归绿营驻扎，俾各就近经管，以昭核实。①

前任广东南澳镇总兵降补都司沈镇邦着加恩以副将留于广东，遇有缺出，奏请补用。②

以督捕匪船妥速，广东总兵官鲍起豹等下部优叙。③

初二日甲午(公元1845年1月9日)

署海口营守备邝勉管带兵勇出洋追盗至越南国顺安门之尖玻罗洋面，捦获匪犯，押解回帆，驶至越南东京洋面，猝遇风雨损坏师船，进港停泊修艌。越南委员致送应用物料等件，又经该国王差官慰问，送给资斧食物，并嘱留盗犯二名另行押送。清廷着再行降敕褒奖，并赏赐该国王金瓶、如意、缎匹等件。④

十七日己酉(公元1845年1月24日)

闽浙总督刘韵珂奏报，各镇等出洋会哨，向有旧章。现于善后章程内，议定每年冬，提督航海查阅各营伍，即顺道查察海口情形一次。并严饬水师各标营于巡洋缉匪外，遴精熟水务员弁，带兵轮流出洋练习，且由各镇会哨时，将各营弁兵挑带前往，详加试验，咨提督分记功过，以示劝惩。傥捏报出洋，兵技荒疏，即据实严参。

从巡抚梁宝常所请，修浙江海盐县石塘。

从总督耆英等所请，修广东南海县桑园围。

廿七日己未(公元1845年2月3日)

从巡抚梁宝常所请，修浙江山阴县塘堤。

---

① 《清实录·宣宗成皇帝实录》卷四一二。
② 《清实录·宣宗成皇帝实录》卷四一二。
③ 《清实录·宣宗成皇帝实录》卷四一二。
④ 《清实录·宣宗成皇帝实录》卷四一二。

廿八日庚申(公元 1845 年 2 月 4 日)

耆英等奏报，勘验虎门炮台，量为增改，清廷着照所议妥速办理。①

是年

英国东方女子教育会派遣阿尔德赛女士，在宁波开设女子教会学校女子学塾；伦敦会在厦门开办英华男塾。②

道光二十五年　乙巳　公元 1845 年

正月初四丙寅(2 月 10 日)

福建台湾镇总兵官昌伊苏因病乞解任，允之。

初八日庚午(2 月 14 日)

江苏巡抚孙善宝因病解任，调陕西巡抚李星沅为江苏巡抚。未到任前，以江宁布政使陈继昌署理，以漕运总督惠吉为陕西巡抚。以广东巡抚程矞采为漕运总督，广东布政使黄恩彤为巡抚。

初十日壬申(2 月 16 日)

耆英奏称，法夷路璞朗一船，探明上年三月间到琉球国一次，七月间已回广东，并未复往，十二月内即回本国，此外亦无另有兵船前赴琉球之事。清廷指示：耆英务须劝导该酋，将所留执事、通事二人，撤回本国，以期永久相安。③

---

① 《清实录·宣宗成皇帝实录》卷四一二。
② 顾长声：《传教士与近代中国》，上海人民出版社 1981 年版，第 226 页。
③ 《清实录·宣宗成皇帝实录》卷四一三。

颁给美国之诏书，经两广总督耆英交给美使伯驾。①

耆英奏报，与英使交涉，收回鼓浪屿，并令其在厦门租房。②

调云南布政使傅绳勋为广东布政使，以湖南按察使苏彰阿为云南布政使，江南河库道徐泽醇为湖南按察使。

十二日甲戌(2 月 18 日)

调山东登州镇总兵官武攀凤为福建台湾镇总兵官，以四川夔州协副将德通为登州镇总兵官。

十三日乙亥(2 月 19 日)

刘韵珂奏请招商采买义仓谷石。福建省城义仓存谷，因上年米价稍昂，复经被水，先后动碾平粜，现存仓谷无多，自应及时买补，以实储备。清廷着照所请，准其查照成案，出示晓谕商民，如有情愿分赴浙江、台湾购买者，即行给照前往，总以四万石为度，不准稍为抑勒。该商民等有买谷至五千石以上者，着该督核实请奖。③

十八日庚辰(2 月 24 日)

从巡抚梁宝常所请，修浙江李家汛等处海塘。

廿一日癸未(2 月 27 日)

耆英奏报，遵旨酌议演放炮位章程，并捐办火药赏犒经费各事宜。清廷仍着该督于公事稍简之时，亲赴战船各台，逐加试演，务令该弁兵等日臻熟练，毋任日久懈弛。其所需经费，据称药弹赏犒二项，每岁需银一万两以外，现在该省藩运二司等均愿协力捐办，所有二十五、六两年操演赏犒之费，无须另行筹备。④

闽浙总督刘韵珂奏报，荷兰船至厦门查看码头情形。⑤

---

① 中国第一历史档案馆：《鸦片战争档案史料》第 7 册，天津古籍出版社 1992 年版，第 552~553 页。

② 中国第一历史档案馆：《鸦片战争档案史料》第 7 册，天津古籍出版社 1992 年版，第 553~554 页。

③ 《清实录·宣宗成皇帝实录》卷四一三。

④ 《清实录·宣宗成皇帝实录》卷四一三。

⑤ 中国第一历史档案馆：《鸦片战争档案史料》第 7 册，天津古籍出版社 1992 年版，第 556 页。

两广总督耆英奏报，甲辰年应付赔款已兑交清楚。①

廿六日戊子(3 月 4 日)

抚恤琉球国遭风难夷如例。

廿七日己丑(3 月 5 日)

朝鲜国王李焕遣使表贺万寿、冬至、元旦三大节，并谢赐祭王妃恩，增贡方物，命例外贡物留抵下次正贡，赏赉筵宴如例。

琉球国王尚育遣使表贡方物，赏赉筵宴如例。

廿八日庚寅(3 月 6 日)

道光帝晓谕：向来派往朝鲜使臣，随带通官，每至五六员之多。因思朝鲜职贡往来，语言熟悉，通官本可酌减。且恐该通官等随至该国，或有骚扰需索等事，非所以示体恤。此次册封朝鲜王妃之使臣，着随带通官一员。嗣后凡遇派往朝鲜使臣，俱照此办理。该部即纂入则例，永远遵行。②

兵部奏请储备水师人材。水师以得人为要，必须习居海上，熟谙沙礁，庶于洋面操巡，可期得力。傥不能涉历风涛，枪炮虽精，无从施展，其应如何妥为招募、设法鼓励之处，清廷着海疆各督抚会同水师提镇各体察地方情形，迅速妥议具奏。③

二月初十日辛丑(3 月 17 日)

抚恤朝鲜国遭风难夷如例。

十二日癸卯(3 月 19 日)

以已革广东水师提督吴建勋被劾后奏辩不实，发往军台效力赎罪。

---

①　中国第一历史档案馆：《鸦片战争档案史料》第 7 册，天津古籍出版社 1992 年版，第 557 页。

②　《清实录·宣宗成皇帝实录》卷四一三。

③　《清实录·宣宗成皇帝实录》卷四一三。

廿二日癸丑(3 月 29 日)

命两广总督耆英协办大学士。

廿三日甲寅(3 月 30 日)

福建巡抚刘鸿翔因病解任，调陕西巡抚惠吉为福建巡抚。未到任前，以福建布政使徐继畬署理，以甘肃布政使邓廷桢为陕西巡抚。

抚恤琉球国遭风难夷如例。

廿四日乙卯(3 月 31 日)

道员职衔叶仁，前于海疆捐输案内，奏请以道员选用，并赏戴花翎。当因原犯案情较重，降旨着不准行，并将所捐银两给还。此次复捐输铸炮经费，该抚奏请可否赏戴花翎之处，仍不准行，所捐银两，着即发还。①

三月初四日乙丑(4 月 10 日)

两广总督耆英奏报，比利时国领事兰瓦来到澳门，呈请贸易。②

以捐资添置炮位，予叶尔羌换防游击马忠良优叙。

十四日乙亥(4 月 20 日)

内河督缉紧要，赖恩爵奏请暂缓出洋。匪船出没抢劫，最为地方之害，必应实力搜查，尽法惩办。广东顺德等县匪徒，屡次犯案，虽经该提督等将连帮大伙，分起拿获，而河道纷歧，此拿彼窜，余匪尚多潜匿。清廷着耆英督饬该提督严饬各协营将备，赶紧查拿，毋稍松劲。其各处通海要隘，务须分投堵截，毋令潜出外洋，一名漏网，以期净绝根株。俟余匪尽获，该提督仍即带领兵船出洋，认真巡缉，务使内河外海，一律肃清。③

---

① 《清实录·宣宗成皇帝实录》卷四一四。

② 《清实录·宣宗成皇帝实录》卷四一五；中国第一历史档案馆：《鸦片战争档案史料》第7 册，天津古籍出版社 1992 年版，第 560 页。

③ 《清实录·宣宗成皇帝实录》卷四一五。

十五日丙子(4 月 21 日)

闽浙总督刘韵珂奏报，驻扎福建鼓浪屿的英军，于上年十二月撤走一队，至本年二月十五日全部撤走。尚有英国官员与商人五人，暂留此岛。①

四月初九日己亥(5 月 14 日)

从巡抚梁宝常所请，修浙江萧山县滨江石塘。

初十庚子(5 月 15 日)

从巡抚梁宝常所请，修浙江仁和、海宁二州县海塘。

十五日乙巳(5 月 20 日)

刘韵珂奏报筹办福州、厦门两处夷人住处情形。

闽浙总督刘韵珂议覆御史江鸿升奏水师巡哨章程。闽省南澳之尽头，应令南澳镇右营兵船，于每年四月初一、八月初一两日，与该镇粤属之左营兵船会哨于云澳洋面，再于四月二十日，令水师提标南帮委巡兵船，巡至鸡母澳洋面，带同本处巡船，与南澳右营兵船会哨一次，均由南澳镇取结缴报。其北洋之尽头，应令烽火营兵船，于每年三月初一、八月初一两日，与浙江瑞安协兵船会哨于蒲门洋面，再于八月初十日，令水师提标北帮委巡兵船，巡至虎头鼻洋面，带同本处巡船，与瑞安协兵船会哨一次，由福宁镇、温州镇分别取结缴报。下部议，从之。②

十八日戊申(5 月 23 日)

以捐造沿海炮台，予山东知县张攀桂等升叙有差。

廿八日戊午(6 月 3 日)

从巡抚梁宝常所请，修浙江东塘柴石等工。

---

① 　中国第一历史档案馆：《鸦片战争档案史料》第 7 册，天津古籍出版社 1992 年版，第 560~565 页。

② 　《清实录·宣宗成皇帝实录》卷四一六。

五月初四日甲子(6月8日)

以捐办广东炮位予巡检潘廷辉等升叙有差。

初九日己巳(6月13日)

有人奏报，江苏上海县至苏州府一带，有匪徒贩卖鸦片，连樯载运，络绎不绝，各船带有火枪火炮，兵役畏其人多势横，不敢查拿。清廷着壁昌、陈继昌确切查明。寻奏，本年二月间，上海县知县蓝蔚雯，访闻该县马家厂地方有广东监生梁耀发等，私造船只军械，欲藉拨货为名，乘机抢劫，当即拿获讯办。彼时亦传闻梁耀发系图贩烟渔利，因讯无确据，照棍徒例分别问拟，此外别无伙贩鸦片、携带枪炮、兵役畏葸不拿情事。①

十八日戊寅(6月22日)

以浙江按察使蒋文庆为安徽布政使，两淮盐运使李龠通为浙江按察使。

十九日己卯(6月23日)

前因耆英奏请将盛京旅顺水师营员拣发赴粤试用，当交兵部议奏。旋据该部议，请饬交该将军体察情形，详细妥议。兹据禧恩等奏称，现在旅顺营每年差操并举，官弁尚不敷用，间用领催委官管驾巡船，至外洋沙线礁险，该弁等亦不能知晓，自系实在情形。所有拣发旅顺营员赴粤之处，着毋庸议。②

廿八日戊子(7月2日)

以捐办广东炮台出力，赏同知张敬修等蓝翎，余升叙有差。

六月初三日癸巳(7月7日)

从巡抚梁宝常所请，添制浙江乍浦营炮三十位。

① 《清实录·宣宗成皇帝实录》卷四一七。
② 《清实录·宣宗成皇帝实录》卷四一七。

浙江巡抚梁宝常奏，英船来宁波察看码头。①

初四日甲午(7 月 8 日)

前经降旨，着各省督抚保举堪胜水师总兵人员。兹据耆英将升署龙门协副将郑高祥、候补副将沈镇邦遴选保奏，并声明该员均于例未符。郑高祥升署副将，尚未受札，沈镇邦系以副将候补之员，尚未得缺，于例均属不合。惟水师人材难得，既据该督奏称该二员熟习海洋情形，清廷着照所请，准其送部引见。

耆英奏报，比利时国商船，为数无多，今既遣领事兰瓦求请照旧通商，若严行拒绝，难保其不潜附他国，仍来贸易。且据法兰西夷使代为请求，正可藉事羁縻，俾该夷等同深感戴。该国领事兰瓦现在小吕宋候旨，五月内即可赴粤，清廷着俟询查明确后，即将《五口贸易章程》，一体颁发，以示怀柔。②

从巡抚梁宝常所请，修浙江仁和、海宁二州县海塘柴埽各工。

法国使者允许将留于琉球之执事、通事二人撤回。③

初五日乙未(7 月 9 日)

有人奏报，长芦盐课虚悬，交代不接，众商藉端不顾清款，请旨查办。据称长芦商人疲玩，每年应完课项，不肯依限完纳，沧州分司运同陈鉴，上年派署运司篆务，一味通融，各商应完正课，仅完十分之二三。该署运司令各商空写银票贮库，捏报奏销全完，虚出通关。本年新任运司因库贮虚悬，未接交代。现在应解甘饷等项，运库丝毫全无。④

十一日辛丑(7 月 15 日)

刘韵珂奏报，台湾地方猝遭地震，情形较重，现已由省拨解银两，委员妥为抚恤。本年正月，台湾府彰化县地方，陡遭地震。据称统计坍塌民房四千二百余户，压毙男妇三百八十余名口。此外被压受伤者，为数尚多。⑤

---

① 中国第一历史档案馆：《鸦片战争档案史料》第 7 册，天津古籍出版社 1992 年版，第 574 页。

② 《清实录·宣宗成皇帝实录》卷四一八。

③ 中国第一历史档案馆：《鸦片战争档案史料》第 7 册，天津古籍出版社 1992 年版，第 576～577 页。

④ 《清实录·宣宗成皇帝实录》卷四一八。

⑤ 《清实录·宣宗成皇帝实录》卷四一八。

七月初五日甲子(8 月 7 日)

抚恤琉球国遭风难夷如例。

十二日辛未(8 月 14 日)

据耆英等奏报，丹麦国呈请设立领事，发给通商章程税则。丹麦国，既系向来通商之黄旗国，贸易最久，并未间断，现请设立领事，发给章程税则，系为安分贸易起见，事属可行。清廷着即准其设立领事，经理一切，并颁给通商章程，货物税则，俾有遵守。该督等务即转饬该领事，于该国商人妥为约束，毋得稍有贩私漏税情事，致滋弊端。①

十七日丙子(8 月 19 日)

江南福山镇水师总兵官孙云鸿，奏报出洋会哨日期。得旨：认真操练，实力巡缉，一洗从前疲玩粉饰恶习，方可谓之尽天良、重国事，懔之勉之。②

十八日丁丑(8 月 20 日)

兵部等衙门奏报，议覆壁昌奏储备水师人材，熟筹招募。水师人材，自以熟悉海洋情形、精于驾驶为重。舵工为一船之主，必得深悉沙礁之隐见，潮流之顺逆，方协机宜。该督请于商渔船上精选正副舵工，惟此项舵水人等，傥非严加查察，但取其熟谙水性，难保无匪类蒙混冒充，别滋事端，所关匪细。当着责成该地方及该管各官，认真体访。果系平日安分、众所共知者，方准其出具切结，考验充补。如充补之后，查有为匪不法情事，即将出结官从严议处，毋得因循姑息，致误海防。③

廿三日壬午(8 月 25 日)

耆英与法国专使喇萼尼，在澳门举行中法《黄埔条约》换约仪式。④

---

① 《清实录·宣宗成皇帝实录》卷四一九。
② 《清实录·宣宗成皇帝实录》卷四一九。
③ 《清实录·宣宗成皇帝实录》卷四一九。
④ 中国第一历史档案馆：《鸦片战争档案史料》第 7 册，天津古籍出版社 1992 年版，第 582~584 页；王铁崖：《中外旧约章汇编》第 1 册，生活·读书·新知三联书店 1957 年版，第 65 页。

八月初二日辛卯(9 月 3 日)

从巡抚梁宝常所请，修浙江山阴县南塘湾塘工。

贷浙江司库银，修杭州乍浦驻防官署。

初四日癸巳(9 月 5 日)

从巡抚梁宝常所请，修浙江仁和、海宁二州县海塘。

初五日甲午(9 月 6 日)

英夷移寓厦门新馆，鼓浪屿全境收复。①

抚恤琉球国遭风难夷如例。

十九日戊申(9 月 20 日)

上年据刘韵珂奏报，法兰西有船驶至琉球，强留执事、通事各一人在彼等语，当经降旨令耆英确切查明具奏。兹据耆英奏称，询据法兰西酋喇萼尼，声称系伊未到粤之先，兵头谢哂唭遣人前往。当于前赴通商各口之便，将该二人撤回，以后断不再令前往。并称尚有文书一件，续即送来。②

九月初十日戊辰(10 月 10 日)

叶长春等奏报，台湾属县猝被风雨，动款急赈。台湾府境，于六月初旬，大雨连宵，飓风间作。台湾等县海口，淹毙居民三千余人。清廷着刘韵珂派委妥员，详细查明被灾轻重，妥速经理。所请动用仓谷银两，是否足敷赈济，务使海澨穷民，不致一夫失所。其该县倒塌城垣、衙署、营汛、监仓等所及近山近海田园，有无冲压情形，着饬该镇道确勘迅详，核实办理。③

---

① 《清实录·宣宗成皇帝实录》卷四二〇。

② 《清实录·宣宗成皇帝实录》卷四二〇。

③ 《清实录·宣宗成皇帝实录》卷四二一。

廿八日丙戌（10月28日）

从巡抚梁宝常所请，修浙江会稽县坍塌塘工。

廿九日丁亥（10月29日）

礼部奏报，接准朝鲜国王咨文，称英夷船只，屡次移泊该国境内，量山测水，情形叵测，并问答中有交易之说，请转奏饬禁。道光帝晓谕：朝鲜臣属天朝，恪守藩服，迥非他国之比。英夷自定约以来，一切章程，均应遵守，何得复至天朝属国，别生事端。即云为贸易起见，该国辖境无多，民贫地瘠，亦复无利可图。着耆英即将此项情节，详询英国使臣，究竟朝鲜所见之船，是否系英夷所遣，该酋是何主见，务须折以正言，婉加开导，令其心服。嗣后总当恪遵成约，彼此相安，不得复任兵船游奕该境，致滋惊扰，以明天朝缓字藩封之意。其办理情形，即着该督迅速覆奏。①

三十日戊子（10月30日）

耆英奏报，八月间有英夷火轮船四只，巡船二只，配有夷兵，驶至尖沙嘴洋面抛泊。②

十月初五日癸巳（11月4日）

前因御史朱琦奏请储蓄京仓米石，当交户部议奏。兹据户部奏称，该御史所奏海船商运，较之漕粮北上，自为便捷，着闽浙两广总督、福建广东各巡抚悉心筹画，是否款项不至繁多，粮价不至腾贵，并重洋往返，永无流弊。至所称米价，每石仅需银一两，并一两五钱之贱，商船易于招徕。寻闽浙总督刘韵珂等奏报，闽省米价，每石需银一两六钱至一两九钱不等，委无余米可以海运；两广总督耆英等奏报，粤东本非产米之区，每石价银二两内外，海运窒碍难行。③

初八日丙申（11月7日）

前据耆英等奏请将雷琼道、潮州府知府二缺，改为在外题补，当交吏部议奏。兹据该部奏称，核与定例不符，惟该道府既系海疆要缺，着准其比照省会首府之

---

① 《清实录·宣宗成皇帝实录》卷四二一。
② 《清实录·宣宗成皇帝实录》卷四二一。
③ 《清实录·宣宗成皇帝实录》卷四二二。

例，由该督抚拣员奏请调补，所遗之缺，仍请旨简放，以符定制。①

十四日壬寅(11 月 13 日)

道光帝晓谕：壁昌奏报，查验江防炮堤各工全竣，览奏均悉。此次大江南北两岸所筑炮堤及新设镇营各工，经该督亲诣查验，均为坚固凝实。分安炮位，施放迎击，多合机宜。水师船只驾驶灵捷，后路接应亦极严密，办理尚为周妥。惟制胜之道，全在固结人心，振作士气。平时果能教养兼施，操练精熟，庶可兵民一体，众志成城。至吴淞海口，尤为自海入江要隘，应如何择险防守，遏其来路，俾贼船不得扬帆直入，务宜周勘形势，扼要熟筹。倘仅多设防兵，彼此仍难接应，终非制胜之道。该督筹备江防，总当于无事之时，层层度及，设遇需用，方可有备无患，慎勿稍有疏略也。②

廿二日庚戌(11 月 21 日)

江宁将军岳兴阿奏报，查阅京口驻防水师营伍。
实授曾逢年广东南澳镇总兵官。

十一月初一日戊午(11 月 29 日)

上海道宫慕久发表告示，公布与英国驻上海领事巴富尔所订立的《上海租地章程》二十三款，称"划定洋泾浜以北、李家庄以南之地，准租与英国商人，为建筑房舍及居住之用"，是为列强在清朝设立租界之始。③
两广总督耆英奏报，赴朝鲜英船系测量水势，现已事竣回国。④

初四日辛酉(12 月 2 日)

抚恤日本国遭风难夷如例。

---

①　《清实录·宣宗成皇帝实录》卷四二二。
②　《清实录·宣宗成皇帝实录》卷四二二。
③　王铁崖：《中外旧约章汇编》第 1 册，生活·读书·新知三联书店 1957 年版，第 65～70 页；[美]马士：《中华帝国对外关系史》第 1 册，张汇文等译，生活·读书·新知三联书店 1957 年版，第 391 页。
④　中国第一历史档案馆：《鸦片战争档案史料》第 7 册，天津古籍出版社 1992 年版，第 597～598 页。

初五日壬戌（12 月 3 日）

前据给事中黄宗汉奏报，广东广州府属地方盗劫日滋，商民受害，当交耆英等确查具奏。兹据奏称，原折所称各盗案，或拿获究办，或勒限严缉，其余各案，或系寻常词讼，或系传闻讹误，并无渡船禀报连劫及谷船被劫七只等事。至缉捕经费，已经该督等筹款生息，先事图维。该给事中所奏，清廷着毋庸议，惟是该处地方内河外海，溪港纷歧，奸宄易藏，向多盗劫重案，该督等惟当督饬地方文武员弁，随时认真查拿，务使有案必破，有犯必惩。①

以浙江定海厅民力拮据，缓征新旧额赋。

十一日戊辰（12 月 9 日）

壁昌奏报，前由闽省制造之同安梭船，用之长江内洋，易于搁浅，不宜驾驶。此项船只，系照闽省式样制造，江省既不合宜，清廷着刘韵珂体察该省水师营内将来遇有制造同安船只时，是否可以抵用，迅即查明，据实具奏。②

廿一日戊寅（12 月 19 日）

英人制造借口，要求进入广东省城。③

廿三日庚辰（12 月 21 日）

耆英等奏报，接见夷酋，申明要约，并查询夷船驶泊情形。道光帝晓谕：英兵在舟山数年，现当交割接收之期，一切事宜，必应豫筹妥办。经该督亲赴香港接晤该酋，其请求各节，均据坚守条约，分别驳斥，该酋并无异言。惟求进广州府城一节，虽经峻拒，仍有他日再议之语，恐难免希冀请求，该督等惟当持以镇静，俟其续请时，即告以贸易之事，期于彼此相安，今欲更改旧章，人心必为疑怪，粤民素称强悍，且恐良莠不齐，傥或滋生事端，彼此均为不便，如此晓谕，庶民夷两不相扰，可以经久相安。至常镇道咸龄，已据该督札委赴浙，本日业经寄知梁宝常、俟

① 《清实录·宣宗成皇帝实录》卷四二三。
② 《清实录·宣宗成皇帝实录》卷四二三。
③ 中国第一历史档案馆：《鸦片战争档案史料》第 7 册，天津古籍出版社 1992 年版，第 602~603 页。

该道到浙时，即令会同陈之骥等办理接收舟山事宜，自必妥为遵办矣。现在夷情胥定，一切操防，仍不可稍存疏懈。凡营伍之训练，海口之稽查，总须谆饬各该员弁等实力讲求。至所探前赴朝鲜之船，系测量水势，以便商船遭风趋避，现已驶回本国，不复再往，并无通商之说等情，该督惟当再与订明，以后务须约束兵船，凡天朝属国地面，无庸前往，庶不至别生枝节。①

著耆英奏报，亲赴香港接晤夷酋，舟山如约交还，已札委江苏常镇道咸龄赴浙接收。清廷着俟咸龄到浙后，饬令前往宁波，会同暂署宁绍台道陈之骥并督同鹿泽长、舒恭受等将接收事宜妥为办理。舟山甫经收复，安辑抚绥，在在均关紧要，务须谆饬该员等详慎商办，并明白晓谕，要在安定海之民心，杜英夷之籍口。②

十二月初一日戊子(12 月 29 日)

两广总督耆英奏报，美使璧耳抵粤，订于本月初互换约册。③

初二日己丑(12 月 30 日)

抚恤小吕宋国遭风难夷如例。

初三日庚寅(12 月 31 日)

耆英与美国专使璧耳在广州举行中美《望厦条约》换约仪式。④

十八日乙巳(公元 1846 年 1 月 15 日)

穆彰阿等议复耆英等奏报，新设虎门守台弁兵，责成各该本营考察策应，已依议行矣。该督等原奏内称逢单月进子打靶之时，由提臣亲诣各台，督率演放，分别劝惩。各炮台滨临大海，自与陆路演打准头不同，其演放炮位时，究竟以何处为标准，清廷着该督等据实查明具奏。寻奏报，各炮台每逢单月演放，提督赖恩爵亲督

---

① 《清实录·宣宗成皇帝实录》卷四二三。
② 《清实录·宣宗成皇帝实录》卷四二三。
③ 中国第一历史档案馆：《鸦片战争档案史料》第 7 册，天津古籍出版社 1992 年版，第 608 页。
④ 王铁崖：《中外旧约章汇编》第 1 册，生活·读书·新知三联书店 1957 年版，第 570 页；中国第一历史档案馆：《鸦片战争档案史料》第 7 册，天津古籍出版社 1992 年版，第 624 页。

将弁，多备小船，先用小船一只，上安竹靶，中绘红鹄，由大船带至中流，将小船下碇演放练习。报闻。①

二十日丁未（公元 1846 年 1 月 17 日）

耆英等奏报，英夷仍执前说要求进城。道光帝批示：该夷进城一节，本非条约所有，经该督屡次晓示，甚为明晰，该酋何以仍执前说。且粤东民情犷悍，设舆情未协，稍有争执，必致滋生事端，该酋岂无虑及之理。该督等仍当详晰开导，谕以即使准其进城，而民情究难相安，傥因事争竞，或致互有伤损，彼时若求代为约束，地方官断难查办。如此豫为明白定约，该夷知其无益有害，妄念顿消，亦未可定。②

广州民众因反对英人进城，捣毁广州府衙门。③

廿一日戊申（公元 1826 年 1 月 18 日）

令两江、闽浙各督抚，接到粤中所拟弛禁天主教示谕底稿后，在通商各口张挂。④

廿二日己酉（公元 1846 年 1 月 19 日）

法使喇萼尼抵达厦门，求赴漳州察看织绒。⑤

廿六日癸丑（公元 1846 年 1 月 23 日）

朝鲜国使臣李宪球等三人、越南国使臣张好合等三人于神武门外瞻觐。⑥

---

① 《清实录·宣宗成皇帝实录》卷四二四。

② 《清实录·宣宗成皇帝实录》卷四二四；中国第一历史档案馆：《鸦片战争档案史料》第7 册，天津古籍出版社 1992 年版，第 619 页。

③ 中国第一历史档案馆：《鸦片战争档案史料》第 7 册，天津古籍出版社 1992 年版，第632 页。

④ 中国第一历史档案馆：《鸦片战争档案史料》第 7 册，天津古籍出版社 1992 年版，第620 页。

⑤ 中国第一历史档案馆：《鸦片战争档案史料》第 7 册，天津古籍出版社 1992 年版，第622~623 页。

⑥ 《清实录·宣宗成皇帝实录》卷四二四。

是年

美国长老会在宁波创办印刷所——美华书馆。其由道光二十四年在澳门所设花华圣经书房迁至宁波改设，后又迁至上海。①

苏格兰人约翰·柯拜在广州黄埔，开办柯拜公司，雇佣中国人替大英轮船公司等修理船只。英国人在福州、厦门两地各设船舶制造厂一所，并建有泥船坞。②

道光二十六年　丙午　公元 1846 年

正月十八日甲戌(2 月 13 日)

抚恤琉球国遭风难夷如例。

廿三日己卯(2 月 18 日)

免暹罗国请示贡期使臣回国船税。③

廿四日庚辰(2 月 19 日)

以广东崖州协副将沈镇邦为南澳镇总兵官。

廿五日辛巳(2 月 20 日)

因法国公使喇萼尼要求，清廷归还旧建天主堂。"所有康熙年间各省旧建之天主堂，除改为庙宇、民居者毋庸查办外，其原旧房尚存者，如勘明确实，准其给还

---

① 　陈学恂：《中国近代教育大事记》，上海教育出版社 1981 年版，第 4 页。

② 　刘传标：《近代中国船政大事编年与资料选编》第 1 册，九州出版社 2011 年版，第 6 页。

③ 　《清实录·宣宗成皇帝实录》卷四二五。

该处奉教之人。"①

朝鲜国王李焕遣使表贺万寿、冬至、元旦三大节，并恭谢册封王妃恩，增贡方物，命年贡照例赏收外，余抵下次正贡，赏赉筵宴如例。

三十日丙戌（2月25日）

予捕盗被戕广东千总林大斌祭葬世职。

二月十三日己亥（3月10日）

有人奏报，广东匪徒滋事，因英夷欲进省城设立码头，人心不服，地方官出示晓谕，致有聚众滋闹之事。该省设立码头，自应顺民之情，不宜强民从夷。道光帝寄谕协办大学士两广总督耆英、广东巡抚黄恩彤，要求悉心体察。寻奏报："上年因英酋求进广州省城，臣等曾姑为示谕，嗣因粤民相持不决，而广州府刘浔适有责打挑夫一事，以致匪徒藉端滋扰，当将该府暂行撤任，并杜绝夷人进城之请，以顺舆情。现在匪徒已经拿获，夷人进城事已中止，更无欲在城内设立码头之事。"②

廿五日辛亥（3月2日）

壁昌奏报筹议联络沿江炮堤声势并分班看守炮堤章程，又另片奏遵查吴淞海口情形，择要防守。③

三月初三日戊午（3月29日）

因英国水手赴市短价强买，福州南台港民众殴伤英商及其随从数人。初六日，复至英人馆舍砸抢。④

初五日庚申（3月31日）

刘韵珂奏请将水师将弁分别劝惩。闽浙滨海之区，盗贼出没剽掠为害，该员弁

---

① 中国第一历史档案馆：《鸦片战争档案史料》第 7 册，天津古籍出版社 1992 年版，第 631 页。
② 《清实录·宣宗成皇帝实录》卷四二六。
③ 《清实录·宣宗成皇帝实录》卷四二六。
④ 《筹办夷务始末（道光朝）》第 6 册，中华书局 1964 年版，第 2988 页。

等出洋巡缉，自应查察勤惰，分别劝惩。浙江定海镇左营游击罗建猷于所辖洋面，当冬令洋匪敛戢之时，失事至八起之多；该总兵郑宗凯未能先事督率，均着暂行革职，仍各留本任，勒限三个月，严拿各案逸盗，务期悉数获解，如届限无获，即行从严参办。黄岩镇中营游击陈观德庸懦无能，署瑞安协左营千总黄岩镇右营把总徐光耀缉捕懈弛，均着革职。福建水师提标中营千总林向荣、后营把总潘廷扬缉捕均能勤奋，林向荣着先换五品顶带，潘廷扬着先换六品顶带，各以应升之缺尽先升用。①

初八日癸亥(4 月 3 日)

耆英在虎门与英使德庇时签订英军退还舟山条约，并议定英人暂缓进入广州城。②

廿六日辛巳(4 月 21 日)

给事中安诗奏报，江苏招商海运米石抵津，请严禁关口留难需索，弁役藉端扰累。道光帝晓谕：本年招商运米事属创始，自应曲加体恤，严防流弊，方于商民均有裨益。若如所奏，天津一路关口俱索使费，并有将船扣留不准进口情事。该商等寄碇外洋米石蒸变，必致大形亏折，以后裹足不前，于民食大有关系。着讷尔经额饬知长芦盐政及天津道查明此项米石，现在已否进口。倘东沽、葛沽等六处，俱有前项情弊，立即严参惩办，毋许稍有扰累。至进口后或一时不能销售，应由地方官按数收买，亦着筹议章程，迅速具奏。③

廿七日壬午(4 月 22 日)

御史刘良驹奏报，江苏海运商米已抵天津，请饬妥为收买。④
清廷着两广总督耆英至虎门与英人面议时不可持之过急。⑤

---

① 《清实录·宣宗成皇帝实录》卷四二七。

② 中国第一历史档案馆：《鸦片战争档案史料》第 7 册，天津古籍出版社 1992 年版，第 640~641 页；王铁崖：《中外旧约章汇编》第 1 册，生活·读书·新知三联书店 1957 年版，第 70 页。

③ 《清实录·宣宗成皇帝实录》卷四二七。

④ 《清实录·宣宗成皇帝实录》卷四二七。

⑤ 中国第一历史档案馆：《鸦片战争档案史料》第 7 册，天津古籍出版社 1992 年版，第 643 页。

三十日乙酉（4 月 25 日）

着耆英奏报，与夷酋重定条约。所有议定条约，清廷着即照所议办理，惟舟山虽定海一隅，一经交还，即不容复任他国垂涎。此时以夷制夷，自可豫杜奸萌，而将来暗相勾结，亦不可不防其叵测。该督等总宜随时筹度，不失机宜，不使于条约之外，别生枝节，是为至要。①

是春

广州建成远洋木帆船，以驻广州钦差大臣耆英命名，为十九世纪中叶一艘闻名于世的中国帆船，载重七百五十吨。②

美国人詹姆斯·诺维在广州创办长洲船坞公司。③

四月初二日丁亥（4 月 27 日）

讷尔经额奏报，江省商米运津筹议收买。江省招商买米，由海道运至天津售卖。现据该督查明，米船抵津已有数只，白米销售甚形踊跃，粳米一项，议定官为收买，现已筹款办理。所有此项米石，清廷着仓场侍郎派委坐粮厅监督一员，带同经纪斛只，速赴天津按船验明米色，再由天津道按照市价公平收买，委员分运解通，以重储备。④

初三日戊子（4 月 28 日）

武攀凤等奏报，台湾漳泉民人分类械斗、匪徒乘机焚抢各案，现已办理完竣。此次该总兵等督带兵勇分投弹压，由府库提垫军需银七万六千八百三十九两，清廷着准其援照成案，作正开销。其抚恤难民一项，系由官绅捐办，免其造册报销。所有捐

---

① 《清实录·宣宗成皇帝实录》卷四二七。

② 刘传标：《近代中国船政大事编年与资料选编》第 1 册，九州出版社 2011 年版，第 7 页。

③ 刘传标：《近代中国船政大事编年与资料选编》第 1 册，九州出版社 2011 年版，第 8 页。

④ 《清实录·宣宗成皇帝实录》卷四二八。

输官绅商民及获犯出力之文武员弁、绅士义首人等，并着该总兵等酌量保奏。①

初四日己丑(4 月 29 日)

琦善等奏报，盘获法兰西夷人并起出夷书夷文，录供呈览。据称该夷人等由福建、广东等处至京，复由盛京会遇，经历口外，同至西藏，冀图传教。现将该夷人等于讯供后，委员解川。该夷人于汉语清文、蒙古文字皆能通晓，恐未必实系法兰西人，清廷着宝兴于解到川省时，将其来历及经过处所，详细研鞫，务得确情。②

初五日庚寅(4 月 30 日)

前据刘韵珂等奏报，前拨台湾道库存贮银两无几，请动内地封贮拨解，当交户部速议具奏。兹据该部详加综核，以前案捐款归补之项，声叙含混，未便准行。惟念台郡孤悬海外，民情浮动，且近年来地震械斗，以及风水之灾，层见叠出，必须库贮充盈，方可有备无患。所有此次刘韵珂等奏请续拨银十万两，清廷准其即在捐监归补封贮银两内，如数动拨，解台贮备，与前次归补实贮银两，一并责成台湾道，专款加谨封贮，不得与府库纠缠，致滋弊混。如遇重大紧要事件，着该道一面酌拨，一面自行具奏，并报明督抚藩司存案，事竣分别归补。此外寻常事件及垫放官兵俸饷等项，照旧由台湾府自行筹拨，概不准擅动。

广东水师提督赖恩爵奏报，督饬演习虎门各台炮位紧要，请暂缓出洋巡缉。

初七日壬辰(5 月 2 日)

德诚等奏报，筹议江省商米，请责成天津道就近验明收买。前据讷尔经额奏报，江省商米已抵天津，当经降旨令仓场侍郎委员赴津验米。兹据该侍郎等奏称，米船尚未全行进口，派员查验，守候需时，转多扰累，着即毋庸派员前往验收，仍由天津道就近收买。并验明过斛起卸，调用剥船装载，委员分起运至通州。其由通州运至京仓，仍由坐粮厅照例筹办，分别报销，以专责成。

---

① 《清实录·宣宗成皇帝实录》卷四二八。

② 《清实录·宣宗成皇帝实录》卷四二八；中国第一历史档案馆：《鸦片战争档案史料》第7 册，天津古籍出版社 1992 年版，第 652～653、656 页。

十三日戊戌（5月8日）

本日据赛尚阿等奏称，行抵瓜洲，接晤提督尤渤，询知野鸡墩、闵行镇二处情形。

赛尚阿等奏报，查勘顺江等洲炮堤炮位及新造战船情形。据称此次查勘善后事宜，已将北岸之顺江洲上下，及三江口之固土、西成等洲逐一履勘，查得各该处炮堤炮墩，修筑均尚完固，所有护守弁兵，布置亦属得宜，每至一处，令将大小炮位，一一演试，均能声势联络，步伐整齐。惟各炮墩安炮之所，均面无遮护，恐守炮之兵无所藏身。现在酌拟前面添土档，为兵丁添药之处，后面添土墩，为兵丁退藏之处，已向承办之员，细为指画，令其如式添设。并因炮架机括不甚灵便，当就已成之架，面加指示，以期修理合式。①

二十日乙巳（5月15日）

梁宝常奏报，海疆要缺同知需员，仍请破格升用。浙江定海厅同知员缺，前据该抚奏报，请以候补知县傅延焘升补，当经降旨允准，旋因与例不符，照部议撤销。兹据该抚奏称，该员上年委办奉化匪徒聚众巨案，尤为出力，且与海外岩疆，人地实在相需。清廷着照所请，仍准以傅延焘升补定海厅同知，照例送部引见。②

五月初二日丙辰（5月26日）

敬穆等奏报福州、厦门两口近日夷务情形。据称本年三月间，福州民人因买卖细故，致与夷人争竞，当经委员弹压解散，并查拘斗殴各犯分别审办，现在民、夷安静。清廷要求当地官员务必平允处置民夷争竞。③

十一日乙丑（6月4日）

壁昌奏报，江苏承修营船迟延各员，请照案免参。淮北监掣同知、海州及上海、南汇二县，修船迟延，经该部查取职名送部议处。兹据该督奏称，该员等修船

---

① 《清实录·宣宗成皇帝实录》卷四二八。
② 《清实录·宣宗成皇帝实录》卷四二八。
③ 《清实录·宣宗成皇帝实录》卷四二九。

迟延，系在新定章程以前，曾经奏奉谕旨，以历年既久，物故者多，无庸查参，所有监掣同知等各职名着仍遵前旨免其送部。此后新造营船，傥仍蹈从前积习，即着严参治罪，以肃军政。

十三日丁卯(6 月 6 日)

耆英奏报，英夷遵约即行退还舟山。据奏委员前赴香港详加开导，该酋听受甚属驯扰，即日备文知会驻舟山夷目，即行撤退夷兵，并定于三日内派船四只，赴该处装载夷兵驶往印度。①

廿二日丙子(6 月 15 日)

耆英奏报，枪兵挑缺，请仿照苗疆办理。广东、广西地处边陲，与黔省苗疆，事同一律，嗣后各标协营及内河外海水师，遇有外委缺出，着准其将精习鸟枪兵丁与弓箭步兵，轮流拔补，马兵之缺，亦着照此办理。

廿五日己卯(6 月 18 日)

朝鲜国使臣朴永元等二人于大红桥瞻觐。

廿九日癸未(6 月 22 日)

浙江巡抚梁宝常奏报接受定海日期及现状查办情形。②
定海传教士迁入宁波，要求添租房屋。③

闰五月初三日丁亥(6 月 26 日)

展缓浙江定海厅新旧额赋。

---

①　《清实录·宣宗成皇帝实录》卷四二九。

②　中国第一历史档案馆：《鸦片战争档案史料》第 7 册，天津古籍出版社 1992 年版，第 666～668 页。

③　中国第一历史档案馆：《鸦片战争档案史料》第 7 册，天津古籍出版社 1992 年版，第 668～669 页。

十九日癸卯(7月12日)

美国使者璧勒①事竣回国，拟顺道前往五口查看贸易。②

廿一日乙巳(7月14日)

前据琦善等奏报，盘获法兰西夷人至藏传教，将该夷人于讯供后，委员解赴四川，当降旨令宝兴于该夷解到时，将其来历及经过处所，详讯确情具奏。兹据奏称，研讯该夷人等所供，与驻藏大臣所讯，大略相同。察其须眉眼色，确系夷人，并非内地奸徒假冒。③

六月初四日丁巳(7月26日)

钦差户部尚书赛尚阿等奏报，奉命校营伍，阅江防，江南地势，经历过半，计长江设防情形，夷人似不敢再行窥犯。惟苏州、松江二府在江防之外，夷船另有可入之途，且其地纷靡饶富，正豺狼之所垂涎。南鹅鼻嘴等处，均已严密设防，自可有备无患。惟英夷现于上海县之军功场等处修建夷馆，宝山县在上海之北，夷船停泊，自当于此二县以内，择地而守。所有黄浦江贴近之闵行镇等处，炮少力单，当设法豫备至黄浦江，南通浙江之嘉善县，北通泖湖，赴苏甚便，最为紧要，应豫运破旧粮艘及各项破船临时酌用，以操制胜之权。④

初五日戊午(7月27日)

湖广总督裕泰奏报，盘获传教之西班牙人陆怀仁，解赴广东。该夷因在沿海等处地方游行，来至湖北，传习天主教，既能讲说内地语言，且又剃发，是否确系西洋夷人，抑系沿海匪徒，饰混诈冒，清廷着耆英、黄恩彤于湖北委员将该夷人解到时，详细研鞫。⑤

---

① 又作"璧耳"。
② 中国第一历史档案馆：《鸦片战争档案史料》第 7 册，天津古籍出版社 1992 年版，第 674~675 页。
③ 《清实录·宣宗成皇帝实录》卷四三〇。
④ 《清实录·宣宗成皇帝实录》卷四三一。
⑤ 中国第一历史档案馆：《鸦片战争档案史料》第 7 册，天津古籍出版社 1992 年版，第 682~684 页。

浙江巡抚梁宝常奏报，英使到定海装运行李，即行开驶回国。①

初六日己未（7 月 28 日）

英人因口角行凶，于广州十三行打死华人三人，伤六人。②

两广总督耆英奏报，丹麦使臣来华办理通商事宜，并送领事前往上海。③

英使率同郭士拉等乘坐火轮船由定海驶回香港。定海英船全部撤走，舟山全境收复。④

十六日己巳（8 月 7 日）

两江总督壁昌奏报，近来江苏洋面商船数次遇盗，奉贤、宝山二县地方，复有洋盗登岸行劫典铺之事。⑤

十七日庚午（8 月 8 日）

耆英奏报，查出沙田溢坦，酌定章程。此项溢坦十七万六千余亩，多系报垦有案，因沿海潮汐冲激，圈筑未就，是以尚未报明升科。

以查办溢坦归屯，予广东候补知府白从瀛等加衔升叙有差。

广东九龙山地居扼要，亟应改建石城，设立炮台衙署营房以资守卫，现该省官绅陆续捐资修筑。

廿五日戊寅（8 月 16 日）

讷尔经额等酌议运司章程八条：一、库垫应赶征赶解，分别归补，分限带补一节，现据该督等请将加价钱文协济，毋庸再于引课内另立补垫名目；二、现商新旧

---

①　中国第一历史档案馆：《鸦片战争档案史料》第 7 册，天津古籍出版社 1992 年版，第 681~682 页。

②　中国第一历史档案馆：《鸦片战争档案史料》第 7 册，天津古籍出版社 1992 年版，第 686 页。

③　中国第一历史档案馆：《鸦片战争档案史料》第 7 册，天津古籍出版社 1992 年版，第 685~686 页。

④　中国第一历史档案馆：《鸦片战争档案史料》第 7 册，天津古籍出版社 1992 年版，第 687~688 页。

⑤　《清实录·宣宗成皇帝实录》卷四三一。

欠分年摊带，宜检对原案，查明未完某年某款各若干，总计银数，以本款之缓急，定归补之次序；三、二十五年未销存引截数暂停，专顾新纲实力疏销，年清年款；四、嗣后领引责令先交正项三钱、帑利三钱、领告三钱，方准给引领运，其无帑利之商，统交领告六钱，亦准领运，正项三钱，于奏销时征完，帑利于十二月内交清；五、二十五年奏销准分，一半奏课解钱三十六万串，作银二十四万两，于一月前豫行报部，核示起运，外支各款亦准银七钱三，配搭解支试办；六、加价二文暂免停止，于二十五年秋季起以一文协济芦纲商本，一文归公首补库垫；七、虚悬引地设法招认，于外支杂款内，量为酌减，以示体恤；八、透私要隘，遴拨员兵实力缉拿，所需经费每引另带四五分，核实支用，仍将功过章程报部。①

廿七日庚辰（8 月 18 日）

命长芦盐政士魁回京，以直隶总督讷尔经额兼署长芦盐政。

七月初四日丁亥（8 月 25 日）

德诚奏报，浙省帮船脱空迟延，请旨饬催。浙江金衢所帮船，距前帮挽入直境，迟到六日，其台州后帮尚无入关消息，三进漕船为数较多，现在节交秋令，河水易于消落，漕粮尚有一百数十万石之多，似此节节脱空，必致耽延误事，清廷着直隶总督、山东巡抚严饬所属认真催趱，务令衔尾入关，毋得致稽运务。②

赏山东盐运使沈拱辰三品卿衔，为长芦盐政。

初九日壬辰（8 月 30 日）

准浙江台州前帮军船遭风沈溺米一千四百五十二石分限买补。

十五日戊戌（9 月 5 日）

沙船在洋被夷盗劫取物件，杀伤水手，清廷饬令沿海各将军督抚等确探严缉。此次夷盗肆劫，并给与夷字一纸，虽经德酋辨认，实系英字，此项盗船是否确系夷盗，抑或有洋盗假冒之事，其船现已驶往何处，曾否追获，该督抚等惟当不动声色，严密防范，认真查拿。至该领事所派兵船，自应仍遵条约，即速追回，以免日

---

① 《清实录·宣宗成皇帝实录》卷四三一。
② 《清实录·宣宗成皇帝实录》卷四三二。

久游奕，致沿海见而惊疑。①

廿六日己酉(9 月 16 日)

刑部奏报，江苏民人徐云江呈诉夷务，请饬解回查办。

八月初四日丙午(9 月 23 日)

浙江巡抚梁宝常奏报所定定海善后章程。②

初五日丁巳(9 月 24 日)

上海道台宫慕久与英国驻上海领事巴富尔签订协议，规定上海英租界西界址。③

十六日戊辰(10 月 5 日)

英国新任驻沪领事阿利国到达上海。④

二十日壬申(10 月 9 日)

道光帝寄谕盛京、直隶、江南、浙江、福建、山东、广东七省将军、督抚、提督等：军机大臣等奏报，密议耆英奏缮进陆贽守备事宜状，并练兵储饷等项事宜。练兵储饷，为边防要务，洵宜准今酌古，实力讲求。唐陆贽《缘边守备事宜状》一疏，于理兵储饷再三致意，曲尽边防要领，着各该将军、督抚、提督等咸录一通，置诸座右，务宜惕目警心，反复寻绎，斟酌以求其当，变通以适其宜，于筹策边防，自有裨益。至各营兵丁技艺之优劣，视将弁操演之勤惰，总在勤加训练，将弁得人。嗣后广东水陆各营，自副将以下，守备以上，着即责成该提督等督同该镇，

① 《清实录·宣宗成皇帝实录》卷四三二。

② 中国第一历史档案馆：《鸦片战争档案史料》第 7 册，天津古籍出版社 1992 年版，第 702～707 页。

③ ［美］马士：《中华帝国对外关系史》第 1 册，张汇文等译，生活·读书·新知三联书店 1957 年版，第 391 页；汤志钧：《近代上海大事记》，上海辞书出版社 1989 年版，第 27 页。

④ 中国第一历史档案馆：《鸦片战争档案史料》第 7 册，天津古籍出版社 1992 年版，第 727 页。

随时考核。果能教练有效，兵丁悦服者，据实保举，由耆英复核，年底密折陈奏，候朕点出一二员，由该督给咨赴部引见，听候擢用。此外海疆各省，著照此认真核办。至储饷以备非常，必须豫筹，方免支绌，着该督抚等转饬各海关该管官，嗣后奏报征收钱粮时，计一年税数赢绌，将征纳尾银，酌留数万，或数千，核定数目，奏交各省藩库，另款存贮，以资储备。并着奕湘、讷尔经额、崇恩按照各该省情形，分别轻重缓急，酌量筹办，务令积之既久，以裕军实。凡此训练储蓄，固为筹边要术，然总在平日恤之以仁，推之以恩，要之以信，制之以义，而复严号令，明纪律，公赏罚，德怀威畏，以固结人心，振作士气，俾上下一体，有进无退，方为有用之师。该将军、督抚、提督等，务须激发天良，深自刻励，毋稍苟安，于弁兵等体恤倍至，以实心待之，自可得其实心，而缓急可恃矣。至各处船只、炮位、炮台、阵式一切事宜，均宜事事认真，各收实用，不得徒饰外观，有名无实，尤不得稍涉张皇，致启疑虑，总须不动声色，严密筹办，是为至要。①

廿六日戊寅（10 月 15 日）

梁宝常奏报，浙西善后案内，续建要工，筹款兴办。浙江乍浦当南溟之冲，为浙西第一门户，该处城垣衙署等项工程，均关紧要，清廷着即赶紧修建，以资捍卫。所需工料运脚银十四万余两，即在善后捐输余存银钱内支用。

廿七日己卯（10 月 16 日）

梁宝常奏报，遵旨密捕夷盗，并英夷追捕兵船折回上海。该夷捕盗兵船，业已折回上海，尚属守约。惟夷盗在洋行劫，果能辨认明确，自应知会广东，交该酋自行办理。至内地奸民，难保不装点夷船式样，巧避查拿，任意在洋游奕。该管营县等即明知并非夷船，又恐一经误拿，致启衅端，因而相率因循，不肯认真查究。该洋盗等窥破此意，益复毫无畏忌，恣情劫掠，又安望盗风日息，海宇肃清耶？清廷着各该督抚等悉心筹度，应如何不动声色，详细辨认，不使奸民得以伪托，庶查拿确有把握，固不得稍有舛错，尤不得任听营县，巧为诿卸，方为妥善。②

以广东惠潮嘉道李璋煜为浙江按察使。

---

① 《清实录·宣宗成皇帝实录》卷四三三。
② 《清实录·宣宗成皇帝实录》卷四三三。

廿九日辛巳(10 月 18 日)

两江总督壁昌等覆奏，查验江防炮堤添设土档土墩，并阅演沿江兵炮启程日期。

九月初四日丙戌(10 月 23 日)

耆英等奏报，征收关税，请暂缓定额。粤关税数定额，清廷着准其展限一二年，随时察看情形，再行公同酌定具奏。

前据刘韵珂等奏报，福建署宁洋县知县周丙南擅行招商，及家丁被控需索，曾经降旨撤任，交该督等严审确情具奏。兹据奏称，讯明该县出示招商，由于误会文札，迨奉免举明文，即遵照办理，亦无家丁串同索诈情事。惟于革书陈步高藉端索诈，毫无知觉，实属失察，周丙南着交部议处。

耆英等奏报，遵旨讯明湖北获解传教夷人，饬发西洋夷目收管。该夷纳巴罗即陆怀仁，以外夷赴内地希图传教，现据讯明实系大吕宋人，并无别项不法情事，亦非匪徒饰混诈冒。该国并无领事在粤，该督等已发交西洋夷目严加管束。惟该夷将来如何归着，是否交该夷目饬令回国，抑或仍留粤东，并如何妥为安置，不至再出滋事之处，清廷着耆英等斟酌情形，悉心妥议具奏。①

以监造船工，予广东县丞明兆台等升叙有差。

闽浙总督刘韵珂奏报福州新换英领事茹逊情形。②

初八日庚寅(10 月 27 日)

美国新任驻华公使义华业，在广州城外向耆英递交国书。③

初九日辛卯(10 月 28 日)

御史朱昌颐奏请筹款招商运米，以济仓储。上年准给老民顶带，所有节省恩赏

---

① 《清实录·宣宗成皇帝实录》卷四三四。

② 中国第一历史档案馆：《鸦片战争档案史料》第 7 册，天津古籍出版社 1992 年版，第 720~721 页。

③ 中国第一历史档案馆：《鸦片战争档案史料》第 7 册，天津古籍出版社 1992 年版，第 738~739 页。

银两，各省约计不少，该御史请于此项银数内，酌提若干，令各该州县招商买米，由乍浦上海海道，运至天津之处。清廷着江苏浙江巡抚，酌量情形，妥议章程，迅速具奏。再江浙应带征展缓漕米，可否带交海运，亦着一并议奏。寻两江总督壁昌等奏报，查本年商人王学敏等，备价买米，运赴天津售卖，已有成效，自应仿照举行。兹据商人沈杏堂、顾堃等，具禀承认，买米贩运到津，其有资本不敷，每石请借运本银一两，出具互保切结，于应给米价内扣还，万一重洋有不测之虞，均摊赔补。现以老民节省银两内，实无存款可提，所有该商等请借运本，拟即于海关夷税项下就近拨给，作正开销，其银以十万两为率，以示限制，将来到通时，即行按价扣收，解归部库。至于带征展缓漕米，为数无多，仍应交帮洒带，若令海船承运正供，恐该商等畏难观望，裹足不前。该御史所奏缓漕海运一节，应毋庸议。下部议，从之。①

十七日辛亥(11月5日)

清廷着两广总督耆英饬法领事严行约束传教之人事。②

十九日辛丑(11月7日)

予福建捕盗炮毙水勇叶熟赏恤如例。

廿五日丁未(11月13日)

以江宁布政使徐广缙为云南巡抚，调广东布政使傅绳勋为江宁布政使，以服阕布政使叶名琛为广东布政使。

廿六日戊申(11月14日)

梁宝常奏报，宁波海口，通商未久，税课数目尚难核计，原设浙海关税则，仍有赢无绌。清廷着于奏报征收钱粮时，将尾数核定数目，奏明办理。此外各处现办船只及炮位、炮台、阵式一切事宜，均在认真核实，处处冀收实效。③

---

① 《清实录·宣宗成皇帝实录》卷四三四。
② 中国第一历史档案馆：《鸦片战争档案史料》第7册，天津古籍出版社1992年版，第724页。
③ 《清实录·宣宗成皇帝实录》卷四三四。

廿七日己酉(11 月 15 日)

前据刑部奏报，江苏民人徐云江呈诉夷务，情节较重，曾降旨令李星沅讯究确情。兹据李星沅奏称，现已查悉，徐云江曾于三月间潜至夷目巴富尔寓所，告以钦差来查夷馆，并有驱逐之意，经该酋查明斥逐。清廷着程矞采于行抵江苏时，检查此案卷宗，悉心研鞫，从重定拟。寻奏报，讯明徐云江呈控夷目巴富尔摊毁坟墓，暗造连营炮台，毒害幼孩等情，全属虚诬。且妄指阅兵大臣，为驱逐夷馆之钦差，恐吓外夷，无端构衅，殊为可恶。徐云江合依诈传诏旨律拟斩监候，秋后处决。下部议，从之。①

以新授广东布政使叶名琛暂署顺天府府尹。

十月十六日戊辰(12 月 4 日)

清廷命将江苏常镇道咸龄等在广州办理洋务得力人员，交军机处记名，并予戴花翎。

因英、华民众易启争端，两广总督耆英拟在广州十三行会馆及附近扼要处，移驻弁兵计一百名巡防。②

清廷着两广总督耆英谕知各国使臣以后传教洋人断不准于五口外擅至各省遨游。③

十八日庚午(12 月 6 日)

抚恤朝鲜国遭风难夷如例。

浙江巡抚梁宝常奏报浙省岁收及办理洋务情形。④

广州建造远洋大帆船"耆英"号，自香港出发，远航美欧。⑤

---

①　《清实录·宣宗成皇帝实录》卷四三四。

②　《筹办夷务始末(道光朝)》第 6 册，中华书局 1964 年版，第 3046 页。

③　中国第一历史档案馆：《鸦片战争档案史料》第 7 册，天津古籍出版社 1992 年版，第736~737 页。

④　中国第一历史档案馆：《鸦片战争档案史料》第 7 册，天津古籍出版社 1992 年版，第739~740 页。

⑤　刘传标：《近代中国船政大事编年与资料选编》第 1 册，九州出版社 2011 年版，第 8页。

十一月初二日癸未(12月19日)

抚恤朝鲜国遭风难夷如例。

初九日庚寅(12月26日)

刘韵珂奏报,请清厘台湾闲居幕友。据奏查明闲居该处郡城纷纷待聘者,除陆续内渡及先后病故外,尚有陈白斋等三十二人,均非刑名钱谷之才,聚处台郡,久而不归,难保无钻营求荐及勾串为奸等弊。若任其盘踞,贻害地方,于海疆吏治,大有关系。清廷着即将现住郡城之陈白斋等三十二人驱逐内渡,不准逗留。其现在有馆各幕,该督仍当留心查察,如有前后异轨者,随时檄饬该地方官驱逐,不可稍有将就。嗣后内地幕友,除地方官延请外,不准私自渡台。若台地官员并不认真驱逐,或任其私渡,即照徇庇失察例分别议处,以重吏治而肃海疆。①

十八日己亥(公元1847年1月4日)

在马礼逊学堂求学的容闳、黄胜、黄宽随校长布朗去美国留学。道光二十年二月二十七日(4月12日)到达纽约,进入麻省芒松学校学习。后黄胜因健康原因回香港;容闳于道光三十年进入耶鲁大学,咸丰四年毕业;黄宽赴英国苏格兰爱丁堡大学学医,咸丰七年毕业回国。②

二十日辛丑(公元1847年1月6日)

藩司接准琉球国王密咨关涉夷务。前年秋间,法兰西兵船驶至琉球,强留执事伙尔咖助等在彼居住,曾降旨令着英妥为查办。本年五月,已据该酋将前留执事伙尔咖助等一并撤回。又另易伯多禄、亚臬德二人在彼居住,并仍讽以结好通商,其意殊难揣测。且英吉利船只自二十三年以后,屡至该国探水量地,并令伯德令携眷逗留该国,设局行医,更不知意欲何为。清廷着着英向法英各酋曲加劝导,务使各将兵船及侨寓人等悉数撤去,以免惊疑,是为至要。③

---

① 《清实录·宣宗成皇帝实录》卷四三六。
② 陈学恂:《中国近代教育大事记》,上海教育出版社1981年版,第5页。
③ 《清实录·宣宗成皇帝实录》卷四三六。

廿一日壬寅（公元 1847 年 1 月 7 日）

前据刘韵珂奏报，洋盗遵示投首，恳请援律免罪，分别发营安插递籍约束，当交该部议奏。兹据刑部兵部会议具奏，称据该督等奏请将解到各犯，择其年力精壮者，分发闽浙水师各营安插。道光帝以为洋盗投首，仍发水师安插入伍，流弊滋多，且与从前办理成案不符，所奏着不准行。仍着查照嘉庆十八年办过洋盗投首成案，将年力精壮者，发至距闽浙较远之云南、贵州、四川、甘肃、陕西五省各营，每营安插一名入伍，予以自新，勉力图效，不准私自逃回及有再出为匪。其管解海盗并出洋探寻直上盗船晓谕之浙江候补知县陈备恪，着遇有该省知县缺出，不论繁简，尽先补用，以示鼓励。①

廿三日甲辰（公元 1847 年 1 月 9 日）

梁宝常奏请将收复定海出力各员量予奖励。

廿五日丙午（公元 1847 年 1 月 11 日）

道光帝要求再次筹画海运。"朕轸念民隐，凡各省奏请蠲缓，无不立沛恩施。江南地方，近年即有偏灾，朕亦不必遽疑为捏报。惟本年恳请蠲缓者，竟至五十余州县之多，或因办理漕务，兑费繁重，藉此为体恤地方之计，岂竟置京仓于不顾耶？因思海运章程，道光六年，办有成案。现当整顿漕务，清厘帮费之时，着该督抚通盘筹画，如可仿照前章，确有把握，即统核漕粮实数，每岁酌分几成，改由海运，于道光二十八年为始，庶漕费可以节省，而州县等亦不致藉此捏报灾荒，致亏仓贮。至招商买米，由海运津事宜，已妥立章程，筹款备买。"②

廿六日丁未（公元 1847 年 1 月 12 日）

前据刘韵珂等奏报，台湾生番献地输诚，请归官开垦，当交大学士、军机大臣会同该部议奏。兹据会议具奏报，该番性类犬羊，裸居崖谷，忽因衰弱穷困，献地投诚，恳请官为经理，恐有汉奸怀诈挟私，潜为勾引，一经收纳利之，所在百弊丛生，有非豫料所能及者。此事大有关系，清廷着该督于明年二三月渡台后，将该处

---

① 《清实录·宣宗成皇帝实录》卷四三六。

② 《清实录·宣宗成皇帝实录》卷四三六。

一切情形，亲加履勘，悉心体察，筹及久远，据实奏明。未奉谕旨之先，不准措办，断不可轻听属员怂恿，以为邀功讨好，受其蒙蔽，率行议准，致贻种种后患。①

三十日辛亥（公元 1847 年 1 月 16 日）

命户部左侍郎柏葰、都察院左副都御史陈孚恩赴天津督买海船商米。

十二月初四日乙卯（公元 1847 年 1 月 20 日）

闽浙总督刘韵珂奏报，西班牙派领事德滴驻厦门，英国派格勒幅来厦更代。②

初八日己未（公元 1847 年 1 月 24 日）

璧昌奏称商船、夷船、盗船易为辨认，道光帝以为不实不妥。

户部奏请推广捐输米石章程，请于江苏省仿照官员捐米之例，准令各省官民，前赴江苏捐办米石，照捐输银两议叙，由该督抚奏请奖励。其运京路程，或附海船抵津，或由内河抵通，如何便易之处，清廷着璧昌、程矞采悉心妥议。

初十日辛酉（公元 1847 年 1 月 26 日）

抚恤琉球国遭风难夷如例。

十三日甲子（公元 1847 年 1 月 29 日）

以广东捐造战船，予监生刘廷扬以同知即补，余加衔升叙有差。

十五日丙寅（公元 1847 年 1 月 31 日）

柏葰奏报，收买商运米石，请饬豫筹定价。道光帝指示：天津海船商米，官为收买，自宜优加体恤，以广招徕。惟此次三色米石，前由天津道按照市价议值，较

---

① 《清实录·宣宗成皇帝实录》卷四三六。
② 中国第一历史档案馆：《鸦片战争档案史料》第 7 册，天津古籍出版社 1992 年版，第 755~756 页。

本年夏间，有增无减。该商等踊跃前来，恐天津市侩，逐渐抬高市价，或该商暗令增昂，以为比照地步，不可不豫为筹计。米石价值，原属随时增减，现在官为收买。糙米一项，清廷着壁昌、陆建瀛察看该省价值，核计该商成本水脚，量加利息，俾有赢余，统计糙米每石应给库平纹银若干两，面为议定价值，随时咨明户部及直隶总督，于收买时照议发给，该商子母相权，有利可图，自不至有屈抑。总期于招徕之中，并杜市侩挟持之渐，庶于仓储库款，均有裨益。该督等惟当察看情形，详细确查，悉心妥议具奏。寻奏报，遵将米价一律议定，惟该商认运有先后，数目即有参差。其先承认者，每石连脚价给银二两二钱；续认者，酌加二钱，系给库平库色。①

十七日戊辰（公元 1847 年 2 月 2 日）

抚恤琉球国遭风难夷如例。

十九日辛未（公元 1847 年 2 月 4 日）

耆英奏报，英夷请于西藏定界通商，业经正言拒绝，并密陈侦探夷情及酌办情形。

廿一日壬申（公元 1847 年 2 月 6 日）

礼部奏报，琉球进贡使臣到京，并将原咨进呈，内称英吉利、法兰西两国人，在该国行医通商。

廿五日丙子（公元 1847 年 2 月 10 日）

前据刘韵珂等奏报，藩司接准琉球国王密咨，以法、英二国，各令执事人等逗留该国，并有设局行医等情，曾降旨令耆英曲加劝导，共释猜疑。嗣据该督奏称，接准闽省来咨，业已备文谕令撤回。惟昨据礼部奏称，琉球贡使到京，呈递禀帖，复以法、英二国留人在彼种种滋扰，该国王不胜疑虑，力求代奏。清廷指示：琉球臣服天朝，最称恭顺，既据叠次恳请，若不为之弭止惊扰，殊失抚驭外藩之意。然法英各令执事人等逗留该国，又不知意欲何为，此事既未便颁给法英敕谕，令其撤回侨寓人等，又不值遣兵前往与之理论，惟在该督仰体此意，复向法英各酋反复晓

---

① 《清实录·宣宗成皇帝实录》卷四三七。

谕，使知成约既不可违，小利亦无可取，务使各将逗留人等悉数撤去，以弭外侮而恤藩封，是为至要。①

调福建巡抚郑祖琛为广西巡抚，广西巡抚徐继畬为福建巡抚。

廿六日丁丑（公元 1847 年 2 月 11 日）

刘韵珂奏请招商贩运米石以裕民食。福建沿海各属，现在米价增昂，台米转运无多，沿海各郡，购籴维艰。清廷着照所请，准其查照成案，由司出示招商，颁给执照，前赴江浙沿海产米各郡，分投采买，转运至闽，听其自行售卖，经由各口，随时查验放行，毋许照外夹带偷漏，亦不得留难阻滞，以期迅速，一俟民食渐充，即行停止给照。

前据者英奏报，英夷请于西藏定界通商，业经正言拒绝，当有旨着该督坚守成约，勿为摇惑。兹据琦善奏称，据唐古特西界堆噶尔本营官禀报，有披楞人投递夷禀，据来人口述，系披楞战胜，森巴已经归附，并将所属之拉达克、克什米尔分与管辖，欲向唐古特交易，定有章程，令人前往会议。清廷令琦善严密防范，并着晓谕该夷以办理夷务，系钦差大臣之事，应由该夷自赴广东与者英商办。着该督仍遵前旨，申明条约，毋任狡执，俾知成约坚明，五口通商之外，不得再生枝节，是为至要。②

廿八日己卯（公元 1847 年 2 月 13 日）

朝鲜国使臣金贤根等二人、琉球国使臣向元模于午门外瞻觐。

是年

梁廷枏《海国四说》一书出版。梁廷枏，字章冉，广东顺德人。③
中英经由广州、上海、厦门进出口的主要商品贸易额为三千六百五十七万一千二百七十元，其中，进口一千四百六十六万一千六百二十八元，出口二千一百九十万九千六百四十二元。④

---

① 《清实录·宣宗成皇帝实录》卷四三七。
② 《清实录·宣宗成皇帝实录》卷四三七。
③ 清史编委会：《清代人物传稿》第 4 卷，辽宁人民出版社 1988 年版，第 274 页。
④ 姚贤镐：《中国近代对外贸易史资料》第 1 册，中华书局 1962 年版，第 630 页。

道光二十七年　丁未　公元 1847 年

正月初十日庚寅(2 月 24 日)

道光帝晓谕：英夷定界通商之请，既系只欲指明旧界，并非另立新界，通商系仍照旧章，亦不另议新条。①

两广总督耆英奏报，委员将传教法人牧若瑟交法领事官查收管束。②

英国使臣声称医生前往琉球，广施治疗，未便阻止。③

湖北获解传教士纳巴罗交葡萄牙人收管。④

十一日辛卯(2 月 25 日)

给事中安诗奏报，请严专阃之令，以肃戎行。道光帝批复：国家养兵给饷，岁以为常，不下数千百万，各省督抚提镇，宜何如实力从事，严明纪律，整饬戎行，方可一兵得一兵之用。若如该给事中所奏报，兵不足额，至以羸弱充数，甚至将领有克扣之弊，兵弁长告讦之风，陆路则旷误巡缉，水师则虚报出洋，更或豢养伙贼，卖放巨盗，种种弊端，实堪发指。总由统师之员，平时既训练无方，临事又庸懦畏葸，营伍废弛，尚安望其整顿捕务、严肃边防乎？嗣后各直省大吏，阅兵时务须严申军令，不得奉行故事，置纪律于不问，并严饬统师将领各员，洁己奉公，身先士卒，如有弁丁干犯号令，即治专阃以约束不严之罪，庶几水陆营汛，一律严整，盗贼不敢窃发，边圉由是肃清。⑤

---

① 《清实录·宣宗成皇帝实录》卷四三八。

② 中国第一历史档案馆：《鸦片战争档案史料》第 7 册，天津古籍出版社 1992 年版，第 765~766 页。

③ 中国第一历史档案馆：《鸦片战争档案史料》第 7 册，天津古籍出版社 1992 年版，第 768~769 页。

④ 中国第一历史档案馆：《鸦片战争档案史料》第 7 册，天津古籍出版社 1992 年版，第 769~770 页。

⑤ 《清实录·宣宗成皇帝实录》卷四三八。

十四日甲午(2月28日)

朝鲜国王李焕遣使表贺万寿、冬至、元旦三大节，进贡方物，赏赉筵宴如例。琉球国王尚育遣使表贡方物，赏赉筵宴如例。

十九日己亥(3月5日)

闽浙总督刘韵珂奏报，遵查洋盗伪托夷船，既须详辨，尤贵严拿，庶夷人不致别启事端，盗匪自不敢恣情劫掠。

三十日庚戌(3月16日)

捐建九龙城寨炮台，此项工程现在核计捐数，已属有赢无绌。其官绅捐输，清廷着即停止，仍俟工竣后，核明本案工程外，尚有赢余银若干两，再行奏明拨归该省藩库，以备要需。①

二月初四日甲寅(3月20日)

钦差大臣两广总督耆英与瑞典、挪威全权大使李利华，在广州签订《五口通商章程》，计三十三款，附有《海关税则》。②

刘韵珂奏请将缉获盗匪之总兵游击开复处分。浙江定海镇总兵郑宗凯、左营游击罗建猷，前因疏防洋盗行劫，降旨革职留任。兹据该督查明，该总兵等于被参后，亲率舟师设法搜捕，于三个月限内，拿获另案盗匪九十八名。郑宗凯、罗建猷均着准其开复革职处分。③

初十日庚申(3月26日)

协办大学士两广总督耆英覆奏，查英法夷人，本欲与琉球国王结好通商，嗣因事不可行，法兰西酋谢咗呋已信知该国王，留二人在彼，听候回文后，当即撤回，

---

① 《清实录·宣宗成皇帝实录》卷四三八。
② 王铁崖：《中外旧约章》第1册，生活·读书·新知三联书店1957年版，第71~77页。
③ 《清实录·宣宗成皇帝实录》卷四三九。

英酋现亦反复开导，令其撤回该国夷人。①

十六日丙寅（4月1日）

英国火轮船三只，划艇数只，驶入广州虎门，攀上镇远及上下横档炮台，用钉塞上炮眼。守卫官军并未阻拦。②

敬穆奏报，请饬赶紧补足巡洋船只。闽省滨海地方，盗匪出没，各营缺额师船，间有未经造补，分缉不敷，商贩易致观望。清廷着刘韵珂督饬藩司将未造船只，赶紧筹款，如数补足，以资配缉，仍一面严饬巡洋员弁先就现有师船，竭力搜捕，俾匪徒敛迹，洋面肃清。至所奏闽海关短征额外赢余，请俟缴完前短银两，再行起限完缴，着户部议奏。寻奏报，查福州将军敬穆，自道光二十四年二月至二十六年正月二年内，共短征税银四万二千四百余两，并未缴清。又自二十六年正月至十二月，一年期满，短征银三万五千一百余两，其请接续分限赔缴之处，与例不符，应即饬令该将军遵照奏定章程，按限完缴。从之。③

廿一日辛未（4月6日）

予广东追贼被戕外委黄启泰祭葬世职。

廿三日癸酉（4月8日）

两江总督壁昌奏报，遵议辨别洋面夷盗各船，必须随时随地，认真巡缉。其巢穴在岸者，责成地方州县；其踪迹在洋者，责成水师营汛，更须多设眼线，并察其船之式样及行走迟速情形，则真伪似无难立辨。

两广总督耆英奏报，已杖责佛山抗英民众，英使请明确进程日期。④

廿四日甲戌（4月9日）

天津现到商米一船未能干洁，趁闲挑晾。据称查验现到商船米色，多有潮润黑

---

① 《清实录·宣宗成皇帝实录》卷四三九。

② 中国第一历史档案馆：《鸦片战争档案史料》第 7 册，天津古籍出版社 1992 年版，第 796~798 页。

③ 《清实录·宣宗成皇帝实录》卷四三九。

④ 中国第一历史档案馆：《鸦片战争档案史料》第 7 册，天津古籍出版社 1992 年版，第 780~781 页。

白不等，该商自愿挑晾。

廿六日丙子（4 月 11 日）

向来闽海关征收课税从无短缺，乃自近年以来，据报征收数目，每不足额。是否敬穆未能认真稽核，或用人不当，致有偷漏等弊，或任听胥役串通蒙混，种种侵蚀，恐皆不免，清廷着刘韵珂接奉此旨，随时留心密加访察。寻奏报，遵查闽海关税务，虽分六口，而厦门一口，向居税额之半。厦门贩海之船，有透北、过台、出洋、广拨四项货船，自五口通商以后，夷船所贩之货，即系出洋，广拨两项船只所贩之货，以致出洋，广拨二船收帆歇业，夷税日增，常税日绌。拟将夷船所占华商进口洋货棉花布匹、出口杂货等税，拨归闽海关常税征报。其夷船进口吨钱、出口茶叶湖丝各税，仍归夷税征收。下部议，夷税拨归常税，恐夷税所征无几，请令于每年夷税项下拨补常税银若干两，酌定数目奏闻。从之。①

廿七日丁丑（4 月 12 日）

刘韵珂奏报，洋盗劫杀夷商，现已咨行一体严拿，并将巡洋员弁先行摘顶棍责。盗匪在洋劫掳，本为商旅之害，必应严拿惩办，据奏现已飞咨闽省水师暨广东、江南、浙江各督抚一体堵缉。清廷仍着刘韵珂督饬员弁，协力搜捕。此案正盗，务获究办，如限满无获，即行从严参办，不得因劫系夷船，少存歧视，以靖洋面而安商旅。②

廿八日戊寅（4 月 13 日）

英使德庇时带来火轮船两只，划艇、舢板二十余只，英兵一千余名，突入广东省河，停泊于十三行码头，声称为佛山民人驱逐英人及要求进广州城而来。前此，德庇时数次要求进住广州城而未果。距离广州不远之佛山，常有英人登岸游眺而被当地民人驱逐。至此，着英杖责佛山民人，准许英人两年后进城。英船随之退出虎门。③

---

① 《清实录·宣宗成皇帝实录》卷四三九。
② 《清实录·宣宗成皇帝实录》卷四三九。
③ 《筹办夷务始末（道光朝）》第 6 册，中华书局 1964 年版，第 3080 页。

是月

美国长老会哈巴牧师，将其所办寄宿学校由澳门迁至广州。道光三十年（1850年），学校开始招收走读生。①

两广总督耆英奏报，与瑞典、挪威立约通商情形。②

三月初七日丙戌（4 月 21 日）

基溥奏报，查核粤海关税课现在情形。所有应进贡品，清廷着准其暂行停缓，仍俟一二年后酌定贡物，先行具奏，候旨遵办。③

清廷着两广总督耆英于英人进城一事不得过于张皇，亦不可稍形疏懈。④

初十日己丑（4 月 24 日）

耆英奏报，夷情渐已就范，兵船陆续退出，现仍督率文武镇静防备。此次该夷突入省河，其坚求不已者，尤在究办佛山殴逐夷人之华民及准伊等进城二事。该督现已委员驰往佛山，将当日在场哄闹之匪徒关亚言等拿获惩办。其进城一节，亦经委员反复开导，宽其日期，徐图控驭。其余所请租地建房等事，均经按照条约，次第妥办。⑤

赏已革广东巡抚黄恩彤六品顶带，交两广总督耆英差遣委用。

清廷着两广总督耆英此后办理洋务，应事事务协公平，总期民夷两安。⑥

十九日戊戌（5 月 3 日）

耆英奏报，夷船一律退出虎门，省城安静如常。道光帝晓谕：此次夷船突入省

---

①　陈学恂：《中国近代教育大事记》，上海教育出版社 1981 年版，第 5 页。

②　中国第一历史档案馆：《鸦片战争档案史料》第 7 册，天津古籍出版社 1992 年版，第 785～786 页。

③　《清实录·宣宗成皇帝实录》卷四四〇。

④　中国第一历史档案馆：《鸦片战争档案史料》第 7 册，天津古籍出版社 1992 年版，第 787 页。

⑤　《清实录·宣宗成皇帝实录》卷四四〇。

⑥　中国第一历史档案馆：《鸦片战争档案史料》第 7 册，天津古籍出版社 1992 年版，第 787～788 页。

河，所带夷兵只千余名，若以粤省兵勇之众，调齐攻击，亦何难聚而歼旃。惟此时夷船既已退归夷巢，原不妨姑为息事安民之计。犬羊反复无常，难保不归巢以后，又复别生事端，不可不于安静无事之时，豫为防范。惟在该督留心人材，勤加操演，练兵尤在练将，有勇更期知方，平日固结民心，以为根本，临时激扬士气，以作干城，总期未雨绸缪，有备无患，方为妥善。①

廿三日壬寅(5月7日)

琦善奏报，查访英夷请于后藏通商实情。堆噶尔本迤北峻岭，下有金矿，又地尽斥卤，氼即成盐，该夷惟利是图，自系垂涎此地，希图居奇。其前请定界通商，继复只欲指明旧界，仍照旧章之处，未必非有意含混，潜肆贪求。

廿九日戊申(5月13日)

道光帝晓谕：国家设兵卫民，虽可百年不用，不可一日不备，全在封疆大吏，于无事之时，筹久远之计，平日留心营政，选择将材，事事俱有把握，设遇有事，自可随机策应，措置周全。粤省近年以来，海氛甫靖，经朕再三训谕，思患豫防，上年又经著英疏陈练兵筹饷事宜，已通谕各省督抚体察情形，妥为筹办。耆英身任重寄，自能仰体朕意，通筹大局，计出万全，断不至稍形疏懈。惟粤省民情浮动，加以诸夷杂处，易起争端，多非意料所及。倘遇有需用之处，徒恃本省兵力，既恐防范难周，若向他省调兵，又虑鞭长莫及。惟广西地界毗连，且同属该督管辖，呼应较灵，着耆英接奉此旨，即于广西镇将中留心察看，择其实能训练士卒者，责令不动声色，认真操演，务使技艺精熟，纪律严明，其有壮健骁勇，可称劲旅者，密为存记，约共豫备二三千名，一遇有事调遣，即令克期就道，毋致临事张皇，是为至要。此外各省，惟江西最为切近，已谕知李星沅密为经画，以备不时调遣。凡此皆于平时操演之余，寓先事防维之意，于粤省筹备机宜，更有裨益。至前次夷船突入省河时，何以夷兵遂得偷上炮台，钉塞炮眼，自因该处弁兵防守不严之故，除饬查明惩办外，以后应如何严密防范，方不至再有疏虞，亦着妥速筹议具奏。②

四月初四日壬子(5月17日)

前据壁昌奏报，由闽制造同安梭船，用之长江内洋，易于搁浅，当有旨交刘韵

---

① 《清实录·宣宗成皇帝实录》卷四四〇。
② 《清实录·宣宗成皇帝实录》卷四四〇。

珂体察闽省水师营内，遇有制造同安船时，是否可以抵用。兹据该督奏称，此项船只，于闽浙两省均难配用，与其隔省拨改，多费周折，不若各就本地酌修，较为省便。除浙江省原拨二船，由该督饬令定海镇交厂改造外，其江南前造同安梭船二只，清廷着两江总督体察洋面情形，由江省就近酌量修改，发营配用。

厦门商力疲乏，闽浙总督刘韵珂奏请将年捐巡洋经费银七千四百两停止，由闽海关税赢余项下照数拨补，核总报销。下部议，寻议：应如该督等所请将厦门商行年捐缉匪银七千四百两停止，在于关税赢余项下，每年照数拨补，惟既称核总报销，即应将每年通省收款动款汇作一册，分别明晰，俾所入之项，与所余之项，一目了然，庶于钩稽不致镠镳。应请饬下闽浙督抚，将闽省给过下游瘠苦各县缉捕经费，并水师各营巡洋口粮及修理战船篷索燂洗、制备巾项插花、修理损坏兵船等项银两，自二十七年起，按年年终造具四柱各款总散细册，题报核销并将道光六年以后未报销缉匪口粮各案，及盐商未停息以前，暨当商应征各款生息银两，亦即分年分案造报核销。此项年支口粮，系为巡洋而设，该督等惟当督率将弁，认真巡查，严禁浮冒，庶兵丁均沾体恤，而款项仍不虚糜。从之。又奏请于闽海关征收夷税内，每年划出银一万两，同畸零尾数另款存贮，以备兵饷，不准别项动用。下部议，寻议：查定例各省寻常酌留银两，须督抚公同封储，于年终附报备核，如有急需，题明动用，违者照擅动例治罪，禁令綦严。此次钦奉特旨豫筹储饷，关系尤重，应请旨饬下该督等将福州、厦门二口征存夷税，自道光二十七年起于每年截数解交藩库时，划出银一万两，同畸零尾数，一并公同封储，专案报部，并于每年年终将所存及本年收存银两，造具清册，限于十二月内送部听核，倘有急需，即由该督等奏明再行支用，毋得擅动致干禁令。从之。①

初七日乙卯(5 月 20 日)

协办大学士两广总督耆英等奏报，洋商借领库款，尚欠银二百二十万两，洋行业经裁撤，请展限分缴，以纾商力。下部议，寻议：该商原欠新疆军需等项银，自道光二十七年起，扣足十年，统限清完。其未完库项银二百二十万两，应于十年后接扣，每年令完银十五万两，通计十五年全清。倘此后复设洋商，仍可以行用归补，即照原分年限，按数完交从之。

初十日戊午(5 月 23 日)

赛什雅勒泰等奏报，查明卡外拉达克、克什米尔等处大概情形，并访闻音底部

---

①　《清实录·宣宗成皇帝实录》卷四四一。

落，现多归附披楞原委。据称披楞即英吉利国，回语呼为"排哝"，向与音底接壤，现在访闻排哝已将音底占据，驻兵努普尔地方，虽推依博特、克什米尔之归附与否，尚在疑似之间，而音底现无总目，各部落多属排哝。①

十五日癸亥（5 月 28 日）

刘韵珂密奏现在渡台阅伍，所有福、厦两口夷务，由徐继畬督同鹿泽长随时措置。惟鹿泽长现系六品顶带，职分较小，不足见重夷人，可否赏给四品顶带。鹿泽长甫经到闽，尚未着有劳绩，无庸赏加四品顶带，此后遇有交涉夷人事件，清廷着准用前任道员官衔。

廿七日乙亥（6 月 9 日）

苏松镇水师总兵林明瑞、狼山镇水师总兵皂升于所辖洋面，先后被劫七案之多，未据报获一犯，且于营汛应议职名，延不查开，实属玩视捕务，林明瑞、皂升俱着降为三品顶带，仍带革职留任，以示薄惩。②

廿九日丁丑（6 月 1 日）

广东巡抚徐广缙奏报接印任事。又奏报，夷务条约虽定，而更变靡常，惟与督臣耆英事事会商，相机筹办，固不可操切以贻患，尤不敢轻易以损威。

三十日戊寅（6 月 12 日）

予故琉球国贡使梁学孔祭如例，并加赏银三百两。

五月初五日癸未（6 月 17 日）

抚恤琉球国遭风难夷如例。

十九日丁酉（7 月 1 日）

道光帝晓谕："各省营伍之设，原期缓急足恃，然必通筹于先事，方可责效于

---

① 《清实录·宣宗成皇帝实录》卷四四一。
② 《清实录·宣宗成皇帝实录》卷四四一。

临几。近自海疆多事以来，凡一切练兵储饷之要，诘戎经武之方，屡经朕再三训谕，该督抚等自能认真督饬，实力讲求，断不至仍前废弛，不知振作。惟思患豫防要在操防无懈，尤贵呼应皆灵，固不可少有疏虞，更不得稍分畛域。以目前而论，东南各省夷情虽皆就范，而粤东民情浮动，且华夷杂处，难免忿争，设一旦激生事端，所恃以及时征调者，惟江西各营较近。前因办理夷务，所调该省兵丁多不得力，此皆训练未精、纪律未明之故，着李星沅接奉此旨，务就江西各营将弁随时随事不动声色，加意整顿，军实必备、技艺必精、汰其老弱、振其颓靡，总期有勇知方，共得劲旅二三千名。倘遇粤省偶有调遣，无难一呼即至，庶顾此并不失彼，御侮即以庇邻，乃为周妥。”

道光帝寄谕两江总督李星沅：“陆建瀛覆奏，密勘泖湖等处设防情形，先行绘具图说。朕详加批览，如所议斜塘口、拦路口等处，豫置已旧粮艘，贮石浮舣，以备临时凿沈，遏阻夷船来路。因思此项船只，虽以无用之物，为有用之备，然各口门俱系往来出入要路，无端多设粮艘待沈，不惟有事无以制寇，即平时船只往来，亦多窒碍，是欲阻寇而先以自阻也。且移运粮船，亦易启夷人之疑，而究之于拦阻夷船，恐不足恃，所议似出下策。其所称两岸口门，用竹篓碎石镶做裹头，及炮位毋庸豫设等议，亦未周妥。着李星沅到任后，会同陆建瀛再行酌度情形，悉心筹画，妥议具奏。”①

廿一日己亥(7 月 3 日)

前因广东虎门炮台被夷人乘机扒上，钉塞炮眼，当降旨交耆英将疏防各营弁查明严参。兹据奏称，虎门海口，夷船出入，事所恒有。该夷就抚以后，毫无衅隙。此次扒上炮台，钉塞炮眼，实非意料所及。该督与赖恩爵均自以咎无可辞，请交部严加议处。其疏防各弁，请暂行免议。②

从总督耆英等所请，添设广东虎门专汛额外外委一员，兵丁四十名，由阁西山汛抽拨。

是月

英使德庇时向两广总督耆英租广州十三行街南口地，并建筑围墙。③

①　《清实录·宣宗成皇帝实录》卷四四二。
②　《清实录·宣宗成皇帝实录》卷四四二。
③　严中平：《中国近代经济史统计资料选辑》，科学出版社 1955 年版，第 49 页。

六月初四日辛亥(7 月 15 日)

前据刘韵珂等奏报,投首洋盗于发营安插后,俱能认真缉捕,请免改发以资驱策,当交军机大臣会同刑部等衙门议奏。兹据穆彰阿等酌核情形,请将庄通等分发闽、浙水师各营安插,已如该督等所奏报,依议行矣。道光帝批示:此事原系变通办理,惟庄通等曾经入洋为盗,贷其一死,究非安分之徒,目下虽悔罪投诚,难保其不复萌故智,嗣后惟当责成该管各官于水师各营按营酌量均匀安插。该督仍随时加意访察,如果始终奋勇,不敢妄为,自可准其补伍食粮,以收爪牙之效。傥查有犷悍难驯,不安本分,或未能勤慎当差,自当分别轻重,小惩大戒,断不可稍涉迁就,致贻后患,是为至要。①

初十日丁巳(7 月 21 日)

从总督耆英等所请,添建广东高要县琴沙炮台,并虎门广济墟兵卡汛房。

十一日戊午(7 月 22 日)

耆英奏英夷近日情形,所有租地建房等事,现经委员觅定地方,妥为商办,并责成地方文武及绅士等,劝谕居民,俾各相安。

清廷着耆英督率地方官密为筹画,层层布置,并密饬水陆各营以备不虞。②

十七日甲子(7 月 28 日)

从巡抚梁宝常所请,修浙江萧山县西江石塘。

廿二日己巳(8 月 2 日)

调广东高州镇总兵官赵承德为潮州镇总兵官,潮州镇总兵官余万清为高州镇总兵官。

---

① 《清实录·宣宗成皇帝实录》卷四四三。
② 中国第一历史档案馆:《鸦片战争档案史料》第 7 册,天津古籍出版社 1992 年版,第803 页。

廿九日丙子(8 月 9 日)

闽浙总督刘韵珂因病给假，以福建巡抚徐继畬兼署总督。

七月初六日癸未(8 月 16 日)

据耆英奏报，前任粤海关监督文丰等捐造台枪，分拨各营。此项抬枪杆数较多，既经该督验试，均堪适用，自已足资分拨，清廷着照议发给各营并内河外海各炮台，随时演习。该督等务饬将备兵丁，将描头钩火手法，认真操练，总期施放有准，缓急足恃。所有火药铅丸，尤须储备充实，毋致临渴掘井，是为至要。其余一千三百余杆，准其存贮军器局，听候酌拨。①

初九日丙戌(8 月 19 日)

陆建瀛奏报官兵追捕盗匪，被伪称投首，掷打兵丁受伤，旋击沈匪船现办情形。清廷明降谕旨，饬令江面海面官船，缉拿贼匪之际，该匪乞怜投诚，一概不准。"各省沿海匪徒，在洋行劫，最为地方之害。水师将弁，务须竭力兜捡，无任远扬。傥遇该匪声称投首，难保非穷蹙无路，藉词脱逃，若遽信以为真，必至堕其诡计。且此等匪徒，在洋抢劫，扰害商贾，罪不容诛，尤未便于仓卒接仗之际，不察情之诚伪，遽欲准其投首。嗣后着无论江面海面，该官兵等遇有盗匪，正在开仗兜拿之际，傥该匪等乞怜投诚，一概不准，务宜尽力搜捕，毋许一名漏网，以靖洋面而杜奸诡"。②

十五日壬辰(8 月 25 日)

梁宝常奏报，查办洋盗情形。浙省洋面辽阔，盗船滋扰商渔多致被害，迭经设法兜拿，严行惩办，而此拿彼窜，尚未净绝根株。现复有在洋行劫、掳人勒赎情事，该提镇统带舟师出洋，督缉拿获多犯。小羊山洋面盗船，胆敢拒捕，经兵船围剿复获多名，击沈盗船一只。此外报劫之案尚多，亟应严密缉拿，尽法惩治。清廷着该抚严饬该管道府营县并委员等前往石浦一带内外洋面，会同水陆文武员弁，购线访缉，严行拿办，务将巨盗积窝，悉数捡获解究。傥仍复玩泄，查无破获，即行

① 《清实录·宣宗成皇帝实录》卷四四四。
② 《清实录·宣宗成皇帝实录》卷四四四。

从严参办，以肃洋政而息盗风。至浙江提督，现将善禄简调，已谕令即赴新任，毋庸来京请训。

梁宝常奏报，已谕法国传教士不准再出告示保护习教之人。①

廿四日辛丑(9月3日)

耆英缕陈近日办理夷务情形，称夷情反复无常，海上传闻不一，探得该夷国中饥馑瘟疫，死亡过半，又据闻该国主以德酋肇衅为非，严行申戒，皆未足凭信。该夷以通商为本，夷情向背，视乎贸易之通塞，税课之衰旺。本年五月以来，征收税银，较前两月不止加倍，夷情自不至决裂。惟所求租地建房等事，粤民义愤所激，辄事阻挠，现经该督等督率委员地方官及绅士等悉心筹画，数月之久，该夷仅得以重价承租新豆栏数丈之地，此外尚未定局。该夷或以众意之难回，渐消觊觎，或因所事之不就，别启纷争。②

廿七日甲辰(9月6日)

崇恩奏报，商船路过东洋，叠次被劫。东洋向少盗船行劫之事，今山东业已报案，则天津海面毗连，诚恐该盗匪等此拿彼窜，扰及商船，不可不豫为防范。清廷着该督严饬该管将弁等实力巡防，毋稍疏漏。倘遇有盗船北驶，即着不分畛域，并力堵截追捕，以期有犯必获，是为至要。③

命长芦盐政沈拱辰留任一年。

廿九日丙午(9月8日)

以捡获洋盗予福建千总韩嘉谟以守备即补赏蓝翎。

八月初一日丁未(9月9日)

耆英奏报，此次夷人钉塞炮眼，探明系该夷因侦知各台弁兵，近年以来，点放

---

① 中国第一历史档案馆：《鸦片战争档案史料》第7册，天津古籍出版社1992年版，第811页。

② 《清实录·宣宗成皇帝实录》卷四四四。

③ 《清实录·宣宗成皇帝实录》卷四四四。

便捷，故为此陷害之计，欲令获咎，易换生手，并无别故。①

初七日癸丑(9 月 15 日)

两江总督李星沅奏报，法国赴五口通商口岸查看贸易之船到沪，现已开行去粤。②

二十日丙寅(9 月 28 日)

李星沅奏报整顿洋面捕务。道光帝批复：水师弁兵按月巡哨，近多视为具文，即或出洋巡捕，往往虚报邀功，或云击碎盗船几只，或云轰毙盗匪多名，且动以人船俱沈没无踪为词，海面迷漫，大抵望洋而叹，从何查验。该督嗣后总须严饬水陆各营将弁，不分海峒海面，如有盗匪，立即分投合捕，四面兜拿，以绝根株。至该督所称海峒窝顿须清，海岸接济须断，以及生捡盗犯，总以起获盗赃为凭，果能照此核实认真办理，何患海洋不靖，但不可徒托空言，铺张过盛，须于引古证今之中，渐有起敝救衰之效。③

两江总督李星沅奏报遵筹泖湖设防情形。

江苏巡抚陆建瀛奏报，江海关征收夷税，请分作两季报解。

廿三日己巳(10 月 1 日)

法兰西国夷目，由广东带领兵船二只，欲赴通商五口，查看贸易情形。旋于朝鲜境内遭风，即由彼带兵回粤。其到口兵丁，亦未上岸。④

廿四日庚午(10 月 2 日)

两广总督耆英奏报办理英人租赁猪腰冈坟地情形。⑤

---

①　《清实录·宣宗成皇帝实录》卷四四五。

②　中国第一历史档案馆：《鸦片战争档案史料》第 7 册，天津古籍出版社 1992 年版，第 815~816 页。

③　《清实录·宣宗成皇帝实录》卷四四六。

④　《清实录·宣宗成皇帝实录》卷四四六。

⑤　中国第一历史档案馆：《鸦片战争档案史料》第 7 册，天津古籍出版社 1992 年版，第 816~817 页。

廿九日乙亥(10 月 7 日)

抚恤琉球国遭风难夷如例。

清廷着两广总督耆英查询开导法使，不得派船饰词扰累朝鲜。①

九月初十日丙戌(10 月 18 日)

浙江巡抚梁宝常奏报，遵拿洋面盗船，严行讯办。得旨：勿避嫌怨，勿被欺蒙，认真督缉，务要所辖洋面肃清，方不负海疆重寄，懍之勉之。②

廿一日丁酉(10 月 29 日)

李星沅奏报，洳湖筹防，海洋缉盗，务求实济。道光帝晓谕：筹防事宜，无事则实力讲求，临时则相机调遣。如果将士用命，鼓勇争先，纵地险难凭，而人力可恃。切不可仓卒无备，扼要之地，反被敌人占据，炮台紧要，又被他人先登。至海洋缉盗，尤在水陆各营将弁，不分畛域，四面兜拿，方可得力。总之将才为要，练兵为先，能得将而后能用兵，筹防缉捕，均可收效，正不必专因防夷而始豫计。故训练贵精，临敌贵勇，苟讲求于平日，方不掣肘于临时。着李星沅严饬水陆各营将弁，振刷精神，常川操演，甄核严而赏罚信，拔十得五，有勇知方，将才亦以淬厉而得矣。③

廿九日乙巳(11 月 6 日)

接朝鲜国王来咨，并该国收到法兰西照会及钞录告示章程。据原咨内称，上年六月及本年六月，两次有法兰西船只停泊该国地方，始则投书询问朝鲜国曾杀法兰西三人一事，继又借船求粮，并称大清钦差大臣许送二通事奥思定、李若望随来，自广东起程，来领回文。清廷着耆英将前项情节向法兰西使臣详询该国系何意见。寻奏报，查朝鲜原咨及该酋致朝鲜原文，以该夷三名被害，朝鲜实因不知系法兰西

---

① 中国第一历史档案馆：《鸦片战争档案史料》第 7 册，天津古籍出版社 1992 年版，第 817~818 页。

② 《清实录·宣宗成皇帝实录》卷四四七。

③ 《清实录·宣宗成皇帝实录》卷四四七。

人。至许送通事一节，该酋文内尚无其说，或系一时随口混捏，欲以恫喝朝鲜，现已照会该酋，婉向开导，豫为禁止。①

三十日丙午(11 月 7 日)

福建台湾地方，远隔重洋，风汛靡定，遇有文报往来，传递迟速，原不可以时日道里计。然如本日递到武攀凤等奏报，审办凤山县焚抢杀人首要案犯，系正月二十四日所发，何以迟至八月之久，始行递到。此折原无关紧要，傥系紧要事件，如此迟延，成何事体，且恐有藉词遇风、有意迁延等弊。清廷着刘韵珂查明台湾驿站水程，向来如何计算，何以漫无限制，务即随时整顿，定立章程，俾文报地迅速传递，以肃邮政。至此次因何迟延之处，一并查明具奏，将此谕令知之。寻奏报，遵询武攀凤等正月所发折报，系在洋遭风，飘至琉球属岛，九月甫抵厦门，委无迁延等弊。查台湾传递文报，向分三口，一由鹿耳门递至厦门收口，一由鹿港之番仔洼递至蚶江收口，一由淡水之八里坌递至五虎门收口，请仍照旧章，分作三口递送，期免迟误。从之。②

抚恤琉球、越南二国遭风难夷如例。

十月十三日己未(11 月 20 日)

前据李星沅等奏报，筹议江苏额漕河海并运，当交军机大臣会同该部议奏。兹据查议会奏报，所有道光二十八年苏州、松江、太仓二府一州漕白粮米，准其改由海运。其漕粮米石，务令兑交一色干洁粳米，不准稍有搀杂。白粮一项，亦宜普律干洁。着该督抚等严饬所属，按则征收，认真盘验，毋得稍滋流弊。至海运尤宜实力巡防，妥筹保护，并着该督抚详考成案，参酌时宜，务筹妥善。其照旧河运等属，仍着实力催征以肃漕政。另片奏报，苏州、松江、太仓三属漕船，未便连年全行减歇等语，办理全漕，自当以河运为主。③

十五日辛酉(11 月 22 日)

因在江苏海门、川沙等地查获法国天主教传教士铎德魏等，清廷着两广总督耆

① 《清实录·宣宗成皇帝实录》卷四四七。
② 《清实录·宣宗成皇帝实录》卷四四七。
③ 《清实录·宣宗成皇帝实录》卷四四八。

英劝谕法人不得越界传教。①

十九日乙丑（11 月 26 日）

刘韵珂奏报，履勘台湾水沙连六社番地，体察各社番情，据实覆奏，当交大学士、军机大臣会同该部悉心计议。兹据穆彰阿等公同酌核，以该生番输诚献地，固由不谙耕种，谋食维艰，欲求内附以为自全之策，惟利之所在，日久弊生。况生番熟番合壤而居，不能不与汉民交易，倘日后官吏控驭，偶或失宜，即易激生事端。国家开辟边境，计画必周，与其轻议更张而贻患于后，不若遵例封禁而遏利于先。所议自系筹及久远，未肯迁就目前，且此项番地，旧以土牛为界，乾隆年间，复立石碑，例禁綦严，自应恪遵旧章，永昭法守。该督所请六社番地归官开垦之处，着毋庸议。②

廿三日己巳（11 月 30 日）

前据耆英奏报，广东平海营官兵技艺生疏，声明将该营备弁停升，勒限操演。兹据奏称，教演一年期满，抽调校阅，枪箭技艺，较前俱有起色。该备弁等于一年之内，将官兵练习改观，尚知愧奋，清廷着准其照常升转，以示激劝。

刘韵珂奏报，福州厦门夷情安帖，现办情形。夷人入内地，应至处所，前经申明条约，议定界址，不准稍有逾越。兹英夷有至福建连江县所属地方打鸟雀之事，又有花旗夷人叠次进城，租住房屋庙宇。虽经该委员等阻止，惟该夷等逾界游行，究属有违成约，并恐各居民无端肇衅，致酿事端，且恐有匪徒假冒滋事，如广东人陈恭伦者，均不可不防其渐。清廷着耆英谕知各该夷酋传谕各口领事人等，严行约束。该夷人毋得擅违界址，任意游行，务须恪遵成约，永杜衅端。③

廿四日庚午（12 月 1 日）

两广总督耆英奏报，法使又求在朝鲜传教，已查照朝鲜原咨，婉转回覆。④

---

① 中国第一历史档案馆：《鸦片战争档案史料》第 7 册，天津古籍出版社 1992 年版，第 820 页。

② 《清实录·宣宗成皇帝实录》卷四四八。

③ 《清实录·宣宗成皇帝实录》卷四四八；中国第一历史档案馆：《鸦片战争档案史料》第 7 册，天津古籍出版社 1992 年版，第 821 页。

④ 中国第一历史档案馆：《鸦片战争档案史料》第 7 册，天津古籍出版社 1992 年版，第 821~824 页。

十一月初二日戊寅（12 月 9 日）

李星沅奏报，请将巡洋不力之总兵革任留辑。江南苏松镇总兵林明瑞于海洋劫掠多案，既不能先事豫防，迨经降顶革留，仍复不知愧奋，以致旧案既多未获，新案又复频仍，辄敢称疾回署，并不竭力督拿，当此捕务吃紧之时即革任留缉，亦不足以资驱策。林明瑞着即行革任，饬令回籍。①

以福建闽安协副将沈河清为江南苏松镇总兵官。

初三日己卯（12 月 10 日）

两广总督耆英奏报查办黄竹岐地方中英民人互殴案情形。②

初十日丙戌（12 月 17 日）

广东琼州镇总兵官鲍起豹亲老乞养，允之，以香山协副将洪名香为琼州镇总兵官。

十八日甲午（12 月 25 日）

裕泰等奏报，盘获西洋人潜入内地传教。据称西洋人李若瑟、罗沅勒改换服饰，潜至湖北省与民人马五芝等会遇，劝允传教。并有该省上年委员解粤领管之纳巴罗一名，复行来楚，欲图传教。清廷批示：该国习教念经，例不准赴内地传习，以防蔓延滋弊。兹西洋人李若瑟等，曾至山西、陕西等省，复先后至湖北传教，既经该督抚解回广东，着耆英照例妥办。③

两广总督耆英奏报，法人潜入内地传教，并法国军官驶往朝鲜事已照会劝阻。④

廿一日丁酉（12 月 28 日）

民夷互斗，殴毙夷人六名，该夷亲属，亟求伸办，现捞获夷尸四具。清廷要求

① 《清实录·宣宗成皇帝实录》卷四四九。

② 中国第一历史档案馆：《鸦片战争档案史料》第 7 册，天津古籍出版社 1992 年版，第 825~826 页。

③ 《清实录·宣宗成皇帝实录》卷四四九。

④ 中国第一历史档案馆：《鸦片战争档案史料》第 7 册，天津古籍出版社 1992 年版，第 829~830 页。

着英饬该夷目安抚各夷，并照会英酋德庇时，告以此案必为查办。一面严饬文武各员，务将此案正凶，设法捕拿，分投细访，按名弋获，查起各尸，从严惩办，一面密饬水师各营及守台弁兵加意防范。①

廿六日壬寅（公元 1848 年 1 月 2 日）

因民夷互殴致毙多命，德庇时坐驾兵船来省，递到覆文，恳将凶犯拿获，即行正法，并将黄竹岐及毗近二村洗平。②

十二月初一日丙午（公元 1848 年 1 月 6 日）

刘韵珂奏报，闽省善后案内亟应建修新旧各工，业经履勘明确，现饬先行赶办。此项工程，现经发帑兴办，所有应建应修炮台等工及铸造大炮抬炮，并造补军装器械，在在均关紧要，必当核实办理，方期工归实用，帑不虚糜。清廷着该督等即督饬现委总办全工之鹿泽长、吕恒安及各该员弁同心协力，认真经理。③

初七日壬子（公元 1848 年 1 月 12 日）

前据军机大臣会同户部议令将江苏苏、松、太三属漕粮，暂由海运，曾经降旨准行。旋据杨殿邦奏报，河海并运事宜，请俟本年办理无误，明年再行筹议，并片陈近日洋面情形，当交大学士军机大臣会同户部速议具奏。兹据该大学士等详核妥议，所有苏州、松江、太仓三属二十七年应征漕粮，着仍于二十八年暂由海运。至海洋巡哨，宜加周密，减船丁舵，宜加体恤。现据李星沅等条议章程，总宜慎益加慎，务臻妥善。

着英等奏报，民夷互殴致毙多名一案。广东黄竹岐地方，民人殴毙夷命，现经缉获凶犯，讯认不讳。该督等公同商酌，已应允该夷酋先将情重人犯四名正法。乃该酋犹复恃强挟制，毫无情理，业经该督等据理严驳，折其骄盈之气，该夷始就驯服，已回香港，民夷安静如常。民夷互殴，系因夷人麦刻地等来至黄竹岐村前打雀，居民惊扰，斗殴互伤。粤省民情，总因二十一年春间，夷人滋事，三元里地方

---

① 《清实录·宣宗成皇帝实录》卷四四九。
② 《清实录·宣宗成皇帝实录》卷四四九；《筹办夷务始末（道光朝）》第 6 册，中华书局1964 年版，第 3115~3120 页。
③ 《清实录·宣宗成皇帝实录》卷四五〇。

受其荼毒，怀恨未释，是以将该夷六命惨杀。其被夷人殴毙之民人，系名陈亚振。被夷人殴伤之民人，系名李亚健。①

以福建台湾水师副将陈显生为广东南澳镇总兵官。

初八日癸丑（公元 1848 年 1 月 13 日）

法使卢旺到达广州。②

十四日己未（公元 1848 年 1 月 19 日）

予赴浙阵亡四川兵丁张有才、会哨淹毙广东兵丁屈安邦赏恤如例。

着耆英在广州城外会见法使卢旺。③

十五日庚申（公元 1848 年 1 月 20 日）

调广东潮州镇总兵官阿隆阿为山东曹州镇总兵官，以前任广东惠州协副将德存署潮州镇总兵官。

廿五日庚午（公元 1848 年 1 月 30 日）

耆英奏报，十一月二十八日接到英使德庇时来文，仍请于西藏指明旧界。此事前据耆英奏称，该酋只欲查明旧界通商，并不另议新条。又称接据夷文，印度兵头已派夷目前往。④

廿七日壬申（公元 1848 年 2 月 1 日）

李星沅奏报，拣派武职押送海运，并筹办防护情形。江苏苏州、松江、太仓三

---

①　《清实录·宣宗成皇帝实录》卷四五〇。

②　中国第一历史档案馆：《鸦片战争档案史料》第 7 册，天津古籍出版社 1992 年版，第 840～841 页。

③　中国第一历史档案馆：《鸦片战争档案史料》第 7 册，天津古籍出版社 1992 年版，第 840～841 页。

④　中国第一历史档案馆：《鸦片战争档案史料》第 7 册，天津古籍出版社 1992 年版，第 833～834 页。

属漕粮，明年改由海运，必须洋面肃清，方不致有疏虞。清廷着照所请，准其仿照成案，派委副将顾清涟、参将陈长泰沿途护送，由苏松、狼山、福山三镇总兵，递相迎护，前后照应。仍着提督统领兵船，梭织巡逻。并着梁宝常于海船放洋之始，严督定海镇总兵。讷尔经额、张澧中于海船入境之后，豫调将弁兵丁，分别于交界处所，接递迎护。倘有盗贼，首尾扼要，方不致此拿彼窜。断不可强分畛域，各以本省所辖幸保无失，便为了事。①

廿九日甲戌（公元 1848 年 2 月 3 日）

命协办大学士钦差大臣两广总督耆英来京陛见，以广东巡抚徐广缙署钦差大臣两广总督，布政使叶名琛护巡抚。

朝鲜国使臣成遂默等三人、暹罗国使臣呸雅唆乞里巡段呵排腊车突等四人于午门外瞻觐。

是年

中英经由广州、上海、厦门进出口的主要商品贸易额为三千七百二十四万七千五百二十五元。其中，进口为一千四百七十六万六千九百零六元，出口二千二百四十八万零六百一十九元。②

道光二十八年　戊申　公元 1848 年

正月初九日甲申（2 月 13 日）

两江总督李星沅等奏报，炮位一项，最为行军利器。该督等查得沿江炮位，系生铁铸成，体质笨重，于乘间出奇，转运实有未便，拟将熟铁铸炮，炸弹灵捷，弹子炸裂，飞火四射，猛迅倍常。清廷着多为制备，分给各营演练。③

---

① 《清实录·宣宗成皇帝实录》卷四五〇。
② 姚贤镐：《中国近代对外贸易史资料》第 1 册，中华书局 1962 年版，第 630 页。
③ 《清实录·宣宗成皇帝实录》卷四五一。

初十日乙酉(2 月 14 日)

清廷再次申明，外国人非贸易不得无故滥入民间田舍屋宇，不准擅入内地传教。

两广总督耆英奏报接见到粤法使卢旺情形，及法人复称其兵船来往巡游朝鲜等处，意在贸易与增修地图。①

十三日戊子(2 月 16 日)

抚恤琉球国遭风难夷如例。

二十日乙未(2 月 24 日)

两江总督李星沅奏报，筹议海运未尽事宜。一、海运漕白粮米，斛收最关紧要。上年直隶验收江浙商运米石，系用市斛，每米一石，较漕斛多三升四合，查与道光六年海运成案不符。伏思漕粮本用漕斛，即向来河运抵通，以洪斛交，仍折算漕斛报销。现饬各属自备漕斛，并部颁铁斗带津较验，以昭画一。二、常年河运白粮，俱雇民剥运通。现在官剥船只不敷，海运白粮，应请添雇民剥。三、各船样米，原备收兑时考较之资。上年商捐各米，用木桶盛收赴津，米色受霉，不足为查验比对之据。常年河运白粮，均用麻袋妥装。此次海运样米，应请仿照办理。②

廿三日戊戌(2 月 27 日)

郑祖琛奏报，越南国王阮福暶身故，缮表告哀，该陪臣现于关上候命。清廷着该抚即传旨准令该陪臣入关，其一应派员伴送事宜，均照旧例办理。所有袭封各事宜，届期再行查办。至该国嗣呈进方物，着即停止，以示体恤。③

廿六日辛丑(3 月 1 日)

耆英奏请将广东驻防满洲营添演抬枪阵式。此项捐造抬枪，除分拨水陆各营

①　中国第一历史档案馆：《鸦片战争档案史料》第 7 册，天津古籍出版社 1992 年版，第 840~842 页。

②　《清实录·宣宗成皇帝实录》卷四五一。

③　《清实录·宣宗成皇帝实录》卷四五一。

外，尚存九百余杆，该督等现拟酌拨满洲营五百杆，俾资演习阵式，于操防实有裨益。清廷着照数拨给。

廿九日甲辰（3月4日）

调福建海坛镇总兵官陆凤翔为江南苏松镇总兵官，苏松镇总兵官沈河清为海坛镇总兵官。

二月初三日丁未（3月7日）

杨殿邦奏报，海运各帮减歇粮船水手，请饬速为资遣。本年办理海运，所有歇运水手，前经该督抚议定资遣回籍章程，自已督饬州县查照各水手册籍，妥为遣散，以免滋生事端。若如该漕督所奏报，现在具报业已遣散者，仅止常熟、昭文、娄县等三县。其吴江一带，仍有水手聚集。指日浙江帮船行抵该处，该水手等均系犷悍之徒，最易寻衅滋闹，设或酿成事端，所关匪细。清廷着李星沅、陆建瀛即按照奏定章程，克日遣令回籍。①

浙江巡抚梁宝常奏报，起程查勘塘工并验收定海厅善后事宜。②

初四日戊申（3月8日）

英国传教士麦都思、雒魏林、慕维廉三人至青浦县传教，与粮船舵手发生争执，进而殴斗受轻伤。该县将两名水手枷责，送麦都思回上海。英国驻上海领事阿礼国以获犯无多，派军舰封锁长江口，截留漕船，并由副领事罗伯孙率军舰到南京要挟。③

初九日癸丑（3月13日）

以江苏苏松镇总兵官陆凤翔人地未宜降副将，以京口协副将田浩然署苏松镇总兵官。

以浙江温州镇总兵官富尔逊布不谙水师，命以陆路总兵官候补，以瑞安协副将

---

① 《清实录·宣宗成皇帝实录》卷四五二。

② 中国第一历史档案馆：《鸦片战争档案史料》第 7 册，天津古籍出版社 1992 年版，第 843 页。

③ 《筹办夷务始末（道光朝）》第 6 册，中华书局 1964 年版，第 3131~3140 页。

叶绍春为温州镇总兵官。

初十日甲寅(3 月 14 日)

江南洋面，劫案络绎不绝，并有伤毙人命掳船勒赎情事；佘山一带，复有盗船伺劫商米。清廷着李星沅、陆建瀛严饬水师将弁，认真缉捕，于海汊纷歧，容易窝藏奸宄处所，实力搜查。现在海运沙船陆续北上，不患不加意巡织，即运米事竣，亦应饬属常川搜捕。①

廿六日庚午(3 月 30 日)

以福建督标中军副将吕恒安为台湾镇总兵官。
以缉捕出力，予福建游击周向辰等议叙有差。

廿九日癸酉(4 月 2 日)

抚恤琉球国遭风难夷如例。
两江总督李星沅奏报，英人麦都思等违约至青浦，与粮船舵水争殴，现在英副领事来省控诉，请委员查办此案。②

三月初三日丁丑(4 月 6 日)

刘韵珂奏报，赴浙阅伍，请将报获洋盗，由抚臣复勘。闽省各营县现在报获洋盗甚多，该督起程赴浙后，各属获案，一经提省审明，清廷即着由该抚徐继畬复勘具奏。

初四日戊寅(4 月 7 日)

刘韵珂奏报，遴员堵缉洋盗，设法筹补师船。浙省洋面，南连闽粤，北达江苏，盗匪乘间剽掠，往往此拿彼窜。现在苏、松、太等属漕船，改由海运，难保该匪等不窜入觊觎，自应扼要严行堵缉。着浙江提督善禄会同定海镇总兵郑宗凯，督率署参将周士法、署游击叶舞墀统带师船，前赴江浙交界洋面堵缉，以防盗艅北窜。

---

① 《清实录·宣宗成皇帝实录》卷四五二。
② 中国第一历史档案馆：《鸦片战争档案史料》第 7 册，天津古籍出版社 1992 年版，第 845~847 页。

并飞饬沿海营伍，在各口岸协力兜捙，严拿窝顿以清盗源。其缺额师船，除承造大船十只外，绅民等如有捐造交营配缉者，准其查照章程，奏请恩奖。至宁郡绅商冯宝山、陈尚等，禀请捐雇乡勇船只，随同出洋巡缉，并着发给器械药弹，俾资防御。①

初五日己卯（4月8日）

李星沅奏报，夷目来省控诉，现委藩司道员驰往复查。华夷接壤地方，立有一定界址，倘有违约私行，必致斗殴以启争端，不可不防其渐。兹据该督等奏称，英夷麦都思等三名，违约至青浦县地方散书，与看守减船舵工水手争殴受伤。该署臬司行抵上海，将滋事水手获办。该督现已饬委藩司等前往会同该署臬司查办。清廷着李星沅即先行饬令该藩司等复加详慎体察情形，迅速查办，及早完结，总期持平妥协，日久相安。至耆英系总办夷务之员，着无论行抵何处，接奉此旨，即改道驰赴江苏，就近查看大局。如李星沅等办理未竣，即着耆英会同商酌，务得其平。陆建瀛所属各海口，倘该夷有陈诉等情，即着飞速知会耆英、李星沅以凭核办。至旧定界址，不准违约私行。着耆英致信广东，令该夷酋申明约束，勿令该夷人再有越界散行，致启争斗之事。耆英所用文移等件，准其钤用两江总督关防。②

初六日庚辰（4月9日）

陆建瀛到沪后查明具奏，夷目阿利国遣罗伯孙等来省控诉，旋回上海。此外并无夷船，现在民商均各相安。

初七日辛巳（4月10日）

两江总督李星沅奏报，现咨徐广缙照会英使，以后不得任意派员来省申诉。③

十五日己丑（4月18日）

李星沅奏报，遵旨查明英船前次来省控诉及现在上海安帖情形。④

---

① 《清实录·宣宗成皇帝实录》卷四五三。
② 《清实录·宣宗成皇帝实录》卷四五三。
③ 中国第一历史档案馆：《鸦片战争档案史料》第 7 册，天津古籍出版社 1992 年版，第 852~853 页。
④ 中国第一历史档案馆：《鸦片战争档案史料》第 7 册，天津古籍出版社 1992 年版，第 853~854 页。

清廷着两广总督耆英等会奏如何开导英人，杜绝违约私入内地。①

廿六日庚子（4 月 29 日）

予浙江捕盗伤亡千总刘朝元祭葬恤荫。

署理两广总督徐广缙，在虎门会见英国新任驻华公使兼香港总督文翰。②

四月二十日癸亥（5 月 22 日）

两江总督李星沅奏报，海运米船全数放洋。损失米石，现经买补足额。

廿四日丁卯（5 月 26 日）

李嘉端奏报，拨船亏短米石，请旨查办。海运漕粮现在抵通，各起均有欠交米石。中途节节弊端，难以悬揣。清廷着朱凤标、德诚于拨船回天津时，提传船户，确切查核，分别赔补足额，奏明搭运交纳，毋稍短缺。③

廿六日己巳（5 月 28 日）

李星沅胪陈江苏洋面情形。据称佘山一带，向有盗船伺劫。经该督等饬派弁兵，分投追捕，该匪胆敢开炮抗拒。虽经署参将刘长清等先后击沈二船，悉数生擒轰毙，仍恐此外盗船尚复不少。现在海运米船，业已全数驶入东境，惟洋盗肆劫，为害匪细，匪船往来游奕，谅不独江苏一省洋面为然。现当沙船北上，固应严密巡缉，加意保护。即寻常商船往来，亦岂容任令肆劫，致成畏途。清廷着沿海各督抚，各饬水师将弁，不分畛域，认真兜截，不得稍留余孽。至该督等奏称水师废弛，原设营制未能尽善，现在整顿水师，严缉洋盗，另议章程，务当通盘筹画，于连界分捕合捕之处，悉心妥议，总期责有攸归，渐著成效。寻奏报，酌筹外海水师章程。一、磨励人才。江苏风气柔弱，水师尤难得人，前经叠次指参庸劣镇将，革除陆兵名目，专从水务取材。惟全材甚不易得，要必舍短取长，明定赏罚，优者破

---

① 中国第一历史档案馆：《鸦片战争档案史料》第 7 册，天津古籍出版社 1992 年版，第 855 页。

② 中国第一历史档案馆：《鸦片战争档案史料》第 7 册，天津古籍出版社 1992 年版，第 863~864 页。

③ 《清实录·宣宗成皇帝实录》卷四五四。

格示奖, 劣者加等示惩, 驾驭而鞭策之, 令其知感知奋。二、变通营巡。查苏松镇常年统巡外洋, 秋冬兼巡内洋, 福山镇仅止春夏统巡内洋, 秋季会哨一次, 劳逸悬殊。应请从道光二十九年正月为始, 苏松镇春秋统巡外洋, 夏冬统巡内洋, 福山镇夏冬统巡外洋, 春秋统巡内洋。狼山镇系陆路总兵, 其轮巡外洋官兵, 应听苏松、福山两镇调度考核。并南汇营都司守备, 应与苏松镇标中营等六营, 一体轮巡外洋, 以资练习。三、核实会哨。定例苏松镇总兵与浙江定海镇总兵又苏松、狼山、福山三镇总兵及各营将官, 按期互相会哨。近年则该镇将均止派弁, 由陆路取结呈报, 彼此并未谋面。节经咨会浙江抚臣并通饬江苏镇将, 亲往巡哨, 一遇盗船, 相机兜截。另派干员轮驻海口查访, 如再虚应故事, 密禀核参, 徇隐同罪。四、扼要堵缉。现查江苏外洋佘山最为吃紧, 应委参游一员, 带领兵船在彼寄碇, 按季更换。其统巡之总兵, 除随时游巡外, 常年寄碇崇明县之黑沙嘴, 稽查策应。倘仍收泊内港, 一经委员查出, 严参枷号示众。五、配兵足数。原定觥船一只, 大舢板船一只, 各配兵四十名。小舢板船一只, 配兵二十名。栖宿既形拥挤, 偶值追逐洋盗, 技勇亦颇难施, 以致派不足数。自上冬廉得其弊, 核定大觥船配兵三十六名, 大舢板船配兵二十四名, 小舢板船配兵十六名, 无论内河外海, 一律照派。他如沿海接济, 必先杜绝, 下海私船, 必严查禁。海口人户, 俱照内地编查保甲, 藉清勾结而免窝藏。下部议, 从之。①

是月

两广总督耆英等奏报, 已设立章程, 并派差役跟随洋人外出, 以杜今后民英纠纷。②

五月十二日甲申 (6 月 12 日)

从总督刘韵珂所请, 改铸浙江大荆营归并专营守备条记。

署理两广总督徐广缙接到英使文翰照会, 要求履行两年后进广州城之约, 于道光二十九年二月进城, 前者拒绝。③

---

① 《清实录·宣宗成皇帝实录》卷四五四。

② 中国第一历史档案馆:《鸦片战争档案史料》第 7 册, 天津古籍出版社 1992 年版, 第856~857 页。

③ 中国第一历史档案馆:《鸦片战争档案史料》第 7 册, 天津古籍出版社 1992 年版, 第875 页。

廿一日癸巳(6 月 21 日)

徐广缙奏报，筹捕洋匪，请暂留总兵署缺。广东碣石镇，为东西分洋要隘，盗船此拿彼窜，必须声威素著之员，居中堵截西江东海洋面，兜捕方能得力。该镇总兵李贤遇事畏葸，难以胜任，着以副将降补。所遗广东碣石镇总兵，即以洪名香调补，俟筹办洋匪事竣，再令来京陛见。

以广东龙门协副将黄庆元为琼州镇总兵官。

湖广护解意大利传教士到粤，已交美使认领。①

廿八日庚子(6 月 28 日)

长芦自道光二十四、五两年奏销，各扣参商未完银两，已形亏短。现在二十六年分参商欠课，复扣银至十五万六千余两之多。清廷着即赶紧设法，将参商未完课银，核实归补。②

六月初一日癸卯(7 月 1 日)

李星沅奏报，海运有未到船只，请先行收买余米交兑。海运沙船进口八百余只，其未到各船，当亦接踵而至。惟现在南粮将次到津，自未便因守候海运尾数，致令拨船拥挤。所有海运未到米石，该督等拟令查明筹买补额交兑。清廷着委员等照数办齐，颗粒无亏。③

以拿获海盗，予江苏知州陈介眉以知府升用，并赏花翎。

初四日丙午(7 月 4 日)

命协办大学士两广总督耆英留京，管礼部事。以广东巡抚徐广缙为钦差大臣两广总督，接办夷务。布政使叶名琛为巡抚，按察使李璋煜为布政使，盐运使赵长龄为按察使。

---

① 中国第一历史档案馆：《鸦片战争档案史料》第 7 册，天津古籍出版社 1992 年版，第 864~865 页。

② 《清实录·宣宗成皇帝实录》卷四五五。

③ 《清实录·宣宗成皇帝实录》卷四五六。

初六日戊申(7月6日)

命长芦盐政沈拱辰解任，以盐运使候补，毋庸兼三品卿衔。以江宁织造崇纶为长芦盐政，未到任前，以直隶总督讷尔经额兼署。

初九日辛亥(7月9日)

李星沅奏报，连年海运米石，均邀神佑，请加封号匾额。上年商米捐米，本年苏、松、太等属漕、白二米，俱由海运。该抚陆建瀛于督办之初，叩祷天后、风神、海神各庙，虔求佑助。嗣沙船先后放洋，顺速抵津，并无一船松舱伐桅之事，利漕安澜。道光帝着发去大藏香十炷，交陆建瀛祗领，遣员分诣各处神庙，敬谨祀谢。天后叠彰灵应，曾屡加封号，兹两载恬澜，显应益著，着礼部察例拟加封号。并发去御书匾额，交该督等敬谨悬挂，以答神庥。其风神、海神，并着礼部一体拟加封号，以昭灵贶。寻加天后封号曰"恬波宣惠"，风神封号曰"宣德赞化"，海神封号曰"灵昭镇静"。①

初十日壬子(7月10日)

署理两广总督徐广缙、粤海关监督臣基溥奏，粤海关税收短绌，进出口贸易不旺。"窃查粤海关征收夷税，出口进口货物，向以茶叶、湖丝、洋布、大呢、羽绸为大宗。每年五六月间税课，多则收至六七十万两，少亦收至五十余万两。兹于上年十二月二十六日新季开征起至二月，钱粮即不见旺，四五月益见寥寥。截至五月二十五日止，五个月共收银三十二万九千六百余两，比较上年已短收银二十二万三千六百余两。臣等因将出口货物与上年逐加核计，即如本年茶叶一项，竟少至八百余万斤。"②

廿八日庚午(7月28日)

调江西巡抚吴文镕为浙江巡抚，浙江巡抚傅绳勋为江西巡抚。傅绳勋未到任前，以布政使费开绶署理。

---

① 《清实录·宣宗成皇帝实录》卷四五六。
② 中国第一历史档案馆：《鸦片战争档案史料》第7册，天津古籍出版社1992年版，第865~866页。

七月初四日乙亥(8 月 2 日)

梁宝常奏请将炮位留浙, 被驳回。此项浙省收回之圆成炮十五位, 子母炮六位, 毋庸留浙。清廷着刘喜海仍遵前旨, 遇便派员将前项炮位, 由水路妥为运京。至前由京发去子母炮, 查系十二位, 现在只收回六位。其余六位, 归在何处, 着该署抚查明覆奏。寻奏报, 查未经收回之母炮四位, 并子炮等件, 系派带遗失, 无从查缴。①

两广总督徐广缙奏报, 拿获洋盗多名, 均按律惩办, 仍饬沿海文武员弁穷追力堵, 不使稍留余孽, 致贻后患。

初五日丙子(8 月 3 日)

穆腾额奏报, 盘获法兰西夷人, 欲赴西藏传教。据称盘获夷人罗启祯假称贸易, 欲赴西藏传习天主教, 请即于察木多台, 解交四川省审讯。

初六日丁丑(8 月 4 日)

抚恤越南国遭风难夷如例。

十二日癸未(8 月 10 日)

两江总督李星沅奏报, 新任英使文翰来察看五口贸易情形。②

十五日丙戌(8 月 13 日)

徐泽醇奏报, 海洋盗船乘风游奕, 现饬实力防捕。本年海运粮船, 由东洋赴天津, 沿途并无疏虞, 自系江南巡洋各将备, 于始事尚属认真防卫。乃现在南粮甫经运竣, 即有闽广盗船多只, 在外洋乘风游奕, 意在伺劫回空漕船, 且已有商船被劫之案。如果水师弁兵, 仍前严密巡防, 何至盗艘肆行无忌。是该将弁等, 于海运沙船甫过, 即行松懈。清廷着李星沅、陆建瀛、尤渤迅即拣派水师得力将弁, 分路带兵扼要兜剿, 务将游奕匪船击沈, 获犯尽法惩办, 断不准迁延讳饰, 疏纵干咎。③

---

① 《清实录·宣宗成皇帝实录》卷四五七。

② 中国第一历史档案馆:《鸦片战争档案史料》第 7 册, 天津古籍出版社 1992 年版, 第 868 页。

③ 《清实录·宣宗成皇帝实录》卷四五七。

廿九日庚子(8月27日)

江苏外海水师战船不敷,李星沅奏请筹捐添造。水师战船,巡缉攸关,必应多为豫备。清廷着准其将江南善后存余银两,先行提拨,赶紧设厂添造。

八月初一日壬寅(8月29日)

刘韵珂奏请将分往温州出洋随缉之庄通赏给职衔。庄通发营随缉,甫逾一载,即能捕获多犯,着加恩赏给千总职衔,以示逾格奖励。清廷批示:庄通以投诚盗首,得免大辟,发营效力,已属法外之仁。即使缉捕奋勉,断难令其身任职官,致乖政体。现经赏给职衔,即系破格施恩,以后遇有缺出,不准奏请补授。傥复捕获较多,必应奖励,该督惟当酌量优赏,于策励群材之中,仍寓慎持大体,不可另开生面,是为至要。①

以缉捕出力,赏浙江道员庆廉花翎。

初三日甲辰(8月31日)

前据徐广缙奏报,英夷现与法兰西构衅,各存戒心。该夷等究系因何启衅,传闻果否的确,现在情形如何,又所称粤关收税,日形短绌,因进口货物较多,渐形壅滞,夷商又多折本,并因该夷等构衅,无暇兼顾贸易,道光帝要求对以上各情节详晰具奏。

初六日丁未(9月3日)

俄罗斯商船至上海销卖货物,与例不符,两江总督李星沅已令其回帆。②

二十日辛酉(9月17日)

李星沅奏报,俄罗斯商船请在上海贸易,已饬开导回帆。道光帝批示:俄罗斯向在北路陆地通商,不比西洋各国,航海贸易,上海非该国应到之地,所请自难准

---

① 《清实录·宣宗成皇帝实录》卷四五八。

② 中国第一历史档案馆:《鸦片战争档案史料》第7册,天津古籍出版社1992年版,第871~872页。

行。已据该督等以事关通商大局，必应率由旧章，饬令妥为劝谕，并谕英夷领事阿利国随同开导。该夷船情愿立限驶回，不致迁延观望，所办甚属妥协，可嘉之至。以后该国商船，如果再来晓渎，该督等惟当循照定章，以理阻却，断勿令其时存觊觎，致启效尤之渐。至此次俄罗斯来禀，既由英夷领事转送，将来难保不互相勾串，以该国货物附入英商，影射贸易。此亦夷情诡谲之常，不值与之较论。嗣后倘俄罗斯人与船只，俱不入口，其货物竟归入英夷售卖，彼此俱未明言，似不必说破，以全大局而示优容，谅英夷亦不肯出此也。①

廿四日乙丑(9 月 21 日)

越南国豫期请示来年正贡进关日期。越南国久列藩封，明年届例贡之期，自应令该使臣恭诣阙廷，俾伸诚悃。清廷着于道光二十九年七月内到京。

两江总督李星沅奏报，俄罗斯商船已由吴淞口放洋驶去。②

廿九日庚午(9 月 26 日)

刘韵珂奏报，捐输船炮经费，恳请展限，被驳回。福建捐输船炮经费，原议一年限满，即行截止。现已期满，清廷要求毋庸再展，以示限制。

九月初一日辛未(9 月 27 日)

江苏巡抚陆建瀛奏报，江潮积涨渐消，清水黄水，渐就平稳。现拨盐义仓谷十五万石，并筹拨银两赈恤。又奏报，洋面盗艘出没无常，惟有严饬水师将弁，飞速带兵兜捕，尽法惩办。③

初十日庚辰(10 月 6 日)

李星沅等奏报，俄罗斯商船一只，已由吴淞口放洋驶去。俄罗斯夷商，前经船载货物至上海地方，恳求验卸销售。该督等以该夷系北路陆地通商之国，上海非所

---

① 《清实录·宣宗成皇帝实录》卷四五八；《筹办夷务始末(道光朝)》第 6 册，中华书局 1964 年版，第 3147 页。

② 中国第一历史档案馆：《鸦片战争档案史料》第 7 册，天津古籍出版社 1992 年版，第 873~874 页。

③ 《清实录·宣宗成皇帝实录》卷四五九。

应到，批饬开导，谕令回帆。该夷即遵奉出口，立限舱船。兹经该地方官等问明行期，赏给羊酒食物。该夷感悦，声称仍回本国，即将原船起碇，望东南大洋驶去。清廷以为惟该夷船既至上海，难保不往沿海各省地方希图销货。倘果有赴粤之事，着两广总督斟酌相机妥办，总期循守旧章，亦不致另生枝节，是为至要。①

十四日甲申（10 月 10 日）

予江苏缉捕洋盗受伤淹毙武生周永清祭葬恤荫，如千总例。

十五日乙酉（10 月 11 日）

抚恤琉球国遭风难夷如例。

廿一日辛卯（10 月 17 日）

以剿捕洋匪出力，赏福建守备陈兴隆花翎，余升叙有差。

廿二日壬辰（10 月 18 日）

法国驻上海领事敏体尼到任。②

十月初二日壬寅（10 月 28 日）

徐广缙奏报，接据英酋文翰照会来询进城一事。道光帝批复：此事前经耆英许以二年为期，谅系一时权宜之计。今该夷备文切询，经该督等照覆，令其揆情量力，无烦再为辩论。复探闻该夷目等私相聚议，有欲赴天津呈诉之说。该督等惟当谕以天朝外则礼重怀柔，内则允孚舆论，入城之举，虽非骚扰，无如粤民剽悍，一闻英夷进城之议，无不切齿同仇。即如上年黄竹岐一案，仅止夷目数人登岸嬉游，即被殴毙。天朝办理庶务，一秉大公，即时审拟凶犯抵罪。今以省城人民之众，倘该夷等贸然入城，百姓众怒沸腾，群肆攻击，官亦无从钤束。即令事后查拿惩办，而该夷之被创受辱，实觉无味。况该夷远涉重洋，本为通商易货，并非为进城而来。若必因从前曾有此说以实其言，未免拘执召悔。该夷自思，当亦无以自解。如此反复开导，俾该夷晓

---

① 《清实录·宣宗成皇帝实录》卷四五九。
② 汤志钧：《近代上海大事记》，上海辞书出版社 1989 年版，第 947 页。

然于有害无利，有损无益之故，谅必废然而返，不复争执前说。该夷素喜夸张，但恐心内早已寝念，而一时未必遽肯听从。该督等总须将利害剖晰详明，确凿定议，方为妥善。经此晓谕之后，侦探情形若何，并将如何定局之处，随时具奏。①

初三日癸卯（10 月 29 日）

道光帝寄谕两江总督李星沅等：自五口通商以来，各省大吏，抚驭得宜，尚属安静。惟华夷杂处，良莠不齐。吴淞为腹地门户，客货夷船，向称繁盛。开设行店，及往来说合贸易之人，若不严行查察，必有游匪巨蠹，溷迹为奸，或受夷人贿嘱，刺探事情。即如广东省以捐纳知府之民人麦庆培，竟无耻为夷人之耳目。以此类推，则凡微员武弁，更难保无见利忘义之事，不可不加意查察。该督抚接奉此旨，着密派精细晓事大员，于民夷聚集之地，留心访察。如有通夷主唆，行踪诡秘者，即行惩办。尤渤统辖营伍，更宜详察官兵，傥有勾串，设法拿办。惟此弊禁其在我，于人无尤，不得另启边衅。即官兵徇法，亦须确有凭据，方可伸法。傥纷纷诬讦，则大失朕思患豫防之本意矣。②

道光帝寄谕闽浙总督刘韵珂等：英夷自受抚以来，五口通商，尚相安于无事。本年夷酋文翰赴各口查看贸易，并不上岸，亦不赴各署请谒，是其恭顺之情，可期日久相安。惟念夷情反复，固由犬羊性成，亦由不肖之徒，从中唆耸。各口为商贾辐辏之地，五方杂处，良莠不齐。傥有匪徒肆意诡谲，勾串夷人，播弄是非。彼不过藉此渔利，而夷人受其愚弄，顿起波澜。是即汉奸之尤，实堪痛恨。昨已降旨，将滋事之广东捐纳知府麦庆培解交刑部。因思闽浙民情浮动，奸匪尤易滋扰。厦门各口，人烟稠密，更易藏奸。愚民图利，已属可恨。若官吏弁兵，无耻藐法，尚可姑容耶。该督抚等接奉此旨，即遴委干员，赴各商屯聚之所，暗加访察。如查有狡黠之尤者，先行拿办，总须有据，即非妄拿无辜，兼可免诬攀之事。至水陆营伍，系该提督等所统辖，责无旁贷。若不思患豫防，日后紧要隘口，兵弁等尽皆卖放，尚可问乎。朕思深虑远，既喜华夷之相安，而又不能不居安思危，故特谕该督等知之也。③

十五日乙卯（11 月 10 日）

两江总督李星沅奏报，江省洋面，盗氛未息，请添雇兵船，合力会剿。得旨：

---

①　《清实录·宣宗成皇帝实录》卷四六○。

②　《清实录·宣宗成皇帝实录》卷四六○；中国第一历史档案馆：《鸦片战争档案史料》第 7 册，天津古籍出版社 1992 年版，第 883 页。

③　《清实录·宣宗成皇帝实录》卷四六○。

奋力为之，难再缓纵。

十七日丁巳（11月12日）

浙江台州府属及温州沿海一带，盗贼结伙四出，托贩灯草皮条为名，专劫典当大户，及过路巨商，赃数动辄盈千累万，一经得财，即行窜归，沿途扮作客商，无人敢向盘诘，事主报官，勘缉无踪。近年巨案，层见叠出。开化、慈溪、萧山等县亦有多案。清廷以为，盗劫横行，必有巢穴为之窝顿，并恐有兵役包庇豢养情事，且各该处地皆滨海，土匪与洋盗最易勾结。若不及早查办，必至养痈贻患。着刘韵珂、徐继畬、吴文镕会同该提镇等，严饬该地方员弁，购线密访，实力查拿。另片奏，宁波府沿海盗匪劫掠勒赎毙命，商贩畏祸歇业。又著名盗首陈双喜，系福建同安县人，集大船数十号，往来洋面，肆行无忌，并盗船亦有印牌，以备盘获时冒充海商。寻刘韵珂等奏报，海洋盗匪，出没无常，已严饬闽浙两省水陆文武员弁，协力侦缉。三月间适获洋盗叶细监，询系陈双喜结拜弟兄，委员从宽研讯，令将陈双喜招致投首。果于十一月初二日，陈双喜率首伙等一百一十七人，赴福建提督窦振彪衙门投首，并将船只炮械，一并首缴。随派委文武，赴各船查点明白，将各犯先由陆路分起解省。船只炮械，暂行收管。旋派干员，分提各犯隔别研究。①

二十日庚申（11月15日）

道光帝晓谕："福济骆秉章奏报，请饬海疆督抚提镇严缉洋盗，并钞录商民等呈词呈览。东南洋面不靖，苦累商民，前曾叠降谕旨，严饬海疆大吏，督率所属，上紧查拿，以除民害。虽经李星沅等节次奏获洋面盗犯多名，按律惩办，并夺获船只器械，救出被掠商民，而海洋辽阔，水师兵弁，不能穷追掩捕，何以净绝根株。兹据该侍郎等奏报，据商呈所称，自上年三月至本年八月，各商船先后在佘山等处被劫人口货物勒赎洋银，甚至多被戕害。经该商等捐雇乡勇先后出洋四次，获盗四十余犯，并探知浙江渔山为盗渊薮，兵勇追捕之所不到。国家设有水师将弁，统以提镇大员，巡缉严查，是其专责。督抚大员，经朕特简，受国厚恩，宜思如何戢暴安良，为海圉救绥之计。朕勤求民瘼，训谕谆谆，岂竟不能断绝盗踪耶？该匪出自闽浙，流毒江苏、山东，设或此拿彼窜，阑入北洋，延袤四千余里，为害实非浅鲜。着江南、闽浙、山东各督抚提镇，督饬水师，严密侦缉，务令员弁兵勇，不时出洋搜捕，海汊纷歧，与交界处所，更当添配兵船，互相堵截，不得稍存畛域，以致漏网。一经拿获，务须尽法惩治，以儆凶顽。浙江渔山，既据众称为窝顿所在，

---

① 《清实录·宣宗成皇帝实录》卷四六〇。

尤须设法捣其巢穴，尽行驱逐。经此次训谕之后，如各武弁不能实力实心，或避就推诿，或畏葸无能，该督抚提督指名严参。倘该督抚提督瞻徇讳饰，或不能督饬严拿贼犯净尽，经朕别有访闻，或有人参奏，恐不能当此重咎也。"①

廿三日癸亥(11 月 18 日)

两广总督徐广缙奏报会见美使德威仕，及关税短绌情形。②

是月

美国驻上海领事祁理蕴到任。③

十一月初五日乙亥(11 月 30 日)

两江总督李星沅奏报，遵查吴淞口频年互市。上海实为要区，游匪巨蠹，溷迹为奸，诚难保其必无。④

越南国王嗣子阮福时遣使请封，进贡方物，赏赉筵宴如例。以故越南国王阮福暶嗣子福时袭爵，命广西按察使劳崇光往封。

越南国使臣阮□收等三人于大红桥瞻觐。

初九日己卯(12 月 4 日)

两广总督徐广缙奏报遵旨分饬文武严查汉奸情形。⑤

十六日丙戌(12 与 11 日)

前任台湾镇总兵武攀凤先因约束兵丁，失之过宽，经闽浙总督刘韵珂面加训饬，非惟不思策励，转复怠荒逸豫，养尊处优，直至诸务废弛，方始引疾告退，实属辜恩溺职，着交部严加议处。

①　《清实录·宣宗成皇帝实录》卷四六〇。

②　中国第一历史档案馆：《鸦片战争档案史料》第 7 册，天津古籍出版社 1992 年版，第 884~887 页。

③　汤志钧：《近代上海大事记》，上海辞书出版社 1989 年版，第 950 页。

④　《清实录·宣宗成皇帝实录》卷四六一。

⑤　中国第一历史档案馆：《鸦片战争档案史料》第 7 册，天津古籍出版社 1992 年版，第 887~889 页。

十二月初十日庚戌（公元 1849 年 1 月 4 日）

原任江南提督陈化成之子陈廷芳为兵部带领引见，并着遇有福建水师都司缺出，即行补用，毋庸学习。

长芦运库尚未报拨二十七年商课银八万两，清廷着即豫解部库。其欠解二十四年商课银两，着即将征收应解各衙门银十二万两，先行抵解部库，俟续有征收，再行归补。①

十一日辛亥（公元 1849 年 1 月 5 日）

载铨奏报，遵旨会查长芦盐务，酌改章程。

十四日甲寅（公元 1849 年 1 月 8 日）

吴文镕奏报，查悉地方大概情形及现办缘由。道光帝批示：浙江腹地外洋盗匪，未能敛戢，非文武各员认真巡缉，何能尽绝根株？该抚现严饬文武各员，并移行水师各镇将，分别剿捕，务当随时稽查。如有任意懈弛，藉词推诿者，立即严行参惩，毋稍松懈。至各县亏空，近日相习成风，吏治敝坏已极，不可不力加整顿。据该抚所奏寅用辰款，以致当年额征两忙，皆征解不前，拨款至无项可拨，日甚一日，何所底止。如能设法弥补，方于库贮有裨。②

廿五日乙丑（公元 1849 年 1 月 19 日）

闽浙总督刘韵珂奏报，琉球咨称，法人已去，英人仍在琉球逗留。③

廿七日丁卯（公元 1849 年 1 月 21 日）

四川护解法国传教士，已交给在粤法人。④

---

① 《清实录·宣宗成皇帝实录》卷四六二。
② 《清实录·宣宗成皇帝实录》卷四六二。
③ 中国第一历史档案馆：《鸦片战争档案史料》第 7 册，天津古籍出版社 1992 年版，第 890~892 页。
④ 中国第一历史档案馆：《鸦片战争档案史料》第 7 册，天津古籍出版社 1992 年版，第 893 页。

廿八日戊辰(公元 1849 年 1 月 22 日)

朝鲜国使臣姜时永等三人、琉球国使臣向统绩等二人于午门外瞻觐。

闽浙总督刘韵珂奏报，拿获假冒洋人通事各犯。①

是 年

徐继畬《瀛环志略》出版。②

中英经由广州、上海、厦门进出口的主要商品贸易额为二千三百二十四万九千九百五十七元。其中进口九百四十四万九千五百一十五元，出口一千三百八十万零四百四十二元。③

美国传教士文惠廉，以虹口一带为美国人的居留地。

利用青浦事件，英国人将上海居留地扩大到 2820 亩。英国人在上海外滩开办东方银行。④

道光二十九年　己酉　公元 1849 年

正月廿三日壬辰(2 月 15 日)

本年轮应查阅广东等省营伍之期，广东、广西由徐广缙，福建由刘韵珂，浙江由耆英、季芝昌，会同吴文镕逐一查阅。

廿五日甲午(2 月 17 日)

徐广缙奏报，侦探香港夷情，外示怀柔，内存防范。现在该夷裁饷，势难兼

---

① 中国第一历史档案馆：《鸦片战争档案史料》第 7 册，天津古籍出版社 1992 年版，第 894~896 页。

② 清史编委会：《清代人物传稿》第 1 卷，辽宁人民出版社 1984 年版，第 317 页。

③ 姚贤镐：《中国近代对外贸易史资料》第 1 册，中华书局 1962 年版，第 630 页。

④ 袁继成：《近代中国租界史稿》，中国财经出版社 1988 年版，第 372~373 页。

顾，犹复驾驶兵船，张大其势，难保非藉此要挟，或乞开烟禁，或因前定税则，妄生异议。该督现因夷酋请裁牌照，业经酌为裁革。

刘韵珂、徐继畬奏报，拿获假冒夷人通事各犯。闽省民夷杂处，匪徒与夷人交通，假托通事，藉图护庇。所有假冒通事之陈建滏、卢阿平、鲍守贵，清廷着交该督等悉心研讯。

闽浙总督刘韵珂奏报，闽浙洋面情形，并节次捡获盗犯。得旨：所论公正切当之至，卿其勉力认真，绥定两省海疆。①

廿六日乙未(2月18日)

从总督徐广缙等所请，修广东南海县桑园围基土堤石堤。

廿七日丙申(2月19日)

朝鲜国王李焕遣使表贺万寿、冬至、元旦三大节，并进贡方物，赏赉筵宴如例。

琉球国王尚泰遣使表贡方物，赏赉筵宴如例。

广东水师提督赖恩爵因病解任，以碣石镇总兵官洪名香为水师提督。

廿八日丁酉(2月20日)

以前任广东南澳镇总兵官曾逢年为碣石镇总兵官。

应英国驻华公使文翰所请，两广总督徐广缙在虎门外英舰上，与其就鸦片开禁、进广州城等问题进行了交流，会谈没有结果。②

两广总督徐广缙奏陈暂停各国贸易，以挑动美法作为牵制，及应美使邀请赴其兵船之情形。③

二月初二日辛丑(2月24日)

刘韵珂、徐继畬奏报，台湾北路各厅县被水地震，委员妥为抚恤。台湾彰化、

---

① 《清实录·宣宗成皇帝实录》卷四六三。

② 中国第一历史档案馆：《鸦片战争档案史料》第7册，天津古籍出版社1992年版，第899~900页。

③ 中国第一历史档案馆：《鸦片战争档案史料》第7册，天津古籍出版社1992年版，第901页。

嘉义两县并鹿港厅地方，于上年十一月初八日同时地震，城垣衙署，均有坍塌，并倒坏民房，伤毙人口。据该督等奏称，该厅县陡遭地震，计及二百余里。至淡水、噶玛兰两厅，先经被水，田园庐舍，多被冲坏，人口亦多淹毙。①

　　福建福宁镇总兵官曹三祝以不谙水师撤任，以浙江乍浦协副将孙鼎鳌为福宁镇总兵官。

十一日庚戌(3 月 5 日)

　　葡萄牙澳门总管哑吗嘞发布公告，称"葡萄牙海关现已关闭，当然不能容许一个外国海关继续在澳门办公"，澳门境内不得征收关税。粤海关其后迁至黄埔。②

十七日丙辰(3 月 11 日)

　　道光帝密谕两广总督徐广缙，暂令英使入广州城一次。"此次暂准入城以践前约，该酋既可以对众国无所籍口，天朝亦不致失信。但当坚明约束，经此次入城一游之后，不得习以为常，任意出入。"③

二十日己未(3 月 14 日)

　　两江总督李星沅奏报法国公使来华察看五口贸易情形。④

廿七日丙寅(3 月 21 日)

　　以福建造补船炮及建修炮台各工，予六品顶带鹿泽长等加衔升补有差。

　　①　《清实录·宣宗成皇帝实录》卷四六四；中国第一历史档案馆：《鸦片战争档案史料》第7册，天津古籍出版社 1992 年版，第 905~908 页。
　　②　[美]马士：《中华帝国对外关系史》第 1 册，张汇文等译，生活·读书·新知三联书店1957 年版，第 380 页。
　　③　中国第一历史档案馆：《鸦片战争档案史料》第 7 册，天津古籍出版社 1992 年版，第902~903 页。
　　④　中国第一历史档案馆：《鸦片战争档案史料》第 7 册，天津古籍出版社 1992 年版，第903~904 页。

三月初四日壬申（3月27日）

两广总督徐广缙奏陈，英使进城一事实属万不可行。①
广东巡抚叶名琛奏陈，暂允英使进城，有害无利，断难隐忍坐视。②

初九日丁丑（4月1日）

英船在琉球搁浅，现有该国师船往接。③

十四日壬午（4月6日）

应法国驻沪领事敏体尼多次要求，上海道台麟桂发布告示，将"南至城河，北至洋泾浜，西至关帝庙、褚家桥，东至潮州会馆，沿河至洋泾浜东角"，面积八百四十亩，划为法国人居住地。④
两广总督徐广缙奏报，英人于入城之事渐有转圜，并现在调兵严防。⑤

十五日癸未（4月7日）

浙江巡抚吴文熔奏报，法国公使陆音到宁波查办五口通商事宜。⑥

廿二日庚寅（4月14日）

道光帝对英人要求进入广州一事做出批示：本日据徐广缙奏报熟筹进城一事，

---

① 中国第一历史档案馆：《鸦片战争档案史料》第7册，天津古籍出版社1992年版，第905~906页。
② 中国第一历史档案馆：《鸦片战争档案史料》第7册，天津古籍出版社1992年版，第908~909页。
③ 中国第一历史档案馆：《鸦片战争档案史料》第7册，天津古籍出版社1992年版，第911页。
④ 上海通社：《上海研究资料》，上海书店1984年版，第145~146页。
⑤ 中国第一历史档案馆：《鸦片战争档案史料》第7册，天津古籍出版社1992年版，第911~913页。
⑥ 中国第一历史档案馆：《鸦片战争档案史料》第7册，天津古籍出版社1992年版，第913~914页。

实属万不可行；又据叶名琛穆特恩等奏报，遵旨严防，并加意抚戢兵民；又据叶名琛片奏报，进城有害无利，断难隐忍坐视，览奏均悉。英夷进城之约，在当日本系一时羁縻。现在该酋坚执前约，该督等前奏亲赴虎门面晤情形，但称该酋狡执不已，若再峻拒，势将滋生事端。而于进城究竟可行与否，未能缕晰陈明，是以朕前经降旨，暂准入城一游，亦不过权宜之计，期于少生枝节。若如该督等此次所陈，该夷必欲进城，其居心实不可问，婉阻之未必遽开边衅，轻许之必至立启兵端，层层奏明，朕始悉其底蕴，自应照该督等所议酌办。现在该省兵民，互相保卫，共有十万之众，是众志成城，自当勗其同仇，何可使之解体。且据叶名琛、穆特恩等奏称，内河外海，现饬一律严防，不至少有疏虞。着徐广缙等即就现办情形，随时体察，外患固属堪虞，内变尤为可虑，务当固结民心，激扬士气，以安民为抚夷之本。①

廿六日甲午(4 月 18 日)

两广总督徐广缙奏报，英人进城之议已寝，现照旧通商，请奖励齐心之商民。②

四月初三日辛丑(4 月 25 日)

徐广缙、叶名琛奏报，进城之不可行，已由该督等备文照会，并探知香港复到有兵船及火轮船只，且有雇坐小艇，分往海口测水探路情事。所有虎门外海各炮台，现经调集香山等营兵丁，并雇募壮勇，分饬严防。③

葡萄牙澳门总管哑吗嘞发布公告，澳门及其远至界栅郊区的中国居民占有土地者，如他们不先向葡萄牙官厅请领执照即行迁移，葡萄牙政府将立刻占有其财产并以放弃论。④

初四日壬寅(4 月 26 日)

两江总督李星沅因病解任，以江苏巡抚陆建瀛为两江总督，调江西巡抚傅绳勋

---

①　《清实录·宣宗成皇帝实录》卷四六五。

②　中国第一历史档案馆：《鸦片战争档案史料》第 7 册，天津古籍出版社 1992 年版，第 919～923 页。

③　《清实录·宣宗成皇帝实录》卷四六六。

④　[美]马士：《中华帝国对外关系史》第 1 册，张汇文等译，生活·读书·新知三联书店 1957 年版，第 381 页。

为江苏巡抚。

浙江巡抚吴文熔奏报，来宁波查办通商事宜之法船，已经离开。①

初七日乙巳（4 月 29 日）

有人奏山东洋盗情形，请饬惩办。据奏登州、莱州洋面，上年有盗匪在石岛、烟台各岛屿盘踞，截劫商人柳同兴、黄裕隆等船只五十余起之多，继复登岸抢掠，文武各官，并不实力兜拿。纵令饱扬，并现在宁海一带，复肆蠢动。清廷着徐泽醇督饬所属文武将吏，于沿海各地方偏僻山坞，穷远村乡，严密搜查，务须扫其巢穴，不留余孽。②

初九日丁未（5 月 1 日）

徐广缙、叶名琛奏报，英夷不敢进城，又奏呈广东绅士公致英夷文酉信稿。现在英夷之不敢进城，既因省城防卫森严，并经绅士公函劝导，深知众怒难犯，又因夷商停止贸易，尤为大受牵制。

十五日癸丑（5 月 7 日）

英人进入广州城之议已寝，道光帝大为欣慰，晓谕："夷务之兴，将十年矣，沿海扰累，糜饷劳师。近年虽略臻静谧，而驭之之法，刚柔不得其平，流弊愈出愈奇。朕深恐沿海居民，有蹂躏之虞，故一切隐忍待之，盖小屈必有大伸，理固然也。昨因英夷复申粤东入城之请，督臣徐广缙等连次奏报，办理悉合机宜。本日又由驿驰奏，该处商民，深明大义，捐资御侮，绅士实力勖勤，入城之议已寝，该夷照旧通商，中外绥靖，不折一兵，不发一矢。该督抚安民抚夷，处处皆抉根源，令该夷驯服，无丝毫勉强，可以历久相安。朕嘉悦之忱，难以尽述，允宜懋赏，以奖殊勋。徐广缙着加恩赏给子爵，准其世袭，并赏戴双眼花翎。叶名琛着加恩赏给男爵，准其世袭，并赏戴花翎，以昭优眷。发去花翎二枝，着徐广缙、叶名琛分别祗领。穆特恩、乌兰泰、托恩东额、洪名香、祥麟合力同心，各尽厥职，均着加恩照军功例，交部从优议叙。候补道许祥光着加恩归入新班遇缺前先用，不论繁简道员，缺出即选。候补郎中伍崇曜着加恩以道员不论双单月归部选用，该二员并赏给

---

① 中国第一历史档案馆：《鸦片战争档案史料》第 7 册，天津古籍出版社 1992 年版，第 927 页。
② 《清实录·宣宗成皇帝实录》卷四六六。

三品顶带。所有粤东文武各员，着徐广缙等择其在事尤为出力者，酌量分别保举，候朕施恩。至我粤东百姓，素称骁勇，乃近年深明大义，有勇知方，固由化导之神，亦系天性之厚，难得十万之众，利不夺而势不移。朕念其翊戴之功，能无恻然有动于中乎。着徐广缙、叶名琛宣布朕言，俾家喻户晓，益励急公向上之心，共享乐业安居之福。其应如何奖励，并分别给予匾额之处，着该督等第其劳勚，锡以光荣，毋稍屯膏，以慰朕意。"①

廿三日辛酉(5 月 15 日)

福建南澳镇总兵官陈显生因病解任，以江南太湖协副将顾清涟为南澳镇总兵官。

两广总督徐广缙奏陈，制英之策，用威不如养威。②

闽浙总督刘韵珂奏报，查办通商之法船，抵达厦门并驶离。③

闰四月初三日庚午(5 月 24 日)

南澳镇总兵一缺，昨已以顾清涟简补。清廷着刘韵珂于该员到任后，详加察看，或人地未宜，奏请对调，或竟才不称职，难以姑容，均着核实办理。

初四日辛未(5 月 25 日)

选补广东惠来营游击赛沙春一员，系由捐输议叙升任。清廷着徐广缙于该员到任后，详加察看。寻奏报，赛沙春步射软弱，难期胜任，应请勒休。从之。

初六日癸酉(5 月 27 日)

近闻英夷改装易服，前岁有入苏州游玩之事，所有五口通商地方，人烟稠密，难保不任意嬉游，潜踪混入，甚或藉端生衅，以致激成事端。清廷着各该督抚密饬所属，各于通商码头，剀切密示，常川稽查。总以遵守旧约为词，毋令夷人越境闲

① 《清实录·宣宗成皇帝实录》卷四六六。
② 中国第一历史档案馆：《鸦片战争档案史料》第 7 册，天津古籍出版社 1992 年版，第 931~933 页。
③ 中国第一历史档案馆：《鸦片战争档案史料》第 7 册，天津古籍出版社 1992 年版，第 933~934 页。

游，庶可永弭后患。①

初七日甲戌（5 月 28 日）

两广总督徐广缙奏请，将已获暗为英人售货之黄亚宝从重发遣。②

初九日丙子（5 月 30 日）

广东水师提督洪名香，着准其暂缓巡洋。该提督因炮台兵丁口粮不敷，自捐廉俸。洪名香着加恩赏加二级，并准随带。

廿五日壬辰（6 月 15 日）

两广总督徐广缙覆奏近日民夷情形。现据探事者密禀，英使文翰以香港兵饷，半载以来，无可支发，特向其富商颠地借银七万二千两，一分生息，报知国王，在其本国设措兑还。是其穷蹙难支，已可概见，当不至猝图内犯。③

两广总督徐广缙奏报，请将私通英人潜递书信之李象经即行正法。④

廿六日癸巳（6 月 16 日）

仓场侍郎季芝昌、浙江巡抚吴文镕奏报，遵旨会议两浙盐务，酌筹变通章程。一、杭、嘉、绍三所引盐，宜分别加斤。杭、嘉二所，议于每引例捆三百三十五斤外，加盐四十斤。绍所议于每引例捆三百三十五斤外，加盐二十斤。所加之盐，止令完交正课，即自戊申纲为始，按数报部拨解，免输内外杂款。二、松所宜酌减科则。该处引地，滨临海口，枭私充斥，为两浙极疲之岸。每引例捆盐四百斤，已属重于他所，碍难再加。议于科则内将筹补报效庙工引费杂费贴解等项，每引分别核减五钱内外，较之三所加斤余利，有多无少，庶几商力稍纾。三、虚悬口岸，宜选商接办。嘉所引地，如丹阳、靖江，松所引地，如昆山、新阳、青浦、上海、南

---

① 《清实录·宣宗成皇帝实录》卷四六七；《筹办夷务始末（道光朝）》第 6 册，中华书局 1964 年版，第 3108 页。

② 中国第一历史档案馆：《鸦片战争档案史料》第 7 册，天津古籍出版社 1992 年版，第 936 页。

③ 《清实录·宣宗成皇帝实录》卷四六七。

④ 中国第一历史档案馆：《鸦片战争档案史料》第 7 册，天津古籍出版社 1992 年版，第 938~939 页。

汇，各商或已斥退，或已停止，应由该运司迅速选商充补，并先于杂款内，暂筹银二三万两，委员赴场，将灶户之盐，收买屯贮，俟配商捆运时，缴价归款，免其缴息。四、缉私应定立章程，分别责成官商，并由运司审核。如各武营衙门两月不报获大起，而销数又复短绌，应核其所短之数，将例给缉私经费，分别扣成给发。其商人自办巡缉，所获之犯归运司审究，罪名重大者，发州县核办。五、缉获私盐，如在四千斤以下者，即全数变价充赏。五千斤以上者，以一半变价充赏，一半补课作正引配销。五万斤以上者，以三成变价充赏，七成补课作正引配销。六、地方官向有盐店陋规，自数百两至一二千两不等，相沿已久，不能究其既往，嗣后应严行裁革。其引地各衙门书役朱费贴差等名目，概行革除。七、查杭、嘉、松三所巡缉经费，均系实用实支。惟绍所有门巡所巡等名目，商人自给经费，恐滋浮冒，应请严行裁禁，责成运司查察。倘有借端敛派，即提本商究革。①

是月

法国天主教耶稣会，在上海城西徐家汇镇创设徐汇圣依纳爵公学，次年开学。②

五月初八日甲辰(6 月 27 日)

两江总督陆建瀛覆奏报，遵查英夷并无潜入苏州省城游玩之事。

初九日乙巳(6 月 28 日)

澳门税口，因葡萄牙澳门总管哑吗嘞闭关门，而迁至离省城六十里之黄埔。③
以办理夷务出力，赏广东按察使柏贵花翎，予副将昆寿以总兵用，知县冯沅、绅士金菁茅等升叙有差。

廿四日庚申(7 月 13 日)

刘韵珂、吴文镕奏报，攻剿渔山盗匪，先后筹办情形。浙洋渔山，盗匪依为巢

---

①　《清实录·宣宗成皇帝实录》卷四六七。
②　陈学恂：《中国近代教育大事记》，上海教育出版社 1980 年版，第 7 页。
③　《清实录·宣宗成皇帝实录》卷四六八；《筹办夷务始末(道光朝)》第 6 册，中华书局 1964 年版，第 3198 页。

穴，现经该督等，督饬镇道雇勇添船，复飞咨水师提督窦振彪统师前往，先后擒斩多犯，沈毁多船，并将巢穴门户，分别毁除填塞。惟渔山一岛，孤悬海外，若不立法稽查，严行申禁，难保不日久又成盗薮。清廷着该督等即严饬黄岩镇，于该镇所属中左右三营内，每月轮派游击一员，亲率本属舟师前往巡查，并着该镇于游击轮巡一周后，亲往复查，分别具结。总期渔山盗窟，捣除净尽，不准再有人迹往来。①

三十日丙寅（7月19日）

两广总督徐广缙等奏报，查外夷之来中国，原为通商，何得节外生枝，妄思要挟，总由内地奸民，自蹈贪顽，先得该夷之利，为其所饵，希图暗中耸惑，更可倚势自肥。连年横波叠浪，层出不穷，皆由于此。现访获新宁县属私通夷人潜递书信之李象经，查阅该犯信稿，悖谬绝伦，行同叛逆，例应斩决，已于审明后即行正法，以昭炯戒。下部知之。②

六月初一日丁卯（7月20日）

以修理广东九龙城寨，予候补通判顾炳章等升叙有差。③

七月廿二日丁巳（9月8日）

杨以增奏报，请将海安厅各员弁摘顶赔修。海定厅五套堤工，因黄河盛涨，海潮顶托，致由堤平漫过水，尚未掣溜塌通，现已抢堵挂淤。该管厅营汛官，究系防范不力，除饬将堤缺迅速补还，所用钱粮，着落全赔，不准开销外。署海安通判金安清、海安营守备王有、署阜宁县羊寨司巡检王汝恭、署云梯汛把总王尚桢、协防王识广均着摘去顶带，以示惩儆。④

八月初一日丙寅（9月17日）

予浙江出洋淹毙守备韩庆瑞祭葬恤荫，广东捕贼被戕千总胡铃祭葬世职。

① 《清实录·宣宗成皇帝实录》卷四六八。
② 《清实录·宣宗成皇帝实录》卷四六八。
③ 《清实录·宣宗成皇帝实录》卷四六九。
④ 《清实录·宣宗成皇帝实录》卷四七○。

初七日壬申(9 月 23 日)

徐泽醇奏报，总兵督防洋面不力，请革去顶带。山东登州镇总兵，管辖水师，巡洋是其专责，乃该总兵始则报称兵船遭风，继复旬日不出，显系托故迁延。德通着革去顶带，即行解任。所有登州镇总兵着胶州协副将安德淳署理。①

十二日丁丑(9 月 28 日)

陆建瀛、傅绳勋奏报，兵勇击捡盗船。浙洋盗匪，麇聚东窑山一带，乘间伺劫。经署上海县知县王绍复先后缉获盗匪丁添来等，究出盗首姓名巢穴，知会兵勇，迅速掩捕多名，救回难民。候补千总胡维荣等一经确探，即不分畛域，奋力击捡。陆建瀛、傅绳勋调度有方，均着交部从优议叙。王绍复着遇有直隶州知州缺出，尽先升用，先换顶带。胡维荣着以都司尽先升用，先换顶带。②

十四日己卯(9 月 30 日)

定海镇总兵丁忧遗缺请简，有旨令现委护理之游击周士法署理。既据该督称，周士法熟谙洋政，勇干有为，是以即令署理，惟是缺地居海外，巡洋缉匪，关系非轻，若骤易生手，恐不能得力。清廷着刘韵珂于周士法到署任后，留心察访。

九月初一日乙未(10 月 16 日)

调广东碣石镇总兵官曾逢年为阳江镇总兵官,阳江镇总兵官王鹏年为碣石镇总兵官。

十七日辛亥(11 月 1 日)

朝鲜国使臣朴晦寿等三人于大红桥瞻觐。

十八日壬子(11 月 2 日)

徐广缙、叶名琛密陈英夷追溯进城约期一事，道光帝批示：天朝惟知上顺天

---

① 《清实录·宣宗成皇帝实录》卷四七一。
② 《清实录·宣宗成皇帝实录》卷四七一。

心，下从民愿，以怀柔为本，断不任民人稍事欺凌，该国亦当体会此意，安心贸易，勿生枝节。上而督抚提镇，下而军民人等，旁及诸国，断无以不进城为羞辱之事。①

廿四日戊午（11月8日）

徐广缙、叶名琛奏报，请将迎剿洋匪失利之总兵议处，并现在拿获多名，仍饬搜捕。本年夏间，广东西海洋面，有匪船滋扰。该处毗连阳江、琼州二镇，该护理琼州镇总兵崖州协副将何芳迎剿失利，署参将陈魁伦畏葸不前，以致有焚毁师船之事。何芳着交部议处，陈魁伦业已撤任，着与禀报不实现经撤任之署广海寨游击邝勉，一并交该督等，督同臬司研讯确情，从严审办。该省洋面匪徒，现已沈烧多船，并生捦盗匪一百余名之多。②

十月初二日丙寅（11月16日）

予故朝鲜国王李焕祭如例。
朝鲜国世子李昇遣使奉表请封，并进方物，命留抵下次正贡。

初六日庚午（11月20日）

以故朝鲜国王李焕子昇袭爵，命兵部左侍郎瑞常为正使，内阁学士和色本为副使，往封。

初七日辛未（11月21日）

山东登州镇总兵，着许联镳补授。并着兵部行文，饬令登州镇标前营水师游击韩进忠、后营水师守备陈腾飞速即赴任。
山东水师，请添设总兵或副将专缉洋面。据奏该省水师专营，设有游击守备等三十一员，兵丁九百余名。若议添总兵副将，则以下各官，亦须照例增加。清廷着陈庆偕到任后，督同藩司刘源灏悉心体察情形，妥议具奏。③

---

① 《清实录·宣宗成皇帝实录》卷四七二。
② 《清实录·宣宗成皇帝实录》卷四七二。
③ 《清实录·宣宗成皇帝实录》卷四七三。

十三日丁丑(11 月 27 日)

两广总督徐广缙照会英使文翰,勿再提进城之事。①

十八日壬午(12 月 2 日)

以缉拿洋盗出力,予江苏总兵官孙云鸿等升叙有差。

廿二日丙戌(12 月 6 日)

越南国王阮福暶遣使表谢册封恩,并贡方物,命留抵下次正贡。

廿三日丁亥(12 月 7 日)

从总督刘韵珂所请,铸给浙江定海城守营都司关防。

十一月初一日甲午(12 月 14 日)

御史范承典奏报,访闻盗首陈双嬉现在登州洋面屡肆劫抢,地方文武束手无策。陈双嬉经闽浙、江苏叠次剿捕,受创之后,逃窜登州。清廷着陈庆偕到任后,迅即密委干员驰往该处,严密查拿,务将陈双嬉及各伙盗悉数捡获。②

初三日丙申(12 月 16 日)

御史赵东昕奏报,遣散水手恐滋事端,请饬豫防。本年江浙各帮水手,前经陆建瀛等会议奏准,将浙省各帮与苏松军船册内无名及游帮短纤人等,在济宁一带,概行遣令回籍。兹据该御史奏称,该水手等遣散之后,未必安分谋生。况自淮以北,界连山东、河南、直隶等省,加以湖、广、江、皖流徙灾黎,傥该水手等煽诱勾结,为害匪浅。且此等无业之徒,在船则为水手,在岸即为游民,人数既多,最易滋事。清廷着直隶、江南、山东、河南漕河各督抚,不分畛域,严密稽查,务于

---

①　中国第一历史档案馆:《鸦片战争档案史料》第 7 册,天津古籍出版社 1992 年版,第 950~952 页。
②　《清实录·宣宗成皇帝实录》卷四七四。

镇市地方交界处所及近海口岸，加意防范，妥为资遣安插，不得酿成事端。并着各该督抚于所属各营额设弁兵，时常操演，明示以训练之勤，隐消其犷悍之气。编查保甲，其法最良，使若辈无窝藏之地，流品自清。设有一二不逞之徒，藉端滋扰，不难立时兜拿。总期弭患未萌，方称妥善。①

初六日己亥（12 月 19 日）

徐广缙、叶名琛覆奏，英夷复询进城一节，业经晓谕解释，该国颇知畏服。此次英夷复询进城，原不过冀转颜面，叠经该督抚反复开导，已据该酋将粤民立碑纪功等情寄知该国王，嗣接来文，词意颇驯，所有前询进城一节，并未提及。该督等又密购其新闻纸，备知该国王寄信文翰谆谆以生意要紧，并传知五港领事，一体察看民情，毋许多生别端。其新领事咆灵，人亦驯顺安静。②

十七日庚戌（12 月 30 日）

刘韵珂奏报，接据琉球国来文，密咨两广总督查办。英夷伯德吟等前往琉球国，已历四载，仍未撤回，屡经该国恳请转饬查办，并据称如得英酋文翰一言，该夷断难推托。清廷着徐广缙即查照该督等所奏，再向文翰开导，谕将伯德吟等赶紧撤回，方足以恤藩封而免惊扰。

以剿办福建台湾府嘉义县匪徒，赏知县王廷干花翎，予通判张启瑞等议叙有差。

十二月十七日庚辰（公元 1850 年 1 月 29 日）

两广总督徐广缙奏报，葡萄牙澳门总管哑吗嘞，在关闸外，被人杀死。该夷目将关闸汛兵，掳去三名，求为缉凶。旋缉获凶犯沈志亮，据供哑吗嘞行为凶暴，在三巴门外开辟马道，平毁附近坟墓。该犯祖墓亦被平毁，心怀忿恨，起意杀死除害。臣等以事关外夷，未便稍涉拘泥，当即恭请王命，将沈志亮正法枭示，札知该夷目，遂将汛兵三人交出。得旨："所办万分允当，可嘉之至，朕幸得贤能柱石之臣也。"③

---

① 《清实录·宣宗成皇帝实录》卷四七四。
② 《清实录·宣宗成皇帝实录》卷四七四。
③ 《清实录·宣宗成皇帝实录》卷四七五。

十八日辛巳 (公元 1850 年 1 月 30 日)

福济陆建瀛奏报酌筹筑坝疏通海口情形。

廿五日戊子 (公元 1850 年 2 月 6 日)

盗匪陈双嬉率领首伙一百余人，驶至厦门投首，并将船只炮械，一并首缴。

是年

中英经由广州、上海、厦门进出口的主要商品贸易额为三千一百六十六万零三百七十七元。其中，进口为一千三百四十五万一千五百零六元，出口一千八百二十万八千八百七十一元。①

道光三十年　庚戌　公元 1850 年

正月十四日丁未 (2 月 25 日)

道光帝疾大渐，召宗人府宗令载铨、御前大臣载垣、端华、僧格林沁，军机大臣穆彰阿、赛尚阿、何汝霖、陈孚恩、季芝昌，总管内务府大臣文庆，公启镬匣，宣示御书皇四子奕詝立为皇太子。

午刻，道光帝崩于圆明园慎德堂苫次。

二十日癸丑 (3 月 3 日)

在乾清宫颁大行皇帝遗诏。

以捕盗不力，革山东登州镇总兵官德通职。②

---

① 姚贤镐：《中国近代对外贸易史资料》第 1 册，中华书局 1962 年版，第 630 页。

② 《清实录·文宗显皇帝实录》卷一。

廿一日甲寅(3月4日)

福建建宁镇总兵官陈述祖缘事休致,以候补总兵官曹三祝为福建建宁镇总兵官。①

廿三日丙辰(3月6日)

两广总督徐广缙、广东巡抚叶名琛访知,美、法约英使文翰,致书英王,勿再寻隙,安心贸易。②

廿五日戊午(3月8日)

派刑部左侍郎全庆为正使,镶蓝旗满洲副都统联顺为副使,前往朝鲜国,颁大行皇帝遗诏。③

廿六日己未(3月9日)

咸丰帝即皇帝位于太和殿,分遣官祗告天地太庙社稷。以明年为咸丰元年。

二月十一日甲戌(3月24日)

以原派前往朝鲜国颁大行皇帝遗诏之副使联顺,差使较繁,改派正蓝旗汉军副都统德兴为副使。④

十七日庚辰(3月30日)

御史王本梧奏,浙省水师,废弛已极。兵则怠惰偷安,官则因循推诿,且有吸食鸦片烟者。间或搜捕零匪塞责,遇大帮洋盗,不敢过问。清廷着通饬沿海各督抚按照该御史所陈六条,核实办理,并督饬弁兵按期出洋会哨,不准虚应故事。倪查

---

① 《清实录·文宗显皇帝实录》卷二。
② 《筹办夷务始末(咸丰朝)》第1册,中华书局1979年版,第1页。
③ 《清实录·文宗显皇帝实录》卷二。
④ 《清实录·文宗显皇帝实录》卷三。

明将弁中有怯懦无能，视巡洋为畏途者，即行据实严参惩治。总期督率得人，于巡逻缉捕，认真讲求，庶盗风寝息，商旅安行，洋面可期静谧矣。①

二十日癸未(4 月 2 日)

咸丰帝谕令："现在记名应用水师总兵人员，业经用竣，着两江、闽浙、两广总督各于水师副将内，即行遴选堪胜总兵者，保奏数员，送部引见，候朕记名，以备简用。该督等统辖全省营伍，当此整顿洋务之际，需材孔亟。其水师将领，果有涉历风涛、熟谙沙线者，必应保奏，用备干城之选，不得以无员可保，一奏塞责。至所保各员，即着迅速送部引见，毋稍稽迟。"②

以浙江黄岩镇总兵官郑高祥为福建水师提督。

廿九日壬辰(4 月 11 日)

拨广东司库银二十万两，解赴湖南，以备军需。③

三月初四日丙申(4 月 15 日)

美国圣公会传教士裨治文夫人格兰德女士在上海西门白云观兴建校舍，设立裨文女塾，是日开学，学生有走读二十人。是年秋，改为寄宿制。④

初七日己亥(4 月 18 日)

调广东高州镇总兵官余万清，为四川川北镇总兵官。⑤

初十日壬寅(4 月 21 日)

以两江督标中军副将恩长，为浙江衢州镇总兵官。⑥

---

① 《清实录·文宗显皇帝实录》卷四。
② 《清实录·文宗显皇帝实录》卷四。
③ 《清实录·文宗显皇帝实录》卷四。
④ 陈学恂：《中国近代教育大事记》，上海教育出版社 1981 年版，第 7 页。
⑤ 《清实录·文宗显皇帝实录》卷五。
⑥ 《清实录·文宗显皇帝实录》卷五。

十九日辛亥（4月30日）

江苏巡抚傅绳勋奏，白茆河年久淤塞，海口石闸，启闭不能见功，必须移建距海较远之老闸桥地方，现已议定挑办。得旨：依议妥办。①

廿二日甲寅（5月3日）

从总督陆建瀛请，改铸两江总督中军营游击关防。

廿四日丙辰（5月5日）

以云南布政使骆秉章为湖南巡抚，云南按察使张亮基为布政使，广东南韶连道梁星源为云南按察使。②

廿五日丁巳（5月6日）

贷福建金门镇标兵存营谷价银。③

廿七日己未（5月8日）

赵光奏陈时务四条，请亟为整饬。咸丰帝批复：其以为吏治日坏，武备不修，缉捕废弛，亏空累积；将帅惟耽安逸，养尊处优，以营卒为厮役，不事操防，以空名冒钱粮，专事肥己；沿海水师，率皆畏葸无能。④

廿八日庚申（5月8日）

御史长秀奏，外藩入贡，请肃体制而重怀柔。藩服使臣入贡，所有到边、过境、到京，一切备办供具，定例极为周密，自宜恪守成规，妥为备办。清廷着各该省督抚于使臣过境，严饬所属，务按站妥备夫马，毋令缺乏，觥供给之外，护送人

---

① 《清实录·文宗显皇帝实录》卷六。
② 《清实录·文宗显皇帝实录》卷六。
③ 《清实录·文宗显皇帝实录》卷六。
④ 《清实录·文宗显皇帝实录》卷六。

等藉端夹带货物，骚扰地方，即着该地方官指名参奏，至到京后着光禄寺、内务府等衙门，严饬承办各员，认真查察。①

夏四月初五日丁卯(5 月 16 日)

御史李维翰奏，剔弊须责实效，海防、河工、漕务三大端，民生国计攸关，非以实心行实政，经不能剔奸厘弊。山东征纳钱粮，增加日多，海防透漏日甚。河工劣员，借报险为开销，以冒支恣浮靡。漕粮则官吏浮收，帮丁需索。东南之民，竟为办漕所困。司漕大吏，隐忍姑容。清廷着海疆并漕河各督抚破除情面，认真厘剔，各将利弊所在，悉心妥筹具奏。②

十一日癸酉(5 月 22 日)

户部核覆大学士耆英条奏，理财之要，以地丁、盐课、关税为岁入之大端，以兵饷、河工为岁出之大端。③

十五日丁丑(5 月 26 日)

讷尔经额奏，借动海税，垫发剥船银两，请饬催扣解。南粮办理迎剥，调用官剥，并添雇民船，应给口粮雇价。前经借动海税银两垫发，现据该督遵照部咨查明，均系实用实销，此项例应解部。清廷着漕运总督转饬粮道，迅即照数扣解，以清垫款。④

以福建闽安协副将陈世忠为浙江黄岩镇总兵官。

十六日戊寅(5 月 27 日)

前据御史范承典，参奏山东登州洋面盗匪，屡肆劫抢，道协各员畏葸推诿，文武员弁束手无策。经陈庆偕查明，前护山东登莱青道、登州府知府诸镇于所属洋面盗匪肆劫之时，并不亲至海口督查，畏难苟安，清廷着即撤任，交部严加议处。陈庆偕奏，东省洋面甚长，水师四散分巡，习成怯惰，以致船炮废弃，劫掠横行，亟

---

① 《清实录·文宗显皇帝实录》卷六。
② 《清实录·文宗显皇帝实录》卷七。
③ 《清实录·文宗显皇帝实录》卷七。
④ 《清实录·文宗显皇帝实录》卷七。

大加整饬。据该抚亲勘情形，奏请将三汛师船，四县水勇，合而为一，专派统带协带等官，往来策应；并于最要岛屿安设大炮，以壮声援；责成登莱青道督查调遣，随时劝惩。①

十七日己卯（5月28日）

英领事官阿礼国遣翻译麦华佗呈送该国宰相咨移大学士穆彰阿、耆英公文，两江总督陆建瀛，已饬苏松太道麟桂接收。②

十八日庚辰（5月29日）

陆建瀛驰奏，英酋文翰安以该国呈投大学士穆彰阿、耆英及该酋自投耆英公文二件，求为代递，并以转递日久，不能等候，须遣翻译麦华陀等赴天津呈递候覆。咸丰帝批示："英夷以进城一事复来晓渎，且动称欲赴天津，虚声恫喝，乃其故智，原可置之不理。惟该酋擅递穆彰阿、耆英咨文，意在以后渎请之件，竟不向广东等省督抚投递，若非剀切晓谕，于妄念初萌之际，示以限制，势必以无厌之词，向在京各衙门纷纷呈投，成何事体。中外大臣，非派令兼办夷务，本无外交之义。除饬穆彰阿、耆英将不能咨覆该夷之处，咨明陆建瀛转告该酋外，仍着陆建瀛查照穆彰阿等咨文内各种情节，逐层详加开导。俾该酋恍然于前说之不容坚执，文件之毋得妄投，俛首无词，挂帆南驶，方为妥善。谅该督必能仰体朕意，动以利害，晓以情理，使之废然而返也。"并着讷尔经额迅饬天津镇道，如果夷船前来，妥为驾驭，告以此事办理缘由，令其驶回上海，听候覆谕。着陈庆偕密饬沿海文武员弁如果前来，只可不动声色随时探访，妥为防范，是为至要。③

廿一日癸未（6月1日）

从巡抚吴文镕请也，修浙江仁和县海宁州东塘工程。

廿三日乙酉（6月3日）

天津镇道禀报，十九日申刻，望见火轮船一只向北行驶，正拟前往查探，即有

---

① 《清实录·文宗显皇帝实录》卷八。
② 《筹办夷务始末（咸丰朝）》第1册，中华书局1979年版，第9~10页。
③ 《清实录·文宗显皇帝实录》卷八。

外夷四人驾舢板船迎至，称系英吉利公使自上海派令赍送公文。兵弁在外海阻其进口。该夷称准其进口也要进口，不准进口也要进口。①

直隶总督讷尔经额奏夷船驶至海口，夷人投递文书，如何办理。咸丰帝回复："该夷背约而来，且欲寻衅，意主虚张声势，稍不检点，便堕其术中，不可不加意慎重。该督日内驰抵天津，即当派委从前曾经在事文武员弁，剀切开导，谕以上海所递公文，业经地方官入奏，已详谕两江总督，饬令安抚夷船，速回粤东，勿背成约。此次来递文书，亦不过重叙入城之语。傥能领悟，自不必多费唇舌。若询明此次所递文书，并非入城之说，或坚劝不肯回帆，该督即接收，由驿驰递，静候谕旨。至沿海各处防堵，数年以来，想早有备无患。但恐该夷狡谲，难保无续到船只，种种寻衅，亦惟有不动声色，密饬将弁加意防守，勿令驶入，惊扰地方。并着严谕各兵弁，不得首先开炮，致酿事端。其沿海居民，妥为晓谕，该夷之来，因投递公文，并非滋事，尔等照常安堵，切勿惊惶，致失本业。如有土著游民，藉端聚众抢掠，即时严办，以安众心。至应如何遣调将弁，豫为防堵之处，谅该督久任封圻，胸有成竹，必能处以静镇，刚柔得宜，毋庸谆嘱也。"②

廿四日丙戌(6 月 4 日)

拨广东司库银十万两，解赴广西，以济军需。

廿七日己丑(6 月 7 日)

朝鲜国使臣徐佐辅等三人于西安门内瞻觐。

五月初一日壬辰(6 月 10 日)

据讷尔经额两次奏称，四月十九日，有英夷火轮船一只，驶至天津。有夷目驾杉板船进口，求递公文，自仍系前此所递各书。清廷谕讷尔经额晓谕该酋速回粤东，照旧贸易。该夷初到天津，颇形桀骜，数日来风色不利，未见举动，或因开导明白，大船不能驶入，无所施伎俩。③

从巡抚徐继畬请，改铸福建建安县知县印信。

---

① 《筹办夷务始末(咸丰朝)》第 1 册，中华书局 1979 年版，第 16~17 页。
② 《清实录·文宗显皇帝实录》卷八。
③ 《清实录·文宗显皇帝实录》卷九。

初三日甲午(6月12日)

有人奏闽浙总督刘韵珂,自到闽后声名大减,众口一词。洋面抢劫勒银取赎之案甚多,壅不上闻。门丁王瑞肆行贪黩,众目昭彰,该督不能约束,以致士民敢怒而不敢言。前该督亲赴台湾,因该门丁滥索多费,几有覆舟之祸,其事合省皆知。并上年夏间,渔山洋面会剿盗匪,有台州游击被盗焚击落水,该督捏奏先时落水。又有温州武弁在瑞安海口被戕之案,该督并未具奏。渔山盗匪肆劫,渔户数百人不能出洋,至该管道署鼓噪,几至激成事端。清廷着逐件悉心探访明确。①

以福建台湾协副将叶常春为江南苏松镇总兵官。

兵科给事中曹履泰奏,林则徐为英人所敬畏,请令其回京协办交涉。②

初四日乙未(6月13日)

以福建办运缉私出力,予知县娄治等升叙有差。

初五日丙申(6月14日)

讷尔经额奏报,英夷业已起碇南旋。清廷谕令:思英酋心怀叵测,此次先至上海投递公文,旋即遣人驶赴天津。虽经讷尔经额委员亲赴夷船,谕以所备公文二件,已由江南驿递一分呈览,保柅重复投文。再三开导,该夷情愿折回上海听信,不复投递,随即起碇南旋。而夷性诡张,往往声东击西,言此意彼。即使陆建瀛等遵旨晓谕,仍难保无妄念挑衅,沿海滋扰。从前夷船由海入江,江浙一带,屡经失事。追溯前因,能勿早为之计。最可虑者,如江南之海口及泖湖等处,一经夷舰闯入,不惟惊扰居民,兼恐阻碍漕运。而浙江之定海,孤悬海外,尤为夷人所觊觎。清廷着陆建瀛、傅绳勋、福珠洪阿、吴文镕各就紧要处所,悉心察看,豫为筹防,断不可稍存大意。文武官员总须慎选晓事得力者,分布防堵。其一味卑谄懦弱者,概应更换。经此饬谕,倘有疏虞,惟该督抚、提督等是问。其福州向准通商,且夷酋在城居住,平日尚属相安。惟当此夷情浮动之际,刘韵珂、徐继畬亦应留心察看,择要密防,切勿恃其日久安静,致有猝不及防之患。至徐广缙、叶名琛连年筹办夷务,一切悉臻周妥。此时该夷忽有反复,欲行反间,未堕其术,亦应多方准备,勿致激怒生变,使有籍口。惟防夷之策,各省皆可筹维,而驭夷之权,粤东似

---

① 《清实录·文宗显皇帝实录》卷九。

② 《筹办夷务始末(咸丰朝)》第1册,中华书局1979年版,第20~21页。

有把握。将来该夷回至粤东，如果俯首听命，自可仍前贸易。倘因所请不遂，挟其故智，驾驶兵船，窜扰腹地则防之于后，仍不若制之于先。徐广缙、叶名琛惟当督率绅士，激劝夷商，告知上年议欲进城，各国便停贸易，归怨英夷，使之利钝晓然，暗消桀骜，自远胜于挞伐申威。①

初六日丁酉（6 月 15 日）

从巡抚吴文镕请，改铸浙江黄岩县知县印信。

以拿获邻境洋盗多名，予浙江知县王有龄以同知直隶州尽先选用。②

初九日庚子（6 月 18 日）

山海关副都统富勒敦泰奏报，英夷船只驶至老龙头，即日南旋。

从总督刘韵珂请，改铸福建铜山营参将关防。③

十一日壬寅（6 月 20 日）

有人奏，浙江宁绍台道咸龄，前任苏松道时，驻扎上海，惟夷酋之言是听。前年因致书夷酋，措词失当，以致夷船驶入大江，径抵江南省城。后经奏调今职，闻其在浙，仍以纵容夷人为事，且其眷属竟与夷妇往来。清廷指示吴文镕秉公访查。寻奏，咸龄经理夷务尚为得体，并无眷属与夷妇往来事。④

十二日癸卯（6 月 21 日）

江苏布政使李璋煜因病解任，以福建按察使陈阡为江苏布政使，调甘肃按察使苏敬衡为福建按察使。

十八日己酉（6 月 27 日）

英使叠来照会，不肯回粤，两江总督陆建瀛已将设防处所布置周密。陆建瀛以

---

① 《清实录·文宗显皇帝实录》卷九。
② 《清实录·文宗显皇帝实录》卷九。
③ 《清实录·文宗显皇帝实录》卷九。
④ 《清实录·文宗显皇帝实录》卷九。

为，英使赴京投文，显系意存尝试。①

两江总督陆建瀛驰奏，查明上海夷情，亲往筹办。又另奏，夷酋神色消沮，俟天津船回，即可相机开导，使之回粤。清廷指示：该夷此次赴津投文，原不过意存尝试。现在天津委员既未接收文件，告以江苏业经驰递公文，正言辨论，令其折回上海，已绝其不时赴津之妄念。该夷废然而返，此时如已到沪，该督自当仍遵前旨，相机晓谕，即令挂帆南驶，不致再行肆扰。惟夷情叵测，倘驾驭稍失机宜，即难保不藉端扰及沿海。该督现既亲赴泖湖，与提督福珠洪阿将设防处所逐一布置周密，又以阅伍为名，驰赴江海交汇之区，督饬镇将密为豫备。第念福山一带，已经该督察看筹防，自臻周妥。其后路江口，如防范偶疏，仍应乘虚恫喝。即使船未闯入，而居民已觉惊恐。惟在该督通盘筹画，务令江海各口，防堵悉臻严密，仍示以镇静，不致顾此失彼，方臻妥善。惟山东奏报该夷火轮船仍往东北一带行走，已谕令盛京将军严防矣。②

山东巡抚陈庆偕奏，夷船由登州外洋东北行驶情形。此次英夷之船，于五月初二日自天津开行，于初四日即至山海关。先据该副都统奏报，已起碇驶往西南，乃东省员弁于初七日在隍城岛瞭望，有火轮船一只，从外洋向东北驶去。该岛为山东与奉天交界，洋面相隔不远。夷情诡谲，恐其欲赴奉天。清廷着该将军等随时查探，密饬沿海文武各员小心防范，一俟探明夷船是否实赴奉天，抑或转帆南旋之处，即速奏闻。总当示以静镇，勿令兵民惶惑。该夷在天津演放空炮二十余出，地方官置之不问，该夷技穷而去。③

朝鲜国使臣成遂默等三人于西安门内瞻觐。

二十日辛亥（6 月 29 日）

前经降旨，令两江、闽浙、两广总督于水师副将内，遴保堪胜水师总兵人员，以备录用。现在记名人员均已简放，清廷仍着各该督于副将内择其涉历风涛、熟谙沙线者，迅速核实保举，不得以无员可保，一奏塞责。至参将游击都司守备中，如有才识谙练、熟习水师情形者，均准据实保奏，豫为储备。各该督抚重海疆，得人为要。

山东登州镇现既改为水师，本任总兵许联镳系陆路人员，自应另候简用。惟各该省保举水师堪胜总兵人员，现尚未据奏到。清廷着照该抚所请，暂令许联镳督办，仍着于该省现任副将内悉心遴选，如果得人署理，再令许联镳交卸。此后水师

① 《筹办夷务始末（咸丰朝）》第 1 册，中华书局 1979 年版，第 27~28 页。
② 《清实录·文宗显皇帝实录》卷一〇。
③ 《清实录·文宗显皇帝实录》卷一〇。

人才，亟应豫为储备。并着陈庆偕于各营将备中，随时留心，如有不畏风涛，巡防得力者，准即据实保奏，用备异日干城之选。①

从巡抚陈庆偕请，改山东登州镇为水师，兼辖陆路。原设水师后营游击为登州镇水师中军游击，文登协陆路副将为水师副将，兼辖陆路。原设陆路都司一员，仍为文登协陆路中军都司。添设水师守备一员，为文登协水师中军守备。拨水师前营东汛千总一员，水师后营把总一员，水师后营、登中营、登右营、即墨营经制外委各一员。该协存营、水师后营、登中营、即墨营额外外委各一员，俱隶文登协水师。并拨该协马兵三十名，守兵一百四名，水师后营兵一百名，登中营马兵十七名，守兵四十九名，登右营马兵十五名，守兵五十一名，胶州营马兵四名，守兵四十名，莱州营守兵二十六名，青州营马兵九名，守兵二十名，即墨营马兵十名，守兵二十五名，共五百名补之。令新旧水师三营，分辖山东洋面。②

沙俄入侵黑龙江口，并在吉涅耳沃屯附近强行建立第一个营地，命名为"彼得罗夫冬营地"。③

廿二日癸丑(7 月 1 日)

山东巡抚陈庆偕奏，探明夷船向登州府属迤东，外洋行驶。得旨，仍应严密防范。

朝鲜国王李昇遣使进香，并带呈前贡方物，命留抵下次正贡，赏赉如例。

六月初二日壬戌(7 月 10 日)

朝鲜国王李昇，以奉到宣宗成皇帝遗诏，遣使奉表称慰，报闻。

抚恤琉球国遭风难夷如例。④

初三日癸亥(7 月 11 日)

咸丰帝谕令：据陆建瀛、傅绳勋驰奏，天津夷船，已回上海，即日起碇回粤。

---

① 《清实录·文宗显皇帝实录》卷一〇。
② 《清实录·文宗显皇帝实录》卷一〇。
③ 吕光天、古清尧：《贝加尔湖地区和黑龙江流域各族与中原的关系史》，黑龙江教育出版社 1991 年版，第 352 页。
④ 《清实录·文宗显皇帝实录》卷一一。

据称夷目麦华陀于五月十六日，由天津驶回上海，经苏松太道等开导，现已情愿回粤，定于五月二十七八日起碇。是该夷徒劳往返，其技已穷，惟夷性叵测，难保其不窜赴沿海各岸游奕。着该将军督抚等，密饬各海口文武员弁随时侦探，加意防守，不可稍涉张皇。如遇该夷船驶近口岸，仍当妥为晓谕，劝令迅速回粤，不得违约恣行。设该夷因船只未齐，启程迟缓，陆建瀛等尤当饬属严防。该督现在前赴江阴一带，距海口甚近，务期随时察看情形，妥为防制，毋稍疏虞。该夷起碇出洋，即行奏报。并着徐广缙、叶名琛于该夷船回粤后，具折奏闻，仍遵前旨，持以镇静，俾其安心贸易，不致更萌妄念，是为至要。①

直隶总督讷尔经额奏筹防海口情形，得旨依议妥办。

两江总督陆建瀛等奏，雷击上海口天主堂十字架。得旨：敬感之余，更深惭愧。

朝鲜国王李昇以奉到孝和睿皇后遗诏，遣使奉表称慰，报闻。

初六日丙寅 (7 月 14 日)

抚恤朝鲜国遭风难夷如例。②

十四日甲戌 (7 月 22 日)

据麟桂等禀称，英使文翰于六月初一日携眷登舟，初五日起碇回粤。③

十六日丙子 (7 月 24 日)

吴文镕奏海塘石工被水冲缺。本年夏间，浙省雨水较多，潮势汹涌，致将海塘石工冲缺六十余丈，口门现已过水。浙省海塘，为本省杭、嘉、湖及苏省之苏、松、常、镇七郡田庐保障，攸关紧要。清廷着该抚督同藩臬严饬道厅等员，赶紧设法抢护，毋得再有疏虞，以致潮水内灌，一面查明下游州县有无被淹处所，迅即据实由驿具奏。吴文镕于辖境要工，未能先事豫防，着先行交部严加议处。④

---

① 《清实录·文宗显皇帝实录》卷一一。
② 《清实录·文宗显皇帝实录》卷一一。
③ 《筹办夷务始末（咸丰朝）》第 1 册，中华书局 1979 年版，第 35 页。
④ 《清实录·文宗显皇帝实录》卷一二。

廿六日丙戌(8 月 3 日)

英国人在上海居留地创办《北华捷报》周刊，后改为《字林西报》，为上海公共租界工部局的喉舌。①

廿八日戊子(8 月 5 日)

闽省督抚办理洋盗投首一案，将盗首陈双喜②等十二犯，发往新疆。清廷要求沿途及配所均当实力防范此类重犯。③

三十日庚寅(8 月 7 日)

两广总督徐广缙等奏报，英使文翰三月去上海察看贸易，尚未回香港。得旨：前已有旨谕知矣。惟该夷诡谲性成，其窥伺伎俩，不过如是。即或别有要求，卿等亦必有定见。卿等为地方大吏，尤须敬慎乃心，舍小嫌而顾大体。俾民心益固，则夷计自蹙。治海疆之要，不可妄听浮议，致宽猛两难。总之内地百姓，皆吾赤子。该夷之心，姑不深问，自有上苍鉴临也。④

秋七月初一日辛卯(8 月 8 日)

御史金旸善奏，海防陆路总兵，应改水师。据奏江南狼山镇总兵，本系水师兼辖陆路，毋庸另议更改。至每年巡洋一节，或责令狼山镇总兵出洋统巡，或仍专责苏松、福山两镇总兵出洋巡缉之处。清廷着陆建瀛酌核现在情形，妥议具奏。

安徽布政使蒋文庆奏，夷务仍宜修备，海疆防范，不容稍疏。无事之时，沿海各营将备弁兵，于海洋必亲习风涛，于炮火必亲习点放，于船只、器械、火药必力求坚致精利，日日训练讲求。而其最要，尤在沿海各郡守牧令，平时与绅民讲求联络，力行团练之法。并称各省巡道，似可仿照台湾定制，凡海疆道府，皆得与闻兵事，以期缓急，易于措手。清廷着各该督抚按照该藩司原奏，各就地方情形，悉心体察，认真筹办。总期海防严密，民气奋兴，无事则相安，有事则相卫，先声可

---

① 袁继成：《近代中国租界史稿》，中国财经出版社 1988 年版，第 373 页。
② 前作"陈双嬉"。
③ 《清实录·文宗显皇帝实录》卷一二。
④ 《筹办夷务始末(咸丰朝)》第 1 册，中华书局 1979 年版，第 37~38 页。

夺，众志成城，方为克尽职守。①

初三日癸巳（8 月 10 日）

两广总督徐广缙等奏，文酉北行，早与各夷商熟筹密计，佥称广东官民一气，众志成城。上年甫经照会，不复辩论，此事势难反复，何必再申前说，互相推诿，不作主意。而文酉总以该国既有来文，若不能投递，恐无颜以对巴酉，是以不得已，必须遣人赴津投文。伊专在上海候信，方见尽心尽力。现在来文既由江苏转奏，又专人赴津复求呈递，且业经大学士穆彰阿、耆英移咨两江督臣陆建瀛据理传知，可见势有难行，并非彼之不办。该酉尽可卸责，似不至铤而走险。况该夷从前屡次称兵，全赖众夷商签费。今夷商既不附和，即有妄念，亦恐力有未逮。且粤省新茶云集，将次开盘，正贸易兴旺之时，各国商人皆出赀本，谁肯以必不可行之事，再至停贸亏赀，甘蹈覆辙。总之间谍虽已常通，而防维不可不豫。上年筹备旧规，一切具在，不至临事周章。得旨：仍遵前旨，妥为控驭，俟夷船回粤后，密查情形，随时具奏。②

初五日乙未（8 月 12 日）

浙江巡抚吴文镕奏，海塘缺口，陆续刷宽，赶紧抢筑。据称西防厅属海塘缺口，续又刷宽十余丈，现在广集人夫，昼夜抢筑。清廷着该抚督率工员加紧抢办，克期堵合以赎前愆。至附近之仁和、海宁二州县，沿河低洼村庄、田庐被淹，着即确切勘明，妥为安抚。③

吴文镕又奏，浙江各口并无外船进口，宁波外侨亦安静。④

初六日丙申（8 月 13 日）

抚恤琉球国遭风难夷如例。

福建巡抚徐继畬奏报福州、厦门等口岸筹防情形。⑤

---

①　《清实录·文宗显皇帝实录》卷一三。
②　《清实录·文宗显皇帝实录》卷一三。
③　《清实录·文宗显皇帝实录》卷一三。
④　《筹办夷务始末（咸丰朝)》第 1 册，中华书局 1979 年版，第 40~41 页。
⑤　《筹办夷务始末（咸丰朝)》第 1 册，中华书局 1979 年版，第 41~42 页。

初九日己亥(8 月 16 日)

吴文镕奏海塘缺口，现已堵合，并下游州县尚无被淹。此次浙江海塘石工，冲缺六十余丈，续又将抢做土塘冲缺过水。吴文镕等未先事豫防，而革职留任处分，着加恩开复。①

调直隶大名镇总兵官保恒为江南徐州镇总兵官，以直隶督标中军副将炳文为大名镇总兵官。

十三日癸卯(8 月 20 日)

据郑祖琛奏，越南国王阮福时，因先后奉到孝和睿皇后、宣宗成皇帝遗诏，拟请遣使恭进香礼，并进香品祭物，又赍递表文方物，庆贺登极。清廷着该抚即行知照该国王，令其不必遣使远来进香；其庆贺登极方物，亦毋庸呈进，以示怀柔藩服至意。②

十八日戊申(8 月 25 日)

有人奏英夷突欲借住福建省城之神光寺，侯官县知县不察舆情，遽将租约用印，经该士民叠次呈控，并公给该夷书信，明白劝阻。该夷仍执印文，不肯退租。地方官意在迁就，带兵护送入寺。咸丰帝谕令："朕思驭夷之要，莫先于固结民心。若如所奏，强民纵夷，势必激生事端，关系非浅。着刘韵珂、徐继畬按照所奏情节，妥为晓谕，不可致生夷衅，亦不可稍拂民情。总期民夷两安，方为不负疆寄。其地方官，如查有办理不善之处，必当从严参办，不可稍存姑息。"③

前任漕运总督周天爵奏，对英宜思患豫防，并密防备措施四条。④

二十日庚戌(8 月 27 日)

山东巡抚陈庆偕奏，督饬水师兵勇，击沈盗船十只，捡获洋盗多名，亲往登州

① 《清实录·文宗显皇帝实录》卷一三
② 《清实录·文宗显皇帝实录》卷一三。
③ 《清实录·文宗显皇帝实录》卷一四。
④ 《筹办夷务始末(咸丰朝)》第 1 册，中华书局 1979 年版，第 42~45 页。

审办，得旨嘉奖。予阵亡外委范景增祭葬世职。①

俄罗斯船一只，驶入上海停泊，并致书英国驻沪领事阿礼国，要求其代为向清廷请求，允准与中国通商。两江总督陆建瀛予以拒绝。该船八月十二日起碇，向东南洋面驶去。②

廿五日乙卯（9月1日）

英夷欲求采购台湾鸡笼山煤炭，被福建官员以不应违约拒绝。③

廿六日丙辰（9月2日）

两广总督徐广缙、广东巡抚叶名琛奏，探得夷酋文翰回香港后，连日在港与商人私议，福建港口，亏折甚多，思换台湾作为港口。咸丰帝谕令：此说虽出自新闻纸，为其生心设计之端，然与采煤之词相合，其阴谋觊觎，必非无因。台湾为悬海要区，民番杂处，平时尚易生事，岂容奸夷到彼，借贸易为窥伺。现已密饬徐广缙等静俟其间，先折其萌。惟恐其佟心不肯中止，势必向台湾附近洋面寻衅，不可不豫为之防。着刘韵珂等密谕台湾镇道，督率文武，严密防备，于从前夷船撞遇礁石之处，加意布置，勿存畏怯，亦毋得张皇。如该夷目有求换港口文书，即答以成约内通商五口，本无台湾地方，断难允准。该督等仍一面飞咨粤省，正词驳斥，绝其妄念，慎勿稍涉游移，致贻后患，是为至要。④

廿八日戊午（9月4日）

工科给事中林扬祖奏，英人租住福州神光寺，绅民反对，而官方不为办理。⑤

八月初一日庚申（9月6日）

前因英夷借住福建省城神光寺，叠经降旨，饬令该督抚密筹妥办，并饬刘韵珂

① 《清实录·文宗显皇帝实录》卷一四。
② 中国第一历史档案馆：《鸦片战争档案史料》第 7 册，天津古籍出版社 1992 年版，第1031 页。
③ 《清实录·文宗显皇帝实录》卷一四。
④ 《清实录·文宗显皇帝实录》卷一四。
⑤ 《筹办夷务始末（咸丰朝）》第 1 册，中华书局 1979 年版，第 53~54 页。

阅伍事竣，迅即回省会商。兹又有人奏，夷人恃强构衅，大吏抚驭无方。清廷着刘韵珂秉公密查，是否该抚徐继畬办理谬误，有无袒护属员，徇庇汉奸，并现在民夷能否相安，据实具奏，毋得稍有不实不尽。①

初二日辛酉(9 月 7 日)

浙江巡抚吴文镕奏，海塘续塌埽工，业已堵合。得旨：仍应妥慎防护，无稍疏懈。②

初三日壬戌(9 月 8 日)

齐承彦奏，山东现获洋盗多名，请饬追究巢穴。山东登州府属洋面盗匪，业据该抚奏称生擒三百余名，并现赴登州亲提审办。海洋劫盗，聚至数百余名，自必有窝顿之地，主谋之人。清廷着陈庆偕于审办此案时，即向各犯严究巢穴所在，党羽若干，一经得实，即飞咨各该省督抚，派委勇干各员，设法擒捕扫涤窝巢，庶奸宄无所潜匿，洋面亦可渐次肃清。

刘韵珂、徐继畬奏，遵查夷船自上海起碇后，未至福、厦两口，业经密饬严防。③

以捕获江南洋盗出力，予道员麟桂等加衔升擢有差。

闽浙总督刘韵珂、福建巡抚徐继畬奏报，神光寺讲经、行医两英人不时争执，势难久处。④

初四日癸亥(9 月 9 日)

福建学政黄赞汤奏，豫筹防夷，又奏华夷相安，总在地方官能服夷心。清廷着沿海各督抚按照该学政所奏，悉心体察，总期于安抚之中，寓防维之策，不得以暂时无事，稍涉懈弛。

浙闽总督刘韵珂奏，遵查南澳镇总兵官顾清涟堪以称职。得旨：随时查访，据实覆奏。⑤

---

① 《清实录·文宗显皇帝实录》卷一五。
② 《清实录·文宗显皇帝实录》卷一五。
③ 《清实录·文宗显皇帝实录》卷一五。
④ 《筹办夷务始末(咸丰朝)》第 1 册，中华书局 1979 年版，第 57~58 页。
⑤ 《清实录·文宗显皇帝实录》卷一五。

前任漕运总督周天爵奏，大河内河扼要设防，并绘图呈览。①

十五日甲戌（9 月 20 日）

讷尔经额奏，周天爵前后所陈筹防办法窒碍难行，并奏陈直隶海防情形。清廷指示：该督既称津沽地利情形，久在心目，是平时早有筹画，不致临时张皇。现在该处人心坚定，志切同仇，该督惟当督饬镇道，联络兵民，训练必勤，炮械必备，自足常操胜算，慎固疆圻，原不在纷更烦扰为也。②

十七日丙子（9 月 22 日）

据刑部奏，审拟民人丁光明赴大学士耆英宅内呈递禀函一案，已照议将该民人发遣矣。惟该犯供称，有大西洋国罗玛府人罗类思，曾至山东泰安府城外店内住宿。该犯与同教人郭四投往服役，罗类思在广东随耆英办理夷务有功，后自山东赴上海，修盖房屋居住，并于二十九年三月间，遣手下人高姓来京探听，旋即出京。清廷着各督抚密委妥员，详加察访有无罗类思及高姓其人，是否在内地居住，何时到过上海及泰安府。③

九月初二日庚寅（10 月 6 日）

以广东大鹏协副将温贤署阳江镇总兵官。

初四日壬辰（10 月 8 日）

陆建瀛、傅绳勋奏，委员捃获洋盗多名，仍饬合力搜捕。江浙洋面盗匪，潜入北洋石岛等处，伺劫商船。经委员千总周鳌督带兵勇，在山东省洋面，先后获盗挐船七起，生捃盗犯三百余名。

陆建瀛等奏，俄罗斯国李顿北船，本年七月二十二日来沪，寄泊海口，行文英夷领事阿利国转求通商。该督等以上海非俄罗斯应至之地，转饬该道查照成案，谕令回帆，旋于八月十二日起碇，向东南洋面驶去。俄罗斯国李顿北船，前于道光二十八年，曾至上海，亦系由英夷领事转求通商，经李星沅、陆建瀛开导晓谕，起碇

---

① 《筹办夷务始末（咸丰朝）》第 1 册，中华书局 1979 年版，第 61~62 页。
② 《筹办夷务始末（咸丰朝）》第 1 册，中华书局 1979 年版，第 67~73 页。
③ 《清实录·文宗显皇帝实录》卷一六。

出口。今事隔一年，又复重来，是俄罗斯妄念未息，亦难保非英夷暗中招致。傥此次回帆以后，再来尝试。清廷要求该督等惟当坚守定例，饬令回国，并严禁内地民人与之交易，以杜事端而免觊觎。①

初九日丁酉（10 月 13 日）

杭州将军奕湘等奏，乍浦满营壮丁乏人，遇缺不敷挑补，请援案陆续暂停大甲，改补养育兵以资养赡，下部议行。

抚恤琉球国遭风难夷如例。②

十一日己亥（10 月 15 日）

从总督陆建瀛请也，修江苏华亭县沿海塘工。③

十三日辛丑（10 月 17 日）

前据齐承彦奏请饬究洋盗巢穴，当经降旨，令陈庆偕于审办东省现获洋盗案内，严究沿海窝顿地方。兹据覆奏，提讯盗犯等，供称浙江渔山、东窑、南矶、北矶、普陀山、东头山等处，皆为盗匪历年窝顿之所。渔山经官兵捣毁，而东窑等处，不免乘隙出没。该犯等籍隶闽浙，以捕鱼为名，潜匿该处。洋盗恃有岛屿窝藏，肆出劫掳，大为商旅之害。清廷着刘韵珂、徐继畬、吴文镕照该抚咨并未获各犯，按名严拿。并督饬水师弁兵，于东窑、南矶、北矶、普陀山、东头山各处，严密搜查盗窝纵迹，立即扫荡平毁。④

以山东登州海防出力，赏道员英桂花翎，余升叙有差。

盛京将军奕兴奏陈奉天海口情形。⑤

十五日癸卯（10 月 19 日）

从巡抚陈庆偕请，添造山东登州水师战船炮位。⑥

---

① 《清实录·文宗显皇帝实录》卷一七。
② 《清实录·文宗显皇帝实录》卷一七。
③ 《清实录·文宗显皇帝实录》卷一七。
④ 《清实录·文宗显皇帝实录》卷一七。
⑤ 《筹办夷务始末（咸丰朝）》第 1 册，中华书局 1979 年版，第 76~78 页。
⑥ 《清实录·文宗显皇帝实录》卷一七。

廿三日辛亥 (10 月 27 日)

两江总督陆建瀛奏，疏防洋面劫案，年余未获，请将都司赵长庚革任。得旨："似赵长庚之庸懦无能者，不一而足，况当废弛已极。尔地方大吏，时时事事，加意从严，庶可挽回颓风。又奏沿海筹防，先事豫备，实力实心，妥为办理。"①

陆建瀛奏陈江苏海口与天津海口防务情形。②

廿四日壬子 (10 月 28 日)

调江南徐州镇总兵官保恒为直隶通永镇总兵官，以广东惠州协副将黄庆春为江南徐州镇总兵官。

廿五日癸丑 (10 月 29 日)

浙江巡抚吴文镕奏报风潮涨溢，州县被淹。得旨：速行勘办，断不可稍有讳饰。

福建按察使苏敬衡因病解任，以前任江南淮扬道查文经为福建按察使。

修建浙江沿海塘工，从巡抚吴文镕请也。③

廿六日甲寅 (10 月 30 日)

以祈祷灵应，颁发清江浦海神庙御书匾额曰"朝宗普庆"。

因英夷租神光寺一事，侯官县知县兴廉着即行革职。

闽浙总督刘韵珂、福建巡抚徐继畲奏，请妥筹豫防英人攻扰。④

刘韵珂奏陈福建海口防务情形，绅士所请调兵演炮及募勇两事难行，亦不可仿效粤省禁英人入城。⑤

廿七日乙卯 (10 月 31 日)

咸丰帝谕令：徐广缙、叶名琛奏遵查夷人情形一折。夷酋文翰，前求采购台湾

---

① 《清实录·文宗显皇帝实录》卷一八。
② 《筹办夷务始末（咸丰朝）》第 1 册，中华书局 1979 年版，第 78~80 页。
③ 《清实录·文宗显皇帝实录》卷一八。
④ 《筹办夷务始末（咸丰朝）》第 1 册，中华书局 1979 年版，第 80~81 页。
⑤ 《筹办夷务始末（咸丰朝）》第 1 册，中华书局 1979 年版，第 25~88 页。

鸡笼山煤炭。该督接据照会，即立行斥驳。该酋在粤并未续陈，亦未闻在闽复申前说。其欲换台湾地方，作为港口，现亦并无动静。惟夷情叵测，于成约之外，稍准通融，此端一开，势必妄生觊觎。昨已谕知刘韵珂豫为筹防，该督抚仍当严饬文武加意防备，持以镇静，勿致别生枝节，是为至要。①

廿八日丙辰(11 月 1 日)

据昭乌达盟长巴林扎萨克多罗郡王那木济勒旺楚克呈报，该郡王于本年八月内，启程赴京，行至翁牛特旗地方，盘获外夷二人，携有夷书一本，及法兰西国文凭一纸，已将该夷人转送热河都统衙门。法兰西屡遣夷人，私赴内地，意图传教，远至蒙古游牧地方，实违成约。清廷着惟勤即将该郡王所交法兰西夷二人解往直隶，并夷书及钞录文凭，一并发交讷尔经额，派员转解广东，并咨明徐广缙饬交该国领回，并向该夷切实开导。嗣后除五口等处，不准私遣夷人，潜赴游奕，致乖成约。②

冬十月初一日己未(11 月 4 日)

以缉捕认真，予奉天协领海明等议叙。③

初十日戊辰(11 月 13 日)

吴文镕奏海塘续坍口门，业已堵合。浙江省本年秋间，因大雨奔注续经冲塌之云腾二号海塘缺口，现已抢筑堵合。其前二次堵合之吕调字号土塘托坝，亦属稳固，并无掣动。清廷仍着严饬工员，随时加镶防护，一面采购石料，次第建复，并将前奏险要处所柴埽等工，赶紧兴办，以资保卫。吴文镕前后督办，尚知奋勉，所有前经革去顶带之处，着加恩赏还。④

十二日庚午(11 月 15 日)

以缉捕出力，予福建总兵官曹三祝等升叙有差。⑤

---

① 《清实录·文宗显皇帝实录》卷一八。
② 《清实录·文宗显皇帝实录》卷一八。
③ 《清实录·文宗显皇帝实录》卷一九。
④ 《清实录·文宗显皇帝实录》卷一九。
⑤ 《清实录·文宗显皇帝实录》卷一九。

十三日辛未(11月16日)

陆建瀛、傅绳勋奏,遵查西洋人罗类思,曾于道光二十六年前来上海。二十七年九月,即驾坐火轮船,望南洋驶去。此后并未重到上海,亦无高姓其人。①

十四日壬申(11月17日)

御史姚福增奏,粤东防夷团练章程,简易可行,已著成效,请饬发广西酌量施行。上年粤东筹防英夷,由绅士议行团练,据称不旬日间,得众十万,得饷八十余万。是广东省城团练,著有成效。现在该省韶州、廉州及广西平乐等属,均有盗匪滋扰,屡经饬令激励士民,举行团练。据郑祖琛覆奏,现已试行。②

朝鲜国王李昇遣使奉表谢恩,恭贺登极,进贡方物命留抵下次正贡,赏赉如例。

十八日丙子(11月21日)

咸丰帝谕令:"朕闻英夷强占神光寺,经福州、闽县、侯官三学生员,禀请驱逐。该督将此禀送给夷人阅看,告以城内未便多留,城外都不拦阻,以致夷情益肆,不惟神光寺不肯搬出,更将东门外之鼓山寺,西门外之西禅寺,全行霸占。并南门外之银镶浦水部门外之路通桥,强买民房,起造楼屋。甚至五虎门炮台内,道光二十一年所铸六千斤大炮,钉塞一尊。南门大树下,嘉庆二十五年所铸四千五百斤大炮,顺治十一年所铸二千斤大炮,钉塞二尊。其时守炮弁兵,意存规避,因暗雇打铜匠名旺者起钉修补,然火门钉坏,实已不堪施放。该督委永春知州王光锷诣验,乃以并未钉塞,含糊禀覆。又日有骑马夷人四处踏勘,口出狂悖之言,乡民协力驱斥,地方官反出示禁阻。又闽省南台,停泊火轮船五六只,向商船每只索洋银三百圆,代其护送,往来于闽浙间。又八月间,夷人在南台中亭街,用鸟枪打伤两幼孩,众人向该夷索偿,该督委府经历郭学典以查验为名,贿和了事各等情。该督抚身膺疆寄,抚驭之道,岂竟毫无主见,任令滋扰,何以并无一字奏及。其生员等公禀,又何以送给夷人阅看,殊不可解。以上各情节,着刘韵珂、徐继畬,逐一据实覆奏,不准再有回护。其神光寺所在二夷,究于何时可以搬出,并着随时奏闻,

---

① 《清实录·文宗显皇帝实录》卷一九。
② 《清实录·文宗显皇帝实录》卷一九。

毋涉含混。①

廿六日甲申（11 月 29 日）

山东巡抚陈庆偕奏，访泰安城外旧有习天主教之王得荣，得知道光二十五年六七月间，曾有一人，自称西洋天主教头罗类思，来泰安府拜访同教，到过伊家。②

三十日戊子（12 月 3 日）

山东巡抚陈庆偕奏报校阅省标营伍情形。得旨：汝自到任以来，事事整顿，深可嘉尚。靡不有初，鲜克有终，不可不引为龟鉴也。又奏登州镇水，师总兵员缺需人，请旨简放。批：水师总兵实属之员，汝姑待之。又批：周天爵之子周光碧，朕闻其于水师甚属去得，汝可令伊在洋面学习，随时察看能否，再行具奏。现既经汝委署都司，如无人接署，亦可暂缓。③

十一月初三日辛卯（12 月 6 日）

以拿获浙江渔山盗匪出力，赏署知府胡应泰道衔、县丞窦熙蓝翎，余升叙有差。④

初十日戊戌（12 月 13 日）

有人奏，盖平县、复州、金州厅、岫岩厅地方，时有海盗出没，江浙商船停泊，多被杀伤劫掠。又该处盗案滋多，番役捕役，豢盗分肥。本年海城县举人王以咸自外归家，及锦州知府差人进京，均被抢劫。复州知州王安业吸食鸦片，置捕务于不问。署岫岩厅通判刘荣桂为巨盗梁洪春等行贿开脱，仅将伙盗马泳德、孙云沛拟斩，余皆释放，群匪仍复窝聚肆行。该厅叠出盗案，犯无一获。咸丰帝谕令：该处额设水师兵船，自应实力出洋巡哨。海盗因山东捕拿严紧，窜入北洋，即宜扼要堵截，乃任其抢货杀人，毫无顾忌，实属废弛。该将军务须认真整顿，将巡缉懈弛

---

① 《清实录·文宗显皇帝实录》卷二〇。
② 《筹办夷务始末（咸丰朝）》第 1 册，中华书局 1979 年版，第 98 页。
③ 《清实录·文宗显皇帝实录》卷二〇。
④ 《清实录·文宗显皇帝实录》卷二一。

各员弁，分别查参。①

十八日丙午（12 月 21 日）

闽浙总督刘韵珂因病解任，调湖广总督裕泰为闽浙总督，未到任前，以福建巡抚徐继畬署理。调云贵总督程矞采为湖广总督，未到任前，以湖北巡抚龚裕署理。以浙江巡抚吴文镕为云贵总督，湖北布政使常大淳为浙江巡抚，云南按察使梁星源为湖北布政使。②

廿二日庚戌（12 月 25 日）

有人奏，本年入秋以来，海盗猖獗，大船中炮械具备，每遇商船，劫人勒赎，按船只之大小，货物之多寡，勒银自数百两至一二千两不等。计八月中劫案多起，均在复州、锦州地方。登州商船，亦有被劫勒赎之事。天津海口一带，毗连奉天、山东，为商船往来要地，若如所奏，盗贼肆行无忌，商民望而裹足，非严拿惩治，必致酿成后患。清廷着奕兴、讷尔经额、陈庆偕督饬地方文武，无分畛域，认真巡缉，合力歼捦。③

廿八日丙辰（12 月 31 日）

两广总督徐广缙、广东巡抚叶名琛奏陈广东防务与海防情形。④

十二月初八日乙丑（公元 1851 年 1 月 9 日）

刘韵珂、徐继畬奏，接据琉球国来文，英夷伯德吟尚未撤回，仍咨两广总督查办。英夷伯德吟住居琉球，已阅数年。该国以有英夷船只到彼，仍未载回，且出恐吓之言，致该国甚为忧虑，复行吁请查办。前经徐广缙奏称，该酋文翰设词推诿，自系意存逗遛。惟琉球以海岛藩封，频来呼吁，未便置之不问。清廷着徐广缙再向文翰设法开导，妥为劝谕，务令将伯德吟等及早撤回，免致该国惊扰。又据刘韵珂等奏，有大西洋葡萄牙国黑夷上岸，用刀戳伤民人林举为一案，福州并无该国领事

---

① 《清实录·文宗显皇帝实录》卷二一。
② 《清实录·文宗显皇帝实录》卷二二。
③ 《清实录·文宗显皇帝实录》卷二二。
④ 《筹办夷务始末（咸丰朝）》第 1 册，中华书局 1979 年版，第 101～105 页。

官，现已移咨该督，并将凶夷唵波罗吐、啥壁二名解送广东。夷人领事官住居澳门，清廷着俟解到后，即饬发交该领事官，查照章程，秉公办理，以符成约。据称苏以天，即瑞典国夷人发士、吕吉士，在内洋突遇贼船被抢，将发士刺落水中淹毙，现将匪船上之朱青青等四名拿获。①

抚恤朝鲜国遭风难夷如例。

十一日戊辰（公元 1851 年 1 月 12 日）

前因叠有人奏，英夷强租闽省神光寺居住，民夷不安，当降旨交刘韵珂、徐继畲查奏。旋据刘韵珂等奏称，该夷寂处萧寺，断难久延。复降旨查询何时该夷方可搬去，何以前此令其阑入，令刘韵珂等据实直陈。现在刘韵珂业已因病令其开缺，新任总督裕泰，尚未到闽。清廷申饬徐继畲明白回奏，毋再含混延宕。②

十三日庚午（公元 1851 年 1 月 14 日）

陆建瀛、傅绳勋奏，请将白粮照案海运。江苏苏州、松江、常州三府及太仓州应征道光三十年白粮正耗米七万二千石零，清廷着准其援照二十六年成案，由海运赴天津。③

十四日辛未（公元 1851 年 1 月 15 日）

有人奏，天津府属静海县，为滹沱清河诸水入海必经之地，而莲花淀尤为泄水要区。乾隆年间，置木桥涵洞，复挑引河，加护堤以时节宣。近年有奸民希图垦地，于莲花淀下游违禁擅筑私堤，并穵横沟，逼水倒灌，引河受淤，上游遂多水患，漕河西岸，屡致冲开，于运道农田，均有关系。清廷着讷尔经额遴委明晰水利之员，认真查勘。④

十六日癸酉（公元 1851 年 1 月 17 日）

前因福建省城，夷人强占神光寺，勒买民房，起造楼屋，甚至钉塞大炮数尊，

---

① 《清实录·文宗显皇帝实录》卷二三。
② 《清实录·文宗显皇帝实录》卷二三。
③ 《清实录·文宗显皇帝实录》卷二三。
④ 《清实录·文宗显皇帝实录》卷二三。

向商船索洋银护送，并用枪打伤幼孩各等情，先后谕令刘韵珂等详查具奏。兹据奏称，神光寺二夷，业已搬迁，实无勒买民房，起造楼屋及钉塞炮眼之事；并委员劝谕各商，不准再租夷船护送；查明幼孩，并非夷人枪伤。清廷着裕奏到任后，按照节次寄谕，并刘韵珂覆奏各情，逐一访查是否确实。①

十八日乙亥（公元 1851 年 1 月 19 日）

前据刘韵珂奏，租住神光寺二夷业已搬迁。兹又有人奏，英夷自占神光寺后，复欲于东门、水部门、西门外建造楼屋。闽省工匠，互相纠约，不准受碍，乃闽县、侯官两知县，出示严拿不肯受雇之人。清廷着裕泰到任后，秉公密查。②

广东潮州镇总兵官德存因病解任，以广西梧州协副将寿山为广东潮州镇总兵官。

两广总督徐广缙等奏，澳门外侨现尚安分。另福建土木匠人不受英顾，地方官出示严拿，徐广缙请饬查参。③

廿二日己卯（公元 1851 年 1 月 23 日）

抚恤日本国遭风难夷如例。

廿三日庚辰（公元 1851 年 1 月 24 日）

前因周天爵有海口坍陷，可以乘机筑坝攻刷。清江三闸，水系平流，可以废闸，谕令陆建瀛、杨以增查勘情形具奏。兹据勘明，海口塌宽，系在两岸河岸，潮汐往来，碍难于溜猛沙浮之处强为逼溜，并据确量各闸坝水势递高，节节钳束，实非平水，三闸不可议废。咸丰帝披览所呈图说，以为形势显然，自无庸骤议纷更，惟所称宜于上游土坚水平处所相机筑坝，以资冲刷，着该督等仍照前议妥办，毋胶成见而失事机。至添塘避闸一节，是否确切可行，应如何筹画办理，亦着详悉奏闻，勿徒畏难而自画也。

以抢筑浙江海塘完竣，予同知张玉藻等加衔升叙有差。④

---

① 《清实录·文宗显皇帝实录》卷二四。
② 《清实录·文宗显皇帝实录》卷二四。
③ 《筹办夷务始末（咸丰朝）》第 1 册，中华书局 1979 年版，第 115~116 页。
④ 《清实录·文宗显皇帝实录》卷二四。

廿四日辛巳(公元 1851 年 1 月 25 日)

以协捕洋盗出力，予江苏道员麟挂等加衔补叙有差。①

廿六日癸未(公元 1851 年 1 月 27 日)

前据刘韵珂奏租住神光寺二夷，已经理谕搬迁，当降旨交裕泰确实详查。兹据徐继畬覆奏，该二夷以城外难得住处，先搬至道山观暂住，即将神光寺交还。道山观与积翠寺东畔相连。

抚恤朝鲜国遭风难夷如例。②

廿八日乙酉(公元 1851 年 1 月 29 日)

先是安徽布政使蒋文庆奏请饬沿海州县讲求团练，并令海疆道府，仿照台湾定制，兼管兵事，下各督抚筹议。至是山东巡抚陈庆偕奏称御戎之策，在外修战备，内固人心。查沿海居民贫苦，团练恐致扰民。东省登莱青道，本兼兵备，似无庸仿照台湾办理。得旨：旧章甚妥，固不必擅议纷更。③

廿九日丙戌(公元 1851 年 1 月 30 日)

朝鲜国使臣权大肯等三人、琉球国使臣夏超群等二人于午门外瞻觐。④

是年

美国美以美会传教士麦利和夫人斯佩里，在福州创办女师塾。⑤
美国马萨诸塞州的汤马斯·肯特在广州黄埔开设旗记船厂。⑥

---

① 《清实录·文宗显皇帝实录》卷二四。
② 《清实录·文宗显皇帝实录》卷二四。
③ 《清实录·文宗显皇帝实录》卷二十四。
④ 《清实录·文宗显皇帝实录》卷二四。
⑤ 陈学恂：《中国近代教育大事记》，上海教育出版社 1981 年版，第 7 页。
⑥ 刘传标：《近代中国船政大事编年与资料选编》第 1 册，九州出版社 2011 年版，第 8 页。

主要参考书目

[1]《清实录》，中华书局 1985 年影印本。

[2]《清代起居注册(道光朝)》，联经出版实业公司 1985 年影印本。

[3]《宣统帝起居注》，广西师范大学出版社 2007 年影印本。

[4]《清史稿》529 卷，中华书局 1977 年点校本。

[5]《中国地方志集成》，上海书店、巴蜀书社、凤凰出版社 1991—2009 年版。

[6]《台湾文献汇刊》，九州出版社、厦门大学出版社 2005 年版。

[7]《清代史料笔记丛刊》，中华书局 1979—2013 年版。

[8]《中国边疆研究资料文库·海疆文献初编：沿海形势及海防》，世界知识出版社 2011 年版。

[9]《中国海疆文献续编·海运交通》，世界知识出版社 2011 年版。

[10]《清代档案史料丛编》，中华书局 1978—1990 年版。

[11]《筹办夷务始末(道光朝)》，中华书局 1960 年版。

[12]《清代外交史料(嘉庆、道光朝)》，故宫博物院 1933 年版。

[13]《清朝文献通考》，浙江古籍出版社 2000 年版影印本。

[14]《清朝续文献通考》，浙江古籍出版社 2000 年版影印本。

[15]《中外旧约章汇编》，生活·读书·新知三联书店 1957 年版。

[16]《鸦片战争档案史料(1—7)》，天津古籍出版社 1992 年版。

[17]《十九世纪美国侵华档案资料选编》，中华书局 1959 年版。

[18]《华工出国档案史料汇编》，中华书局 1985 年版。

[19]《清季外交史料》，书目文献出版社 1987 年版。

[20]《中美关系史料》，台北"中央研究院"近代史所 1968 年版。

[21]《中华帝国对外关系史》，生活·读书·新知三联书店 1957 年版。

[22]《东印度公司对华贸易编年史》，中山大学出版社 1991 年版。

[23]《中国近代对外贸易史资料》第 1 册，中华书局 1962 年版。

[24]《近代中国船政大事编年与资料选编》，九州出版社 2011 年版。

[25]《中国近代报刊史》，山西人民出版社 1981 年版。

[26]《林则徐集(奏稿、日记、公牍)》，中华书局 1962—1965 年版。

[27]《上海研究资料》，上海书店 1984 年版。